돈황변문교주 2

敦煌變文校注

교주자 **황정**(黃征)은 1958년생. 강소(江蘇) 회음(淮陰)인. 1993년 항주대학(杭州大學)에서 박사학위 취득. 현재 남경사범대학(南京師範大學) 중문과 교수 겸 돈황학연구소 소장을 맡고 있다. 주요 논문과 저서로는 「돈황사본 정리 때 지켜야 할 원칙(敦煌寫本整理應遵循的原則)」, 『돈황 속자 사전(敦煌俗字典)』(黃征 著), 『돈황변문집교의(敦煌變文集校議)』(郭在貽·張涌泉·黃征 공저) 등이 있다.

교주자 **장용천**(張涌泉)은 1956년생. 절강(浙江) 의오(義烏)인. 항주대학 중문과를 졸업 후 동대학원에서 석사학위를 받았으며, 1994년 사천대학(四川大學)에서 박사학위 취득. 현재 절강사범대학(浙江師範大學) 교수로 재직 중이다. 주요 논문과 저서로는 「돈황변문 속자의 유형과 고증 방법(敦煌變文俗字的類型及其考辨方法)」, 『돈황소설합집(敦煌小說合集)』(張涌泉 主編), 『돈황변문집교의(敦煌變文集校議)』(郭在貽·張涌泉·黃征 공저) 등이 있다.

옮긴이 **전홍철**(全弘哲)은 1960년 서울 출생. 한국외대 중국어과를 졸업하고, 동 대학원에서 敦煌變文 연구로 박사학위를 받았으며, 현재 又石大學 SILKROAD 映像硏究院 院長 겸 유통통상학부(중국학) 교수로 재직 중이다. 현재 溫州大學 東亞民俗文化硏究所 兼職敎授를 맡고 있으며, 돈황학과 SILKROAD 文明交流에 관한 글쓰기와 영상 제작을 하고 있다. 주요 저서와 영상물로 『敦煌 講唱文學의 理解』·『敦煌 民間文學 談論』(著書), 〈韓國과 실크로드(Korea and Silkroad)〉·〈全北 속의 中國(全北裏的中國)〉·〈Pansori Road(板聲之路)〉(Video) 등이 있다.

옮긴이 **정병윤**(鄭炳潤)은 1966년생. 한국외국어대학교 중국어과를 졸업하고, 중국 남경대학교에서 「돈황강창문학 중 불교고사류 작품연구」로 박사학위를 받았다. 현재 한국외국어대학교와 우석대학교에서 중국 고전시와 중국문화 관련 강의를 하고 있다. 주요 논저로는 『돈황의 전설』, 「韓人과 고대 돈황인과의 접촉에 관한 고찰」, 「돈황석굴과 유불도 삼교의 만남」, 「돈황변문과 불교의 중국화과정」 등이 있다.

옮긴이 **정광훈**(鄭廣薰)은 1973년생. 한국외국어대학교 중국어과를 졸업하고 같은 학교에서 敦煌 變文에 관한 논문으로 석사 과정을 마쳤으며, 북경대 중문과에서 『스토리텔링 전통과 당대 중후기 문학 변혁』으로 박사학위를 받았다. 지금은 고려대 민족문화연구원의 HK연구교수로 재직 중이다. 주요 논문과 역서로 「敦煌 사본의 圖文 배치 방식과 圖書史的 의의」, 「敦煌 變文의 우리말 번역에 대한 고찰」, 『당대 변문』(공역), 『그림과 공연』(공역), 『중국문화사전』 등이 있다.

돈황변문교주敦煌變文校注 **2**

1판 1쇄 인쇄 2015년 9월 30일 **1판 1쇄 발행** 2015년 10월 15일

교주자 황정·장용천 **옮긴이** 전홍철·정병윤·정광훈 **펴낸이** 박성모 **펴낸곳** 소명출판
등록 제13-522호 **주소** 06643 서울시 서초구 서초중앙로6길 15, 1층
대표전화 (02) 585-7840 **팩시밀리** (02) 585-7848
이메일 somyong@korea.com **홈페이지** www.somyong.co.kr

ISBN 979-11-86356-69-2 94820 값 36,000원
ISBN 979-11-86356-67-8 (전6권)

이 번역도서는 2003년도 정부재원(교육인적자원부 학술연구조성사업비)으로 한국연구재단의 지원에 의하여 연구되었음.

이 번역도서는 중화사회과학기금의 지원으로 연구되었음.(中華社會科學基金Chinese Fund for the Humanities and Social Sciences資助)

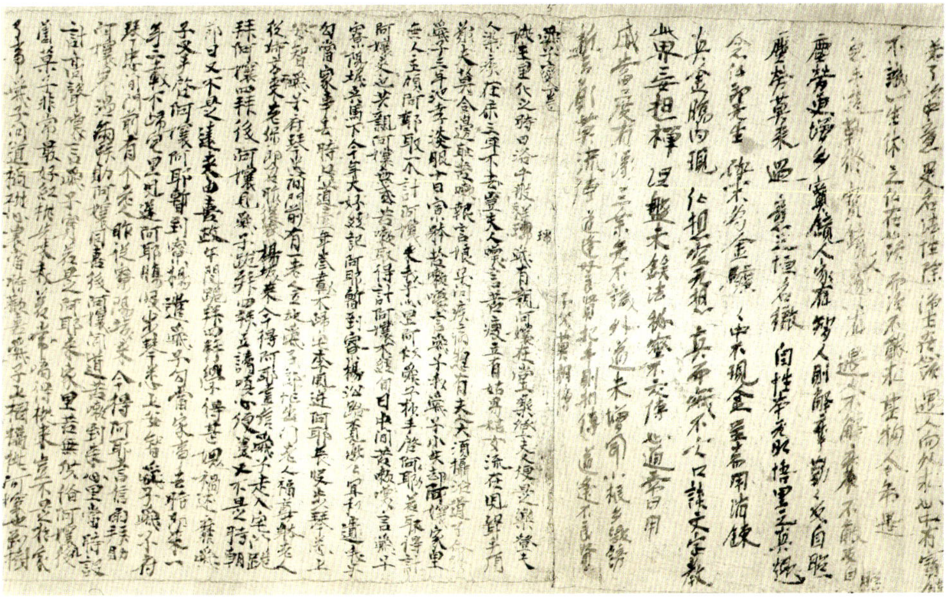

敦煌本 舜子變(S.4654)

敦煌本 韓朋賦(P.2653)

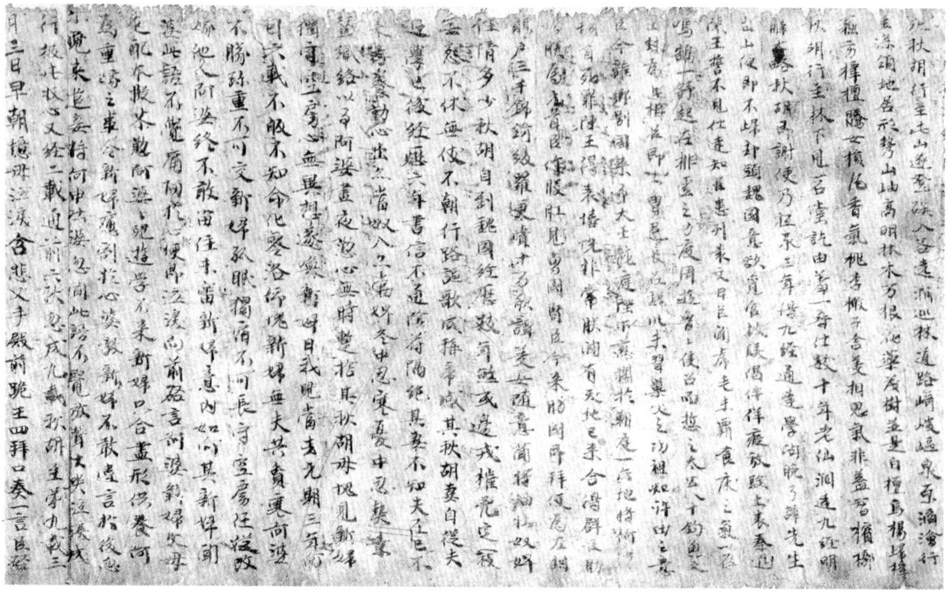

敦煌本 秋胡變文(S.133V)

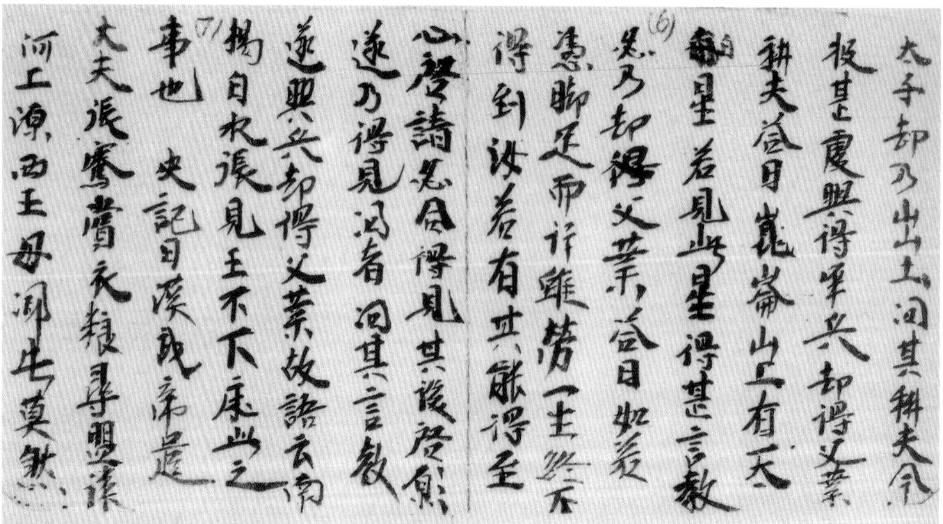

敦煌本 前漢劉家太子傳(P.4051)

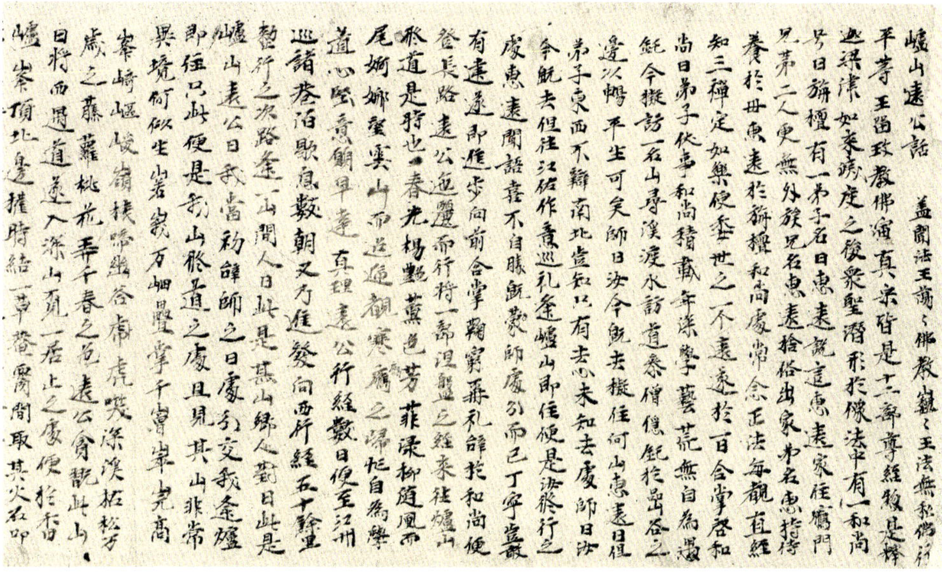
廬山遠公話
蓋聞法王蕩蕩佛教巍巍王法無私佛行
平等王留政教佛演真宗皆是十二部尊經總是釋
迦梁津如來滅度之後衆聖潛形於像法中有一和尚
号曰旃檀有一弟子名曰惠遠說這惠遠家住鴈門
兄弟二人更無外族兄名惠遠捨俗出家弟名惠持侍
養於母惠遠於旃檀和尚處常念正法每覩真經
知三禪定如藥便悉世之不遠遂於百會掌啓和
尚曰弟子伏事和尚積載年深學藝荒無自為遐
既今擬訪一名山尋溪渡水訪道參禪億既於晶谷之
邊以暢平生可矣師曰汝今既去擬往何山惠遠且但
弟子東西不辨南北豈知以有去心未知去處師曰汝
今既去但往江左作意巡禮逢廬山即住便是汝修行之
處惠遠聞語喜不自勝既蒙師處分而已丁寧豈敢
有違遂即進步向前合掌鞠躬辭別於和尚便
登長路遠公迤邐而行將一部涅槃之經來往爐山
修道是時也春光楊艷熏色芳菲渌柳隨風而
尾婀娜鶯啼山而遠遶覩寒鴈之歸忙自為學
道心堅意鎮卑違 直遠公行經數日便至江州
巡諸巷陌歇息數朝又乃進發向西行經五十餘里
發行之次路逢一山問人曰此是甚山鄉人對曰此是
爐山遠公曰我當初辭師之日處分交我逢爐
山即住只此便是我山修道之處且見其山非常
異境何似生山岩峻万岫疊掌千常岑嶤崇高
峯崎嶇峻嶺挾帶幽谷虎嘯深溪松柏
歲之藤蘿桃花弄千春之色遠公睹此山
日將西過道遂入深山覓一居止之處便於香
爐峯頂北邊權時結一草菴屬取其火石叩

敦煌本 廬山遠公話(S.2073)

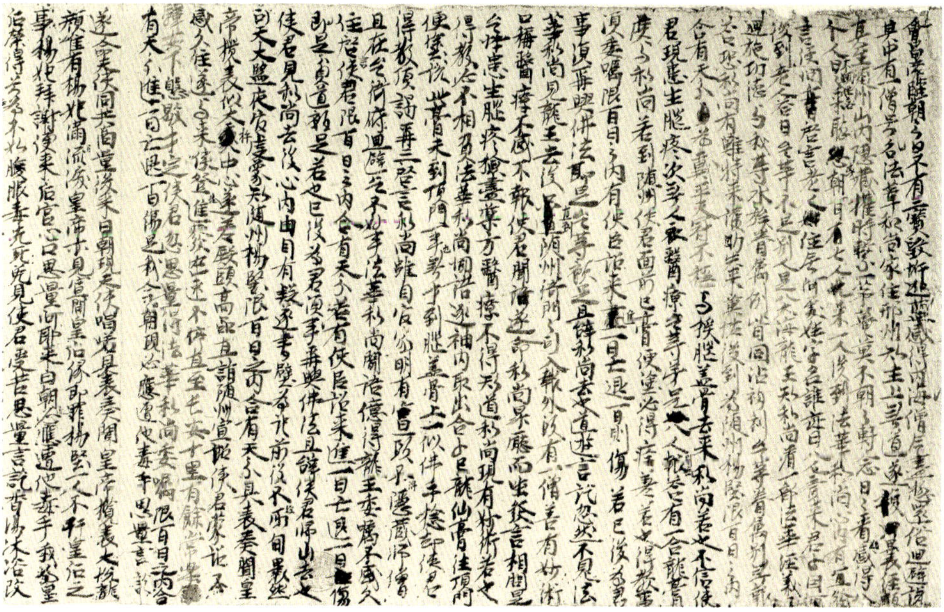

敦煌本 韓擒虎話本(S.2144)

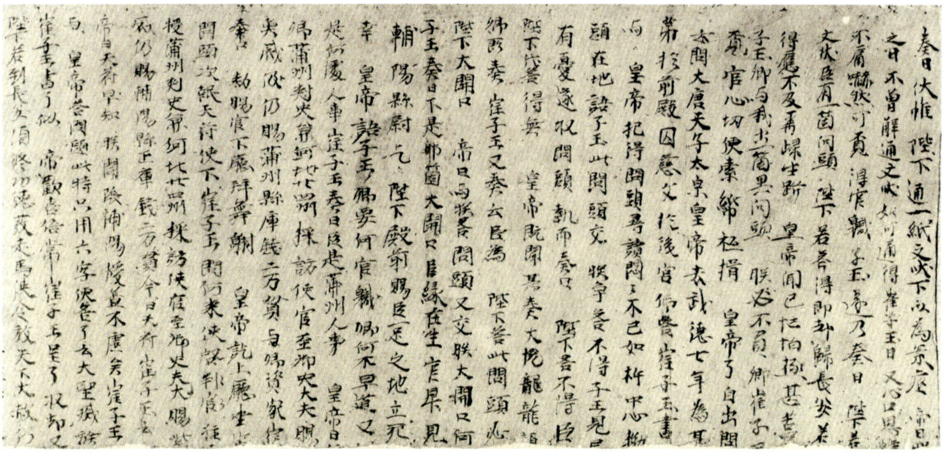

敦煌本 唐太宗入冥記(S.2630)

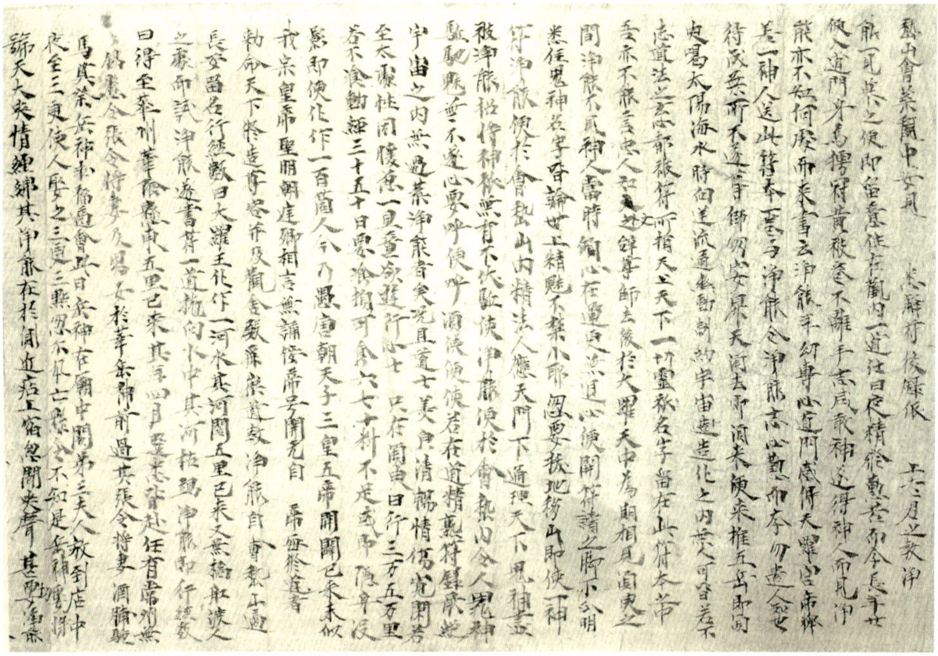

敦煌本 葉淨能詩(S.6836)

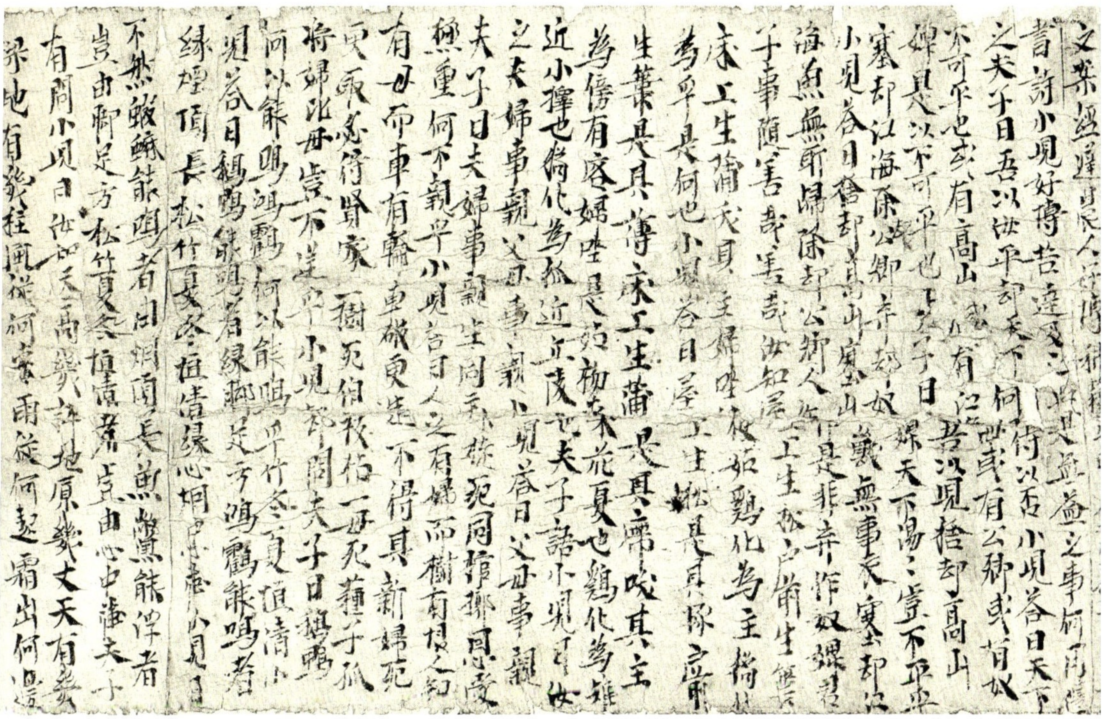

敦煌本 孔子項託相問書(S.1392)

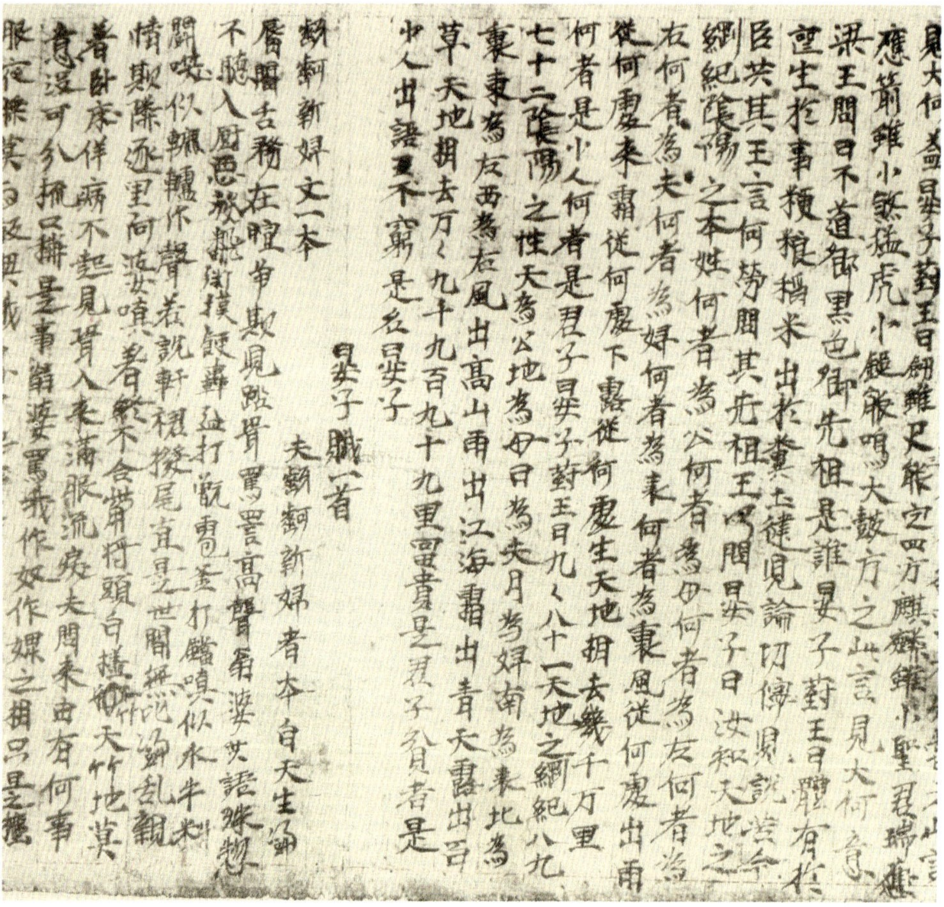

敦煌本 晏子賦(P.2564)

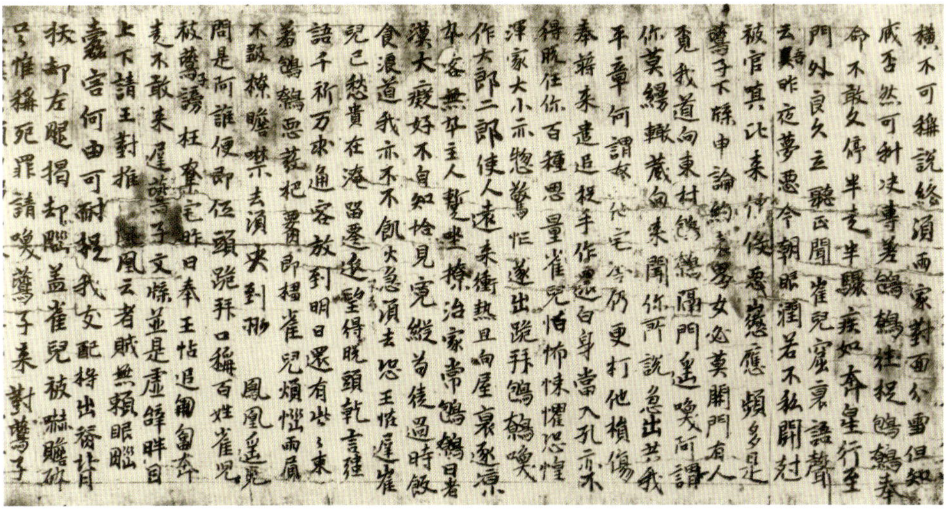

敦煌本 燕子賦一(P.3666)

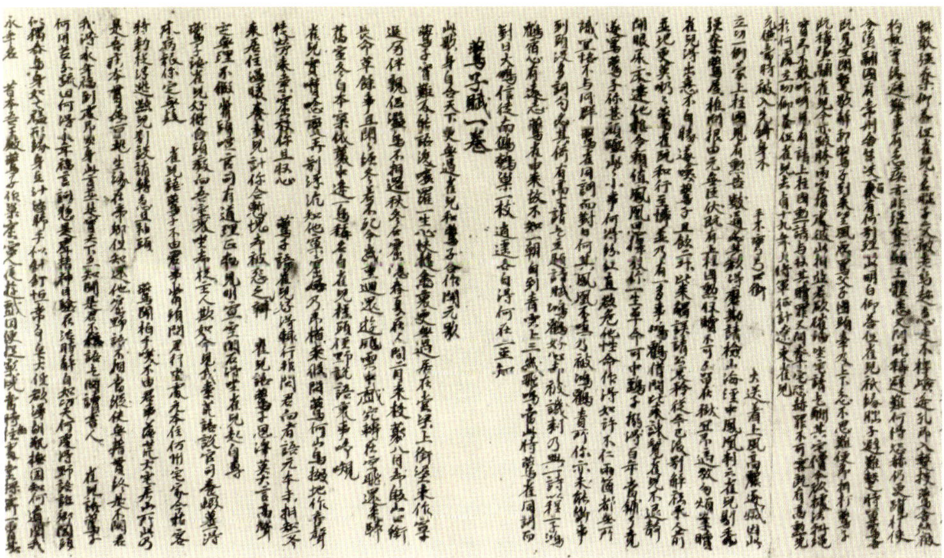

敦煌本 燕子賦二(P.2653)

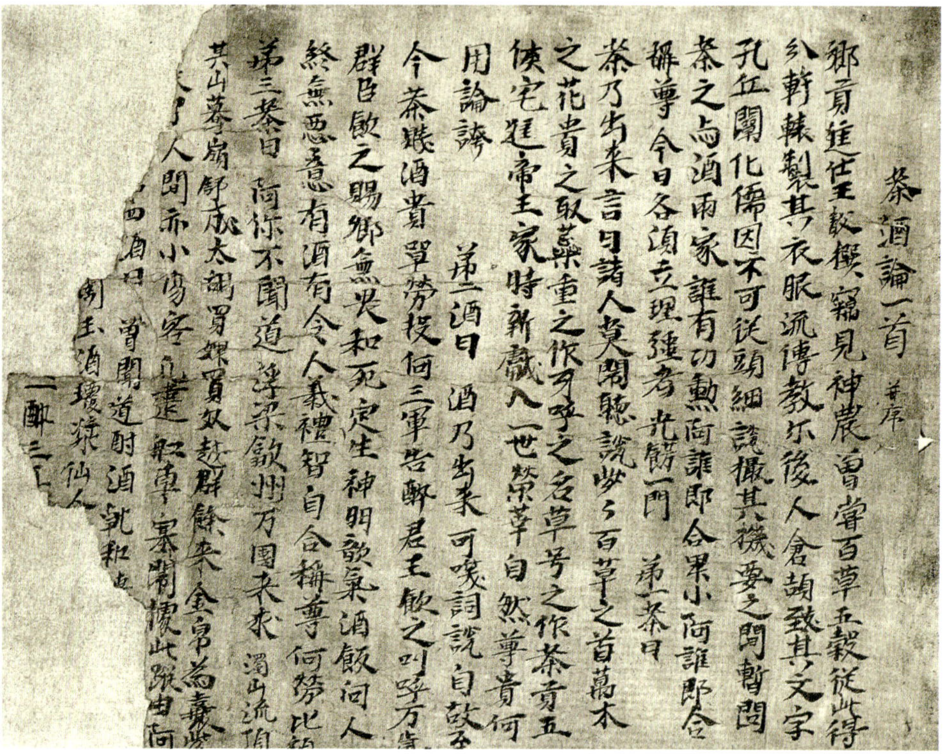
茶酒論一首 并序
鄉貢進士王敷撰 竊見神農曾嘗百草五穀從此得
分軒轅製其衣服流傳教示後人倉頡致其文字
孔丘闡化儒因不可從頭細說撮其樞要之陳暫問
茶之與酒兩家誰有功勳阿誰即合卑小阿誰即合
稱尊今日各須立理強者光飾一門 第一茶曰
茶乃出來言曰諸人莫鬧聽說些些百草之首萬木
之花貴之取蕊重之摘芽呼之茗草號之作茶貢五
侯宅奉帝王家時新獻入一世榮華自然尊貴何
用論誇 第二酒曰 酒乃出來可笑詞說自古至
今茶賤酒貴單醪投河三軍告醉君王飲之叫呼萬歲
群臣飲之賜卿無畏和死定生神明歆氣酒飲向人
終無惡意有酒有令仁義禮智自合稱尊何勞比類
第三茶曰 阿你不聞道浮梁歙州万國來求 蜀山流頂
其山驀嶺舒城太湖買婢買奴越郡餘杭金帛為囊

敦煌本 茶酒論幷序(S.406)

돈황변문교주 2

敦煌變文校注

황정 · 장용천 교주
전홍철 · 정병윤 · 정광훈 옮김

소명출판

일러두기

본서의 교주 체제는 『돈황변문집』의 방법을 따르되, 일부 변경된 부분이 있어 아래에 그 내용을 명시해둔다.

1. 본서에 수록된 변문은 『돈황변문집』에 실린 작품 대부분을 포함하며, 여기에다 러시아 · 대만 · 일본 등지에 소장되어 있는 변문 필사본을 더하여 총 86종이다. (『돈황변문집』에는 78종이 실려 있는데, 그 가운데 「하녀부사(下女夫詞)」 · 「추음(秋吟)」 · 「수신기(搜神記)」 · 「효자전(孝子傳)」 4종은 변문이 아니기에 제외시켰다. 또 P.2121 「유마힐경강경문」 1종은 사실 「유마경압좌문」의 일부이므로 본서에서는 이들을 하나로 합쳤고, S2440 「해좌문(解座文)」 1종은 『돈황변문집』에서는 「삼신압좌문(三身押座文)」 끝부분에 수록해놓았는데, 연구 결과 '해좌문'에 해당되는 까닭에 한 편의 독립된 작품으로 삼았다. 결과적으로 12종이 늘어난 셈이다.)
2. 본서의 작품 배열은 『돈황변문집』에서처럼 역사고사와 불교고사 두 부류로 대별하여 이루어졌다. 역사고사는 문체에 의거하여 유설유창(有說有唱) · 유설무창(有說無唱) · 대화체로 세분하여 3권으로 나눴으며, 각 권의 배열순서는 역사 시대순에 따랐다. 불교고사는 부처(석가모니) 고사 · 불경의 강설 · 불가(佛家) 고사 순서로 분류하여 3권으로 나눴다. 압좌문(押座文) 및 기타 단문(短文)은 그 뒤에 실어 한 권으로 삼았다.
3. 본문은 『돈황변문집』 및 관련 집록본(輯錄本)을 기초로 하고, 돈황 필사본 원권(대부분 마이크로필름)을 대조하였다. 필사본 정황과 이록(迻錄)에 참고한 저본, 교주(校注)에 참고한 주석본은 각 편의 주석 1번에 설명해두었다. 작품의 제목은, 편자가 임의로 정한 것은 '[ ]' 표시로 제목에 괄호를 쳐두고 마찬가지로 주석 1번에 설명을 달았다. 본문은 가능한 한 저본의 원형을 따르되, 다른 주석본을 참고하여 보충한 것이나 문맥에 비춰 바로잡은 몇몇 부분은 모두 교주에 그 사실을 밝혔다. 그리고 저본에는 오류가 없으나 다른 주석본에 오류가 있는 경우는 별도로 주(注)를 달지 않았고, 일반적인 이체자에도 주를 달지 않았다. 또 저본에는 오류가 있고 다른 주석본에는 오류가 없는 것은 직접 정문(正文)으로 바로잡고 교주에 그 근거를 밝혔다. 또 저본의 문자가 해독이 어려운 경우(예를 들면 속어나 판별이 힘든 속자 등)는 그 가차자나 이체자를 기록하였으며, 두 판본에 적힌 문자가 서로 다른 경우는 교주에다 상이한 내용을 기록해두었다. 저본에 글자가 빠져 있는 경우는 '□'로 표시했고, 빠진 글자 수를 정확히 알 수 없을 경우는 '▭'(좀 더 긴 직사각형 모양)로 표시했다. 빠진 글자는 다른 판본, 혹은 앞뒤 문맥에 의거하여 보충해 넣었을 때는 보완해 넣은 글자를 '[ ]'로 괄호를 쳐두었고, 저본에 본래 빠져 있는 글자는 먼저 '[□]'로 표시를 하고 그 옆에다 보완해 넣은 글자를 '( )' 표시 안에 넣어 두었다.
4. 일반적인 속자(俗字)는 별도의 주석 없이 곧바로 통용되는 번체자로 고쳐 적었다. 『돈황변문집』의 본문 기록에 의문이 들거나 오해하기 쉬운 속자들이 사용된 경우는 통용되는 번체자로 수정하고 주석을 달아 시비를 바로잡았다. 자형(字形)의 유사(類似)로 생긴 오자는 직접 정자(正字)로 바로잡았고 주석에 그 이유를 설명하였고, 자음(字音)의 유사로 생긴 오자와 가차자(假借字)는 원래의 글자로 표기하고 주를 달아 본자(本字)를 밝혔다. 그리고 일반적으로 통용되거나 알아보기 쉬운 가차자들, 이를 테면 '유(猶)'와 '유(由)', '교(教)'와 '교(交)', '이(已)'와 '이(以)'등은 '( )' 안에다 본자를 적어두고 별도로 주를 달지 않았다. ('혜(慧)'와 '혜(惠)'처럼 음과 뜻이 서로 통용되는 부류는 주석을 달지 않았다.) 그리고 고금(古今)의 용법이 서로 다른 글자들, 예컨대 '원(元)'과 '원(原)', '제(弟)'와 '제(第)', '양(孃)'과 '낭(娘)', '봉(奉)'과 '봉(捧)', '민(閔)'과 '민(憫)', '좌(坐)'와 '좌(座)', '은(隱)'과 '온(穩)', '배(陪)'와 '배(賠)'등은 저본의 글자를 택함으로써 고서(古書)의 본모습을 남겨두었다.
5. 본서는 『돈황변문집』에 있는 모든 주석 내용을 그대로 남겨두었다. 『돈황변문집』의 본문 기록은 '원록(原錄)', 그 교주는 '원교(原校)'라 칭하였다. 반중규의 『돈황변문집신서』는 '반서(潘書)'(본 번역본에서는 '신서(新書)'라 표기함), 그 교주는 '반교(潘校)'(본 번역본에서는 '반중규(潘重規)'라 표기함)라 약칭하였다. 서진악(徐震堮)의 『돈황변문집교기보정(敦煌變文集校記補正)』과 그 『재보(再補)』는 '서교(徐校)'(본 번역본에서는 '서진악(徐震堮)'라 표기함)라 칭한다. 장례홍(蔣禮鴻)의 『돈황변문자의통석(敦煌變文字義通釋)』은 '통석(通釋)'(본 번역본에서는 상황에 따라 '통석(通釋)'과 '장례홍'을 병용함)이라 칭하며, 기타 다른 학자들의 견해는 일률적으로 그 이름을 적되 선생이나 동지 같은 호칭은 붙이지 않았다. 여러 명의 견해가 똑같을 경우는 발행시기가 이른 학자의 견해를 인용하고, 그 나머지는 언급하지 않았다. 전문가들의 견해는 1989년 말까지로 한정하였고, 본서 끝부분에 첨부해둔 관련 논저의 목록을 본문에서는 일일이 주를 달아 밝히지는 않았다.
6. 한지방에서의 글자와 어휘의 쓰임새에 대해 이전의 자전이나 사전에서는 언급할 가치가 없다고 여겨 다루어지지 않았다. 그런데 돈황변문은 민간에서 발생하여 구어와 속자로 기술되어 있으니 진실로 지방의 속자와 속어의 집합체인 셈이다. 이러한 글자와 어휘들은 그 뜻을 해독하기 어렵고 자전이나 사전에서도 언급되어 있지 않으니, 독자들은 그런 글자(어휘)를 접할 때마다 한숨이 나오게 마련이다. 그리하여 본서에서는 이처럼 난삽하고도 그 뜻이 애매한 글자들, 혹은 글자는 통용되나 그 의미가 다른 속어에 대해서는 부가 설명을 덧붙여 독자의 편의를 도모하였다. 그 밖의 널리 통용되는 글자나 어휘, 인명, 전고(典故)들은 번잡함을 피하기 위해 굳이 주를 달지 않았다.
7. 본서 말미에는 「참고문헌 : 본서에서 인용한 變文 補校 논저 목록」과 「찾아보기」를 첨부하였다.

돈황변문교주 전체 차례

돈황변문교주 4

돈황변문교주 5

돈황변문교주 6

卷二

순자변(舜子變)[1]

姚(堯)王里(理)化之時, 日洛(落)[2]千般祥瑞. 舜有親阿孃在堂, 樂登夫人便是. 樂登夫人染疾在床, 三年不豈(起), 夫人喚言苦瘦(瞽叟), 「妾[3]有姑(孤)男姑(孤)女, 流(留)[4]在兒婿手頂(底),[5] 願夫莫令邊(鞭)耻.」[6] 苦嗽(瞽叟)報

1 [原校] 이 변문은 두 권의 寫本이 현존하는데, 그 原編號는 다음과 같다.
甲卷 S.4654 前題가 보존되어 있다.
乙卷 P.2721 後題가 보존되어 있다.
兩卷이 비록 동일한 寫本은 아니지만, 잘못 끼워진 부분이나 殘缺된 부분이 많지 않고 전체 이야기가 잘 보전되어 있는 편이다. [校注] 甲卷의 경우 제목이 「舜子變一卷」으로 되어 있다. 乙卷의 경우 앞면에 「雜抄」로 적어놓고, 原題를 「雜抄一卷 一名珠玉抄, 二名益智文, 三名隨身寶 并序」라 기록하고 있다. 뒷면에는 「舜子至孝變文一卷」이라 적고 있으며, 또한 별도로 "天福 15년에 …… 필사를 끝마치다(天福十五年 …… 寫畢記)"라는 기록이 있다

2 [潘校] 原卷의 '浴'字를 『變文集』에서는 '洛'자로 인식하고 '落'자로 교정해 놓고 있다. [校注] '洛'자와 '浴' 두 글자는 敦煌 寫本에서는 서로 혼동되는 경우가 많았으며, 原錄에 기록된 '洛'자는 '落'자로 해석하는 것도 가능하다.

3 妾 : 原錄에서는 '立'자로 되어 있다. 徐校에서는 '立'자는 응당 '妾'자로 해야 한다고 하였는데, 이에 근거하여 교정하였다.

言娘子 :「問疾病總有,[7] 夫人大須攝治.」道了命終. 舜子三年池(持)孝, 淡服[8]千十日寡(掛)[9]體.

4 流 : 原錄에서는 '留'자로 교정하였다. 【校注】 '流'자는 '留'자와 의미가 같으므로, 교정하지 않아도 된다. S.5381의 「康大孃遺書」에 "해 저무니 서산은 어두워지고, 외로운 남자가 이 무리 속에 남아있네[日落西山昏, 孤男流一群]"이라는 말이 나오는데, 여기서의 '流'자는 본 변문의 의미와 꼭 동일하다.

5 手頂 : 原錄에서는 '手頭'라고 교정했다. 【校注】 本篇에서는 빈번하게 陽聲字와 陰聲字를 번갈아 가며 사용하고 있는데, '頂'와 '底'자는 아마도 同音의 假借字이기 때문에 교정을 한 듯하다.

6 【原校】 曾毅公은 '耻'자는 응당 '笞'자 혹은 '叱'자로 해야 한다고 했는데, 아래 부분도 마찬가지이다. 【蔣禮鴻】 本篇의 '鞭耻'는 '못살게 굴다 · 학대하다 · 마음대로 부리다' 등의 의미로 풀이해야 할 듯하며, 멍청하게 매질을 죽을 때까지 맞다는 의미로 해석해서는 안 된다. 이 두 글자는 도대체 어떻게 써야 할지 지금까지도 여전히 확정하기가 어렵다. 【陳治文】 玄應의 『一切經經音義』 卷十三 「泥犁經」을 보면 "鞭抵은 丁과 頰의 반절음이며, 속어이다. 그 뜻은 '때리다'는 의미이다[鞭抵, 丁頰反. 俗語也, 謂打抵也]"라 설명하고 있다. 「舜子變」 본문에서의 '耻'字는 아마도 '抵'자가 와전된 듯하다. 【潘校】 漢 樂府 「婦女行」을 보면 "당신에게 내 아이들 두세 명을 맡기니, 부디 우리 아이들이 배고프고 추위에 떨지 않게 해주시고, 잘못이 있어도 부디 때리지는 말아주십시오[屬累君兩三孤子, 莫我兒飢且寒. 有過慎莫笡笞]"라는 말이 있는데, 본편의 '鞭笞'은 악부의 '笡笞'과 같으며 '耻'자는 '苔'자로 하는 것이 더 낫다. 【校注】 '耻'字는 仄聲자로 入韻한 것이므로 '笞'자 혹은 '抵'자로 교정할 수 없다. P.3211의 王梵志 詩에 "차라리 목을 내놓을 지언 정, 누가 채찍질을 당하는 수모를 당하겠는가[寧可出頭坐, 誰肯被鞭耻]"라는 구절이 있는데 여기서도 仄聲으로 입운하고 있다. 『唐律疏議』 卷一 「一苔刑五」 疏에는 "苔자는 치다 · 때리다는 의미이다. 또한 '부끄러워하다'는 의미로 풀이하기도 한다. 이 글자는 사람이 자그마한 허물이 있을 때 법률은 반드시 징계를 가하게 되며 그래서 채찍질을 해서 자신의 허물을 부끄럽게 생각하게 한다(笞者擊也, 又訓爲耻. 言人有小愆, 法須懲戒, 故加捶撻以耻之)"라고 설명하고 있다. 그러므로 '笞'자와 '耻'자는 의미가 가깝다. 또한 '耻'자는 '楚'자의 借音字일 수도 있는데, 이는 止攝字와 遇攝字는 서로 通假할 수 있기 때문이다.

7 【項楚】 '問疾病' 句는 의미가 잘 통하지 않으며, 또한 本篇의 경우 六言의 句式을 위주로 하고 있기 때문에 이 구절 역시도 반드시 六字로 해야 읽기에 순조롭다. 따라서 이 구절은 응당 '人間疾病總有'라 해야 하며, 그 의미는 '질병이라는 것은 사람이라면 모두 피할 수 없는 일임'을 말하고 있다. 原文에서는 잘못하여 '人'字를 누락시키고 있으며 또한 '間'字의 자형을 '問'字로 잘못 기록하고 있다. 「八相變」에 보면 "태어나는 사람이야 단지 한 사람 뿐에 불과할지라도, 인간이라는 존재는 언제나 존재하지 않는가(生者只是一人, 人間總有)"라는 구절이 나온다. 【校注】 '問字'는 아마도 衍文인 듯하다.

8 服 : 原錄에서는 '眼'자로 되어 있다. 【原校】 曾씨는 아마도 '眼'자는 '服'字 혹은 '然'字일 것이라고 했다. 【校注】 原卷에서는 '服'자로 되어 있는데 이 글자는 바로 '服'임에

요임금이 나라를 다스리고 교화할 때 해가 지자 각양각색의 상서로운 기운이 감돌았다. 순의 친어머니가 본채에 있었는데, 악등부인(樂登夫人)이 바로 그 분이다. 악등부인은 병에 걸려 침상에 드러누운 지 삼 년이나 되었으나 일어나질 못하였다. 부인은 고수(瞽叟)를 불러 말하였다. "제가 이 불쌍하고 외로운 자식들을 당신 손에 남기고 떠나게 되었으니 부디 학대하지 말아 주십시오." 고수가 아내에게 답하여 말하였다. "병이란 (누구에게나) 있게 마련이거늘, 부인께서는 오로지 몸을 잘 보양하여 치료에만 전념하시오." 이 말이 끝나자 부인의 숨은 끊어지고 말았다. 순자는 삼년동안 효를 지키고 천일동안 무채색의 옷을 몸에 걸쳤다.

苦嗽(瞽叟)喚言舜子:「我舜子小(少)失卻阿孃, 家裏無人主領.[10] 阿耶取一個計(繼)阿孃來, 我子心裏何似?」 舜子抄手[11]啓阿耶:「阿耶若取

틀림없다. 【潘校】 여기서는 당연히 '淡服'으로 해야 하는데, 『說文』에서는"禫이라는 것은 상복을 벗을 때 지내는 제사를 말한다(禫, 除服祭也)"라고 설명하고 있으며 士虞禮의 注에서는 "상을 당한 날로부터 禫祭까지는 모두 27개월이 되는 데, 禫이라는 것은 淡의 뜻 곧 담박하며 평안하다는 의미이다(自喪至此, 凡二十七月, 禫之言澹, 澹然平安意也)"라고 했는데 '澹'자와 '淡'자는 같은 글자이므로 '淡服'은 곧 '禫服'을 말한다. 【校注】 潘校가 옳다. S.2832 「夫嘆齋分爲段」에 "공은 성현들의 법제를 받들어 3년 내내 상복을 입고 있다가 흰 소복을 오늘 새벽에 이르러 벗었지만 무채색의 옷만은 10일 동안 여전히 입었다(公乃奉爲先賢之則, 終服三年, 素衣霸(罷)於今晨, 淡服仍於旬日)"라는 말이 있는데 여기서도 '淡服'이라는 말을 사용하고 있다.

9 千: 原錄에서는 '十'자로 되어 있으나 蔣禮鴻의 校에 근거하여 교정하였다. 寡: 蔣禮鴻은 "바로 挂體(몸에 걸치다)의 의미이다"라고 설명하고 있다.

10 主領: '관리하다, 다스리다'는 의미이다. '領'자는 韻脚이다. 『齊民要術』 卷十桃에서는 『漢舊儀』의 "천상에 神人 두 사람이 있는데 한명은 荼라고 했고 다른 한명은 鬱櫐이라 했는데, 이 두 신인은 온갖 귀신들을 관리하였다.: 귀신들 중에 흉악하고 사람을 해치는 자가 있으면, 그 귀신을 붙잡아 갈대 끈으로 묶어 호랑이에게 먹이로 주었다(上有二神人, 一曰荼, 二曰鬱櫐, 主領萬鬼: 鬼之惡害人者, 執以葦索, 以食虎)"라는 말을 인용하고 있다.

11 抄手: '두 손을 맞잡다'는 의미로, 여기서는 두 손을 맞잡아 가슴까지 올리고 존경을 표하는 예의를 말한다. 『孔子項託相問書』에 보면 "堂 앞에서 두 손을 공손히 마주잡은 채 어머니에게 아뢰었다(叉手堂前啓孃孃)"는 말이 나오는데 여기서의 '叉手'는 辛卷에서는 '杪(抄)手'로 되어 있다. 이는 '抄手'가 '叉手'와 동일하다는 증거가 될 수 있다.

得計(繼)阿孃來, 也共親阿孃無貳!」

고수가 순자를 불러 말하였다. "네가 어려서 어미를 여읜 탓에, 집안을 다스릴 사람이 없구나. 아비가 계모를 데려오려 하는데, 네 생각은 어떠하냐?" 순자는 두 손을 맞잡아 가슴까지 올려 절하고 말문을 열었다. "아버님께서 계모를 모셔온다면, 저 역시 친어머니처럼 모시겠습니다."

若嗽取得計(繼)阿孃, 不經旬日中間, 苦嗽(瞽叟)喚言舜子: 「寮(遼)陽[12]城兵馬下, 今年大好經記(紀).[13] 阿耶暫到遼楊(陽), 沿路覓些些宜利,[14]遣[15]我子勾當[16]家事.」

---

12 寮: 原錄에서는 '遼'자로 되어 있다. 【校注】 原卷에서는 '寮'자로 되어 있다. 그 다음에 나오는 구절인 "阿耶暫到遼楊, 沿路覓些些宜利"에서의 '楊'자를 原錄에서는 '陽'자로 교정하고 있으며 또 "昨從寮陽城來, 今得阿耶書信"에서의 '陽'자를 '楊'으로 교정하고 있는데, 여기서는 모두 原卷에 근거하여 교정하였다.

13 經記: 경영하여 이익을 구하다, 장사를 하다는 의미이다. P.2718의 王梵志 詩에 "장사를 하려면 반드시 올바르고 정직해야 하니, 마음에 사특한 생각을 해서는 안 된다. 조금이라도 이익을 취하고자 한다면, 하는 일 마다 다른 이들을 고통스럽게 만든다(經記須平直, 心中莫側斜. 些些微取利, 可可苦他家)"라는 구절과 S.778 王梵志 詩의 "돈과 재물에 관련된 일은 노비를 쓰고, 능력있는 사람에게는 경영하여 이익을 도모하는 일을 맡겨서는 안 된다(錢財奴婢用, 任將別經紀)"에서의 예 역시 '경영하여 이익을 도모하다'는 뜻으로 사용되고 있다. 또 S.778 王梵志 詩의 "나는 이익을 도모하는 일로부터는 벗어나고자 하니, 최고의 도에 나아갈 수 있도록 나를 보내주시오(吾出經求去, 送吾即上道)" 구절에서도 같은 용례가 보인다.

14 宜利: 이익과 이윤을 말한다. S.4472 「右街僧錄圓鑒大師雲辯進十慈悲偈」의 "조그마한 이익을 찾는 일에는 기꺼이 고통도 마다하지 않으면서, 큰 대도를 따르는 일에는 금방 기운이 쇠진해지는 구나(覓些宜利寧辭苦, 趁大程途力盡疲)"라는 구절에도 용례가 보인다.

15 遣: 原錄에서는 '遺'로 기록되어 있다. 【校注】 이 두 글자는 혼동되는 경우가 많았으며, 여기에서는 응당 '遣'으로 해야 하는데 그 아래 구절인 "遣妾勾當家事"을 증거로 삼을 수 있다.

16 勾當: '처리하다・담당하다'는 뜻이다. 이 말은 唐 玄宗의 「分散化度寺無盡藏財物詔」에 "여러 주의 장관과 안찰사들이 조사한 금전과 재물들을 주의 사신들에게 맡겨 공동으로 정확하게 처리하도록 하였는데, 분산시켜 처분하게 한 다음에 담당 관서에 와서 아뢰도록 했다[諸州長官及按察司所察錢物, 以委州使準此共勾當, 散配處分訖申所司]"라는 말과 『唐書・食貨志』의 "金部郎中 杜佑를 江・淮지방의 수륙 운반에 관한 일을 담당하는 관리로 삼았다[以金部郎中杜佑權勾當江淮水陸運使]"라는 말에 그

고수는 계모를 취한 지 열흘도 채 지나지 않아 순자를 불러 말하였다. "요양성이 전쟁 중인데, 금년에 특히 경기가 좋다고 하는 구나. 이 애비가 잠시 요양성에 가서 약간의 이익을 얻으려 하니, 네가 집에 남아서 집안 일을 (잘) 처리하거라."

去時只道壹年, 三載不歸宅李(裏), 兒逆[17]阿耶長段(腸斷), 步琴悉(膝)[18]上安智(置). 舜子府(撫)琴忠(中)間, 門前有一老人立地. 舜子卽忙出門:「老人【萬】福尊體!老人從何方[19]而來?」老["](人)保(報)郎君:「昨從寮楊(遼陽)城來, 今得阿耶書信.」舜子走入宅門, 跪拜阿孃四拜. 後阿孃見舜子跪拜四拜, 五[20]讀(毒)嗔心便豈(起):「又不是時朝節日, 又不是遠來由喜,[21] 政(正)午間跪拜四拜, 學得甚媿(鬼)禍述靡(術魅)!」舜子叉手[22]啓

용례가 보이는데 이 '勾當'이라는 말은 宋에 와서 高宗인 趙構를 피휘하기 위해서 '幹當'으로 고쳤다.

17 逆: 原錄에서는 '憶'자로 교정하였다. 【原校】 原卷에서 '逆'자로 쓰는 것도 가능하지만, 그러나 '憶'자로 교정한 것이 조금 더 낫다. 【校注】 '逆'자에는 '추측하다 · 헤아리다'는 의미가 있으므로 굳이 번거롭게 교정할 필요는 없는 듯하다. 예를 들면 「伍子胥變文」의 "일의 자초지종과 경위를 자세히 헤아려 볼 때, 이 서신에는 거짓된 것이 많음에 틀림없습니다(逆委事由, 書當多僞)"라는 구절이 그 용례이며 또한 "오자서는 현명한 인물이므로, 아주머니의 마음을 헤아려 알 수 있을 것입니다(子胥賢士, 逆知阿姊之情)"도 그 예이나.

18 悉: 原錄에서는 '席'자로 교정하였다. 【原校】 曾씨는 '悉'자는 응당 '膝'자로 해야 할 듯하다고 했다. 【校注】 '悉'자와 '膝'자는 모두 淸聲인 반면에 '席'자는 濁聲에 해당하므로 당연히 '膝'자로 해야 한다. 「洪六十地榜題」를 보면 "이때 불이 났던 구덩이가 변화하여 花池로 되었으며, 太子는 蓮花臺의 한 가운데 앉아 있었는데 諸天에서 꽃비가 내리더니 무릎에까지 날아들었다(卽是(時)火坑變成花池, 太子於中坐蓮花臺, 諸天雨花乃至悉)"라는 말이 있는데 여기서도 '悉'자는 '膝'자로 해도 통한다.

19 方: 原錄에서는 이 글자가 탈락되어 있으나, 原卷에 근거하여 보충하였다.

20 五: 原錄에서는 '立'자로 기록해놓고 그 옆에다 '五'자로 교정하였다. 【校注】 原卷에서도 '五'字로 되어 있으나 다만 이 글자의 중간의 세로로 꺾어지는 부분이 약간 끊겨져 있다. 이 글자는 '五'字 임에 의심의 여지가 없다.

21 由喜: 응당 '游戲'로 읽어야 한다. 「董永變文」의 "董仲이 성장하여 7세가 되었을 때, 길모퉁이와 도로 가에서 놀기를 좋아했다(董仲長年到七歲, 街頭由喜道邊旁)" 구절에 보이는 '由喜'도 곧 '游戲'로 읽어야 한다.

22 叉手: '抄手'의 의미이다. 『三國志』 卷二八 「諸葛誕傳」에 "두 손을 맞잡은 채 무릎을

阿孃 :「阿耶暫到寮楊(遼陽), 遣舜子勾當家事. 去時郎道[23]一年, 三載不歸宅里(裏). 兒逆阿耶腸段(斷), 步琴悉(滕)上安智(置). 舜子府(撫)琴忠(中)間, 門前有個老人, 昨從寮楊(遼陽)城來, 今得阿耶書信, 兩拜助[24]阿孃寒溫, 兩拜助阿孃同喜.」

갈 때는 일 년이면 된다고 말하더니, 삼 년이 지나도 집으로 돌아오지 않았다. 순은 아버지 생각에 장이 끊어질 듯이 걱정되어 거문고를 자리 위에 놓았다. 순자가 거문고를 어루만지고 있는데 문 앞에 한 노인이 서 있었다. 순자는 급히 문으로 나갔다. "어르신, 복 많이 받으십시오! 어르신께서는 어디서 오셨습니까?" 노인이 대답하였다. "어제 요양성에서 왔는데, 오늘 자네 아버지의 서신을 가지고 왔네." 순자는 집안으로 달려 들어가 어머니에게 무릎을 꿇고 네 번 절하였다. 계모는 순자가 무릎을 꿇고 네 번 절하는 것을 보고 분노가 치밀었다. "명절도 아니고 멀리서 기쁜 소식이 들려온 것도 아닌데, 대낮에 무릎을 꿇고 네 번 절하다니, 이렇게 어리석을 수가!" 순자는 두 손을 맞잡고 가슴까지 올려 절하고 어머니께 말하였다. "아버님께서 잠시 요양에 가시면서 저에게 집안일을 처리하라고 하셨습니다. 가실 때는 일년이면 된다하시더니 삼 년이 지나도 돌아오시지 않습니다. 저는 아버님만 생각하면 장이 끊어질 듯이 애달파 거문고를 자리 위에 놓고, 어루만지고 있는데, 문 앞에 한 노인이 있어 어제 요양성에서 와서 오늘 아버님의 서신을 가지

꿇었다(叉手屈膝)"라는 용례가 있으며, 宋 毛晃의 『增韻』 에서는 "叉자는 두 손을 마주잡는 것을 속칭하여 叉手라 부른다(叉, 俗呼拱手曰叉手)"고 설명하고 있다.

23 道 : 原錄에서는 '來'자로 되어 있다. 【校注】 '來'자는 응당 '道'자로 해야 한다. 앞 구절 "去時只道壹年, 三載不歸宅李(裏)"에서는 '道'字를 사용하고 있다.

24 助 : 原錄에서는 '祝'자로 교정하였다. 【校注】 '助'字는 去聲이고 '祝'字는 入聲이므로 通假해서 바꾸어서는 안 된다. 【蔣禮鴻】 '助阿孃寒寒溫' 구절에서의 '助'자는 '안부를 여쭙다'는 의미이며, '助阿孃 同喜'구절에서의 '助'자는 '기쁜 일을 축하하다'는 의미이다. '안부를 여쭙는 것'과 '기쁜 일을 축하하는 것'은 모두 상대방이 평안하거나 기쁜 일이 있기에 자기 자신도 마찬가지로 기쁘고 위로가 되기 때문에 '助'자를 쓰는 것이다.

고 왔다 합니다. 두 번의 절은 어머님의 안부를 물은 것이고, 두 번의 절은 어머님께 축하를 드리는 것입니다."

後阿孃聞道苦嗽(瞽叟)到來, 心裏當時設計. 高聲喚言舜子 : 「實若是阿耶來, 家裏苦無供備. 阿孃見後園果子非常, 最好紅桃先(鮮)味. 我若嘀(摘)[25]得桃來, 豈不是於家了事!」[26]舜子問(聞)道摘桃, 心裏當時歡喜. 舜子上樹摘桃, 阿孃也到樹底. 解散自家頭計(髻),[27] 拔取金艾(釵)手裏, 次(刺)破自家脚上, 高聲喚言舜子 : 「我子是孝順之男, 豈不下樹與阿孃看次(刺).」 舜子忽聞次言,[28] 將爲(謂)是眞無爲(僞).[29] 舜子卽忙下樹.[30]

어머니는 고수가 왔다는 소리를 듣고 바로 그때 마음속으로 계획을 세우면서 큰 소리로 순자를 불러 말하였다. "만약 네 아버지가 오신다면, 집안이 가난하여 드릴 것이 없구나. 내가 보니 뒤뜰에 열린 과일이 아주 좋아 보이더구나. 붉은 복숭아가 신선하고 맛도 있어 보이고. 네가 만약 복숭아를 따온다면 이 어찌 집안일을 잘하는 것이 아니겠느냐!" 순자는 어머니의 말을 듣고 복숭아를 따면서 마음 속으로 매우 기뻐하였

25 原卷에서는 먼저 '啲'자로 적어놓은 다음 뒤이어 '嘀'자로 교정하고 있다. 『正字通』에 "嘀자는 讁의 속자이다(嘀, 俗讁字)"라고 설명하고 있으므로, 原錄에서 '摘'자로 읽은 것은 옳다.

26 了事 : 사리에 밝고 총명하고 재주가 있다는 의미이다. 『雲溪友議』에 실려 있는 王梵志의 詩 구절 "아이를 많이 낳을 필요는 없다네, 그저 능력이 뛰어난 아이 하나면 충분하지(生兒不用多, 了事一個足)"과 『唐語林』 卷六에 나오는 "덕종이 말하길 '궁 안에 많은 사람이 있지만, 그대가 가장 총명하고 뛰어나구나(德宗曰 : 宮內人數不少, 汝最了事)"라는 말이 모두 다 그 용례들이다.

27 [原校] 曾씨는 '疑'자는 응당 '髻'자로 해야 한다고 했다. [校注] '計'자와 '髻'자는 모두 古와 詣의 반설음이므로 서로 通假를 할 수 있음은 의심의 여지가 없다.

28 이 구절은 原錄에서는 '舜了聞言'의 네 글자로 되어 있다. [校注] 原卷의 경우 먼저 '舜子次言'으로 기록한 다음, '次'字의 오른쪽에다 '忽聞' 두 글자를 보충해 놓고 있으므로, '舜子忽聞次言'으로 쓰여 있음이 분명하다. '次'자는 '此'자와 통한다. 그 다음에 나오는 구절인 '後妻忽聞此言'라는 구절에서는 바로 '此'字를 활용하고 있다.

29 [原校] '僞'자는 原卷에서는 '爲'자로 되어 있는데, 曾씨의 견해를 활용하였다.

30 [原校] 甲卷은 이 부분에 이르러 끝나 있다. 乙卷에서 전개되고 있는 고사를 자세히 살펴볼 때 중간에 누락된 부분이 있는 것으로 보이지만, 몇 행에 불과할 뿐이다.

다. 순자가 나무 위로 올라가 복숭아를 딸 때, 어머니도 나무 아래로 따라 왔다. 스스로 머리를 산발하고 금비녀를 뽑아 손에 쥐고 자신의 다리를 찔러 상처를 내고는 큰 소리로 순자를 불러 말하였다. "너는 효성스러운 아들이라면서 어찌 나무에서 내려와 어미의 상처를 돌보지 않느냐." 순자는 그 소리를 듣고 거짓이 아니라 진실이라고 생각하면서 급히 나무 아래로 내려왔다.(이 아래 부분은 빠지고 없다.)

(闕)房中臥地不起. 不經三兩□□, □□□(瞽)叟[31]來至. 瞽叟入到宅門, 直到自家房□.[32] □[33]後妻向床上臥地不起. 瞽叟問言娘子:「前後見我不歸,[34] 得甚能歡能喜![35] 今日見我歸家, 床上臥[□](地)[36]不起, 爲復是

31 앞 구절에서 누락된 글자는 응당 '日間'의 두 글자이다. '不經三兩日間'은 시간의 짧음을 말한다. '叟'자 앞에 原卷에서는 5개의 누락된 글자가 있다. 【校注】 '叟'자 앞의 글자는 '瞽'이며, 이는 의심의 여지가 없다. 原卷의 경우 누락된 글자가 많지는 않으며, 구식에 근거하여 두 개의 궐문 표시 공란은 삭제하였다. 남겨진 두 개의 공란에는 아마도 응당 '忽然'과 같은 글자가 들어가야 할 듯하다.

32 闕文에는 응당 '裏'자가 들어가야 할듯하며, 이는 운을 맞춘 것이다.

33 原錄에는 두 개의 闕文이 있다. 【校注】 原卷에서는 이 부분에서 □ 하나를 없애고 있기 때문에, 여기서도 그것을 따라 □ 하나를 삭제시켰다. 나머지 궐문 □는 응당 '見'자로 해야 한다.

34 前後: 이 글자는 偏義複詞이며, 여기서는 '前'자의 의미를 지칭한다. 【蔣禮鴻】 '不'자는 語助詞로서 실제적인 의미는 없다. '見我不歸'는 '내가 집으로 돌아온 것을 보다'는 뜻이다. 【校注】 이 용례에서의 '不'字는 아마도 '來'字가 와전된 글자인 듯 하며, 앞 구절의 '來至'와 여기서의 '來歸'의 의미는 동일하다. 또한 본편의 卷內에서는 '不'자를 때로는 '𣎴', '𠀚' 자로 쓰고 있는데, 이는 '来(來)'자와 자형이 매우 비슷하다.

35 能: '이와 같이 · 이처럼'의 의미이다. 『助字辨略』에서는 "또한 韓愈의 시에 '두 그루 은행나무에 핀 꽃 어찌 이처럼 울긋불긋한가'라는 구절이 보이며, 皮襲美의 詩에서도 '진회의 신체는 온 전체가 매우 자그마한데, 돌조각 같은 얼굴에도 이와 같이 턱은 있네'라는 말, 唐子西의 詩에도 '복숭화 꽃은 이처럼 붉고 도리꽃은 이처럼 희구나'라는 구절이 있는데, 여기서의 '能'자는 '恁'자와 의미가 같으며 또한 거성으로 읽을 수도 있는데 이때는 방언에서 말하는 '이처럼'의 뜻이 된다. 또한 '得能'은 '이와 같이'의 뜻인데, 오나라 사람들의 용어이다(又韓退之詩: 杏花兩株能白紅.' 皮襲美詩: '檜身渾個矮, 石面得能顛', 唐子西詩: '桃花能紅李能白', 此能字, 與恁同, 亦可作去聲, 方言個樣也. 得能, 卽個樣, 吳人語也)"라고 설명하고 있다. 【校注】 『維摩詰經講經文』에 "붉은 입술처럼 붉은 깃발들은, 이처럼 붉고 이처럼 빨갛다. 눈처럼 하얗고

鄰里相爭, 爲復天行時氣?」[37]後妻忽聞此言, 滿目㴔㴔[38]下淚.「自從夫去潦楊(遼陽), 遣妾勾當家事, 前家男女[39]不孝, 見妾後園摘桃, 樹下多埋[40]惡刺, 刺我兩脚成瘡, 疼痛直連心髓. 當時便擬見官, 我看夫妻之義. 老夫若也不信, 脚掌上見有膿[41]水. 見妾頭黑面白, 異生猪狗之心.」[42]

(앞부분 빠짐) 방안에 누워 일어나지 않았다. 이삼일이 지나지 않아 □

가지런한 이빨은, 이처럼 희고 이와 같이 깨끗하다(朱唇旖旎, 能赤能紅; 雪齒齊平, 能白能淨)"는 구절이 있는데 여기서 '能'字의 의미도 동일하다.『通釋』에도 고증한 것이 있는데, '寧馨' 等이 그 前身임을 지적하고 있다.

36 地 : 原卷에는 이 글자가 없으나, 蔣禮鴻校에 근거하여 보충한 것이다. '臥地'는 곧 '누워서'의 의미이며, '地'자는 동작의 중심이 아래쪽으로 향하는 것을 표시하는 접미사이다. 그 다음에 나오는 '樹地'의 '地'자와 동일하다.

37 爲复 : 선택 관계를 나타내는 관계사이다. 天行時氣 : 계절에 따라 유행하는 질병을 말한다.『諸病源候論』九『時氣病諸候』의「時氣令不相染易候」조목을 보면 "무릇 계절에 따라 생겨나는 병이라는 것은 모두 계절이 조화를 이루지 못해 차고 더움이 적절한 절도를 상실하여 사람들이 사악한 기운을 느껴서 병이 생겨나는데, 많은 경우 서로 전염이 된다(夫時氣病者, 此皆因歲時不和, 溫涼失節, 人感乘戾之氣而生病者, 多相染易)"라 설명하고 있는데 '감기'와 같은 질병을 말한다.

38 㴔㴔 : 原錄에서는 '摧摧'로 되어 있다.【校注】原卷에서는 '土'자 旁을 따라 '㴔㴔'로 하고 있는데 이 글자는 '漼漼'와 같으며 눈물이 흐르는 모양을 말한다. 韓愈의「憶昨行和張十一」詩에 "그대의 솔직한 말과 고뇌가 담긴 말씀 내 귀를 감동시켜, 눈물이 막을 수 없이 하염없이 흘러내립니다(危辭苦語感我耳, 淚落不掩何漼漼)"라는 말이 보인다.

39 男女 : 자녀를 뜻하지만, 여기서는 오직 '남자아이'만을 지칭한다. 번역자의 이름이 일실된 後漢의『佛說安宅神咒經』에 "아버지가 자비롭고 자식이 효도를 하게 되면, 아이들이 충성스럽고 올바르게 된다(父慈子孝, 男女忠貞)"는 말이 나오는데 여기서의 '男女' 역시 '자녀'를 뜻한다.『通釋』의 고증을 참조.

40 埋 : 原錄에서는 '里'자로 적어놓고 그 옆에다 '埋'자로 교정하였다.【校注】原卷의 본 글자는 편방자를 생략한 誤字이므로, 여기서는 교정을 가하였다.

41 膿 : 原錄에서는 '濃'자로 쓴 다음 그 옆에다 '膿'자로 교정하였다.【校注】原卷에서도 실제로는 '膿'자로 되어 있다.

42 異 : 原錄에서는 '冀'자로 되어 있다.【校注】原卷에서는 '異'자로 기록되어 있는데, 바로 '異'의 俗字이다.本卷에서는 '冀'자가 '廙'자로 되어 있는데, 약간 차이가 있다. '異'자는 아마도 응당 '意'자로 읽어야 하며, '욕심을 내다'는 뜻이다.『韓擒虎話本』에 "擒虎가 모습을 한 번 나타내 '이 참을 수 없는 자그마한 짐승이 욕심을 내어 중원을 어지럽히려 하는구나'라고 꾸짖었다(擒虎亦(一)見, 責而言曰 : '叵耐小獸, 便意生心, 擾亂中原')"는 말이 나오는데 여기서의 '意生心'과 '異生猪狗之心'의 말은 서로 비슷하다. 또 '心'字는 韻에 근거할 때 응당 '意'자로 해야 할 듯 하다.

□□□□□□ 고수가 왔다. 고수는 집에 돌아와서 곧바로 자기 방으로 들어갔다. □□□ 후처는 계속 침상에 드러누운 채 일어나지 않았다. 고수가 물었다. "당신은 줄곧 내가 돌아오지 않은 것이 기뻤나보오? 오늘 내가 집으로 돌아온 것을 보고도 침상에 누워 일어나지 않고 있으니. 혹시 이웃사람과 싸웠소? 아니면 돌림병에라도 걸렸소?" 후처는 갑자기 그 말을 듣고 슬퍼하며 두 눈에서 눈물을 흘렸다. "당신께서 요양에 가신 이후 저로 하여금 집안일을 처리하게 하셨지요. 전처의 아들은 효도는 하지 않고, 저에게 뒤뜰의 복숭아를 따라고 하고는 나무아래 바늘을 많이 묻어두었어요. 두 다리가 바늘에 찔려서 종기가 되었는데, 그 고통이 골수까지 미쳤어요. 당시에 곧 바로 관에 가려 하였으나, 제가 부부의 의리를 보아서 그만두었어요. 당신께서 믿지 못하신다면 발바닥의 고름을 보세요. 저의 까만 머리와 하얀 얼굴을 보시고도 개·돼지 같은 짐승의 마음을 가지기를 바라세요."

瞽叟喚言舜子:「阿耶暫到遼陽, 遣子勾當家事. 緣甚於家不孝? 阿孃上樹摘桃, 樹下多埋惡刺. 刺他兩脚成瘡, 這個是阿誰不是?」舜子心自知之, 恐傷母情; 舜子與招伏罪過, 又恐帶累阿孃.[43]「已身是兒, 千重[44]萬過, 一任阿耶鞭恥.」瞽叟忽聞此語,[45] 聞嗔且不可嗔, 聞喜且不是喜, 高聲喚言:「象兒!與阿耶三條荊杖來, 與打殺前家歌(哥)子!」[46]【象】兒【聞】[47]道取荊杖, 走入阿孃房裏. 報云:「阿耶交(教)兒取杖, 打殺

43 '恐傷弱情' 앞에는 '不招伏罪過'라는 말이 생략되어 있다. '帶累'의 의미는 '연루되다'인데, 姚合의 「寄王玄伯」 詩에 "새벽 일찍 나갔다가 밤이 되어서야 돌아오니 옷에 먼지만 가득하고, 문득 이 내 몸이 才名에 얽매여 있음을 깨닫게 되었네(夜歸曉出滿衣塵, 轉覺才名帶累身)"라는 말이 보인다.

44 重:'罪'자로 해야 할 듯하다.

45 語:原錄에서는 '言'字로 잘못 기록하고 있으나, 여기서는 原卷에 의거하여 교정하였다.

46 前家歌(哥)子:前妻 소생의 아들을 지칭한다. '哥子'자는 '象'의 아들을 상대하여 하는 말이다.

47 【原校】'象'자와 '聞' 두 글자는 曾氏의 견해에 근거하여 보충한 것이다. 【校注】'聞'字는

前家歌(哥)子!」後妻報言瞽叟:「男女罪過須打, 更莫交(教)分疏[48]道理.」象兒取得荊杖到來, 數中揀一條麤牞,[49] 約重三兩便下是.[50] 把舜子頭髮, 懸在中庭樹地.[51] 從項決到脚腂,[52] 鮮血遍流灑地.

고수가 순자를 불러 말하였다. "아비가 잠시 요양에 가면서 너에게 집안일을 부탁하였었다. 그런데 집에 불효를 한 까닭은 무엇이냐? 네 어머니가 나무에 올라가 복숭아를 따는데 나무아래 바늘을 많이 묻어 놓아 어머니의 두 다리를 찔러 종기를 나게 했는데, 이것이 누구의 잘못이냐?" 순자는 내심 스스로 (그 이유를) 알고 있었으나, 어머니의 마음을 상하게 할까 걱정되어 그 잘못을 인정하고, 또 화가 어머니가 미칠까 두려워 말하였다. "저는 자식 된 자로 그 죄가 크니 아버님의 채찍질을 달게 받겠습니다." 고수는 갑자기 이 말을 듣고 화를 낼 수도 기뻐할 수도 없어 큰 소리로 말하였다. "상아야! 아버지에게 가시나무 몽둥이 세 자루를 가져오너라. 네 형을 때려죽이게." 상아는 몽둥이를 가져오라는 소리를 듣고 어머니 방에 달려 들어가 말하였다. "아버지께서 몽둥이를 가져오라시며 형을 때려죽이려 해요!" 계모가 고수에게 말하였다. "아들의 죄는 매로서 다스려야 마땅하니, 변명하지 못하게 하세요." 상

보충하지 않아도 되는데, 이는 아마도 말을 급하게 하다 보니 초래된 일인 듯 하다.

48 [蔣禮鴻] '分疏'는 변명하다, 이유를 해명하다는 뜻이다. 『漢書』 顔師古注에서는 "'解'자는 오늘날의 '分疏'와 의미가 같다(解者, 若今言分疏矣)"라는 설명이 보인다.

49 麤 : 原錄에서는 '麁'자로 되어 있는데, 이는 俗字이다. 牞 : 이 글자는 『玉篇』에 보이는데, "牞는 크고 힘이 센 소를 말한다(牞, 牛大力)"고 설명하고 있다. 이 글자의 음은 居와 求의 반절음이며, 본편의 의미와는 부합되지 않는 것 같다.

50 下 : 原錄에서는 '不'자로 기록하고 있다. 張鴻勳은 이 글자는 어조사로서 의미가 없는 글자라고 했다. [校注] 原卷에서도 실제로는 '下'자로 되어 있으며, 아마도 덧붙은 글자인 듯하다.

51 樹地 : '나무에다'의 의미이다. '地'자는 동사 뒤에 붙는 접미사로서 동사의 중심이 아래로 향함을 표시한다.

52 決 : 매질을 하다 · 때리다는 의미이다. 脚腂 : 『集韻』에 보면 "腂자는 雌와 由의 반절음으로, 넓적다리와 정강이 사이 부분을 말한다. 간혹 酋자를 따르기도 한다(腂, 雌由切, 脛股間. 或徒酋)"라고 설명하고 있다. 그 다음에 나오는 구절인 "鮮血遍流灑地"는 "鮮血流灑遍地"로 해야 할 듯하다.

아가 가시나무 몽둥이를 가지고 오자 그 가운데서 몇 개의 굵고 단단한 것을 골라 두 세대 때렸다. 순자의 머리를 가운데 뜰 나무에 매달아 놓고 머리끝부터 발끝까지 때리니 선혈이 흘러 내려 땅을 흥건히 적셨다.

瞽叟打舜子, 感得百鳥自鳴, 慈烏洒血不止. 舜子是孝順之男, 上界帝釋知委. 化一老人, 便往下界來至. 方便與舜, 猶如不打相似. 舜卽歸來書堂裏, 先念論語孝經, 後讀毛詩禮記.

고수가 순자를 때리니 온갖 새들이 다투어 큰소리로 울고 까마귀는 그치지 않고 피를 흘렸다. 순자는 효성스러운 아들로, 이는 상계의 불교 수호신(제석)도 알고 있는 바이다. 그가 바로 노인으로 변해서 지상으로 내려와 기회를 엿보아 순자를 도와주니, 마치 때리지 않는 것과 같았다. 순은 바로 글방으로 돌아와 먼저 『논어(論語)』, 『효경(孝經)』을 읽고, 그 다음에 『모시(毛詩)』, 『예기(禮記)』를 읽었다.

後阿孃亦(一)[53]見舜子, 五毒嗔心便起. 「自從夫去遼陽, 遣妾勾當家事. 前家男女不孝, 東院酒席常開, 西院書堂常閉, 夜夜伴涉[54]惡人, 不曾歸來宅裏. 買(賣)卻田地莊園,[55] 學得甚鬼禍術魅!大杖打又不死, 忽若堯王敕知, 兼我也遭帶累. 解士(事)[56]把我離書來, 交【我】離你眼去!」瞽

---

53 【原校】 '亦'자는 '一'자와 통하며, '亦見'은 '一見'의 뜻이다.

54 伴涉 : 동행하다 · 추종하다는 의미이다. 『廬山遠公話』에 보면 "게다가 白莊은 누차에 걸쳐 악행을 저질렀고, 흉악한 무리들을 쫓아다녔다(況是白莊累行惡迹, 伴涉凶從)"는 말이 보인다. 『通釋』의 해당 조목을 참조.

55 이 구절은 앞에 나오는 '前家男女不孝' 구절 다음에다 위치시켜야 될 듯하며, '買(賣)却莊園田地'라고 도치시켜, '地'자를 韻脚으로 삼아야 한다.

56 解士(事) : 사리를 잘 아는 사람, 총명한 사람을 말한다. '解事'는 본래 動詞로서, 그 의미는 事理를 이해하다는 뜻이다. 예를 들면 S.601의 『啓顔錄』에 "이에 그 아내에게 말하길 '이 아둔한 인간아! 만약 현명치 못한 官府를 만나 그가 파견되어 내 턱을 부수고 검사를 하게 된다면, 내게 하나 뿐인 턱이 어찌 조그만 값어치라도 있게 되겠는가(乃報其妻曰 : '癡物, 儻逢不解事官府, 遣拆下頷檢看, 我一个下頷, 豈只直若哥(干)錢絹)?"라는 말이 나오는데 名詞性 용어로 바뀌었다. 「游仙窟」의 "그 누가 사물

叟報言娘子:「他緣人命致重,[57] 如何打他鞭恥?有計但知說來, 一任與娘子鞭恥.」後妻報言瞽叟:「不鞭恥萬事絶言, 鞭恥者全不成小事.」[58]

계모는 다시 순자를 보자 분노가 치밀어 올랐다. “당신이 요양에 가시면서 저에게 집안일을 처리하라 하셨죠. 전처의 아들은 불효를 저질렀습니다. 동원(東院)에다가는 늘상 술상을 차려놓고 서원(西院)의 글방은 항상 잠가두었지요. 밤마다 나쁜 사람들을 쫓아다니면서 집에 돌아오지 않았습니다. 전답과 장원은 팔아버리고 공부는 소홀히 하였습니다. 큰 몽둥이로 때려도 죽지 않고, 만약 요임금이 칙명을 내리신다면 저 역시 연루될 것입니다. 일을 해결하려면 저와 절연하고 제가 당신의 눈앞에서 사라지는 길 뿐입니다!” 고수가 부인에게 말하였다. “그 애와의 인연도 매우 중요한데 어떻게 그를 때려죽이겠소? 계책이 있으면 말해보시오. 내가 당신에게 일임하겠소.” 계모는 고수에게 말하였다. “죽이지 않으면 만사가 끝이에요. 그에 비하면 때리는 일은 작은 일에 불과합니다.”

不經兩三日中間, 後妻設得計成. 妻報瞽叟曰:「妾見後院空倉, 三二年來破碎, 交(敎)伊舜子修倉, 四畔放火燒死.」瞽叟報言娘子:「娘子雖是女人, 說計大能精[59]細.」瞽叟喚言舜子:「阿耶見後院倉, 三二年

을 이할 수 있는 혜안을 지니고, 가련히 여기는 마음을 지닐 수 있겠는가(誰家解事眼, 副着可憐心)?”가 그 예이다.

57 致重:지극히 중요하다. 『荀子·榮辱』에 보면 “뜻과 마음을 지극히 수행하고, 덕행을 많이 쌓고, 지혜와 생각을 지극히 밝게 해야 한다(志意致修, 德行致厚, 智慮致明)”라는 말이 나오는데, 楊倞은 注에서 “致는 지극히, 매우의 뜻이다(致, 極也.)”라고 풀이하고 있다. 이것이 ‘致’자에 ‘極(지극히·매우)’의 뜻이 있다는 증거가 된다. 이 구절은 응당 ‘但緣人命致重’으로 되어야 할 듯하며, ‘他’자는 ‘但’자가 와전된 것으로 보인다.

58 全成小事:이 구절은 原錄에서는 ‘全不成小事’로 되어 있다. 【蔣禮鴻】 ‘全不成小事’가 바로 ‘全成小事’이며, ‘무슨 대단한 일이라 할 수 없다’ 즉 매우 쉽다는 의미이다. 그 다음에 똑같은 말이 나오는데 ‘不’자가 없으므로 이로써 ‘不’자 의미가 없다는 증거로 삼을 수 있다. 【校注】 ‘不’字는 덧붙은 글자이며, 뒤에 나오는 예에 근거하여 삭제하였다.

59 精:原卷에서는 ‘稱’자로 적혀 있다. 【原校】 曾씨는 “‘稱’자는 그 다음에 나오는 문구

破碎;[60] 我兒若修得倉全, 豈不是兒於家了事.」舜子聞道修倉, 便知是後阿孃[61]設計. 調和一堆泥水. 舜子叉手啓阿孃:「泥水生治不解,[62] 須得兩個笠子.」後阿孃問瞽曰:「是你怨(冤)家修倉, 須得兩個笠子. 大(待)伊[63]怨(寃)家上倉, 不計[64]是兩個笠子, 四十個笠子也須燒死.」舜子纔上得[65]倉舍, 西南角便有火起. 弟一把[66]是阿後[67]孃, 續得瞽叟弟二, 弟三不是別人, 是小弟[68]象兒. 卽三具火把鐺脚且燒,[69] 見見紅焰[70]連天,

---

에 근거하여 '精'자로 고쳤다"라 말하고 있다. 【校注】 原卷에서도 실은 '精'자로 적혀 있으며, 이에 근거하여 교정하였다. '精細'는 『捉季布傳文』에 나오는 '尖新'과 같으며, 뛰어나다, 기특하다는 의미이다.

60 앞 구절의 '倉'자 앞에는 '空'자가 누락된 듯하며, 이 구절의 '年'자 다음에는 '來'字가 탈락된 것 같다.

61 孃: 原錄에서는 '娘'으로 되어 있으나 이는 오자이며 여기서는 原卷에 근거하여 교정하였다.

62 生治: 새롭게 수리를 하다. '生'자에는 '新(새로)'의 의미가 있는데, 예를 들면 『齊民要術作菹藏生菜』에 "하루 밤을 지내고 보니, 야채의 빛깔이 새로이 좋아졌다(經宿, 菜色生好)"라는 말이 나오는데, 여기서의 '生好'는 새롭게 좋아졌다는 의미이다. '生'자는 形容詞이나 '生治'에서는 부사로 전용되어 사용되고 있다.

63 【原校】 '大伊' 두 글자는 의미가 없으며, 아마도 '待伊'로 해야 할 듯하다. 【校注】 '大'와 '待'자는 음이 동일하기 때문에 상호 대체하여 사용할 수 있다. 예를 들면 P.3552「兒郎偉」에 "온갖 무리들이 다 모여서, 함께 앉아 새로운 봄이 오기를 기다리고 있었다[百群皆來集, 同坐大新春]"라는 말이 보이는데 여기서의 '大'자는 '待'자와 통한다.

64 不計: '~은 말할 것도 없이', '~는 말할 필요도 없이'의 의미로서 양보관계를 나타내는 복문임을 표시한다. 「長興四年中興殿應聖節講經文」에 보면 "여러 주 및 현과 진 할 것 없이, 모두들 신속하게 감옥을 한순간에 텅 비게 만들었다(不計諸州兼縣鎭, 共驚牢獄一時空)"는 말이 나오는데 여기서의 '不計'도 본 변문의 의미에 가깝다.

65 上得: 原錄에서는 잘못 바꾸어 써놓고 있으나, 여기서는 原卷에 근거하여 교정하였다.

66 弟: 原錄에서는 '第'자로 쓰여 있다. 【校注】 原卷에서는 '弟'자로 되어 있는데 이 글자는 '第'자의 古字이며 아래에서도 마찬가지이다. 또한 '火把'는 原錄에서는 '把火'로 되어 있지만, 原卷에 근거하여 교정하였다.

67 後: 原錄에서는 '得'으로 써놓고 그 옆에다 '後'자로 교정하고 있다. 【校注】 原卷의 '得'字에는 교정을 지운 흔적이 있으나, 原綠을 따라 '後'자로 해야 한다.

68 原卷에서는 '小弟' 다음에 '兒子'라는 두 글자가 더 있다. 이 구절은 韻에 의거할 때 '是象兒小弟'로 해야 할 듯하다.

69 鐺脚: 鐺은 다리를 세 개 가진 기물을 말하므로 '鐺脚'은 세 장소를 비유한다. 또 '燒'字는 原錄에서는 '且'로 되어 있으며, 또한 그 다음 구절의 첫 번째 글자인 '且'는 '燒'자로 되어 있다. 【校注】 原卷의 '且燒' 두 글자 옆에는 '갈고리' 부호가 있는데 이에

黑[71]煙[72]且不見天地. 舜子恐大命不存, 權把二個[73]笠子爲凴,[74] 騰空飛下倉舍. 舜子是有道君王, 感得地神擁起, 遂[75]燒毫毛不損. 歸來書堂院裏, 先念論語孝經, 後讀毛詩禮記.

이삼 일도 채 지나지 않아 후처는 계책을 마련하였다. 처가 고수에게 말하였다. "제가 뒤뜰에 있는 빈 헛간을 보았는데, 이삼 년 동안 무너져 있었어요. 순자에게 헛간을 수리하라고 하고 그때 주위에 불을 놓아 태워 죽입시다." 고수가 부인에게 말하였다. "당신은 여자인데도, 계획이 치밀하군 그래." 고수가 순자를 불러 말하였다. "아비가 후원의 헛간을 보아하니 이삼년 내내 무너져 있구나. 그러니 네가 헛간을 제대로 고친다면 어찌 일을 잘하는 것이 아니겠니?" 순자는 헛간을 수리하라는 말을 듣고 바로 계모의 계책임을 알아차렸다. 그는 진흙을 잘 배합하고 계모에게 공손하게 말하였다. "진흙이 덜 굳어 잘 되지 않으니, 삿갓 두 개가 필요합니다." 계모가 고수에게 물어 말하였다. "당신의 골치 덩어

근거하여 교정하였다.

70 焰 : 原錄에서는 '炎'자로 되어 있는데, 이는 俗字이다. 『龍龕手鏡』에 보면 "炎은 속자이다. 燄자는 오늘날의 약자이며 爓이 맞는 글자이다(炎, 俗; 燄, 今省; 爓, 正)"라고 설명하고 있다.

71 黑 : 原錄에서는 '里'자로 적어놓고 그 옆에다 '黑'자로 교정하고 있다. [原校] 曾氏의 校를 활용했다. [校注] 이는 생략하는 과정에서 생겨난 誤字이므로 교정하였다.

72 '烟' 다음에 原錄에서는 '且'字가 적혀 있는데, 응당 덧붙은 글자이므로 삭제하였다.

73 個 : 原卷에서는 모두 '个'자로 되어 있는데 이 경우에는 '人'자로 되어 있는 듯하다. 중간에 세로획 하나를 그어놓았는데 기록하지 않는 것이 옳을 듯하다.

74 凴 : 原錄에서는 '㠓'자로 되어 있다. [徐校] '㠓'자는 '鴉'자와 같은 글자인 듯하며 '䲷'字를 가차하여 '翅'자로 한 것 같다. [校注] 原卷에 '㵦'사로 되어있는 것은 '凴'字가 와전된 것이 분명하다. 『廬山遠公話』에 "첫 번째로 해야 할 일은 반드시 높은 상앗대에 의지해야 하는 일이다(第一須凴高掉(篙棹)"는 말이 있는데 여기서의 '凴'字를 原卷에서는 '㺯'로 하고 있는데 본 변문의 자형과 근사하다. 『李陵變文』의 "새가 공중에 있을 때는 여섯 개의 날개에 의지한다[鳥之在空, 由(猶)凴六翮]" 구절의 '凴'사가 바로 '凴'자 이며 '憑'자의 古字이다. "權把二个笠子爲凴" 구절은 임시방편으로 두 개의 삿갓에 의지함을 말하며, '由(猶)凴六翮'에서 '凴'의 의미와 동일하다.

75 遂 : 原錄에서는 '逐'자로 되어 있으며, 그 다음에 '不'字가 있다. 徐校에서 "'逐'은 '遂'자로 해야 할 듯하며, '不'字는 덧붙은 글자이다. 이 구절은 '遂燒毫毛不損'으로 해야 한다"라고 하였으며, 이에 근거하여 삭제하고 교정하였다.

리 아들이 헛간을 수리하는데 삿갓 두 개가 필요하다고 합니다. 그 애가 헛간위로 올라가기를 기다립시다. 두 개의 삿갓이건 사십여 개의 삿갓이건 헛간에서 반드시 불타 죽을 것입니다!" 순자가 막 헛간위로 올라가자 서남쪽에서 불이 일어났다. 첫 번째 불은 계모가 놓은 것이고 계속해서 고수가 두 번째로 불을 놓았다. 세 번째 불을 놓은 사람은 다른 사람이 아닌 바로 동생 상아였다. 곧 세 불길 모두 솥다리를 불태울 것처럼 불기둥이 하늘까지 치솟고 검은 연기가 피어올라 천지가 보이지 않았다. 순자는 목숨을 보존하지 못할까 두려워 잠시 두 개의 삿갓을 날개로 삼아 공중으로 뛰어 올라, 날라 헛간을 내려왔다. 순자는 군왕의 도를 가지고 있었던지라 지신(地神)이 감명을 받아 그를 보호하여 결국에는 타 죽지 않고 조금도 다치지 않았다. 그는 서당으로 돌아와 먼저 『논어』, 『효경』을 읽고, 그 다음에 『모시』, 『예기』를 읽었다.

後阿孃又見舜子, 五毒惡心便起.「自從夫去遼陽, 遣妾勾當家事, 前家男女不孝, 東院酒席[76]常開, 西院書堂常閉, 夜夜伴涉惡人, 不曾歸來宅裏. 買(賣)卻田地莊園, 學得甚祟禍術魅, 大杖打又【不】殺.[77] 三具火燒不煞, 忽若堯王敕知, 兼我也遭帶累. 解事把我離書來, 交我離你眼去.」瞽叟報言娘子 :「緣人命致重, 如何但修理他.[78] 有計但知說來, 一任與娘子鞭恥.」後妻報言瞽叟 :「不鞭恥萬事絶言, 鞭恥全成小事.」

계모는 다시 순자를 보자 마음이 또 뒤틀리기 시작하였다. "당신이

76 席 : 原錄에서는 '市'자로 적어 넣고 '席'으로 교정하였다. 【校注】 이 글자는 자형이 생략되면서 생겨난 오기이므로 교정하여 비로 잡았다.

77 殺 : 原錄에서는 이 글자를 '死'자로 잘못 쓰고 있으며, 그 다음 구절에 나오는 '死'자는 '煞(煞, 殺의 속자이다)'자로 하고 있으나, 여기서는 原卷 및 韻例에 의거하여 교정하였다.

78 이상의 두 구절에는 아무래도 오기가 있는 듯 하다. 앞에서 동일한 뜻을 지닌 구절이 "他緣人命致重, 如何打他鞭耻"로 되어 있으므로 여기서도 응당 "他(但)緣人命致重, 如何打他修理"로 되어야 할 듯하며, 여기서의 '理'자는 각운이다. 【蔣禮鴻】 여기서의 '修理'는 실제로는 죽음에 이르게 하다는 뜻이다.

요양에 가시면서 저에게 집안일을 부탁하셨죠. 전처의 아들은 불효를 저질러 동원에는 술자리를 늘상 차려놓고 서원의 글방은 항상 잠가두었지요. 밤마다 나쁜 사람들을 쫓아다니면서 집에는 들어오지 않고, 전답과 장원은 팔아버리고 공부는 소홀히 하였습니다. 큰 몽둥이로 때려도 죽지 않고, 세 번 불을 놓아 태워 죽이려 했으나 죽지도 않고, 요임금이 칙명으로 이 사실을 아시기라도 한다면 그 죄가 저에게도 미칠 것입니다. 일을 해결하려면 저와 절연하시고, 제가 당신의 눈앞에서 사라지는 길 뿐입니다.'" 고수가 부인에게 말하였다. "사람의 목숨이란 중하거늘 어떻게 그 애를 혼낼 수 있단 말이오? 계책이 있으면 말해보시오. 그 애를 혼내는 일은 당신이 알아서 하시오." 후처가 고수에게 말하였다. "죽이지 않으면 만사가 끝이에요. 때리는 일은 작은 일에 불과합니다."

不經旬日中間, 後妻設得計成:「妾【見】[79]廳前枯井, 三二年來無水. 交(教)伊舜子淘井,[80] 把取大石塡壓死.」瞽叟報言娘子:「娘子雖是女人, 設計大能精細.」高聲喚言舜子:「阿耶[81]廳前枯井, 三二年來無水, 汝若淘井水出,[82] 不是兒於家了事.」舜聞濤(淘)井, 心裏知之, 便脫衣裳

79 【原校】이 부분은 曾씨의 校를 활용하여 보충하였다.

80 淘井 : 우물을 파다는 의미. 李商隱의 『雜纂·惱人』을 보면 "우물을 파던 사나이, 급하게 오줌을 싸네(淘井漢, 急屎尿)"라는 말이 보인다.

81 耶 : 原錄에서는 '爺'로 되어 있으나, 여기서는 原卷에 근거하여 교정하였다. 그 다음에 나오는 구절인 "從此後阿耶兩目不見" 구절에서의 '耶'字도 原卷에서는 이와 같이 되어 있고 原錄에서도 마찬가지로 '爺'자로 교정해 놓고 있다. 本卷에서는 '耶'字가 10차례 보이는데 原卷에서는 모두 '耶'자로 쓰고 있지 '爺'자로 쓰고 있지 않다. 宋 程大昌 「演繁露父子稱呼」에 "오늘날의 사람들은 귀천을 가리지 않고 아버지를 '耶'라고 부르는데, 아마도 이는 그 전습이 이미 오래된 듯하다(今人不以貴賤呼父皆爲耶, 蓋傳襲已久矣)"라고 설명하고 있다. 「古文苑木蘭詩」에 "군서 12권이 있었는데, 각 권마다 아비의 이름이 들어 있었다(軍書十二卷, 卷卷有耶名)"라는 구절이 있는데 宋章樵의 注에서 "耶자를 오늘날에는 '爺'라고 쓴다. 세상 사람들은 아버지를 '爺'라고 부른다(耶, 今作爺. 俗稱父爲爺)"라고 설명하고 있다. 敦煌의 寫本 가운데서는 爺字가 모두 '耶'자로 되어 있다. 『玉篇』에 '爺'字가 있는데, 아마도 宋人들이 증가시켜 놓은 글자인 듯하다.

井邊, 跪拜入井濤泥.[83] 上界帝釋密降銀錢伍百文入於井中. 舜子便於泥樽中置銀錢, 令後母挽出. 數度訖, 上報阿耶孃:「井中水滿錢盡, 遣我出着, 與飯一[84]盤食者, 不是阿孃能德.」[85] 後母聞言, 於瞽叟詐云:「是你怨(冤)家有言, 不得使我銀錢, 若用我銀錢者, 出來報官, 渾家[86]不殘性命?」瞽叟便卽與(以)[87]大石塡塞. 後母一女[88]把著阿耶,「殺卻前家歌(哥)子, 交(教)與甚處出頭.」[89] 阿耶不聽, 拽手埋井.[90] 帝釋變作一黃龍, 引舜通穴往東家井出. 舜叫聲上報, 恰值一老母取水, 應云:「井中是甚人乎?」舜子答云:「是西家不孝子.」老母便知是舜, 牽挽出之. 舜卽泣淚而拜. 老母便與衣裳串[91]着身上, 與食一盤喫了. 報舜云:「汝莫

82 水出 : 原錄에서는 '出水'로 오기하고 있으며 原卷에 의거하여 교정하였다.

83 泥 : 去聲으로 읽어야 하며, 入韻한 글자이다. 이 다음부터는 韻이 없다.

84 一 : 이 글자는 原錄에서는 누락되어 있으나, 여기서는 原卷에 의거하여 보충하였다.

85 能德 : 偏義復詞로서 이 글자의 의미는 '德'字에만 있다.

86 渾家 : 온 가족. 「燕子賦」(一)에 보면 "하루에 식구 한 명씩을 매장시켜, 온 가족들 중 그 누구도 남기지 않았다(日埋一口, 渾家不殘)"라는 말이 나오는데, 여기서의 "渾家不殘"은 온 가족들 누구도 남기지 않았다는 의미이다.

87 【蔣禮鴻校】 '卽與'는 바로 '곧 ~로서(卽以)'의 의미이다.

88 女 : 原錄에서는 '心'자로 교정하였다. 【蔣禮鴻】 原錄에서 '女'자를 '心'자로 교정해놓고 있는데, 이는 큰 잘못이다. 이 부분은 瞽叟의 후처 소생의 여식 하나가 瞽叟를 말리는 것을 말하고 있으며, 그 다음에 나오는 "殺却前家哥子, 教與甚處出坎?"는 이 여식이 하는 말로써 "우물을 메워 오빠를 죽이실 작정이세요? 오빠로 하여금 어느 곳을 통해 우물에서 빠져나오게 하시려구요?"라는 의미이다. 『列女傳』「有虞二妃傳」에 보면 "순임금에게는 여동생 繫가 있었는데, 순이 그녀를 아꼈고 두 분의 형수와도 사이가 좋았다(舜之女弟繫, 憐之, 與二嫂諧)"는 기록이 있으며 『漢書・古今人表』에도 "敤手는 순임금의 여동생이다(敤手, 舜妹)"라고 하고 있다. 顏師古의 注에서는 "세상에 전해지고 있는 책들에 보면 '擊'자로 하고 있는데 이는 잘못이다(流俗書本作擊字者誤)"라고 하고 있으며, 『說文』에서는 "敤는 순 임금의 여동생의 이름인 敤首를 말한다(敤, 舜女弟名敤首)"라고 설명하고 있다. 이에 근거할 때 여기서 말하는 從母一女는 바로 敤手임을 알 수 있다.

89 頭 : 原錄에서는 '坎'으로 되어 있다. 【潘校】 原卷에서는 草書로 '頭'字로 써놓고 있는데, 『變文集』에서는 이 글자를 '坎'자로 인식하고 있다. 【校注】 原卷에서는 '頭'자로 되어 있는데 이 글자는 곧 '頭'의 俗字인 '頭'자의 草書이다.

90 【蔣禮鴻】 '拽手埋井'는 瞽叟가 만류하는 여식의 손을 뿌리치고 우물을 메우는 것을 말한다.

91 串 : 原錄에서는 '穿'자로 교정하였다. 【校注】 '串'자와 '穿'자는 모두 '옷을 입다'는 의미

歸家, 但取你親阿孃墳墓去, 必合見阿孃現身.」說詞已了, 舜卽尋覓阿孃墓. 見阿孃眞身, 悲啼血. 阿孃報言舜子:「兒莫歸家, 兒大未盡.[92] 但取西南角歷山躬耕, 必當貴.」

이삼 일도 채 지나지 않아 후처는 계책을 마련하였다. 처가 고수에게 말하였다. "제가 대청 앞에 있는 말라 있는 우물을 보았는데, 이삼년 동안 물이 말라 있었어요. 순에게 우물을 치게 하고 그때 큰 돌을 가져다가 눌러 죽입시다." 고수가 부인에게 대답하였다. "당신은 비록 아녀자이기는 하나 그 계획이 담대하고 세밀하기가 이를 데 없구료." 고수는 큰 소리로 순자를 불러 말하였다. "아비가 대청 앞에 있는 마른 우물을 보니 이삼년 동안 물이 말라 있구나. 네가 만약 우물을 쳐서 물을 나오게 한다면 이 또한 어찌 잘하는 행동이 아니겠느냐!" 순은 우물을 치라는 소리를 듣고 마음속으로 그 뜻을 간파했으나, 바로 옷을 벗고 우물가에서 무릎을 꿇고 절을 하고는 우물 속으로 들어가 흙을 치기 시작했다. 상계의 불교 수호신은 은밀히 은전 5백 문(文)을 내려 우물 속에 넣어 두었다. 순자는 바로 진흙 병에 은전을 넣고 계모에게 잡아당기게 하였다. 그렇게 하기를 여러 차례하고 끝낸 뒤 위를 보면서 계모에게 말하였다. "우물 속에 물이 가득 찼고 은전은 다 올려보냈으니, 저를 꺼내주시고 밥을 먹게 하시면 이 또한 모두 어머니의 은덕이 아니고 무엇이겠습니까?" 계모는 그 소리를 듣고 고수에게 거짓으로 말했다. "당신

로 사용될 수 있으므로, 굳이 교정할 필요는 없다. P.3211 王梵志의 詩에 "집이 가난하니 좋은 옷 없어, 겨우 겹옷 한 벌 만들었네. 옷 가운데에는 솜을 집어넣고, 다시 삼베로 옷 안쪽을 만들었네. 청빈함은 언제나 즐겁게 만들어주니, 혼탁한 부귀함이야 필요 없다네. 낮에는 그 옷을 입고 다니고, 밤에 잠잘 때는 다시 이불로 쓴다네(家貧無好衣, 造得一襖子. 中心禳破氈, 還將布作裏. 淸貧常使樂, 不用濁富貴. 白日串項行, 夜眠還作被)"라는 말이 나오는데 여기서의 '串項'은 곧 옷과 겹옷을 목에 까지 걸치는 것, 즉 옷을 착용하다는 의미이다. 『龍龕手鏡』 雜部의 去聲 조목을 보면 "串은 古와 患의 반절음으로, 옷을 입다는 뜻이다(串, 古患反, 穿也)"라고 설명하고 있다.

92 大未盡 : 재앙이 아직 다 사라지지 않았음을 말한다. 또한 徐震堮은 아마도 '大'자 다음에 '難'字가 누락된 듯하다고 했다.

의 골치 덩어리 아들이 제가 은전을 가지지 못하게 하고 있습니다. 만약 제가 그 은전을 사용한다면 나와서 관에 알리겠답니다. 저는 목숨도 보존할 수 없습니다." 고수는 바로 큰 돌을 주어 우물을 메우도록 하였다. 후처의 딸인 여동생 과수(﨟手)가 아버지를 잡고 말하였다. "오라버니를 죽이실 작정이세요. 그에게 어떻게 빠져나오게 하시려구요?" 고수는 그 말을 듣지 않고 손을 뿌리치며 우물을 메웠다. 불교의 수호신(제석)은 한 마리 황룡(黃龍)으로 변하여 순을 이끌고 동굴을 통해 동쪽 집우물로 나오게 하였다. 순은 위를 향해 소리를 질렀다. 때마침 한 노파가 물을 긷다가 (그 소리를 듣고) 대답하였다. "우물 속에 누가 있소?" 순자가 대답하였다. "서가(西家)의 불효자입니다." 노파는 그가 순임을 알고 바로 그를 끌어냈다. 순자는 눈물을 흘리며 절하였다. 노파가 그에게 옷을 주자 순은 몸에 걸쳤다. 노파는 다시 그에게 음식을 주어 먹게 하고는 순에게 말하였다. "순아, 너는 집으로 돌아가지 말고 바로 친어머니 무덤을 찾아가거라. 그러면 반드시 현신(現身)한 친어머니를 만나볼 수 있을게다." 말을 마치자 순은 바로 어머니의 무덤을 찾아갔다. 순은 어머니의 모습을 보자 피를 토하며 슬피 울었다. 어머니가 순자에게 대답하였다. "애야, 아직 재앙이 다 끝나지 않았으니 집으로 돌아가지 말거라. 서남쪽가의 역산(歷山)을 몸소 경작하면 반드시 귀하게 될 것이다."

舜取[93]母語, 相別行至山中, 見百餘傾(頃)空田; 心中哽噎. 種子犁牛, 無處取之. 天知至孝, 自有郡(群)[94]猪與(以)觜[95]耕地開壟, 百鳥銜子抛[96]田, 天雨澆溉. 其歲天下不熟, 舜自獨豐, 得數百石穀米.[97] 心欲

93 【蔣禮鴻】 取 : 말을 듣다, 말에 순종하다는 의미이다. '取母語'는 어머니의 말을 따른다는 의미이다.

94 郡 : 原錄에서는 '群'으로 되어 있다. 【校注】 原卷에서는 '郡'으로 되어 있는데, '群'자와 통한다.

95 【原校】 '與觜'는 '以觜'의 의미로 '주둥이로 땅을 갈다'는 것을 말한다.

96 抛 : 原錄에는 '拋'자로 되어 있다. 【校注】 原卷에서는 '抛'자로 되어 있다.

思鄉, 擬報父母之恩. 行次臨河, 舜見一[98]郡(群)鹿, 嘆曰:「凡爲人身, 遊鹿不相似也.」泣涙呼(吁)嗟之次, 又見商人數個, 舜子問云:「冀都[99]姚家人口, 平善好否?」商人答云:「姚家千萬, 阿誰識你親情? 有一家姚姓, 言遣兒濤井, 後母嫉之, 共夫塡卻井煞兒. 從此後阿爺兩目不見, 母卽頑遇(愚),[100] 負薪詣市. 更一小弟, 亦復癡顚,[101] 極受貧乏, 乞食無門. 我等只識一家, 更諸姚姓, 不知誰也.」舜子當卽知是父母小弟也. 心口[102]思惟, 口亦不言.

순은 어머니와 헤어진 뒤 그 말을 믿고 걸어 산중에 다다랐을 때 백여 경의 텅 빈 밭을 보고 목이 메여 마음속으로 흐느껴 울었다. 밭에 심

---

97 米: 原錄에는 '來'자로 되어 있다. 【校注】 '來'字는 原卷에는 '來'자로 되어 있는데(敦煌 寫本에서는 대부분 이와 같이 쓰여 있다), 당시 이 글자는 '米'자와 쉽게 혼동되었다. 여기서는 본문의 의미에 근거하여 교정하였다.

98 一: 原錄에서는 '以'자로 적어 놓고는 그 옆에다 '一'자로 교정하였다. 【校注】 '以'자는 응당 '一'자의 字形상의 와전인데, 이는 아마도 原卷의 '一'자는 '[illegible]'자로 쓰여 있는 경우가 많고 이 글자가 '以'자의 草書 형태와 근사하기 때문인 듯하다.

99 都: 原錄에서는 '郡'으로 되어 있다. 【校注】 原卷에서는 '都'자로 되어 있는데, '都'자로 하는 것이 옳다. 그 다음에 나오는 '將來冀都逢父母'라는 구절이 그 증거가 될 수 있다. P.2621「孝子傳」의 "쌀을 가지고 기군으로 와서 팔았다네(將來(米)冀都而糶)"는 구절 역시 방증으로 삼을 수 있다.

100 頑遇: 原錄에서는 '玩遇'으로 적어놓고 그 옆에다 '頑嚚'로 교정하고 있다. 【校注】 原卷에서는 '頑遇'으로 되어 있는데, '遇'자는 '愚'자와 통한다. P.2621「孝子傳」에 보면 "아버지는 우물을 메우고 나서 두 눈을 실명하였으며, 어머니 역시 우둔하고 멍청해졌으며, 동생도 목소리를 잃어버렸다(父至塡井, 兩目失明, 母亦頑禺, 弟亦失音)"라는 구절이 나오는데 여기서의 '禺'자 역시 '愚'자와 통한다.

101 顚: 原錄에서는 '癲'으로 되어 있다. 【校注】 原卷에서는 '顚'자로 되어 있는데 바로 '癲'자의 古字이다. 『新唐書·李白傳』附張旭에 "술을 너무 좋아하여, 매번 크게 취하면 미친 듯이 소리를 지르고 미친 듯이 돌아다니면서 붓을 놀려 글씨를 썼으며, 때로는 머리카락에다 먹물을 묻혀 글씨를 쓰기도 했다. …… 세상 사람들은 그를 張顚이라고 불렀다(嗜酒, 每大醉, 狂叫狂走, 乃下筆, 或以頭濡墨而書, …… 世呼張顚)"라는 기록이 있다. 또「茶酒論」에 "술로 인해서 술병에 걸린다는 말은 들어봤어도, 차 때문에 정신이 미치거나 돈다는 말은 들어보지 못했다(卽見道有酒黃酒病, 不見道有茶瘋茶顚)"는 말이 나오는데 여기서의 '顚'字 역시 같은 의미이다.

102 徐震堮은 아마도 '心口'는 '心中'으로 해야 할 것 같다고 했으나, 이는 옳지 않다. 袁賓은 "'心口'의 의미는 곧 '心中'으로 唐人들이 상용하던 말이었으며 變文에서도 자주 보인다"라고 말하고 있다.

을 씨앗과 쟁기를 구할 데가 없었다. 하늘은 순의 지극한 효를 알고 있었던지라 많은 돼지를 보내어 그 주둥이로 밭을 갈고 일구게 하고, 온갖 새들로 하여금 씨앗을 물어다가 밭에 던지게 하였으며, 비를 내려 농작물에 물을 대어주었다. 그해 천하는 흉년이 들어 거두어들일 것이 없었으나, 순은 홀로 풍년이 들어 수백 석의 곡식을 거두어 들였다. 순은 마음속으로 고향을 그리워하며 단지 부모의 은혜를 갚으려는 생각뿐이었다. 가다가 강가에 다다랐을 때 순은 사슴 떼를 보고 탄식하며 말하였다. "무릇 사람의 몸으로 태어나서 오히려 사슴이 노니는 것만 못하구나." 눈물을 흘리며 탄식하던 차에 (그곳에서) 상인 몇 사람을 보았다. 순자는 그들에게 물어보았다. "기군(冀郡)의 요씨(姚氏) 집안사람들은 모두 평안하십니까?" 상인들이 대답하였다. "요씨 성을 가진 사람이 수많은데, 누가 당신의 친척과 친구인지 어떻게 알겠소. 그런데 요씨 성을 가진 한 집안에서 이런 일이 있었소. 아들에게 우물을 치라고 하고, 그 계모가 아들을 미워하여 남편과 함께 우물을 돌로 메워 아들을 죽였다지 뭐요. 그로부터 그 아비는 두 눈이 보이지 않았고, 계모는 괴팍스러워 땔감을 등에 메고 시장에 가서 판다오. 또 그의 어린 동생은 미쳤다오. 집안은 극도로 빈궁해져 문전걸식한다오. 우리들은 단지 이 집의 사정만 알뿐 다른 요씨 성을 가진 사람들은 누구도 모른다오." 순자는 바로 그들이 자기의 부모와 동생인 것을 알았다. 그리고는 마음속으로 생각만 할 뿐 입 밖에 내지 않았다.

舜來歷山, 俄經十載, 便將米往本州. 至市之次, 見後母負薪, 詣市易米. 值舜糴(糶)[103]於市, 舜識之, 便糶與之. 舜得母錢, 佯忘安着[104]米囊中而去. 如是非一. 瞽叟怪之. 語後妻曰 :「非吾舜子乎?」妻曰 :

103 原卷에서는 '籴'자로 되어 있다. 아래 구절에 나오는 '糶'자는 原卷에서는 '粜'자로 되어 있는데 각각 '糴'과 '糶'의 會意 俗字들이다.(『廣韻』, 『字彙補』에 보인다.)

104 安着 : 原錄에서는 '安置'자로 오기하고 있으며, 여기서는 原卷에 근거하여 교정하였다.

「百丈井底埋卻, 大石擂[105]之, 以土填卻, 豈有活理?」 瞽叟曰:「卿試牽我至市.」 妻牽叟詣市, 還見糶米少年, 叟謂曰:「君是何賢人, 數見饒益.」[106] 舜曰:「見翁年老, 故以相饒.」 叟耳識其聲音曰:「此正似吾舜子聲乎?」 舜曰:「是也.」 便卽前抱父頭, 失聲大哭. 舜子拭其父淚, 與舌舔之, 兩目卽明. 母亦聰慧, 常復能言. 市人見之, 無不悲歎.

순은 역산에 온 지 십 년 만에 곡식을 메고 고향으로 갔다. 시장에 이르렀을 때 계모가 땔감을 메고 와서 시장에 와서 쌀로 바꿔 가는 것을 보았다. 순이 시장에서 쌀을 사들일 때 그녀를 알아보고 바로 그에게 쌀을 팔았다. 순은 어머니의 돈을 받고 잠시 잊은 듯이 쌀 주머니 안에 돈을 넣었다. 여러 번 그렇게 하자 고수가 이를 이상하게 여겨 후처에게 말하였다. "혹시 우리 순자가 아니오?" 아내가 말했다. "백 길이나 넘는 우물 속에 묻고 큰 돌로 막은 후 흙으로 메웠는데, 어찌 살아남을 수 있단 말입니까?" 고수가 말했다. "당신이 나를 끌고 시장에 한 번 가 봅시다." 처는 고수를 데리고 시장에 가서 다시 쌀을 파는 젊은이를 보았다. 고수가 말하였다. "그대는 어디서 온 현인이기에 누차 이익을 베풀어 주십니까?" 순이 말하였다. "어르신의 연로함을 보아서 잘 해드렸을 뿐입니다." 고수는 그 음성이 귀에 낯익은 것을 알고 말하였다. "이는 바로 우리 순의 목소리가 아닌가?" 순이 말하였다. "그렇습니다." 바로 앞으로 나아가 아버지를 껴안고 실성한 듯 크게 울었다. 순자가 아

105 擂 : 原錄에서는 '擋'으로 되어 있다. [校注] 原卷에서는 실제로는 '擂'자로 되어 있다. 『集韻』에 보면 "擂자는 돌을 높은 곳에서 아래쪽으로 굴리는 것을 말한다(擂, 推石自身高而下也)"고 설명하고 있는데 의미가 이곳에 합치한다. P.2621 「孝子傳」을 보면 "부모가 나쁜 마음이 생겨나, 곧장 큰 바위로 우물을 메우고 흙을 가져와 입구를 막고 그 흙 위로 소들 몰아 흙을 다져 길을 만들었다(父母遂生惡心, 與(以)大石鎭之, 持土塡塞, 驅牛而路)"라는 말이 나오는데 여기서의 '擂'는 곧 '鎭(메우나)'자의 의미이다.

106 饒益 : '이익을 더하다, 이익을 보태주다'의 의미이며, 여기서는 재물을 보내주는 것을 지칭한다. 그 다음에 나오는 '相饒'자와 의미가 같다. 『法華經 · 譬喩品』을 보면 "게다가 장자께서는 스스로 재산이 많음을 알고 제자들을 배불리 먹이려 하는구나(何況長者自知財富無量, 欲饒益諸子)"는 용례가 보인다.

버지의 눈물을 닦고 혀로 핥자 두 눈이 밝아졌다. 어머니 또한 다시 총명해졌고 동생도 다시 말을 할 수 있게 되었다. 시장사람들이 그것을 보고 슬퍼하며 탄식하지 않은 이가 없었다.

當時舜子將[107]父母到本家庭. 瞽叟湆(泣曰 :)吾之孝【子】!,[108] 不自斟量, 便集鄰里親眷, 將刀以殺後母. 舜子叉手啓大人 : 若殺卻阿孃者, 舜元無孝道, 大人思之.」鄰里悲哀, 天下未門(聞)此事. 父放母命已後,[109] 一心一肚快活, 天下傳名. 堯帝聞之, 妻以二女, 大者娥皇, 小者女英. 堯遂卸位與舜帝. 英[110]生商均, 不肖, 舜由此卸位與夏禹王.

당시 순자는 부모를 모시고 자기 집으로 데려 갔다. 고수는 아들의 효성스러움을 깨닫고 스스로 헤아릴 길이 없어 이웃의 친척들을 불러 모은 뒤 칼로 계모를 죽이고자 하였다. 순자는 두 손을 가슴까지 올리고 절을 하며 아버지께 아뢰었다. "만약 어머니를 죽이시면 소자는 본디 효가 없는 놈이 되오니, 부디 이점을 생각해주십시오." 이웃사람들은 슬피 울면서 천하에서 이런 이야기를 듣지 못하였다고 말했다. 아버지는 계모의 목숨을 살려 준 뒤 몸과 마음이 기뻤고, 이 일은 천하에 알려졌

107 【蔣禮鴻】'將자'는 '데리고 가다, 모시고 가다'의 의미이다.

108 泣曰 : 原錄에서는 '湆'자로 되어 있으며, '子'자는 原卷에는 없다. 袁賓은 '湆吾之孝'를 '因悟子孝'로 교정하였고 江藍生은 '諳悟子孝'로 교정하였으나 모두 옳지 않다. 原卷의 경우에는 이 부분의 '泣曰'을 잘못 합하여 한 글자로 만들어 놓고 있긴 하나, '湆'의 오른쪽 아래 글자인 '日'자와 그 윗부분의 글자 사이에 약간의 거리를 두고 있다. 또한 敦煌寫本에서는 '曰'자를 많은 경우에 있어 '日'자로 하고 있으며, '日'는 반대로 '曰'자로 많이 쓰고 있으며, 本卷 各例의 '曰'자도 모두 '日'자로 되어 있다. '孝子'의 '子'자에 관해서는 아마도 '孝'자의 아래 부분에 '子'의 半字가 있기 때문에 잘못 누락시킨 것 같다. 潘重規 역시 '湆'자는 아마도 '泣曰'을 합친 글자일 것이라고 했다.

109 已後 : 原錄에서는 '以後'로 되어 있다. 【校注】原卷에서는 '已後'로 되어 있다. 唐人들은 '以'자를 '已'자로 많이 썼으며 虛詞는 많은 경우에 있어 일정치 않으므로, 번거롭게 교정할 필요는 없는 듯하다.

110 英 : 原錄에서는 '莫'자로 적어 놓고 그 옆에 '英'자로 교정하였다. 【校注】原錄의 글자는 '英'의 俗字이며 原錄에 따라 교정하는 것이 합당하다.

다. 요임금이 그 소문을 듣고 두 딸을 처로 주었다. 큰 딸은 아황(娥皇)이고 작은 딸은 여영(女英)이다. 요임금은 즉시 제위를 순임금에게 주었다. 영은 상균(商均)을 낳았으나, 그 아버지만 하지 못했다. 순은 이 때문에 하(夏)나라 우왕(禹王)에게 제위를 넘겨주었다.

其詩曰:
瞽叟塡井自目盲, 舜子從來[111]歷山耕.
將米冀都逢父母, 以舌舐眼再還明.
시에서 다음과 같이 말하고 있다.
고수는 우물을 메우고 절로 눈이 멀었고,
순자는 그때부터 역산에서 밭을 갈았네.
쌀을 가지고 기주로 가서 부모를 만나고,
그 혀로 눈을 핥아주니 두 눈이 다시 밝아졌네.

又詩曰:
孝順父母感於天,[112] 舜子濤(淘)井得銀錢.
父母抛石壓舜子, 感得穿井東家連.
또 시에서 말했다.
부모에게 효를 행하면 하늘도 감동하고,
순자는 우물을 파다가 은전을 얻었네.
부모는 돌을 던져 순자를 눌려 죽이려 했지만,
하늘이 감동하여 우물을 뚫어 이웃집에 연결시켜 두었네.

111 從來:'종래에, 예선에'의 의미이다. 이 구절은 舜子가 예선에 歷山에서 밭을 간 적이 있음을 말하고 있다. 「捉季布傳文」에 "이전부터 불이 자주 출렁이면 혼탁해진다고 했지(從前又說水煩昏)"라는 구절이 나오는데 여기서 '從前'은 丁·庚卷에서 모두 '從來'로 되어 있는데 글자는 다르지만 같은 뜻의 글자이다.

112 感:原卷에서는 '咸'으로 되어 잇는데 偏旁을 잘못하여 탈락시킨 것이다. '於'자는 P.2621 「孝子傳」에서는 '爲'자로 베껴놓고 있는데, 이는 音을 借字한 것이다.

舜子至孝變文一卷

순자지효변문 1권

檢得百歲詩云:「舜年二十,[113] 學問. 三十, 堯擧之. 五十, 大行天下事. 六十一, 代堯踐帝位. 在位三十九年, 南巡狩, 崩於蒼梧之野, 年百歲. 葬於[□](江)[114]南九疑, 是爲零陵. 舜子姓姚, 字重華.」又檢得歷帝記[115]云:「舜號有虞氏, 姓姚, 目有重瞳. 父名瞽叟, 母號握登, 顓頊之後, 黃帝九代孫. 都平陽, 後都蒲阪. 夏禹代立.」孔安國云:「舜在位五十年, 年一百十二歲. 崩, 葬蒼梧野[116]九疑山. 帝舜元年戊寅.」

「백세시(百歲詩)」를 보면 다음과 같이 말하고 있다. 순임금은 나이 이십 세에 학문을 이루었다. 삼십 세에 요 임금이 그를 추천하였다. 오십 세에 천하의 일을 크게 행하였다. 육십일 세에 요임금을 대신하여 제위에 올랐다. 제위에 오른 지 삼십 구년 되던 해에 남쪽으로 순수를 나갔다가 창오(蒼梧)의 들녘에서 죽었으니, 이때 그의 나이 백 세였다. 강남(江南) 구의(九疑)에서 장사지냈는데, 이것이 영릉(零陵)이 되었다. 순자는 성(姓)이 요씨(姚氏)이고 자(字)는 중화(重華)이다. 또한 『역제기(歷帝記)』를 살펴보면 다음과 같이 말하고 있다. "순의 호(號)는 유우씨(有虞氏)이고, 성(姓)은 요(姚)씨이며, 두 개의 눈동자를 가지고 있었다. 부친의 이름은 고수(瞽叟)이고, 어머니는 악등(握登)부인이다. 전욱(顓頊)의 후예이고, 황제(黃帝)의 구대손이다. 도읍은 평양(平陽)이고, 후에 포판(浦坂)으로 옮겼다. 하(夏)나라 우(禹)임금이 대를 이어 자리에 올랐다." 공안국(孔安國)은 다음과 같이 말하고 있다. "순은 오십 년 동안 임금의 자리에 있었고, 나이는 일백 십이 세였다. 그가 죽자 창오(蒼梧) 구의산(九疑山)에 장사지냈다.

113 '二十'과 그 다음에 나오는 '三十'은 原錄에서는 모두 글자를 합쳐 '廿', '卅'으로 적어놓고 있다.

114 '江'字는 『史記·五帝本紀』에 근거하여 보충한 것이다.

115 曆帝記: 原錄에서는 歷帝紀로 되어 있으나, 여기서는 原卷에 근거하여 교정하였다.

116 野: 原錄에서는 누락되어 있으며, 여기서는 原卷에 근거하여 보충하였다.

제순(帝舜) 원년(元年)은 무인년(戊寅年)이다."

天福十五年歲當己酉朱明蕤賓之月[117]蓂生拾肆葉,[118] 寫畢記.
天福 15年 己酉年 여름 오월 명협 풀잎이 열 넉 장 피던 날 쓰다.

117 月 : 原錄에서는 '日'자로 잘못 기록해 놓고 있으며, 여기서는 原卷에 근거하여 고쳤다.

118 蓂生 : 명협풀을 말한다. 전설에 의하면 堯임금 때에 이 풀을 가지고 날짜를 계산하였다고 한다. 『白虎通・符瑞』에 보면 "蓂莢이라는 것은 나무 이름이다. 매달 하루에 하나씩 한 잎씩 자라나 15일이 되면 다 자라난다. 16일째부터는 한 잎씩 지기 시작한다. 때문에 계단을 사이에 두고 자라나게 해서, 날짜를 밝혔다(蓂莢者, 樹名也. 月一日一莢生, 十五日畢; 至十六日一莢去. 故夾階而生. 以明日月也)"는 기록이 보인다. '蓂莢生肆葉'은 곧 14일을 지칭한다. P.4660「大唐河西道沙州故釋門法律大德凝公邈眞贊」題記에 "함통 5년 음력 3월 14일에 기록하다(時咸通五載季春月蓂生十葉題)"라고 기록하고 있는데 여기서의 蓂莢도 본 변문의 의미와 같다.

한붕부(韓朋賦)[1]

昔有賢士, 姓韓名朋,[2] 少[3]小孤單, 遭喪[4]遂失【其】[5]父, 獨養老母. 謹

1 【王慶菽原校】: 「韓朋賦一卷」은 모두 여섯 권의 寫卷이 남아 있으며, 오늘날에는 P.2653을 原卷으로 삼는데, 原券의 문장은 앞부분은 완전한데 비해 끝부분 3~4행은 누락되어 있다.
S.2922. 甲卷. 제목 아래에 '貞妻□□□士'라는 여섯 글자가 있다. 原文은 首尾가 모두 완정한 편이며, 또한 초록한 年月日도 기록되어 있다. 그러나 중간부분에서는 내용의 일부분이 누락되어 있다. 【潘重規】 아래에 '貞妻昔者有賢士'라는 글자가 있는데, 실제로는 '昔有賢士'가 맞는 글자이다.
S.3227이 乙卷이며, 원문은 앞부분은 완정한 편이나 끝부분에 잔결된 부분이 있다.
P.3873. 丙卷. 원문은 앞부분은 누락된 부분이 있으나, 끝부분은 완전한 편이다. 또한 첫 단락의 10행 정도가 잘려져 있고 잔결된 부분도 있다.
S.4901이 丁卷이며, S.3090가 戊卷이다. 이 두 寫卷은 원래는 동일한 한 사람이 초록한 것이며, 런던 박물관에서 정리를 할 때 주의를 기울이지 않은 탓에 잘못 편집된 것이다. 兩 사권의 原文은 앞부분이 모두 불완전하며, 두 寫卷 모두 첫 단락 부분에 잔결된 부분이 있다. 본편의 고사는 干寶의 「搜神記」 卷十一에 처음 기록되어 있으며, 그 후에 唐 劉恂의 『嶺票錄異』, 唐 釋道世의 『法苑珠林』, 宋 李昉의 『太平廣記』에도 기록이 남아 있다.
【校注】 S.2922, P.3873은 原校에서는 P.2922, S.3873으로 잘못 교정하였다. 여기에서

身行孝, 朋[6]身爲主意[7]遠仕. 憶母獨注(仕), 【故娶】[8]賢妻, 成功素女,[9] 始

이미 原校의 언급에 관해서는 수정을 가하였지만, 卷號만은 그대로 따른다. 본편의 제목이 原卷에서는 「韓朋賦一卷」으로 되어 있으나, 지금 살펴보니 原卷의 首題는 「韓朋賦一首」로 되어 있었으며 현존하는 甲卷과 乙卷에서도 「韓朋賦一首」(潘重規는 甲卷에서는 '一卷'으로 되어 있다고 했으나, 이는 옳은 것이 아니다)로 되어 있는데, '一首' 두 글자는 篇名에 속하는 것이 아니기에 여기서는 삭제하였다. 尾題는 原卷에서는 본문의 맨 끝부분에서 행을 바꾸어, 정문과 같은 크기의 글자로 「韓朋賦一卷」이라 쓰고 있으며, 다시 행을 바꾸어 4개의 칸에다 「韓朋賦一首」라 기록하고 있다. 현존하는 甲卷에서는 「韓朋賦一卷」으로, 丙卷에서는 「韓朋賦一首」로 되어 있다. 賦의 경우는 '首'로 칭하는데, 『文選』에서 이미 그러했으며 敦煌의 賦에서도 이러한 경우가 많다. 예를 들면 「晏子賦」, 「燕子賦」 等이 모두 그러하다. 또한 潘重規는 "丁卷과 戊卷의 두 寫卷은 비록 동일한 사람에 의해 기록된 것이라 해도 이 두 寫卷은 底本이 다르며 따라서 마땅히 분리해야 한다"고 했다. 그러나 오늘날 이 두 사권의 原文을 세밀하게 살펴보니, 글자의 자체가 완전히 동일하고 字句도 대체로 서로 유사한데 丁卷의 殘缺된 부분이 戊卷에 보존되어 있기도 하고 戊卷의 殘缺된 부분이 丁卷에 보존되어 있기도 하여 문자 상의 경중을 가릴 수가 없다. 그러므로 이 두 寫卷은 동일한 寫本이 분리되어 나누어진 것이니 응당 다시 정리하여 한 권으로 교정해야 할 듯 하다. 그러나 原校의 주장과 상호 모순되는 것을 피하기 위해, 여기서는 여전히 두 권으로 분권한다.

2 韓朋 : 通行되고 있는 『搜神記』 版本에서는 '韓憑'으로 되어 있으며, 『法苑珠林』에서는 '韓馮'을 인용하고 있으며, 『嶺表錄異』에서는 '韓朋'이라는 두 글자를 인용하고 있다. 容肇祖는 "'朋'자와 '馮'자는 비록 『切韻』에서는 하나는 二十四 '登'部에 들어있고 하나는 二十三 '蒸'部에 속해 있긴 하지만 아마도 古音은 서로 비슷했을 것이며, '憑'과 '馮'자는 고대에는 서로 통용되었다. '韓憑'으로 기록한 『搜神記』本이 통행된 이후로, 후대에는 '韓朋'이라고 부르는 경우가 점점 적어졌다"고 하였다. 【校注】 '馮(憑)'자가 본명이며, '朋'자는 아마도 借音字일 것이다. 하지만 '朋'자에는 雙成對를 이루려는 의도가 담겨 있으며, '朋'으로 이름을 삼은 것은 아마도 본편의 고사의 내용과 관련이 있을 것이다.

3 丁卷은 이 구절부터 시작된다.

4 【原校】 甲, 乙, 丁卷에서는 모두 '遭喪' 두 글자가 없다.

5 【原校】 '其'字는 甲卷에 근거하여 보충한 것이다. 【校注】 丁卷에도 '其'字가 있다. 原卷에는 '其父' 두 글자가 모두 결필되어 있다.

6 朋 : 原錄에는 '用'자로 기록되어 있다. 【項楚校】 '用身' 두 글자는 이해하기가 어렵다. 王利器의 『敦煌文學中的韓朋賦』에서는 '朋身'으로 교정하였으나, 이 역시 옳은 것은 아니다. 原錄의 '用'字는 '母'字의 字形상의 오기이다. 【校注】 甲, 乙의 두 寫卷에서는 '謹身行孝'에서부터 '憶母獨注(仕)'에 이르는 부분이 모두 없고, 丁卷에서도 잔결되어 있으며 오직 '原卷'에서만 이 부분이 보존되어 있다. '用'자는 바로 '朋'자의 오기이다. 原卷에서는 '朋'가 '𠕎' 혹은 '用'으로 되어 있는데, 이는 아마도 '用'자인 듯한데 이 글자를 약간 기울여 쓴 글자 인 듯하며, 여타 각 寫卷에서도 역시 동일하게 되어

있다. 敦煌寫本에서는 이와 같은 경우가 많다. 그 다음에 나오는 '詐作朋書'의 글자가 甲卷에서는 '朋'자를 '用'자로 잘못 기록하고 있다. '用'자는 「魏女尙書馮女郎墓志」에 이미 보이는데, 이 글자는 아마도 속자인 듯하다.

7 身爲主意 : '스스로 결단을 내리다'는 의미이다. '身'에는 '자신'의 의미가 있는데 그 유래는 이미 오래되었으며, 『爾雅·釋詁』에서는 "'自'자는 '我(나)'의 뜻이다"라고 풀이하고 있다. 郭璞의 注에서는 "오늘날의 사람들은 자기 자신을 '身'으로 부른다(今人自呼爲身)"라고 설명하고 있다.

8 【原校】 甲·乙卷에서는 '獨注' 두 글자가 없으며, '故娶' 이 두 글자는 甲卷과 乙卷에 근거하여 보충한 것이다.

9 成公素女 : 原錄에서는 '成功索女'로 기록해 놓고는, '索'자를 '素'자로 교정해 놓고 있다. 潘重規는 '成功索女'로 교정하고는 "'索'자는 '구하다, 초청하다'는 의미이며 索女는 곧 '아내로 맞이하다'는 뜻이다. 變文集校에서는 '索'자를 '素'자로 교정하고 있으나, 이는 잘못이다"라고 하였다. 【校注】 原校가 옳다. '索'자는 甲卷과 乙卷에서는 모두 '索'자로 되어 있으나, 모두 '素'자로 해야 한다. 敦煌寫本에서는 '索'자와 '素'자를 서로 혼용하는 경우가 많은데, 바로 그 다음에 나오는 말인 '黑發素絲'의 '素'字 역시 甲·丙卷의 두 寫卷에서는 모두 '索'로 되어 있는 것이 그 예라 할 수 있으며 '索絲'는 '索絲'로 기록할 수 없다. '素女'는 神女의 이름이기도 하고 또 일반적인 少女의 통칭으로 쓰이기도 하는데, 여기서는 韓朋의 妻 貞夫를 말한다. '素女'의 의미를 이해하는 관건은 '成功' 두 글자에 달려 있다. 甲·乙의 두 寫卷을 보게 되면 '功'자가 '公'으로 되어 있는데, '成公'은 복성이라 이에 근거하여 '功'을 '公'으로 고친 것이다. 『搜神記』 卷一을 보면 "魏 濟北郡 從事掾 弦超는 字가 義起였다. 嘉平에서 한밤중에 홀로 머물고 있었는데, 꿈속에서 신녀가 내려와 그녀를 쫓아왔다. 그녀는 스스로 자신이 天上의 옥녀로서 東郡 사람이며, 字는 知瓊이며, 弦超 그대가 어려서 부모를 잃은 까닭에 천지가 그대의 외롭고 고달픈 처지를 애달파 하여 나를 보내어 그대에게 시집을 가서 그대를 남편으로 모시고 따르라고 하였다(魏濟北郡從事掾弦超, 字義起. 以嘉平中夜獨宿, 夢有神女來從之. 自稱天上玉女, 東郡人, 姓成公, 字知瓊. 早失父母, 天地哀其孤苦, 遣令下嫁從夫)"는 기록이 있다. 俗文學에서는 자의적으로 날조를 하는 경우가 많은데, 본 變文에서도 아마 '成公知瓊(智瓊으로 되어 있기도 하다) 의 일을 韓朋의 아내의 일에다 견강부회해 놓은 듯하다. 『搜神記』 卷十一에 "宋康王 舍人 韓憑은 何氏를 아내로 맞이하였다(娶妻何氏宋康王舍人韓憑, 娶妻何氏)"라는 기록이 있는데, 이에 근거할 때 韓朋 아내의 성은 당연히 何씨이다. 그러나 『明封邱縣志』, 『淸開府志』 등에서는 韓憑 아내의 성은 息氏라고 하고 있다. 容肇祖은 "지금 『搜神記』에서 韓朋의 아내를 '何氏'로 말하고 있으나, 『法苑珠林』 卷二十七과 『本平御覽』 卷五五九의 인용문에서는 '何氏' 두 글자를 '而'자로 하고 있는 것에 근거할 때 『搜神記』의 원문도 분명 이렇게 되어 있었을 것이다. 아마도 唐·宋 以前에는 본래 '何氏'라는 말이 없었던 것 같다. 후인들은 습관적으로 부인의 성이 某氏인지를 따지기를 좋아하였으며, 혹자들은 『搜神記』의 기록에 그 옆에다 '何氏'라는 기록을 의심하다가 宋 이후로 이 판본이 통행된 이후로 韓朋 아내의 성이 永錫 '何氏'라는 훌륭한 성씨를 가지게 된 것이다. 여기서의 '息'氏는 『列女傳』 「息君夫人」

年[10]十七，名曰貞夫．已[11]賢至聖，明顯絶華，[12] 刑(形)容窈窕，天下更無．雖是女人身，明解經書．凡所造作，[13] 皆合[14]天符．[15] 入門三日，意合[16]同居，共君作誓，各守其軀．君【亦】[17]不須再取(娶)[18]婦，如水如魚；[19] 妾亦不再嫁，[20] 死事一夫．

조목의 典故를 활용하여 비유로 삼은 것인데, 뜻밖에도 사람들의 오해를 불러일으켜 결국에는 혼동을 하게 되었고 韓憑의 妻가 息氏라는 전설을 야기했던 것이다"라고 하였다. [校注] '何氏'說은 바로 『搜神記』의 原文에서 유래된 것이지만 이 역시 姓氏를 가탁한 것이며, '成公', '息氏'의 견해 역시 마찬가지이다.

10 始年 : 乙卷과 丁卷에서는 '年始'로 되어 있다.

11 [原校] 甲卷에서는 '已'자가 '與'자로 되어 있다. [校注] 丁卷에도 '與'자로 되어 있다. '已'자는 정도를 나타내는 말로써, '已賢'은 '매우 현명하다(極賢)'는 뜻이며 '至聖'과 연결되는 단어이다. 『詩 · 唐風 · 蟋蟀』에 보면 "다만 지나치게 즐기지만 말고 언제나 밖의 일도 생각해야지(無已大康, 職思其居)"라는 말이 나오는데, 『毛傳』에서는 "'已'자는 '매우, 심히'의 뜻이다(已, 甚)"라고 풀이하고 있다. 韓愈의 「原毁」에서도 "이 또한 사람을 책망함이 너무 심한 것 아닌가(是不亦責於人者已詳乎)"라는 용례가 있다.

12 明 : 乙卷에서는 '名'자로 되어 있다. '明顯絶華'는 韓朋 아내의 자태와 용모가 매우 출중함을 묘사하는 표현이다.

13 造作 : '제작하다, 만들다'는 의미로 여기서는 글을 창작하는 것을 지칭한다.

14 合 : 原錄에서는 '今'으로 되어 있다. [原校] '今'자는 아마도 '合'字인 듯하다. [校注] 原校가 심히 옳다. '合'자는 俗字로 '⿱人⿱一口'자로 쓰기도 하는데, 이 글자의 上部가 '合'자와 같으며 아래 부분은 속어에서 말하는 '尖口'를 말한다. 이 글자는 '今'자와 자형이 매우 비슷하기 때문에, 서로 혼동하는 경우가 많다.

15 甲卷과 乙卷에서는 '絶華'에서부터 이 부분까지 모두 누락되었으며, 原卷에만 보존되어 있다.

16 [原校] 甲卷에서는 '合'자가 '欲'자로 되어 있다. [校注] 乙卷에서는 '意'자가 '交'자로 되어 있다.

17 [原校] '亦'字는 甲卷에 근거하여 보충한 것이다. [校注] 乙卷과 丁卷에서는 모두 '亦'字가 있다.

18 原錄에서는 '取'자 다음에 '婦'字가 있는데, 이는 덧붙은 글자이다. 『說文』에서는 "娶는 아내를 맞이하다는 뜻이다(娶, 取婦也)"라고 설명하고 있다. '取'字 역시 교정해서는 안 된다.

19 如水如魚 : 原錄에서는 '如魚如水'로 되어 있다. [校注] 乙卷에서는 '如水如魚'로 되어 있으며, '魚'자는 앞에 나오는 '夫, 無, 書, 符, 居, 軀, 夫' 等의 일곱 글자와 압운을 맞춘 것이다. 따라서 이에 근거하여 교정하였다. 容肇祖는 '華' 역시 入韻한 것이라고 하고 있지만, 옳은 견해인 것 같지는 않다.

20 이 구절은 原錄에서는 '妾亦不再【改】嫁'로 되어 있다. [原校] '改'字는 甲, 乙, 丁卷에 근거하여 보충한 것이다. [校注] 甲卷에서는 '妾亦更不改嫁'로 되어 있으며 乙卷에서

옛날에 어진 선비가 있었으니, 그의 성은 한이요 이름은 붕이었다. 어려서 외롭게 자란 그는 아버지를 여윈 후 늙은 어머니가 홀로 키웠다. 그는 몸가짐이 올바르고 효행이 지극하였다. 한붕의 어머니는 아들에게 멀리 가서 벼슬을 하라고 권했다. 그는 어머니가 홀로 집에서 계시게 되는 것을 염려하여 어진 아내를 맞았다. 그녀의 성(姓)은 성공(成公)이었으며 방년 17세로 이름은 정부(貞夫)였다. 그녀는 매우 어질고 지극히 숭고한 마음가짐을 지녔으며 화사하고 아리따운 모습은 천하에 비할 데가 없었다. 그녀는 비록 여인의 몸이었으나 경서에 훤히 밝았고 천부적인 글재주를 지니고 있었다. 시집온 지 사흘 만에 합방을 하게 되자 낭군과 정절을 서로 지킬 것을 맹세하였다. 낭군께서 다른 아내를 맞아들이지 않고 물고기와 물처럼 항시 저와 같이 하신다면, 저 역시 개가하지 아니하고 죽을 때까지 한 지아비만을 섬기겠어요.

韓朋出遊, 仕[21]於宋國, 期去三年, 六秋不歸.[22] 朋母憶之,[23] 心【中】煩惱;[24] (其妻[25]念之, 內自發心,[26] 忽然[27]執筆, 遂字(自)造書.[28] 其文斑斑,[29] 文辭碎

는 '妾亦不須再嫁'로, 丁卷에서는 '再改嫁' 앞부분이 잔결되어 있다. 여기서는 乙卷에 근거하여 교정하였다.

21 仕 : 丁卷에서는 '往'자로 되어 있다.

22 歸 : 原卷에서는 '皈'자로 적어 넣고 그 옆에다 '歸'자로 교정하고 있다. 【校注】 '自反爲皈'은 실제로는 '歸'字의 字形이 변화되어 이루어진 會義 俗字로 佛經에 많이 보인다. 敦煌寫本에서는 '歸', '皈'(혹은 皈)은 모두 함께 통용되고 있는데 여기서는 '皈'자를 '歸'字로 교정하였다(乙・丁卷 두 寫卷에서는 '歸'자로 되어 있다). 아래 부분부터는 교정을 표시하지 않는다.

23 【原校】 甲・乙・丁卷에서는 '之'자가 '子'자로 되어 있다.

24 惱 : 原錄에서는 '惣'자로 되어 있다. 【原校】 甲・乙・丁卷에서는 '心煩惣'이 '口亦不言'으로 되어 있다. 【校注】 '惣'字를 項楚와 張鴻勛은 모두 '怨'자로 교정하고 있으나, 옳은 것이 아니다. '惣'자는 통상적으로는 '總'자의 俗字이지만, 여기서는 '惱'의 俗字인 '憁' 혹은 '怱', '惣'자의 변형인 듯 하다. 『龍龕手鏡』에서는 "憁자는 俗字이며, 惱자가 正字이다. 奴와 老의 반절음이며 '번뇌'의 뜻이다(憁, 俗, 惱, 正 : 奴老反, 煩惱也)"라고 설명하고 있다. 러시아에 소장되어 있는 Φ九六号 「雙恩記」에 "原王令去無憂憁"라는 말이 나오는데, 여기서의 '憁'字는 '老'와 '到' 等의 글자에 맞춰 압운한 것이므로 '惱'字임을 알 수 있다. 同卷에서는 동일한 글자가 '怱', '惣', '憁' 등의 자형으로 되

金,[30] 如珠如玉.)[31] 意欲寄書與人, 恐人多言; 意欲寄書與鳥, 鳥恒高飛; 意欲寄書與風, 風在空虛.[32] 書若[33]有感, 直到朋前; (書若無感, 零落草間.

어 있는데 모두 동일한 글자들이다. '心煩惱'는 句式에 근거할 때 四言이 되어야 하기 때문에, '中'字를 첨가하였다.

25 [原校] '其妻念之, 內自發心, 忽執筆, 遂字造書. 其文斑斑, 文辭碎錦, 如珠如玉.'의 27字는 甲·乙·丁卷에 근거하여 보충한 것이다. [校注] 그 다음에 나오는 '意欲' 두 글자도 原卷에는 없다.

26 [原校] '自發' 두 글자는 甲卷과 乙卷에서는 '白苑'으로 되어 있으나, '苑'字는 확실치가 않다. [校注] 乙卷에서는 '自犮'로 되어 있는데, 이 글자는 뒤에 나오는 '從發道路'에서 '發'자의 속자이다. 丁卷은 잔결되어 있으며, 甲卷에서는 '白犮'로 되어 있는데 이는 字形상의 와전이다. '發'자는 敦煌 寫本 중에서는 '犮'자로 되어 있는 경우가 많은데, 뒤에 나오는 '從發道路'의 '發'자는 原卷 및 乙卷과 丁卷에서는 모두 俗子로 되어 있다.

27 然: 原錄에서는 '自'로 되어 있다. [原校] 原卷과 乙卷에서는 '自'자가 '然'으로 되어 있다. [校注] 甲卷에서는 '自'자로 乙卷에서는 '然'으로 되어 있는데, 여기서는 乙卷에 따라 교정하였다.

28 遂字造書: 項楚는 이 구절을 '逐字造書'로 교정하였다. [校注] '遂'字는 틀린 것이 아니며, '字'자는 응당 '自'로 읽어야 한다. 甲卷과 丁卷의 두 寫卷에서는 이 네 글자가 없으며, 오직 乙卷에만 보전되어 있다. 그 다음에 나오는 '其文斑斑' 구절에서는 '文'자가 甲卷과 丁卷에서는 '自'자로 되어 있는데 이 글자가 '字'자와 통한다. 「廬山遠公話」에 나오는 "한 글자의 묘법을 들었다(聽得一自之妙法)"라는 말에서의 '自'자 역시 '字'자와 통한다.

29 [原校] 甲卷에서는 '斑斑'이 '玭玭'으로 되어 있는데, '玭'字는 무슨 글자인지 알기 어렵다. [校注] '文'자는 甲卷과 丁卷에서는 '自(字)'로 되어 있으며, '斑'자는 甲卷에서는 '玭'자로 되어 있는데 '班'字를 손으로 쓴 글자이다.

30 碎金: 原錄에서는 '砕金'으로 기록해놓고는 '碎錦'로 교정하였다. [原校] 丁卷에서는 '砕金'이 '碎錦'으로 되어 있다. [校注] 乙卷에는 이 구절이 없으며, 甲卷에서는 실제로는 '砇金'으로, 丁卷에서는 '砕錦'으로 되어 있는데, '砇', '砕'는 모두 '碎'자의 俗字이다. 甲卷의 경우 그 뒤에 나오는 구절인 '貞夫入宮, 憔悴不樂'에서의 '悴'자가 '忲'자로 되어 있는데 이 글자의 오른쪽 부분 역시 '卒'자를 속기한 것이다. '碎金'은 번거롭게 교정할 필요는 없는데, P.2058 『鄭氏字寶』 「千金赤白碎金序」에 "『字寶』라 명하였는데, 귀중한 문자들이 담겨있는 듯하다(號曰字寶, 有若碎金)"라는 말이 보이는데 여기서도 '碎金'라는 말로 文字를 비유하고 있다.

31 如玉如珠: 이 구절이 原錄에서는 '如珠如玉'으로 되어 있다. [原校] 乙卷에서는 '如'자가 '而'자로 되어 있다. [校注] '珠'자는 韻脚이므로 이에 근거하여 교정하였다.

32 空虛: 甲·乙·丁卷의 세 寫卷에서는 '虛空'으로 되어 있다.

33 [原校] '若'자는 原卷에서는 '君'으로 되어 있으나, 甲卷과 乙卷에 근거하여 교정하였다. [校注] 原卷에서 '君'으로 되어 있는 것은, '若'字가 와전된 것이다.

其書有感, 直到朋前).[34]

한붕은 집을 나선 후 송나라에서 벼슬을 살면서 지내는 동안 기약한 3년이 지나가 버렸고 6년이 되도록 돌아가지 않았다. 한붕의 어머니는 그를 생각할 적이면 원망스러운 마음이 솟았고, 그의 아내는 그리운 마음에 내심 붓을 들어 편지를 쓸 작정을 하였다. 편지의 문장은 고우면서도 화려한 것이 마치 주옥과 같았다. 인편에 편지를 보내고자 하나 남들의 말이 많을까 두렵네. 새에게 부치고자 하나 새는 늘 높이 날고 있어 어쩔 수 없네. 바람에 부치고자 하였지만 바람은 허공에서 불고 있어 어쩔 수 없네. 편지 속에 만약 정감이 있다면 곧바로 한붕 앞에 이를 것이고, 편지에 만약 정감이 없다면 들판에 흩어져 버릴 것이라. 서신은 분명 정감이 있는지라 곧바로 한붕에게 전해졌다.

韓朋得書, 解讀其言. 書[35]曰:「浩浩白水, 迴波而[36]流. 皎皎明月, 浮雲暎[37]之. 淸淸[38]之水, 冬夏有時.[39] 失時不種, 禾豆不滋.[40] 萬物吐

---

34 【原校】'書若無感, 零落草間. 其妻有感, 直到朋前'의 16자는 甲·乙·丁卷에 의거하여 보충한 것이다. 또 '零'字는 甲卷과 丁卷에서는 '乏'으로 되어 있다. 【校注】甲卷에서는 '零'자가 실제로는 '令'으로 되어 있으며, 丁卷에서는 '零落草'의 세 글자가 잔결되어 있다.

35 【原校】甲卷에서는 '書'자가 '詩'자로 되어 있다. 【校注】'詩'자는 '書'자의 同音 가차자이다.

36 而: 原錄에서는 '如'로 기록해 놓고는 그 옆에 '而'자로 교정하고 있다. 【原校】甲卷에서는 '如'자가 '而'자로 되어 있다. 【校注】乙卷에서도 '而'자로 되어 있으며, 이에 근거하여 본래의 글자로 교정하였다.

37 【原校】乙卷과 丁卷에서는 '暎'자가 '影'으로 되어 있다. 【校注】甲卷에서도 마찬가지로 '影'자로 되어 있다. '暎'자는 '影'자와 의미가 동일하며, '가리다, 막다'의 뜻이다. 또한 甲卷에서는 앞 구절이 '皎皎明日'로 되어 있다.

38 淸淸: 原錄에서는 '靑靑'으로 되어 있다. 【原校】丁卷에서는 '靑靑'이 '淸淸'으로 되어 있다. 【校注】甲卷에서도 '淸淸'으로 되어 있는데, 이에 근거하여 고쳤다.

39 【原校】'冬夏有時'가 原卷에서는 '冬夏其時'로 되어 있으나, 甲·乙·丁卷에 근거하여 교정하였다. 【校注】'冬夏有時'는 여름에는 물이었다가, 겨울에는 얼음으로 되어 버린다는 것을 말한다.

40 【原校】'禾豆不滋'는 原卷에서는 '和豆不煎'으로 되어 있으나, 甲·乙·丁卷에 근거하

化,[41] 不違[42]天時. 久不相見, 心中在思.[43] 百年相守, 竟好一時.[44] 君不憶親, 老母心悲. 妻獨單弱,[45] 夜常孤栖(悽),[46] 常懷大憂.[47] 蓋聞百鳥失伴,[48] 其聲哀哀;[49] 日暮獨宿, 夜長栖栖(悽悽).[50] 太山初生,[51] 高下

여 교정하였다. 【校注】 原卷에서는 '和豆不慈'로 甲卷에서는 '禾豆不玆', 乙卷에서는 '和豆不收'로 丁卷에서는 '禾豆不滋'로 되어 있다.

41 吐化 : 甲卷에서는 '吐花'로 되어 있으며, 丁卷에서는 '土花'로 되어 있다. '吐化'는 '자라다, 생기다, 발생하다'는 뜻이며, 『莊子・天道』에 "하늘은 만물을 낳는데 무정해도 만물은 저절로 생겨나며, 땅은 만물을 성장시키는 일에 무심해도 만물은 절로 자라난다(天不產而萬物化, 地不長而萬物育)"는 말이 보인다.

42 【原校】 '違'자는 原卷에서는 '爲'자로 되어 있으나, 丁卷에 근거하여 교정하였다. 甲卷에서는 '用'으로 되어 있으며 乙卷에서는 '逮'로 되어 있다. 【校注】 乙卷에서는 '違'로 되어 있는데 곧 '違'자의 俗字이다.

43 存 : 原錄에서는 이 글자가 '在'자로 되어 있다. 【原校】 甲卷과 乙卷에서는 '在思'가 '有詞'로 되어 있다. 【校注】 이 두 寫卷에서는 '有辭'로 되어 있다. 蔣禮鴻은 "마음과 생각을 집중하고 바꾸지 않는 것을 '在'라고 하며, '存'이라고도 한다. 古代에는 '思存'이라는 말이 있었는데 그 의미는 '思在'와 같다. 『爾雅』「釋詁」에서는 '在는 存의 뜻이다(在, 存也)'라 풀이하고 있다"고 하였다. 【校注】 『爾雅』에서 '在'자를 '存'자로 풀이하고 있지만, '存'을 '思'의 뜻으로 풀이하지는 않는다. 해당 서적의 「釋詁上」의 '思也' 조목에는 '在', '存' 두 글자가 없다. '在思', '思在'의 예는 많지가 않기 때문에 '存思'로 교정하였다. 蔣씨의 책에서는 『論衡・訂鬼』의 "생각을 한 곳으로 모으면, 기이한 사물들이 저절로 보이게 된다(思念存想, 自見異物也)"라는 말, 束晳의 悼亡序에 "그래서 생각을 아득한 과거로 향하고, 사념을 옛 일에 두었다(於是遙想旣往, 存思在昔)"는 말이 있고 『抱朴子・雜應』에서는 "생각을 7일 낮 7일 밤 동안 집중한다면, 신선을 볼 수 있다[有所思存七日七夕, 則見神仙]"라는 말을 인용하고 있는데, 모두 '思念'의 뜻이다.

44 【原校】 甲卷에서는 '競'자가 '意'자로 되어 있다. 【校注】 甲卷에서는 이 글자가 매우 모호하게 되어 있다. 原卷에서는 이 구절이 '竸一好時'로 丁卷에서는 '競相一時'로 되어 있다.

45 【原校】 甲卷에서는 '單弱'이 '孤單'으로 되어 있다.

46 【原校】 丁卷에서는 '孤栖'가 '孤星'으로 되어 있다. 【校注】 '星'자는 '栖'字의 聲符 글자인 '西'의 음차이며, '栖(原卷에서는 실제로는 '扌'자를 따르고 있다)자는 '悽'자와 통한다. '常'자는 乙卷에서는 '長'으로 되어 있다. 그 다음에 나오는 말인 '夜長悽悽'가 原卷에서 '夜長栖栖'으로 되어 있는 것이, 그 증거가 될 수 있다.

47 【原校】 甲卷에서는 '常懷大憂' 구절이 '懷抱徹天'으로 되어 있다. 【校注】 이 구절은 덧붙은 글자로 보아야 한다. 대체로 앞 구절의 '悽'자는 짝수 구에다 운각을 맞춘 것이므로 반드시 絶句해야 하지만, 이 구절은 아래 구절과 연결 지어서 해독하기도 어렵다.

48 【原校】 甲卷에서는 '伴'자가 '群'으로 되어 있다. 【校注】 甲卷에서도 글자 옆에 작은 글씨로 '伴'자로 해놓고 있다.

崔嵬.[52] 上有雙鳥, 下有神龜, 晝夜遊戲, 恒則同歸. 妾[53]今何罪, 獨無光暉.[54] 海水蕩蕩, 無風自[55]波, 成人者少, 破人者多. 南山有鳥, 北山張羅.[56] 鳥自[57]高飛, 羅當奈[58]何. 君但平安, 妾亦無他.」[59]

한붕은 서신을 받고는 그 말뜻을 이해하였는데 거기에는 다음과 같이 적혀 있었다.

---

49 【原校】 甲卷에서는 '哀哀' 두 글자가 '衾衾'으로 되어 있다. 【校注】 甲卷의 경우는 글자가 모호하게 쓰여 있어 판별하기가 어려우며, 丁卷에서는 '袞袞'로 되어 있는데 이는 '哀哀'의 俗字이다.

50 【原校】 丁卷에서는 '栖栖'가 '星星'으로 되어 있다. 【校注】 이 구절에서의 '夜長' 두 글자는 甲, 丁卷에서는 '夜夜'로 되어 있다. '栖'자는 '悽'와 통하는데, 이에 관해서는 앞의 注46을 참조하길 바란다.

51 太山 : 泰山을 말하며, 여기서는 매우 크고 높은 사물을 비유한다. 初生 : 지극히 왜소한 사물을 비유한다. '太山'과 '初生'은 병렬 구조를 이룬다. 『龍龕手鏡』에서는 '初生' 두 글자를 한꺼번에 써서 '嫩'자의 俗字로 써놓고 있는데, 그 뜻은 대체로 동일하다.

52 【原校】 甲卷에서는 '崔嵬'가 '迴繒'로 되어 있는데, '繒'자는 무슨 글자인지 알 수 없다. 丁卷에서는 '堆嵬'로 되어 있다. 【潘校】 '迴繒'는 '迴遭'으로 해야 한다. 【校注】 '遭'字는 운에 들어맞지 않으므로, 틀린 것 같다. '高下崔嵬'는 아마도 太山과 初生한 사물간의 高低가 큰 차이가 나는 것을 의미하는 듯하다. 그 뒤에 나오는 구절인 '上有雙鳥, 下有神龜'도 역시 高下가 현저하게 차이가 나 서로 도모하기가 매우 어려움을 말하고 있으며, 실제로는 그 아래에 나오는 '妾是庶人之妻, 不樂宋王' 구절의 뜻을 담고 있다.

53 【原校】 甲卷과 丁卷에서는 '妾'자가 '妻'로 되어 있다.

54 【原校】 '光輝' 두 글자는 原卷에서는 '光明'으로 되어 있으나, 乙卷과 丁卷에 의거하여 교정하였다. 甲卷에서는 '光腪'로 되어 있는데 '腪'자는 무슨 글자인지 알기 어렵다. 【校注】 甲卷에서는 '暉'자로 되어 있으나 글자가 다소 모호하게 쓰여 있다. 이 구절 앞부분은 首聯의 '流'字를 제외하고는 모두 압운을 하고 있다. 여기서부터 아래 부분은 韻을 바꾸고 있다.

55 【原校】 '甲卷'에서는 '自'자가 '白'자로 되어 있다. 【校注】 甲卷에서는 앞의 '內自發心'의 '自'도 '白'자로 되어 있는데, 이는 모두 誤字이다.

56 張 : 甲卷에서는 '有'자로 丁卷에서는 '將'자로 되어 있다.

57 自 : 乙卷에서는 '恒'자로 되어 있다.

58 奈 : 丁卷에서는 '乃'자로 되어 있다. 이상의 四句는 宋 이후로 상당히 유행하였으며 「靑陵臺歌」로 불렸다.

59 【原校】 '他'자는 原卷에서는 '化'자로 되어 있으나, 여기서는 丁卷에 근거하여 교정하였다. 【校注】 甲卷에서는 '無他'가 '不化'로 되어 있다.

넓고 넓은 하얀 물은
거센 파도 굽이치며 흐르고
밝고 밝은 명월은
뜬 구름이 막고 있네.
푸르고 푸른 물은
여름과 겨울 때가 있나니
시기를 잃고 파종하지 않으면
벼와 콩이 자라지 못한다네.
만물이 성장하려면
자연의 시기를 어겨서는 안 된다오.
오랫동안 상면하지 못하니
마음은 그리움 뿐이네.
백년 동 안 서로 절개를 지키기로 하였건만
좋은 시절 한 때 뿐이었네.
그대는 어버이가 그립지 않은지요?
늙으신 어머니의 마음은 서글프답니다.
저는 홀로 외로워하며
밤마다 항시 혼자서 침상에 들고
언제나 커다란 근심을 품고 지내지요.
듣건대
새들도 짝을 잃으면
그 소리 애처롭고
해 저물어 홀로 둥지에 들어서는
긴긴 밤을 쓸쓸하게 지내지요.
태산이 처음 생겨났을 때
위아래가 높고 가파랐으니
위에는 한 쌍의 새가 있고

아래에는 천년이나 된 신비한 거북이 있었지요.
밤낮을 노닐며 즐기다가는
언제나 함께 되돌아갔지요.
저는 지금 무슨 죄가 있어
밝은 나날을 보낼 수 없는지요.
바닷물은 거세게 흘러
바람도 없는데 절로 파도치네.
사람을 성취시키는 경우는 적고
사람을 파멸시키는 경우는 많은 법.
남산에 새가 있다 하여
북산에 그물을 펼쳐 놓았을지라도
새가 높이 난다면
그물인들 어찌 할 수 있으리?
그대가 평안하시기만 바랄 뿐
저는 딴 마음 없답니다.

韓朋得書, 意感心悲, 不食三日,[60] 亦不覺飢. 韓朋意欲還家, 事無因緣. 懷書不謹, 遺[61]失殿前. 宋王得之, 甚愛其言. 卽召群臣, 並及太史[62]:「誰能取得韓朋妻者, 賜金千斤,[63] 封邑萬戶.」 梁伯啓言王曰[64]:「臣能取之.」[65] 宋王大喜,[66] 卽出八輪之車, 騧[67]騮之馬,「前後仕

60 甲卷에서는 이 구절이 '三日不食'으로 되어 있다.

61 遺: 丁卷에서는 '違'자로 되어 있는데, 이 두 글자는 字形과 音이 모두 가깝다.

62 [原校] '史'자는 原卷에서는 '吏'로 되어 있으며, 甲卷과 乙卷에 근거하여 교정하였다. 丁本에서는 '使'로 되어 있다.

63 [原校] '斤'자는 原卷에서는 '金'으로 되어 있으며, 甲本에 근거하여 교정하였다. 또한 甲卷에서는 '封邑萬戶'가 '封衣萬斛'으로 되어 있다. [校注] 甲卷에서는 '萬'자 아래에 '斛'자로 쓰여 있으며, 乙卷은 모호하게 되어 있다. 甲卷에 적혀진 글자의 오른쪽 부분은 글자를 삭제했다는 부호이다. 또한 丁卷에서는 '邑'자가 '於'자로 되어 있는데, '封於萬戶'의 의미도 역시 통하며, '衣'는 '於'자의 가차자이다.

(事)從)」,[68] 三千餘人.[69] 從發道路, 疾如風雨. 三日三夜, 往[70]到朋家.

---

64 甲卷에서는 '啓言王曰'이 '對曰'로 되어 있으며, 乙卷과 丁卷에서는 '啓王曰'로 되어 있다.

65 [原校] 甲卷의 경우 '臣能取之' 구절 다음에, '淸是庶人之妻'라는 여섯 글자가 더 첨가되어 있다. [校注] 原校에서 언급한 여섯 글자는 뒤 구절이 잘못 끼어 들어와 첨가된 것이다.

66 [原校] '喜'자는 原卷에서는 '爪'자로 되어 있으나, 甲・乙・丁卷에 근거하여 교정하였다. [校注] '憶'자는 '憶'자가 와전된 것이다.

67 騧 : 原錄에서는 '爪'자로 적어놓고는 그 옆에다 '驊'자로 교정하고 있다. [徐校] '爪'자는 '棗'자와 같다. 아마도 이 '瓜'字는 '騧'을 가차한 것 같다. '驊'자로 교정한 것은 옳은 것 같지 않다. [劉堅] '爪'자는 '棗'임에 틀림없다. '爪'자와 '棗'자는 모두 '效攝開口'자이며 단지 각각 二等과 一等에 속한다는 차이만 있을 뿐, 글자의 音은 서로 가깝다. '棗騮'는 적색의 말을 말한다. [校注] 敦煌寫本에서는 '瓜'와 '爪'가 서로 혼동되는 경우가 많다. 『龍龕手鏡』을 보면 "瓜는 古자와 花자의 반절음이며, 또한 瓜部와 爪部는 서로 혼용되었다(瓜, 古花反, 又瓜部與爪部相濫)"라고 설명하고 있다. 그 뒤에 나오는 구절을 丙卷에서는 '瓜'로 하고 있는데, 이 경우도 마찬가지이다. 또한 丁卷에서는 '駈'자로 되어 있는데 이는 곧 '駈'字이다. 『南史・宋紀下』를 보면 "明帝는 꺼리고 기피하는 글자가 매우 많아, 말과 문서에 禍・敗・凶・喪자와 음이 비슷하면 반드시 피하도록 했으며 이를 어기면 주륙을 당했다. 騧馬라는 글자의 馬자 편방을 '瓜'로 한 것은 騧자가 禍자와 비슷하기 때문이었다(明帝多忌諱, 言語文書有禍敗凶喪似之音應迴避者, 犯卽加戮. 改騧馬字爲馬邊瓜, 以騧字似禍故也)"는 기록이 있다. 이를 통해 '駈'는 '騧'자의 속자이며, 劉宋의 明帝 때에 지어진 것임을 알 수 있다. 『舊唐書・北狄列傳』에도 '流金駈'라는 말이 있는데, 이는 唐 太宗이 이름을 지은 '十驥'의 하나이며 '駈'자는 역시 '騧'의 俗字이다. 『詩・秦風・小戎』에도 "검은 입의 누런 말과 검은 말이 밖의 참마였지(騧驪是驂)"라는 말이 나오는데, 傳에서는 '황색 피부에 검은 주둥이를 지닌 말을 騧라 한다(黃馬黑喙曰騧)'라 풀이하고 있다. 『爾雅』 郭注에서는 "오늘날의 옅은 황색말을 騧馬라 한다(今之淡黃色者爲騧馬)"라 풀이하고 있다. 『魏書・奚芹傳』에도 "당시에 나라 안에 훌륭한 말이 있는데 騧騮라 불렀다(時國有良馬曰騧騮)"라는 말이 있으며, 『北史・王慧龍傳』에도 "천리 말은 대개가 황제가 옛날에 탔던 騧馬를 말한다(千里馬者, 蓋至尊舊所乘騧馬也)"는 기록이 있다. 이러한 용례를 통해 騧騮는 바로 훌륭한 말을 말하며, 옅은 황색의 말임을 알 수 있다.

68 [原校] '前後仕從' 네 글자는 甲卷에 근거하여 보충한 것이다. 甲卷에서는 또 '前後仕從'이라는 구절 아래 '入其宫俉'라는 구절이 있는데, '宫'자는 '宮'字인 듯하나 '俉'자는 무슨 글자인지 알기 어렵다. 乙・丁卷에서는 '爪騮之馬' 구절 다음에 '便卄餘人'라는 말이 첨가되어 있다. [校注] '仕'자는 '事'자와 통하며 그 다음의 구절은 原錄에서는 '侍'자로 교정하고 있는데, 이는 옳은 것 같지는 않다. '宫'자는 甲卷의 경우 실제로는 '宫'자로 되어 있는데 바로 '宮'자를 간략히 쓴 글자이며, 그 다음에 나오는 '入其宮裏'자의 '宮'자와 동일하다. '俉'자는 곧 '但'의 속자이다. 이 부분은 甲卷에서 아마도 錯簡한 것인 듯하다.

한붕은 서신을 받고 서글픈 마음에 삼일 동안을 먹지 않았으나 전혀 배고픈 것을 느끼지 못했다. 한붕은 집으로 돌아가고픈 생각이었으나 사정이 여의치 못하였다. 그러던 중 품고 다니던 서신을 부주의하여 궁전 앞에서 잃어버리고 말았다. 그런데 송왕이 그것을 주어 보고서는 그 글에 몹시 빠져버리고 말았다. 송왕은 즉시 여러 신하와 태사를 불러 모으고는 말했다. "누가 한붕의 처를 데려 올 수 있겠느냐? 성공하는 자에게는 황금 천 근과 만 호의 봉읍을 하사하겠노라." 양백이 아뢰었다. "신이 데려 올 수 있나이다." 송왕은 몹시 기뻐하여 팔륜의 수레와 천리마를 내주고 그의 앞뒤에 삼천 여인의 시종이 따르도록 해주었다. 길을 나서자 질풍같이 삼일 밤낮을 달려 한붕의 집에 도착했다.

使者下車, 打門而喚.[71] 朋母出看, 心中驚怕. 卽問喚者 :「借問使者,[72] 是誰使者?」 使者答曰 :「我是宋國使來,[73] 共朋同友.[74] 朋爲公(功)曹, 我爲主薄.[75] 朋有私[76]書, 來寄[77]新婦.」 阿婆迴語新婦 :「如[78]客

---

69 三千餘人 : 이 네 글자 앞에 原錄에서는 '便'자가 쓰여 있다. 【校注】 丁卷에서는 '便'字가 없으며, 그 뒤에 나오는 구절과 일치시키기 위해 삭제하였다. 乙卷에서는 '使'자로 되어 있는데, 이는 '便'자의 와전이다.

70 甲卷에서는 '往'자가 '望'으로 되어 있다.

71 丙卷에서는 '喚'자로부터 시작된다.

72 借 : 原錄에서는 '卽'으로 되어 있다. 【原校】 '卽'자는 原卷에서는 '供'으로 되어 있으나, 甲卷, 乙卷, 丁卷에 근거하여 교정하였다. 【校注】 '供'은 바로 '借'자가 와전된 것이며, '借問'은 俗語로서 '묻다[問]'는 뜻이다.

73 【原校】 甲卷에서는 '我是宋國使來'가 '我是宋王之使'로 되어 있으며, 乙卷과 丙卷에서는 '我是宋國之使'라 되어 있다. 【校注】 原卷에서는 '我從國使來'로 되어 있다.

74 友 : 甲卷과 乙卷에서는 '有'로 되어 있는데, 음을 가차한 글자이다. '友'는 관직의 명칭으로 『晋書 · 職官志』를 보면 "왕께서 友, 文學 각 1명씩을 두었다. 友라는 것은 문왕과 공자의 四友의 명칭이었다(王置師, 友, 文學各一人 …… 友者, 因文王, 促尼四友之名號)"라는 기록이 있으며, 『新唐書 · 百官志四下』에도 "友 1인은 從五品下에 해당되었는데, 황제의 나들이 때 시중들고 道義를 규찰하고 바로잡는 일을 담당하였다(友一人, 從五品下. 掌侍游處, 規諷道義)"라는 기록이 있다. 여기서의 '同友'는 아마도 인신되어서 동료의 뜻으로 사용되고 있는 듯 하다.

75 戊卷은 '簿'字로부터 시작한다.

此言, 朋今仕宧,[79] 且得勝途.」[80] 貞夫曰 :「新婦昨夜夢惡, 文文莫莫.[81] 見一黃蛇, 絞妾床脚.[82] 三鳥並飛, 兩鳥相博(搏).[83] 一鳥頭破齒[84]落, 毛下[85]紛紛,[86] 血流落落,[87] 馬蹄[88]踏踏, 諸臣赫赫. 上下不見[89]鄰里之

---

76 [原校] '私'자는 原卷에는 '秋'로 되어 있으나, 乙卷과 丁卷에 근거하여 교정하였다.

77 來寄 : 이 두 글자는 甲卷에는 '寄迴'로 되어 있다.

78 [原校] 甲卷에서는 '如'자가 '児'로 되어 있는데 아마도 '兒'字인 듯하다. [校注] 원래의 자형은 '皃'자로 되어 있는데 이 글자는 '兒'의 속자이며 '如'자와 통한다.

79 仕宧 : 原錄에서는 '事官'으로 기록해 놓고는 그 옆에다 '仕宧'으로 교정해 두었다. [校注] 戊卷에서는 '事'자가 '仕'자로 되어 있는데 여기서는 이에 근거하여 교정하였다. '官'자는 '宧'자의 자형이 와전된 것이다.

80 [原校] 甲卷에서는 '途'자가 '常'자로 되어 있다. [校注] 戊卷에도 '常'자로 되어 있는데, '胜常'은 속어로서 그 의미는 '평안하다'이다.

81 文文莫莫 : '혼미하다'는 의미이다. 『淮南子 · 精神』에 보면 "옛날 천지가 아직 이루어지지 않았을 때에는 마치 형체 없는 거대한 덩어리 같아 아득하여 형체를 구분할 수 없었으며 어둑어둑하고 깊고 망망하여 들어가는 문이 어디인지 알 수 없었다(古未有天地之時, 惟像無形, 芒芠漠閔, 澒濛鴻洞, 莫知其門)"는 말이 보인다. 또 「破魔變文」에 "망망한 탁세에 어찌 오래 머물려 하며 어득한 밤길을 어찌 지나가려 하는가(忙忙濁世, 爭戀久居, 摸摸昏迷, 如何擬去)!"라는 말이 보인다. 본문에서의 '文文莫莫'은 '茫芠漠閔', '忙忙摸摸'을 다르게 표현한 것이다.

82 絞 : 原錄에서는 '皎'라고 기록해 놓고는, 그 옆에 '絞'자로 교정하였다. [校注] 甲卷과 戊卷에서는 '挍'자로, 乙卷에서는 '交'자로 丙卷에서는 '絞'자로 되어 있다. '交'자는 古字이며, '挍'자는 俗字이다. P.3908 『新集周公解夢書』 一卷의 「龍蛇章第十二」에 "꿈에 뱀이 침대 아래에 기어들어오는 것을 보게 되면 중한 병이 걸리게 되며, 꿈에 뱀이 집 주변을 뱅뱅 도는 모습을 보면 불안한 일이 닥친다(夢見蛇入床下重病, 夢見蛇作盤宅不安)"는 말이 있는데, 이를 통해 볼 때 이것이 불길한 징조임을 알 수 있다.

83 앞에서 인용한 『周公解夢書』를 보면 "꿈에 어지러이 죽어있는 여러 새의 모습을 보게 되면 멀리서 소식이 온다(夢見雜死鳥遠信至)"는 말이 있다.

84 [原校] 甲卷에서는 '破齒'가 '被柯'로 되어 있다. [校注] 甲卷에서는 실제로는 '破相'으로 되어 있으나 약간 모호하게 쓰여 있다. '相'자는 '傷'자와 통한다.

85 [原校] 乙卷과 丙卷에서는 '毛下'가 '毛羽'로 되어 있다. [校注] 甲卷에서는 '毛雨'로 되어 있는데 '羽'자는 '雨'자의 음차자이며 '雨'자 역시 '下'자와 통한다.

86 紛紛 : 原錄에서는 '分分'으로 기록해놓고 그 옆에다 '紛紛'으로 교정하였다. [校注] 原卷에서도 사실은 '紛紛'으로 되어 있으며, 甲卷에서는 '芬芬'으로 되어 있다.

87 [原校] 甲卷에서는 '落落'이 '洛洛'으로 되어 있다. [校注] 原卷에서는 '洛洛'으로 되어 있으며, 甲卷의 경우는 모호하게 되어 있어 식별하기가 어렵다. 乙卷과 戊卷에서는 '落落'으로 되어 있다. '落落'는 '영락하는 모양'을 형용한다. 陸機의 「嘆逝賦」에 "가족과 친지들은 조금씩 죽어가 날이 갈수록 줄어들고, 친구들도 사라져가니 점점 삭막해진다(親落落而日稀, 友靡靡而愈索)"라는 말이 그 용례이다.

人, 何況[90]千里之客. 客從遠來, 終不可信. 巧言利語, 詐[91]作朋書. 【朋】言[92]在外, 新婦出看.[93] 阿婆報客, 但道新婦, 病臥在床, 不勝醫藥. 承[94]言謝客, 勞苦[95]遠來.」使者對曰 :「婦聞夫書, 何故[96]不喜?[97]必有他情, 在於鄰里.」朋母年老, 【不】[98]能察意. 新婦[99]聞客此言, 面目變青變黃 :「如[100]客此語, 道[101]有他情, 卽欲結意, 返失其里(理).[102] 遣妾[103]

88 [原校] 甲卷에서는 '蹄'자가 '踣'로 되어 있다. [校注] 甲卷의 경우 글자가 모호하여 식별하기가 어렵다.

89 [原校] 甲卷에서는 '上下不見'이 '上不見下'로 되어 있다.

90 況 : 丙卷에서는 '向'으로 되어 있는데, 이 글자는 同音 假借字이다.

91 [原校] '詐'자는 原卷에서는 '祚'자로 되어 있으나, 乙卷과 丙卷에 근거하여 교정하였다. [校注] 甲卷에서도 '詐'로 되어 있으며, 戊卷의 경우는 殘缺되어 있다.

92 [原校] '朋'字는 甲券과 乙卷에 근거하여 보충한 것이다. 丙卷에서는 '言'자가 '朋'자로 되어 있다. [校注] 丙卷에서는 이 구절이 '朋在外'로 되어 있으므로, '言'자가 '朋'으로 되어 있다고 말하는 것은 옳지 않다. 이 구절은 '만약 한붕이 밖에 있다고 한다면, 신부는 응당 나와서 봐야한다'는 것을 말하고 있는 듯 하다.

93 [原校] 甲卷에서는 '看'자가 '覔'자로 되어 있다. [校注] 실제로는 '貢'자로 되어 있는데 이 글자는 '看'자의 俗字인 '看'자가 와전된 것이다. '看'자는 '초대하다, 접대하다'는 의미이다.

94 承 : 이 글자는 原錄에서는 '並'으로 되어 있다. [原校] '並'자는 原卷에서는 '羕'자로 되어 있으나, 甲卷에 근거하여 교정하였다. [校注] 原卷에서는 '羕'자로 되어 있는데, 이 글자는 바로 '承'자의 俗字이다. 甲卷의 '並'자는 '承'자의 오기이며, 戊卷의 '病'자는 '並'자의 가차자이다.

95 勞苦 : 이 두 글자는 甲卷과 戊卷에서는 '故勞'로 되어 있다.

96 [原校] '故'자는 原卷에서는 '古'자로 되어 있으나, 甲卷과 乙卷에 근거하여 교정하였다.

97 喜 : 原錄에서는 '僖'자로 되어 있다. [原校] 甲卷에서는 '僖'자가 '語'로 되어 있으며, 乙卷에서는 '喜'로 되어 있다. [校注] '僖'자는 '憙'의 換易字로서 그 의미는 '喜(기쁘다)'와 동일하다. 또한 乙卷은 이 '喜'字에 이르러 끝나고 있다.

98 [原校] '不'자는 甲卷과 丙卷 및 戊卷에 근거하여 보충하였다.

99 甲卷은 '新婦' 두 글자에서부터 그 다음에 나오는 '甚大歡喜'에 이르는 전 구절이 누락되어 있다.

100 [原校] 戊卷에서는 '如'자가 '知'자로 되어 있다. [校注] '知'자는 자형상의 誤字이다.

101 [原校] 戊卷에서는 '道'가 '必'자로 되어 있다.

102 反 : 原錄에서는 '返'자로 되어 있다. [校注] 戊卷에서는 '反'으로 되어 있는데, 이에 근거하여 교정하였다. 이상의 네 구절은 사자가 전해온 말에 의하면, 내가 영접하지 않은 이유가 이웃집에 정을 통하는 사람이 있기 때문이라 하는데 만약 내가 고집을 피워 그를 만나지 않는다면 뜻하지 않게 일이 情理에 맞지 않게 될 것이라는 것을 말하고 있다.

看客, 失母賢子.[104] 從今已後, 姑亦失婦, 婦亦失姑.」[105] 遂下金機,[106] 謝(卸)其王梭事,[107] 千秋萬歲,[108] 不當復織.[109] 井水湛湛,[110] 何時取汝? 釜竈庢庢(汪汪),[111] 何時吹(炊)[112]汝? 床席[113]閨房, 何時臥汝?庭前蕩蕩,

---

103 妾 : 丙卷에서는 '妻'자로 되어 있다.

104 失母賢子 : 이 구절은 응당 '母失賢子'자로 해야 한다.

105 이상의 세 구절은 原錄에서는 '姑從今以後亦夫(失)婦, 婦亦失姑'로 되어 있다. [原校] '失姑'는 原卷에서는 '姑道'로 되어 있으나, 乙卷과 戊卷에 근거하여 교정하였다. [校注] '道'자는 그 다음 구절에 속해야 하는 글자이며 '遂'자가 와전된 것이다. '姑'자 앞부분에는 '失'字가 탈락되어 있다.

106 機 : 原錄에서는 왼쪽 절반이 '禾'로 되어 있다. [校注] 原卷에서는 '機'자로 되어 있다. '禾'변으로 되어 있는 것은 戊卷인데, 이 글자는 아마 俗字인 듯하다. '下金機'는 '베틀을 멈추다'는 의미이다.

107 梭 : 原錄에는 '事'자로 되어 있다. [原校] '遂下金機謝其王事'라는 구절이 原卷에서는 '下機謝其王袚'으로 되어 있으나, 여기서는 戊卷에 근거하여 교정하였다. [校注] 原卷에서는 '下'字 앞에 '道(遂)'라는 두 글자가 더 있으며, 謝자는 '卸'자와 통한다. 또한 徐校에서는 "'王事'는 응당 原卷을 따라 '王袚'로 해야 하며, 이는 곧 '王梭'의 오기이다"라고 하였다. 여기서는 이 말에 근거하여 교정하였다.

108 [原校] '萬歲' 두 글자는 丙卷과 戊卷에 근거하여 보충한 것이다. [校注] 이 두 글자는 原卷에도 있으며, 戊卷에는 없다. 여기서는 글자를 보충했다는 부호를 없앴다.

109 [原校] '不當复織'이 原卷에서는 '不傷識汝'로 되어 있으며, 戊卷에 근거하여 교정하였다. [徐校] 原卷을 따라 '不傷識汝'로 교정해야 하며, 原錄의 글자는 '不復織汝'의 오기이며 '何時取汝', '何時吹汝', '何時臥汝', '何時掃汝', '何時拾汝'와 매한가지이다. [校注] 徐氏가 글자를 교정한 것은 매우 옳다. 그러나 原卷에 의거하여 교정해야 한다는 주장이 반드시 옳은 것은 아니다. 이 구절은 이야기를 서술하는 것으로, 그 다음에 나오는 다섯 가지 질문의 경우와는 다르다.

110 湛湛 : 原錄에는 '淇淇'로 적어 놓았으며 그 옆에 '湛湛'으로 교정하였다. [校注] 原卷에서도 '湛湛'으로 되어 있으며 그 아래 부분은 지운 자국이 농후하다 戊卷에서도 '湛湛'으로 되어 있다.

111 竈 : 原錄에서는 '竃'로 되어 있다. [校注] 原卷에서는 '竃'로, 戊卷에서는 '竈'자로 되어 있는데 모두 '竈'자의 俗字이다. 蔣禮鴻은 "庢庢은 '가득하다 · 넘쳐나다'는 의미이며 액체를 지칭하여 말한다. '汪汪'이 正字이며 '庢庢'는 '洭洭'의 이체자이며 이 두 글자는 모두 가차자이다"라고 했다.

112 [原校] '吹'자는 原卷에서는 '夕'자로 되어 있으나, 戊卷에 근거하여 교정하였다. [校注] 原卷에 쓰여 있는 '夕'자는 '欠'이다. 丙卷과 戊卷에서는 '吹'로 되어 있다. '欠'자는 '炊'자의 약자이며, '吹'자는 '炊'자의 가차자이나.

113 席 : 原錄에서는 '廗'자로 되어 있다. [校注] 原卷 및 戊卷에서는 모두 '廗'자로 되어 있는데 이는 '席'자의 俗字이다. 『顔氏家訓』에 보면 六朝의 俗字를 기록하면서 "席자의 속자 중에는 帶자가 있다(席中有帶)"고 하고 있는데, 윗부분의 자형은 조금 변

何時掃汝?園菜[114]青青, 何時拾[115]汝?」出入悲啼, 鄰里酸楚.」低[116]頭卻行, 淚下如雨. 上堂拜客, 使者扶譽(輿).[117] 貞夫上車, 疾如風雨. 朋母於後, 呼天喚地,[118] 【號咷】大[119]哭, 鄰里驚聚. 貞夫曰:「呼天何益, 喚地何免, 駟馬一去, 何【得】歸返.」[120]

사신은 수레에서 내려 문을 두드리며 불렀다. 한붕의 어머니는 밖에 나가 보고는 두려운 마음이 들어 즉시 사자에게 물었다. "누가 보내신 사신이신지요?" 사자가 답했다. "저는 송왕의 사신으로 한붕과는 친구사이입니다. 한붕은 공조 벼슬을 하고 있고 저는 주박 벼슬을 하고 있습니다. 한붕의 서신을 가지고 있어 신부에게 드릴까 합니다." 시어머니는 신부를 돌아보면서 "사신의 말에 따르면 붕이가 지금 좋은 벼슬을 하고 있다는구나." 정부는 말하길 "저는 지난 밤 악몽에서 헤어나지 못했어요. 누런 뱀 한 마리가 제 침상을 휘감고 있었고, 세 마리의 새가 나란히 날고 있는데 두 마리가 서로 싸우고 있었지요. 그 가운데 한 마리는 머리가 깨지고, 이빨이 떨어지고, 털은 여기저기 흩어진 채 피를 줄줄 흘리고 있더군요. 여러 신하들은 말발굽으로 짓밟으며 기세가 등등했어요. 사방에 이웃 사람도 볼 수 없거늘 하물며 천리의 나그네야 말할 나위가 있겠습니까? 손님은 먼 곳에서 왔으니 결코 믿을 수가 없습니다. 교묘하고 달콤한 말로 한붕의 서신이라 속여, 한붕의 소식이 밖에 있다고 하면서 제가

화시킨 모양이다.

114 原卷에서는 '采'로, 戊卷에서는 '菜'자로 되어 있다.

115 【原校】 戊卷에서는 '拾'자가 '取'자로 되어 있다.

116 低: 原錄에서는 '仾'자로 해놓고 그 옆에다 '低'자로 교정하였다. 【校注】 '仾'자는 '低'자의 俗字이다.

117 【原校】 戊卷에서는 '譽'자가 '擧'자로 되어 있다.

118 丙卷에서는 이 구절이 '喚呼天地'로 되어 있다.

119 【原校】 '號咷' 두 글자는 戊卷에 근거하여 보충한 것이다. '大'자는 原卷에서는 '天'으로 되어 있으나, 여기서는 戊卷에 근거하여 교정하였다.

120 【原校】 '得'字는 戊卷에 근거하여 보충한 것이다. 戊卷에서는 원래 '得再' 두 글자로 되어 있다. 戊卷에는 '返'字가 없다. 【校注】 戊卷에서는 이 구절이 '何得再婦'로 되어 있다.

나와 보도록 하려는 것이지요. 어머니는 나그네에게 가서 신부가 병상에 누워 약에 의존하고 있다고 하셔요." 시어미는 신부의 말대로 나그네에게 사죄하면서 먼 길을 오시느라 수고했다고 했다. 나그네가 대답했다. "신부는 어째서 남편의 서신이 왔다는 말을 듣고서도 어째서 기뻐하지 않는지요? 다른 정부가 이웃에 있음이 분명하군요." 한붕의 어머니는 나이가 들어 그의 의도를 알아차릴 수 없었다. 신부는 나그네의 말을 듣고는, 얼굴색이 창백하게 변해 말하길 "나그네의 말대로라면 필시 딴 생각이 있어서겠지요. 저의 일편단심을 밝히려 했는데, 오히려 딴 마음을 품어 도리를 저버린 것이라 하는군요. 저를 보내 나그네를 맞이하게 하면 저는 어머니를 잃고 어머님은 어진 자식을 잃게 될 것입니다. 어머니는 오늘 이후 저를 볼 수 없으며, 저 또한 어머니를 뵐 수 없을 것입니다." 드디어 베틀을 내려와 베틀 곁을 떠나니 천년만년이 지나도록 다시는 베틀을 잡지 못하네. '깊고 깊은 우물물 언제나 길어 보려나? 따스한 밥솥 언제나 데워 보려나? 안방의 침상은 언제나 누워 보려나? 드넓은 뜰 앞 언제나 쓸어 보려나? 푸르디푸른 정원의 채소 언제나 주워 보려나?' 문을 나서며 서글피 우니 이웃 사람들도 슬퍼한다. 고개를 숙인 채 가며 눈물을 비오듯 흘리네. 마루에 올라 빈객에게 절을 하니, 사신이 수레를 끌고 온다. 정부가 수레에 오르자 질풍같이 내달린다. 뒤에 남은 한붕의 어미가 하늘을 우러르며 대성통곡하니 이웃 마을 사람들이 놀라서 모여든다. 정부가 말하길 "하늘에 호소한들 무슨 소용이 있겠으며, 땅을 치며 후회한들 어찌 돌이킬 수 있으리요? 수레는 한번 떠나면 어찌 다시 돌아올 수 있으리오?"

梁伯迅[121]速, 日日漸遠. 初至宋國, 九千餘里, 光照[122]宮中. 宋王怪

121 [原校] '迅'자는 原卷에서는 '信'으로 되어 있으나, 丙卷과 戊卷에 근거하여 교정하였다. [校注] 이 두 글자는 同音 假借字이다.

122 [原校] 戊卷에서는 '照'자가 '曉'자로 되어 있다. [校注] 戊卷에서는 그 다음의 '宮'자

之, 卽召群臣, 幷及太史.[123] 開書卜問,[124] 怪其所以.[125] 博[126]士答曰:「今日甲子, 明日乙丑, 諸臣聚集,[127] 王得好婦.」言語未訖, 貞夫卽至, 面如凝脂, 腰如束素, 有好文理. 宮人美女, 無有及似.[128] 宋王見之, 甚大歡喜.[129] 三日三夜, 樂不可盡. 卽拜貞夫, 以爲皇后.[130] 前後事從, 入其宮裏.[131] 貞夫入宮, 憔悴[132]不樂, 病臥不起. 宋王曰:「卿是庶人之妻, 今爲一國之母. 有何不樂! 衣卽綾羅, 食卽恣[133]口. 黃門侍

가 '空'으로 되어 있다.

123 【原校】'史'자는 原卷에서는 '吏'자로 되어 있으나, 丙卷에 근거하여 교정하였다. 【校注】戊卷에서는 '使'로 되어 있다.

124 卜問: 原錄에서는 '問卜'으로 되어 있다. 【校注】原卷 및 戊卷에서도 모두 '卜問'으로 되어 있다.

125 【原校】戊卷에서는 '以'자가 '異'자로 되어 있다. 【校注】丙卷에서는 '所以'가 '使畏'로 되어 있는데, 모두 음을 가차한 글자들이다.

126 【原校】'博'자는 原卷에서는 '悟'로 되어 있으며, 丁卷과 戊卷에 근거하여 교정하였다. 【校注】丁卷의 경우 잔결되어 있으며, '丁'卷이라는 말은 '丙'의 오류이다.

127 【原校】'臣'자는 原卷에서는 '𢘑'자로 되어 있으나, 丙卷과 戊卷에 근거하여 교정하였다. 【校注】'𢘑'자는 아마도 武則天이 새로 만든 '臣'자로, '恧'字이다. 【校注】原校의 견해가 옳은 것 같다. 또한 '聚集' 두 글자는 丙卷과 戊卷에 '集聚'으로 되어 있다.

128 【原校】'似'가 原卷에서는 '以'로 되어 있으나, 丙卷과 戊卷에 근거하여 교정하였다.

129 喜: 原錄에서는 '擅'자로 기록하고는 그 옆에다 '喜'자로 교정해놓고 있다. 【原校】丙卷과 戊卷에서는 '喜'자로 되어 있다. 【徐校】'擅'자는 응당 '憘'자로 되어 있다.

130 【原校】'后'자는 原卷에 '吉'자로 되어 있으며, 甲卷·丙卷·戊卷에 근거하여 교정하였다. 【校注】甲卷에서는 '后'자로 되어 있다.

131 【原校】'裏'자는 原卷에서는 '里'자로 되어 있으나, 甲卷과 丙卷 및 戊卷에 근거하여 교정하였다. 【校注】原卷에서는 '入'자 위에 '出'字가 있다. 이는 덧붙은 글자에 해당한다.

132 憔悴: 原錄에서는 '燋燡'로 기록해 놓고 그 옆에 '憔悴'로 교정하였다. 【校注】甲卷에서는 '燋𪊲'으로 戊卷에서는 '燋熣'자로 되어 있는데, 모두 '憔悴'의 俗字이다. 그 다음에 두 번 나오는 '憔悴'자 중에서 앞에 것은 原卷에서와 마찬가지로 '燋燡'자로 되어 있으며 甲卷에서는 '燋熣'로 丙卷에서는 '顦顇'자로 되어 있다. 반면 후자는 原卷에서는 '燋熣'자로 甲卷에서는 '燋熣'로 되어 있는데 역시 모두 俗字이다. 여기서는 모두 正字體로 교정하였다.

133 恣: 原錄에는 '咨'로 되어 있다. 【校注】原卷 및 甲卷과 丙卷에서는 모두 동일하게 되어 있으며, 戊卷에서는 '姿'자로 되어 있다. 徐校에서는 "'咨'자는 '啓'자로 해야 한다"고 했다. 項楚校에서는 '恣'자로 해야 한다. '恣口'는 곧 입맛에 맞는 것으로 식사를 하는 것을 말하는데, 예를 들면『初學記』卷三○에 보면『抱樸子』의 佚文인 "거북이

郎, 恒在左右. 有何不樂, 亦不歡喜?」 貞夫答曰:「辭家別親, 出事韓朋, 生死有處, 貴賤有殊,[134] 蘆葦有地, 荊棘有叢,[135] 豺狼[136]有伴, 雉免[137]有雙. 魚鱉[138]在水, 不樂高堂. 燕雀[139]群飛, 不樂鳳凰. 妾「是」[140]庶人之妻, 不樂[141]宋王.」[142] 「夫人愁憂不樂, 王曰:【夫】[143]人愁思, 誰

와 뱀은 칩거하며 기를 먹는다. 여름에는 먹고 싶은 데로 먹어도 더욱 살이 빠지지만, 겨울에는 동굴 속에서 칩거하기 때문에 많이 살찐다(龜蛇潛蟄則食氣, 夏恣口而甚瘦, 冬穴蟄而大肥)"라는 말을 인용하고 있다. 『廣弘明集』 卷二九의 梁武帝의 「淨業賦序」에도 "내가 평범한 백성이라면, 실컷 먹고 살찌기를 원할 것이다(我是布衣, 甘肥恣口)"라는 말이 있다. 『大臧最論經』 卷二에서도 "여러 가지 맛난 음식을 먹고 나니, 백가지 맛을 실컷 맛볼 수 있었다(所食諸肴膳, 百味恣其口)'라는 말이 있다"고 하였다. 여기서는 이에 근거하여 교정하였다.

134 徐校에서는 "'殊'자는 '常'자로 해야 할 것 같은데, 이 몇 가지 말은 東·冬·江·陽자와 운을 맞춘 것이기 때문이다"라고 하고 있는데, 이 견해는 옳은 듯하다.

135 叢: 原校에서는 '聚'자로 되어 있다. 【校注】 原卷 및 甲卷에서도 모두 '藂'로 되어 있으며, 丙卷에서는 '聚'로 되어 있는데 모두 '叢'자의 俗字인 '藂'(丙卷에서는 草頭를 생략한 것이다)에서 변화되어 나온 것이다. 『龍龕手鏡』를 보면 "'藂'자는 속자이며, 叢자는 정자이다. 殂와 紅의 반절음이며 초목이 한데 모여 자라난 것을 말한다(藂, 俗, 叢, 正: 殂紅反, 草木聚生也)"라고 설명하고 있다.

136 豺狼: 原錄에서는 '豺狼'으로 기록해 놓고는 그 옆에다 正字인 '狼'자로 교정하고 있다. 【校注】 原卷에는 '犲狼'로 되어 있는데, 앞 글자는 '豺'의 俗字이다.

137 【原校】 '兎'자는 原卷에서는 '筆'자로 되어 있으나, 丙卷에 근거하여 교정하였다. 【校注】 甲卷에서도 역시 '免'으로 되어 있다. 戊卷의 경우는 '雉'자 이하의 부분이 잔결되어 있다.

138 在: 原錄에서는 '有'자로 되어 있다. 【原校】 '有'자는 原卷에서는 '百'자로 되어 있으며, 丙卷에 근거하여 교정하였다. 【校注】 甲卷에서는 '在'로 되어 있는데, '百', '有', '在'자는 서로 자형이 비슷하다. '魚鱉在水'가 비교적 의미가 부드럽고 잘 통하기 때문에 이에 근거하여 교정하였다. 江籃生은 原卷의 '百'자는 '鶩'자와 통한다고 했으며, 潘重規는 '陌'으로 해야 한다고 하였다. 【校注】 '百'字는 아마도 '在'자의 자형이 와전된 것으로 생각되며, 따라서 앞의 校注들을 따르지 않았다.

139 【原校】 '雀'자는 原卷에서는 '若'으로 되어 있으나, 甲卷과 丙卷에 근거하여 교정하였다.

140 【原校】 '是'字는 甲卷과 丙卷에 근거하여 보충하였다.

141 【原校】 '樂'자는 原卷에서는 '歸'자로 되어 있으나, 甲卷에 근거하여 교정하였다.

142 原錄에서는 이 구절 다음에 '之婦'라는 두 글자가 더 있으나, 압운에도 들어맞지 않고 문장의 의미 맥락에도 맞지 않기 때문에 제거하였다. 元林坤의 『誠齋雜記』 卷上에 "韓憑이 宋 康王 舍人이 되었는데, 그의 아내인 何氏가 매우 아름다웠다. 왕이 그녀를 취하고자 욕심을 내고 舍人을 붙잡아 青陵臺를 짓도록 했다. 이에 何氏가 烏鵲歌를 지었는데, 그 노래는 다음과 같았다. '까마귀와 참새는 서로 짝을 이뤄 날면 될 뿐, 봉황과 함께 난다면 즐겁지 아니하네. 첩은 미천한 백성에 불과하니, 宋王의

能諫【之】?」[144] 梁伯對曰：「臣能諫之. 朋年三十未滿, 二十有餘, 姿容窈窕, 黑髮[145]素絲,[146] 齒如珂珮,[147] 耳[148]如懸珠. 是以念之, 情意不樂. 唯須疾害朋身,[149] 以爲囚[150]徒.」 宋王遂取其言, 卽[151]打韓朋雙[152]板齒【落】.[153] 並著故破之衣裳,[154] 使築淸陵[155]之臺. 貞夫聞之, 痛切忏(肝)

아내가 된들 기쁘지 않다네(韓憑爲宋康王舍人, 妻何氏美. 王欲之, 捕舍人築青陵壹. 何氏作烏鵲歌, 歌曰：'烏鵲双飛, 不樂鳳凰. 妾是庶人, 不樂宋王)"라는 구절이 있는데 여기서는 '王'자를 써서 '凰'자와 운을 맞추고 있다.

143 【原校】 '夫人愁夏不樂, 王曰夫'의 아홉 글자는 丙卷에 근거하여 보충한 것이다.

144 【原校】 '之'字는 甲卷에 근거하여 보충한 것이다.

145 【原校】 墨發은 原卷에서는 '里發'로 되어 있으나, 甲卷과 丙卷에 의거하여 교정하였다.

146 【原校】 '絲'자는 原卷에서는 '失'자로 되어 있으나, 甲卷과 丙卷에 근거하여 교정하였다. 【蔣禮鴻】 '失'자는 옳지 않으며, '素絲' 역시 의미가 없다. 原文은 당연히 '夫'자로 해야 하며, 자형이 비슷한 까닭에 '失'자로 잘못 기록한 듯하다. 또한 '失'자와 음이 비슷하기 때문에 '絲'자로 잘못 기록한 듯 하다. '夫'자는 '膚'자의 별체자인 '肤'자를 줄여 쓴 것이다. 【校注】 '素絲' 이 두 글자는 '素絲之質'의 줄임말로서 身体나 품덕이 마치 하얀 비단처럼 희고 순결한 것을 비유한다. 『全唐文』 卷九〇七의 玄奘 「謝賜手詔啓」를 보면 "그러나 元奘은 흰 비단처럼 순결한 자질을 지닌 사람이기에, 그 본성이 붉거나 파랗게 되는 것을 특히 두려워합니다(但元奘素絲之質, 尤畏朱藍)"이라는 말이 나오는데 이것이 그 용례의 하나이다.

147 【原校】 '珂'자는 原卷에서는 '軻'자로 되어 있으나 丙卷에 근거하여 교정하였다. 蔣禮鴻은 '珂珮'를 '珂貝'로 교정하고, 玄應의 『一切經音義』의 "珂貝는 苦와 何의 반절음이며, 조개에 속한다. 바다에서 생겨나며, 눈처럼 희다. 경문에서는 '軻'자로 되어 있다(珂貝, 苦何反, 螺屬, 生海中, 白如雪者也. 經文作軻)"는 말을 인용하고 있다. 【校注】 '珮'字는 各 寫卷이 모두 동일하며, 『太平御覽』 九四二에서 인용한 『雲南記』에 의거할 때 新安의 婦女子들이 소라나 조개 같은 것으로 허리띠를 두르는 것을 '珂珮'라고 하므로 '珮'자는 굳이 교정하지 않아도 된다.

148 【原校】 甲卷에서는 '耳'자가 '目'으로 되어 있다. 【校注】 甲卷에서는 '目'으로 되어 있으나 조금 모호하게 쓰여 있다.

149 朋身：原卷에서는 '身朋'으로 되어 있다.

150 【原校】 '囚'자는 原卷에서는 '困'으로 되어 있으나, 甲卷과 丙卷에 의기하여 교정하였다.

151 【原校】 '卽'자는 原卷에서는 '遂'로 되어 있으나, 甲卷 및 丙卷에 근거하여 교정하였나. 【校注】 '遂字'의 의미는 본래 '卽'자와 통하므로, 굳이 교정하지 않아도 된다.

152 【原校】 "雙"자는 原卷에서는 '二'자로 되어 있으나, 甲卷 및 丙卷에 의거하여 교정하였다. 【校注】 「伍子胥變文」에 "앞 이빨 두 대를 때려서 부러뜨렸다(打却前頭雙板齒)"는 말이 있는데 여기서의 '雙板齒'는 앞 이빨 두 대를 말한다.

153 【原校】 '落'字는 甲卷에 근거하여 보충한 것이다.

腸, 情中煩怨,[156] 無時不思. 貞夫諮[157]宋王【曰】[158]:「旣築淸陵[159]臺訖, 乞願暫往【觀】看.」[160] 宋王許之. 【乃】賜[161]八輪之車, 騧騮之馬, 前後事[162]從, 三千餘人, 往到臺下. 乃見[163]韓朋, 剉草飼[164]馬, 見妻【羞】[165]恥, 把[166]草遮面. 貞夫見之, 淚下如雨. 貞夫曰:「宋王有衣, 妾亦不著; 王若有[167]食, 妾亦不嘗. 妾念思君, 如渴思漿. 見君苦痛, 割妾心腸. 形容憔悴,[168] 決[169]報宋王, 何以羞[170]恥, 避妾隱[171]藏.」

---

154 【原校】'裳'자는 原卷에서는 '常'자로 되어 있으나 丙卷에 근거하여 교정하였다. 故破 : 오래되어 낡고 헤졌다는 의미이다.

155 【原校】'陵'자는 原卷에서는 '淩'자로 되어 있으나, 甲卷에 근거하여 교정하였다. 【校注】丙卷에서는 '綾'으로 되어 있다. 또한 '淸'字는 甲卷의 경우에는 '靑'으로 되어 있으며, 그 뒷부분은 동일하다.

156 怨 : 原錄에서는 '㤪'자로 기록하고 그 옆에다 '怨'으로 교정하였다. 【校注】原錄에 쓰여진 글자는 '怨'자의 俗字이며 『集韻』에 보인다.

157 【原校】甲卷에서는 '諮'가 '語'자로 되어 있다. 【校注】'諮'자 역시 '咨'로 되어 있는데 그 의미는 '보고하다, 아뢰다'이다.

158 【原校】'曰'字는 甲卷에 근거하여 보충한 것이다.

159 原錄에서는 '臺' 앞에다 甲卷에 근거하여 '之'字를 보충하고 있는데, 여기서는 그것을 빼버려서 본 작품의 六言句式을 유지하였다.

160 【原校】'觀'字는 甲卷에 근거하여 보충한 것이다. '看'字 다음에는 원래 '下'자 한 글자가 더 있는데, 부연한 듯하여 甲卷에 근거하여 빼버렸다.

161 【原校】'賜'자는 原卷에서는 '腸'으로 되어 있으나 丙卷에 의거하여 교정하였다. '乃'字는 丙卷에 근거하여 보충하였다. 【校注】丙卷에는 '乃'자 및 그 앞의 '之'자도 없으나, 甲卷에는 있다.

162 事 : 原錄에서는 '侍'로 되어 있다. 【原校】'侍'자는 原卷에서 '事'자로 되어 있으나, 甲卷에서 '仕'로 되어 있는 것에 근거하여 '侍'로 고쳤다. 【校注】'事'字는 번거롭게 교정할 필요가 없다. 본 편 안에 있는 각 예들에서도 모두 '侍'자로 되어 있지는 않다.

163 【原校】甲卷에서는 '見'자가 '召'자로 되어 있다. 【校注】甲卷에서는 이 부분이 잔결되어 있다.

164 【原校】丙卷에서는 '飼'자가 '餧'로 되어 있다. 【校注】丙卷에서는 '餵'자로 되어 있다.

165 【原校】'羞'字는 丙卷에 근거하여 보충한 것이다. 【校注】甲卷에서는 '着'자로 되어 있는데, 이는 '羞'자가 조금 와전된 것이다. 또한 '妻'字는 原錄에서는 '妾'으로 되어 있으나, 앞에서 여러 번 '妾'자를 '妻'자로 한 용례에 근거하여 여기서도 고쳤다.

166 把 : 甲卷에서는 '抱'자로 되어 있다.

167 【原校】'有'자는 原卷에서는 '喫'자로 되어 있으나 甲卷과 丙卷에 근거하여 교정하였다.

168 【原校】'形'자는 原卷에서는 '刑'자로 되어 있으나, 丙卷에 근거하여 교정하였다. 丙卷에서는 '燋燿'가 '顦顇'로 되어 있는데 '憔悴(초췌하다)'의 뜻이다. 앞의 校注를 참조.

양백이 신속히 내달리니 날은 점차 멀어진다. 처음 송나라에 도착하니 구천 여리의 빛이 궁정에 비추었다. 송왕이 이를 괴이하게 여겨 여러 신하와 태사를 불러 들였다. 천서를 열어 점괘를 받게 하며 괴이한 까닭에 대해 물었다. 박사가 "금일은 갑자일이요, 내일은 을축일이온데, 여러 신하가 모여 들고 왕께서는 좋은 여자를 얻게 될 것입니다"라고 대답했다. 말이 채 끝나기도 전에 정부가 도착한다. 기름진 하얀 얼굴에 비단 매듭 같은 허리를 지닌 용모 단정한 모습이었다. 궁 안의 여인 중 그녀에 비길 수 있는 사람은 아무도 없었다. 송왕은 그녀를 보고 심히 기뻤으며, 삼일 밤낮 즐거움이 그치지 않았다. 즉시 정부를 황후로 임명하고, 앞뒤에 시종을 따르게 하여 입궁시켰다. 정부는 궁 안에 들어가서도 늘 초췌한 모습을 한 채 즐거워하지 않았으며, 병으로 누워 일어나지 않았다. 송왕은 말했다. "그대는 서민의 아내였다가 이제는 한 나라의 국모가 되었는데 어찌 즐겁지 않겠소? 비단옷을 입고 입에 맞는 음식을 먹을 수 있으며 황문시랑이 항시 좌우에서 모시는데 어찌 즐겁지 않고 기쁘지 않다는 말이오?" 정부가 대답했다. "친정 부모를 떠나 시집을 가 한붕을 섬기었던 몸, 생과 사는 각기 처한 바가 다르고 부귀와 빈천도 각기 차이가 있는 법이지요. 갈대에는 흙이 있고 가시나무에는 덤불이 있지요. 승냥이와 이리에게는 짝이 있고 꿩과 토끼에게도 짝이 있지요. 물고기와 자라에게는 물이 있어야 하니, 대궐은 즐겁지 못해요. 제비와 참새는 떼를 지어 함께 나니 봉황인들 어찌 부럽겠는지요? 첩은 서인의 아내로서 송왕의 아내가 되었더라도 즐겁지 않답니다." 부인이 수심과 근심만 가득할 뿐 즐거워하지 않자 송왕이 말했다. "부인이 수심에 가득하여

169 [原校] 甲에서는 '決'자가 '速'으로 되어 있다. [校注] 丙卷에서는 '快'자로 되어 있다.

170 [原校] '以羞'는 原卷에서는 '足着'으로 되어 있으나, 甲卷과 丙卷에 의거하여 교정하였다. [校注] 原卷의 '着'자는 '羞'자의 자형상의 오기이다.

171 原錄에서는 이 구절 앞에 '取草遮面'의 네 글자가 더 있다. [原校] '取草遮面' 네 글자는 甲卷 및 丙卷에 근거하여 보충하였다. [校注] 여기서는 두 구가 하나의 韻으로 되어 있으므로, 네 글자를 보충하는 것은 옳지 않다.

남편을 그리워하고 있으니 누가 그녀를 설득할 수 있겠는가?" 양백이 대답했다. "신이 바꿀 수 있습니다. 한붕은 나이가 아직 서른 미만인 이십여세로 빼어난 용모, 검은 머리칼, 흰 피부 그리고 옥 같은 치아와 구슬 같은 귀를 지니고 있습니다. 바로 이 때문에 그를 사모하는 것이요, 마음이 즐겁지 아니한 것입니다. 필시 한붕의 몸을 해쳐 죄수로 만들어야 할 것입니다." 송왕은 드디어 이 말을 듣고 즉시 한붕의 얼굴을 구타하여 이빨을 부러뜨리고, 낡고 찢어진 옷을 입혀 청릉대를 건축하도록 했다. 정부는 이 소식을 듣고 비통하여 간장이 끊어지는 듯하였다. 또 가슴 속 원한이 한시도 떠나지 않았다. 정부는 송왕의 자문을 구해 말하길 "청릉대가 건축되었다 하니 잠시 가서 구경 좀 하고 싶습니다." 송왕은 이를 허락했다. 그리고 팔륜의 수레와 천리마를 하사하고 앞뒤에 시종 삼천여인을 거느리고 청릉대에 가도록 하였다. 드디어 한붕이 보였는데 그는 풀을 잘라 말에게 먹이고 있다가 아내를 보고는 수치스러움을 느껴 풀로 얼굴을 가렸다. 정부는 그를 보고 눈물이 비오듯 쏟아졌다. 정부는 말했다. "송왕이 하사해준 옷이 있어도 저는 입지 않았습니다. 송왕이 내려준 음식도 저는 맛보지 않았습니다. 저는 목마른 사람이 물을 찾듯 당신만을 그리워해왔습니다. 당신의 고통을 보니 저의 가슴은 찢어질 것만 같습니다. 당신의 초췌한 모습은 이미 송왕에게 보고 되어 알고 있었지요. 어째서 수치스럽게 여기어 풀로 얼굴을 가리고 저를 피해 숨으시는지요."

韓朋答曰 :「南山有樹, 名曰荊棘,[172] 一枝兩莖,[173] 葉[174]小心平. 形

172 棘 : 原錄에서는 이 글자의 윗부분에 '艹'가 있다. [校注] 甲卷에서는 두 개의 '東'으로 이루어져 있는데, 모두 '棘'의 俗字이다.

173 枝 : 原錄에서는 '技'로 해놓고 그 옆에다 '枝'자로 교정하였다. '莖'자는 原錄에서는 '刑'으로 적어놓고 그 옆에다 '莖'으로 교정하였다. [校注] '技'자는 직접 '枝'자로 쓰는 것이 가능하다. 반면에 '刑'은 '荊'을 생략한 것으로 '莖'의 同音 通假字이다.

174 [原校] '葉'자는 原卷에서는 '葦'자로 되어 있으나, 丙卷에 근거하여 교정하였다. [校

容憔悴, 無有心情. 蓋聞東流之水, 西海之魚, 去賤就貴, 於意如何,」

한붕이 대답했다.

남산에 한 그루 나무가 있어
이름을 형극이라 했네.
가지는 하나지만
줄기는 두 개였네.
잎사귀는 작았어도 마음은 평안했네.
모습은 보잘 것 없어도
딴 마음 없었다네.
듣건대
동쪽으로 흐르는 물과 서해의 물고기는
빈천을 버리고 부귀를 따른다 하니
그대 마음은 무엇과 같은지요?

貞夫聞語, 低頭卻行,[175] 淚下如雨. 卽裂裙前[176]三寸之帛, 卓齒取血,[177] 且作私[178]書, 繫着箭[179]上, 射與韓朋. 朋得此書, 便卽自死. 宋

注] 原卷과 甲卷에서는 '莱'字로 되어 있는데 '葉'자이다. 이 글자는 唐太宗을 피휘하기 위해 중간에 있는 '世'자를 '云'자로 바꾼 것이다.

175 却行 : 뒤로 물러나다. 돌아가다는 의미이다.

176 [原校] '裙'자는 原卷에서는 '群'으로 되어 있으나, 甲卷과 丙卷에 근거하여 교정하였다. 甲卷에서는 '前'자가 '裙'으로 되어 있으며, '之帛' 두 글자는 없다. [校注] 甲卷 및 丙卷에서는 이 구절이 '卽裂裙裾三寸'으로 되어 있으며, 原校는 옳지 않다.

177 卓齒取血 : 이빨로 손가락을 깨물어 피를 낸 다음 그 피로 글씨를 쓰는 것을 말한다. '卓'字를 劉堅은 '鑿'자로 교정했으며 項楚는 '築'자로 교정하였고, 劉凱鳴은 '著'(介詞)로 교정했는데, 이 모두는 옳은 것이 아니다. 項楚는 "'卓'지는 아마도 俗語인 듯한데 『太平廣記』 卷一百八의 「李琚」 조목에 나오는 '문득 두통을 느껴 탑 아래를 찾아가 보니, 어떤 사람이 '나는 道安 화상이라는 사람인데, 그대가 병이 났다면 머리를 두 번 두드리고 그대의 도심이 깊고 굳건해 지기를 기원해 보시오'라고 하는 말을 들었다(便覺頭痛. 至一塔下, 聞人云 : 我是道安和尙, 作病卓頭兩下, 願爾道心堅固)'라는 말이 그 예라 할 수 있다"고 하였는데, 여기서의 '卓'자는 '叩'자로 풀이된다. [校注] 이미 이상과 같이 언급했으므로, '卓'字를 번거롭게 교정할 필요는 없다.

王聞之, 心中驚愕, 卽問[180]諸臣 : 「若爲自死?爲人所殺?」[181] 梁伯對曰 : 「韓朋死時, 【無】[182]有傷損之處. 唯有三寸素書, 【繫】[183]在朋頭下.」

정부는 이 말을 듣고는 고개를 숙이고 떠나며 눈물만 비오듯 흘렀다. 그리고 즉시 앞치마 비단 세 치를 찢고 이빨로 피를 낸 다음 서신을 써 화살에 달아 한봉에게 쏘아 보냈다. 한봉은 이 서신을 받아보고는 그 즉시 자살했다. 송왕은 이 소식을 듣고 경악하여 여러 대신들에게, "자살했느냐 아니면 다른 사람에 의해 죽임을 당했느냐?" 양백이 대답했다. "한봉이 죽었을 때 손상을 입은 곳이 없었고 단지 세 치의 하얀 비단이 한봉의 머리 아래 매달려 있었습니다."

宋王卽【取】[184]讀之. 貞【夫】[185]書曰 : 「天雨霖(霖),[186] 魚游池中, 大鼓無聲, 小鼓無音.」【宋】[187]

178 【原校】 '私'자는 原卷에서는 '枱'자로 되었는데, 甲卷에 근거하여 교정하였으며 乙卷에서는 '移'자로 되어 있다. 【校注】 原卷에서는 '秇'자로 되어 있으며, 甲卷에서는 '松'자로 되어 있다. 原卷의 글자는 바로 '移'자를 손으로 초록하는 과정에서 변화된 글자이며, 甲卷의 글자는 '私'자의 俗字이다. 潘重規는 原卷에서는 '招'로 되어 있다고 했으나, 이는 옳지 않다.

179 着箭 : 原錄에서는 '箭頭'로 되어 있다. 【原校】 '頭'字는 丙卷에 근거하여 보충한 것이다. 【校注】 原卷 및 甲券과 丙卷에서는 '箭'자 앞에 '着'字가 있으므로, '頭'자를 번거롭게 보충할 필요는 없다.

180 【原校】 '問'자는 原卷에서는 '子'자로 되어 있으나 甲卷에 의거하여 교정하였으며, 丙卷에서는 '聞'자로 되어 있다.

181 【原校】 丙卷에서는 '所'자가 '取'자로 되어 있다. 【校注】 '取'자는 와전된 글자이다. 또한 '殺'자는 原錄에서 '煞'자로 되어 있는데, 이 글자는 俗字이다.

182 【原校】 '無'字는 甲卷과 丙卷에 근거하여 보충한 것이다.

183 【原校】 '繫'字는 甲卷에 근거하여 보충하였다.

184 【原校】 '取'字는 丙卷에 근거하여 보충하였다.

185 【原校】 '夫'字는 甲卷과 丙卷에 근거하여 보충하였다. 【校注】 原卷의 경우는 아마도 이 글자를 생략한 듯하다.

186 【原校】 甲卷과 丙卷에는 '霖'字가 하나 더 있으며, 이에 근거하여 보충하였다. 【校注】 原卷에서는 아마도 중복된 글자라서 생략한 듯하다. 이 부분의 경우 독자들이 능히 보충하여 읽을 수 있기 때문에 수기하는 과정에서 생략한 것이다.

187 【原校】 '宋'字는 甲卷에 근거하여 보충한 것이다.

송왕은 즉시 편지를 가져다 읽어 보았다. 정부는 편지에 다음과 같이 썼다.

장마비 그칠 줄 모르는데
물고기는 연못 속에서 노니네.
큰 북은 소리가 없고
작은 북도 소리 없네.

王曰 :「誰能辨[188]之?」梁伯對曰 :「臣能辨之. 天雨霖【霖】是其淚, 魚遊池中是其意, 大鼓無聲是其氣, 小鼓無音是其思.[189] 天下是其言, 其義大矣哉!」[190] 貞夫曰 :「韓朋已[191]死, 何更再言. 唯願大王有恩, 以禮

188 【原校】'辨'자는 原卷에서는 '辨'으로 되어 있으나, 甲卷과 丙卷에 '辯'자로 되어 있는 것에 근거하여 '辨'으로 교정하였다. 【校注】'辨'자와 '辦'자는 고대에는 본래 한 글자였다. 段玉裁의 『說文解字注』를 보면 "辨자는 刀자를 따른 글자이며, 속자로는 辨으로 쓰기도 하는데 글자로 '변별하다(辨別)'는 뜻을 지닌 글자로 삼았으며 符와 蹇를 반절음으로 삼았다. 별도로 '力'자를 따른 '辦'자를 만들어 '~을 하다(干辦)'는 뜻을 지니는 글자로 삼고 蒲자와 莧자를 반절음으로 삼았다. 고대에는 辨別과 干辦 이 두 단어는 서로 다른 의미를 지니지는 않았으며 서로 다른 자형과 자음을 가지지도 않았다(辨從刀, 俗作辨, 爲辨別字, 符蹇切. 別作從力之辦, 爲干辦字, 蒲莧切. 古辨別, 干辦無二義, 亦無二形二音也)"라 설명하고 있다. 여기서 原卷에 적혀있는 '辨'자도 역시 '辦'자이다.

189 【原校】丙卷에서는 '思'가 '死'로 되어 있다. 【校注】原卷과 甲卷에서는 모두 '恩'으로 되어 있는데, 이는 '思'가 와전된 것이다. '思'는 여기서는 '去聲'으로 읽어야 한다. 이상의 네 구절은 모두 貞夫의 편지의 말을 설명한 것으로 『搜神記』에서는 "아내가 몰래 韓憑에게 편지를 보냈는데, 묶여진 그 편지에는 '장마비 그칠 줄 모르고, 강물은 크고 수심은 깊지만 해는 그 한가운데서 떠오르리'라고 쓰여 있었다. 왕이 그 편지를 얻어서 좌우의 신하에게 보여주었는데, 좌우의 신하들도 모두 그 뜻을 알지 못했다. 그 신하들 중에 蘇賀가 대답하길 '장마비가 그칠 줄 모른다는 것은 그녀의 근심과 수심을 말하는 것입니다. 강물이 크고 수심이 깊나는 말은 서로 왕래할 수 없음을 말합니다. 해가 그 한가운데서 떠오른다는 말은 마음에 죽고 싶은 마음이 있다는 것을 말합니다'라고 하였다. 얼마 후 漢聘이 정말로 자살하였다(妻密遺憑書, 繆其辭曰 : '其雨淫淫, 河大水深, 日出當心.' 旣而王得其書, 以示左右, 左右莫解其意. 臣蘇賀對曰 : '其雨淫淫, 言愁且思也; 河大水深, 不得往來也; 日出當心, 心有死志也.' 俄而憑乃自殺)"라고 되어 있다.

葬之, 可不得利後【人】?」[192] 宋王卽遣人城東, 掘[193]百丈[194]之曠(壙), 三公葬之.[195] 貞夫乞往觀看, 不敢久停.[196] 宋王許之. 令乘素[197]車, 前後

190 【原校】 丙卷에서는 이 구절이 "天下是其言, 其語大矣哉, 貞夫見韓朋自死, 冄言"으로 되어 있는데, 여기서는 '天下是其言' 구절을 '天下事此是卿言'으로 교정하였는데, 이렇게 해야 문장의 의미가 잘 통하게 된다. 【校注】 原卷에서는 '天下事此是卿其言義大矣哉'로 되어 있으며 甲卷도 동일하다. 丙卷의 '冄'자는 '再'자의 俗字이다.

191 【原校】 '已'자는 原卷에서는 '以'로 되어 있으나, 甲卷에 근거하여 교정하였다.

192 【原校】 '人'字는 甲卷에 근거하여 보충하였다.

193 掘: 原錄에서는 '輇'으로 되어 있다. 【原校】 甲卷에서는 '輇'자가 '栓'자로 되어 있다. '輇'字는 『說文』에서는 "오랑캐들의 수레의 아래 부분에 있는 작은 수레바퀴를 말하며, 無福이라고도 한다(蕃車下庳輪也, 一曰是無輻也)"라고 설명하고 있으나, 이 설명은 본문의 뜻과는 부합되지 않으며 이 글자는 '拴' 혹은 '栓'자의 와전임이 분명하다. 이는 아마도 '車'旁을 간단히 '丰'으로 쓰기도 하는데 이 글자가 '扌'자나 '木'자의 자형과 비슷하기 때문에 생겨난 일인 듯하다. 그 아래에 나오는 세 가지 예도 原卷에서는 모두 '拴'로, 丙卷에서는 '拴'로 되어 있는데(丙卷의 경우 본 구절은 전체가 누락되어 있다), 모두 '掘'자의 俗字이다. 蔣禮鴻은 "이 글자는 분명 '掘'자의 俗體이다. 『說文解字』에 '圣'字가 있는데 이 글자에 대해 '汝潁지방에서는 땅에다 온 힘을 기울이는 것을 圣이라 했다(汝潁間謂致力於地曰圣)'라고 설명하고 있으며 그 음은 '窟'이다. 아마도 후인들이 偏旁을 덧붙여 '挃'으로 하거나 혹은 '拴'자로 잘못 쓰기도 한 듯 하다. 『龍龕手鏡』에도 '拴'字가 있는데 그 의미에 대한 풀이가 없으며, 그 음은 其와 月의 반절음으로 '屈'의 음절이다"라고 하였다. 【校注】 '拴(拴)'자는 곧 '拴(拴)'자의 手書 形式이며, 그 의미는 땅 속으로 들어간다는 뜻이다. 『龍龕手鏡』을 보면 "栓자는 고문자로 其와 月의 반절음이며, 나무가 땅 속으로 들어가는 것을 의미한다. 오늘날은 '橛'자로 쓴다(栓, 古文, 其月反, 木入土也. 今作橛)"라고 설명하고 있다. 또한 "拴자와 栓자는 두 俗字로서 其와 月의 반절음이다. 정자로는 '拴'로 쓴다(拴, 栓, 二俗, 其月反, 正作拴)"고 설명하고 있다. '나무가 땅 속으로 들어가다(木入土)'는 것이 아마도 '栓'자의 의미인 듯하고, '拴'자는 바로 '栓'자의 동사 형태인 듯하다. 敦煌 寫本에서는 이 글자의 변형된 글자의 예가 아주 많으며, 모두 '掘'자의 의미로 사용되었다. 『孔子託相問書』에도 그러한 용례가 있다.

194 【原校】 甲卷에서는 '丈'자가 '仗'으로 되어 있으나, 여기서는 '丈'으로 고쳤다. 【校注】 原卷에서는 '丈'으로 되어 있으므로, 甲卷에 근거하여 교정할 필요가 없다.

195 原錄에서는 '之'자 다음에 '禮也'의 두 글자가 더 있다. 【校注】 原卷에는 이 두 글자가 없으며, 丙卷의 경우는 이 구절 전체가 없다. '三公葬之'는 三公에 해당하는 예로써 그를 장사지내 주었다는 뜻이므로, 굳이 甲卷에 근거하여 보충할 필요는 없다(原錄에서는 교정을 하지 않았다.)

196 【原校】 '敢'자는 原卷에서는 '取'로 되어 있으나, 甲卷과 丙卷에 근거하여 고쳤다. '停'자는 原卷의 경우 '高'자로 되어 있으나, 甲卷과 丙卷에 근거하여 교정하였다. 【校注】 '停'字의 경우 丙卷에서는 '亭'으로 되어 있으며, 原卷의 '高'字는 '亭'자가 와전된 것이다. '亭'자는 '停'자의 古字이다. 『說文』에 보면 "亭은 백성들이 안정을 취하는 곳

事[198]從, 三千餘人, 往到墓所. 貞夫下車, 繞墓三匝, 號咷[199]悲[200]哭, 聲[201]入雲中, 【臨壙】[202]喚君, 君亦不聞. 迴頭辭百官:「天能報【此】[203]恩. 蓋聞一馬不被二鞍,[204] 一女不事二夫.」[205] 言語未」訖,[206] 遂卽至室, 苦酒侵衣,[207] 遂脆[208]如葱,[209] 左攬右攬, 隨手而無. 百官忙怕,[210] 皆悉

이다(亭, 民所安定也)"라고 설명하고 있으며, 段注에서는 "『風俗通』에서 말하길 '亭은 머무르다는 뜻이다. 여행이나 먼 길을 떠났을 때 묵는 여관을 말한다'. 釋名에서는 '亭은 멈추다는 뜻이다. 사람들이 발길을 멈추고 모이는 곳을 말한다'라고 하였다. 내 생각으로는…… 亭자가 변화되어 정지하다의 의미를 가지게 된 듯 하다. 俗字로는 停, 渟자로 쓰기도 한다. 『釋名』에 의거하면 한나라 때 이미 '停'자가 있었으나, 許愼이 수록하지 않은 듯하다(風俗通曰:'亭, 留也. 蓋行旅宿會之所館.' 釋名曰'亭, 停也. 人所停集'. 按…… 亭之所引伸爲亭止, 俗乃製停, 渟字, 依釋名則漢時則有停字, 而許不收)"라고 설명하고 있다.

197 【原校】'素'자는 原卷에서는 '槖'자로 되어 있으나, 甲卷과 丙卷에 의거하여 교정하였다. 【校注】原卷에서는 '槖'자로 되어 있으며 앞 글자인 '乘'자는 '桒'자로 되어 있는데, '槖'자는 '乘'자의 衍文이다. 甲卷에서는 '乘'자가 '椉'로 되어 있어 또 하나의 증거가 된다. 또 '乘'자는 丙卷에서는 '臣'으로 되어 있다.

198 【原校】丙卷에서는 '事'자가 '使'자로 되어 있다. 여기서는 '侍'자로 고쳤다. 【校注】甲卷의 경우는 '事從'이라는 두 글자가 없다. '事'자는 굳이 번거롭게 교정할 필요가 없다.

199 號咷: 原錄에서는 '嗥啼'로 되어 있다. 【原校】丙卷에서는 '啼'자가 '咷'자로 되어 있다. 【校注】이 두 글자는 丙卷에서는 '號咷'자로 되어 있으며, 여기서는 이에 근거하여 교정하였다.

200 【原校】甲卷에서는 '悲'자가 '作'으로 되어 있다.

201 【原校】甲卷의 경우 '聲'자가 '悲'자로 되어 있다.

202 曠: 原錄에서는 '曠'자로 적어 놓고 그 옆에다 '壙'으로 교정하였다. 【原校】'臨曠' 두 글자는 甲卷과 丙卷에 근거하여 보충하였다. 【校注】丙卷에서는 '臨壙'으로 되어 있으나, 여기서는 丙卷에 의거하여 교정하였다.

203 【原校】'此'字는 甲卷에 근거하여 보충하였다.

204 鞍: 原錄에서는 '安'자로 적어 놓고 그 옆에다 '鞍'자로 교정하였다. 【原校】甲卷과 丙卷 두 寫卷에서는 '二'자가 '兩重'으로 되어 있다. 【校注】甲卷에서는 '被'자가 '披'자로 되어 있으며, '安'자는 '鞍'자로 되어 있는데 여기서는 이에 근거하여 '安'자를 '鞍'자로 교정하였다.

205 【原校】丙卷에서는 '夫'자 다음에 '聟'자가 더 있다. 【校注】'聟'자는 '壻'자의 俗字이나. 이상의 두 구절은 속어이기 때문에 인용부호를 첨가하였다.

206 【原校】'訖'자는 原卷에서는 '此'자로 되어 있으나, 甲卷과 丙卷에 근거하여 교정하였다.

207 侵: 原錄에서는 '㑴'자로 되어 있는데 이 글자는 곧 俗字이다. 項楚는 '浸'자로 교정하고 있으나 그럴 필요는 없는 듯하다. '侵'은 '침식하다·스며들다(侵蝕)'는 뜻으로, 『搜神記』에서는 이 부분이 '妻乃陰腐其衣'로 되어 있는데 여기서 쓰고 있는 '腐'字는

搥胸. 卽遣使者, 【走】[211]報宋王.

王聞此語, 甚大嗔怒, 床頭取劍, 殺臣四五.[212] 飛輪來走(奏),[213] 百官集聚. 天[214]下大雨, 水流曠(壙)中, 難可得取. 梁伯[215]諫王曰 :「只有萬死, 無有一生.」 宋王卽遣【人】[216]掘[217]之. 不見貞夫, 唯[218]得兩石, 一

'侵'자와 그 의미가 부합한다. '苦酒'는 신 식초를 말하는데, 『釋名』에서는 "苦酒는 진한 독성이 강한 것으로 매우 시다(苦酒, 淳毒甚者, 酢苦也)"라고 설명하고 있다. 『名医別錄』의 '醋'자 아래 陶弘景의 注가 실려 있는데 "쓴 맛을 지니고 있으며, 속칭 苦酒라고 부르기도 한다(以有苦味, 俗呼爲苦酒)"라고 설명하고 있다. 또한 甲卷과 丙卷에서는 앞 구절의 '至室' 두 글자가 없으며, 이 구절의 경우 丙卷에서는 '苦空酒侵衣'로 되어 있으며, '衣' 다음에 重文의 부호가 있다.

208 脆 : 原錄에서는 '晲'로 기록하고 그 옆에다 '脆'자로 교정하였다. [校注] '晲'자는 '脆'자가 와전된 것이며, 丙卷에서는 '餛'로 되어 있는데 이 글자는 '餛'자 이며 '脆'자의 俗字이다. 甲卷에는 이 글자가 없다.

209 惹 : 原錄에서는 '惹'자로 기록하고 그 옆에다 '惹'으로 교정해 놓고 있다. [校注] 原錄의 글자는 '惹'의 속자이다. 丙卷에서는 '惹'자 다음에 '蕊'字가 더 있다.

210 [原校] 이상의 구절은 各 寫卷에서 異文들이 상당히 많다. 甲卷에서는 "遂卽容苜, 須捉衣惹, 隨手如無, 百官害怕"로 되어 있다. 丙卷에서는 "遂卽苦空須侵衣, 衣餛如悲, 隨手而無"로 되어 있다. [校注] 甲卷의 '容'자는 '苦'자가 와전된 것이며 부연된 것이다. '苜'자는 실제로는 '昔'자로 되어 있는데 곧 '苦'의 俗字이다. '須'자는 바로 '酒'자가 와전된 것인데, 이 두 글자는 敦煌 寫本에서는 서로 혼용하여 사용하는 경우가 많았다. 原錄에서는 구를 끊고 있는데, 이는 잘못이다. 丙卷에서는 '悲蘂' 두 글자가 실제로는 '惹蘂'으로 되어 있는데 이 글자는 '惹蕊'의 俗字이다.

211 [原校] '走'자는 甲卷에 근거하여 보충한 것이다.

212 [原校] 甲卷에서는 '四五' 아래 '人也'라는 두 글자가 더 있다.

213 [原校] 甲卷에서는 '走'자가 '報'자로 되어 있다. [校注] '走'字는 응당 '奏'자로 읽어야 하며, '報'자와 의미가 동일하기 때문에 상호 대체가 가능하다. '走'와 '奏'자가 상호 대체한 예는 상당히 많다.

214 [原校] 甲卷에서는 '天'자가 '仪'자로 되어 있다. [校注] 甲卷에서도 '天'자로 되어 있으며 단지 모호하게 적혀 있을 따름이다.

215 伯 : 原錄에서는 '百'으로 기록하고는 그 옆에다 '伯'자로 교정하였다. [校注] 앞 구절인 "梁伯封曰, 臣能辨之"에서의 '伯'자도 原卷에서는 역시 '百'자로 되어 있으며 마찬가지로 그 옆에다 '伯'자로 교정하였다. 甲卷에서는 '百'자가 '伯'자로 되어 있는데, 여기서는 이에 근거하여 교정하였다.

216 [原校] '人'字는 甲卷에 근거하여 보충한 것이다.

217 掘 : 原錄에서는 '拴'자로 되어 있다. [校注] 原卷에서는 '拴'자로 甲卷에서는 '栓'자로 丙卷에서는 '拴'자로 되어 있다.

218 唯 : 甲卷에서는 '遂'자로 되어 있다.

青一白.[219] 宋王睹[220]之, 青石埋[221]於道東, 白石埋[222]於道西. 道東生於桂樹, 道西生於梧桐.[223] 枝枝相當,[224] 葉葉相籠,[225] 根下相連, 下有流泉, 絶道不通.[226] 宋王出遊見之, 【問曰】[227]:「此是何樹?」梁伯對曰:「此是韓朋之樹.」「誰能解之?」梁伯對曰:「臣能解之. 枝枝相當是其意, 葉葉相籠是其思,[228] 根下相連是其氣,[229] 下有流泉是其淚.」宋王卽遣【人】[230]誅伐[231]之. 三日三夜, 血流汪汪.[232] 二札[233]落水, 變成雙鴛鴦,

219 【原校】'白'자는 原卷에서는 '石'자로 되어 있으나, 甲卷에 근거하여 교정하였다. 【校注】原卷에서는 먼저 '百'字로 기록한 다음에 글자 윗부분에 '白'字로 교정해 놓고 있다.

220 【原校】丙卷의 경우 '睹'자가 '歡'자로 되어 있다. 【校注】丙卷에서는 '觀'자로 되어 있다.

221 【原校】'石理'는 原卷에서는 '栓游'로 되어 있으며, 甲卷과 丙卷에 근거하여 교정하였다. '于'字는 甲卷 및 丙卷에 근거하여 보충한 것이다. 【校注】原卷의 경우 '石'字는 탈각되어 있으며, '埋'자는 '拴'자로 되어 있으며 '游'자는 '於'자의 자형상의 와전이다.

222 【原校】'埋'자는 原卷에서는 '栓'자로 되어 있으나 여기서는 甲卷에 근거하여 교정하였다. 【校注】原卷에는 '拴'자로 되어 있으며, 丙卷에서는 이 글자가 없다.

223 原卷에서는 '道東'이 '道西'로 '道西'가 '道東'으로 되어 있다. 이 두 구절은 아마도 "桂樹生於道東, 梧桐生於道西"의 도치문인 듯하다.

224 【原校】丙卷에서는 '當'자가 '對'자로 되어 있다.

225 【原校】甲卷에서는 '籠'자가 '對'자로 되어 있다.

226 『搜神記』에서 "왕이 '그대들 부부간의 사랑은 끝이 없다면 그대들은 능히 무덤을 합할 수 있을 것이며, 그렇게 한다면 나도 가로막지 않겠다'라고 말했다. 하루밤 사이에 두 사람의 무덤 끝에 커다란 가래나무가 자라나더니 10일 만에 다 자라 서로 엉키더니 몸통을 굽혀 서로를 향해 다가가더니 땅 아래에서는 뿌리가 서로 뒤엉켰고 땅 위에선 가지가 서로 뒤섞였다(王曰:'爾夫婦相愛不已, 若能使冢合, 是吾弗阻也.' 宿昔之間, 便有大梓木生於二冢之端, 旬日而盈抱, 屈體相就, 根交於下, 枝錯於上)"라고 했는데 이것이 이 變文의 출처이다. 또한 漢 樂府「孔雀東南飛」에 "동서에는 소나무와 측백나무를 심고, 좌우로는 梧桐나무를 심었네. 가지들은 서로 덮어주고, 나무 잎들은 서로 간에 왔다 갔다 하네(東西植松柏, 左右種梧桐. 枝枝相覆蓋, 葉葉相交通)"라는 구절이 있는데 이 역시 본 변문의 구절과 유사하다.

227 【原校】'問曰' 두 글자는 丙卷에 근거하여 보충한 것이다.

228 思:原錄에서는 '恩'으로 기록되어 있다. 【校注】甲卷과 丙卷에서는 '恩'자가 '氣'자로 되어 있다. 【校注】原卷의 '恩'자는 '思'자로 해야 하며, 앞 구절인 "天雨霖霖是其淚, 魚游池中是其意, 大鼓無聲是其氣, 小鼓無音是其思"에서도 '淚', '意', '气', '思'의 네 글자를 활용하고 있는데 모두 韻脚이다. 또한 '思'字는 原卷 및 甲卷에서도 '恩'자로 잘못 쓰여 있다.

229 【原校】甲卷에서는 '氣'자가 '思'자로 되어 있으며 丙卷에서는 '義'자로 되어 있다. 【校注】甲卷에서는 '恩'자로 되어 있다.

擧翅高飛, 還我本鄕. 唯有一毛【翎】,[234] 甚好端正.[235] 宋王得[236]之, 【遂】[237]卽磨拂其身,[238] 大好光彩,[239] 唯有項上[240]未好, 卽將磨拂[241]項

230 【原校】 '人'字는 甲卷에 근거하여 보충하였다.

231 【原校】 '伐'字는 原卷에서는 '罰'자로 되어 있으나, 丙卷에 근거하여 교정하였다. 【校注】 丙卷에서는 이 구절이 "宋王卽見人遣追伐"로 되어 있는데 여기서의 '追'자는 '誅'자의 同音 假借字이다. '見'은 덧붙은 글자이다.

232 汪汪 : 이 두 글자는 丙卷에서는 '尫尫'으로 되어 있다.

233 札 : 甲卷에서는 '礼'로 되어 있으나 이는 자형이 와전된 것이다. '札'자를 項楚와 張鴻勳은 모두 나무 조각으로 해석했다. 【校注】 S.6261의 「白澤精怪圖」殘卷에 한 마리 괴상한 동물에 대한 기록이 있는데, 그 注에서 "本子는 札이라고 하는데, 그 형상이 토끼와 비슷하여 그 꼬리가…… (本子, [獸?]名曰札, 狀如菟而尾□□)"라고 하고 있다. 그러므로 '札'은 바로 토끼 형상의 동물임을 알 수 있으며 본 변문의 예도 이 동물을 지칭한다. 「木蘭詩」을 살펴보면 "수토끼 발걸음은 폴딱폴딱. 암토끼 눈동자는 깜박깜박. 토끼 두 마리 나란히 가니, 어느 것이 수놈이고 어느 것이 암놈일꼬(雄兎脚撲朔, 雌兎眼迷離. 雙兎傍地走, 安能辨我是雄雌)"라는 구절이 있는데 여기서 말하는 '兎'는 본래 원앙이나 오동과 마찬가지로 民間故事에 나오는 기이한 영물에 속한다.

234 【原校】 '翎'字는 丙卷에 근거하여 보충한 것이다. 【校注】 原卷에서는 '相'자로 되어 있으며, 甲卷의 경우에는 이 글자의 왼쪽 절반 부분이 보이지 않는다.

235 【原校】 原卷에서는 '甚'자 아래에 '相'字가 있으나 여기서는 甲卷과 丙卷에 근거하여 삭제하였다. '正'자는 原卷에서는 '政'으로 되어 있으나, 丙卷에 근거하여 고쳤다. 【潘校】 '相好'는 佛敎의 經典에 나오는 成語이므로 자의적으로 삭제하는 것은 옳지 않다. 【校注】 原卷의 '相'자는 '甚'자 앞에 있으므로, 응당 '翎'자의 와전이다. 또한 '政'字는 고대에는 '正'자로 많이 썼는데, 『說文』에 보면 "政은 正이다(政, 正也)"는 말이 있으며 『管子・法法』에서는 "政은 바로잡는다[正]는 뜻이다. '正'이라 하는 이유는 그것이 만물의 性命을 바로잡고 안정시키기 때문이다(政者, 正也. 正也者, 所以正定萬物之命也)"는 말이 있으며 江淹의 「爲蕭太尉上便宜表」에도 보면 "백성들의 마음을 엄숙하게 바로잡아, 백성들의 마음을 한 마음이 되게 다스리십시오(肅政黎心, 釐一民志)"라는 말이 보인다. '端正'은 곧 아름답다는 의미이며, 佛經에서 상용하는 말이다.

236 【原校】 甲卷에서는 '得'자가 '愛'자로 되어 있다. 【校注】 丙卷에도 '愛'자로 되어 있다.

237 【朱校】 '遂'字는 甲卷과 丙卷에 근거하여 보충하였다.

238 摩 : 原錄에서는 '磨'자로 되어 있다. 【原校】 내 생각으로는 原卷의 原文은 '磨拂其身'이라는 구절 다음에 잔결된 부분이 있는 것 같다. 여기서는 甲卷에 근거하여 뒤 단락을 보충하였으며, 또한 丙卷과 비교해 보았다. 【校注】 丙卷에서는 '磨'자가 '摩'자로 되어 있으며, 여기서는 이에 근거하여 교정하였다. 原卷의 '拂'자는 원래는 '茀'으로 되어 있으며, 甲卷과 丙卷에서는 '弗'자로 되어 있으며, 原卷에서 이미 '拂'자로 교정하는 과정을 거친 것이다. 또한 原卷의 경우는 행을 바꾸어 '韓朋賦一卷'이라고 쓰고 있으며 또 行을 바꾸어 네 공란에 '韓朋賦一首'라는 글자를 써넣고 있다. 그 뒷면에는 '丈夫不歸, 韓朋'이라는 여섯 글자가 쓰여 있다.

上, 其頭卽落. 生[242]奪庶人之妻, 枉殺賢良. 未至三年, 宋國[243]滅亡.[244] 梁伯父子, 配[245]在邊疆. 行善獲福,[246] 行惡得殃.[247]

송왕이 물었다. "누가 이 글의 의미를 해석할 수 있겠느냐?" 양백이 대답했다. "신이 해석할 수 있습니다. 장마비가 그치지 않고 내린다는 것은 그녀의 눈물을 말하고, 물고기가 연못 가운데서 노닌다는 것은 그녀의 마음을 의미하고, 큰 북이 소리가 없다함은 그녀의 기상을 말하고, 작은 북이 소리가 없다함은 그녀의 생각을 말합니다. 천하에서 이와 같은 말은 찾기 힘드니 그 의리가 대단합니다." 정부는 말했다. "한붕이 이미 죽었으니 다시 무슨 말을 하리오? 단지 원하는 것은 대왕께서 은혜를 베푸시어 예로써 그를 장사 지내주면 후세의 사람들에게 어찌 이롭지 않겠습니까?" 송왕은 사람을 성동에 파견하여 일백 장의 넓이로 묘를 파고 삼공에 해당하는 예로서 장사지내 주었다. 정부는 가서 보기를 원한다며 감히 오래 머물지는 않겠노라고 했다. 송왕은 허락하고 흰 수레를 타게 하고 앞뒤에 시종 삼천 여인을 붙여 묘소로 가게 하였다. 정부는 수레에서 내려 묘를 세 바퀴 돌아보고는 서글프게 통곡하니 그 소리가 구름에까지 퍼졌다. 묘에 임하여 그대를 부르거늘 그대는 듣지

---

239 彩 : 甲卷에서는 '抱'자로 되어 있으며, 原錄은 아마도 丙卷에 근거한 것 같다. 甲卷의 글자는 아마도 '色'의 俗字인 '邑'자가 와전된 글자인 듯하다.

240 [原校] 丙卷에서는 '項上' 두 글자가 '頂上'으로 되어 있다. [校注] 이 두 글자들은 서로 혼동되는 경우가 많았으며, 丙卷의 글자 역시 당연히 '項上'으로 해야 한다.

241 摩 : 原錄에서는 '磨'자로 되어 있으나, 여기서는 丙卷에 근거하여 고쳤다. 또한 '拂'자는 甲卷과 丙卷에서는 모두 '弗'자로 되어 있다.

242 [原校] '生'字는 丙卷에 근거하여 보충한 것이다. [校注] 甲卷에도 이 글자가 남아 있긴 하나, 다소 모호하게 쓰여져 있다.

243 [原校] '國'자는 原卷에서는 '王'으로 되어 있으나, 丙卷에 근거하여 교정하였다. [校注] 甲卷에서는 陰影이 구분하기 어렵게 되어 있으며, 그 아래 부분도 마찬가지이다.

244 [原校] '亡'자는 原卷에서는 '王'자로 되어 있으나, 丙卷에 근거하여 교정하였다.

245 配 : '유배'의 뜻이다. 고대의 다섯 가지 형벌 가운데 하나였다.

246 [原校] '獲福'은 原卷에서는 '權禍'로 되어 있으나, 丙卷에 근거하여 고쳤다. [校注] 甲卷의 경우 陰影을 식별하기가 어렵다.

247 [原校] '殃'자는 原卷에서는 '羊'으로 되어 있으나, 丙卷에 의거하여 교정하였다.

못하느뇨? 고개를 돌려 백관에게 사별하며 말하길 "하늘은 은혜에 보답해 줄 것이오. 듣건대, 한 마리의 말은 두 안장을 하지 않는다 하며, 한 아녀자는 두 지아비를 섬기지 않는다 합니다." 말을 미처 마치기도 전에 무덤 안으로 들어가 내실로 들어가 식초를 옷에 뿌린 후 묘 속으로 몸을 던졌다. 좌우의 신하들이 붙잡았으나 손에 잡히지 않았다. 여러 관리들은 황망하고 두려워 모두 가슴을 쳤다. 즉시 사자를 파견하여 송왕에게 보고했다. 송왕은 이 말을 듣고 매우 진노하여 침상 머리맡의 칼을 뽑아서 신하 대 여섯 명을 죽여 버렸다. 수레를 타고 나는 듯이 달려 모든 관리들을 집합시켰다. 하늘에서 큰 비가 내려 묘 속으로 흘러들어 그녀를 찾아낼 수 없었다. 양백이 송왕에게 간하길 "일만 구의 시신 가운데 생존자는 하나도 없습니다." 송왕은 즉시 사람을 파견하여 파냈으나 정부는 보이지 않고 오직 두 개의 푸르고 흰 돌만이 있을 뿐이었다. 송왕은 그것을 보고는 푸른 돌은 길 동쪽에 묻고 흰 돌은 서쪽에 묻었다. 길 동쪽에서는 계수나무가 자라고 서쪽에서는 오동나무가 자라났다. 가지와 잎사귀가 서로 어우러지고, 뿌리는 서로 얽히었으며 뿌리 밑에는 샘이 흘렀다. 그리고 이 나무가 길을 막고 있어 통행할 수 없었다. 송왕이 나들이를 나왔다가 그것을 보고 물었다. "무슨 나무인가?" 양백이 대답했다. "그것은 한붕의 나무입니다." 송왕이 물었다. "누가 그 의미를 해석할 수 있겠느냐?" 양백이 대답했다. "그것은 신이 할 수 있습니다. 가지가 서로 어울림은 그들의 뜻입니다. 잎이 서로 어우러짐은 사랑입니다. 뿌리가 서로 얽히어 있는 것은 기입니다. 뿌리 아래 흐르는 샘은 눈물입니다." 송왕은 사람을 파견하여 그 나무를 베어버렸다. 사흘 밤낮 동안 피가 넘쳐 흘렀다. 두 방울의 물이 떨어져 두 마리의 원앙으로 변한 다음, 나래를 치며 높이 날아 고향으로 돌아갔다. 오직 깃털 하나만이 떨어져 있을 뿐이었다. 송왕이 그것을 주워 몸에 문지르자 광채가 났다. 다만 그의 머리 부분만이 광채가 나지 않았다. 이에 송왕이 그것으로 머리를 문지르자 그의 머리통이 떨어져 버렸다. 서민의 아내를 빼앗고 어진 사람을 살해하였던 송왕은 3년이 되지 못하여 망하였다. 양백 부자는 변방으로 유배되었다. 선을 행하면 복을 얻고 악을 행하면 재앙을 받는다.

韓朋賦一卷.[248]
癸巳年三月八日張𧟌[249]道書了.
한붕부 1권
계사년 3월 8일 장우도 씀

[248] 一卷 : 丙卷에서는 '一首'로 되어 있다.

[249] 이 尾題는 오직 甲卷에만 보존되어 있다. 𧟌자는 原錄에서는 '𧟌'자로 되어 있으나 이는 잘못이다. 이 글자는 아마도 '愛'자 인 듯하며, 「魏寇憑墓志」의 '𢖻'자, 「元悰墓志」의 '𢖻'자, 隋 「徐美人墓志」의 '𢖻'자 역시 모두 이 글자와 비슷하다. [項楚] '𧟌'자는 '憂'자인 듯하다. 『論語・衛靈公』에 "군자는 도를 근심하지 가난을 걱정하지 않는다(君子憂道不憂貧)"라고 했다. 이 사람의 이름은 여기서 뜻을 취했다.

추호변문(秋胡變文)[1]

(前缺)

三公何處來?[2] [ ][3]方員足. 黃金何處無? 我見在朝[4]宰貴, 皆從勤學

1 [原校] 작품 번호는 S.133이다. 제목은 고사의 내용을 보고 넣은 것이다. 이 사권은 틀린 부분이 상당히 많다. 증보와 교정은 啓功과 曾毅公 두 사람의 주장을 많이 따랐다. [校注] 原卷은 앞면에 『左傳集解』가 초사되어 있고, 뒷면에 변문의 잔권과 비슷한 종류의 글들이 이어 초사되어 있다. [項楚] 추호에 관한 고사는 劉向의 『列女傳』 권5 '魯秋潔婦'에 보인다. "潔婦는 노나라 秋胡子의 아내이다. 추호자는 장가든 지 닷새 만에 진나라로 관직을 맡아 떠나서 5년 만에 돌아오게 되었는데 아직 집에 도착하지 않아서 길가에서 뽕을 따고 있는 여인을 만났다. 추호자는 여자가 마음에 들어 수레에서 내려 '그대는 햇볕 속에서 뽕을 따고 있고 나는 먼 길을 가는 길이니 뽕나무 그늘 아래에서 밥이나 한 끼 얻어먹을 수 없겠소?'라고 하고는 짐을 내리고 쉬었다. 부인이 뽕 따기를 멈추지 않자 추호자가 말을 이었다. '힘들게 밭을 일구는 건 풍년만 못하고, 힘들게 뽕을 따는 건 나라의 벼슬아치를 만나니 만 못하오. 내게 금이 있으니 부인께 드리리다.' 그러자 부인이 말했다. '힘들여 뽕을 따는 건 옷감을 짜서 옷을 만들어 두 부모님을 받들고 남편을 모시기 위함일 뿐 금을 바라진 않습니다. 나리께서는 다른 뜻이 없기를 바라고 첩 또한 음란한 뜻이 없으니 부디 나리의 짐과 상자의 금은 거두시지요.' 그러자 추호자가 그 자리를 떠났다. 금을 어머니

□□□□□□.[5] 遠學三二年間, 若不乘軒佩卽(印),[6] 誓亦不還故鄉. 不依此□□□□□作糞土.” 是言已訖, 整頓容儀, 行至堂前, 叉手[7]啓孃

께 드리고는 사람을 시켜 부인을 불러오게 해서 보니 뽕을 따던 바로 그 여인이었다. 추호자가 부끄러워하자 부인이 말했다. ‘당신께서는 결혼을 하고 부모님 곁을 떠나 벼슬길에 들어선 지 다섯 해 만에 집으로 돌아오시는 것이니 마땅히 기쁜 마음으로 바삐 말을 몰아 먼지를 일으키며 오셔야지요. 그런데도 길가 아녀자에게 눈이 팔려 짐을 부려놓고 금까지 주시니 이건 어머님을 져버리는 것이고 어머님을 져버리는 건 불효이지요. 또 색을 좋아하고 음탕한 건 욕된 행동이니 욕된 행동은 불의입니다. 부모님께 효도하지 못하면 임금께 충성하지 못하고, 집안을 옳게 꾸리지 못하면 관리를 합리적으로 다스리지 못한다 했습니다. 효와 의를 모두 잃는 건 결코 해서는 안 될 일입니다. 첩은 당신께서 다시 장가드는 걸 차마 볼 수 없고 첩 역시 다시 시집을 갈 순 없습니다.’ 말을 마치자마자 부인은 동쪽으로 가서 강물에 몸을 던져 죽었다(潔婦者, 魯秋胡子妻也. 旣納之五日, 去而官於陳, 五年乃歸. 未至家. 見路傍婦人採桑, 秋胡子悅之, 下車謂曰 ‘若曝採桑, 吾行道遠, 願託桑蔭下飡.’ 下齎休焉. 夫人採桑不輟. 秋胡子謂曰 ‘力田不如逢豊年, 力桑不如見國卿. 吾有金, 願以與夫人.’ 夫人曰 ‘嘻! 夫採桑力作, 紡績織紝以供衣食, 奉二親, 養夫子, 吾不願金. 所願卿無有外意, 妾亦無淫佚之志, 收子之齎如笥金.’ 秋胡子遂去. 至家, 奉金遺母. 使人喚婦, 至, 乃向採桑者也. 秋胡子慙, 婦曰 ‘子束髮辭親, 往仕五年乃還, 當所居馳驟揚塵疾至. 今也乃悅路傍婦人, 下子之糧, 以金予之, 是忘母也, 忘母不孝. 好色淫佚, 是汚行也, 汚行不義. 夫事親不孝則事君不忠, 處家不義則治官不理, 孝義幷忘, 必不遂矣. 妾不忍見子改娶矣, 妾亦不可.’ 遂去而東走, 投河而死).”

2 [項楚] ‘三公何處來’는 당대에 민간에서 유행하던 관용어이다. 『吐魯番出土文書』 제7책 『阿斯塔那三六三號墓文書』 7 「唐景龍四年卜天壽抄‘十二月新三臺詞’及諸五言詩」: “고귀한 집안에서 인재가 나오고, 좋은 나무에서 훌륭한 재목이 나온다. 아이에게는 학문을 시켜야지, 삼공이 어디에서 나오겠는가?(高門出己[驥]子, 好木出良才. 交[兒]學敏[問]去, 三公何處來).”

3 [原校] 빠진 글자는 대략 10자 정도이다. [校注] 대략 12자이다.

4 [項楚] ‘在朝’는 ‘滿朝’와 같다. 조정의 백관을 가리킨다.

5 原錄에서는 일곱 칸으로 보았으나 여기서는 原卷에 근거하여 한 칸을 뺐다. 첫 번째 두 칸은 ‘起家’일 것이고 原卷에서 ‘家’는 왼편 반만 남아있다. 옛날에는 관직에 나가는 것을 ‘起家’라 했다. 『史記』 「晁錯傳」: “건원 중에 황제가 어진 이들을 불러 모으자, 공경들이 등공을 말했다. 당시 등공은 면직된 상태여서 관직에 나가 구경이 되었다(建元中, 上招賢良, 公卿言鄧公, 時鄧公免, 起家爲九卿).” 나중에는 처음으로 관직에 나가는 것을 가리키는 말이 되었다.

6 印: 原錄에서는 ‘卽’으로 쓴 다음 ‘印’으로 고쳤는데, 잘못 쓴 글자이므로 여기서는 곧바로 고쳐 썼다.

7 叉手: ‘抄手’와 같다. 두 손을 깍지 끼어 가슴 앞까지 올림으로써 상대방에게 존경을 표하는 행동이다.

曰:“兒聞:古者有司馬相如, 求[8]學於梓童[9]山, 封達名而顯; 蘇秦求學於鬼谷, 六國之印不帶不歸. 兒聞:學如牛[毛], 成如驎[10]角. 陳之典告(誥),[11] 不可一讀卽成; □□見家, 不可一步而至. 兒今辭孃, 遠學三二[12]年間, 願孃賜許!”

삼공이 어디에서 왔는가? ( ). 어딘들 황금이 없겠는가? 내가 조정에 있는 재상과 귀인들을 보니 하나같이 학문에 힘을 쏟아 [높은 벼슬에 오른 사람들이었다]. 먼 곳에서 몇 년 동안 학문을 해서 만약 수레에 오르거나 금패를 차지 못한다면[13] 다시는 고향으로 돌아오지 않으리라. 이 [다짐에] 따라 [뜻한 바를 이루지 못하면] 차라리 더러운 흙이 되고 말리다.”[14] 말을 마친 후 의관을 정돈하고 당(堂) 앞으로 가서 두 손을 모으고 어머니께 아뢰었다. “소자가 듣기로 옛날 사마상여(司馬相如)는 재동산(梓童山)에서 공부를 해서 이름을 크게 떨쳤다 하고, 소진(蘇秦)은 귀곡(鬼谷)에게 배워 6국(六國) 재상의 인수를 모두 가지고 돌아왔다 합니다. 저는 ‘소의 털처럼 많은 것을 공부하여 기린의 뿔처럼 소중한 사람이 되라’는 말을 들었습니다. 진나라의 전적들은 한 번 읽는다고 알 수 없으

8 ‘求’를 原錄에서는 ‘未’로 썼는데 이는 모양이 비슷해서 잘못 쓴 것으로 보인다. 바로 다음 ‘蘇秦求學於鬼谷’ 구의 ‘求’자가 原錄에는 ‘不’로 되어 있는데 이 역시 비슷한 모양 때문에 잘못 옮긴 것으로 보인다.

9 ‘梓童’이 原錄에는 결문으로 되어 있으나 原卷을 보면 ‘梓’자는 알아볼 수 있다. 그리고 다음 潘重規의 교기에 따라 ‘童’자를 보충해 넣었다. 【潘重規】 P.3636 殘類書에 “사마상여는 집인이 가난했고 …… 나중에 탁문군과 함께 재동산에 들어갔다(相如自家寒窮 …… 後與卓文君俱入梓童山)”는 기록에 따르면 ‘未學於□□山’은 ‘未學於梓童山’이 되어야 할 것이다.

10 ‘驎’이 原錄에는 ‘麟’으로 되어 있으나 굳이 이를 고칠 필요가 없다.

11 【項楚】 典誥:『尙書』에 「堯典」, 「舜典」, 「湯誥」, 「大誥」 등의 편이 있어서 후대에 ‘典誥’가 고대의 문헌을 범칭하게 된 것으로 보인다.

12 原錄에서는 ‘二’자를 쓰지 않았고 原卷을 보면 이곳이 모호하게 쓰여 있다. 그런데 ‘三二年間, 定當歸舍’, ‘遠學三二年間’ 등의 다른 구절에 근거하면 ‘二’자를 넣어야 할 것이다.

13 【譯注】 수레에 오르고 금패를 차는 건 높은 관직에 오른다는 의미이다.

14 【譯注】 이 대화는 앞부분이 떨어져 나간 상태인데 문맥으로 볼 때 추호가 부인에게 하는 말인 것으로 보인다.

며 ( ) 한 걸음에 이를 수 없습니다. 제가 오늘 어머니께 하직인사를 올리고 몇 년 동안 멀리 공부를 하러 떠나려 하니 부디 허락해 주시기 바랍니다!"

其母聞兒此語, 不覺眼中流淚, 喚言秋胡:"汝且近前, 聽孃一句[15]之語. 外書[16]云:'父母在堂, 子不得遠遊, 遊必有方.' 況汝少小失阿耶, 孤單養汝, 成立汝身. 今捨吾求學, 更須審思. 念汝在外摽(飄)零, 子乃悔將何及!" 秋胡重啓阿孃曰:"兒聞曾參至孝, 離背父母侍仲尼, 無□[17]懈惓, 終日披尋[18]三史, [19] 洞達九經, 以顯先宗, 留名萬代. 又聞太公家[20]貧好學, 卒[21]乃得値文王, 後得位至三公, 前妻悔將何及.[22]

15 '一句'를 原錄에서는 결문으로 처리했다. 하지만 原卷을 보면 '一勾' 즉 '一句'로 되어 있다.

16 外書: 승려들은 불가의 경전 이외의 책 특히 유가의 경전을 '外書'라 한다. 이를 통해 이 작품이 승려의 손에서 나온 것이라고 추론할 수 있다. 위 구절은 『論語』「里仁」 편의 "父母在, 不遠遊, 遊必有方"을 약간 바꾼 것이다.

17 '無'를 原錄에서는 '无'로 썼다. 실제 原卷을 보면 '元'으로 되어 있는데 이는 곧 '无'이다. 돈황사본에서는 '无'와 '無'를 병용하고 있으며 原錄에서는 이를 번체로 고치기도 하고 그대로 고치지 않고 두기도 했다. 결문은 '有'가 되어야 할 것이다.

18 [項楚] 披尋: 세심히 읽다. '披'와 '尋'은 모두 집중해서 읽는다는 의미이다.

19 [項楚] 三史: 당대에는 『사기』, 『한서』, 『후한서』를 '三史'라 했다. 여기서는 史書를 범칭한다.

20 '家'를 原錄에서는 결문으로 처리했는데, 原卷을 보면 '家'자가 원래 있다가 지워진 듯하므로 위에서는 보충해 넣었다. [徐震堮] 결문은 '家'일 것이다.

21 [項楚] 卒: 결국. 강태공이 이미 늙고 곤궁한 상태에서 주 문왕을 만나 그의 스승이 되었으므로 '卒'이라 쓴 것이다.

22 '前妻悔將何及'은 본래 朱買臣의 이야기를 강태공에게 가져다 쓴 것이다. P.2524 類書의 일부: "강자아는 책읽기를 좋아하여 생업에 종사하지 않았다. 장차 떠나려 하면서 그 아내를 다른 집에 맡기려 하자 아내는 '당신은 정말 못 말릴 사람이군요. 저는 더는 당신의 아내가 될 수 없어요'라고 하고는 떠나버렸다. …… 공이 동쪽으로 돌아가 제나라에 이르자 길옆에서 한 부인이 대성통곡을 하고 있었다. 공이 그 까닭을 묻어보도록 하자 이렇게 답했다. '전 남편이 제나라의 군주가 되었다 하여 이렇게 후회하고 있습니다.' …… 공은 물 한 잔을 가져와 땅에 엎지르도록 한 후 다시 그것을 주워 담아보라 했다 …… (姜子牙好讀書, 不仕(事)産業. 將行, 寄妻於他舍. 妻曰, 君正是儚物, 我不能與君爲妻. 遂去之. …… 公東歸, 至齊, 路旁有婦人大哭. 公令

今將身求學, 勤心皆[23]於故(古)人, 三二年間, 定當歸舍!"

어머니는 아들의 말을 듣고 자기도 모르게 눈물을 흘리며 추호를 불러 말했다. "이리 가까이 와서 이 어미의 말을 좀 들어보렴. 유가의 경전에 이런 말이 있단다. '부모가 집에 계시면 자식은 멀리 떠나선 안 되며 행여 떠나더라도 가는 곳을 분명히 알려야 한다.' 더구나 네가 어릴 때 아버지를 잃고 나 혼자 너를 길러 지금의 너를 이루어놓지 않았느냐. 그러니 이제 나를 버리고 공부를 하러 떠나는 건 더욱 숙고해야 하지 않겠느냐. 행여 네가 밖에서 정처 없이 떠돌기라도 하면 그때는 또 얼마나 후회가 되겠느냐!" 추호는 거듭 어머니께 아뢰었다. "증삼(曾參)은 효성이 지극했으면서도 부모를 떠나 공자를 모시면서 조금도 나태하거나 싫증내지 않고 종일토록 '삼사(三史)'를 파헤치고 '구경(九經)'에 통달하여 뛰어난 종사(宗師)로서 그 이름을 만대에 날렸다고 들었습니다. 또 태공(太公)이 집안이 가난한데도 학문을 좋아하여 결국 문왕(文王)에게 그의 진가를 인정받아 삼공의 자리에까지 오르자 그의 전처는 후회막급 했다고 합니다. 이제 제가 학문을 하는 건 옛 사람들과 비견되고자 함이니 몇 년 안에는 반드시 돌아오겠습니다!"

其母聞兒此語, 泣淚重報兒曰:"吾與汝母子, 恩□義重, 吾不辭[24]放汝遊學. 今在家習學, 何愁伎藝不成? 吾[25]縱放汝尋師, 起(豈)[26]卽立成

問之, 答曰, 妾聞前夫爲齊君, 是所悔也. …… 公令取一杯來水至, 令覆于地, 又令收之 ……)." 이는 주매신의 이야기와 그대로 들어맞는다. [項楚] 위 사례는 『사기』에 실려 있지 않으나 민간에는 널리 퍼져 있다.

23 '皆'는 '偕'의 古字이다. [蔣禮鴻] 「葉淨能詩」의 "세상천지에 견줄만한 사람은 아무도 없습니다(造化之內, 無人可皆)"에서 '可皆'는 '可比'의 의미이다. 「추호변문」에서는 온 정성을 기울여 학문을 구하고 통달해서 옛 사람과 비견되는 경지에 이름을 말하고 있다.

24 [徐震堮] '辭'자로는 위아래 맥락이 이어지지 않는다. 착오가 있는 듯하다. [項楚] '不辭'는 '거절하지 않다' 즉 '바라다'로서 전환의 어기를 나타내는 복합문의 앞 구에 쓰인다. [袁賓] '不辭'는 항상 전환복합문의 종속구(앞의 구) 안에 위치한다. …… '不辭'를 포함한 이런 전환복합문은 당송대의 구어에서 흔히 쓰이던 문장 형식이다.

官宦? 汝[27]不如忍意在家, 深耕淺種, 廣作蠶功, 三餘讀書, 豈不得達! 好與孃團圓, 又與汝少年新婦常相見. 好卽共有, 惡卽自知.[28] 語笑同歡, 情羞作用,[29] 阻隔孃孃, 孤惸寂寂, 徒步含啼. 縱汝在外得達, 迴日□豈得與吾[30]相見? 汝今再三, 棄吾遊學, 努力勤心, 早須歸舍, 莫遣吾憂."

어머니는 아들의 말을 듣고 눈물을 흘리며 다시 아들에게 당부했다. "나와 너는 어머니와 아들로서 은혜가 [두텁고] 의리가 막중하니 네가 공부를 하러 떠나는 걸 마다하진 않아야겠지. [허나] 집에서 공부를 한다 해도 어찌 기예를 이루지 못하리란 법이 있느냐? 네가 스승을 찾아 떠나도록 허락한다 해도 어찌 바로 벼슬을 얻을 수 있겠느냐? 차라리 꾹 참고 집에 있으면서 밭을 깊이 갈아 파종하고 널리 양잠을 치면서 남은 시간에 책을 읽어도 뜻한 바를 이룰 수 있지 않겠느냐? 그렇게 되면 이 어미와도 떨어지지 않고 어린 네 신부와도 항상 같이 지내며 좋은 건 함께 누리고 싫은 건 함께 욕할 수 있단다. 함께 웃으며 즐거워하

25 '吾'자가 原錄에는 없으나 原卷을 보면 '縱'자 옆에 작은 글자로 '吾'와 비슷한 글자가 쓰여 있어서 여기서는 보충해 넣었다.

26 [項楚] '起'는 '豈'로서 아래 구에 속하며 구절 말미에는 물음표를 붙여야 한다. [校注] 原錄에서는 '起'자 앞을 결문 처리하여 '起'자와 함께 위 구에 이어서 읽고 있다. 原卷을 보면 '起' 앞에 비어있는 글자가 없으므로 여기서는 지웠다.

27 '汝'가 原錄에는 없는데 原卷에 근거하여 보충해 넣었다.

28 [蔣禮鴻] '好卽共榮, 惡卽同耻.'가 되어야 한다. 이 말은 당시의 상용어이다. 「李陵變文」: "好卽共榮, 惡卽同耻." 「父母恩重經講經文」에서 인용한 「太公家敎」: "憂則共戚, 樂卽同歡." 許國霖의 『敦煌雜錄』 「百行章」: "好卽同榮, 惡則同耻." 이 말들은 모두 같은 의미이다. '榮, 有'와 '知, 耻'는 음이 비슷해서 잘못 쓴 것이고 '同, 自'는 모양이 비슷해서 잘못 쓴 것이다. [校注] 현존하는 『太公家敎』 P.2825, P.2981, P.4588은 모두 "榮則共樂, 辱則同憂"로 되어 있고 『鳴沙石室佚書』 본은 "榮則共影, 辱則同辱"으로 되어 있다. 속어에서는 흔히 마음대로 구절을 바꾸곤 하므로 어떤 근거를 갖고 교정을 하진 않겠다.

29 [校注] '作'자가 原卷에서는 알아보기 힘들다. 이 글자가 아닌 듯하다. [項楚] '情羞作用'은 아무래도 착오가 있는 것 같다.

30 原錄에서는 '吳'를 '汝'로 썼으나 실제 原卷을 보면 '吳'가 분명하므로 여기서는 옳게 고쳤다. 결문은 '汝'자일 것이다.

고 [깊은 정으로 살아가야 하거늘] 이 어미와 떨어지면 홀로 근심하고 적적하여 가는 곳마다 눈물을 머금을 게다. 설사 네가 밖에서 학문을 이룬다 해도 돌아오는 날 어찌 나와 다시 만날 기약이 있겠느냐? [허나] 이제 네가 나를 떠나 정성을 다해 공부를 하겠다고 여러 차례 다짐하니 그저 일찍 집으로 돌아와 내 근심을 덜어주도록 하려무나."

秋胡辭母了手,[31] 行至妻房中, 愁眉不畫, 頓改容儀, 蓬鬢長垂, 眼中泣淚. 秋胡啓娘子曰:"夫妻至重, 禮合乾坤, 上接金蘭, 下同棺槨. 二形合一, 赤體相和, 附(祔)骨埋牙,[32] 共娘子俱爲灰土. 今蒙孃教, 聽從遊學, 未委[33]娘子賜許已不?"[34] 其妻聞夫此語, 心中悽愴, 語裏含悲, 啓言道:"郎君! 兒生非是[35]家人, 死非家鬼, 雖門望之主, 不是耶孃檢校[36]之人. 寄養十五年, 終有離心之意. 女生外向,[37] 千里隨夫, 今日屬配郎君, 好惡聽從處分.[38] 郎君將身求學, 此愜[39]兒本情. 學問得達

31 [項楚] 了手 : 끝내다. 돈황본 王梵志 시 : "삼살두를 갑자기 만나 한 방에 끝내버렸네(忽逢三煞頭, 一棒卽了手)." 「李陵變文」: "이릉의 노모와 처자를 죽이고 그 일을 왕에게 아뢰었다(誅陵老母妻子了手, 所司奏表於王)."

32 '附'는 '祔'로 읽어야 한다. 『禮記』「檀弓」上 : "周公蓋祔." 鄭玄 注 : "부는 합장을 말한다(祔, 謂合葬)." 孔穎達 疏 : "주공 이래로 대개 祔葬을 하기 시작했다. '祔'는 곧 합장으로 나중에 죽은 이를 이전에 죽은 이와 같이 묻는 것이다(周公以來, 蓋始祔葬. 祔卽合也, 言將後喪合前喪)." '附(祔)骨埋牙'는 죽어서도 같이 묻힌다는 의미로서 '祔'와 '埋'는 서로 통한다. '骨'과 '牙'는 모두 잘 썩지 않는 것들로서 여기서는 신체를 의미한다.

33 原錄에서는 '委'를 '季'로 썼다가 '委'로 고쳤다. [蔣禮鴻] 이 '季'자는 '委'자가 잘못 쓰인 것이다. '未委'는 곧 '未知'이다.

34 [蔣禮鴻] '已不'는 곧 '與否'이다.

35 '是'자는 없어도 된다. "生非家人, 死非家鬼"는 결국 어머니 집안의 사람이 아님을 말한다.

36 檢校 : 관리하다, 구속하다.

37 [張鴻勳] 女生外向 : 여자는 태어나면서 바깥사람을 향하는 마음이 있다는 의미로, 『白虎通』「封公侯」의 "남자는 태어나면서 안사람을 향하여 집에 머물려는 뜻이 있고, 여자는 태어나면서 바깥사람을 향하여 남편을 따르려는 뜻이 있다(男生內向, 有留家之義, 女生外向, 有從夫之義)"에서 나온 말이다.

38 處分 : 안배하다, 처리하다. 특히 구두로 처리하는 것을 말한다.

一朝, 千萬早須歸舍!" 辭妻了首,[40] 服[41]得十袟文書, 並是孝經論語尙書左傳公羊穀梁毛詩禮記莊子文選, 便卽登逞(程).

추호는 어머니께 떠나는 인사를 올리고 아내의 방으로 갔다. 근심스런 눈썹에 화장도 않고 있다가 문득 몸가짐을 바로 했다. 흐트러진 살쩍은 길게 드리우고 눈에선 눈물이 흐르고 있었다. 추호가 아내에게 일렀다. "부부란 지극히 중한 인연이라 하늘과 땅에 예를 지내 합해지고, 살아서는 금란(金蘭)[42]처럼 사귀고 죽어서는 관곽(棺槨)을 함께 쓴다오. 두 형체가 하나로 합해져 붉은 몸이 조화를 이루니, 뼈와 이를 함께 묻어 당신과 더불어 흙이 되어야 할 것이오. 허나 이제 어머니의 허락을 받아 학문을 위해 떠나려 하는데 당신이 이해를 해줄지 모르겠소." 아내는 남편의 말을 듣고 비통해져 구슬픈 소리로 이렇게 말했다. "여보! 아들은 살아서도 집안사람이 아니고 죽어서도 이 집 귀신이 되지 못합니다. 비록 명망 있는 집안의 주인이라도 어머니 마음대로 할 수는 없답니다. 15년 동안 길렀다 해도 결국은 떠날 마음을 갖게 되지요. 여자는 태어나면서 바깥사람을 향하는 마음이 있어 천리라도 남편을 따라가는 것이니, 이제 당신에게 모두 맡겨 좋든 싫든 당신 뜻을 따르겠어요. 학문을 하겠다는 당신의 뜻이 바로 제가 바라던 바랍니다. 부디 학문을 이루시는 대로 빨리 돌아오셔요!" 추호는 아내에게 작별인사를 하고 『효경(孝經)』, 『논어(論語)』, 『상서(尙書)』, 『좌전(左傳)』, 『공양(公羊)』, 『곡량(穀梁)』, 『모시(毛

39 '愜'을 原卷에서는 '怏'으로 썼다. 王鍈은 '怏'을 '儒'로 고쳤는데 분명치 않다. '愜兒本情'은 내가 바라는 바와 부합된다는 의미이다.

40 '了首'를 原錄에서는 '了道'로 썼다. 위에서는 蔣禮鴻의 "'道'는 '首'의 잘못이며 '首'는 '手'의 동음가차자이다"라는 의견에 근거하여 고쳤다.

41 [項楚] '服'은 '複'과 통하며 지금은 '袱'으로 쓴다. '싸다, 거두어 담다'의 의미이다.

42 [項楚] 金蘭 : 서로의 감정이 들어맞음을 비유하는 말로서 『易』「繫辭上」의 "두 사람이 같은 마음을 가지면 그 예리함이 금을 끊고, 같은 마음으로 하는 말은 그 냄새가 난초와 같다(二人同心, 其利斷金, 同心之言, 其臭如蘭)"에 나온다. 『太平御覽』 권444에 인용된 「竹林七賢論」 : "산도와 완적과 혜강은 모두 한 번 보고 금란처럼 뜻이 맞았다(山濤與阮籍, 嵇康, 皆一面而契若金蘭)." 위에서는 사이좋은 부부의 모습을 비유한다.

詩)』, 『예기(禮記)』, 『장자(莊子)』, 『문선(文選)』 등 10질의 책을 싸서 길을 떠났다.

不逕[43]旬月, 行至勝山,[44] 將身卽入. 此山與諸山亦不同 : 領(嶺)峻侵霄,[45] 傍遊日月, 崖懸萬仞, 藤掛千尋, 澗谷汙會(紆迴), 深磎交[46]結, 鳥道不通,[47] 人從(蹤)寂絶. 秋胡行至此山, 遂登磎入谷, 遶澗巡林, 道路崎嶇,[48] 泉原(源)滴澮.[49] 行至深領(嶺), 地居形勢, 山岫高明, 林木萬根. 花藥茂樹, 並是白檀烏楊, 歸樟蘇枋,[50] 梓檀騰(藤)[51]女, 損凡[52]香氣; 桃李橄子, 含美相思,[53] 氣非益智[54]檳榔. 秋胡行至林下, 見一石堂[55]訖,

43 '逕'을 原錄에서는 '經'으로 고쳤으나 '逕' 자체에 '지나다'의 의미가 있으므로 굳이 고칠 필요가 없다. 『水經注』「河水」: "하수는 임하현에서부터 동쪽으로 양산 남쪽을 지난다(河水自臨河縣, 東逕陽山南)."

44 【譯注】『敦煌變文校注』에서는 '勝山'을 고유 지명으로 보았고, 項楚는 '이름난 산'으로 張鴻勳은 '아름다운 산'으로 보았다. 여기서는 校注를 따른다.

45 '霄'가 原錄에는 '霜'으로 되어 있다. 【蔣禮鴻】'霜'은 '霄'가 되어야 하며, 이는 '九霄'의 '霄'의 이체이다.

46 原錄에서는 '交'자 왼편에 '月' 편방을 붙여 썼다가 '交'로 고쳐 썼다. 돈황사본에서 '膠'자가 이런 모양을 보이는 건 드물므로 이 글자는 '交'에 편방을 더한 글자로 봐야 할 것이다. 『孔子項託相問書』의 '葛蔓交脚甚能長' 구에서 '交'가 갑, 을, 임권에서는 모두 '月' 편방이 붙어 있고 신권에서는 '絞'로 쓰여 있다.

47 原錄에서는 '道'로 썼다가 '通'으로 교기했는데 여기서는 바로 고쳐 썼다.

48 【校注】'嶇'자 위에 원래 '峻'자가 있으나 衍文으로 판단되어 없앤다.

49 '原'은 '源'으로 읽어야 한다. '滴澮'는 빗물이 모이는 모습으로 보는 것이 타당하다. 『集韻』「黠韻」: "澮, 戶八切, 雨水合也."

50 '方'은 '枋'으로 읽어야 한다. 嵇含『南方草木狀』: "소방은 홰나무꽃 과의 나무로 씨앗이 검고 九眞에서 난다. 남쪽 사람들은 이것을 붉은 염료로 쓰는데 大庾의 물로 물을 들이면 그 색이 더욱 진해진다(蘇枋, 樹類槐花, 黑子, 出九眞, 南人以染絳, 漬以大庾之水則色逾深)."

51 '騰'은 '藤'이 되어야 한다. '藤女'는 칡을 말한다.

52 【潘重規】原卷에서는 '風'을 간략히 쓴 것인데 『敦煌變文集』에서 이를 '凡'으로 잘못 보았다. 【校注】原卷은 '凡'과 '風'의 중간 정도의 모양인데 '損風' 역시 해석이 되지 않으므로 굳이 고치지 않았다.

53 【項楚】相思 : 상사나무. 『文選』 권5 左思의 「吳都賦」: "相思之樹." 劉淵林 注 : "상사는 나무가 크다. 재목이 단단하고 비스듬히 자르면 무늬가 나와 그릇을 만들기 좋다. 열매는 산호 같고 몇 년이 지나도 변하지 않는다. 동야에 이 나무가 있다(相思,

由羞一尋,[56] 仕[是][57]數千年老仙, 洞達九經, 明解七略. 秋胡卽謝, 便乃祇承[58]三年, 得九經通達.

한 달이 지나지 않아 승산(勝山)에 닿아 산으로 들어갔다. 이 산은 뭇 산들과는 달랐다. 높은 봉우리는 하늘까지 닿아 해와 달이 옆으로 떠다니며, 만 길로 늘어진 언덕에는 등나무가 천 심(尋)이나 길게 걸려 있었다. 계곡은 굽이굽이 돌아 깊은 시내들이 서로 이어지며, 새도 올 수 있는 길이 없고 사람의 흔적도 끊겨 있었다. 추호가 이 산에 이르러 시내를 올라 계곡으로 들어서니, 휘감기는 시냇물은 숲을 둘러싸고 길은 울퉁불퉁 험난하며 물의 근원에는 빗물이 모여들고 있었다. 깊은 산줄기에 이르니 산봉우리가 높게 트인 지세에 나무들은 빽빽했다. 백단(白檀)과 오양(烏楊), 녹나무와 소방(蘇枋), 가래나무와 칡 따위의 꽃과 약초와 무성한 나무들이 향기를 내뿜고 복숭아와 자두와 아름다운 상사나무는 그 향기가 여지나 빈랑과 달랐다. 추호가 숲 아래까지 가자 한 석당(石堂)이 보였다. 그곳에는 수천 살은 됐을 법한 노선(老仙)이 있었는데 구경(九經)에 통달하고 칠략(七略)을 훤히 들여다보는 사람이었다. 추호는 즉시 인사를 올리고 3년 동안 학문을 배워 구경에 통달하게 되었다.

學問晩(完)[59]了, 辭先生出山, 便卽不歸, 卻頭(投)魏國, 意欲覓官. 披

大樹也. 材理堅, 邪斫之則文, 可作器. 其實如珊瑚, 歷年不變, 東冶有之)."

54 [項楚] '益智'는 '龍眼(荔枝)'을 말하며 '桂圓'이라고도 한다. 『廣雅』「釋木」: "益智, 龍顔也."

55 石堂 : 추호가 학문을 한 곳. 「孔子項託相問書」: "공자가 괭이를 가지고 땅 속을 파도록 하자 한 석당이 나왔다. 한 겹으로 된 문에는 돌사자가 있고 두 겹으로 된 문에는 돌금강이 있었다. 가운데 문으로 들어가 귀기울여보니 양쪽으로 나누어 책을 읽는 것이 마치 기러기가 다니는 모습 같았다(夫子使人把鍬钁, 掘着地下有石堂. 一重門裏石師子, 兩重門裏石金剛. 入到中門側耳聽, 兩伴讀書似雁行)."

56 由羞一尋 : 풀이하기가 힘들다. '由羞'는 연면사로서 선인의 초탈한 모습을 묘사하는 듯하며, '一尋'은 8척으로 선인의 몸을 나타내는 말로 보인다.

57 '仕'는 '是'의 가차자이다. 張鴻勳은 '仕'를 '住'로 봤으나 분명치 않다.

58 '祇承'은 '이어받다'의 의미로서 여기서는 스승에게서 학업을 이어받았다는 의미이다.

髮倡狂,[60] 佯癡放騃, 上表奏進陳(魏)王,[61] 誓不見仕, 達知臣忠.[62] 列表文曰: "臣聞虎毛未霸,[63] 食麋(麋)之氣一[64]存; 鳴鵠一舒, 起(豈)在排雲之力. 度周[65]遊魯, 魯侯召而悊[66]之. 太公八十釣魚, 文王封爲□(丞)相. 臣卽生於[67]魯邑, 長在魏州, 未習巢父之功, 粗知許由[68]之意. 臣今離鄕別國, 來事大王龍庭, 陛下慈(滋)潤[69]於朝庭, 一片地將何惜![70] 頓首

---

59 原錄에서 '晩'을 '完'으로 고쳤다. 혹시 '晩'은 '旣'자가 잘못 쓰인 것일 수도 있다.

60 '狂'을 原錄에서는 '佯'으로 썼다가 '狂'으로 고쳤다. 하지만 原卷 자체가 모호하여 여기서는 바로 '狂'으로 쓴다. '倡狂'은 '猖狂'과 같으며 「伍子胥變文」에서는 '獐狂'이라고도 했다.

61 '陳王'은 '魏王'이 되어야 한다. 原錄에서는 유독 여기만 빼고 이후부터 모두 위왕으로 고쳤다.

62 '忠'을 原錄에서는 '患'으로 썼다가 '忠'으로 고쳤으나 여기서는 곧바로 '忠'으로 바꿨다.

63 徐震堮은 '虎毛未霸'를 '虎文未露'로 봐야 한다고 주장했으나 이는 확실치 않은 의견이다. 『설문』에서는 "霸, 月始生魄然也"이라 하여 달이 막 차기 시작하는 모습을 '霸'라 했다. 慧琳은 『一切經音義』 19 「大哀經」 제8 '强霸' 조에서 "『說文』云, '月始生魄也.' 『集訓』云, '霸, 王也.' 『字統』云, '長也, 從月霸聲.'"이라 했다. '霸'가 '始生'의 모습이든 '强霸'의 뜻이든 모두 '虎毛未霸'의 풀이에는 문제가 없다. '虎毛未霸'는 나은 지 얼마 되지 않은 새끼 호랑이를 말하는 것으로 「孔子項託相問書」의 "토끼는 태어난 지 사흘 만에 세 이랑의 땅을 돌고, 말은 태어난 지 사흘 만에 그 어미를 쫓아다닌다(兎生三日, 盤地三畝, 馬生三日, 趁及其母)"와 유사한 비유이다. [項楚] '臣聞虎毛未露'(項楚는 '霸'를 '露'로 보고 있다—譯注) 네 구가 원래는 '臣聞虎毛未霸, 食床之氣以存; 鳴鵠一舒, 起在排雲之力'으로 되어 있는데, 여기서 '毛'는 '文', '床'은 '牛'가 되어야 하고 '以'는 '已'와 통하며 '鳴'은 '鴻'이, '起'는 '豈'가 되어야 한다. 이 네 구는 『藝文類聚』 권90에 인용된 「尸子」의 "호랑이와 표범은 무늬가 아직 완성되지 않아도 소를 잡아먹는 기세가 있고, 기러기와 고니의 새끼는 날개가 아직 완전하지 않아도 사해를 아우르는 마음이 있다. 현자의 태어남 역시 그러하다(虎豹未成文, 而有食牛之氣, 鴻鵠之鷇, 羽翼未全, 而有四海之心. 賢者之生亦然)"에서 온 것으로 보인다.

64 '一'을 原錄에서는 '以'로 썼는데 여기서는 原卷에 따라 옳게 고쳤다.

65 原錄에서는 '度'자에 고유명사를 나타내는 선을 긋지 않았다. [徐震堮] '度周'는 인명인 듯하다. [項楚] 인명인 듯한데 좀 더 살펴봐야 할 것 같다.

66 悊: 敬. 『說文』: "悊, 敬也." 혹시 '哲'자일 수도 있다. 『說文』: "哲, 知也. 悊, 哲或從心."

67 原錄에는 '於'자가 없다. 原卷에 '生'자가 모호하게 쓰여 있는 것으로 보아 이는 '生於' 두 글자일 것이다.

68 '粗'를 原錄에서는 '祖'로 썼다가 '粗'로 고쳤고 '由'도 原錄에서는 '田'으로 썼다가 '由'로 고쳤다. 이 글자들은 모두 비슷한 모양 때문에 잘못 쓰인 글자이므로 여기서는 고친 글자를 그대로 썼다.

69 '慈潤'은 '滋潤'으로 보아야 하며 '恩澤'의 의미이다.

死罪."[71] 陳(魏)王得表, 喜悅非常 : "朕聞有天地已來, 合得群臣助國.[72] 朕爲元首,[73] 臣作股肱; 見魯國賢臣, 今來助國, 卽便拜[74]爲左相, 賜戶三千, 錦綺綾羅, 更賞[75]十萬, 歌譚(彈)美女, 隨意簡[76]將, 細壯奴婢, 任情多少." 秋胡自到魏國, 歷經數年, 殺或(馘)[77]邊戎, 摧兇定寇, 無怨不休, 無使不朝, 行路謳歌, 咸稱帝感.[78]

공부를 마치자 스승에게 하직인사를 올리고 산을 나왔다. 그런 다음 바로 돌아가지 않고 관직을 찾고자 위나라로 들어갔다. 머리를 풀어헤쳐 허둥대고 짐짓 미친 사람처럼 날뛰며 진왕(위왕)에게 표문을 올려, 아직 출사하진 못했으나 지식에 통달한 충신임을 아뢰었다. 표문은 이랬다. "신이 듣건대, 호랑이는 털이 막 자라기 시작할 때부터 사슴을 먹는 기개를 가지고, 고니는 일단 날개가 펴지기 시작하면 구름을 밀어내는 힘이 생긴다 했습니다. 도주(度周)가 노나라로 가자 노의 제후는 그를 불러 존경을 표했습니다. 여든 살에 낚시를 하고 있는 태공을 문왕은 승상으로 봉했습니다. 신은 노나라의 읍에서 태어나 위나라의 고을에서

---

70 【項楚】 潘重規는 '片'자를 두고 "훼손되어 알아보기 힘든데 남아있는 획으로 보아 '席'자인 듯하다"고 했다. 이 구절은 李白의 「與韓荊州書」 "지금 군후께서는 어찌 섬돌 앞의 땅 한 자를 아까워하여 내가 눈썹을 날리며 기운을 토해 청운의 길에서 분발하지 못하도록 한단 말인가?(而今君侯何惜階前盈尺之地, 不使白揚眉吐氣, 激昂青雲也)"와 의미가 흡사하다.

71 【張鴻勳】 頓首死罪 : 봉건시대에 표문 말미에 습관적으로 쓰던 겸양어이다.

72 '國'자를 原錄에서는 결문 처리했다. 原卷을 보면 이 글자가 흐리게 쓰여 있어 아래의 '今來助國' 구에 근거하여 '國'자를 보충해 넣었다.

73 【項楚】 元首 : 머리. 여기서는 군주를 비유한다. 『書』 「益稷」 : "元首起哉!" 孔傳 : "元首, 君也."

74 '便拜'를 原錄에서는 '拜便'으로 썼다가 '便拜'로 고쳤는데 여기서는 바로 바꿔 썼다.

75 '賞'을 原錄에서는 '賚'으로 썼는데, 原卷을 보면 알아보기 힘들게 쓰여 있어 여기서는 아래의 '臣得重賞' 구에 근거하여 '賞'으로 고쳐 썼다.

76 '簡'의 '竹'이 原錄에는 '卄'로 쓰여 있다. 돈황사본에서는 '竹'머리가 흔히 '艹'머리로 쓰이므로 '簡'으로 고치는 것이 옳다.

77 【項楚】 殺馘 : 적을 죽이다. 고대의 전쟁에서는 적군의 왼쪽 귀를 잘라 전공을 기념했으며 잘린 왼쪽 귀를 '馘'라 하였다.

78 【項楚】 帝感 : 왕이 하늘을 감응시켜서 이런 현신을 얻었다는 의미이다.

자랐으며 소부(巢父)[79]의 공은 아직 익히지 못했으나 허유(許由)의 뜻은 거칠게나마 알고 있습니다. 지금 제가 고향을 떠나 다른 나라로 와 있는 건 대왕의 조정을 섬기기 위함입니다. 폐하의 은택이 조정에 가득하니 한 조각 땅을 아끼진 말아주옵소서! 머리 숙여 죄를 청합니다." 위왕은 표문을 보고 크게 기뻐하였다. "짐은 천지가 생긴 이래 여러 신하들이 나라를 도왔다고 들었다. 짐은 머리가 되고 신하는 팔과 다리가 되는 것이다. 이제 노나라의 현신이 우리나라를 돕는다 하니 즉시 그를 좌상으로 봉하고 3천 호의 봉지와 비단과 능라를 하사하며, 10만 냥의 상금과 아름다운 가기들을 마음대로 간택하고 아랫사람과 노비들도 얼마든지 갖도록 하겠노라." 추호가 위나라로 온 이후 몇 년을 거치면서 변경의 오랑캐들을 죽이고 흉노를 몰아내고 도적들을 평정하자, 원망이 그치고 조정에 굴복하지 않는 자들이 없게 되었으며, 거리에 들려오는 노랫소리는 모두가 하늘을 감응시킨 황제를 칭송하는 것들이었다.

其秋胡妻, 自從[80]夫遊學已後, 經歷六年, 書信不通, 陰(音)符[81]隔絶.

79 [項楚] 巢父 : 바로 다음에 나오는 許由와 마찬가지로 요임금 때의 은사이다. 晉 皇甫謐 『高士傳』: "소부는 요임금 때의 은사이다. 산에 살면서 속세의 이익을 누리지 않았으며 늙어서는 나무를 보금자리로 삼아 그 위에서 잠을 잤으므로 당시 사람들은 그를 '소부'라 불렀다. 요임금이 허유에게 양위를 하자 허유는 그 일을 소부에게 알렸다. 소부는 '그대는 어찌 그대의 모습을 숨기지 않고 그대의 빛을 숨기지 않는가? 그대는 나의 친구가 아니다!'라고 하고는 가슴을 치며 나무에서 내려왔다. 허유는 낙담하여 풀이 죽은 모습으로 청령수의 물가로 가서 자기 귀를 씻고 눈을 닦으며 말했다. '탐욕스러운 말을 들어서 내 친구를 저버렸도다.' 이윽고 그곳을 떠나 죽을 때까지 서로 만나지 않았다(巢父者, 堯時隱人也. 山居不營世利, 年老, 以樹爲巢, 而寢其上, 故時人號曰巢父. 堯之讓許由也, 由以告巢父, 巢父曰, 汝何不隱汝形, 藏汝光. 若非吾友也. 擊其膺而下之. 由悵然不自得, 乃過淸泠之水, 洗其耳, 拭其目, 曰, 向聞貪言, 負吾之友矣. 遂去, 終身不相見)."

80 原錄에는 '從'자가 없는데 原卷에 근거하여 채워 넣었다.

81 '符'가 原錄에는 '苻'로 되어 있으나 '符'를 바로 쓰는 것이 옳을 듯하다. 徐震堮의 교기에서는 "'塵'자의 잘못인 듯하다. 대개 초서 '塵'자의 윗부분은 '苻'자와 비슷하다"라고 했으나 이 설은 분명치가 않다. '音符'는 '音信'과 같은 뜻이며 아래에 바로 '音信隔絶'이라는 말이 나온다.

其妻不知夫在已不，來[82]孝養勤心，出亦當奴，入亦當婢，冬中忍寒，夏[83]中忍熱，桑蠶織絡，以事阿婆，晝夜勤心，無時暫捨．其秋胡母，愧新婦獨守空房，心無異想，遂喚新婦曰：“我兒當去，[84] 元期三年，何因六載不歸？不知命化零洛(落)？[85] 仰愧新婦無夫，共貧寒阿婆不勝珍重！不可交(教)新婦孤眠獨宿，長[86]守空房．任從改嫁他人，阿婆終不敢留住．未審新婦意內如何？”其新婦聞婆此語，不覺痛切於心．便卽泣淚，向前啓言阿婆：“新婦父母疋配，本擬恭勤[87]阿婆；婆兒遊學不來，新婦只合盡形[88]供養，何爲重嫁之事，令新婦痛割[89]於心？婆敎新婦，不敢違言；於後忽爾[90]兒來，遣妾將何申吐？”婆忽聞此語，不覺放聲大哭，泣淚成行，彼此收心．

추호의 아내는, 남편이 학문을 하러 떠난 이후 6년을 보내는 동안 편지도 서로 통하지 않고 소식도 끊겨버렸다. 아내는 남편이 살았는지 이미 죽었는지도 모른 채 정성으로 어머니께 효도하고 나가서는 종살이를 하고 들어와서도 계집종 노릇을 했다. 겨울에는 추위를 참고 여름에는 더위를 참으며 누에를 치고 비단을 짜서 낮이나 밤이나 어머니를 지극 정성으로 모시기를 잠시도 소홀히 하지 않았다. 추호의 어머니는 며느

---

82 原卷을 보면 '來'자가 알아보기 힘들게 쓰여 있는데 아무래도 연문인 듯하다.

83 原錄에서는 '夏'를 '憂'로 썼다가 '夏'로 고쳤는데 여기서는 바로 '夏'로 썼다.

84 **[項楚]** 當去: 이전에 떠날 때. '當'에는 '從前'이라는 뜻이 있다.

85 **[項楚]** 命化零洛(落): 명이 다하다. 죽는 것을 '化'라 한다.

86 原錄에서는 '長' 위에 '不可'가 들어가 있는데 당연히 연문이므로 여기서는 삭제했다.

87 恭勤: 공손하게 정성을 기울이다. '勤' 아래에 원래 '心' 밑이 있는데 이는 속자이다. 「捉季布傳文」의 "아내에게 한 소반의 밥을 보내 옹백과 마찬가지로 아주 공손하고 정성껏 예를 갖추도록 했다(處分交[敎]妻送盤飯, 禮同翁伯好供承)"에서 '供承'이 原卷에는 '供勤'으로 되어 있는데, 이는 '恭勤'으로 읽어야 하며 '供承'과 의미가 가까워 서로 대체된다. 『魏書』 권69 「裴延儁列傳」: "원은 아침저녁으로 정성껏 대하며 열의 눈에 들도록 했다(瑗夙夜恭勤, 爲悅所知)"에서 '恭勤'도 같은 의미이다.

88 盡形: 죽을 때까지. 「廬山遠公話」의 "정성으로 섬기고 충성을 다해 주인님을 위해 일생을 바치리라(伏事盡忠, 須畢阿郎一世)"와 의미가 가깝다.

89 '痛割'과 앞에 나오는 '痛切'은 모두 몹시 슬프다는 의미이다.

90 **[項楚]** 忽爾: 만약.

리가 독수공방하면서도 다른 마음을 품지 않는 것에 미안한 마음이 들어 며느리를 불러다 이렇게 말했다. "아들이 본래 3년 기약으로 떠났는데 어찌하여 6년이 되도록 오지 않는 게냐? 이미 저 세상 사람이 되지는 않았는지 모르겠구나. 네가 지아비도 없이 이 시어미와 함께 가난과 추위를 함께 하는 것이 얼마나 부끄러운지 모른다. 나는 네가 긴긴 밤을 독수공방하며 보내게 할 수는 없다. 네가 다른 사람에게 개가를 한다 해도 이 시어미는 결코 막을 수가 없단다. 네 생각은 어떠하냐?" 며느리는 시어머니의 말을 듣고 찢어질 듯 가슴이 아파 그 자리에서 주르륵 눈물을 흘리고는 어머니께 다가가 말하였다. "제 부모님께서 짝을 지어주신 건 시어머니를 공손하게 정성껏 모시라는 것입니다. 그러니 어머니의 아들이 공부를 하러 떠나 돌아오지 않는다 해도 저는 종신토록 어머님을 봉양하면 됩니다. 어찌 재가의 일로 제 가슴에 못질을 하시나요? 어머님이 시키신다면 감히 거역할 수 없겠지만, 나중에 서방님께서 돌아오시기라도 하면 그때는 제가 무슨 말을 하겠습니까?" 시어머니가 이 말을 듣고 큰 소리로 통곡하고 눈물을 줄줄 흘려 두 사람은 마음을 다잡았다.

又經三[91]載, 通前六秋, 忽成九載. 秋胡至第九載三月三日早朝, 憶母泣淚含悲, 叉手殿前, 跪王四拜, 口奏一言:"臣啓陛下:臣聞昊天之重,[92] 七日絶漿[93]:網(罔)極之勞, 二年泣血. 董永賣身葬父母, 天女以(與)之酬恩, 郭巨埋子賜金, 黃(皇)天照察. 賞衣之子, 不怨霜寒; 巢

---

91 原錄에서는 '二'로 썼다가 '三'으로 교정했는데 여기서는 바로 '三'으로 고쳤다.

92 [項楚] 昊天:하늘. 이 구는 부모님의 큰 은혜를 갚기 어려움을 말하고 있다. 『詩』「小雅」'蓼莪':"갚으려 하는 은덕이 하늘처럼 끝이 없네(欲報之德, 昊天罔極)."

93 [項楚] 七日絶漿:부모님의 초상을 치를 때의 비통함을 나타내는 말이다. '絶漿'은 한 방울의 물도 입에 넣지 않는다는 의미이다. 元稹, 「起復田布魏博節度等使判」:"쓸개를 맛보는 마음을 품어야지 어찌 절장의 예를 준비하는가(當懷嘗膽之心, 豈竢絶漿之禮)."

父之男，寧辭守□[94]而死. 臣爲慈父早亡，惟母獨居，乳哺養臣，今得成立. 臣又聞：慈烏有返哺之報恩，[95] 羊羔有跪母酬謝，牛懷舐犢之情，母子寧不眷戀？臣別家鄉，以(已)經九載，慈母死活莫知. 臣今忠列(烈)事王，家內無由知委.[96] 大王慈雲[97]廣布，甘露但(誕)養[98]萬人，梨(黎)元[99]盡皆無怨. 臣得重賞，由(猶)如衣錦夜行；特望天恩，放臣歸國，還於故里，豈不是大王慈恩？臣得見慈母酬恩，方乃知臣是子. 伏聽敕旨，死罪如何?"

다시 3년이 흘러 앞의 6년과 함께 어느새 9년의 세월이 흘렀다. 추호는 9년째 되는 해 3월 3일 아침에 어머니를 생각하며 구슬프게 눈물을 흘리더니 손을 모으고 어전 앞으로 다가가 왕에게 무릎을 꿇고 4배를 올린 후 아뢰었다. "폐하께 아뢰옵니다. 신이 듣건대, 하늘 같은 부모님의 은혜는 워낙 커서 돌아가시면 7일 동안 물 한 모금 입에 대지 않으며, 부모님의 은혜는 끝이 없어 돌아가시면 3년 동안 피눈물을 흘린다 합니다. 동영(董永)이 몸을 팔아 부모님의 장사를 지내자 천녀(天女)는 그에게 은택을 주었고, 곽거(郭巨)가 아들을 묻어 금을 하사받은 건 하늘이 그를 보살폈기 때문입니다.[100] 옷을 상으로 받은 자식은 매서운 추위를

94 原卷에서는 한 글자가 비어 있는데 아마 '貧'이나 '餓' 같은 글자일 것이다. 아래에 '寧守餓而死', '可以守貧而死'라는 구가 나온다.

95 【項楚】 慈烏 : 까마귀. 까마귀는 자애롭기도 하고 효성도 지극하여, 새끼를 낳으면 어미가 60일 동안 먹이를 먹이고 그 새끼가 다 자라면 반대로 어미에게 60일 동안 먹이를 먹인다고 한다. 梁武帝, 「孝思賦」 : "까마귀는 먹이를 먹여줌으로써 어미에게 보답을 한다(慈烏反哺以報親)." 『敦煌歌辭總編』 권3 「十恩德」 : "까마귀가 숲을 빙빙 날다가 어미에게 주려고 먹이를 물고 돌아오는구나(慈烏鳥, 遶林飛, 銜食報母未(來)歸)."

96 【項楚】 知委 : 知悉(잘 알다).

97 【項楚】 慈雲 : 자비로운 마음이 구름처럼 넓음을 비유한다. 아래 구의 '甘露'는 은택이 마치 이슬처럼 사사로움 없이 모든 이들에게 내려짐을 비유한다. 『景德傳燈錄』 권30, 永嘉眞覺大師의 「證道歌」 : "법뢰를 진동시키고 법고를 쳐서 자애로운 구름을 퍼뜨리고 감로를 뿌리네(震法雷, 擊法鼓, 布慈雲兮灑甘露)."

98 '但'은 '誕'과 통한다. '甘露' 아래에는 '普降' 두 글자가 빠져 있는 듯하다.

99 【項楚】 黎元 : 백성. 『漢書』 「谷永傳」 : "천하의 백성들로 하여금 모두가 집안을 편히 하고 생업을 즐기게 하다(使天下黎元, 咸安家樂業)."

탓하지 않았고,[101] 소부(巢父)의 아들은 차라리 가난을 지키겠다며 죽었

100 [項楚] 유명한 효자 곽거에 관한 이야기로서 干寶의 『搜神記』 권11에 나온다. "곽거는 隆慮 사람이며 일설에는 河內의 溫 사람이라고도 한다. 형제는 셋인데 일찍 아버지를 잃었다. 상례가 끝나자 두 동생은 따로 나가 살겠다고 했다. 그래서 돈 2천만 냥을 두 형제에게 각각 천만 냥 씩 주고 곽거는 홀로 어머니와 함께 객사에서 살았다. 부부는 품팔이를 하며 어머니를 봉양하였다. 그곳에 산 지 얼마 지나지 않아 아내가 아들을 낳았다. 곽거는 우선 아들을 키우는 것이 어머님을 섬기는 데 방해가 되고 또 어머니께 드린 음식을 손자에게 흔쾌히 나누어주면 어머니께서 드실 것이 줄어든다고 생각하여 들에서 땅을 파 아들을 묻으려 했다. 그런데 그 때 돌뚜껑이 하나 나왔고 아래에는 황금 한 솥이 있었으며 가운데에는 붉은 글씨가 쓰여 있었다. '효자 곽거에게 황금 한 솥을 하사하노라.' 이에 그 이름이 천하에 알려지게 되었다(郭巨, 隆慮人也, 一云河內溫人. 兄弟三人, 早喪父. 禮畢, 二弟求分. 以錢二千萬, 二弟各取千萬. 巨獨與母居客舍, 夫婦傭賃, 以給公(供)養. 居有頃, 妻產男. 巨念與(擧)兒妨事親, 一也, 老人得食, 喜分兒孫, 減饌, 二也. 乃於野鑿地, 欲埋兒. 得石蓋, 下有黃金一釜, 中有丹書, 曰, 孝子郭巨, 黃金一釜, 以用賜汝. 於是名振天下)."

101 [項楚] 魏 文侯가 태자 擊에게 옷을 하사한 일을 가지고 慈父와 孝子의 정을 표현한 것이다. 『設苑』「奉使」: 위 문후가 태자 격을 中山에 봉한 이래 3년 동안이나 둘 사이에 사신이 오가지 않자 舍人 趙倉唐이 말을 올렸다. "자식 된 자로서 3년 동안이나 아버지의 안부를 듣지 않았다면 이는 효자가 될 수 없으며, 아버지 된 자로서 3년 동안이나 자식의 안부를 묻지 않았다면 자부라 할 수 없습니다. 태자께서는 어찌하여 사신을 대국으로 보내지 않으십니까?" 태자가 말하였다. "오래 전부터 그 생각을 했으나 사신으로 쓸 만한 사람을 얻지 못했소." 창당이 말했다. "신이 사신이 되고자 합니다. 문후께서는 무엇을 좋아하시는지요?" 태자가 말하였다. "문후께서는 들오리를 즐겨 드시고 북방의 개를 좋아하오." 이에 창당을 보내 북방의 개를 끌고 들오리를 문후에게 바치도록 했다. …… 이에 문후는 태자에게 하사할 의복 일습을 창당에게 주며 첫닭이 울 때 도착하도록 했다. 태자가 일어나 절을 올린 후 하사한 물품을 받아 상자를 열어 보니 옷이 모두 뒤집어져 있었다. 태자가 말하였다. "일찍 수레에 올라야겠소. 군후께서 나를 부르셨소." 창당이 말했다. "신이 올 때는 그런 명을 받지 못했습니다." 태자가 말했다. "군후께서 내게 옷을 보낸 건 추위를 걱정해서가 아니요. 나를 부르려 하는데 같이 의논할 사람이 없어 그대에게 첫닭이 울 때 도착하라고 명하신 것이오. 『詩經』에 '동이 아직 트기 전에 바지와 저고리를 거꾸로 입네. 허겁지겁 거꾸로 입은 것은 상감께서 불러시이네'라는 말이 있소." 이윽고 서쪽으로 가서 알현하자 문후는 크게 기뻐하며 곧 술자리를 마련하여 "무릇 현인을 멀리 두고 아끼는 바를 가까이 두는 건 나라의 좋은 계책이 아니다"라고 하고는 막내아들 摯를 내보내 중산에 봉하고 태자 격을 복위시켰다. 그래서 자식을 알려면 그 친구를 보고 군주를 알려면 그 사신이 되는 이를 보라 하였다. 조창당이 한 번 사신을 떠남으로써 문후는 자부가 되고 격은 효자가 되었다(魏文侯封太子擊于中山, 三年使不往來. 舍人趙倉唐進稱曰, 爲人子, 三年不聞父問, 不可爲孝. 爲人父, 三年不問子, 不可謂慈. 君何不遣人使大國乎. 太子曰, 願之久矣, 未得可使者. 倉唐曰, 臣願奉

습니다. 신은 아버지를 일찍 여윈지라 어머니 홀로 젖을 물려서 키워 지금의 저를 만들어 놓았습니다. 신이 또 듣건대, 까마귀는 어미에게 도리어 먹이를 먹여줌으로써 은혜를 갚고, 새끼양은 어미에게 무릎을 꿇어 감사해한다고 했습니다.[102] 소들도 자기 새끼를 핥는 정이 있는데 하물며 어머니와 자식 간에 서로 사랑하는 마음이 없겠습니까? 신은 고향집을 떠난 지 벌써 9년이 흘러 어머님의 생사를 알지 못합니다. 신이 지금 폐하를 충성으로 섬기는 것을 집에서는 알 길이 없습니다. 폐하께서 자애로운 마음을 널리 퍼뜨리시어 그 은택으로 모든 이들을 낳아 기르시니 백성들은 누구 하나 원망하는 이가 없습니다. 신도 무거운 상을 받았으나 이는 오히려 비단옷을 입고 밤길을 걷는 것이나 다름없을 터이니 부디 폐하께서는 천은을 베푸시어 신이 귀국해서 옛 고향으로 돌아갈 수 있도록 해 주옵소서. 그렇게 된다면 이 어찌 폐하의 은혜가 아니겠습니까? 신은 어머니께 은혜를 갚고 나서야 비로소 신이 자식 된 자임을 알겠나이다. 엎드려 칙명을 바라오니 저의 죽을죄를 어찌하옵니까?"

陳(魏)王聞得此言, 泣淚集會群臣, 以表其臣："朕聞有天有地, 萬物[103] 生焉. 君(群)臣助借,[104] 朕爲元首, 作朕股肱. 朕此國中, 秋胡揚名[105]

使, 侯何嗜好. 太子曰, 侯嗜晨鳧, 好北犬. 於是乃遣倉唐緤北犬, 奉晨鳧獻於文侯. …… 文侯於是遣倉唐賜太子衣一襲, 勅倉唐以鳴鷄時至. 太子起拜受賜, 發篋視, 衣盡顚倒. 太子曰, 趣早駕, 君侯召擊也. 倉唐曰, 臣來時不受命. 太子曰, 君侯賜擊衣, 不以爲寒也. 欲召擊, 無誰與謀, 故勅子以鷄鳴時至. 詩曰, 東方未明, 顚倒衣裳. 顚之倒之, 自公召之. 遂西至謁, 文侯大喜, 乃置酒而稱曰, 夫遠賢而近所愛, 非社稷之長策也. 乃出少子摯, 封中山, 而復太子擊. 故曰, 欲知其子視其友, 欲知其君視其所使. 趙倉唐一使, 而文侯爲慈父, 而擊爲孝子)."

102 [項楚] 양은 무릎을 꿇고서 어미의 젖을 받아먹는다고 한다. 『春秋繁露』「執贄」: "새끼양은 반드시 무릎을 꿇고 어미의 젖을 먹는다 하니, 이는 예를 잘 아는 것이다(羔食於其母, 必跪而受之, 類知禮者)."

103 原錄에서는 '萬物'을 '方惚'으로 썼다가 '万物'로 고쳤는데 여기서는 곧바로 고쳤다.

104 助借 : 도움. '借'에는 '助'의 의미가 있으므로 '助借'는 同義連文이 된다. P.3620「諷諫今上破鮮于叔明、令狐峘等請試僧尼及不許交易書」의 "주색에 깊이 빠져서 화려한 집에 누워 쉬며 크지 않은 나라의 일에도 도움을 주지 못하고 나라의 사소한 근심

而助國, 自從封爲宰想(相), 有孝有忠, 比於[106]金石, 威名播起[107]於萬里, 其類[108]獨秀, 才德居標.[109] 因憶念慈母, 今欲放還, 朕有戀情, 宜賜黃金百梃,[110] 亂採(綵)[111]千段, 暫放歸, 奉謝尊堂. 如卿[112]事達, 見母早來." 秋胡旣奉王敎, 一喜一悲, 悲乃違背王庭, 喜乃得見慈母.

위왕은 이 말을 듣고 눈물을 흘리며 군신들을 불러 모은 다음 추호에게 말하였다. "천지가 있어 만물이 태어난다고 짐은 들었소. 군신들의 도움으로 짐은 머리가 되고 그대들은 짐의 팔다리가 되었소. 짐의 나라에서 추호는 명성을 날리며 나랏일을 도와왔고, 재상으로 봉해진 이후에도 효심과 충심이 금석에 비견되어 그 큰 이름이 만 리 너머로 퍼지고 그 빼어난 재덕은 으뜸이 되었소. 그러나 어머님을 생각하면 이제 돌아갈 수 있도록 해야 할 것이오. 짐은 여전히 아쉬움이 있으나 마땅히 황금 1백 덩이와 갖가지 비단 1천 단(段)을 하사하여 잠시 고향으로 돌아가 어머니를 모실 수 있도록 하려 하오. 경은 그 쪽 일을 다 이루고

에도 보탬이 되지 못했다(沉湎於酒色之間, 偃息於華堂之上, 不能借國家少理, 不能助國家少憂)"에서 '借'와 '助'가 호환되어 쓰이는 것으로 보아 '借'가 곧 '助'가 됨을 알 수 있다.

105 原錄에서는 '名' 아래에 '才'자를 넣었으나 原卷을 보면 지운 흔적이 있으므로 쓸 필요가 없다.

106 原錄에서는 '比於'를 '李'로 썼다. 그러나 '李金石'은 뜻이 통하지 않으므로 '李'는 '比于'의 잘못으로 보아야 할 것이다.

107 原錄을 보면 '起'가 '超'로 쓰여 있는데, 이 글자는 '超'가 되어야 할 것으로 보인다.

108 原錄에서는 '類' 대신 '顔'을 썼으니 原卷의 글자는 '類'의 소서로 보인다. 이 구는 추호의 재덕이 부류들 중에서도 빼어남을 말하는 것이지 그 용모가 빼어남을 말하는 건 아니다.

109 [項楚] 居標 : 으뜸을 차지하다, 가장 뛰어나다.

110 '梃'이 原錄에는 '挺'으로 되어 있으나 실제 原卷에는 '梃'으로 되어 있으므로 여기서는 옳게 고쳤다. '挺'과 '梃'은 모두 긴 덩어리로 된 물건을 셀 때 쓰는 양사이다. 『魏書』 권53 「李孝伯列傳」 : "준은 사람을 보내 술 두 그릇과 사탕수수 100줄기를 바치도록 했다(駿遣人獻酒二器, 甘蔗百梃)." "의공은 조 열 자루를 바쳤다(義恭獻蠟燭十梃)."

111 [項楚] '亂綵'는 '雜綵' 즉 각종 비단들을 말한다.

112 原錄에서는 '卿'을 '鄕'으로 썼다가 '卿'으로 고쳤다. 그러나 두 글자는 모양이 비슷해서 뒤섞여 쓰이는 경우가 많으므로 바로 '卿'으로 써야 할 것이다.

어머니를 뵙고서 속히 돌아오길 바라오." 추호는 왕의 하교를 받고 한 편으로는 기쁘기도 하고 한 편으로는 슬프기도 했다. 슬픈 건 조정을 떠나는 것이요 기쁜 건 어머니를 뵌다는 것이었다.

拜王了手, 便卽登呈(程). 至採桑之時, 行至本國. 乘車卽[過], 身着紫袍[113]金帶,[114] 隨身並將從騎. 桑中而過, 變服前行. 其樹赴(覆)[115]地婆娑, 伏(復)乃枝條掩映. 欲覓於人, 借問家內消息如何. 擧頭忽見貞妻, 獨在桑間採葉, 形容變改, 面不曾粧, 蓬鬢長垂, 憂心採桑. 秋胡忽見貞妻, 良久占[116]相. 容儀婉美, 面如白玉, 頰帶紅蓮, 腰若柳條, 細眉段(斷)絶,[117] 暫停[118]住馬, 向前[119]熟看之, 只爲不識其妻, 古(故)贈詩一首:

왕에게 인사를 올리고 곧바로 여정에 올라 뽕을 딸 즈음에 고국에 이르러서는 가마에 올라 길을 갔다. 몸에는 자주색 도포와 황금 띠를 차고 곁에는 장정과 기병들이 따랐다. 뽕나무 사이를 지나면서 옷을 바꿔 입고 계속 길을 갔다. 나무가 온 땅에 산들산들거려 나뭇가지들이 보였다 숨었다 하였다. 사람을 찾아 집안 소식을 물으려고 고개를 들어보니

113 [項楚] 紫袍: 唐代에는 3품 이상의 大官이 자주색 관복을 입었다.

114 [項楚] 金帶: 唐代에 관복에 차도록 한 것이다. 『舊唐書』「輿服志」: "4품은 짙은 붉은 색 옷을 입고 5품은 연한 붉은 색에 금대를 찼다(四品服深緋, 五品服淺緋幷金帶)."

115 '赴'를 原錄에서는 '拂'로 고쳤으나 이는 분명치 않다. '赴'는 '覆'으로 읽어야 할 것이다. '覆地'는 속어로 '온 땅 가득'을 의미한다. 杜甫, 「春歸」: "이끼 길이 강가 대나무까지 이어졌고, 띠로 엮은 처마에 온 땅이 꽃이로구나(苔徑臨江竹, 茅檐覆地花)."

116 原錄에서는 '占'을 '瞻'으로 고쳤으나 '占' 자체에 '瞻'의 의미가 있으므로 굳이 고칠 필요가 없다. 『方言』 권10: "占은 視이다. 서로 엿보는 것을 남쪽 楚 지방에서는 占이라고도 한다(占, 視也. 凡相竊視, 南楚或謂之占)." 『廣雅』「釋言」: "占, 瞻也."

117 '段'은 '斷'으로 읽어야 한다. '斷絶'은 동의 연문이며 '드물다'의 의미이다. 『遊仙窟』: "참으로 물외의 희귀한 물건이요, 진실로 인간 세상에 드문 사람이로다(眞成物外希奇物, 實是人間斷絶人)."

118 原錄에서는 '暫停'을 '停暫'으로 썼다가 '暫停'으로 고쳤으나 여기서는 바로 고쳤다.

119 原錄에는 '向前' 다음에 '上'자가 들어가 있다. 실제 原卷을 보면 이 글자는 알아보기 힘들게 쓰여 있으며, 衍文이나 '而'나 '且' 같은 글자로 보아야 할 것이다.

한 정숙한 처자가 뽕나무 사이에서 홀로 뽕잎을 따고 있었다. 겉모습은 바뀌었고 얼굴에는 화장을 하지 않았으며 흐트러진 살쩍을 길게 드리운 채 수심 깊은 모습으로 뽕을 따고 있었다. 추호는 문득 정숙한 처자를 보고서 한동안 눈을 떼지 못하였다. 여인의 자태는 곱고 아름다우며 얼굴은 백옥 같고 뺨에는 붉은 연꽃이 둘려 있으며 버들가지 같은 허리에 보기 드문 가는 눈썹이었다. 잠시 말을 세우고 앞으로 다가가 유심히 살펴보고도 자기 아내인 줄 몰라 시를 한 수 지어 주었다.

玉面映紅粧, 金鉤弊(蔽)採桑.[120]
眉黛條間發, 羅襦葉裏藏.
頰奪[121]春桃李, 身如白雪霜.
옥 같은 얼굴은 붉은 화장에 가리고
금빛 갈고리는 뽕잎에 가려있네.
검은 눈썹은 나뭇가지 사이에서 피어나고
비단 저고리는 나뭇잎 속에 숨어 있구나.
뺨은 봄날의 복숭아와 자두보다도 아름답고
몸은 백설과 서리처럼 희구나 .

秋胡喚言道[122] : "娘子! 不聞道 : 採桑不如見少年, 力田不如[遇]豐年! 仰賜黃金二兩, 亂採(綵)一束, 暫請娘子片時在於懷抱, 未委娘子賜許以不?" 其婦下樹, 歛容儀, 不識其夫, 喚言郎君 : "新婦夫婿遊學,

120 '弊'는 '蔽'로 읽어야 하며, 앞 구의 '映'과 마찬가지로 '가리다'의 의미이다. [項楚] 원문의 '鉤'는 '絇'이어야 한다. 金絇 : 신발의 美稱. '絇'은 고대에 신발 코에 달던 장식물이다. [譯注] 項楚의 의견을 따른다면 이 두 구절은 '옥 같은 얼굴은 붉은 화장에 가리고 예쁜 신발은 뽕을 따느라 해졌구나' 정도로 풀이될 수 있을 것이다. 여기서는 校注 본의 의견을 따라 해석했다.

121 奪 : 超. S.6197 願文 : "이름난 꽃은 뺨보다 붉고 초승달은 눈썹보다 가늘구나(名花奪於頰紅, 初月偸於眉細)."

122 原卷에는 '言道' 두 글자의 위치가 바뀌어 있는데 여기서는 原錄에 근거하여 고쳤다.

經今九載, 消息不通, 陰(音)信隔絶. 阿婆年老, 獨坐堂中, 新婦寧可冬中忍寒, 下(夏)中忍熱, 桑蠶織絡, 以事阿婆. 一馬不被兩鞍, 單牛豈有雙車並駕! 家中貧薄, 寧可守餓而死, 豈樂黃金爲重! 忽而[123]一朝夫至, 遣妾將何申吐! 縱使黃金積到天半, 亂採(綵)墮似丘山, 新婦寧有戀心, 可以守貧而[124]死." 其秋胡聞說此語, 面帶羞容, 乘車便過. 行至數步, 心衷(中)嘆言 : "我聞貞夫烈婦, 自古至今耳聞, 今時目前交(教)見. 誰家婦堪上史記, 萬代傳名." 說言未訖, 行至家中.

추호가 말을 걸었다. "낭자! '뽕잎을 따도 젊은 시절을 만나는 것만 못하고, 힘들여 밭을 갈아도 풍년을 만나는 것만 못하다'[125]는 말을 듣지 못했소? 황금 두 냥과 갖가지 비단 한 다발로 잠시 시간을 쪼개 회포나 풀 것을 청하는데 낭자가 허락할지 모르겠소." 부인은 나무에서 내려와 용모를 가다듬었으나 역시 지아비를 알아보지 못하고 남편에게 말하였다. "저의 남편은 공부를 하러 떠나 9년이 지나도록 소식이 없고 편지도 끊겼습니다. 연로하신 시어머니께서 홀로 집안에 계시니 차라리 저는 겨울에는 추위를 참고 여름에는 무더위를 견디며 누에를 쳐서 비단을 짜 시어머니를 모실 겁니다. 말 한 마리에 두 개의 안장을 얹지 않는 법이고 소 한 마리가 어찌 두 대의 수레를 끌겠습니까?[126] 아무리 집안이 가난해도 차라리 굶어 죽지 어찌 황금을 중히 여기겠습니까? 어느 날 아침 남편이 돌아온다면 저는 또 무슨 말을 하겠습니까? 설사 황금이 하늘까지 쌓이고 비단이 산처럼 떨어진다 해도 저는 사랑하는 마음으로 기꺼이 가난을 지키며 살아갈 수 있습니다." 추호는 이 말을 듣고 부끄

123 [項楚] 忽而 : 만약. '忽爾'와 같다.

124 原錄에서는 '而'를 '取'로 보았으나 原卷을 보면 '而'에 가까우므로 이렇게 고쳤다.

125 [項楚] 당시의 속담이다. 『列女傳』 권5 「魯秋潔婦」 : "힘들여 밭을 가는 건 풍년을 만나느니만 못하고, 힘들여 뽕을 따는 건 나라의 벼슬아치를 만나느니만 못하며, 자수를 놓는 건 기방에 의지하느니만 못하다(力田不如遇豐年, 力桑不如見國卿, 刺繡文不如倚市門)."

126 [項楚] 역시 당시의 속담이다. 돈황본 「韓朋賦」 : "한 마리 말에 안장 두 개를 얹지 않고, 한 여인은 두 지아비를 섬기지 않는다(一馬不被二鞍, 一女不事二夫)."

러운 얼굴로 수레에 올라 자리를 떴다. 몇 걸음 가서는 마음속으로 이렇게 탄식했다. "내 지금까지 정부와 열녀에 대해 귀로만 들어왔는데 바로 지금 그 사람을 보았구나. 뉘 집 부인인지 사서에 올려 만대에 이름을 전할 만 하도다." 말이 채 끝나기도 전에 집에 이르렀다.

正見慈母獨坐空堂, 不知兒來, 遂嘆言曰: "秋胡! 汝當遊學, 元期三周,[127] 可(何)爲去今九載? 爲當[128]命化零落? 爲當身化黃泉, 命從風化? 爲當逐樂不歸?" 語未到頭, 遂見其子, 身着紫袍, 在孃前立. 恐孃不識, 走入堂中, 跪拜阿孃: "識兒以不? 兒是秋胡. 今得事達, 報孃汝(乳)哺之恩." 其母聞兒此語, 喚言秋胡: "我念子不以爲言, 言作隔生,[129] 何其(期)[130]面敍! 孃樂子黃金繒綵, 不是戀汝官榮, 愢汝新婦, 九年孤眠獨宿. 汝今得貴, 不是汝學問懃勞, 是我孝順新婦功課." 使人往詣桑林中, 喚其新婦. 未及行至路傍, 正見採桑而迴, 村人報曰: "夫婿見至, 奉婆處分, 令遣喚來." 含笑卽歸, 向家與夫相見.

텅 빈 당 위에 홀로 앉아있던 어머니는 아들이 온 것도 모르고 탄식하며 말하였다. "추호야! 너는 공부를 하러 떠날 때는 본래 3년 기약이었는데 어찌하여 떠난 지 9년이 되었단 말이냐? 어디서 명을 다했느냐? 몸은 황천으로 가고 목숨은 바람을 따라가기라도 했느냐? 좋은 것만 좇다가 돌아올 생각을 않는 것이냐?" 말이 끝나기 무섭게 아들이 나타나

---

127 三周: 3주년. 옛날에는 1주년을 '一周'라 하였다. 『南史』 「謝靈運傳」: "郡에 있은 지 1년 만에 병을 이유로 자리에서 물러났다(在郡一周, 稱疾去職)."

128 [項楚] 爲當: 선택 의문문에 쓰이는 접속사로서 '還是'에 상당한다. 敦煌本 王梵志詩: "얼굴이 닭 같은가? 아니면 얼굴이 개 같은가(爲當面似鷄, 爲當面似狗)?"

129 [項楚] 言作: ~라 여기다. 隔生: 생사가 갈리다. 元稹, 「悼僧展如」: "그가 살아생전 지은 글을 다시 읊나니, 열흘 만에 생을 달리할 줄 어찌 짐작했겠는가!(重吟前日他生句, 豈料踰旬便隔生)." [譯注] 校注에서는 이 구를 '我念子不以(已), 言作隔生'으로 쓰면서 原卷에 '言'이 연문으로 한 번 더 들어가 있다고 했으나, 해석에 있어 '言'이 한 번 더 들어가는 것이 자연스러우므로 原卷을 그대로 따르도록 하겠다.

130 [項楚] 원문의 '其'는 '期'가 되어야 한다. '何期'는 '不料'의 의미이다.

니, 몸에 자주색 도포를 입고서 어머니 앞에 선 것이다. 어머니가 못 알아볼까 걱정되어 당으로 들어가 어머니께 무릎을 꿇고 절을 올렸다. "저를 알아보시겠습니까? 제가 바로 추호입니다. 이제야 일을 이루고 키워주신 은혜에 보답하려 합니다." 어머니는 아들의 말을 듣고서 큰 소리로 말하였다. "내가 너를 생각한 건 이루 다 말할 수가 없다. 나는 네가 죽은 줄만 알았지 이렇게 얼굴을 맞대고 얘기할 줄은 몰랐다. 이 어미는 아들이 황금비단을 걸친 것은 즐겁다만 너의 관직에는 연연하지 않았다. 9년 동안 독수공방한 네 아내를 볼 면목이 없구나. 네가 이렇게 귀하게 된 건 네가 학문을 열심히 해서가 아니라 효성스러운 며느리 덕이란다." 사람을 시켜 뽕 숲으로 가 아내를 불러오도록 했다. 이제 막 길에 들어서려는데, 뽕을 따고 돌아오는 부인이 보여 마을 사람이 이렇게 일러주었다. "남편이 지금 와 있어서 시어머니께서 가서 불러오라고 하셨소." 웃음을 머금고 돌아오며 남편과 만날 집으로 향했다.

忽聞夫至, 喜不自勝. 喜在心中, 面含笑色. 行至家, 向北堂覓見其夫, 得見慈母. 新婦欲拜謝阿婆, 便乃入房中, 取鏡臺粧束容儀, 與夫相見. 乃畫翠眉, 便拂芙容,[131] 身着嫁時衣裳, 羅扇遮面, 欲似初嫁之時. 行至堂前設禮, 助婆歡喜. 見新婦來至, 愧謝九年孝養功勞, 便下堂階, 哭泣喚言 : "新婦! 我兒來至, 遊學必(畢)功, 軒印隨身, 身爲國相, 黃金繒綵, 愧謝孝恩, 願新婦領受." 得婆語迴面拜夫, 熟向看之, 乃是桑間繒(贈)金宰貴. 情中不喜, 面變淚下交流, 結氣不語.

[아내는] 남편이 왔다는 소식을 문득 듣고 기뻐서 어쩔 줄을 몰랐다. 마음은 들뜨고 얼굴에는 희색이 가득했다. 집에 이르러 북당(北堂)으로 가서 남편을 찾다가 어머니를 만났다. 아내는 시어머니께 인사를 올리

---

131 [項楚] 拂 : '그리다, 칠해서 치장하다'의 뜻으로 여자들의 화장에 흔히 쓰이는 말이다. 芙容 : 연꽃. 唐代에 귀족 부인들은 얼굴에 그림을 그리거나 꽃이나 별, 달 등의 그림을 얼굴에 붙이는 경우가 많았는데 이를 '花子' 혹은 '妝靨'이라 했다.

고 바로 방으로 들어가 경대를 꺼내 단장을 하고 남편과 만났다. 비취색으로 눈썹을 그리고 얼굴에는 부용꽃을 그리고, 시집 올 때 입던 옷을 입고 비단 부채로 얼굴을 가려 처음 시집올 때처럼 하고자 했다. 당 앞으로 가 예를 올리며 시어머니와 함께 기쁨을 누렸다. 며느리가 오자 9년 동안 효도하고 봉양하느라 애쓴 것에 미안해하고 감사해했다. 그러더니 문득 당 앞 섬돌을 내려와 눈물을 흘리며 말하였다. "아가! 내 아들이 공부를 마치고 이제야 돌아왔구나. 가마를 타고 인수(印綬)를 차는 재상이 되었단다. 그동안의 효도에 감사하는 뜻으로 황금비단은 며느리 네가 받아다오." 시어머니의 말을 들은 다음 고개를 돌려 남편에게 인사를 올리고 한동안 바라보니 뽕나무 밭에서 금을 주었던 바로 그 관리였다. 아내는 마음이 상하여 안색이 변하고 눈물은 주르륵 흘러내리고 기가 막혀 말이 나오질 않았다.

阿婆甚怪, 重問新婦: "我兒九年不在, 新婦今得孝名, 何謂(爲)今見兒來, 忽爾今朝不喜? 新婦必有私[情]在於鄰里, 何不早吐實情? 若無他心, 不合如此!" 新婦聞婆此語, 泣淚交流, 復願阿婆聽說不喜由緒[132]: "新婦實無私情, 只恨婆兒二種事不安: 一卽於家不孝, 二乃於國不忠." 阿婆喚言新婦: "我兒於國不忠, 豈得官榮歸舍? 若於家不孝, 金綵亦不合見吾. 若無他心, 何故漫生言語?" 新婦啓言阿婆: "兒若於慈[133]孝, 天恩賜金, 交(敎)將歸舍, 報孃[134]乳哺之恩. 今卽未[135]及見母, 桑間已繒(贈)於人, 所以於國不忠, 於家不孝. 新婦父母疋配本身, 承事九年, 供養多門, 宣少之儀, 阿婆願希慈新婦(下缺).[136]

132 不喜由緖: 기분이 좋지 않은 이유. P.3813「文明」判集 잔권: "숭을 잡아다가 관아로 보내긴 했으나 그 단서를 다 풀진 못할 듯하다(執祟雖送官, 仍恐未窮由緖)."

133 慈: 慈母.

134 原錄에서는 '孃'을 '娘'으로 썼으나 실제 原卷에는 '孃'으로 되어 있어 이렇게 고쳤다.

135 '未'자를 原錄에서는 '來'로 썼으나 '未'자를 잘못 쓴 것으로 보는 것이 타당하다.

136 蔣紹愚는 '希'를 '孝'로 보았는데 이는 상당히 타당한 의견이다. '孝慈'는 부모님께 효

시어머니가 이를 이상히 여겨 며느리에게 물었다. "내 아들이 9년이나 없는 동안 너는 지금 효부의 명성을 얻었다. 그런데 이제 아들을 보고도 어찌하여 기뻐하지 않는 것이냐? 필시 이웃의 다른 사람을 마음에 두고 있는 게로구나. 어찌하여 진작 말하지 않았느냐? 다른 마음이 없다면 이럴 수가 있겠느냐!" 아내는 시어머니의 말을 듣고 눈물을 줄줄 흘리면서 자기가 기뻐하지 않는 이유를 시어머니께서 들어주길 청하였다. "저는 결코 다른 마음은 없습니다. 다만 남편에게 두 가지 좋지 않은 일이 있는 것이 한스러울 뿐이니, 하나는 집안에서의 불효요, 다른 하나는 나라에 대한 불충입니다." 시어머니가 아내에게 말하였다. "아들이 나라에 불충했다면 어떻게 높은 관직에 있다가 돌아왔겠느냐? 또 만약 집안에 불효하다면 황금비단 역시 나를 보기 위함은 아닐 것이다. 다른 마음이 없다면 어째서 이런 말을 함부로 한단 말이냐?" 아내가 시어머니에게 말하였다. "아들이 만약 효자였다면 황제께서 하사하신 금을 가지고 집으로 돌아와 어머님의 길러주신 은혜에 보답하였을 것입니다. 그러나 오늘 남편은 바로 어머님을 뵙지 않고 뽕나무 밭에서 이미 그것을 다른 사람에게 주었습니다. 그래서 나라에는 불충하고 집안에는 불효한 것입니다. 저는 부모님께서 배필을 정해주신 후 9년 동안 일을 보며 많은 집안사람들을 받들고 봉양하면서 작은 예의나마 베풀었고 어머니께서는 제가 효로써 어머님을 모시길 바라셨습니다. 저는…….

(아래는 빠져 있음)

도한다는 의미이다. 추호의 아내의 말은 이 구 앞에서 이미 끝난 것으로 보이며 아마 빠진 부분이 있는 듯하다. 【譯注】 장소우의 의견이 타당하다고 할 때 이 부분은 '新婦' 앞에서 한 문장이 끊기고 '新婦'부터 새로운 문장이 시작된다고 보는 것이 가장 자연스럽다.

전한유가태자전(前漢劉家太子傳)[1]

昔前漢欲末之時，漢帝忽遇患疾，頗有不安，似當不免．乃遺囑其太子[曰][2]：“汝緣年少，或若治國不得，有人奪其社稷者，汝但避投[3]南陽郡．[4] 彼先有受恩之人，必合救汝．” 其時遂有漢帝丈人王莽，在於宮中，見其孫年少，[5] 遂設計謀，擬奪帝業．忽遇漢帝崩後，於內宮不放[6]

1 [原校] 모두 네 가지 사본이 존재하는데 그 번호와 상태는 다음과 같다. 原卷：P.3645, 수미가 완전함. 甲卷：S.5547, 시작부분만 잔존. 乙卷：P.4693, 시작부분만 잔존. 丙卷：P.4051, 수미가 잘려 나감. 서왕모 고사와 뒤쪽의 세 고사는 유가태자의 고사와 관계가 없다. 原卷에 기록이 되어 있어서 그대로 옮겨 적은 것이다. [校注] 原卷과 甲卷에는 앞쪽 제목 '前漢劉家太子傳' 일곱 글자가 있으며(乙卷에 일부만 남아 있는 앞 제목도 原卷과 같은 것으로 보인다) 뒤쪽 제목 '劉家太子變一卷'은 原卷에만 있다.

2 [原校] '曰'자는 乙卷에 근거하여 보충했다.

3 [原校] 甲卷에는 '避投'가 '避難投於'로 되어 있다. [校注] 그렇게 쓰인 건 乙卷이고 甲卷에는 '避難投'로 되어 있다.

4 [張鴻勳] 南陽郡：군 이름. 하남성의 옛 南陽府, 호북성의 옛 襄陽府 땅을 포함한다. 소재지는 宛(지금의 하남성 南陽市)이다.

言語漏泄，遂於街衢教示童兒作童謠. 歌曰："王莽捉[7]天下，竹節生銅馬." 遂便不放外人知聞，便稱帝位.

옛날 전한(前漢) 시대가 막 끝나갈 무렵 한(漢) 황제가 병에 걸렸는데 자못 큰 병이라 낫기가 힘들 듯 했다. 이에 태자를 불러와 이렇게 말하였다. "네가 아직 나이가 어려 나라를 다스릴 수가 없고 누군가가 사직을 빼앗는다면 너는 남양군(南陽郡)으로 피신을 하거라. 그곳에는 이전에 은혜를 입은 사람이 있어서 반드시 너를 구해줄 것이다." 그때 황제의 장인 왕망(王莽)은 궁중에서 자기 손자가 어리다는 것을 알고 제업(帝業)을 탈취할 계략을 꾸미고 있었다. 그러다가 홀연 한 황제가 붕어하자 일단 내궁에서 말이 새 나가지 않도록 한 다음 거리의 아이들에게 동요를 지어 부르도록 했다. 노래는 이랬다. "왕망이 천하를 잡으니 대나무 마디에서 동마(銅馬)가 생기는구나." 이윽고 바깥사람은 알지 못하게 하고서 서둘러 제위에 올랐다.

其太子逃逝，投於南陽郡. 至於城北十里已來，不知[8]投取之地，遂於磻陀石[9]上而坐.[10] 至夜，郡中爲[11]有一人，名曰張老，先多受漢帝恩德. 其張老有一子,[12] 夜作瑞[13]夢，見城北十里磻陀石上，有一童子,[14] 顏

5 '少'가 原卷에는 '小'로 되어 있고 甲卷과 乙卷은 '少'로 되어 있다.

6 '不放'이 乙卷에는 '不交(教)'로 되어 있다. '放'에는 '使', '讓'의 의미가 있다. 「燕子賦」(二): "공짜로 집을 얻으려나 본데, 어서 그만두지 못하겠느냐?(徒勞來索窟，放你且收心)."

7 【原校】乙卷에서는 '捉'이 '卓'으로 되어 있다. 【校注】甲卷은 '投'로 되어 있는데 이는 '捉'을 잘못 쓴 것이다.

8 【原校】'知'가 原卷에는 '之'로 되어 있어서 甲卷에 근거하여 고쳤다. 【校注】乙卷 역시 '知'로 되어 있다.

9 '石'이 甲卷과 乙卷에는 '岩'으로 되어 있다. '磻'은 '磐'과 같다. 『玉篇』: "磐，大石也." '磻陀石'은 큰 돌을 말한다. '磐'은 '盤'으로도 쓴다. 「八相變」: "동서남북으로 일곱 걸음을 가서 어느 바위가 가장 평평한지를 물었다(南北東西行七步，問阿那盤陀石最平)."

10 【原校】'坐'가 原卷에는 '座'로 되어 있어서 甲卷과 乙卷에 근거하여 고쳤다.

11 '爲'를 原錄에서는 '唯'로 썼는데, 乙卷에는 이 글자가 없고 甲卷에는 '爲'로 되어 있어서 甲卷에 근거하여 고쳤다. 또 '郡'자가 原卷에는 '群'으로 되어 있다.

容端正, 諸相具足, 忽然驚覺, 遍體汗流. 至於明旦, 具以[15]夢狀告白其父. 父曰:"劉家太子, 逃逝多時, 不知所在. 汝乃莫令人知, 往彼看探." 其子於(依)[16]父言敎, 至於彼處磻陀石上, 有一太子, 端嚴而坐.[17] 遂便問曰:"君子是何處人, 姓名是甚, 在此而坐?" 太子答曰:"某乙本無父母, 亦無宗枝 旦(但)緣家貧, 遊[18]行莨(浪)蕩!" 其人遂引往詣家中, 引至入門, 其父遙見, 便識太子. 走下階, 卽便拜舞.[19] 問其事[理][20]已了, 却[21]便充爲養男, 不放人知. 一同[22]親子, 便往學問.[23]

태자는 남양군을 향해 도망갔다. 성 북쪽 10리쯤에 이르러 어디로 갈지 몰라 큰 바위 위에 앉았다. 어느새 밤이 되었다. 군 안에는 장로(張老)라는 사람이 있었다. 그는 이전에 한 황제의 은덕을 많이 받은 사람이었다. 장로에게는 아들이 하나 있었다. 아들은 밤에 상서로운 꿈을 꾸었는데, 성 북쪽으로 10리쯤 떨어진 큰 바위 위에 용모가 단정하고 여러 관상을 두루 갖춘 한 아이가 앉아 있다가 갑자기 크게 놀라더니 온 몸에서 땀이 뻘뻘 나는 모습이었다. 아들이 다음날 아침에 꿈에서 본 것을 아버지께 모두 말씀드리자 아버지는 이렇게 말했다. "유씨 가문의 태자께서 오랫동안 피신을 하셨는데 어디에 가 계시는지 알 수가 없었다.

---

12 이 구가 甲卷에는 '爲其一子'로 되어 있고 乙卷에는 '有其一子'로 되어 있다.

13 乙卷을 보면 먼저 '睡'로 쓴 다음 옆에 '瑞'자로 고쳐져 있다.

14 이 구가 甲卷에는 '爲一童兒'로 되어 있고 乙卷은 '子'자도 '兒'로 되어 있다.

15 [原校] '具以'가 原卷에는 '以況'으로 되어 있어서 여기서는 甲卷에 근거하여 고쳤다. [校注] 乙卷에는 '以' 한 글자만 쓰여 있다.

16 '於'는 '依'로 읽어야 하며 뜻은 '~을 따라서'이다.

17 [原校] '坐'가 原卷에는 '座'로 되어 있어서 甲卷과 乙卷에 근거하여 고쳤다.

18 丙卷이 여기부터 시작된다.

19 原錄에서는 '舞' 왼편에 '亻' 편방을 넣었는데 여기서는 乙卷을 따라 正字로 썼다.

20 [原校] '理'자는 乙卷과 丙卷을 보고 보충한 것이다. 甲卷의 '里' 역시 '理'를 잘못 쓴 글자이다.

21 '却'이 乙卷에는 '卽'으로 되어 있다.

22 [原校] 갑, 을, 丙卷에는 '一同'이 '共同'으로 되어 있다. [校注] 甲卷과 丙卷은 '其同'으로 되어 있다.

23 [原校] 甲卷에는 '便往學問'이 '往遺學問'으로 되어 있다.

너는 다른 사람들 모르게 그곳으로 가서 살펴보아라." 아들이 아버지의 말에 따라 그곳으로 갔더니, 큰 바위 위에 한 태자가 단정하게 앉아 있었다. 이윽고 [아들이] 물었다. "군자께서는 어디 사람이시고 성함은 무엇이기에 여기에 앉아 계십니까?" 태자가 답하였다. "저는 본래 부모도 없고 친척도 없는 사람으로 집안이 워낙 가난하여 이렇게 떠돌고 있답니다." 아들이 결국 그를 집으로 데리고 가서 대문으로 들어서려는데, 아버지는 멀리서 보고 태자인 줄 바로 알아보고는 섬돌을 내려와 그 자리에서 인사를 올렸다. 그 동안의 자초지종을 물은 다음 양자로 삼아 다른 사람이 알지 못하도록 하고서 친아들과 함께 공부를 하도록 했다.

纔經一月, 諸州頒下; 漢帝有敕曉示, 告言道: "劉家太子逃逝他州, 誰人捉得, 封邑萬戶." 其時南陽郡太守, 諸坊諸曲[24]出牓[25]曉示; 並及諸坊, 各懸布鼓, 擊[26]之音響, 以辯(辨)凡聖. 諸坊各有監官, 每有人來, 遣打布鼓, [都無音響].[27] 遂有一童子, 過在[28]街坊, 不聽[29]打鼓, 卽放過去; 更經一日過街, 亦乃不聽打鼓. 直至三伴,[30] 監官遂喚童子問曰

24 [張鴻勳] 諸坊諸曲: 큰 길과 작은 골목길 모두. 唐代 長安에는 종횡으로 뻗은 큰 길이 몇 개 있었고, 성 전체를 100여 개의 정방형 구역으로 나누어 이를 '坊'이라 했으며, 坊 안의 작은 골목길들을 '曲'이라 했다.

25 '牓'자에서 甲卷이 끝난다.

26 '擊'자에서 乙卷이 끝난다. 清 嘉慶 『南陽府志』 권1: "포고대는 주의 작은 성 남쪽 문 밖에 있는데, 광무제가 베로 만든 북을 치자 소리가 났다고 전해진다(布鼓臺, 在州子城南門外, 俗傳光武擊布鼓有聲)."

27 [原校] '都無音響' 네 자는 丙卷에 근거하여 채워 넣었다. [校注] '都無'는 '豪無, 根本無, 完全無'와 같은 말로서 정도를 나타낸다. 자세한 내용은 李亞明, 『中國語學論文集』 '太平廣記' 篇(日本不二出版株式會社, 1984년판)을 참고.

28 '在'가 丙卷에는 '於'로 되어 있다.

29 不聽: 不肯(~하려고 하지 않다). 아래의 '何不聽打鼓'가 丙卷에는 '何故不肯打鼓'로 되어 있는데 이를 통해 '不聽'이 곧 '不肯'임을 알 수 있다.

30 '伴'을 原錄에서는 '件'으로 썼으나, 丙卷에 '伴'으로 되어 있어 여기서는 丙卷에 근거하여 고쳤다. 『八相變』의 "여러 번 불러 물었으나 모두 대답이 없었다(數伴叫問, 都沒應挨)." "열 걸음을 걸으면서 아홉 번이나 길게 한 숨을 내쉬었다(十步之內, 九伴長噓)"에서 '伴'은 곧 '次(~번)'의 의미이다.

:“何不聽[31]打鼓?” 童子答曰:“某乙此鼓切不可打,[32] 若打者必[33]有不祥之事.” 問曰:“有[何][34]不祥?”答曰:“若打一下, 諸坊布鼓自鳴; 若打兩下, 江河騰沸; 若打三下, 天地昏暗.”

그로부터 한 달이 막 지나 모든 주(州)에 포고령이 내려졌다. 한 황제는 칙령에서 이렇게 말했다. “유씨 가문의 태자가 다른 주로 도망을 갔다. 누구든 그를 잡으면 만 호의 읍을 봉해주겠다.” 그러자 남양군 태수는 각 길목마다 방을 붙여 알리는 동시에, 각 마을에 베로 만든 북을 걸어 그것을 쳐서 울리는 소리로 일반 사람과 성인을 구분하도록 했다. 각 마을마다 감독관이 있어서 사람이 오면 모두 베로 만든 그 북을 치게 했으나 아무도 소리가 나지 않았다. 그러다가 문득 한 아이가 거리를 지나다가 북을 치려고 하지 않고 그냥 지나가버렸다. 이튿날에도 길을 가면서 역시 북을 치려고 하지 않았다. 세 번째도 그러자 감독관이 결국 아이를 불러다 물었다. “어째서 북을 치려고 하지 않는가?” 아이가 답했다. “저는 이 북을 절대 칠 수 없습니다. 만약 북을 치면 반드시 상서롭지 못한 일이 생길 것입니다.” [감독관이] 물었다. “상서롭지 못한 일이 무엇이냐?” [아이가] 답하였다. “한 번을 치면 모든 마을에 있는 베로 만든 북들이 스스로 울 것이고, 두 번을 치면 강물이 끓어오를 것이며, 세 번을 치면 온 세상이 어두워질 것입니다.”

於是打其三聲, 天地昏暗, 都無所見. 太子遂乃潛身走出城外. 逢見耕夫. 遂諮[35]耕夫, 說是根本:劉家太子被人簒位, 追捉之事, 諸州

31 ‘何不聽’이 丙卷에는 ‘何故不肯’으로 되어 있다.

32 原錄에는 ‘打’ 아래에 ‘者’가 있다. 丙卷에는 ‘者’가 없는데 여기서는 丙卷에 근거하여 지웠다.

33 ‘必’이 原錄에는 ‘心’으로 되어 있다. 그러나 사실 原卷과 丙卷은 모두 ‘必’로 되어 있어 여기서는 옳게 고쳤다.

34 [原校] ‘何’자는 丙卷에 근거하여 보충하였다.

35 ‘諮’가 原錄에는 ‘詔’로 되어 있으나, ‘詔’는 ‘諮’를 잘못 쓴 것으로 보는 게 타당하다. 丙卷에는 ‘語’로 되어 있는데 의미는 같다. 「韓朋賦」의 “貞夫諮宋王曰”에서 ‘諮’ 역시

頒下, 出其兵馬, 並乃擒捉. 其耕夫遂耕[36]壟土下埋地.[37] 口中銜七粒粳米, 日食一粒, 以濟殘命. 兼銜竹筒, 出於土外, 與出氣息.[38] 其時捉獲不得, 遂[39]遣太史占之, 奏曰: "劉家太子今乃身死, 在三尺土底, 口中蛆出, 眼裏竹生." 因此諸州, 却收兵馬.

이에 북을 세 번 치자 천지가 깜깜해져 아무 것도 보이지 않게 되었다. 태자는 곧 몸을 숨기고 성 밖으로 나왔다. 밭 갈던 농부를 만나서는 어떻게 된 연유인지를 말해주었다. 유씨 가문의 태자가 다른 사람에게 자리를 빼앗겨 쫓기고 있으며, 모든 주에 포고령을 내려서 병마를 풀어 잡으려 한다는 것이었다. 농부는 곧 밭이랑의 흙을 파서 땅 속에 그를 묻었다. 입에 멥쌀 일곱 알을 물고 매일 한 알 씩 먹으며 목숨을 부지해 갔다. 또 거기다가 대나무통을 함께 물어 땅 밖으로 내놓고 숨을 쉬었다. 이렇게 해서 잡을 수가 없게 되자 태사(太史)에게 점을 치도록 했다. [태사가] 이렇게 아뢰었다. "유씨 가문의 태자는 지금 이미 죽어서 석 자 땅 아래에 묻혀 있으며, 입에서는 구더기가 나오고 눈에서는 대나무가 자랍니다." 이로써 모든 주에서 군사를 거두어들이게 되었다.

其太子却乃出土, 問其耕夫: "今投甚處, 興得兵馬, 却[40]得父業?" 耕

甲卷에는 '語'로 되어 있다.

36 【原校】 丙卷에는 '耕'이 '犁'로 되어 있다.

37 【原校】 丙卷에는 '地'가 '却'으로 되어 있다.

38 干寶의 『搜神記』 권15에 나온 이야기와 흡사하다. "漢나라 陳留현 考城의 史姁는 자가 威明이다. 어렸을 때 병을 앓아 곧 죽으려 할 때 어머니에게 말했다. '저는 죽으면 꼭 다시 살아날 것입니다. 저를 묻어서 대나무 지팡이를 무덤 위에 꼽았다가 지팡이가 꺾이면 저를 파내십시오.' 이윽고 죽자 그를 땅에 묻고 그 말대로 지팡이를 꼽았다. 7일 후에 그곳에 가 보자 지팡이가 과연 꺾여 있었다. 곧바로 그를 파내자 이미 살아 있었으며, 우물가로 가 목욕을 하고서 병이 나아 예전처럼 되었다(漢陳留考城, 史姁, 字威明, 年少時嘗病, 臨死謂母曰, 我死當復生. 埋我, 以竹杖柱於瘞上, 若杖折, 掘出我. 及死埋之, 柱如其言. 七日往視, 杖果折. 卽掘出之, 已活, 走至井上浴, 平復如故)."

39 【原校】 '遂'가 原卷에는 '出'로 되어 있는데 여기서는 丙卷에 근거하여 고쳤다.

40 '却'은 '다시' 혹은 '수복하다'의 의미이다. 아래의 '必乃却得父業'에서 '却'은 동사의

夫答曰:"崑崙山上有一太白星, 若見此星, 得其言教, 必乃却得父業." 答曰:"如若憑脚足而[行],[41] 雖勞一生, 終不得見;[42] 汝若有其能得,[43] 至心[44]啓請, 必合得見." 其後啓願, 遂乃得見. 問其言教, 遂興兵却得父業. 故[語][45]云:"南陽白水張, 見王不下床." 此之事也.[46]

태자는 곧 땅에서 나와 농부에게 물었다. "이제 어느 곳으로 가야 군사를 일으켜 아버지의 제업을 다시 회복할 수 있겠소?" 농부가 답하였다. "곤륜산(崑崙山) 위에 태백성(太白星)[47]이 하나 있으니, 만약 이 별을 보고 가르침을 받으면 반드시 아버지의 제업을 회복할 수 있을 것입니다." [농부가] 답하였다. "만약 발만 믿고 가면 평생토록 애를 써도 결국 볼 수 없을 것입니다. 그러나 당신께서 [그 별을 볼 수 있는] 자질이 있고 지극 정성으로 청한다면 반드시 볼 수 있을 것입니다." 그 후 바라는 바를 아뢰자 마침내 [그 별을] 볼 수 있게 되었으며, 가르침을 여쭈어 군대를 일으켜서 아버지의 제업을 회복할 수 있었다. "남양군 백수(白水)에 사는 장씨는 왕을 뵙고도 침상에서 내려오지 않는다네"라고 한 옛말은 바로 이를 두고 한 말이다.

뜻이 더욱 분명하다.

41 [原校] '行'자는 丙卷에 근거하여 보충하였다.

42 '見'이 丙卷에는 '到'로 되어 있다.

43 '得'자를 原錄에서는 아래 구에 포함시켰다. 하지만 '能得'은 하나의 단어로서 '타고난 자질, 능력'을 의미한다. 蘇軾, 「昆陽城賦」: "어찌 호걸의 능력이 시정의 무뢰배들과 같겠는가(豈豪傑之能得, 盡市井之無賴)."

44 至心: 專心, 一心. 『魏書』 권96 「司馬叡列傳」: "공의 고명한 충정과 진실한 마음으로써 지극한 마음으로 나라를 걱정했다(以公高亮忠肅, 至心憂國)."

45 '語'자는 丙卷에 근거하여 채워 넣었다.

46 原卷에서는 이곳과 두루마리 위쪽 빈 공간에 각각 원을 하나씩 그려서 앞뒤의 내용이 구분됨을 표시하고 있다. 丙卷에서는 한 칸을 비운 후 다음 내용을 잇고 있는데, 이 역시 구분의 의미를 나타낸다.

47 [張鴻勳] 崑崙山: 산 이름. 新疆과 티베트 사이에 있으며 서쪽으로는 파미르 고원에 접하고 동쪽으로는 青海省 경내로 이어져 있다. 여러 봉우리들이 겹겹이 이어져 있으며 산세가 높고 험준하다. '太白星'은 金星으로 일명 啓明星이라고도 한다. 신화에서는 천상의 신 이름으로 쓰이기도 한다.

史記曰：漢武帝使大夫張騫賚衣糧[48]尋盟津河上源，西王母[聞此][49]莫然笑曰[50]：“盟津河在崑崙山腹壁出，其山擧高三千[51]三百六十萬[52]里，縱雖[53]卿一生如(而)去，[54] 猶不能至. 卿可還國，與卿支幾之石，[55] 報卿君命.” 張騫用其言，將石還國，具與(以)[56]西王母言奏帝. [帝][57]得此石，在於殿前，慕(募)及國內，誰能識之. 東方朔識之：“此是西王母支幾玉石，因何至此?” 帝乃大悅龍顔，封張騫爲定遠侯.

『사기(史記)』에서는 다음과 같이 말했다.

한 무제가 대부 장건(張騫)에게 옷과 곡식을 하사하며 맹진하(盟津河)의 근원을 찾아보도록 하자, 서왕모(西王母)가 [이 말을 듣고] 지긋이 웃으며 말하였다. “맹진하는 곤륜산의 한가운데에서 나온다오. 그 산은 높이가 3천 3백 60만 리나 되니 경은 평생토록 간다고 해도 결국 이르지 못할 것이오. 경은 어서 나라로 돌아가도록 하고, 경에게 지기석(支機石)[58]을 줄 터이니 이것으로 임금의 명에 답례를 하시오.” 장건은 그 말에 따라

48 [原校] ‘賚衣糧’ 세 글자가 原卷에는 ‘費衣’로 되어 있다. 여기서는 丙卷에 근거하여 고쳤다. [校注] 丙卷에는 ‘賞衣糧’으로 되어 있으며 또 앞쪽의 ‘使’자는 ‘遣’으로 되어 있다.

49 [原校] ‘聞此’ 두 글자는 丙卷에 근거하여 보충하였다.

50 ‘笑’가 原錄에는 속자인 ‘咲’로 되어 있다. ‘莫然’은 곧 ‘嘆然’(소리 없이, 지긋이)이다. 『呂氏春秋』「首秋」: “배고픈 말들이 마구간에 소리 없이 가득 차 있었고 꼴은 보이지 않았다(飢馬盈廐嘆然, 未見芻也).”

51 ‘千’이 原錄에는 ‘阡’으로 되어 있는데, 여기서는 丙卷에 근거하여 ‘千’으로 고쳤다.

52 ‘萬’자가 原卷에는 없으며 이 역시 丙卷을 따른 것이다.

53 ‘雖’가 原卷에는 ‘廣’으로 되어 있고 丙卷이 ‘雖’로 되어 있다.

54 [原校] ‘如去’는 ‘而去’와 뜻이 같다. [校注] ‘如’는 ‘而’의 가차자이다.

55 [原校] 『太平御覽』 권51에 인용된 「荊楚歲時記」에서는 ‘支機石’이라 하였다. [校注] 같은 책 권8에 인용된 劉義慶의 『集林』: “옛날에 어떤 사람이 河水의 근원을 찾다가 빨래를 하고 있는 한 부인을 만나 물어보니 ‘이곳은 은하수입니다’라고 말하고는 돌을 하나 주고 돌아갔다. 엄군평에게 묻자 ‘이건 지기석이오’라고 했다(昔有一人尋河源, 見婦人浣紗, 以問之, 曰, 此天河也. 乃與一石而歸. 問嚴君平, 云, 此支機石也).” ‘機’는 곧 베틀이며, 아래에 나오는 ‘繫着織機脚下’ 구를 통해 이를 알 수 있다.

56 ‘與’는 ‘以’와 통한다.

57 [原校] ‘帝’자는 丙卷에 근거하여 보충하였다.

58 [譯注] 支機石 : 하늘의 직녀가 베틀을 받칠 때 쓴다는 전설상의 돌.

돌을 가지고 나라로 돌아와 서왕모의 말을 황제에게 모두 아뢰었다. [황제는] 돌을 얻고서 어전 앞에서 이 돌을 아는 사람이 누구인지 나라 안 사람들을 불러 모았다. 동방삭이 이를 알아보았다. "이것은 서왕모의 지기옥석(支機玉石)인데 어찌하여 이곳으로 왔는지요?" 황제는 크게 기뻐하는 얼굴을 하고서 장건을 정원후(定遠侯)[59]에 봉해 주었다.

至七月七夕, 西王母頭戴七盆花,[60] 駕雲母之車, 來在殿上, 空中而遊. 帝見之心動, 遂不得仙. 西王母將桃五枚, [來][61]在殿上奉帝 : 帝食桃, 手把其核如(而)[62]不棄之. 王母謂帝曰 : "陛下何不棄其核?" 帝曰 : "朕見桃美味, 欲種[63]之後園." 西王母笑而應之曰 : "此桃種之, 一千年始生, 二千年始長, 三千年始結花, 四千年始結子, 五千年始熟. 陛下受命[64]不過一百年, [欲][65]種此桃, 與誰人食之?" 當此之時處,[66] 有

---

59 【張鴻勳】 定遠侯는 班超를 말한다. 『後漢書』 「班超傳」 : "반초를 정원후에 봉하고 천 호의 읍을 하사한다(其封超爲定遠侯, 邑千戶)." 따라서 여기서 장건을 정원후로 봉했다는 건 잘못이다.

60 【原校】 丙卷에는 '七盆花'가 '七笙花'로 되어 있다. 【校注】 『敦煌寶藏』 美855호 「悉達太子誕質圖」에 그려진 태자의 머리에는 '七枝花'가 그려져 있다. 따라서 '七笙花'와 '七盆花'는 모두 '七枝花'임을 알 수 있다. '笙'은 '莖'과 같으며 '盆'은 대개 꽃송이를 가리킨다.

61 '來'자는 丙卷에 근거하여 보충하였다.

62 【原校】 '如'는 '而'와도 통한다.

63 原錄에서 '種'자를 '卄'를 넣은 속자로 써서 여기서는 옳게 고쳤다. 아래 역시 마찬가지다.

64 受命 : 부여된 수명. 옛날에는 백 살을 수명의 한계로 보았기 때문에 '수명이 불과 1백년'이라고 한 것이다.

65 【原校】 '欲'자는 丙卷에 근거하여 채워 넣었다.

66 丙卷에서는 '處'를 먼저 '後'로 쓴 다음 '處'로 고쳤다. 原錄에서는 '處'를 아래 구에 포함시켰는데 이는 잘못이다. '時處'는 동의 복합사로서 결국 '時'의 의미이다. 「佛說觀彌勒菩薩上生兜率天經講經文」의 "남자는 여자를 볼 때 누이를 본 듯 했고, 여자는 남자를 볼 때 오빠를 만난 듯 했다(男見女時如見妹, 女見男處似逢兄)"에서 '時'와 '處'가 對句로 쓰인 것을 보면 그 의미가 분명해진다. 【譯注】 변문에서 운문 부분으로 넘어갈 때 '~時'가 쓰이기도 하고 '~處'가 쓰이기도 한다는 점을 통해서도 두 글자가 같은 의미로 쓰였음을 알 수 있다.

東方朔在於殿前過見，西王母指東方朔云："此小兒三度到我樹下偸桃，我捉得，繫着織機脚下，放之而去之，今已長成."

칠월칠석이 되자 서왕모는 머리에 칠분화(七盆花)를 쓰고 운모거(雲母車)[67]를 타고 어전 위로 와서는 하늘에서 놀았다. 황제는 이를 보고 마음이 움직였으나 결국 신선이 되진 못하였다. 서왕모가 복숭아 알을 가지고 어전 위로 와서 황제에게 바치자 황제는 복숭아를 먹은 다음 그 씨를 손에 쥐고 버리지 않았다. 서왕모가 황제에게 말하였다. "폐하께서는 왜 씨를 버리지 않습니까?" 황제가 말하였다. "짐은 복숭아의 맛이 너무 좋아 후원에 씨를 심으려 하오." 서왕모가 웃으며 답하였다. "이 복숭아를 심으면 천 년 만에 싹이 터서, 2천 년이 되어야 자라고, 3천 년이 지나서야 꽃이 맺히고, 4천 년이 되어서 열매가 맺히며, 5천 년이 되어야 비로소 익습니다. 폐하께서 받으신 수명은 불과 백 년일 터인데 이 복숭아를 심어서 누구에게 주어 먹이시려는지요?" 바로 이때 동방삭이 어전 앞을 지나다가 그 모습을 보았다. 서왕모는 동방삭을 가리키며 말했다. "이 아이가 세 번이나 제 나무 아래에서 복숭아를 훔쳐 제가 잡아서 베틀다리 아래에 묶어놓았다가 풀어주었더니 이제 이렇게 다 컸군요."

帝語東方朔[68]曰："卿大短命!" 東方朔啓帝曰："陛下何得知臣短命?" "朕讀許負相書云：鼻下一寸，受年一百．卿鼻下無一寸，是以知也." 東方朔得此言，伏地大笑．帝曰："朕道卿短命，何可笑也?" 東方朔曰："臣[69]不敢笑陛下之言，笑彭祖[70][大醜]."[71] [帝曰："卿不見彭祖],[72] 何

67 【譯注】雲母車：수레 이름. 운모로 장식을 해서 이렇게 부르며 고대에 황제나 황후가 탔다. 운모를 수레의 창문 망으로 써서 사방이 다 보인다고 한다.

68 原錄에서는 '語'를 '與'로 쓰면서 丙卷은 '語'로 되어 있다고 했으나, 실제 原卷에도 '語'로 되어 있다. 그리고 原卷에는 '朔'자가 없고 丙卷에 있다.

69 【原校】'臣'이 原卷에는 '辰'으로 되어 있어서 丙卷에 근거하여 고쳤다.

70 【張鴻勳】彭祖：顓頊 황제의 玄孫이라고 전해진다. 성은 錢이고 이름은 鏗이며, 8백 살까지 장수했다고 한다.

71 原錄에서는 '大'를 '太'로 쓰면서 '太醜' 두 글자를 丙卷에 근거하여 보충한다고 했으

以知其醜也?" "臣讀周書云[73] : 彭祖受年七百歲. 陛下向言[74] : 鼻下一寸, [受年一百];[75] 壽年七百, 上唇漏[76]長七寸, 豈不醜乎?" 帝得此言, 與西[王]母俱時[77]大笑.

황제가 동방삭에게 말하였다. "경은 크게 단명하겠소!" 동방삭이 황제에게 아뢰었다. "폐하께서는 어찌하여 신이 단명하실 줄 아십니까?" "짐은 허부(許負)의 『상서(相書)』를 읽었는데 '코 아래가 한 치면 수명이 백 년이다'라고 했소. 경은 코 아래가 한 치도 되지 않으니 이를 통해 알 수 있소." 동방삭이 이 말을 듣고 땅에 엎드려 크게 웃었다. 황제가 말했다. "경이 단명한다고 짐이 말했거늘 어찌하여 그렇게 웃을 수가 있소?" 동방삭이 말하였다. "신이 감히 폐하의 말에 웃을 수는 없습니다. [하도 추하게 생긴] 팽조(彭祖) 때문에 웃는 것입니다." [황제가 말했다. "경은 팽조를 보지도 못했으면서] 어떻게 그가 추한 줄 안단 말이오?" "신은 『주서(周書)』를 읽었는데 거기에서 '팽조는 수명이 칠백 살이다'고 했습니다. 폐하께서 방금 '코 아래가 한 치면 [수명이 백 년이다]'라고 하셨으니, 수명이 칠백 년이면 윗입술에 일곱 치나 길게 인중이 있다는 것인데 어찌 추하지 않겠습니까?" 황제는 이 말을 듣고 서왕모와 함께 크게 웃었다.

同賢記曰 : 楚大夫宋玉有一良友, 託玉求士(仕), 而謂玉曰 : "吾子幼與結朋交, 長同皆,[78] 子得至楚朝, 稀(希)爲引接." 宋玉謂其友曰 : "吾

나, 실제 丙卷에는 '太醜'로 되어 있다. '太'자는 부사로서 '매우', '대단히'의 의미이다.

72 [原校] '帝曰卿不見彭祖' 일곱 자는 丙卷에 근거하여 채워 넣었다.

73 丙卷은 '云'자에서 끝난다.

74 '言'을 原錄에서는 '者'로 썼다가 '言'으로 고쳤는데 여기서는 곧바로 고쳤다.

75 [原校] '受年一百' 네 자는 위 글의 맥락에 따라 채워 넣었다. 또 '受年'은 '壽年'이었을 듯하며 위의 '受命' 역시 '壽命'이었을 듯하다. [校注] 이 의견은 옳다고 할 수 없다.

76 [張鴻勳] 漏 : 구멍. 여기서는 인중, 즉 윗입술 한가운데의 움푹 들어간 흔적을 말한다.

77 '時'를 原錄에서는 '特'으로 보았으나 실제 原卷에는 '時'로 쓰여 있다. [張鴻勳] 俱時 : 동시에.

才輕力弱, 不堪達子; 與孟嘗君甚友, 將子向孟嘗君之家, 必能用子." 其友用玉此言, 遂到孟嘗君之家. 三年, 不蒙採用. 其友來責玉曰: "吾本託玉求士(仕), 至若不能達我, 我自息心; 何乃引我至孟嘗君之家! 三年不得士(仕)者, 是誰過也?" 宋玉對曰: "薑因地而生, 不因地而辛; 女因媒而嫁, 不因媒而親; 子亦可因我而生,[79] 不因我而賢. 三年不保士(仕)[80]者, 子自不才, 何怨我也!"

초(楚)의 대부 송옥(宋玉)에게는 좋은 친구가 한 명 있었는데, 송옥에게 벼슬을 구해줄 것을 부탁하며 말하였다. "나와 자네는 어려서 친구가 되어 커서도 함께 의지했네. 그대가 초나라의 조정으로 갔으니 나를 끌어다주길 바라네." 송옥이 친구에게 말하였다. "나는 재주가 미천하고 힘도 약하여 자네를 추천할 능력이 안 된다네. 내가 맹상군과 아주 친하니 자네가 맹산군의 집으로 간다면 필시 자네를 등용시킬 수 있을 것이네." 친구는 송옥의 이 말을 믿고 곧바로 맹상군의 집으로 갔다. 3년이 지나도록 등용이 되지 않자 친구가 송옥을 탓하며 말하였다. "나는 본래 옥이 자네에게 벼슬을 부탁했었네. 만약 자네가 나를 천거할 수가 없었다면 내 스스로 마음을 접었을 것이네. 그런데 어찌하여 나를 맹상군의 집으로 가도록 했단 말인가! 3년이 지나도록 벼슬을 얻지 못한 건 대체 누구의 잘못인가?" 송옥이 답하였다. "생강은 땅으로 인해 자라는 것이지 땅 때문에 매워지는 건 아니고, 여자는 중매인을 통해 시집을 가지만 중매인으로 인해 한 친척이 되는 건 아니네. 자네 역시 나로 인해 살아갈 수는 있겠지만 나 때문에 현명해지는 건 아니네. 3년이 지나도록 벼슬을 얻지 못한 건 자네 스스로가 재능이 없어서이거늘 어찌 나를 원

78 '皆'는 '階'로 읽어야 할 것이다. 原錄에서는 '長同皆子'를 한 구로 보았으니 이는 잘못이다. 이 두 구는 '吾與子幼結朋交長同皆(階)'가 되는 것이 옳을 듯하다. [譯注] 張鴻勳은 '子'를 '學'으로 보고 '長同皆學'으로 썼다. 그러나 '子'를 '學'으로 보는 근거가 없고, 바로 뒤 구의 구조가 불명확해진다는 점에서 잘못된 교정으로 보인다.

79 '生'은 '仕'가 되어야 하지 않을까 한다.

80 [徐震堮] '保士'는 '得仕'가 되어야 할 것으로 보인다. [校注] '保'자로도 의미가 통한다.

망한단 말인가!"

其友曰: "不然, 昔有鷦鷯之鳥, 毛衣五色緤, 人皆愛之. 恕人取其子巢窠, 於長條弱枝[81]上安巢; 大風旣至, 巢破子死, 良由所託處弱使之然也. 當[82]見一鼠作窟在社樹之下, 人欲勳(熏)[83]之, 恐然[84]社樹; 正欲收之, 畏倒社牆, 鼠得保命長, 畢身一死者, 良由所託處强使然也. 但韓盧天下之疾狗, 東郭騷欲內狡兎,[85] 此狗若指兎規[86]之, 則指十殺十; 若指虎而規之, 亦指十殺十;[87] 若指空中規之, 則累世逐空而不得一. 子之指吾,[88] 乃指空乎?" 宋玉無言以對, 遂用爲大夫也.[89]

친구가 말하였다. "그렇지 않네. 옛날에 굴뚝새라는 새는 오색 끈이 달린 깃털이 있어 사람들이 모두 좋아했다네. 사람들이 새끼가 있는 둥지를 가져갈까 두려워 약한 나뭇가지에 둥지를 틀었다가 큰 바람이 불어 둥지는 조각나고 새끼들은 죽었다네. 참으로 의탁한 곳이 약해서 그렇게 된 것 아니겠나. 이전에 쥐 한 마리가 사당의 나무 아래에 굴을 파

81 原錄에서는 '長' 위에 '艸'를 넣고 '弱'에는 '木' 변을 넣었으나, 이 글자들은 모두 편방을 더 넣은 속자들이므로 곧바로 고쳤다.

82 '當'을 原錄에서는 '爽'이라 하였다. 그러나 실제 原卷은 '當'으로 되어 있고 '當'에 '從前'의 의미가 있으므로 여기서는 옳게 고쳤다.

83 '勳'을 原錄에서는 '動'으로 썼다가 '勳'으로 고쳤다. '勳'은 '熏'과 통한다.

84 [張鴻勳] '然'은 '燃'과 통한다.

85 [譯注] 글의 맥락과 구조로 볼 때 '東郭騷'는 토끼의 이름일 것이며, '欲內'는 '天下'와 비슷한 의미의 단어가 잘못 쓰인 것으로 보인다.

86 規 : 좇다. 『三國志』「魏書」'鮑勛傳'의 배송지 주석에서 「魏書」를 인용한 말: "황하 남쪽으로 좇아가 변하는 상황을 기다리면 된다(且可規大河之南, 以待其變)."

87 '指十殺十'을 原錄에서는 '至十指十'으로 썼다. [原校] '至十指十'은 의미가 통하지 않으며 '指十煞十'이 되어야 할 것으로 보인다. [校注] 原卷에서 '指'자는 먼저 '至'로 쓰인 다음 '卜' 부호를 넣어서 '指'자로 고쳐졌다. 따라서 '至十'은 '指十'의 잘못이고 '指十' 아래에는 '煞(殺)十'이 빠진 것으로 보인다.

88 原錄에서는 '吾'를 '玉'으로 썼으나, '玉'은 '吾'의 잘못으로 보는 게 타당하다.

89 原錄에서는 이 두 구를 "宋玉無言, 以遂對用爲大失也"로 썼으나 "~以對, 遂用爲大夫也"가 되어야 할 것이라고 한 徐震堮의 의견이 아주 타당하다. 또 原卷을 보면 '大' 아래에 실제로 '夫'자가 쓰여 있다.

는 모습을 보고 사람들은 거기에 연기를 피우려 했으나 사당의 나무를 태울까 걱정되었다네. 그것을 드러내 버리려니 사당의 담장이 무너질까 두려웠지. 쥐가 죽을 때까지 오랫동안 목숨을 부지한 건 참으로 의탁한 곳이 강해서 그런 것이라네. 그러나 한로(韓盧)는 세상이 알아주는 빠른 개이고 동곽소(東郭騷)는 [천하의] 꾀 많은 토끼인데, 만약 이 개에게 토끼를 가리키며 그것을 쫓으라 했다면 열을 가리키면 열을 죽였을 것이고, 호랑이를 가리켜서 그것을 쫓으라 했다면 역시 열을 가리키면 열을 죽였을 것이네. [그렇지만] 허공을 가리켜서 그것을 쫓으라 했다면 누대를 거치더라도 허공만 쫓다가 얻는 건 하나도 없었을 것이네. 그대가 나에게 가리킨 건 허공을 가리킨 것인가?" 송옥은 마땅히 답할 말이 없어 마침내 그를 대부로 등용했다.

史記曰：鄭簡公作書與燕照(昭)王, 夜中作, 娛(誤)作[90]'擧燭'字書內, 送燕王, 燕王得此書解之曰[91]："擧者高也, 燭者明也, 欲使寡人高明而治道乎?" 遂卽退[92]讒佞, 進賢者, 其國大治, 由錯於'擧燭'之字也.

『사기』에서는 이렇게 말했다.

정간공(鄭簡公)이 연(燕) 소왕(昭王)에게 줄 편지를 쓰는데, 밤에 쓰느라 '擧燭'자를 편지 속에 잘못 써서 연왕에게 보냈다. 연왕은 편지를 받아 보고 풀이해 말하기를 "'擧'는 곧 높다(高)는 것이고 '燭'은 곧 밝은(明) 것이니 과인으로 하여금 고명하게 도로써 나라를 다스리게 하려는 것인가?" 이윽고 간신을 물리치고 현자를 등용하여 나라를 크게 다스렸으니, 이는 '擧燭'이라는 글자를 잘못 이해한 것에서 기인한다.

漢書云：董賢字聖卿, 雲陽人也. 漢哀帝愛賢, 與之日臥於殿上, 以

90 原錄에는 '作'자가 없는데 여기서는 原卷에 근거하여 채워 넣었다.
91 原錄에는 '曰'을 '士'로 썼다가 '曰'로 고쳤는데 여기서는 곧바로 고쳤다.
92 '退'가 原卷에는 '追'로 되어 있다.

手厷枕賢頭.[93] 帝欲起, 賢未覺, 憐賢不欲動之, 命左右拔刀割斷袖而起. 封賢爲大司馬高安侯.[94] 因諸臣大會, 而欲捨天位與賢, 而謂諸臣曰: "朕欲法堯而禪位與賢!" 王閎[95]進諫曰: "天下者高帝之天[下],[96] 非陛下有之. 昔高帝與項相戰爭之日, 九年之中, 七十二戰, 身被痛毒, 始定大業, 積得(德)累功, 爲萬[世]之基. 今以董賢之姿, 而禪位與之, 臣恐國社不安, 先靈棄之."[97] 帝得此言, 遂不得賢; 自此以後, 王閎不得入. 會漢哀旣崩, 皇后遣安[漢][98]公王莽, 禁賢獄中, 賢共婦俱時自

93 '厷'이 原卷에는 '右'로 되어 있는데 原錄에서 '厷'으로 고쳤다. 『說文』: "厷은 팔의 윗부분이며 '肉' 변을 써서 '肱'이라고도 한다(厷, 臂上也. 肱, 厷或從肉)." 이 내용은 『漢書』「佞幸傳」「董賢傳」에 나온다. "항상 황제와 함께 잠자고 일어났다. 하루는 낮에 잠을 자는데 황제의 소매 한 쪽을 깔고 있었다. 황제가 일어나려 해도 동현이 깨어나지 않자 황제는 동현을 건드리지 않으려고 소매를 자르고 일어났다(常與上臥起. 嘗晝寢, 偏藉上袖, 上欲起, 賢未覺, 不欲動賢, 乃斷袖而起)."

94 '高'를 原錄에서는 '東'으로 썼다. 『漢書』에는 '高安侯'로 되어 있다. "이에 황상은 躬과 寵에게 명하여 동현을 통해 東平의 일을 알리도록 하고 이윽고 그 공로로 동현을 高安侯로 봉한다는 조령을 내렸다(上於視令躬寵爲因賢告東平事者, 乃以其功下詔封賢爲高安侯)."

95 原錄에는 '王閎'이 '王閣'으로 되어 있으나 '閣'은 '閎'으로 쓰는 것이 옳다. 『漢書』: "이때 成帝의 외가 왕씨는 쇠락해 있었고…… 황상은 벼슬을 가진 왕씨가 없자 옛 은혜를 생각하며 去疾을 가까이 하고 다시 그의 동생 굉을 중상시로 등용하였다. …… 훗날 황상이 기린전에 술자리를 마련하자 동현 부자와 친척들이 그 자리에서 술을 마시고 왕굉의 형제들인 시중과 중상시는 옆에 있었다. 황제는 술이 거나해지자 동현을 지긋이 보고는 웃으며 말하였다. '내가 요임금을 본받아 순에게 양위를 하려는데 어떻게들 생각하오?' 왕굉이 나섰다. '천하는 고조 황제의 천하이지 폐하의 것이 아닙니다. 폐하는 종묘를 이어서 자손들에게 전해 없어지지 않도록 해야 할 것입니다. 통치의 대업은 대단히 중한 것이니 천자께서는 장난말을 금해 주옵소서!' 황상은 묵묵히 아무 말도 않고 좌우 사람들은 모두들 두려움에 떨었다. 이에 왕굉을 밖으로 보내고 다시는 잔치에서 시중을 들지 못하도록 했다(是時, 成帝外家王氏衰廢 …… 上以王氏亡在位者, 遂用舊恩親近去疾, 復進其弟閎爲中常侍. …… 後上置酒麒麟殿, 賢父子親屬宴飮, 王閎兄弟侍中中常侍皆在側. 上有酒所, 從容視賢笑曰, 吾欲法堯禪舜, 何如. 閎進曰, 天下乃高皇帝天下, 非陛下有也. 陛下承宗廟, 當傳子孫於亡窮. 統業至重, 天子無戲言. 上默然不說, 左右皆恐. 於是遣閎出, 後不得復侍宴)."

96 '下'자는 『漢書』에 근거하여 채워 넣었다.

97 '先靈棄之'를 原錄에서는 '靈棄先之'라고 썼다. [徐震堮] '先靈棄之'라고 해야 할 것이다.

98 [原校] '漢'자는 의미에 맞게 채워 넣었다. 왕망이 안한공으로 봉해졌었기 때문이다.

剄[99]而死也.

『한서(漢書)』에서는 이렇게 말했다.

동현은 자가 성경으로 운양 사람이다. 한 애제는 동현을 사랑하여 낮에 그와 함께 어전에 누워 있으면서 동현의 머리에 팔베개를 해 주었다. 일어나려는데 동현이 깨어나지 않자, 황제는 동현을 아끼는 생각에 그를 건드리지 않으려고 좌우에 명하여 소매를 칼로 자르도록 하고는 일어났다. 동현을 대사마 고안후에 봉했다. 제신들이 모두 모이자 천자의 자리를 동현에게 주려고 제신들에게 이렇게 일렀다. "짐은 요 임금을 본받아 동현에게 양위를 하겠노라!" 그러자 왕굉(王閎)이 간언을 올렸다. "천하는 고조(高祖) 황제의 천하이지 폐하의 것이 아닙니다. 이전에 고조 황제께서 항우와 함께 전쟁을 벌이던 때는 아홉 해 동안 일흔 두 차례나 전투를 치러 몸이 심하게 아픈 연후에야 비로소 대업이 정해지고 덕과 공이 쌓여 만대의 기초가 되었습니다. 지금 동현의 자태 때문에 그에게 황위를 선양하면, 신은 나라의 사직이 불안해지고 선영(先靈)들께서도 사직을 버리실까 두렵사옵니다." 황제는 이 말을 듣고 마침내 동현을 만나지 않았고, 그 이후로 왕굉은 [어전으로] 들어가지 못했다. 마침 한 애제가 붕어하자 황후는 안한공(安漢公) 왕망(王莽)을 보내 동현을 옥에 가두도록 하였다. 동현은 부인과 함께 스스로 목을 베고 죽었다.

劉家太子變一卷
유가태자변일권

99 '俱'가 原卷에는 '供'으로 되어 있는데 原錄에서는 바로 '俱'로 고쳤다. '剄'을 原錄에서는 '倒'라 했으나 이는 '到'를 잘못 쓴 것이고 또 '到'는 '剄'(속자는 '刭')을 잘못 썼을 것이다. 『漢書』에서는 동현과 그의 처가 '모두 자살했다(皆自殺)'고만 나오고, 贊文에는 '동현은 목을 매 죽었다(董賢縊死)'고 나온다.

여산원공화(廬山遠公話)[1]

蓋聞王法[2]蕩蕩, 佛教巍巍; 王法無私, 佛行平等; 王留政[3]教, 佛演

1 王慶菽【原校】: 본권의 편호는 S.2073이고 표제는 본래 있다.【校注】: 原錄에서는 '廬'가 '廬'로 되어 있다. 그 본문 역시 그렇게 표기되어 있는데 여기서는 모두 '廬'로 고친다.『玉篇』에서 이 글자는 "산 이름"이라 설명하고 있고,『廣韻』에서는 "廬는 산 이름이다.「廬山記」에서는 '주 위왕 때 광속이라는 사람이 있어 오두막을 짓고 그곳에 은거하였던 까닭에 그 산을 그렇게 불렀다(周威王時有匡俗廬君, 故山取其號)'라 되어 있다." 顧祖禹의『讀史方輿紀要』「江西一」에서는 "은·주대에 광속의 일곱 형제가 이곳에 오두막을 지었기에 이곳을 여산이라 부르게 되었다(殷周時, 有匡俗兄弟七人結廬於此, 故曰廬山)"고 하였다. 이로써 '廬'은 '廬'보다 뒤에 생겨난, 그 이체자임을 알 수 있다. 劉銘恕는 "이는 원공에 대해 예부터 전해오는 이야기다. 변문의 話者는『廬山蓮宗寶鑒』에서 지적한『廬山成道記』에서 꾸며낸 慧遠의 神變 고사를 이야기하고 있나. 줄곧 혜원의 그러한 신변 고사는 옛 기록이 아니라고 여겨왔으나 이 권자는 신변 고사가 옛 기록임을 증명해준다. 원공에 관련된 일곱 가지 허황된 고사 가운데, 여산을 나와 백장과 함께 30년을 방랑하고, 晉 황제의 부름에 응하지 않고, 최상공의 家奴가 되고, 팔에 육환이 있다는 등의 신변 고사는 일찌감치 人口에 회자되던 것으로, 후세에 생겨난 이야기가 아님을 알 수 있다. 이 원공 고사는 그 체제가 소설에 근접하여 '話'라 명명하였는데, 이는 李娃의 소설을 '一枝花話'라 명명한 것과 같다. 소설사 연구자에게 소중한 자료이다.

眞宗. 皆是十二部尊經,[4] 總[5]是釋迦梁津. 如來滅度之後, 衆聖潛形於像法中. 有一和尙, 號曰旃檀; 有一弟子, 名曰惠遠.[6] 說這惠遠, 家住雁門, 兄弟二人, 更無外族. 兄名惠遠, 捨俗出家; 弟名惠持, 侍養於母. 惠遠於旃檀和尙處, 常念正法, 每睹眞[7]經, 知三禪定如(而)[8]樂, 便委世之不遠. 遂於一日, 合掌啓和尙曰 : "弟子伏事和尙, 積載年深, 學藝荒蕪, 自爲(謂)[9]愚鈍. 今擬訪一名山, 尋溪渡水, 訪道參僧, 隱鈍(遁)[10]

---

2 '王法'은 原錄에서는 '法王'으로 되어 있다. [校注] '王法'이 되어야 하며, 이는 뒤의 '佛教'와 대응되고 있다. 뒤에 "王法無私"라는 문구도 보인다. 王法은 제왕이 다스리는 正法을 가리킨다.

3 '政'은 原錄에서는 '玫'로 되어 있다. [徐震堮] '玫'는 '政'이어야 하며 '正'과 같은 뜻이다. [校注] 『說文解字』에는 "政, 正也"라 하였고, 晉 竺法護 譯 『佛說文殊悔過經』에는 "문수사리가 거듭 말하기를, '마땅히 나 스스로를 뉘우쳐야 한다. 나는 전생에 천하고 비열한 데 뜻을 두고 국토를 떠돌며 대승을 헐뜯고 정교를 막아 끊었다. 부정한 길을 좇고 정법을 비방하였다(文殊師利復曰 : 當自悔言. 我前世時志於下劣, 所遊土地, 而興誓願, 毁呰大乘, 遏斷政教, 勸從邪徑, 誹謗政法)'"고 적고 있다. 불경에서 '正'은 자주 '政'으로 표기되기 때문에 굳이 고치지 않는다.

4 十二部尊經 : 유가경전은 송 이전에는 맹자를 포함시키지 않아 十二經이 된다. 불교는 불경을 契經·應頌·諷頌·因緣·本事·本生·未曾有·譬喩·自說·方廣·授記 등의 열두 가지로 나누고 있는 까닭에 불경을 십이경이라고도 부른다.

5 '總'은 原錄에는 '惣'으로 되어 있는데 이는 그 俗字이다. 이하 모두 '總'으로 고친다.

6 惠遠은 곧 慧遠이다. 『出三藏記集』「慧遠傳」 : "승려 혜원은 俗姓이 賈이고 안문 누번인이다. …… 나이 스물하나가 되어 강동으로 건너가 범선자를 따라 함께 은둔생활을 즐기고자 마음먹었으나 가는 길이 막혀 뜻한 바를 이룰 수 없게 되었다. 그러다 관좌에서 안공(즉 도안. 역자 주)을 우연히 만났는데 한번 보자마자 공경의 마음이 생기며 '진실로 나의 스승이다'라고 느꼈다. 마침내 삭발 출가하여 도안에게 몸을 맡기고 가르침을 받았다(釋慧遠, 本姓賈, 雁門樓煩人也. …… 年二十一, 欲度江東, 就范宣子, 共契嘉循. 値王路屯阻, 有志不果. 乃於關左遇見安公, 一面盡敬, 以爲眞吾師也. 遂投簪落飾, 忘質受業)." 『廬山蓮宗寶鑑』 : "원공은 태행산의 도안법사를 예우하여 출가하였는데 터무니없이 전단존자를 사사하였다고 하는 것은 첫 번째 거짓이다(遠公禮太行山道安法師出家, 妄傳爲師旃檀尊者, 一誑也)."

7 '眞'은 原錄에서는 '直'으로 되어 있고 '眞'으로 바로잡았는데, 여기서는 바로 수정하였다.

8 '如'는 '而'로 보아야 한다. '三禪'은 불교에서 색계의 세 번째 하늘을 가리키는데, 이 하늘은 심신의 쾌락이 삼계 중의 으뜸으로서, 깊고 오묘한 선정에서 심신의 쾌락이 생겨난다.

9 '爲'는 '謂'로 보아야 한다. 뒤에 나오는 "自爲學道心堅"도 마찬가지다.

於嵒谷之邊, 以暢平生可矣.」 師曰: "汝今旣去, 擬往何山?" 惠遠曰: "但弟子東西不辯(辨), 南北豈知, 只有去心, 未知去處." 師曰: "汝今旣去, 但往江佐(左), 作意巡禮, 逢廬[11]山卽住, 便是汝修行之處." 惠遠聞語, 喜不自勝. 旣蒙師處分, 而已丁寧, 豈敢有違? 遂卽進步向前, 合掌鞠躬,[12] 再禮辭於和尙, 便登長路.

대저 왕의 법은 광대하고 부처의 가르침은 고원(高遠)하며, 왕의 법은 사사로움이 없고 부처의 행함은 평등하며, 왕은 올바른 가르침을 남기고 부처는 진종(眞宗)을 설하시는도다. 십이부(十二部)의 불경은 모두가 석가의 가르침으로 인도하는 방편이도다. 여래께서 입적하신 후에 뭇 성인들은 상법(像法) 속에서 그 모습을 감춰버렸다. 한 스님이 있었으니 전단(旃檀)이라 불리었고 그 아래 한 제자가 있었으니 혜원(惠遠)이라 이름하였다. 혜원은 고향이 안문(雁門)이고 형제는 둘이었으며 외족(外族)은 없었다. 형은 혜원이라 불렀는데 속세를 버리고 출가를 하였으며, 동생은 혜지(惠持)라 불렀는데 모친을 봉양하였다. 혜원은 전단 화상 밑에서 항상 정법(正法)을 염(念)하고 진경(眞經)[13]을 읽고 삼선정(三禪定)[14]에 즐거워할 줄 알았으며 말세가 멀지 않았음을 알았다. 그러던 어느 날 그가 합장하며 스승에게 아뢰었다. "제가 스님을 모신 지 여러 해가 되었지만 학업은 빈약하니 이는 제 우둔의 소치입니다. 이제 이름 난 산으로 가서 계곡을 찾고 물을 건너 선시식 아래서 수행하고 험한 골짜기에 은둔

10 '隱鈍'은 原錄에서는 '億鈍'으로 되어 있고 '隱遁'으로 바로 잡았다. [校注] 앞 자는 '隱'의 편방 대체자이고, 뒤 자는 '鈍'의 속자이다. 앞 문장의 '愚鈍'의 '鈍' 역시 이 글자를 사용하고 있다.

11 '廬'는 原卷에서는 '爐'로 되어 있다. 뒤에 나오는 "逢廬卽住"도 마찬가지다.

12 '躬'은 原錄에서는 '窮'으로 되어 있고 '躬'으로 바로잡았는데, 여기서는 바로 수정하였다.

13 진실한 법을 설해 놓은 경전.

14 잡념을 떠나서 오직 하나의 대상에만 정신을 집중하는 경지를 삼매(범어 samādhi의 음역)라 한다. 삼매는 또 '정(定)'이나 '선정(禪定)'이라 의역되는데, '삼선정(三禪定)'이라는 것은 삼매와 선정을 합성한 말로 생각된다.

하면서 평소에 뜻한 바를 이루고자 합니다." 스승이 묻기를, "너는 지금 떠나고자 하는데 어느 산으로 가려는 게냐?" 하니, 혜원은 "저는 동서를 구분하지 못하거늘 남북을 어찌 알겠습니까? 그저 떠나려는 마음만 있을 뿐, 갈 곳을 알지 못합니다"라고 대답하였다. "너는 지금 떠나거든 강의 왼쪽으로 순례를 하다가 여산에 닿거든 그곳에 머물러라. 그곳이 바로 네가 수행할 장소이니라." 혜원은 그 말을 듣고 기뻐 어쩔 줄 몰랐다. 스승의 가르침을 받게 되어 정중해지거늘 어찌 감히 어긋남이 있겠는가? 즉시 앞으로 나아가 합장하고 절을 올리며 재차 스승에게 예로써 작별을 한 뒤 긴 여로에 올랐다.

遠公迤邐而行, 將一部涅盤[15]之經, 來往廬山修道. 是時也, 春光楊(陽)[16]艷, 薰色芳菲, 淥(綠)柳隨風而[17]婀娜; 望雲山而迢遞, 睹寒雁之歸忙. 自爲(謂)學道心堅, 意願早達眞理. 遠公行經數日, 便至江州. 巡諸巷陌, 歇息數朝, 又乃進發. 向西行經五十餘里, 整[18]行之次, 路逢一山, 問[19]人曰: "此是甚山?" 鄉人對曰: "此是廬山." 遠公曰: "我當初辭師之日, 處分交(敎)我[20]逢廬[山]卽住, 只此便是我[21]修道之處." 且見其

---

15 [項楚] '盤'은 '槃'으로 보아야 하며 다음부터는 다시 거론하지 않는다. [校注] '涅槃'은 음역 어휘인 까닭에 '涅盤'이라 해도 무방하다. 따라서 굳이 교정할 필요 없다.

16 '楊'은 原錄에서는 '揚'으로 되어 있다. [校注] 原卷에서는 '楊'으로 되어 있는데, 이는 '陽'과도 통한다. '陽艷'은 '맑고 아름답다'는 뜻이다.

17 原錄에는 '而' 다음에 '尾'자가 들어있다. [項楚] '尾'자는 衍字이다. 이 '尾'자는 '[illegible]'의 오자이고 '[illegible]'는 '風'의 속자이다. 앞의 '風'와 관련하여 생긴 衍字이다. [校注] '尾'자는 다음 행 상단에 적혀 있다. 행이 바뀌는 곳에는 연자가 생기기 쉽다. 이에 삭제한다.

18 [原校] 原卷의 '整'자는 '整'자인데, 여기서는 '正'의 뜻으로 보아야 한다. 唐代에는 가끔 이 두 글자를 통용하였다.

19 '問'은 原錄에서는 '間'으로 되어 있고 '問'으로 교정하였는데, 여기서는 곧바로 교정하였다.

20 '我'는 原錄에서는 '代'로 되어 있다. [校注] 原卷에 '我'로 되어 있기에 이에 의거하여 바로잡는다.

21 原錄에는 '我' 다음에 '山'자가 들어 있다. [徐震堮] '山'자는 衍字이거나, 아니면 '山'

山非常，異境何似生[22]：嵯[23]峨萬岫，[24] 疊掌(嶂)[25]千嶒(層)，崒岏[26]高峯，崎嶇峻嶺．猿啼幽谷，虎笑(嘯)深溪．枯松[掛][27]萬歲之藤蘿，桃花弄千春之[□][28]色．遠公貪翫此山，日將西邁，[29] 遂入深山，覓一居止之處．便於香廬(爐)峰頂北邊，權時結一草菴．腰[30]間取其火石，叩其火石，遂焚無價寶香，結[31]跏敷座，便念涅盤經，約有數卷．是[時也]，[32] 經聲朗

자 앞에 한 글자가 빠져 있다. [項楚] 앞 부분 "逢廬山卽住, 便是汝修行之處"라는 스승의 말로 판단해보건대, 여기서의 '廬'자 다음에는 '山'자가 빠져 있고, 뒤 구의 '山'자는 衍字이다. 아마도 앞 구에서 빠뜨린 '山'자를 뒤 구의 중간에 잘못 끼워 놓은 것이리라. [校注] 이에 의거하여 앞 구에 '山'자를 첨가시키고 이곳의 '山'자는 삭제한다.

22 [原校] 周一良은 "何似生"은 '어찌하면(怎生)'이란 뜻이라 하였다. 예를 들면 陸游의 「春晴」이란 시에 "薄宦忘歸何似生"이란 구가 있다. [校注] '生'은 접미사이다. [項楚] '何似生' 다음에 마땅히 쌍점(:) (혹은 물음표)이 있어야 한다. 이 쌍점은 이어지는 풍경 묘사의 변려문을 이끌어낸다. 이 변려문은 눈에 쉽게 띄도록 별도의 행에서 시작되어야 한다. 이처럼 특별한 장면에 이르렀을 때, 일단의 변려문을 삽입시킴으로써 선명함을 더하는 묘사 방법은 역대 화본이나 장회소설에 의해 계승되어졌다. 돈황화본이 후세에 미친 지대한 영향력을 보여준다.

23 '嵯'는 原錄에서는 '碆'으로 되어 있고 '嵯'로 교정하였다. [校注] '若'과 '差'는 모양이 비슷한 까닭에 마음대로 대체되어 속자로 사용된 듯하다.

24 '岫'은 原錄에서는 '岬'로 되어 있다. [徐震堮] '岬'는 '疊'으로 보아야 할 듯하다. 그러나 '疊'자가 다음 구와 중복이 된다. 어쩌면 '岫'자일 수도 있다. [校注] 徐復, 項楚, 袁賓 모두 '岫'로 바로잡고 있기에 이를 따른다.

25 [袁賓] '疊掌'은 '疊嶂'으로 보아야 할 듯하다. 『水經注』 권34에 "重巖疊嶂"이란 구가 있다.

26 '岏'은 原錄에서는 '峞'로 되어 있고 '屼'로 교정하였다. [徐復] 응당 '屼'로 보아야 한다. 『廣韻』에서 "崒, 崒屼, 山貌"라 하였다. [校注] '峞'은 '岏'의 오자로 '屼'과 같다.

27 빠진 글자는 응당 '掛'나 '懸' 등이 될 것인데 여기서는 '掛'로 채워 넣었다.

28 [項楚] '色'자 앞에 한 자가 빠져 있다. [校注] 항초의 견해에 의거하여 한 칸을 비워 두었는데 '秀'자로 짐작된다.

29 '邁'는 原錄에서는 '遇'로 되어 있다. [原校] '遇'자를 向達은 '隅'의 오자로 보았다. [黃靈庚] '遇'는 '邁'의 오자이다. '西邁'는 '서쪽으로 간다(西去)'의 의미로서 六朝 이후에 사용된 이휘다. 向秀 「思舊賦」에는 "余將西邁, 經其舊廬"라는 문구가 있다. [校注] '邁'는 '行'의 뜻으로 先秦代에 이미 그러했다.

30 '腰'자가 原錄에서는 '要' 아래에 '肉'이 붙은 글자로 되어 있는데 이는 '腰'의 이체자이다.

31 '結'이 原錄에서는 '糸' 가 아닌 '足' 편방으로 되어 있다. [徐震堮] 응당 '結'로 보아야 한다. [校注] 다음에 나오는 '結跏趺坐'의 '結'지 역시 '足' 편방으로 되어 있는데 이는

朗, 遠近皆聞; 法韻珊珊, 梵音遠振. 敢(感)得大石搖動, 百草亞身;[33] 瑞鳥靈禽, 皆來讚嘆. 是時也, 山神於廟中忽見有此祥瑞, 驚怪非常, 山神曰:"今日是阿誰當直?" 有堅牢樹神, 走至殿前唱喏, 狀如豹(暴)[34]雷相似. 一頭三面, 眼如懸鏡, 手中執一等身鐵棒, 言云:"是某乙[35]當直." 山神曰:"旣是你當直, 我適來於此廟中, 忽覺山石搖動, 鳥獸驚忙. 與我巡檢此山, 有何祥瑞? 恐是他方賢聖,[36] 至我此山; 又恐有異類精靈, 於此山中迴避.[37] 若與我此山安樂, 即便從伊; 若與我此山不安, 汝便當時發遣, 出此山中." 樹神唱喏, 遍歷山川, 尋溪渡水, 應是山林樹下, 例皆尋遍, 不見一入.

원공은 여로에 오르며 열반경 한 부를 가지고서 여산으로 수행을 떠났다. 때는 바야흐로 춘색(春色)이 연연하고 빛깔 고운 꽃향기 향긋하며 푸른 버들은 바람에 한들한들 흔들렸다. 멀리 구름 덮인 산이 바라다보이고 겨울 기러기가 바삐 [북으로] 돌아가는 것이 보였다. (원공은) 도를 닦으려는 마음을 굳히고 진실한 이법을 일찍 깨우칠 수 있기를 바랬다. 원공은 수일 동안 걸어 강주(江州)에 이르렀다. 그곳에서 집집마다 탁발 돌며 수일 휴식을 취한 뒤 다시 길을 떠났다. 서쪽으로 50여 리께를 지나고 있는데 문득 산 하나가 보였다. "이게 무슨 산입니까?"물으니 마을

偏旁類化字이다.

32 [項楚] '是'자 다음에 '時也' 두 글자가 빠졌을 것이다. 이 문구는 설화인 특유의 어투를 잘 전달해주고 있다. 항초의 견해에 의거하여 보완한다.

33 '亞'는 原錄에서는 '亞'로 되어 있다. [原校] '亞身'은 몸을 굽힌다는 뜻이다. [校注] 『說文解字』 14편:"亞, 醜也. 象人局背之形."

34 [徐震堮] '豹雷'는 '儤雷' 혹은 '暴雷'와 같은 뜻으로, 공손히 읍을 올리는 소리에 대한 형용이다. [項楚] '暴雷'가 되어야 옳으며, 갑작스러운 번개라는 뜻이다. '爆雷'도 가능하다. 예를 들어 원대 李文蔚의 잡극 『燕靑博魚』의 楔子 「仙呂端正好」에서 "我這裏便爆雷也似唱喏罷"라 하였다. 그런데 (徐震堮에서) '儤雷'라고 말한 것은 그 근거를 알지 못하겠다. [校注] 이것은 樹神의 모습이 雷公 같음을 말하는 것이지 소리가 우렁참을 형용한 것이 아니다.

35 '某乙'은 原錄에서는 이 두 자를 합쳐 놓고 '某'로 잘못 교정해놓았다.

36 '賢聖'은 原錄에서는 '聖賢'으로 잘못 기록하였는데 原卷에 의거하여 바로잡았다.

37 '迴避'는 '숨어들다'는 뜻이다. 이하 똑같다.

사람은 "이것은 여산이라오." 하고 답하였다. 그러자 원공은 "내가 처음 스승님에게 하직 인사를 올릴 때 '여산에 이르면 그곳에서 머물라'라고 내게 가르침을 주셨거늘, 이곳이 바로 내가 수행할 곳이로다!"고 생각하였다. 그 산을 바라보니 범상치 않거늘 그 기이한 경관은 어떠한가. 우뚝한 산봉우리 첩첩이 솟았으니 험준한 산마루에 험난한 준령이로다. 원숭이가 그윽한 골짜기에서 꽥꽥거리고 호랑이가 깊은 계곡에서 으르렁거린다. 말라 죽은 소나무는 만 년의 등나무를 드리우고 있고 복숭아꽃은 천 년의 [뛰어난] 색을 희롱한다. 원공은 이 산을 좋아하여 해가 서쪽으로 곧 저물어 가는데도 깊은 산속으로 들어가 머물 곳을 찾다가 향로봉 정상 북쪽에다 임시로 작은 초막 하나를 엮었다. 허리춤에서 부싯돌을 꺼내 쳐서 불을 붙여 지극히 보배로운 향을 피운 다음 결가부좌하고 열반경을 여러 권 독송했다. 이때 경 읽는 소리 낭랑하여 원근에 두루 들리니 법음(法音)이 영롱하고 범음(梵音)이 멀리까지 울려 퍼졌다. 이에 감동되어 커다란 바위가 요동을 쳤고 온갖 풀들이 몸을 수그렸으며, 상서로운 새와 신령스런 짐승들이 모두 다가와 찬탄의 소리를 냈다. 이때 사당에 있던 산신령이 문득 이 같은 상서로움을 보고 매우 놀라며 말했다. "오늘은 누가 당직인가?" 한 견뢰수신(堅牢樹神)이 대답하며 전각 앞으로 달려 나와 공손히 읍하고 서서 명령을 기다리는데, 목소리는 우레와 같고 머리는 하나에 얼굴이 셋이며 눈은 거울처럼 번쩍이고 손에는 키 만한 쇠몽둥이를 쥐고 있었다. "이 몸이 당직입니다." 견뢰수신이 대답하였다. 산신이 말하기를, "그대가 당직이오? 나는 조금 전 이 사당에서 갑자기 산의 바위가 진동하고 새와 짐승이 놀라는 것을 느꼈소. 한번 이 산을 순찰하여 도대체 무슨 상서로운 일이 있는지 알아보시오. 다른 지방의 성지가 이 산에 이르렀거나 아니면 괴이한 정령이 이 산으로 도망쳐 들어왔는지 모를 일이오. 만일 그가 이 산에 평온함을 준다면 그가 하는 대로 내버려두고, 불안감을 가져온다면 즉시 이 산에서 내쫓으시오." 수신은 대답을 한 뒤 산봉우리와 하천을 샅샅이 살피고 계곡을 뒤지고 물을 건너며 숲의 나무 아래까지 하나하나 살펴보았지만 사람 하나 보이지 않았다.

却至香爐峰北邊, 見一僧人, 造一禪菴, 結跏敷座, 念經之次. 樹神亦(一)見,[38] 當時隱却神鬼之形, 化一箇老人之體, 年侵蒲柳, 髮白桑[39]榆, 直至菴前, 高聲不審[40]和尙. 遠公曰:"萬福!" 老人漸近前來, 啓而言曰:"弟子未委和尙從何方而來, 得至此間, 欲求何事? 伏願慈悲, 乞垂一說." 遠公曰:"但貧道從雁門而來, 時[41]投此山, 住持修道." 老人又問:"適來聞和尙妙響,[42] 是何之聲?" 遠公曰:"適[43]來之聲, 便是貧道念經之聲. 若有衆生聞者, 總願離苦解脫." 老人聞語, 頻稱"善哉!" 又問和尙:"和尙旣至此間, 所須何物?" 遠公曰:"但貧道若得一寺舍伽藍住持, 已(以)免[44]風[45]霜, 便是貧道所願也." 老人曰;"若要別事[46]卽無,

38 【原校】'亦見'은 '一見'이다. 돈황사본에서 이 자는 자주 통용된다.

39 '桑'은 原錄에서는 '葉'으로 되어 있고 '桑'으로 교정하였다. 【校注】原卷에서는 '葉'로 되어 있는데 이는 '桑'의 속자이다. 이에 의거하여 바로잡았다.

40 【項楚】"高聲不審和尙"은 "高聲問候和尙"과 같다. 승도들은 문안인사 올리는 것을 '不審'이라 부른다. 『景德傳燈錄』 권16 「臺州涌泉欣禪師」: "두 선승이 나무 아래서 쉬면서 차를 달이고 있는데 스승이 돌아와 소에서 내려 다가오더니 안부를 묻고는 그들과 함께 앉아 차를 마셨다(二禪客憩於樹下煎茶, 師迴, 下牛近前不審, 與坐喫茶)." "不審"은 본래 승도의 문안인사를 뜻하는 말이다. 『僧史略』: "如比丘相見, 曲躬合掌, 口曰'不審'者何? 此三業歸仰也." 이것으로 보아 문안인사를 하는 동작도 '不審'이라 함을 알 수 있다. 【校注】「難陀出家緣起」: "合掌禮拜起居, 不審師兄萬福"의 '不審'도 같은 뜻이다.

41 【通釋】이곳의 '時'는 '特'의 의미로 해석해야 문맥이 통한다. '單'과 '特'은 혓소리이고 '時'는 잇소리(즉 권설음. 역자 주)인데, 中古시대에는 혓소리와 잇소리의 엄밀한 구분이 없었다. 따라서 '時'는 곧 '特'이다. 【校注】"時投此山, 住持修道"란 문구는 뒤에도 나오는데, 여기서의 '時'는 原卷과 동일하다.

42 '響'은 原錄에서는 '嚮'으로 되어 있고 '響'으로 교정하였다. 【原校】'嚮'을 向達은 '響'의 오자로 추정하였다. 【校注】돈황사본에서는 '響'자의 하반부 '音'이 흔히 '向'으로 대치되어 사용된다. 또 윗부분의 '鄕'은 '聲響'과 함께 쓰이는 까닭에 비슷한 형태로 변화된 것이다.

43 '適'은 原錄에서는 '啇'으로 되어 있고 '適'으로 교정하였다. 【校注】原卷에서는 실제로 '適'으로 되어 있다. 이에 의거하여 수정한다.

若要寺舍伽藍, 卽當小事. 弟子只在西邊村內居住, 待到村中與諸多老人商量, 却來與和尙造寺." 老人言訖 : "且辭和尙去也!" 於是老人辭却和尙, 去菴前百步已來, 忽然不見. 當時變却老人之身, 却復鬼神之體, 來至山神殿前, 鞠躬唱喏 : "臣奉大王處分, 遍歷山川, 搜尋精靈狐魅, 幷不見一人. 行至香爐峰頂北邊, 見一僧人, 立一禪庵, 結跏敷坐念經之次. 云道『從鴈門而來, 時投此山, 住持修道』." 山神聞語, 惟稱 "大奇" : "我從無量劫來. 守鎭此山, 幷不曾見有. 僧人來投此山, 皆是與我山中長福穰(禳)災." 山神又問 : "僧人到此, 所須何物?" 樹神奏曰 : "適[47]來問他, 幷不要諸事. 言道只要一寺舍伽藍居止." 山神曰 : "若要別事卽難, 若要寺舍住持, 渾當小事. 汝也不要東西,[48] 與我點檢山中鬼神, 與此和尙造寺."

그러다 향로봉 북쪽에 이르자 승려 하나가 보였는데 선암(禪菴)을 지어 결가부좌하고서 송경을 하고 있는 중이었다. 수신은 그것을 보고 즉시 신귀(神鬼)의 형상을 숨기어 한 노인으로 변신하였는데 나이가 매우 많고 머리카락은 하얬다. 곧장 암자 앞으로 나오며 큰 소리로 "스님, 안녕하십니까?"라고 말하니 원공도 "안녕하십니까?"라고 인사하였다. 노인이 서서히 가까이 다가와서는 "이 몸은 스님께서 어디에서 오셨고 이곳에서 무슨 일을 하시려는지 알지 못합니다. 부디 자비를 베푸셔서 한 말씀 내려주시지요"라고 말하니, 원공은 "빈승은 안문(雁門)에서 왔으며 지금 이 산에 머물며 수행을 하고자 합니다"라고 대답했다. 노인이 또

44 '兎'은 原錄에서는 '兌'로 되어 있고 '兎'으로 교정하였다. [校注] 原卷의 '兔(중간부분이 넓고 납작함)'자는 '兎'의 俗字이다. 돈황사본에서 '兎'은 자주 이 글자 혹은 '兊'자로 적고 있다.

45 '風'은 原錄에서는 '尾'로 되어 있고 '風'으로 교정하였는데, 여기서는 직접 수정한다.

46 '事'는 일, 물건의 의미다. 다음의 "幷不要諸事"나 "是事皆有"의 '事'도 같은 뜻이다.

47 '適'은 原錄에서는 '啇'으로 되어 있다. [校注] '適'자는 原卷에서 모두 '啇'으로 되어 있는데 속본에서 흔히 '啇'과 '商'을 구분하지 않는다. 그러므로 '商來'의 '啇'은 곧 '適'자의 편방을 생략한 글자이다. 따라서 모두 이 글자로 수정하였다.

48 '東西'는 떠나다, 먼 길을 가다는 뜻이다.

물었다. "제가 조금 전 스님의 묘음(妙音)을 들었는데 그것은 무슨 소리입니까?" "조금 전의 소리는 실은 이 빈승이 송경하던 소리입니다. 중생이 그 소리를 들으면 모두 고(苦)에서 벗어나 해탈에 이르기를 발원하게 되지요."노인은 그 말을 듣고는 "훌륭하십니다, 훌륭하십니다!"거듭 찬탄을 하고는 다시 원공에게 물었다. "스님께서 이곳에 오셨는데, 뭐 필요하신 것은 없으십니까?" "다만 빈승이 머물 수 있는 사찰이 하나 있어 바람과 이슬을 피할 수 있었으면 하는 것이 바로 제가 바라는 바입니다." "다른 일이라면 어렵겠지만 사찰을 바라신다면 그것은 아주 쉬운 일입니다. 저는 서쪽 마을에 살고 있는데 마을로 가서 여러 노인 동료들과 의논을 한 다음 스님에게 사찰을 지어드리도록 하지요." 노인은 말을 마치고 "그럼 스님께 이만 작별을 고합니다!" 하였다.

노인은 원공에게 작별 인사를 올린 다음 암자 앞으로 백 보를 걸어가더니 홀연히 사라졌다. 노인은 몸을 변화시켜 귀신의 모습으로 되돌아간 다음 산신전 앞으로 와서 산신에게 절을 올린 뒤 말했다. "소인이 대왕의 명령을 받들어 산천을 두루 다니며 정령과 요괴를 찾았으나 한 사람도 보이지 않더니 향로봉 정상 북쪽에 이르렀을 때 승려 하나가 암자를 세우고 결가부좌하고서 송경을 하고 있는 것을 발견했습니다. 그 자는 '안문에서 왔으며 지금 이 산에 머물며 수행을 하고자 합니다'라고 하였습니다." 산신이 그 말을 듣고 "참으로 기이하도다. 내가 무량의 세월 동안 이 산을 지켜왔지만 지금까지 그런 일은 본 적이 없다. 승려가 이 산에 와서 머무는 것은 내 산에 복을 가져오고 재앙을 쫓아내는 일이 되리로다." 산신령은 또 물었다. "그 스님이 이곳에서 필요한 것은 없다고 하더이까?" 수신이 대답했다. "조금 전 그에게 물어보았더니 다른 것은 필요하지 않고 다만 머물 만한 사찰 하나를 얘기하였습니다." "다른 일이라면 어렵겠지만 거처할 사찰이라면 그건 아주 손쉬운 일이오. 그대는 돌아가지 말고 산속의 귀신들을 모두 불러들여 (그들과 함께) 이 스님에게 사찰을 하나 지어 주도록 하시오."

樹神奉勅, 便於西坡之上, 長叩三聲, 雲霧斗[49]闇, 應是山間鬼神, 悉皆到來. 是日夜(也),[50] 揀鍊[51]神兵, 閃電百般, 雷鳴千鍾(種),[52] 徹曉喧喧, 神鬼造寺. 直至天明, 造得一寺, 非常有異. 且見重樓重閣, 與忉[53]利而無殊; 寶殿寶臺, 與西方無二. 樹木叢[54]林擁[55]鬱, 花開不揀四時; 泉水傍流, 豈有春冬段(斷)[56]絶. 更有名花嫩蘂,[57] 生於覺路[58]之傍; 瑞鳥靈禽, 飛向精舍之上. 於是遠公出菴而望, 忽見一寺造成, 嘆念非常, 思惟良久, 遠公曰 : "非我之所能, 是他大涅槃經之威力." 睹

49 '霧'는 原錄에서는 '露'로 되어 있고 '霧'로 교정하였다. '斗'는 原錄에서는 '㞗'으로 되어 있고 '陡'로 교정하였다. [原校] 본래 '㞗'자는 '斗'자이고 '陡'와 통용된다. '陡闇'은 갑자기 어두워짐을 말한다. [項楚] '斗'는 '갑자기'란 뜻이다. 韓偓「新秋」: "白玉堂東遙見後, 令人斗薄畫楊妃." [校注] 인용한 시구는 『全唐詩』 권683 「遙見」이란 제목의 시에 보인다.(「新秋」는 「遙見」 다음 시) 여기서 '斗'는 '陡'로 되어 있다. 이에 의거하여 바로잡는다.

50 [項楚] "徹曉喧喧"이란 문구는 일이 야간에 발생하고 있음을 알려준다. 따라서 '日'자는 衍字이다. [校注] 응당 '夜'는 '也'와 통용된다. '是日也'다음에 콤마를 찍음으로써, 이날 神兵을 모으고 절을 짓기 시작하여 밤을 꼬박 새워 마침내 완공해냈음을 말해준다. '夜'와 '也'는 서로 통용된다. P.2718 王梵志 시구 "損失酬高價, 求嗔得也磨?"의 '也'자는 S.4669에서는 '夜'로 되어 있다. 뒤에 나오는 "星夜倍程"의 '夜'는 본래 '也'로 되어있던 것을 옆에 '夜'로 다시 고쳐 적고 있다. "是時也"나 "是日也" 등은 모두 설화인의 상투어이다.

51 [項楚] '揀鍊'은 '簡練'으로 보아야 한다. 『伍子胥變文』의 "兵部簡練, 選試詮量"이란 문구가 증명해준다. [校注] '揀'은 '柬'의 後起字이다. '揀擇'이란 의미로 '簡'과 동일하다. '鍊'과 '練'은 모두 '精選'의 의미를 가지고 있기에 굳이 고치지 않는다.

52 '鍾'은 原錄에서는 '鐘'으로 되어 있고 '鍾'으로 교정하였다. [校注] 原卷에는 '鍾'으로 되어 있다.

53 '忉'는 原錄에서는 '切'로 되어 있고 '忉'로 교정하였다. [校注] 原卷에는 '忉'로 되어 있는데 '忉'로 기록함이 합당하다. 돈황 俗字 '忉'와 '切'는 형태가 비슷하다.

54 '叢'은 原錄에서는 속자 '藂'으로 되어 있다. 이하 모두 '叢'으로 고친다.

55 '擁'은 原錄에서는 '蓊'으로 되어 있다. [校注] '擁鬱'은 雙聲連綿語이다. '蓊鬱'의 이체자라서 굳이 교정하지 않았다.

56 '段'은 原錄에서는 '殿'으로 되어 있고 '段-斷'으로 교정하였다. [校注] 原卷에는 '叚'로 되어 있는데 이는 '段'의 속자이다.

57 '蘂'은 原錄에서는 글자 가운데 부분이 '品'으로 되어 있는데, 이는 속자이다.

58 '路'는 原錄에서는 '悟'로 되어 있다. [徐震堮] '悟'는 '路'로 보아야 합당할 듯하다. 이에 의거하여 수정한다.

此其希，遠公以[59]成偈曰：

脩築(竹)蕭蕭四序春，　　交橫流水淨無塵，
緣[60]牆弊例(薜荔)枝枝淥(綠)，　　赴(覆)[61]地莓苔點點新.
疏野免交(教)城市鬧，　　淸虛不共俗爲鄰，
山神此地脩[62]精舍，　　要請僧人轉法輪.[63]

於是遠公自入寺中，房房巡遍，院院皆行，是事皆有．只是小(少)[64]水，無處捉[65]尋．遠公曰："此寺甚好如法，則[66]無水槳，如何居止！久後僧衆到來，如何有[67]水？" 遂下佛殿前來，見大石一所，其[68]下莫有水也．遠公遂已(以)錫杖撅之，方得其水，從地而漫[69]出，至今號爲錫杖

59 '以'는 原錄에서는 '次'로 되어 있다. 【校注】 原卷에서는 '以'로 되어 있다. 이에 의거하여 수정한다. 篇尾의 "以成偈曰"이란 문구 역시 이와 마찬가지다.

60 '緣'은 原錄에서는 '綠'으로 교정하였다. 【袁賓】 '緣'자는 오류가 아니다. '緣牆'에는 '온 담장(滿牆)'의 의미가 있다. 「燕子賦」 "緣身豆汁染"에서의 "緣身"은 '몸 전체, 온몸'의 의미이다. 【校注】 '緣'은 '攀緣'의 '緣'이며 '沿'으로 적기도 한다. 파생되어 '널리 그득 차다(遍滿)'란 의미를 가지고 있다. P.3211 王梵志 詩 "궁핍한 업보에 처하니, 온 몸에 아무것도 없다네(近逢窮業至, 緣身一物無)"도 그 예에 속한다.

61 '赴'는 原錄에서는 '鋪'로 교정하였다. 【校注】 '赴'는 '覆蓋'의 '覆'과 통하는데 '널리 그득 차다(遍滿)'란 의미이다. 「伍子胥變文」의 주석을 참고하라.

62 '脩'는 原錄에서는 '修'로 되어 있다. 【校注】 原卷에서는 먼저 '修'라고 적었다가 '卜'이란 부호를 덧씌워 삭제한 다음 '脩'라 고쳐 적었다. 따라서 마땅히 '脩'로 기록해야 한다.

63 '輪'는 原錄에서는 '轉'으로 되어 있고 '輪'으로 교정하였다. 여기서는 직접 '輪'으로 기록한다.

64 '小'는 '少'로 보아야 한다.

65 '捉'은 原錄에서는 '投'로 되어 있다. 【校注】 이 두 글자는 돈황사본에서 자주 혼용되고 있다. 여기의 '投'는 '捉'으로 보아야 한다. '捉'에는 '줍다(拾取)'는 뜻이 있다. 『世說新語』 「德行上」: "관녕과 화흠이 함께 동산에서 채소밭을 호미질하다가 땅에 금 조각이 있는 것을 보았다. 관녕은 호미질을 계속하면서 금 조각을 기와나 돌과 다름없이 여겼는데, 화흠은 그것을 주워서 던져 버렸다(管寧、華歆共園中鋤菜, 見地有片金, 管揮鋤與瓦石不異, 華捉而擲去之)." '捉尋'은 비슷한 의미의 두 글자가 합치된 어휘로서 '찾는다'는 뜻이다.

66 【徐震堮】 '則'은 '只'와 같다. 【項楚】 이 의미의 '則'자는 '只'자보다 사용시기가 앞선다. 따라서 수정할 필요가 없다.

67 【劉凱鳴校】 '有'는 '飲'의 오자다. 【校注】 이 견해는 정확하지 못하다.

68 '其'는 原錄에서는 '共'으로 되어 있고 '其'로 교정하였다. 이에 의거하여 수정한다.

泉. 有寺號爲化成[70]之寺, 寺下有水流注, 號爲白蓮池.

수신은 칙명을 받들고 곧 서쪽 산비탈 위에서 길게 세 번 휘파람 부니 갑자기 운무가 자욱해지더니 산속의 모든 귀신들이 모여들었다. 이날 밤 신병(神兵)을 가려 뽑아 내보내니 번개는 사방에서 번쩍거리고 우레 소리는 천지에 울려 퍼지며 밤을 새워 뚝딱뚝딱 귀신들이 사찰을 지었다. 날이 밝아 올 무렵이 되어 절 하나를 다 지어냈는데 그 기이한 모습은 세상에서 보기 드문 것이었다. 층층의 누대와 고각(高閣)은 도리천과 그 높이를 다투고 화려한 불전과 누각은 서방정토와 다를 바 없었다. 나무들이 울창한 숲을 이루고 꽃들은 계절을 가리지 않고 피어나며, 계곡에서는 물이 끊임없이 흐르니 봄과 겨울에도 메마르지 않았다. 게다가 기묘한 화초들이 꽃망울을 터트리어 선당(禪堂) 옆에서 자라고 상서롭고 영묘한 새들이 정사(精舍) 상공을 날아 다녔다. 이때 원공이 암자에서 나왔다가 절 하나가 우뚝 들어서 있는 것을 보고 크게 감탄하고는 오랫동안 생각에 잠기더니 이윽고 입을 열었다. "이것은 나의 능력이 아니라 저 대열반경의 위력이로다." 이 불가사의한 일을 목격하고 원공은 게(偈)를 한 수 지었다.

> 긴 대나무 사이악 사아악 사계의 봄이 오고
> 이리저리 흐르는 물 깨끗하여 티끌 하나 없도다.
> 담장 위의 벽려나무 덩굴 푸르고
> 땅을 덮은 이끼 차츰 새로워지네.
> 속세를 벗어나 거리의 소란함 없어지고
> 청허(淸虛)함에 속세와 이웃하지 않네.
> 산신령은 이곳에 정사를 지어주고

69 '漫'은 原錄에서는 '湧'으로 되어 있고 '湧'으로 교정하였다. [校注] 이 글자는 '漫'사이며 '湧'과 동의자이다.

70 '成'은 原錄에서는 '城'으로 교정되었다. [校注] 이는 억측으로 아무런 근거가 없다. '化成'은 '化力所成'에서 따온 것으로 사람이 지은 것이 아님을 말한다. 따라서 '成'자는 오류가 아니다.

승려에게 법의 바퀴 굴리기를 부탁하네.

원공이 그 절로 들어가 승방(僧房)을 둘러보고 탑두(塔頭)[71]들을 살펴보았는데 모든 게 다 갖추어져 있었다. 단지 물이 나오는 곳이 없거늘 어디를 찾아봐도 발견할 수가 없었다. 원공이 말하기를, "이 절은 불법(佛法)처럼 훌륭하기 그지없는데 다만 마실 물이 없으니 어떻게 머물 수 있을까. 머지않아 승도들이 이곳을 찾게 되면 물을 어떻게 하란 말인가?" 이렇게 말하면서 불전에서 내려오는데 문득 커다란 바위가 눈에 띄었다. 그 아래에 물이 있는 듯 했다. 원공이 이에 석장(錫杖)으로 그것을 내려치니 지하에서 물이 용솟음쳐 나왔다. 지금도 이 샘을 석장천(錫杖泉)이라 부르고 그 절은 화성사(化城寺)라고 부르며, 물이 흘러내려 고인 절 아래의 연못은 백련지(白蓮池)라고 부른다.

遠公入寺安居, 約經數月, 便有四遠聽衆, 來奔此寺. 遠公是日爲諸徒衆廣說大涅槃經之義. 前後一年, 聽衆如雲, 施利若雨. 所有聽人, 盡於會下說此會中有一老人, 聽經一年, 道這個老人, 來也不曾通名, 去也不曾道字, 自從開講卽坐, 講罷方始歸去. 遠公深有所怪, 遂令[72]同行: "與我喚此老人." [老人]蒙[73]喚, 直至遠公面前. 遠公曰: "老人住居何處? 聽法多時, 不委[74]姓名, 要知委的." 老人曰: "弟子雖聽一年, 幷不會[75]他涅槃經中之義, 終也不能說得姓名." 老人言訖, 走出寺門, 隨後看之, 幷無蹤由. 是何人也? 便是廬山千尺潭龍, 來聽遠公說法.[76] 遠公見老人去後, 每自思惟, 心生悔[77]責: "此個老人前後聽

71 본사(本寺) 경내에 있는 작은 절.

72 '遂令'은 原錄에서는 '豕今'으로 되어 있고 '遂令'으로 교정하였다. 이에 의거하여 수정한다.

73 '蒙'은 原錄에서는 '蒙'으로 되어 있고 '蒙'으로 교정하였다. [校注] 原卷의 '蒙'자는 '蒙'의 속자이다.

74 '委'는 '알다(知)'는 뜻이다. 다음 구 "委的"의 '委'는 '상세히 알다(詳委)'는 뜻이다.

75 '不會'는 '알지 못하다'는 뜻이다. 다음 구 "汝緣不會, 聽我說着" 등의 '不會'도 이와 같다.

法來一年，尙自不會涅槃經中之義理，何況卒悟[78]衆生？聞者如何得會？我今縱(終)須[79]製涅槃經之疏抄.” 言訖，啓告十方諸佛：“弟子今者爲諸衆生迷心不解，未悟大乘. 今擬製造涅槃經疏抄，令一切衆生心開悟解，得佛法分[80]明，捨邪歸政，[81] 永斷疑蹤.”[82] 遂於佛殿前，將紫雲毫神筆啓告十方諸佛如來、土[83]地靈祇，咸願證知：“若諸賢聖不許，願筆當時却下.” 言訖，焚香度過，啓告虔[84]心，遂將其筆望空便擲. 是時，其筆空中訖(屹)然而住. 遠公知契諸佛如來之心，遂乃却請其筆空中而下. 爭得知？至今江州廬山有擲筆峰見在. 遠公便製疏抄，前後三年，方始得成，猶恐文字差錯，義理不[85]通，將其疏抄八百餘卷至寺東門外，夾置疏抄於火中，廣積香火，重重啓告十方諸佛菩薩賢聖：“弟子今者爲諸衆生迷心不解，未悟大乘，欲悟疑情，故修疏抄. 若經

76 ‘說法’은 原卷에서 ‘法說’로 되어 있는 것을 原錄에서 도치시켰다.

77 ‘悔’는 原錄에서는 ‘梅’로 되어 있고 ‘悔’로 교정하였다. 이에 의거하여 수정한다.

78 ‘悟’는 原錄에서는 ‘牾’로 되어 있고 ‘悟’로 교정하였다. 【原校】 이 권자의 모든 ‘悟’는 전부 ‘牾’로 적혀 있는데 앞으로 일률적으로 ‘悟’로 고쳐 적는다. 【校注】 原卷 ‘悟’자의 오른편 ‘吾’의 가로획이 길게 ‘심방변(忄)’을 지나고 있다. 이하의 문구도 모두 그렇게 되어 있는데 原錄에서는 이를 ‘牾’자로 오인하였다. 다음 문구 “一脈不調，是病俱起”의 ‘俱’자 역시 가로획이 ‘사람인변(亻)’을 지나고 있다. 【劉凱鳴】 ‘牾’를 ‘悟’로 수정한 것은 타당하지 못하다. ‘牾’는 ‘伍’의 비슷한 형태의 오자이다. ‘卒伍’는 군대의 하부 단위로부터 ‘鄕里’, ‘閭閻’의 의미로 전이되었다. 【校注】 이 견해는 확실하지 않다. ‘卒’은 ‘猝’의 의미로, “卒悟衆生”은 중생으로 하여금 일시에 깨닫게 한다는 뜻이다.

79 【原校】 ‘縱須’는 ‘總須’로 보아야 할 것이다. 【校注】 ‘終須’로 보아야 한다.

80 ‘分’은 原錄에서는 ‘及’으로 되어 있고 ‘旣’로 교정하였다. 【項楚】 ‘及’은 ‘分’의 오자이다. 다음의 “得佛法分明”이란 구는 그 증거가 된다. 이에 의거하여 수정한다.

81 ‘歸’는 原錄에서는 ‘㷛’로 되어 있다. “捨邪歸政”은 原錄에서는 “歸捨邪政”으로 되어 있고 “捨邪歸正”으로 교정하였다. 【校注】 原卷에서 ‘歸’는 ‘㷛’로 되어 있는데 이것은 ‘歸’의 속자이다. ‘政’의 뜻은 ‘正’과 같기에 교정하지 않는다.

82 ‘疑蹤’은 原卷에서는 ‘蹤疑’로 되어 있고 ‘疑蹤’으로 교정하였는데 여기서는 이를 따른다.

83 ‘土’는 原錄에서는 ‘立’으로 되어 있고 ‘土’로 교정하였다. 【校注】 原卷의 ‘土’자 우측에는 점이 찍혀 있는데 이는 ‘土’의 속자이다.

84 ‘虔’은 原卷에서는 ‘虎(虎)’로 되어 있는데 여기서는 原校에 따라 수정한다.

85 ‘不’은 原錄에서는 ‘名’으로 되어 있다. 【袁賓】 ‘名’은 응당 ‘不’가 되어야 한다. ‘不’자는 ‘名’자의 초서와 형태가 비슷한 까닭에 생긴 착오다. 【校注】 이에 의거하여 수정한다.

與義相同, 願火不能燒之. 若經與疏抄[86]相同, 水不能溺." 言訖便燒疏抄. 是時火焰連天, 黑烟蓬悖,[87] 經在其中, 一無傷損, 遠公知疏抄遠[契]於佛心. 猶自未稱其心, 遂再取疏抄俯臨白蓮華池畔, 望水便擲, 其疏抄去水上一丈已來, 紇(屹)然而住, 遠公知遠契佛心. 後取其疏抄將入寺內, 於經藏中安置. 於後徒衆不少, 聽人極多. 遠公便爲衆宣揚大涅槃經義, 直得諸方來聽, 雨驟雲奔, 競來聽法. 前後開啓, 約近數年.

원공이 절에서 안거한 지 대략 수개월이 지나고 나니 각지에서 청중들이 이 절로 모여들었다. 원공은 이날부터 모든 대중을 위하여 대열반경 강의를 시작했다. 일 년쯤 지나자 청중들이 구름처럼 몰려들었고 보시는 비처럼 쏟아졌다. 모든 청중들이 그 법회 아래 모여 말하기를, 법회의 청중 속에 노인 하나가 있어 일 년 동안 강경을 들었는데, 이 노인은 올 때도 자기 이름을 댄 적이 없고 돌아갈 때 역시 자기 신분을 밝힌 경우 없이, 강경이 시작되면 앉아 있다가 끝나면 곧 돌아간다는 것이었다. 원공은 매우 이상히 여겨 동행(同行)[88]에게 그 노인을 불러 모셔오게 했다. 그 노인은 부름을 받자 곧 원공 앞에 이르렀다. 원공이 물었다. "노인장께서는 어디 사십니까? 오랫동안 설법을 들으셨는데도 아직 함자를 알지 못합니다. 알려주셨으면 합니다."노인이 대답하길, "저는 비록 일 년 동안 들었지만 열반경의 의미를 알지 못하고 있으니 아무래도 이름을 알려드릴 수 없습니다" 하였다. 노인은 말을 마치고는 산문(山門) 밖으로 달려 나갔다. 그 뒤를 따라가 보았으나 온데간데없었다. 이 자는 누구인가? 다름 아닌 여산의 천 자(尺)나 되는 연못에 살고 있는 용

86 "經與疏抄"는 原錄에서는 "與疏抄經"으로 되어 있고 "疏抄與經"으로 교정하였는데, 여기서는 직접 바로잡는다. 【項楚】 이 네 글자는 응당 "經與疏抄"이어야 한다. 아마도 앞 세 글자를 쓰고 난 다음에서야 '經'자를 빠뜨린 사실을 발견하고는 '抄'자 다음에 보충하여 적은 것 같다.

87 '悖'는 原錄에서는 '勃'로 교정되어 있다. 【校注】 '蓬悖'은 連綿語로서 교정할 필요 없다.

88 같이 불도를 닦는 사람.

이 원공의 설법을 들으러 온 것이었다.

원공은 노인이 떠난 후 홀로 생각에 잠길 때마다 마음속에서 후회와 자책이 들었다. '이 노인은 전후 일 년 동안 법을 들었는데도 아직 열반경의 이법(理法)을 깨닫지 못하고 있거늘, 하물며 중생들의 돈오함이랴. 청중들을 어떻게 이해시켜야 할까? 나는 이제 어떻게든 열반경소초(疏抄)를 써야만 하리라.' 그러고는 십방(十方)의 제불(諸佛)에게 고하였다. "저는 지금 뭇 중생들이 미혹된 마음을 벗어나지 못하여 대승을 깨닫지 못함에, 이에 열반경소초를 지어 중생들을 개오(開悟)시켜 [그들의 마음속에] 불법을 밝혀 삿됨(邪)을 버리고 올바름(正)으로 돌아와 영원히 번뇌를 끊게 하고자 합니다." 마침내 불전 앞에서 자줏빛의 신필(神筆)을 쥔 채 십방의 모든 부처와 토지신에게 서원하였다. "만일 현성들께서 허락하지 않으신다면 이 붓을 곧장 아래로 떨어뜨리십시오." 말을 마치고 향을 피운 뒤 정성을 들여 염불하고서 그 붓을 허공으로 던졌다. 그러자 그 붓은 허공에 우뚝 멈추어 떨어지지 않았다. 원공은 제불여래의 마음을 알고 나서 기도를 하여 그 붓을 허공에서 내려오게 하였다. 어떻게 아는가? 지금까지 강주(江州) 여산에는 척필봉(擲筆峯)이 있다.

원공은 소초를 저술한지 세 해쯤 지나서야 완성하였는데 문자에 오류가 있지나 않을까, 이치가 안통하지나 않을까 염려스러웠다. 그리하여 소초 팔백여 권을 절 동문 밖으로 가져가 장작더미 속에 끼워 두고 향불을 널리 피우며 거듭 십방의 불보살과 현성에게 서원하였다. "저는 이제 뭇 중생이 그 마음의 미혹에서 벗어나지 못하여 대승(大乘)을 깨우치지 못하고 있음에 그 의혹된 마음을 깨우쳐주고자 소초를 지었습니다. 만일 [소초의 내용이] 경의 본뜻과 일치한다면 불길에도 그것이 태워지지 않게 해주시고 물에도 젖지 않게 해주십시오." 말을 마치고 곧 소초를 태웠다. 이때 붉은 불꽃이 하늘에 닿고 검은 연기가 뭉게뭉게 피어올랐으나 소초는 그 속에서 조금도 손상됨이 없는 것을 보고 원공은 소초가 불심과 합치됨을 알았다. 그런데도 원공은 마음에 차지 않아 다시금 소초를 백련지(白蓮池) 가로 가지고 가서 물에다 던지자 그 소초는 수면으로부터 한 장(丈)[89] 위에서 우뚝 멈추어 떠 있으니 원공은 그것이 불심과 깊이 합치됨을 알았다. 그제야 그는 소초를 거두어 절 내의 경장(經藏)[90]에 안치시켰다. 그 후로 문하의 수행자들이 적지 않았고 설법을 듣는 이들도 대단히 많아졌다. 원공은 곧 중생을 위하여 대열반경의 참뜻을 설하니 그 소문을 듣고 팔방(八方)으로부터 청중들이 마치 비구름이 몰려오듯 앞 다투어 설법을 들으려고 몰려들었다. 그 후 수년 동안 그의 설법은 계속되었다.

忽然壽州[91]界內, 有一群賊, 姓白名莊,[92] 說其此人, 少年好勇, 常行劫盜, 不顧危亡, 心生好殺. 白莊耳內, 忽聞人說江州廬山有一化成之寺中, 甚是富貴, 施利極多, 財帛不少. 遠結徒黨五百餘人, 星夜倍程, 來至江州界內, 當郎屯軍而便郎住. 於是白莊語諸徒黨:"莫向人說, 恐怕人知. 來日齋[93]時, 劫此寺去." 諸人唱喏. 故知俗彦(諺)有語云[94]: "人發善願, 天必從之; 人發惡願, 天必除之." 白莊只於當處發願, 早被本處土地便知, 蜜(密)現神通, 來至廬山寺告報衆僧. 房房告報, 院院令知, 地神於空中告其僧曰:"來日齋時, 有群賊來劫此寺, 請諸僧人切須迴避." 於是衆僧聞知, 心懷驚怖, 各自東西迴避, 盡謀走計. 是時衆僧例總波逃走出, 惟有遠公上足弟子雲慶和尚, 爲師禮法, 緣情切

89 한 장은 한 자(尺)의 열 배로 약 3미터에 해당한다.

90 절에서 불경을 넣어 두는 집. 경당(經堂).

91 '州'는 原錄에서는 '世'로 되어 있고 '州'로 교정하였다. 【校注】 原卷의 '世'는 '丗'로 적혀 있다. '州'와 형태가 비슷하여 생겨난 착오이다.

92 '莊'은 原錄에서는 '庄'으로 되어 있는데 이는 그 속자이다.(『干祿字書』 참조 바람) 이하 모두 正字로 고친다.

93 '齋'는 原錄에서는 '齊'로 되어 있고 '齋'로 교정하였다. 【校注】 이것은 '齋'의 필획을 생략한 속자이다. 다음의 "來日齋時"도 마찬가지다.

94 '知'는 어조사이다. "有語云"은 原卷에서는 "云有語"로 되어 있는데, 이는 도치된 것이기에 여기서는 바로잡는다.

未敢東西迴避. 直至和尙庵前, 啓和尙曰:"適來有一神人報來, 云言[95] 有賊徒來劫此寺. 伏願和尙慈悲, 且往[96]東西迴避." 遠公曰:"只如[97]汝未知時, 吾早先知此是(事). 若夫涅槃經之義, 本無恐怖; 若有恐怖, 何名爲涅槃? 汝與僧衆, 火急各自迴避. 吾在此間, 終不能去得." 雲慶見和尙再三不肯迴避, 雨[98]淚悲啼, 自家走出寺門, 隨衆波逃.

이때 수주(壽州)의 경내에 한 무리의 도적이 있었는데, [그 두목의] 성은 백(白)이고 이름은 장(莊)이었다. 그런데 이 사람은 젊고 매우 용맹하며 항상 강도질을 해대는데 위태로움이나 죽음을 돌보지 않으며 살생을 좋아하였다. 이 두목 백장은 어느 날 문득 강주 여산에 화성사라는 절이 있는데 매우 부유하여 보시가 넘치고 재물이 많다는 소리를 듣게 되었다. 즉시 도당 5백여 명을 소집하여 밤낮을 가리지 않고 강행군을 하여 강주(江州) 경내에 도착한 뒤 그곳에 군대를 주둔시키고서 무리에게 말하였다. "사람들에게 말하지 말라. 사람들이 알게 될까 염려된다. 내일 재회(齋會)[99]할 때 저 절을 습격하자" 이에 무리가 정중히 대답하며 그 말에 따랐다. 그런데 속담에 '사람이 선한 발원을 하면 하늘은 반드시 그를 따르고, 악한 발원을 하면 하늘은 반드시 그를 제거한다'는 말이 있다. 백장은 그곳에서 [악한] 발원을 했을 뿐이었지만 일찌감치 그곳의 토지신(土地神)이 [그 계획을] 알아차렸고, 그는 몰래 신통을 부려 여산의 절로 가서 모든 승도들에게 알렸다. 승방 하나하나, 선원(禪院) 하나하나를 향하여 허공에서 큰 소리로 외쳤다. "내일 재회(齋會)시에 일군(一群)의 도적들이 이 절을 습격해 올 것이니 모든 승려님들은 반드시

95 '云言' 두 글자 가운데 하나는 衍字이다.

96 '往'은 原錄에서는 '佳'로 되어 있고 '往'으로 교정하였다.

97 '只如'는 문구 앞에 위치하는 어조사이다. '祗如'로 적기도 한다.

98 '雨'는 原錄에서는 '兩'으로 되어 있고 '雨'로 교정하였다. [校注] 原卷에서는 '雨'로 되어 있는데 이는 '雨'자이다. 돈황사본에서 '雨'와 '兩'은 구분하지 않는다.

99 음식을 차려 여러 중과 모든 넋을 공양하는 법회, 혹은 불교 신자들이 모여 중을 공양하는 일.

피하시기 바라오." 승려들은 이 소리를 듣고 놀라움과 공포에 사로잡혀 이리저리 허둥대며 달아날 방도를 강구하였다. 이때 승려들은 모두 도망쳐버리고 오직 원공의 수제자인 운경(雲慶)승려만이 스승에 대한 예의와 인정상 결코 이리저리 도망가지 않고 곧장 스승의 암자로 달려가 고하였다. "방금 한 신령으로부터 도적떼가 절을 습격해 올 것이라고 알려왔사옵니다. 그러니 부디 잠시 몸을 숨기시지요." 원공이 그 말을 듣고 말하였다. "그대가 알기 전에 나는 이미 그 사실을 알고 있었느니라. 열반경의 본뜻에 의하면 본래 두려움이란 존재하지 않는 것이다.[100] 만일 두려움이 있다면 어찌 열반이라 이름지었겠느냐. 그대는 다른 승도들과 함께 속히 몸을 숨기거라. 나는 이곳에 끝까지 남아 있을 것이다." 아무리 권해도 도망가지 않겠다는 스승의 결의에 운경은 눈물을 줄줄 흘리며 홀로 산문을 벗어나 다른 승도들을 따라 도망쳤다.

遠公見諸僧去後, 獨坐禪庵, 並無恐怖. 須臾白莊領諸徒黨來到寺下, 於是白莊捕(布)陣於其橫嶺, 排兵在於長川. 喊[101]得山崩石烈(裂), 東西亂走, 南北奔衝, 齊入寺中, 唯稱"活[102]捉". 白莊比[103]入寺中, 望其大段[104]資財, 應是院院搜尋,[105] 寺內都無一物. 白莊道:"大奇, 我昨日

100 불보살이 갖추고 있는 덕 가운데 하나인 무소외(無所畏)를 말함. 일체의 대상에 두려워하거나 속박됨 없이 법을 설할 수 있다는 말.

101 '喊'은 原錄에서는 '嘁'으로 되어 있고 '喊'으로 교정하였다. [校注] '喊'의 편방을 바꾼 속자이다.

102 '활'은 原錄에서는 '治'로 되어 있고 '活'로 교정하였다. [校注] 여기서는 직접 '活'로 적는다.

103 '比'는 原錄에서는 '北'으로 되어 있고 '比'로 교정하였다. [校注] 原卷의 '北'는 곧 '比'자이다. 이하 동일.

104 '大段'은 原錄에서는 '大收'로 되어 있다. [校注] 原卷의 '叚'은 곧 '段'의 속자이다. '大段'은 속어로서 수량이 많음을 표시한다. '大批', '大量', '全部'의 뜻이며, '重要'의 의미로 사용되기도 한다.

105 '尋'은 原錄에서는 '集'으로 되어 있다. [校注] 原卷에서 '尋'으로 되어 있기에 이에 의거하여 바로잡는다.

商量之時, 並無人得知. 阿誰告報寺中, 盡交(教)東西廻避?" 白莊處分左右 : "與我寺內寺外, 處處搜尋, 若也捉得師僧, 速領將來見我." 左右唱喏, 諸處搜尋, 并無一人. 行至寺東門外, 見一僧人[106]於禪菴之內, 安然而坐. 左右不敢驚怖, 抽身却入寺中, 直至白莊面前, 啓而[107]言曰 : "適來奉將軍處分, 寺內寺外, 搜尋僧人, 處處並總不蓬(逢), 行至寺門外, 見一僧人, 不敢不報." 白莊曰 : "僧在何處?" 左右啓言將軍 : "見在寺東門外禪菴中坐." 於是白莊攬轡攀鞍, 直至寺東門外, 果見一僧人菴內結跏敷坐.[108] 白莊高聲便喚, 令交(教)[109]左右擁至馬前. 問遠公曰 : "是你寺中有甚錢帛衣物, 速須般[110]運出來!" 遠公進步向前啓白莊曰 : "此寺[111]先來貧虛, 都無一物. 縱有些些施利, 旋總盤纒齋[112]供, 實無財帛, 不敢誑忘(罔)[113]將軍." 於是白莊子細占覩[114]遠公, 心生愛慕. 爲緣遠公是菩薩相, 身有白銀相光, 身長七尺, 髮[115]如塗漆, 唇若點朱. 白莊一見, 乃語左右曰 : "此個僧人, 堪與我爲一驅[116]使之人." 白莊曰 : "我要你作一手力,[117] 得之已否?" 遠公進步向前 : "願捨此身與

---

106 '人'은 原卷에는 '入'으로 되어 있는데 原錄에서 교정하였다.

107 '而'는 原錄에서는 '面'으로 되어 있다. [校注] 原卷에는 '而'로 되어 있다.

108 原錄에는 "白莊"에서 "敷坐"까지의 23자가 빠져 있다. 原卷에 의거하여 보완한다.

109 '交'는 原錄에는 빠져 있는데 原卷에 의거하여 보완한다.

110 '般'은 原錄에서는 '搬'으로 되어 있나. [校注] 原卷에는 '般'으로 되어 있다. 『玉篇』: "般, 運也." 陸贄 『請減京東水運收脚價於沿邊州鎮儲蓄軍糧事宜狀』: "幷顧船車, 般至太倉." '搬'은 '般'에서 분화된 글자이다. 따라서 '般'은 굳이 고치지 않는다.

111 原錄에서는 '寺曰此'로 되어 있고 '曰此寺'로 교정하였는데, 여기서는 그 교정에 따른다.

112 '齋'는 原錄에서는 '齊齋' 두 글자로 되어 있고 두 번째 글자는 '齋'로 교정하였다. [校注] 原卷에 '齊'자는 없다. 따라서 삭제한다.

113 '忘'은 原錄에서 '妄'으로 교정하였다. [校注] '罔' 혹은 '誷'으로 고쳐야 옳다. '속인다(欺)'는 뜻이다. 이하 동일하다.

114 '覩'는 原錄에서는 '視'로 되어 있다. [校注] 原卷에는 '覩'로 되어 있다.

115 '髮'은 原錄에서는 '鼓'로 되어 있고 '髮'로 교정하였다. [校注] 原卷에는 '髮'로 되어 있는데 이는 '髮'의 속자이다.

116 '驅'는 原錄에서는 '駈'로 되어 있고 '驅'로 교정하였다. [校注] 이는 '驅'의 속자이다.

117 [通釋] '手力'은 '奴僕'이다. 또는 백성이나 관청을 위해 잡역에 종사함을 의미한다. 양자 모두 다른 사람을 위해 일을 한다는 의미를 담고 있다.

將軍爲奴, 情願馬前驅使." 遠公曰: "更有小事, 合具上聞: 將軍爲當要貧道身? 爲當要貧道業?" 白莊曰: "甚是身? 甚是業?" 遠公曰: "貧道以[118]念經爲業. 若要貧道驅使, 只是此身. 若要貧道, 只須莫障貧道念經." 白莊曰: "我但得你驅使, 阿誰鄣你念經?" 遠公唱喏, 便隨他後. 去寺百步已來, 遠公重啓將軍曰: "放貧道却入寺內, 脫此僧依(衣)在於寺中, 却來至此, 願隨將軍旌[119]旗." 白莊曰: "却卽早來, 勿令我怪. 若也來遲, 遣左右捉[120]來, 只向馬前腰斬三截, 莫言不道!"[121] 遠公唱喏, 入寺中於殿前而立.

원공은 모든 승도들이 떠난 후에 홀로 선방에 앉아 있었으나 조금도 두려움이 없었다. 얼마 후 백장이 도당을 이끌고 절 아래까지 밀려들어 산등성이에 진을 치고 대천(大川) 옆에다 병사들을 배치시켜 놓더니, 곧 산이 무너지고 바위가 갈라질 듯이 함성을 지르며 동서로 내달리고 남북으로 돌진하여 일제히 절 안으로 쳐들어오면서 "생포하라!" 고함을 질러댔다. 백장은 절에 들어오면서 많은 재물을 기대하였으나 모든 선원을 샅샅이 뒤져보았지만 절 안에는 아무 것도 없었다. 백장이 말했다. "정말 이상하구나. 내가 어제 계략을 세울 때 아무도 아는 이가 없었거늘 누군가 이 절에 알려와 놈들을 모두 도망치게 하였구나!" 백장은 부하들에게 명했다. "절 안팎을 샅샅이 수색하라. 만약 중을 붙잡으면 속히 내게 끌고 오너라." 부하들은 대답을 하고 모든 곳을 뒤지기 시작했으나 한 사람도 보이지 않았다. 그러다가 절 동문 바깥에 이르렀을 때 한 승려가 암자 안에 단정히 앉아 있는 것이 보였다. 그들은 감히 그 승려를 놀래 주지 못하고 살짝 빠져나와 절로 들어가 백장에게 보고했다.

118 '以'는 原錄에서는 '一'로 되어 있다. 【徐震堮】 '一'은 응당 '以'가 되어야 한다. 【校注】 '一'은 '以'자의 초서를 오독한 것이다. 따라서 '以'로 고친다.

119 '旌'은 原錄에서는 '旍'으로 되어 있고 '旌'으로 교정하였다. 이를 따라 수정한다.

120 '捉'은 原錄에는 '木' 편방으로 되어 있고 '捉'으로 교정하였다. 【校注】 돈황사본에서는 '手' 편방과 '木' 편방이 흔히 구분되지 않는다. 여기서는 '捉'으로 해야 옳다.

121 '不道'는 '도리를 모르다', '사악하다'는 뜻이다.

"조금 전 장군님의 명령을 받들어 절 안팎을 뒤지며 승려를 찾았지만 어디에서도 찾을 수가 없다가 절 문 밖에 이르러서 한 승려를 발견하였습니다. 이에 보고 드립니다." "그 승려는 어디에 있느냐?" "지금 절 동문 바깥에 있는 암자 안에 있습니다." 백장의 물음에 부하들이 대답했다.

백장은 말고삐를 움켜쥐고 안장에 올라 즉시 동문 밖으로 나가보니 과연 한 승려가 암자 안에서 결가부좌하고 있는 모습이 보였다. 백장이 큰 소리를 지르며 부하들에게 명령하여 (원공을) 말 앞으로 끌어냈다. 그리고 원공에게 물었다. "그대의 절에는 무슨 재물과 의료(衣料)들이 있느냐? 속히 내놓거라!" 원공이 앞으로 나서며 백장에게 알렸다. "이 절은 본래 가난한 절이라 어떤 물건도 가지고 있지 않습니다. 약간의 보시가 있긴 하다지만 공양하는 데 다 써버리니 사실 재물이라곤 남아 있지 않습니다. 장군을 속이려는 게 결코 아닙니다." 백장은 원공을 자세히 눈여겨보더니 문득 경애하는 마음이 들었다. 그것은 원공이 보살의 모습을 가진 데다 몸에서는 은백의 빛이 퍼져 나왔고 칠 척(尺)의 장신에다 머리카락은 칠을 한 것처럼 새까맸고 입술은 연지를 바른 듯 불그스름했기 때문이었다. 백장이 부하들에게 말했다. "이 승려는 내 노예로 안성맞춤이다." 이어 원공에게 물었다. "나는 그대를 노복으로 삼고자 하는데 따르겠는가?" 원공이 앞으로 나아가며 말했다. "이 몸을 던져 장군의 노예가 되어 기꺼이 말(馬) 앞에서 이리저리 뛰어다니는 자가 되겠습니다. 다만 한 가지, 하찮은 일이지만 장군님께 여쭙고자 합니다. 장군님은 빈승의 신(身)을 필요로 하시는 겁니까, 아니면 빈승의 업(業)을 필요로 하시는 겁니까?" 백장이 되물었다. "무엇이 신이고 무엇이 업인가?" 원공이 대답했다. "저는 송경을 업으로 삼습니다. 만일 저를 노복으로 사용하신다면 그것은 단지 이 신(身)만을 필요로 할 따름입니다. 빈승이 필요하시다면 부디 제가 송경하는 것만은 막지 말아주십시오." 백장이 말했다. "나는 단지 그대를 노복으로만 쓸 것인데 누가 그대의 송경을 방해한단 말인가?" 이에 원공은 승낙하고 그의 뒤를 따랐다. 절에서 백

보쯤 걷다가 원공이 다시 장군에게 말을 꺼냈다. "잠시 절로 돌아가 승복을 벗어 절에 두고 이곳으로 돌아와 장군의 깃발을 따르고 싶습니다." 이에 백장이 말했다. "가거든 속히 돌아와 나를 의심케 하지 마라. 만일 돌아오는 게 더디다면 부하들을 풀어 잡아다가 말 앞에서 허리를 세 토막으로 잘라버리겠으니 [그때 가서] 무도(無道)하다고 말하지 말라!" 원공은 소리 내어 대답을 하고는 절로 들어가 불전 앞에 섰다.

時有上足弟子雲慶在於高峰之上, 望見本師在於寺內, 奔走下山, 直至大師面前, 啓和尙曰: "適來狂寇[122]奔衝, 至甚驚怕! 且喜賊軍抽退, 助和尙喜!" 遠公曰: "若夫涅槃經義, 本無恐怖; 若有恐怖, 何名爲涅槃? 汝自今已後, 切須精進, 善爲住持. 吾今與汝隔生永別." 雲慶問和尙曰: "何以發如此之言?" 遠公曰: "我適來於門外設誓, 與他將軍爲奴. 永[123]更久住不得, 汝在後切須努力!" 雲慶聞語, 擧身自僕(撲),[124] 七孔之中, 皆流鮮血, 良久乃蘇. 從地起來, 乃成偈曰:

我等如飜[125]鳥,	和尙如大樹.
大樹今旣移,	遣衆栖何處?
化身何所在,[126]	空留涅槃句![127]
願垂[128]智惠燈,	莫忘迷去路.

---

122 '寇'는 原錄에서는 '䆞'로 되어 있고 '寇'로 교정하였다. [校注] 原卷에는 '䆞'으로 되어 있는데, 이것은 '寇'의 속자이다.

123 '永'은 原錄에서는 '來'로 되어 있다. [江藍生] '來'자는 앞 구에 속해야 한다. [校注] 原卷에는 '永'으로 되어 있다., '永更'은 곧 '更'이며, '永'은 어기를 강조하는 역할을 하고 있다.

124 '僕'은 原錄에서는 '僕'으로 되어 있는데 이는 속자이다.

125 '飜'은 原錄에서는 '飛'로 교정하였다.

126 原卷에는 '在' 다음에 '處'자가 있는데 이 두 글자 중 한 자는 衍字이다.

127 '句'는 原錄에서는 '勾'로 되어 있고 '句'로 교정하였다. [校注] '勾'는 본래 '句'의 속자였는데 후세에 두 글자로 분화된 것이다. 여기서는 '句'로 적는 게 마땅하다.

128 '垂'는 原錄에서는 '乘'으로 되어 있다. [校注] 原卷의 '垂'는 '垂'자이다. "願垂智惠燈"은 '인도해주시기를 간청한다'는 뜻이다.

雲慶言訖, 轉更悲啼. 遠公曰:"恐將軍怪遲." 走出寺門, 趁他旌旗, 隨逐他後. 日來月往, 相隨數年.

이때 그의 수제자인 운경이 높은 봉우리 위에 있다가 스승이 절 안에 있음을 보고는 황급히 산을 내려와 곧장 스승 앞으로 다가와 그에게 아뢰었다. "조금 전 미친 도적들이 쳐들어 올 때는 정말 놀랍고 두려웠습니다. 이제 기쁘게도 도적들이 물러났으니 기쁠 따름입니다!" 원공이 말했다. "열반경의 본뜻에 의하면 본래 두려움이란 존재하지 않는 것이다. 만일 두려움이 있다면 어찌 열반이라 이름지었겠느냐. 너는 오늘 이후로 더욱 정진하여 이 절의 주지 역할을 잘 해내야 할 것이다. 나는 이것으로 너와는 긴 이별이다." "어이하여 이 같은 말씀을 하시는 것입니까?" "나는 조금 전 문 밖에서 그 장군의 노예가 되기로 맹세했다. 더욱이 오래 머물 수도 없다. 이제부터 너는 힘써 노력해야 하느니라!" 운경은 그 말을 듣고 온몸을 땅바닥에 내동댕이치니 일곱 구멍에서 선혈이 흘러나왔다. 잠시 후 정신이 들어 땅에서 일어나 게(偈)를 한 수 지었다.

우리는 날아다니는 새와 같고
대사님은 커다란 나무와 같은데,
커다란 나무가 이제 옮겨지려하니
중생들은 어느 곳에 의지해야 하나.
화신(化身)[129]은 어디에 계시는가.
덧없이 열반의 문구만이 남아 있구나.
원컨대 지혜의 등불을 드리우셔서
가야할 길 잃지 않게 해 주시오소서.

운경은 노래를 마치고 더욱 슬피 울었다. 원공이 "장군께서 돌아오는 게 더디다고 의심하겠다"고 말하며 절 문을 나가 그 진영으로 달려가 그의 뒤를 따라갔다. 날이 가고 달이 가 따른 지 수 년이 지났다.

129 부처의 三身의 하나로, 중생을 제도하기 위하여 여러 가지로 형상을 바꾸어 이 세상에 나타난 부처의 몸. 삼신은 法身・報身・化身을 말한다.

雲慶見和尙去後, 再集僧衆, 將涅槃經疏抄開啓講筵,[130] 應是聽衆, 悉皆雨淚, 如見大師無異. 於是雲慶見和尙數年并無消息, 遂將涅槃經疏抄分付與道安和尙. 道安旣收得涅槃經疏抄, 便將往東都福光寺內開啓講筵. 不知道安是何似生, 敢(感)得[聽]衆如雲, 施利若雨. 時愚(遇)晉文皇帝王化東都, 道安開講, 敢(感)得天花亂墜, 樂(藥)[131]味花香. 敢(感)得五色雲現, 人更轉多, 無數聽衆, 踏破講筵, 開啓不得. 道安遂寫表[132]奏上晉文皇帝: "臣奉勅旨, 於福光寺內講涅槃經. 聽人轉多, 有亂法筵, 開啓不得, 伏乞勅旨, 別賜指揮." 是時有勅: "若要聽道安講者, 每人納絹一疋方得聽一日." 當時緣愚(遇)淸平, 百物時賤, 每日納絹一疋, 約有三二萬人. 寺院狹小, 無處安排. 又寫表奏聞皇帝: "臣奉勅旨, 於福光寺內開啓講筵.[133] 唯前勅令交(教)納絹一疋, 聽衆轉多, 難爲制約, 伏乞重賜指揮." 當時有勅: "要聽道安講者, 每人納錢一百貫文方得聽講一日." 如此隔[134]勒, 逐日不破[135]三五千人, 來聽道安於東都開講.

운경은 대사가 떠난 후 다시 승도들을 모집하여 열반경소초를 가지

---

130 '筵'은 原錄에서는 '莚'으로 되어 있고 '筵'으로 교정하였다. [校注] 돈황사본에서 '竹'이 글자의 머리에 들어가면 자주 '艹' 으로 표기된다. 이 권자의 '筵'은 모두 '艹' 머리로 적고 있다.

131 [項楚] '樂'은 응당 '藥'으로 보아야 한다. [校注] 항초의 견해는 옳다. '藥'은 화훼를 가리킨다. 「捉季布傳文」의 "花藥園中影樹身"이란 문구는 그 증거이다.

132 '表'는 原錄에서는 '遠'으로 되어 있고 '表'로 교정하였다. [校注] 이 권자에서 '遠'자는 모두 '辶' 안에 '表'가 들어 있는 글자로 되어 있는데, 이는 속자이다. 여기의 '표'자는 '辶'를 잘못 붙인 것이다. 다음의 "又寫表" 역시 오자라서 직접 수정한다.

133 "開啓講筵"은 原錄에서는 "開講切(筵)"으로 되어 있다. [徐震堮] '切'을 '筵'으로 교정한 근거가 무언지 모르겠다. '講'에서 句를 끊어야 하는 것으로 생각된다. '切'은 '竊'과 같은 뜻이며 다음 구에 속한다. [校注] 原卷에는 '開'자 다음에 '啓'자가 있기에 여기에 맞춰 보완한다. 돈황사본에서 '筵'자는 자주 '延'으로 적고 있는데 그 형태가 '切'자와 비슷하다. 따라서 '切'은 '延(筵)'의 오자이다.

134 '隔'은 原錄에서는 '隔'으로 되어 있고 '隔'으로 교정하였다. [校注] 이것은 '隔'의 속자이다. 蔣禮鴻은 '隔勒'을 '阻障, 制止'란 의미로 보았다. S.6342 張議潮 表文의 "近傳嗢末隔勒往來, 累詢北人, 皆云不謬"란 구절을 그 예로 들었다.

135 '不破'는 '넘지 않는다'는 뜻이다.

고 강연을 하기 시작했는데 청중 모두가 감격의 눈물을 흘리는 것이 대사를 뵙는 것과 다름이 없었다. 운경은 대사로부터 수 년 동안 아무런 소식이 없자 마침내 열반경소초를 도안 승려에게 전수하였다. 도안은 열반경소초를 얻고 나자 곧 동도(東都)[136]의 복광사(福光寺)로 가서 강석을 열었다. 그런데 도안이 어떻게 [열반경소초를] 이루어냈는지는 알지 못하고 [그의 강연에] 감동한 청중들은 구름처럼 몰려들었고 보시가 비처럼 쏟아졌다. 이때는 진(晋)의 문황제(文皇帝)가 동도를 다스리고 있었는데, 도안이 강석을 열면 [이를 축하하는] 꽃이 하늘에서 어지러이 떨어져 [강석이] 향기로 충만해지고 허공에서는 오색의 구름이 나타났다. 사람은 더욱 늘어나 그 수를 헤아릴 수 없는 청중들이 강원(講院)으로 들이닥치니 강석을 열 수가 없을 지경이었다. 도안은 마침내 표문을 적어 황제에게 올렸다. "신은 칙명을 받들어 복광사에서 열반경을 강의해 왔습니다만 청중이 점차 많아짐에 따라 법회가 어지러워져 강연을 열지 못하고 있습니다. 부디 칙지를 내리셔서 다른 조치를 취해주셨으면 합니다." 그리하여 칙명이 내려졌으니 '도안의 강연을 들으려는 자는 매인당 비단 한 필을 내야 하루 동안 들을 수 있다'는 내용이었다. 당시는 세상이 평화로웠던지라 온갖 물건들이 값쌌기 때문에 하루에 비단 한 필을 내는 자들이 약 이삼만 명이나 되었다. 사원이 좁아 그들을 수용할 공간이 없게 되자 도안은 또다시 황제에게 표를 올렸다. "신은 칙명을 받들어 복광사에서 강석을 열고 있사온데, 전에 내린 칙령에 따라 비단 한 필을 내도록 하고 있습니다만 청중이 다시 많아져 제어하기가 어렵게 되었습니다. 부디 다시 한 번 조치를 내려주시기 바랍니다." 그래서 칙령이 내렸는데 '도안의 강연을 들으려면 일인당 일백 관문(貫文)의 돈을 내야 하루 동안 들을 수 있다'는 것이었다. 이처럼 제약을 기하니 하루에 3~5천이 못되는 수의 사람들이 동도에서 하는 도안의 강의

136 즉 낙양(洛陽).

를 들으러 왔다.

遠公還在何處? 遠公常隨白莊, 逢州打州, 逢縣打縣, 朝遊川野, 暮宿山林, 兀髮眉[137]齊, 身卦(掛)[138]短褐, 一隨他後. 數載有餘, 思念空門, 無由再入. 況是白莊累行惡[139]迹, 伴涉凶徒, 好殺惡生, 以劫爲治.[140] 忽因一日, 在於山間, 白莊於東嶺之上安居, 遠公向[141]西坡上止宿. 是時也, 秋風[142]乍起, 落葉[143]飂颾; 山靜林疏, 霜雲草木. 風經林內, 吹竹如絲,[144] 月照青天, 丹霞似錦. 長流水邊, 心懷惆愴, 朦朧睡著, 乃見夢中十方諸佛, 悉現雲間; 無量聖賢, 皆來至此. 喚言:"菩薩起! 莫戀無[145]明睡着, 證取涅槃之位, 何得不爲衆生念涅槃經?"遠公夢中瞻[146]禮無休. 遠公是具足凡夫, 敢(感)得阿閦[147]如來受(授)記,[148]

137 '眉'는 原錄에서는 '肩'로 되어 있고 '眉'로 교정하였다. 【校注】 原卷의 '眉'는 '眉'의 속자이다. "兀髮眉齊"는 노복의 특징이다.

138 '卦'는 '掛'와 통용되며 '입다(穿)'란 뜻이다.

139 '惡'은 原錄에서는 '要'로 되어 있다. 【江藍生】 '要'는 '惡'의 오류다. 【校注】 돈황사본에서 '惡'자는 '悪'으로 적고 있는데 형태가 '要'와 비슷하다.

140 【徐震堮】 '治'는 '事'와 같다. 【項楚】 '治'는 '活'의 오류이다. "以劫爲活"은 '약탈로 살아가다'는 뜻이다. 【校注】 '治'자는 교정할 필요가 없을 듯하다. 『史記』 「貨殖傳」: "대개 천하에서 사업을 말하는 자들은 백규를 시조로 우러러본다(蓋天下言治生祖白圭)." '治生'은 '생계를 도모하다(謀生)'는 뜻이다. "以劫爲治"의 '治'는 '治生'을 가리키는 것으로 보인다.

141 '向'은 '在', '於'의 뜻이다.

142 '風'은 原錄에서는 '尾'로 되어 있고 '風'으로 교정하였다. 【校注】 原卷에는 '尾'로 되어 있는데, 여기서는 직접 교정한 자로 기록한다.

143 '葉'은 原錄에서는 '菜'로 되어 있고 '葉'으로 교정하였다. 【校注】 原卷에는 '葉'으로 되어 있는데 이것은 '葉'자다. 李世民의 諱字를 피하여 고친 것이다.

144 '吹竹'은 '翠柳'로 보아야 할 듯하다. '如絲'는 대나무의 모습이 아니다.

145 '無'는 原錄에서는 '光'으로 되어 있고 '无'로 교정하였다. '無明'은 '캄캄한 밤'을 가리킨다. 따라서 교정하여 적는다.

146 '瞻'은 原錄에서는 '矌'로 되어 있다. 【校注】 原卷에서는 '矌'로 되어 있는데 이는 '瞻'의 속자이다. 돈황사본에서 '詹' 편방은 흔히 속자로 표기된다.

147 玄應 『一切經音義』 권3: "阿閦: 案閦, 文字所無, 相承叉六反." '阿閦'은 '阿閦鞞' 혹은 '阿閦婆'의 약칭으로서 여래불의 번역명이며 '無動'이라는 뜻이다.

148 '受'는 본래 '受'와 '授'의 두 가지 뜻이 있는데, '授'는 의미의 구분을 위해 후에 생겨

喚遠公近前: "汝心中莫生悵忘(惘). 汝有宿債未常(償), 緣汝前世曾爲保見,[149] 今世合[150]來計會, 債主不遠, 當朝宰相, 常鄰相公身是. 已後却賣此身, 得錢五百貫文還他白[151]莊, 却來廬山, 與汝相見."遠公蒙(夢)中驚覺, 悵忘(惘)非常, 遂乃起坐, 念涅槃[經]數卷. 白莊於東嶺上驚覺, 遂乃問左右曰: "西邊是甚聲音?" 左右曰: "啓將軍, 西邊是擄來者[152]賤奴念經聲."

한편 원공은 어디에 있을까? 원공은 항상 백장을 따르면서 주(州)를 만나면 주를 습격하고 현(縣)을 만나면 현을 습격하며 낮 동안에는 평원을 배회하고 날이 저물면 숲속에서 노숙하였다. 까까머리는 자라 머리칼이 눈썹에 닿았고 짧은 갈의(葛衣)를 걸치고서 항상 백장의 뒤를 따랐다. 수년 여가 지나도록 마음은 불문(佛門)을 생각하였지만 거기에 다시 들어갈 방도가 없었다. 하물며 백장같이 악행을 수시로 저지르고 흉악한 무리들을 거느리며 살생하기 좋아하고 강도질을 생업으로 삼고 있는 사람에게 있어서랴.

어느 날 산속에서 백장은 동쪽 봉우리 위에서, 원공은 서쪽 산기슭 위에서 숙영하고 있었다. 이때 가을바람이 문득 불어오니 낙엽이 이리저리 흩날리고 산은 고요하고 나무는 드문드문한데 서리는 초목을 적셨다. 바람이 숲속을 지나가니 피리나 거문고로 곡조를 연주하는 듯하고,

---

난 글자이다. '授記'는 부처가 발보리심한 중생에게 반드시 미래에 부처가 될 것이라는 기별을 주는 것을 말한다.

149 '見'은 原錄에서는 '𡉏'로 되어 있다. [校注] 原卷에는 사실 '见'로 되어 있는데 이는 '見'의 오자이다. [通釋] '保見'은 '보증인(保人)'과 '증인(證人)'을 말한다. 구분해 보면, '保'는 계약자가 계약대로 의무를 이행하는 것을 담보하는 사람이고, '見'은 '증인'이다. 그러나 경우에 따라 구분하지 않는 경우도 있다. 예를 들어 변문의 '保見'은 곧 '保人'과 같다. 이것은 훈고학에서 말하는 이른바 '散文則通'이다.

150 '合'은 原錄에서는 '令'으로 되어 있다. [校注] 原卷에는 '合'자의 초서로 되어 있다. 이에 따라 수정한다.

151 '白'은 原錄에서는 '自'로 되어 있고 '白'으로 교정하였다. 여기서는 직접 교정한 자로 기록한다.

152 '者'는 구조조사로서 '的'과 비슷하다.

달은 맑은 하늘을 비추는데 붉은 노을이 비단처럼 하늘을 물들였다. 길게 흘러가는 물가에 있으니 마음이 슬퍼지더니 몽롱하게 잠에 떨어졌는데 문득 꿈속에서 십방(十方)의 제불(諸佛)이 구름 사이로 나타나고 수를 알 수 없는 성인들이 모두 이곳에 이르더니 "보살이시여, 일어나시오. 무명(無明)의 수면을 탐하지 마시오. 열반의 계위를 증득한 자가 어찌하여 중생을 위하여 열반경을 독송하지 않소이까?"라고 외치는 것이었다.

원공은 꿈속에서 [그들을] 바라보며 끊임없이 절을 올렸다. 원공은 구족계(具足戒)[153]를 받은 범부(凡夫)였으므로 아촉여래(阿閦如來)는 원공에게 수기(授記)[154]를 전해주려고 원공을 가까이 불러 일렀다. "그대의 마음속에 슬픔이 생기지 않도록 하시오. 그대에게는 아직 갚지 못한 전생의 빚이 있소. 그대는 전생에 보증인이었는데 금생에는 그때 진 빚을 모두 갚도록 하시오. 채주(債主)는 멀리 있지 않으니 당세 조정의 재상인 상린(常鄰) 상공이오. 그대는 육신을 팔아 돈 오백 관문을 얻어 백장에게 돌려주도록 하시오. 그 후에 여산으로 돌아오시오. 나는 거기서 그대를 기다릴 것이오." 원공은 꿈에서 놀라 깨어났는데 비탄스럽기 그지없었다. 즉시 자리에서 일어나 앉아 열반경을 수권을 독송했다. 백장이 동쪽 봉우리 위에서 잠을 자다 [그 소리에] 깜짝 놀라 깨어 부하들에게 물었다. "서쪽에서 들리는 것은 무슨 소린가?" 부하들이 대답했다. "장군께 아룁니다. 서쪽에서 들리는 저 소리는 사로잡혀 온 노복이 경을 독송하는 소리입니다."

白莊聞語, 大奴(怒)非常, 遂喚遠公直至面前, 高聲責曰:"你若在寺舍伽藍, 要念卽不可;[155] 今況是隨遂於我, 爭合念經!" 遠公曰:"將軍

153 소승률(小乘律)로 규정되는 비구(比丘)·비구니(比丘尼)가 지키는 계율. 대계(大戒)·비구계·비구니계라고도 한다. 율(律)에 따라 그 숫자는 다르지만 일반적으로 비구는 250계, 비구니는 348계라 하며, 이 계를 받으면 무량(無量)한 계덕(戒德)이 몸에 갖추어진다고 하는 데에서 구족계라고 일컬어진다.

154 부처가 수행자에게 미래의 증과(證果 : 깨달음)에 대하여 미리 지시하는 예언과 약속.

155 '卽'은 原錄에서는 '旣'로 교정하였는데 분명하지 않다. 【通釋】 "要念卽不可"는 "要念

當日擄賤奴來時, 許交(教)念經." 白莊曰:"我早晚[156]許你念經?" 遠公當卽不語, 被左右道:"將軍實是許他念經." 白莊曰:"念經卽是閑事, 我等各自帶殺,[157] 不欲得聞念經之聲." 遠公曰:"旣不許念經, 不要高聲, 默念得之已否?" 白莊曰:"不然, 緣我當時擄[158]你將來, 一爲不得錢物, 二爲手下無人, 所得[159]惡發,[160] 擄你將來. 我今錢[161]數不少, 手力極多, 却放你歸山, 任意修行." 遠公曰:"捨身與阿郎爲奴, 須盡阿郎一世. 中路抛離, 何名捨身? 阿郎若且要伏事, 萬事絶言; 若不要賤[奴]之時, 但將賤奴諸處賣却, 得錢與阿郎沽酒買肉, 得之已否?" 白莊問(聞)語, 呵呵大笑[162]:"你也大錯! 我若之(諸)[163]處買得你來, 卽便將舊契券, 卽賣得你. 況是擄得你來, 交(教)我如何賣你!" 遠公曰:"阿郎不賣, 萬事絶言, 若要賣之, 但作家生厮兒[164]賣, 卽無契卷(券)." 白莊曰:

卽可"이다. '不'은 어조사로서 실질적인 의미는 없다. [袁賓] '不'자는 衍字이다. '不'과 '可'의 行書는 형태가 비슷하다. 그리하여 '可'자를 '不'자로 잘못 적었고, 그 사실을 발견하고는 다시 '可'자를 덧붙여 적은 것 같다. 그러면서도 '不'자를 삭제시키지 않은 것으로 보인다. [校注] "卽不可"는 '卽無不可'의 축약이다. 따라서 '不'을 삭제하지 않는다. 劉瑞明은 '不'을 實詞로, 다음 구의 '況'은 '점층(遞進)'을 나타낸다고 했는데 확실하지 않다. 다음 구 "況是擄得你來"의 '況'은 '遞進'을 나타내지 않는다.

156 '早晩'은 '언제'라는 뜻의 시간의문사이다. 『敦煌變文字義通釋』에서 상세히 논하고 있다.

157 '帶殺'은 '칼을 들고 살생한다'는 뜻이다.

158 原錄에서는 '擄' 다음에 '許'자가 들어 있다. [項楚] '許'자는 衍字이다. 이에 의거하여 삭제한다.

159 [項楚] '得'자는 '以'자의 오자이다. [校注] 항초의 견해는 옳아 보인다.

160 [通釋] '惡發'은 '화를 낸다'는 뜻이다. '惡發'은 송대의 일상용어이다. 『老學菴筆記』 권8에는 "…… 惡發, 猶云怒也"라는 문구가 있다. 『通釋』에서 상세히 논하고 있다.

161 '錢'은 原錄에서는 '身'으로 되어 있다. [袁賓] '身'의 속자는 '㐲'이고, '錢'의 속자는 '㐲'이다. 두 글자의 형태가 비슷하여 오독하기 십상이다. "緣我當時擄你將來, 一爲不得錢物, 二爲手下無人"라는 앞의 문구는 응당 '錢'이 되어야 한다. 이에 의거하여 수정한다.

162 '笑'는 原錄에서는 '咲'로 되어 있고 '笑'로 교정하였다. [校注] 原卷에는 '咲'로 되어 있다. '笑'의 속자인 '咲'와 그 형태가 비슷하여 오독한 것이다.

163 [通釋] 여기의 '之處'는 '諸處'이며 …… '다른 곳'이다.

164 原錄에서는 '兒'자는 없고 '厮'를 '兒'로 교정하였다. [校注] 原卷에는 '兒'자가 있다. "家生厮兒"는 뒤에도 자주 보이는데 '家僕이 낳은 자식'을 가리킨다. 따라서 계약증

"交我將你況(向)[165]甚處賣得你?" 遠公曰:"若要賣賤奴之時, 但將往東都賣得." 白莊聞語, 懍然大怒:"這下等賤人心裏不改間無(謀)![166] 自擬到東都, 見及上下經臺, 陳論過狀, 道我是賊, 令捉獲我." 遠公曰:"賤奴若有此意, 機謀阿郎, 願當來當來世, 死墮地獄, 無有出期. 但請阿郎勿懷優(憂)慮, 的無此事."

백장이 그 말을 듣고 크게 노하여 즉시 원공을 불러들여 큰 소리로 꾸짖었다. "네가 절에 있으면서 독경을 한다면 그건 가능한 일이다. 그러나 지금은 나를 따라다니거늘 어찌 독경을 한단 말인가!" 원공이 말했다. "장군께서는 그날 이 몸을 사로잡으실 때 독경을 허락하셨습니다." "내가 언제 독경을 허락했단 말이냐?" 원공이 아무 소리 않자 부하들이 말했다. "장군께서는 정말 그가 독경하는 것을 허락하셨습니다." 이에 백장이 말했다. "독경은 쓸데없는 짓이다. 우리들 모두는 살생을 하는 자들이다. 독경 소리를 듣고 싶지 않다." 원공이 물었다. "독경을 허락하지 않으신다면 소리를 내지 않고 묵송하는 것은 어떻습니까?" "안 된다. 내가 당시에 너를 잡아들인 것은 첫째, 돈과 재물을 약탈하지 못했고, 둘째, 내 수하에 사람이 없어서였기 때문에 화가 나서 그대를 잡아들였던 것이다. 나는 이제 돈도 넉넉하고 부하들도 매우 많아졌으니 그대를 놓아주겠다. 산으로 돌아가 마음대로 수행하라." "몸을 바쳐 주인님의 노복이 되었으니 주인님께 일생을 바쳐야 하거늘, 중도에 내버리고 떠난다면 어찌 몸을 바쳤다고 할 수 있겠습니까? 주인님께서 만일 제가 엎드려 섬기길 바라신다면 굳이 무슨 말도 할 필요 없고, 이 몸이 필요

서가 없다는 말이다.

165 [通釋] '況'은 '向'이다. 『廣韻』에 따르면 '況'과 '向'은 모두 去聲 41漾韻에 속하고 성모는 曉母에 속하기에 이 두 글자는 통용할 수 있다. [蔣紹愚] '況'은 '往'이다. [校注] 蔣紹愚의 이 견해는 확실하지 않다.

166 [袁賓] '間無'는 '奸謀'이다. '奸'과 '間'은 모두 毋山攝字에 보인다. '謀'는 明母字이고, '無'는 微母字이다. 明母와 微母는 中古시대에는 사실 같은 성모였던 까닭에 '謀'와 '無'는 독음도 비슷했다. [校注] 다음에 '機謀'라는 문구가 나오는데, '間'과 '機'는 '기회를 엿보며 꾀하다(伺機謀算)'는 뜻이다. 따라서 '間'자는 교정할 필요 없다.

치 않으시다면 다른 곳에다 저를 팔아넘기시어 받은 돈으로 주인님은 술과 고기를 사십시오. 어떠십니까?" 백장은 그 말을 듣고 하하거리며 말했다. "너는 크게 잘못 알고 있다! 내가 만일 다른 곳에서 너를 사들였다면 당장 구계약서를 가지고서 너를 팔 수 있다. 그러나 너를 사로잡아 왔는데 어떻게 너를 팔라는 것인가!" "주인님께서 팔지 않으신다면 아무런 말도 필요 없고, 만일 저를 파시려거든 단지 가노(家奴)의 자식으로 가장하여 팔면 계약서는 필요치 않습니다." "내가 너를 어디에다 팔면 되겠느냐?" "저를 파시려거든 동도(東都)에 가서 팔면 됩니다." 백장이 그 말을 듣고 벌컥 화를 내었다. "이 하찮은 놈이 마음속에 음흉한 계략을 품고 있구나! 네놈은 동도에 가서 강석을 오르내리며 지난 일을 늘어놓고 나를 도적이라고 일러바쳐 나를 붙잡으려 하는구나." 이에 원공이 말했다. "소인이 만약 이러한 속셈이 있어 주인님을 속이려 하는 것이라면 내세에는 죽어 지옥에 떨어져 영원히 그곳을 벗어나지 못하게 될 것입니다. 그러니 부디 주인님께서는 아무런 우려도 품지 마십시오. 그런 일은 맹세컨대 없을 것입니다."

白莊聞語, 然而信之. 遂便散却手下徒黨, 只留三、五人, 作一商客, 將三五個頭疋,[167] 將諸行貨,[168] 直向東都來賣遠公, 向口馬行頭[169]來賣. 是時遠公來至市內, 執標[170]而自賣身. 是時萬衆千人, 無不嘆念. 且[171]見遠公標："身長七尺, 白銀相光, 額廣眉高, 面如滿月, 髮如塗

167 '頭疋'은 '가축(牲口)'이다. '頭'와 '疋'은 본래 가축의 마릿수를 세는 양사이다. 「張議潮變文」: "낙타, 말, 소, 양 2천여 마리의 가축을 빼앗았다(收奪得駝馬牛羊二千頭疋)." 여기서 '頭疋'은 '가축(牲口)'을 대신하고 있다.

168 '行貨'는 '商品'이다. '行'은 '鋪行(점포, 상점)'의 '行'이다. P.3211 王梵志 詩: "상점 마다 점포가 있고, 점포 안에는 온갖 물건 갖추었네(行行皆有鋪, 鋪裏有雜貨)." 이는 참고할 만하다.

169 '口馬行頭'는 奴僕과 馬匹을 사고파는 시장이다. '口'는 '사람'을 가리킨다.

170 '標'는 몸에 달고 있는 표찰이다. 팔려고 내놓은 노복이나 가축, 물건의 가격이나 특징 등이 적혀 있다.

漆, 脣若點朱. 行步中王,[172] 手垂過膝." 東西擧步而行. 看衆咨嗟, 無不愛念. 是時看人三三作隊, 五五成行:"我今世上過却[173]千萬留賤[174]之人, 實是不曾見有!" 嘆念之次, 看人轉多. 是時遠公心懷惆悵, 怨恨自身, 知宿債未了, 專待賣身已常(以償)他白莊. 須臾之間, 敢(感)得帝釋化身下來, 作一個崔相公使下, 直至口馬行頭, 高聲便 喚口馬牙人:"此個量口[175]并不得諸處貨賣, 當朝宰相崔相公宅內只消[176]得此人. 若是別人家, 買他此人不得." 牙人聞語, 盡言[177]實有此是(事). 牙人[178]遂領遠公來至崔相宅. 是時白莊亦隨後而來, 遠公曰:"阿郎但不用來, 前頭好惡[179]有賤奴身在, 若也相公歡喜之時, 所得錢物, 一一阿郎領取." 白莊曰:"前頭事須[180]好好祇對,[181] 遠公[182]勿令厥錯."[183] 遠公唱

171 【項楚】'且'는 '具'가 되어야 하고 '具'는 '俱'와 통한다. 【校注】'且見'은 뒤의 묘사구를 이끌고 있으며 교정할 필요 없다.

172 【徐震堮】'王'은 '正'으로 보아야 할 것 같다. 【劉凱鳴】'王'은 '巨'의 잘못이다. 『說文解字』:"巨, 規巨也." 巨·榘·矩는 古今字이다. 【校注】'中王'에는 오류가 없는 듯하다. 불경에서는 '三十二相'이라 하여 성인의 독특한 특징을 얘기하고 있는데, 이는 부처에만 한하는 것은 아니다. 이 相을 갖춘 자가 세속에 머물면 전륜왕이 되고 출가하면 무상정각을 이룬다. 『法界次第』:"人天中尊衆聖之王, 故現三十二相也." 『三藏法數』48:"九、手過膝相, 手長過膝者; …… 十九、身如獅子相, 身體平正、威儀嚴肅如獅子王者." '如獅子王'은 '中王'과 의미가 비슷하다. 또 潘重規는 '中王'을 '牛王'으로 보았으며 "原卷의 '牛'자를 『變文集』에서는 '中'으로 오독하였다"고 하였다. 【校注】原卷에는 '𠂒'으로 되어 있는데 이는 '中'자의 필사체이지 '牛'자가 아니다. 게다가 '牛王' 역시 해독하기 어렵다.

173 '過却'은 '본 적이 있다(見過)', '일별하다(經眼)'란 뜻이다.

174 '留賤'은 '卑賤'이다. '留'는 '붙잡아 두다(留住)'란 뜻이다. 孫奭『律音義』'流'字 乾隆四年制:"犯徒者, 加杖、免役. 犯流者, 加杖、留住, 三流俱役一年, 加役流者役三年." '留住'는 流刑에 처해져 유배지에 머무르며 부역하는 것을 말한다. 따라서 "留賤之人"은 '죄인'이나 '노복'의 부류를 가리킨다.

175 '量口'는 '奴僕'이다.

176 '消'는 '需要'이다. 이 두 글자의 合音으로 보인다. 다음의 "只消得此人" "身上有何伎藝, 消得五百貫錢"의 '消'역시 이와 마찬가지다.

177 '言'은 '…라고 여기다(以爲)'라는 뜻이다.

178 原錄에는 "牙人" 두 글자가 빠져 있다. 原卷에 의거하여 채워 넣었다.

179 '好惡'은 '어찌 되었든 관계없이(无論如何)'란 뜻이다. 原錄에서는 '好惡' 다음에 콤마를 찍었는데, 아마도 '好惡'을 부사의 상황어로 잘못 이해한 것으로 보인다.

喏. 便隨他牙人, 直至相公門首. 門人問牙人曰 : "甚人交(教)來?" "奉親隨喚來. 緣此個生口,[184] 不敢將別處貨賣, 特來將與, 相公宅內消得此口." 門官曰 : "且至在此, 容我入報相公." 門官有[185]至廳前啓相公 : "門手(首)[186]有一生口牙人, 今領一賤人見相公, 不敢不報." 相公曰 : "交(教)引入來!"

백장은 그 말을 듣고 믿게 되었다. 그리고는 수하의 부하들을 해산시키고 단지 몇 명만을 남겨 상인으로 변장시킨 후, 수 필의 말에다 여러 물건들을 싣고 원공을 팔러 즉시 동도에서 열리는 구마행두(口馬行頭)[187]로 나갔다. 원공은 시내에 이르자 표찰을 집고 스스로 몸을 팔았다. 이때 수천수만의 사람들이 모여들었는데 어느 누구 하나 감탄하지 않는 이가 없었다. 원공이 가지고 있는 표찰을 보니 "키는 칠 척에다 온몸은 은빛으로 빛나고 이마는 넓고 눈썹은 높으며 얼굴은 보름달 같고, 머리카락은 칠을 한 듯 새까맣고 입술은 연지를 바른 듯 붉으며, 걸음걸이가 왕과 같고 팔은 늘어뜨리면 무릎을 지난다"고 적혀 있는데, 그는 [그 표찰을 들고서] 동으로 서로 돌아다녔다. 이를 본 사람들 치고 감탄하며

---

180 '事須'는 '반드시(必須)'이다. 「韓擒虎話本」 : "나중에 군주가 되면 꼭 불법을 다시 일으켜 주십시오(若也以後爲君, 事須再興佛法)." 原錄에서는 '事' 다음에 콤마를 찍었는데 이는 잘못이다.

181 '祗對'는 '대답하다(對)'란 뜻이다. '祗'는 접두사이다. 唐 杜之松 「答王績書」 : "前因行縣, 實欲祗尋." 여기서 '祗尋'은 곧 '尋'이며 '祗'자에 '존경하다'의 의미는 분명 없어 보인다.

182 '遠公' 두 글자는 衍字이다.

183 '厥錯'는 '오류', '잘못'이란 뜻이다.

184 '生口'는 '奴僕'을 말하다. 「張議潮變文」 : "포로와 그 권속들 3백여 명을 사로잡았다(生口細小等活捉三百餘人)." 여기서는 '포로'를 가리키는데 '노복'과도 의미상 가깝다.

185 '有'는 '乃'자의 訛字로 보인다. 돈황사본에서 '有'자는 '[illegible]'나 '九'(「漢將王陵變」 乙卷)로 적기도 하는데 '乃'와 형태가 비슷하다.

186 '手'는 原錄에는 '生'으로 되어 있다. [項楚] '生'은 '手'의 訛字이며, '首'의 假借이다. '門首'는 '입구(門口)'를 말하는데 앞의 "便隨他牙人直至相公門首"라는 문구가 그 증거이다. [校注] 이에 의거하여 수정한다

187 노예를 전문적으로 매매하던 시장.

경모하는 마음이 생기지 않는 이가 없었다. 삼삼오오 무리를 이루고 대오를 지으며 "내가 세상에 나서 셀 수 없이 많은 노예들을 보아왔지만 이 같은 자는 사실 일찍이 본 적이 없다!"라고 감탄하니 구경꾼들은 더욱 늘어났다.

이때 원공은 마음이 슬퍼지며 전생의 빚을 갚지 못한 자신을 탄식하였다. 그리고 지금 당장 자신의 몸을 팔아서 백장에게 빚을 갚을 일 만을 생각하고 있었다. 잠깐 사이에 [이 모습을 본] 제석천(帝釋天)이 몸을 드러내어 하늘에서 내려와 최상공의 사환으로 변신하여 곧장 구마행두에 다가와 큰 소리로 구마아인(口馬牙人)[188]을 불러서는 "이 노복은 아무데나 팔 수 있는 것이 아니오. 지금 조정의 재상이신 최상공 댁에서만이 이 노예를 살 수 있소. 만약 다른 집에서 그를 사려고 해도 살 수가 없을 것이오"라고 말하였다. 그 말을 들은 중매인은 모든 게 정말 그러하다고 여겼다. 그리하여 중매인은 마침내 원공을 최상공 댁으로 데리고 왔다. 이때 백장 역시 그 뒤를 따르는데, 원공이 그에게 말했다. "주인님께서는 오실 필요 없습니다. 지금부터 일이 잘되고 잘못되는 것은 이 몸에 달려 있습니다. 만일 상공이 기뻐하시면 얻게 되는 돈과 재물을 모두 주인님께 바치겠습니다." 이에 백장이 말했다. "지금부터의 일을 반드시 잘 해서 절대 실수하지 않도록 하여라."

원공이 잘 알았다고 대답을 하고 중매인을 따라 상공의 저택 앞에 이르렀다. 문지기가 중매인에게 물었다. "누구의 분부로 오셨소?" "이곳 종자(從者)의 부름을 받들어 왔습니다. 이 노예를 감히 다른 곳에 팔 수 없어 특별히 그를 바치려고 찾아온 것이니 상공 댁에서 이 자를 거두어 주셨으면 합니다." "일단 여기서 기다리시오. 들어가 상공께 알리고 오겠소." 문지기는 즉시 대청 앞에 와서 상공께 아뢰었다. "문 밖에 한 노비 거간꾼이 노비 하나를 데리고서 상공님을 뵙고자 와 있기에 삼가 알

188 노예시장의 중매인(仲買人).

려드립니다." "안으로 들라 해라."

於是門官得相公處分, 牙人引入遠公, 直至廳前. 遂見相公, 折身便拜, 立在一邊. 相公一見, 唯稱"大奇":"我昨夜夢中見一神[189]入我宅內, 今日見此生口, 莫是應我夢也!" 相公問[190]牙人:"此是白莊家[生][191]廝兒, 爲復別處買來?" 牙人啓相公:"是白莊家生廝兒." 相公曰:"旣是白莊家生廝兒, 應無契卷(券)." 相公問牙人曰:"此個廝兒, 要多小(少)[192]來錢賣?" 牙人未言, 遠公進步向前啓相公曰:"若要賤賣[193]奴身, 只要相公五百貫錢文."[194] 相公曰:"身上有何伎藝, 消得五百貫錢? 至甚不多,[195] 略說身上伎藝看!"[196] 遠公[197]對曰:"但賤奴能知人家已前三百年富,[198] 又知人家向後二百年貧. 摺褻[199]衣服, 四時湯藥; 傳言送語, 無問不答; 諸家書體, 粗會數般; 疋馬單槍, 任請比試; 鋤禾刈麥, 薄會些些; 買賣交關,[200] 盡知去處. 若於手下驅使,[201] 來之如風, 實不頑

189 原錄에는 '神' 다음에 '人'자가 있다. [校注] 原卷에서는 먼저 '人'자라 적었다가 그 옆에 다시 '神'으로 고쳐 적었다. 따라서 '人'자는 마땅히 삭제되어야 한다.

190 [蔣紹愚] '問'은 原卷에는 '聞'으로 되어 있다. [校注] 原卷에서는 먼저 '聞'이라 적었다가 '問'으로 고쳐 적고 있다.

191 原錄에는 '生'자가 없다. [徐震堮] '家' 다음에 '生'자가 빠져 있다. [校注] 이에 의거하여 채워 넣었다.

192 [項楚] 이곳과 다음의 "相公問汝念徒多小卷數"의 '小'는 '少'가 되어야 한다.

193 [項楚] '賣'는 '買'가 되어야 하며 '賤'자의 앞에 와서 "買賣奴身"이 되어야 한다. [校注] 이 견해는 옳다.

194 [項楚] '錢文' 두 자 가운데 한 자는 衍字이다. 다음의 "消得五百貫錢"과 "遂令取錢分付與牙人五百貫文"이란 문구로 보아 '五百貫錢'이나 '五百貫文' 모두 옳음을 알 수 있다. [校注] '五百貫文錢'으로 보아야 할지도 모른다.

195 "至甚不多"는 '얼마', '약간'이란 뜻이다.

196 '看'은 "시험해보다(試試看)"는 뜻이다.

197 原錄에는 '遠公'이 '遠相公'으로 되어 있고 '遠公'으로 교정하였다. [校注] 이에 삭제하여 바로잡았다.

198 '富'는 原錄에서는 '畐'로 되어 있고 '富'로 교정하였다. [校注] 原卷의 '畐'는 속자이다.

199 '褻'은 原錄에서는 '藝'로 되어 있다. [校注] 마땅히 '褻'이 되어야 한다. 『說文解字』: "褻, 重衣也." 段玉裁 주석: "讀如重疊之疊." 「捉季布傳文」의 "典倉牒紙而吮筆"의 주석에 상세히 설명되어 있다. [劉凱鳴] '藝'는 '僕'이라 하였는데 확실하지 않다.

慢. 相公不信, 賤奴自書[202]賣身之契, 卽知詣實."[203] 相公處分左右, 取紙筆來度與. 遠公接得紙[204]筆, 遂請香爐, 登時度過. 拜謝相公已了. 聽[205]前自書賣身之契, 不與凡同. 遠公啓曰: "厶[206]年厶月賣身與相公爲奴, 伏事盡忠, 須畢阿郞一世. 若也中路抛棄,[207] 當來[208]當來世死墮地獄. 受罪旣畢, 身作畜生. 搭[209]鞍垂鐙, 口中銜[210]鐵, 已(以)負前愆.[211] 若也盡阿郞一世, 當來當來世十地果圓, 同生佛會." 書契

200 '交關'은 '賣買'란 뜻이다. 『唐律疏議』 권4 「名例」 4: "장물 여종은 본래 사고팔 수 없다. 법을 어기면서 일부러 사들이는 것은 마음속에 거짓이 있음이다(知是贓婢, 本來不合交關. 違法故買, 意在奸僞)." 『通釋』에서 상세히 논하고 있다.

201 '驅'는 原錄에서는 '駈'라 되어 있는데 이는 속자이다. 여기서는 모두 '驅'로 적는다. 또 原卷에서는 '驅使'가 '駈、、'로 되어 있는데 이는 글씨를 생략한 것으로 보인다.

202 原錄에는 '書' 다음에 '書'자가 하나 더 적혀 있고 그 사이에 콤마를 두어 두 구로 나누고 있다. 여기서는 項楚의 견해를 따라 삭제한다.

203 '詣實'은 '사실에 부합하다'란 뜻이다.

204 '紙'는 原錄에서는 '綿'로 되어 있는데 이는 속자이다. 原卷에서는 앞의 "取紙筆"의 '紙' 역시 이와 마찬가지로 적혀 있다.

205 '聽'은 原錄에서는 '廳'으로 되어 있다. 【校注】 '聽'은 '廳'의 古字이므로 교정할 필요 없다.

206 '厶'는 '某'자이다.

207 '棄'는 原卷에서는 '弃'로 되어 있다. 【校注】 『說文解字』: "弃, 古文棄." 孫奭 『唐律疏議音義』 6: "弃, 古文棄字. 唐避太宗諱行焉." 이것은 아마 '棄'자에 '世'가 들어 있어 피휘한 것이리라. 돈황사본에서는 '弃'로 되어 있는 경우가 많다.

208 原錄에는 '來'자가 없다. 【項楚】 '來'자가 빠져 있다. 다음의 "當當來來世" 역시 "當來當來世"가 되어야 한다. 【校注】 原卷에는 "當、、來世"로 되어 있는데, '來'다음에 반복부호가 빠진 것이다. 다음에 나오는 "當來當來世"는 原卷에서는 "當、、來、、世"로 되어 있다. 原錄의 기록자가 반복부호의 사용법을 잘 몰랐던 것 같다. 여기서는 보완하여 교정한다. 다음의 "度與相公. 相公接得"문구가 原錄에서는 "度與相、、公、、接得"로 되어 있다. '當來'는 '장래(將來)'란 뜻이다.

209 '搭'은 原錄에서는 '搈'로 되어 있다. 【徐震堮】 '搈'는 '揹'자인 듯하다. 【項楚】 이 글자는 사실 '搭'자의 訛字이다. 【校注】 原卷에서는 '搈'으로 되어 있는데 '搭'자를 간략화한 訛字인 듯하다.

210 '銜'은 原錄에서는 '御'로 되어 있고 '啣'로 교정하였다. 【校注】 原卷에서는 먼저 '衝'이라 잘못 적었다가 '卜'로 삭제한 다음, 그 옆에다 '衎(우측 편방은 于로 되어 있음)'으로 고치고, 다시 이어서 '銜'으로 수정하였다. 『說文解字』: "銜, 馬勒口中也. 銜者, 所以行馬者也." 따라서 '啣'라 교정함은 옳지 않다.

211 '已'는 '以'와 통한다. '愆'은 原錄에서는 '僁'으로 되어 있다. 【校注】 原卷에서는 '僁'으

旣了, 度與相公. 相公接得, 唯稱"大奇": "莫是菩薩摩訶薩至我宅中?" 遂令取錢分付與牙人, 五百貫文當卽分付與白莊. 白莊得錢, 更不敢久住, 却至壽州界內.

이에 문지기가 상공의 분부를 전하니 거간꾼은 원공을 이끌어 안으로 곧장 대청 앞에 이르렀다. 그리고 상공을 뵙자 몸을 굽혀 절을 올리고는 한쪽에 섰다. 상공은 그를 한번 보더니 "괴이한 일이로다! 어젯밤에 한 신인(神人)이 내 집 안으로 들어오는 꿈을 꾸었는데 오늘 이 노비를 보니 그 꿈이 정말인 듯하구나!"라며 찬탄하였다. 그리고는 중매인에게 물었다. "이 자는 백장의 가복(家僕) 자식인가 아니면 다른 곳에서 사들인 것인가?" 중매인이 대답했다. "백장의 가복 자식입니다." 그러자 상공이 말했다. "백장의 가복 자식이라면 계약서가 없겠구나." 그러고는 다시 중매인에게 물었다. "이 종을 얼마에 팔겠느냐?" 중매인이 말을 꺼내기도 전에 원공이 한 발짝 앞으로 걸어 나오더니 상공께 아뢰었다. "이 몸을 사들이시려면 상공께서는 오백 관문을 내시면 됩니다." 상공이 물었다. "무슨 기예가 있기에 오백 관문이 든다는 것인가? 그리 비싸지는 않지만 몸에 지니고 있는 기예를 조금 얘기해 보아라." 원공이 대답했다. "소인은 어떤 사람이 삼백 년 전에 부유했었는지를, 또 이백 년 후에 가난해질 것인지를 압니다. 옷을 접어 갤 줄도 계절마다 약을 달일 줄도 알며, 말을 전달할 줄도 어떠한 질문에도 답변할 줄도 압니다. 여러 서법가들의 서체를 대충은 적을 줄도 알고, 말 달리며 창을 쓸 줄도 알며, 원하면 언제든지 힘을 겨룰 수 있고, 벼를 김매거나 보리를 거두는 일도 조금은 할 줄 압니다. 게다가 물건을 사고파는 일에 대해서도 잘 알고 있습니다. 만일 아랫사람으로 부리신다면 바람처럼 날아다닐 것이니 결코 미련하거나 게으르지 않을 것입니다. 상공께서 믿을 수 없으시다면 소인이 매신(賣身)의 계약서를 써 보이면 그것이 사실임을

로 되어 있는데 이것은 '愆'의 속자이다.

아실 것입니다."

상공은 측근에게 명하여 종이와 붓을 가져다주었다. 원공은 지필을 건네받고 향로에 향을 피우니 훽 하고 연기가 사라졌다. [원공은] 상공께 절을 올린 뒤 대청 앞에서 매신의 계약서를 써내려가는 보통의 것과 같지 않았다. 원공이 글을 적어 아뢰는데 "모년 모월 몸을 팔아 상공의 노비가 되었으니 정성으로 섬기고 충성을 다해 주인님을 위하여 일생을 바치리라. 만일 중간에 포기한다면 미래에 죽어 지옥에 떨어질 것이고, 그 죄값을 다 치루고 나면 육신은 축생으로 태어나 안장을 싣고 등자(鐙子)[212]를 드리우며 주둥이에는 재갈을 물려 전생의 허물을 짊어지게 되리라. 만일 일생 동안 주인님을 위해 일하면 미래세에서는 십지(十地)[213]의 과위를 원만히 증득하여 한결같이 불국토에 태어나게 되리로다." 계약서를 다 쓰고 나서 상공에게 건네주었다. 계약서를 받아든 상공은 "참으로 훌륭하다. 보살마하살[214]이 내 집에 이르신 듯하구나!"며 찬탄하였다. 마침내 돈을 가져와 중매인에게 주도록 하였고, 그 오백 관문은 곧 백장에게 건네졌다. 백장은 돈을 받고서 감히 오래 머물지 못하고 수주(壽州)로 돌아갔다.

相公買得賤奴, 便令西院佳(家)[215]人領於房內安下. 遠公因[216]自知常(償)債, 更不敢怨恨他人. 出入往來, 一任鞭鐙驅使. 遠公忽因[217]一日,

212 말을 타고 앉아 두 발로 디디게 되어 있는 물건. 안장에 달아 말의 양쪽 옆구리로 늘어뜨린다.

213 보살의 열 단계 수행계위(修行階位). 보살이 이 열 가지 계위에 오르면 번뇌에 오염되지 않는 지혜(無漏智)를 내어 불성(佛性)을 보고 성자가 되어 불지(佛智)를 지닐 수 있게 된다고 함.

214 마하살이란 산스크리트어 Mahā sattva의 음역. 큰 보살이란 뜻.

215 '佳'는 原錄에서는 '徍'로 되어 있고 '佳(家)'로 교정하였다. 【校注】 原卷에는 '徍'으로 되어 있는데 이는 '佳'의 訛字이며 '家'와 통한다. 다음의 "出入往來"의 '往'자 역시 '徍'으로 되어 있다. 이후의 '佳'는 '徍'를 수정한 것이다.

216 '因'은 原錄에서는 '曰'로 되어 있고 '因'으로 교정하였다.

217 '因'은 原錄에서는 '曰'로 되어 있고 '因'으로 교정하였다. 【校注】 이것은 '因'의 속자이다.

獨坐房中, 夜久更深, 再擬[218]殘燈, 見天河閒[219]靜, 月朗長空, 久坐多時,[220] 矇曨睡着. 又乃夢中見十方諸佛, 悉現虛[221]空, 無量之聖賢, 皆來雲集, 喚言 : "菩薩起, 莫戀無[222]明睡, 證取涅槃之位. 何得不爲衆生念經?" 遠公遂乃驚覺起坐, 念涅槃經直至天明. 是時相公於廳中忽聞念經之聲, 便起漸漸獨行, 來至西院門前聽念經聲. 遂令左右交(教)屈夫人. 夫人蒙屈, 來至西門前, 相公與夫人來廳(聽)念經, 直至天明. 來日早辰(晨),[223] 相公朝退, 昇廳而坐, 便令左右喚西院佳(家)人將來. 是時三十佳(家)人齊至廳前, 相公問 : "昨夜西院內, 阿那個[224]佳(家)人念經之聲?" 時有佳(家)人團座頭[225]啓相公曰 : "昨[226]夜念經, 更不是別人, 卽是新買到賤奴念經之聲." 相公聞道新來賤奴念經, 相公問遠公曰 : "昨夜念經, 是汝已否?" 遠公曰 : "是賤汝念經之聲." 相公問曰 : "是何經題?" 遠公對曰 : "夜昨[227]念者, 是大涅槃經." 相公問 : "汝念徒多小(少)[228]卷數?" 遠公對曰 : "賤奴念得一部十二卷, 昨夜惣念過." 相公曰 :

218 '再'는 原錄에서는 '一再' 두 자로 되어 있다. [校注] 原卷의 '再'은 '再'의 속자이다. 두 글자로 나눌 수 없다. 앞의 "再禮辭於和尙"의 '再'자도 이와 같은 형태다. '擬'는 '건드리다(觸碰)', '(심지를)돋우다(挑刺)'이다. 「降魔變文」: "一擬邪山, 登時粉碎." '擬'는 '지시하여 가리키다(指點)', '부딪쳐 공격하다(碰擊)'는 뜻으로, 이와 비슷하다.

219 '閒'은 原錄에서는 '間'으로 되어 있다. [項楚] '間'은 '閒'으로 되어 있다. [校注] 이에 의거하여 고친다.

220 '時多'는 原錄에서는 '多時'로 되어 있다. [校注] 原卷에는 사실 '時多'로 되어 있다. 「捉季布傳文」에도 "久坐時多"라는 문구가 있는 것으로 보아 '時多'는 오류가 아니다.

221 '虛'는 原錄에서는 '虗'로 되어 있고 '虛'로 교정하였다. [校注] 이것은 '虛'의 속자이다.

222 '無'는 原錄에서는 '无'로 되어 있다. [校注] 原卷에는 번체자로 되어 있다. 돈황사본에서 '無'와 '无'는 둘 다 쓰이고 있다. 여기서는 번체자로 고친다.

223 '辰'은 '晨'과 통한다.

224 "阿那個"는 "哪一個"란 뜻이다 「解座文匯抄」: "어느 누가 칠십에 죽지 않을 수 있으리?(阿那個得七十身不夭)"이것은 그 한 예이다.

225 [蔣紹愚] '座'자는 衍字이다. [校注] 蔣의 견해는 옳다. '團頭'는 본래 團保制度하에서 일개 團의 우두머리를 가리키는데, 넓은 의미로 기타 우두머리를 가리킨다. 「唐太宗入冥記」에도 "鬼團頭"란 문구가 있다.

226 '昨'은 原錄에서는 '僧'으로 되어 있고 '昨'으로 교정하였다. 이에 따라 수정한다.

227 '夜昨'은 '昨夜'로 보아야 할 듯하다.

228 '小'는 '少'와 통한다.

"汝莫慢(謾)[229]語!" 遠公曰: "爭敢誑忘(罔)相公." 相公遂令遠公重坐念涅槃經. 於是遠公重開題目,[230] 再擧[231]經聲, 一念之終, 並無厥錯. 相公見之, 頻稱"善哉". 遂喚宅中大小良賤三百餘口, 總至廳前. 相公處分: "自今已後, 新來賤奴, 人不得下眠看之." 兼與外名, 名爲善慶.

상공은 노비를 사들이고 나서 서원(西院)의 가솔에게 명하여 그곳의 방을 내주게 하였다. 원공은 전생의 빚을 다 갚은 것을 알았기에 남을 원망하지 않았다. 나가고 들어가는 것도 모두 분부대로 이리저리 부려지게 되었다. 원공은 어느 날 홀로 방에 앉아 있었는데 밤이 깊어지자 거듭 잔등(殘燈)의 심지를 돋우었다. 하늘을 바라보니 은하수는 고요히 흐르고 달은 밤하늘 위에 휘영청 밝게 떠 있었다. 오랫동안 앉아 있으니 정신이 몽롱해지더니 잠이 들었다. 문득 꿈속에서 십방(十方)의 부처들이 모두 허공에 나타나고 무수한 성인들이 구름처럼 모이더니 "보살이시여, 일어나시오. 무명(無明)의 수면을 탐하지 마시오. 열반의 계위를 증득한 자가 어찌하여 중생을 위하여 열반경을 독송하지 않소이까?"라고 외치는 것이었다. 원공이 그 소리에 깜짝 놀라 일어나 열반경을 독송하는데 날이 밝을 때까지 계속되었다.

이때 상공은 대청에 있다가 문득 독경 소리를 듣고 일어나 홀로 천천히 걸어 서원 문 앞에 이르러 독경 소리를 들었다. 그리고 좌우에게 부인을 모셔오게 하였다. 부인이 부름을 입고 서원 문 앞으로 나오니, 상

229 [徐震堮] '慢'은 '謾'과 같다. [校注] '滿'으로 적기도 한다. 『敦煌零拾』「鵲踏枝」曲: "까치의 거짓말은 참을 수가 없네. 그것이 좋은 일을 가져온다는 것은 무슨 근거가 있기라도 하는 건가!(叵耐靈鵲多滿語, 送喜何曾有憑據!)"이 그 예이다. 또 '漫'으로 적기도 한다. 『列子』「黃帝」: "여러 사람들에게 농담으로 말했다. '누가 여기에서 뛰어내릴 사람이 있으면 상으로 황금 백 냥을 주겠다'(於衆中漫言曰: '有能自投下者, 賞百金!')"는 경우가 그 예이다.

230 '目'은 原錄에서는 '日'로 되어 있고 '目'으로 교정하였다. [校注] 原卷에는 '日'으로 되어 있는데 마땅히 '目'으로 기록해야 한다. 뒤에 나오는 "滿目是淚"의 '目' 역시 原卷에는 '日'으로 되어 있다.

231 原錄에는 '擧' 다음에 '旣'자가 있다. [原校] '旣'자는 衍字이다. [校注] '旣'는 '擧'와 음이 비슷한 衍字이다. 여기서는 삭제한다.

공은 부인과 함께 독경 소리를 날이 밝아 올 때까지 계속 들었다. 다음 날 아침, 상공은 조정에서 물러 나온 뒤 대청에 앉아 곧 좌우에 명하여 서원의 노복들을 불러오도록 하였다. 서른 명의 노복들이 모두 대청 앞에 이르자 상공이 물었다. "어젯밤 서원에서 들려오던 것은 어떤 노복의 독경 소리였느냐?" 이때 노복의 우두머리가 상공에게 아뢰었다. "어젯밤의 독경은 다름 아닌 바로 새로 사들인 노비가 독경하던 소리였습니다." 상공은 새로 들여온 노복이 독경한 것이라는 말을 듣고 원공에게 물었다. "어젯밤 독경은 네가 한 게 맞느냐?" "예. 소인이 독경하던 소리였습니다." "무슨 경인가?" "어젯밤 염송한 것은 대열반경이었습니다." "몇 권을 염송했느냐?" "한 부(部) 열두 권을 어젯밤 염송했습니다." "터무니없는 말 말라!" "제가 어찌 감히 상공님을 속이겠습니까?" 상공은 그리하여 원공에게 다시 열반경을 읊어보게 했다. 그리하여 원공은 다시 한 번 경제(經題)[232]를 창(唱)하고 경문을 염송하기 시작하는데 한 차례 염송이 끝날 때까지 단 한 군데도 틀린 곳이 없었다. 상공이 그것을 보고 거듭 "훌륭하다!"라고 감탄하였다. 그리고는 집안의 어른 아이 노복 삼백여 명을 바삐 대청 앞에 불러다 놓고 "오늘 이후로 새로 들어온 이 노비를 그대들은 천대시하지 마라"라고 지시하였다. 아울러 그에게 선경(善慶)이라는 이름도 지어 주었다.

相公每日朝下,[233] 常在福光寺內廳(聽)道安講經, 納錢一百貫文. 又於來日, 將善慶隨逐來至寺內. 緣爲善慶初伏事相公, 不得入寺聽經, 只在寺門外邊與他看馬. 須臾之間, 見聽衆雲奔雨驟, 皆至寺內. 須臾鍾聲已罷, 便擧經題, 梵音遠響, 漸歷耳根, 善慶聞之, 心懷惆愴. 遠公曰:"不知甚生道安, 講讚得爾許[234]多能解?[235] 願我一朝再登高座,

232 경전의 제목.

233 '朝下'는 原錄에서는 '下朝'로 되어 있다. 【校注】 原卷에 '朝下'로 되어 있기에 이에 의거하여 수정한다. 다음에 나오는 "相公朝却"의 '朝却'은 '朝下'와 같은 뜻이다.

重政(證)十地之果, 與一切衆生消災. 有形無形,[236] 有相無相, 皆因涅槃而滅度." 須臾之間, 便□[237]下講, 男女齊散. 相公歸宅, 廳中歇息旣定, 昇廳而坐. 夫□(人)掩袂, 直至相公面前, 啓相公曰:"只如相公, 數年於福光寺內聽道安上人講涅槃經, 還聽得何法? 見說涅槃經義, 無量無邊, 相公記得多少[238]來經文, 何得默然而不言, 並不爲妄說一句半句之偈?" 相公曰:"夫人曾[239]讀法華經已否?" 夫人曰:"曾讀法華經." 相公曰:"經中道'不請說之, 聞必不聽.'" 夫人曰:"願相公爲宅內良賤略說少多,[240] 令心開悟解." 相公言道:"得爲夫人說涅槃經中之義." 夫人便處分家人掃灑廳館, 高設床座, 喚大小良賤三百餘口, 齊至廳前, 請相公說涅槃經中之義. 應是諸人默然而聽. 相公是夜先爲夫人說其'八苦交煎'.

상공은 날마다 조정에서 물러나온 후 언제나 복광사(福光寺)에서 도안(道安)의 강경을 들곤 했는데 바치는 금액은 하루에 일백 관문이었다. 이번에는 이튿날 선경을 데리고 절에 갔다. 선경은 아직 상공을 모신지 얼마 안 되었기 때문에 절에 들어가 경을 들을 수는 없었고 다만 산문 밖에서 주인의 말(馬)을 지키고만 있었다. 잠깐 사이에 구름이 몰리고 비

234 '爾許'는 '이와 같다(如此)'란 뜻이다.

235 '能解'는 같은 뜻의 글자를 중복해 적은 連文으로 '知識'이란 뜻이다. 「葉淨能詩」: "다재다능하며 인간세상의 일도 훤히 꿰뚫고 있다(多解多能, 人間皆曉)." 여기서 '能'과 '解'는 호환할 수 있다.

236 "有形無形"이 原錄에는 "有邪無邪"로 되어 있다. [項楚] 두 '邪'자는 모두 '形'이 되어야 한다.

237 原卷에서는 행 끝이 잔결되어 있다. '卽'자로 채울 수 있을 것이다.

238 '少'는 原卷에서는 '小'로 되어 있는데 原錄에서 수정하였다. '多少'는 '대단히 많은(許多)'의 뜻이다.

239 '曾'은 原錄에서는 '衆'으로 되어 있고 '曾'으로 교정하였다. [校注] '衆'은 응당 '曾'의 形訛字이거나, 音近通假字일 것으로 생각된다. 이에 직접 수정한다.

240 '少多'는 原錄에서는 '多少'로 되어 있다. [校注] 原卷에는 사실 '少多'로 되어 있다. '소량, 약간(少許)'라는 의미이다. 다음에 나오는 "與我更說少多" "更問少多"의 "少多"를 原錄에서는 임의로 "多少"로 고쳤다. 『三國志』 권1 「武帝紀」배송지주 인용 張華 『博物志』: "又習啖野葛至一尺, 亦得少多飮鴆酒." '少多'는 '少許'라는 뜻이다.

가 퍼붓듯 청중들이 절로 몰려 들어가는 것을 보았다. 곧 북소리가 울리고 경제가 창해지고 강경 소리가 멀리서 들려와 점차 귓가에 전해왔다. 선경은 그 소리를 듣자 마음이 서글퍼졌다. "저 도안이라는 자가 누군지는 알 수 없지만 이 정도까지 강경에 능숙한가 보구나. 하루만이라도 고좌(高座)에 다시 올라 십지(十地)의 과위를 거듭 증득하여 일체 중생의 재앙을 소멸시키고, 유형(有形)과 무형(無形), 유상(有相)과 무상(無相) 모두를 열반에 기대어 멸도(滅度)시킬 수 있었으면 ……"라고 생각하였다.

잠시 후 강경이 끝나고 남녀 청중들은 모두 흩어져 돌아갔다. 상공은 집으로 돌아와 잠시 휴식을 취한 뒤 대청에 올라앉았다. 부인은 옷매무새를 단정히 하고 상공에게 다가와 아뢰었다. "상공께서는 수년 동안 복광사에서 도안 대사의 열반경 강의를 들었사온데 대체 무슨 법문을 들으셨습니까? 본 바에 의하면 열반경의 참뜻은 무량무변한데 상공께서는 얼마의 경문을 알고 계시는지요. 어찌하여 묵묵히 아무 말씀 않으시며 소첩에게 한두 구절의 게송조차 설하지 않으십니까?" 이에 상공이 물었다. "부인께서는 법화경을 읽어본 적이 있습니까?" "읽어본 적이 있습니다." 부인의 대답에 상공이 말했다. "법화경에서 '설하길 바라지 마라. 들어도 이해하지 못하리라(不請說之, 聞必不聽)'라고 하였소." 그러자 부인이 말했다. "상공께서 집안의 노복들에게 간략히 설해 주셔서 [그들의] 마음을 깨우쳐 주시기 바랍니다." 상공이 이에 대답하여 말했다. "그렇다면 부인을 위하여 열반경의 참뜻을 설해 드리리다." 부인은 곧 노복들에게 명하여 대청을 깨끗이 청소하고 상좌(上座)를 높이 설치하게 한 다음, 노소를 막론하고 집안의 노복 삼백 여를 대청 앞에 모두 불러다 놓고, 상공에게 열반경의 참뜻을 설해달라 청하였다. 이들은 모두 조용히 청경하는데, 상공은 이날 밤 먼저 부인을 위해 '팔고교전(八苦交煎)'을 설했다.

弟[241]一說其'生苦'. 生苦者, 生身託母蔭在胎中, 臨月之間, 由(猶)如蘇酪.[242] 九十日內, 然可成形, 男在阿孃左邊, 女在阿孃右脇, 貼著俯近心肝, 禀氣成形. 乃受諸苦, 賢愚一等, 貴賤亦同. 慈母之恩, 應無兩種. 母喫熱飯, 不異鑊湯煮身; 母喫冷物, 恰如寒冰地獄; 母若食飽, 由(猶)如夾石[243]之中; 母若飢時, 生受[244]倒懸之苦. 十月滿足, 生產欲臨, 百骨節開張, 由(猶)如鋸解. 直得四支體折, 五藏[245]疼痛, 不異刀傷, 何殊劍切! 千生萬死, 便卽悶絶莫知, 命若懸絲, 不忘(望)[246]再活. 須臾母子分解, 血似屠羊.[247] 阿孃迷悶之間, 乃問是男是女. 若言是女, 且得母子分解平善; 若道是[248]兒, 總忘却百骨節疼痛, 迷悶之中, 便卽含笑, 此卽名爲孝順之男. 若是吾(牾)[249]逆之子, 如何分免(娩)! 在其阿孃腹內, 令母不安, 蹴踏阿孃, 無時暫歇, 忽居心上, 忽至要[250]間, 五藏之中, 無處不到. 十月滿足乃生, 是時手把阿孃心肝, 脚踏阿孃

---

241 '弟'는 '第'의 古字이다. 原錄에서는 모두 '第'로 고쳤다. 여기서는 原卷에 의거하여 '弟'로 적는다.

242 '蘇酪'은 '酥酪'이다. 해산할 때 피가 땅을 적시는 것이 乳酪이 흘러내리는 것에 비유하고 있다.

243 '石'은 原錄에서는 '口'로 되어 있다. 【蔣紹愚】 '夾' 다음의 한 자가 原卷에는 그 반만 남아 있다. 【校注】 原卷에는 '석'자의 왼쪽 상반부인 '丆'만 남아 있다.

244 '生受'는 '극심히 (고통·재난·불운 따위를) 받다(極受)'이다. '生'은 '매우(甚)'이다. '生憎', '生恐', '生怕' 등은 모두 그렇다. '生受'란 말은 宋元시기에 '고통을 당하다(受苦)', '복잡하고 어렵다(繁難)' 등의 뜻을 가리키는 말로 사용되었다. '生'은 접두사이다.

245 '藏'은 原錄에서는 '臟'으로 되어 있다. 【校注】 原卷에는 '藏'으로 되어 있는데 이는 '臟'의 古字이다.

246 '忘'은 '望'으로 보아야 한다.

247 「父母恩重經講經文(一)」: "달이 차서 아기를 낳을 때는 온갖 고통을 받으며, 잠깐 사이에 좋았다가 싫어져 오로지 덧없이 죽을까만 걱정되며, 돼지와 양을 죽인 듯 피가 흘러 땅에 뿌려지느니라(月滿生時, 受諸苦痛, 須臾好惡, 只恐無常, 如殺豬羊, 血流灑地)." 또 "막상 아이를 낳으면 마치 양을 도살한 듯하다네(及乎生了似屠羊)."

248 '道是'는 原錄에서는 '是道'로 되어 있다. 原錄의 교정에 따라 도치시킨다.

249 '吾'는 原校에서는 '忤'로 되어 있다. 【項楚】 原校에서 '吾'를 '忤'라 교정한 것은 알맞다. 그러나 唐人은 흔히 '五逆'으로써 '불효자'를 형용하였다. 이곳의 '吾'를 '五'자로 보는 것이 '忤'자로 보는 것보다 더 옳아 보인다. 【校注】 '吾'는 '牾'의 생략형이다.

250 '要'는 原錄에서는 '腰'로 되어 있다. 【校注】 原卷에서 '要'로 되어 있는데 이는 '腰'의 古字이다.

髈骨, 三朝五日, 不肯平安. 從此阿孃大命轉然, 其母看看是死, 叫聲動地, 似劍㓷[251]心. 兄弟阿孃, 莫知爲計;[252] 怨家債主, 得命方休. 旣先忍子,[253] 還須後死. 卽此爲[生].

첫 번째로 생고(生苦)를 설하였다. 생고란 어미에 기탁하여 태(胎) 속에서 육신이 생겨나는 것으로, 산월(產月)이 되면 [흐르는 피가] 수락(酥酪)처럼 [바닥을 적신다]. 아흔 날째가 되면 형체가 생기는데, 남아는 어미의 왼쪽 옆구리에서, 여아는 어미의 오른쪽 겨드랑이에서, 어미의 심장과 간 근처에 각각 붙어서 기운을 받아 형체가 이루어진다. 이리하여 받게 되는 고통은 현명한 자나 어리석은 자가 모두 똑같고, 존귀한 자나 미천한 자 역시 똑같다. 어미의 은혜는 두 가지가 없다. 뜨거운 밥을 먹을 때는 가마솥의 끓는 물에 육신이 삶아지는 것 같은 고통을 느끼고, 차가운 음식을 먹을 때는 마치 한빙(寒氷) 지옥에 떨어진 고통을 느낀다. 배불리 먹게 되면 돌덩이를 끼고 있는 것 같고, 굶주리게 되면 거꾸로 매달리는 고통을 받는다. 열 달이 차서 해산일이 다가오면 모든 뼈마디가 열리니 마치 톱으로 잘라지는 것 같다. 당장 사지가 떨어져나가는 것 같고 오장(五臟)의 통증은 칼에 찔리고 검에 잘리는 것과 다름이 없다. 천 번 살고 만 번 죽어 근심 끝에 기절하니 목숨은 매달린 실과 같아서 다시 살고자 하는 바램도 없다. 잠시 후 모자(母子)가 분리되니 피가 양을 도살하듯 흐른다. 어미는 혼수의 상태에서도 남아인지 여아인지를 묻는다. 여아라면 모자간의 분리는 보통의 잘함이 되고, 남아라면 온갖 뼈마디의 통증을 잊어버리고 혼수의 상태에서도 웃음을 머금는다. 이는 효순(孝順)의 자식이다. 만일 불효자식이라면 어떻게 분만하는가. 어미의 배 속에 있으면서 어미를 불안하게 하고 차고 밟으며 잠시도 쉬지 않는다. 어느 때는 심장 위에 있다가 또 어느 때는 허리에 있기도 하

251 '㓷'은 原錄에서는 '到'로 되어 있고 '㓷'으로 교정하였다. 이에 따라 수정한다.
252 '計'는 原卷에서는 '見'으로 적었다가 다시 그 옆에 '計'로 수정하였다.
253 '忍子'는 '고통을 참아 아들을 낳다'는 뜻으로 보인다.

며 오장 가운데 이르지 않는 곳이 없다. 열 달이 차서 태어날 때가 되면 손으로 어미의 심간(心肝)을 움켜쥐고 어미의 사타구니 뼈를 발로 밟으며 수일을 그렇게 가만있으려 하지 않는다. 이때부터 어미는 목숨이 위태로워져 죽음을 보게 되고 비명 소리 땅을 뒤흔드는데 마치 칼로 심장을 도려내는 듯하다. 어미 형제는 어쩔 줄 몰라 하고, 원수와 채주는 목숨을 구하고서야 안도한다. 고통을 참아가며 자식을 낳고 나서 그 후에 죽음을 맞는 것, 이것이 '생(生)'이다.

相公是也(夜)又爲夫人說其'老苦'. 老苦者, 人受百歲, 由(猶)如星火; 須臾之間, 七十八十, 氣力衰微. 昔時聲(身)[254]少, 貌似春花; 今旣老來, 何[255]殊秋草! 筋(鷄)皮鶴髮, 常[256]欲枯乾; 眼[257]暗耳聾, 靑黃不辯(辨). 四支沉重, 百骨酸疼; 去天漸遠, 去地應近. 夜臥床枕, 千轉萬迴, 是時(事)[258]不能. 世間之事. 如由(猶)夢裏.[259] 君不[見][260]路傍桃李, 年年花發; 曜日紅[261]顏, 伏(復)[262]今何在! 若也老、病來侵,[263] 白髮無緣

254 【袁賓】'聲少'는 무슨 뜻인지 이해하기 어렵다. '聲'은 '身'으로 보아야 할 것 같다. 【校注】'身'과 '聲'이 유사 소리인 데서 생긴 오류이다.

255 '何'는 原錄에서는 '阿'로 되어 있고 '何'로 교정하였다. 이에 의거하여 수정한다.

256 '常'은 原錄에서는 '當'으로 되어 있다. 【項楚】'當'은 '常'으로 보아야 할 것이다. 【校注】돈황사본에서 '當'과 '常'은 뒤섞여 사용되는 경우가 많다. 유사 형태로 인한 잘못인 듯하다. 이에 따라 수정한다.

257 '眼'은 原錄에서는 '明'으로 되어 있고 '眼'으로 교정하였다. 「太子成道經(一)」: "눈은 어두워 색깔을 구분하지 못하고, 귀는 먹어 큰 소리도 들리지 않는다네(眼闇都緣不辯色, 耳聾高語不聞聲)." 이것과 같은 뜻이다.

258 【項楚】'時'는 '事'가 되어야 한다. "是事不能"은 한 문구이고, '是事'는 '凡事'와 같다. 原錄에서는 "是事不能世間之事"를 붙여 적고 있는데 확실하지 않다.

259 【劉堅】: "如由夢裏"는 "由(猶)如夢裏"가 되어야 한다. 【校注】'猶如'는 비교적 자주 보이는 자구이나, 이 두 글자는 같은 의미의 글자를 중복 사용한 衍文이다. '如猶'라 도치시켜도 틀리지 않는다.

260 "君不見"은 原錄에서는 "若不□(見)"이라 되어 있다. 【校注】原卷에는 "君不"이라 되어 있고 '見'자는 빠져 있다.

261 【項楚】'曜'자는 '昨'자가 되어야 할 터인데 다음에 "舊日紅顏"이란 어구가 있는 것으로 보아 여기의 '曜'자는 마땅히 '舊'자의 形訛字로 보아야 한다. 【校注】항초의 견해

再黑. 昔時壯氣, 隨八節而彫(凋)殘; 舊日紅顔, 隨四時而改變. 是八皆老, 貴賤亦同, 不諫(揀)[264]賢愚, 是共老苦. 不如聞早,[265] 須造福田, 人命刹那, 看看過世. 大須用意, 便乃修行, 一失[人][266]身, 無由再復, 此卽名爲'老苦'.

상공은 이날 밤 부인을 위하여 또 노고(老苦)를 설하였다. 노고라는 것은 인간이 받은 백 년의 수명이 마치 별똥별과 같아 금방 칠팔십이 되어 기력이 쇠미해지는 것을 말한다. 이전에는 젊어 그 모습이 봄날의 꽃과도 같았는데 이제는 늙어서 가을철의 잡초와 다를 바가 없다. 닭의 피부, 학의 머리털 되어 항상 말라만 간다. 눈은 어둡고 귀는 들리지 않으니 청색과 황색을 구분하지 못한다. 사지는 무겁고 백골은 쑤시며, 하늘로부터 서서히 멀어지고 땅에 점차 가까워진다. 밤에 잠자리에 누워서도 천만번을 뒤척이니 아무런 일도 할 수가 없다. 그러니 세상사가 꿈속과 같다. 그대는 길가의 복사꽃과 자두꽃이 해마다 피어나는 것이 보이지 않는가. [복사꽃, 자두꽃은 졌다가도 다시 피는데] 어제의 홍안은 지금 어디로 갔는가! 쇠로(衰老)와 병마가 찾아들면 하얗게 된 머리칼은 다시 검어질 수 없다. 지난날의 건장하던 기운은 팔절(八節)[267] 따라 쇠미해지고 옛날의 홍안은 사시(四時) 따라 변해간다. 사람은 누구나 늙게 마련인 것은 귀한 자나 천한 자가 똑같고 현명한 자와 어리석은 자

는 옳으나, 원문 그대로도 뜻은 통하는 까닭에 원문을 따른다. 또 '紅'자는 原錄에서는 '江'으로 되어 있고 '紅'으로 교정하였다. 이에 따라 수정한다.

262 [項楚] "伏今"은 "今復"이어야 한다. [校注] 도치시킬 필요는 없다.

263 '侵'은 '煎逼'이다.

264 '不諫(揀)'은 '……을 막론하고(不論, 不管)'의 뜻이다. '不簡', '不柬', '不擇'이라고도 하는데, 이들은 모두 같은 뜻이다.

265 '聞早'는 '일찌감치(趁早)'란 뜻이다. 『詩詞曲語辭匯釋』: "聞, 猶趁也; 乘也."

266 [項楚] '失' 다음에 '人'자가 빠져 있음에 틀림없다. "一失人身"이 되어야 한다. 「歡喜國王緣」에도 "一失人身, 萬劫不逢"이란 어구가 있는데, 이곳과 같은 뜻이다. [校注] 이에 의거하여 채워 넣는다.

267 한 해 동안에 있는 이십사절기 가운데 여덟 절기(節氣). 입춘, 춘분, 입하, 하지, 입추, 추분, 입동, 동지를 이른다.

를 가리지 않으니, 이 모두가 노고(老苦)이다. 그러니 일찌감치 복(福)의 밭을 닦느니만 못하다. 사람의 목숨은 찰나에 있어 어느덧 세상을 떠나니 모름지기 정성껏 수행해야 한다. 한번 사람의 육신을 잃어버리면 다시는 되찾을 수 없으니, 이것을 곧 노고라 한다.

相公是夜乃爲夫人說其'病苦'. 夫人又聞(問), 何名爲'病苦'? 病苦者, 四大之處, 何曾有實; 衆緣假合, 地水火風. 一脈不調, 是病俱起. 忽然困重着床, 魂魄不安, 五神俱失, □(唇)乾舌縮, 腦痛頭疼,[268] 白骨節之間, 由(猶)如鋸解. 曉夜受苦, 無有休期, 求生不得, 求死不得. 世間妙術, 只治有命[269]之人, 畢(必)[270]死如何救得! 能[271]療藥不能痊損,[272] 累日連宵, 受諸大苦. 假使祁[273]婆濃藥, 扁[274]鵲行針, 死病到來, 無能勉(免)得. 世人枉[275]受邪言, 未病在床, 便寃(怨)神鬼, 燒錢解禁, 枉殺衆生. 如是之人, 墮於地獄. 大限[276]不過百歲, 其中七十早希; 人[277]人同

268 '疼'은 原錄에서는 '痛'으로 되어 있다. 【校注】 原卷에는 '疼'으로 되어 있다. 이에 의거하여 수정한다.

269 '有命'은 '죽지 않게 운명으로 정해져 있는'의 뜻이다.

270 【項楚】 '畢'은 '必'이 되어야 한다. 【校注】 이 두 글자는 同音假借字이다.

271 【項楚】 '能'자 앞에 한 자('縱'자로 생각됨)가 빠져 있다. "□(縱)能療藥"이 한 구가 된다.

272 '痊損'는 '痊愈'이다. '損'에는 '치료하다'라는 뜻이 있다. 예를 들어 『諸病源候論』 권2 인용 「養生方導引法」: "蹲坐, 身正頭平, …… 去乳房風冷腫悶, 魚寸不調, 日日損." 또 "去脚疼, 腰髆冷血冷風, 日日漸損."

273 原錄에는 '祁'로 되어 있고 '祇'로 교정하였다. 【項楚】 '耆'자가 되어야 한다. 기파는 불경에서 왕사성의 명의로 나온다. 그는 여러 가지 기묘한 방법으로 질병을 치료하였다는데, 이에 대해서는 『佛說柰女耆婆經』 등의 경전에 상세히 서술되어 있다.

274 '扁'은 原錄에는 '扁'자 오른쪽에 '鳥'가 붙어 있다. 【校注】 이는 뒤의 '鵲'자와 관련시켜 '鳥'편방을 덧붙인 것이다.

275 '枉'은 原錄에서는 '狂'으로 되어 있고 '枉'으로 교정하였다. 【校注】 이 두 글자는 자주 혼용되고 있는데 응당 '枉'이 되어야 한다. 이후로는 바로 수정한다.

276 '大限'은 인생의 극한이다. 고대에는 백 세를 보통사람 수명의 한계로 여겼다.

277 '人'은 原錄에는 '三'으로 되어 있다. 【校注】 "三人同受百歲"는 무슨 뜻인지 이해하기 어렵다. '三'은 '人'으로 보아야 한다. 이는 아마 다음 행의 "三思"의 '三'과 관련하여 생긴 착오인 듯하다. "人人同受百歲"는 '모든 사람이 다 백 세의 수명을 부여 받는다'는 것을 말한다. S.778, S.1399 王梵志 詩: "곁에서 바라보니 여러 어리석은 자들이

受百歲, 能得幾時! 人生在世, 若有妙術, 合有千歲之人. 何不用意三思, 枉受師人[278]誑赫(嚇)![279] 此卽名爲'病苦'.

상공은 이날 밤 부인에게 또 병고(病苦)를 설하였다. 부인이 "병고란 무엇인지요?"라고 물었다. 병고란, 사대(四大)[280]가 일찍이 견실한 적이 없으니, 이들이 임시로 합해져 생겨난 중생은 땅, 물, 불, 바람이 조금이라도 조화롭지 못하면 질병이 생기게 되는 것이다. 갑자기 침상에 드러누워 옴짝달싹 못하고 마음이 안정되지 못하며 오장이 죄다 상해버리니, 입술은 메마르고 혀는 오므라들며 머리가 욱신거리고 온몸의 뼈마디가 잘려나가는 것 같다. 밤새도록 고통스러워 하니 쉴 새가 없다. 살려 해도 살 수가 없고 죽으려 해도 죽을 수가 없다. 세간의 신묘한 의술은 아직 명이 남은 사람이나 낫게 할 수 있을 뿐, 죽어야 될 사람을 어찌 구해낼 수 있으랴! 어떤 약으로도 낫게 할 수 없으니 밤낮으로 모든 극심한 고통을 받게 된다. 설령 기바(jiva, jivaka)[281]의 약과 편작(扁鵲)의 침을 사용한다 하더라도 죽을병이 이르면 피할 길이 없다. 세상 사람들은

라, 저택 지어 놓고 만 년 기약 하려 하네. 사람마다 백 세 살기 어찌 하나 있을손가. 오래 산다 해도 칠십 세가 드물거늘.(궐문) 마치 유성이 잠시 빛을 내는 것과 같도다. 도중에 점점 어지러이 죽으니, 또한 갓난아이가 태어난다네. 남편이나 아내를 불문하고, 놀라거나 서누르시 말 일이니 심사숙고할진저(傍看數個大憨癡, 造宅舍擬作萬年期. 人人百歲乃有一, 縱令七十長少稀. □□□□期却半, 欲似流星光暫時 中途少小撩亂死, 亦有初生嬰孩兒. 無問男夫及女婦, 不得驚忙番三思)." 그 뜻 역시 이와 같다.

278 [通釋] 師人은 병을 치료하는 術士나 무당 같은 사람을 말한다.

279 [徐震堮] '嚇'은 본래 '誶'로 되어 있다. 『廣韻』: "誶, 誑誶, 呼訝切." '謼'라고도 적는다. 敦煌曲 「十二時」: "不是虛言相誑謼." '嚇'과 '謼'와 '誶'은 글자는 다르나 모두 같은 뜻이다. '誑嚇'은 雙聲字이다. '嚇'은 '懗'라고도 적는다. 『龍龕手鑒』: "懗, 呼嫁反, 誑也, 與謼同." [校注] '誑'은 群母字이고 '嚇'은 曉母字로서, '誑嚇'은 쌍성자가 아니다. 또 "與謼同"이 『龍龕手鏡』에서는 "與誶同"으로 되어 있다. '誶'는 반드시 本字인 것은 아니다. 『集韻』: "謼, 誑也. 或作誶." '謼'로 적기도 함을 알 수 있다. S.6204 「字寶」: "相誑謼, 呼架反." '謼'와 '謼'은 자주 보이는 반면, '誶'은 드물게 사용되며 글자의 우측의 '卒'은 그 음도 알기 어렵다.

280 사대란 땅, 물, 불, 바람. 사람의 몸은 이들 네 가지 요소로 이루어져 있다고 한다.

281 석가모니 부처 생존시의 名醫. 『四分律』에는 그가 뇌수술을 행하였다는 기록이 있다.

부정한 말을 헛되이 받아들여 병이 침상에 이르기도 전에 귀신을 원망하며 돈을 태우고 주술을 행함으로써 중생들을 억울하게 죽인다. [중생을 속이는] 이 같은 사람들은 지옥에 떨어진다. 인생은 백 년을 넘지 못할뿐더러 일흔인 자도 드문데, 사람마다 모두가 백 년을 누린다는 것은 언제나 가능할까! 사람이 세상을 살면서 정말 묘술이 있어 천 살 되는 사람이 있다면 어찌 거듭 생각하여 술사(術士)의 기만과 공갈을 몸 굽혀 받아들이지 않으리! 이것이 병고이다.

相公是夜爲夫人說其'死苦'. 死[282]苦者, 四大欲將歸滅, 魂魄逐風摧[摧],[283] 兄弟長辭, 耶孃永隔, 妻兒男女, 無由再會. 交期朋友往還,[284] 一別無由再見. 金銀錢物, 一任分將, 底(邸)店莊園, 不能將去. 貪愛死苦, 四大分離, 魂魄飛颺, 莫知何在. 三寸去(氣)[285]斷, 卽是來生, 一人死了, 何時再生! 生鬬[286]英雄, 死論福得(德). 隨業受之, 任他所配. 或居地獄, 或在天堂; 或爲畜生, 或爲餓鬼; 六道輪迴, 無有休期. 再得人身, 萬中希一. 卽此名爲'死苦'.

상공은 이날 밤 부인을 위해 사고(死苦)를 설하였다. 사고라는 것은, 사대(四大)가 [원래의 곳으로] 돌아가 사라져버림으로써 혼백이 바람에 쫓겨 꺾이고 마니 형제와 긴 작별을 하고 부모와 영원히 헤어지며 아내

282 原錄에서는 '死' 앞에 '其'자가 있다. [校注] 原卷에는 "說其死" 세 글자 옆에 세 개의 반복부호가 있는데 본래 '死苦' 두 글자 옆에 두 개의 반복부호를 붙여야 한다. 앞과 뒤의 유사 언어 환경에서 '其'자를 사용하지 않고 있음에 따라 여기서는 삭제한다.

283 '摧' 다음에 반복부호가 빠져 있음에 틀림없기에 "摧摧"라고 보완한다. S.6180: "明朝日月推推(摧摧)." "摧摧"는 零落하고 轉移되는(漂零遷徙) 모습이다.

284 "交期朋友往還"는 친구를 말한다. '交期'와 '往還'는 모두 '朋友'의 의미이다. 동의 어휘를 연용한 경우다.

285 [袁賓] '去'는 '氣'로 보아야 한다.

286 '鬬'는 原錄에는 '聞'으로 되어 있다. [校注] 原卷에는 사실 '鬪'로 되어 있는데 이는 '鬬'자의 속자이다. '鬬'에는 '겨루다(比鬬)', '논쟁하다(論競)'의 의미가 있다. 예를 들어 「無常經講經文」: "或經營, 或工巧, 鬬樣尖新呈妙好" 여기의 '鬬'자 역시 原錄에서는 '聞'으로 잘못 적고 있다.

와 아들딸을 다시는 만날 수 없게 되는 것을 말한다. 벗과 한번 헤어지면 다시 볼 수 없게 된다. 금은보화는 모두 나누어 주고 집이나 장원(莊園)도 가져갈 수 없다. 사고에 연연해하나 사대가 흩어져서 혼백이 날아가면 어디에 머무는지 알 수가 없다. 세 치의 기(氣)가 끊어지면 곧 내생(來生)이 이어진다. 사람이 죽고 나면 언제나 다시 태어날 수 있을까! 살아생전에 영웅이라 불리워지더라도 죽으면 복덕을 따지게 된다. 업(業)에 따라 그것(내생)을 받고 업에 따라 배치된다. 지옥에 떨어지기도 하고 천당에 태어나기도 하며, 축생이 되기도 하고 아귀(餓鬼)가 되기도 하는 등, 이렇게 육도(六道)[287]를 윤회하며 그칠 새가 없다. 다시 사람의 몸을 얻기란 만(萬)에 하나 있을 정도로 드물다. 이것이 사고이다.

相公是也(夜)又爲夫人說'五蔭(陰)苦'.[288] 五蔭(陰)苦者, 人生在世, 由(猶)如晝夜. 濃(膿)血皮膚, 綺羅纏體, 五陰之內, 七孔常流, 內懷糞穢之膻腥, 遊血骨外. 且看膿囊涕唾, 日夜長流, 處處不堪, 全無實相. 所欲皆從三寸氣生, 是三毒之苗, 五藏五慾之本, 所以大師有偈:

薄皮囊[289]膿血, 筋纏臭骨頭,
從頭觀至足, 遍體是濃(膿)流.

如是多[290]般衆苦, 逼迫其身, 此即名爲'五蔭(陰)苦'.

---

287 중생이 生死의 윤회를 반복한다는 地獄・餓鬼・畜生・修羅・人・天의 여섯 가지 경로. 六趣라고도 한다.

288 '五蔭'은 原錄에서는 '五陰'으로 되어 있나. [校注] '五陰'은 '五蔭', '五蘊'이라고도 한다. P.3724 왕범지 시: "몸뚱이는 五陰의 城으로, 주위는 몇 리라는 수치도 없네. 위아래 아홉 개의 구멍에서 고름 흐르니, 모두 고름덩이의 악취가 나네. 피고름 사이에 가득히 팔만 胚의 벌레가 안치돼 있네(身是五蔭城, 周迴無里數. 上下九六門, 膿流皆臭瘀. 湛然膿血間, 安置八萬戶)." 「止觀」 5: "陰者陰蓋善法, 此就因得名. 又陰是積集, 生死重沓, 此就果得名." '陰'에는 '蔭蓋'와 '積集' 두 가지 의미가 있다. '五陰'은 色・受・想・行・識을 가리킨다. '五陰苦'는 '五陰盛苦' 혹은 '五盛陰苦'라고도 부르며 八苦 중의 하나이다.

289 '囊'은 原錄에는 '褢'로 되어 있다. [校注] 原卷에는 '蘘'로 되어 있는데 이는 '囊'의 속자이다.

상공은 이날 밤 부인을 위하여 또 오음고(五陰苦)[291]를 설하였다. 오음고란 사람이 세상에 살아 있을 때의 밤낮과 같다. 피고름 살가죽을 비단으로 감싸지만, 인간[292]의 일곱 구멍에서는 항상 [피고름이] 흐르고 그 속에는 냄새나는 똥 오물을 담고 있으며 뼈 바깥으로는 피가 흐르고 있다. 또 고름 주머니에는 눈물과 침이 밤낮을 가리지 않고 줄줄 흘러내려 어느 곳인들 차마 바라볼 수 없으니 참모습이란 전혀 없는 것이다. 사람의 욕심은 모두 세 치의 기(氣)를 따라 생겨나는데, 이것은 삼독(三毒)[293]의 시작이자 오장(五臟)과 오욕(五欲)[294]의 근본이다. 이리하여 대사(大師)는 게송을 읊는다.

얇은 살가죽은 피고름을 감싸고
힘줄은 냄새 나는 뼈다귀를 휘감고 있네.
머리에서 발끝까지 바라보니
온몸이 흐르는 고름으로 가득하네.

이처럼 많은 고들이 육신을 핍박하니 이를 일컬어 오음고라 한다.

相公是夜又爲夫人說'求不得苦'者. 人生在世, 各有所求,[295] 願有福

290 '多'는 原錄에는 '名'으로 되어 있다. 【項楚】 '名'자는 '多'자의 訛字이다. 【校注】 이에 의거하여 수정한다.

291 오음(五陰) : 객관적 세계의 사물【色】, 객관적 세계의 사물을 받아들이는 감수작용【受】, 감수작용을 다시 정리하여 생각으로 나타내는 사고작용【想】, 그 생각을 통해서 일어나는 충동적인 욕구【行】, 이 욕구에 의해서 판단하거나 인식하는 작용【識】. 인간은 이 오온을 통해서 삶을 영위하고 있으며, 이들 다섯 가지 요소는 실체가 있는 것이 아니라 공(空)에 불과하다는 것. 오음고는 이 오음을 실체적인 존재로 여김으로써 생겨난 고통을 말한다.

292 원문에는 '오음(五陰)'이라 되어 있는데, 여기서는 현실 속에 살고 있는 사람을 지칭한다.

293 貪(욕심)·瞋(성냄)·痴(어리석음).

294 눈·귀·코·혀·몸의 다섯 감각기관(五根)이 각각 색(色)·성(聲)·향(香)·미(味)·촉(觸)의 다섯 감각대상(五境)에 집착해서 발생되는 다섯 종류의 욕망.

295 '求'는 原錄에서는 '有'로 되어 있고 '求'로 교정하였다. 【校注】 原卷에서는 먼저 '有'라 적었다가 다시 짙은 글씨로 '求'라 고쳐 적었다. 따라서 '求'로 기록한다.

者, 求無上菩提. 且三世之中, 求得人生天之福. 幾個能受世榮, 求得人間資財? 中路便遭身夭. 若求金銀疋帛, 劫劫榮心, 縱得衣食, 自充不足. 耶孃兄弟, 各自救療. 生男養女, 分頭自求, . 前生不種, 累劫不修. 欲得世上榮, 須是今生修福. 今朝苦勸聽衆, 總知衣食是宿生注[296]定. 所已[大][297]師有偈:

今年定是有來年, 如何不種來年穀?

今生定是有來生, 如何不修來生福?

多如是般,[298] 此卽名爲'求不得苦'.

상공은 이날 밤 부인에게 또 구부득고(求不得苦)를 설하였다. 사람은 세상을 살면서 각기 구하는 바가 있거늘 복이 있기를 바란다면 무상(無上)의 보리를 구해야 한다. 또 삼세(三世)[299]를 통하여 하늘에서 태어나는 복을 얻고자 한다. 과연 몇이나 세상의 영화를 누릴 수 있고 또 세상의 재물을 얻을 수 있을까? [그것을 얻지도 못하고] 중도에 육신은 요절하고 만다. 금은비단을 구하고 자손대대로 영화를 구하니 설령 의식(衣食)을 얻었더라도 스스로는 부족하다고 여긴다. 부모형제는 각기 병의 치료를 구하고 아들딸을 낳고 기르며 각자 구하는 바가 있지만, 전생에 씨 뿌리지 않고 여러 겁(劫) 동안 복을 닦지 않는다. 세상의 영화를 얻고자 한다면 금생에 복을 닦아야만 한다. 오늘 아침 청중에게 힘써 권하니 마침내 그들은 의식(衣食)이란 전생의 숙연으로 정해진 것임을 알게 되었다. 이리하여 대사(大師)는 게송을 읊는다.

금년에는 반드시 내년이 있거늘

어찌 내년의 곡식을 씨 뿌리지 않으며,

---

296 '注'는 原錄에서는 '住'라 되어 있다. [徐震堮] '住'는 '注'가 되어야 한다. [校注] 原卷에서는 확실히 '注'로 되어 있다.

297 [項楚] '師' 앞에 '大'자가 빠져 있다. [校注] 이에 의거하여 보충한다.

298 原錄에 "多如是般"이라 되어 있다. [校注] 앞의 '五陰苦' 설명 부분에서 "如是多般"이라 적고 있다. 이에 따라 수정한다.

299 과거・현재・미래, 또는 전생・현생・내생.

금생에는 반드시 내생이 있거늘
어찌 내생의 복을 닦지 않는가.
이 같은 고를 일컬어 구부득고(求不得苦)라 부른다.

相公是夜又爲夫人說'怨憎會苦'. 怨憎會苦者, 人生在世, 貪欲在心, 見他有妻, 便欲求妻. 旣得妻子, 不經三二年間, 便卽生男種女, 此卽喩於何等? 預(喩)[300]若採花胡蝶, 般(盤)旋只在虛空, 忽見一窠牡丹, 將身便採芳蘂. 不覺蜘蛛在於其上, 團團結就, 百匝千遭, 胡蝶被裹, 在於其中, 萬計無由出得. 此者預(喩)[301]苦. 凡夫愛色, 亦復如是, 見他年少, 便生愛慕之心, 歲月年深, 遂便有男有女. 旣乃長大成人, 不孝父母, 五逆彌天, 不近智者, 伴涉[兇]徒.[302] 出語不解三思, 毁辱六親, 兼及尊長. 若在家中, 便卽費人心力. 或若出外, 常須憂懼. 此卽是多[303]生寃家, 世世無休期. 善因苦勸, 聽衆便知. 欲得後世無寃, 不如今生修於淨行, 冤家永隔, 不遶(嬈)[304]心腸,[305] 男女因緣, 其中多少! 所已(以)大師有偈:

自從曠劫受深流, 六道輪迴處處遇,
若不今生猛斷却, 冤家相報幾時休!

此卽名爲'冤憎會苦'.

---

300 原錄에는 '預' 다음에 '採'자가 있으며, "預採"은 앞 구에 속하는 것으로 되어 있다. [通釋] '採'자는 다음에 나오는 '採'자에 관련하여 생긴 衍字이다. 마땅히 삭제해야 한다. '預若'은 '비유하자면(喩若)'이다.

301 '預'는 原錄에는 '頪'로 되어 있고 '預'로 교정하였다. [校注] 原卷에는 '頺'로 되어 있는데 이는 '預'의 속자이다. [項楚] 여기의 '預'는 '喩'가 되어야 한다.

302 [徐震堮] '徒' 앞에 '兇'자가 빠져 있다. [校注] '徒'자는 原卷에서 행 끝에 적혀 있는데 그 뒤에 탈자가 있기 쉽다.

303 原錄에는 '多' 앞에 '名'자가 있다. [項楚] '名'자는 다음의 '多'자와 연관하여 생긴 衍字이다. [校注] 이것은 아마 잘못 기록하고서 미처 삭제하지 못한 것 같다.

304 '遶'는 '嬈'로 보아야 한다. '遶'는 '嬈'와 통한다.

305 '腸'은 原錄에서는 '服'으로 되어 있고 '腹'으로 교정하였다. [校注] 原卷에서는 확실히 '脹'으로 되어 있으며 이는 '腸'의 속자이다.

상공은 이날 밤 또 부인에게 원증회고(怨憎會苦)[306]를 설하였다. 사람은 세상을 살면서 마음에 탐욕이 있어 다른 사람이 아내를 가지고 있는 것을 보면 자기도 아내를 얻고자 한다. 그리고 아내를 얻고 나서는 두세 해가 채 가기도 전에 아들딸을 낳는데, 이것은 무엇에 비유할 수 있는가? 마치 꽃을 따려는 나비가 빙빙 허공을 날다가 문득 모란 한 송이를 발견하고는 곧장 꽃술을 따려 달려드는 것과 같다. 나비는 거미가 위에 있는 줄도 모르고 있다가 겹겹으로 백 번 천 번 꽁꽁 묶이고 마니 아무리 발버둥을 쳐도 빠져 나올 수가 없다. 이것은 고를 비유적으로 설명한 것이다. 사내가 색(色)을 좋아함도 또한 이와 같아 젊은 여자를 보면 곧 애모의 마음이 생겨나고 세월이 흐르면 아들딸이 태어나게 된다. [아들딸이] 자라 성인이 되면 부모에게 불효하니 오역(五逆)[307]의 죄가 하늘에 가득차고 지혜로운 자는 가까이 하지 않고 흉악한 무리들과 어울린다. 깊이 생각함 없이 말을 내뱉으니 육친(六親)[308]을 헐뜯고 존장(尊長)을 욕되게 한다. [아들딸이] 집에 있으면 마음을 쓰고 밖에 나가면 늘 근심과 두려움이 따른다. 이것은 [자식이 아니라] 원수를 낳은 것이니 자자손손 [이러한 고가] 그칠 날이 없다. 선한 인연으로 힘써 권하니 청중들은 [그 이치를] 알게 된다. 내세에 원수가 없고자 한다면 금생에 수행을 하여야 할 것이니, [그리하면] 원수와 영원히 멀어져 마음이 괴롭지 않으리라. 그렇게 되면 아들딸의 인연은 얼마이겠는가? 이리하여 대사(大師)는 게송을 읊는다.

> 한없는 옛날부터 심오한 흐름을 받으니
> 육도(六道)의 윤회가 곳곳에서 반복되네.
> 금생에 과감히 끊어 물리치지 않으면
> 원수들의 보복은 어느 때나 그칠까!

306 원수나 미운 사람이나 그런 사물을 만나게 되는 괴로움.
307 무간지옥에 떨어질 다섯 가지 큰 죄악.
308 부모형제처자.

이것을 일러 원증회고라 한다.

相公是也(夜)又爲夫人說其'愛別離苦'者. 如是家中養得一男, 父母看如珠玉, 長大成人, 纔辯(辨)東西, 便卽離鄕別邑. 父母日夜懸心而望, 朝朝倚戶, 而至啼悲. 從此意(憶)[309]念病成, 看承服[310]藥, 何時得見. 忽至冬年節歲, 六親悉在眼前, 忽憶在外之男, 遂卽氣咽塡兇(胸), 此卽名爲'愛別離苦'. 相公是也(夜)說'八苦交煎'已了, 應是宅中大小良賤三百餘口, 悉皆拜謝相公. 爲(唯)有善慶紛紛下淚, 善慶口卽不言, 心裏思量: "我憶昔在廬山之日, 初講此經題目, 便敢(感)得大石搖動, 百草亞身; 瑞鳥靈禽, 飛來滿似(寺).[311] 祥雲不散, 常遊紫殿之傍; 瑞氣盤旋, 不離朱樓之側. 諸天聞法, 十類聞經, 有形無形, [有相]無相, 皆爲[312]涅槃而行滅度."

상공은 이날 밤 부인에게 또 애별리고(愛別離苦)[313]를 설하였다. 예를 들어 집에서 아들 하나를 양육함에 있어 부모는 주옥처럼 그를 보살피는데, 아들은 장성하여 동과 서를 판별할 줄 알게 되면 고향을 등지고 떠난다. 부모는 밤낮으로 안절부절못하며 먼 곳을 바라보고 매일 아침 대문에 기대어 슬피 눈물 흘린다. 이리하여 [아들에 대한] 그리움은 병이 되어 약을 쓰게 되지만 어느 때나 아들을 볼 수 있을까. 문득 겨울이 다가오고 육친(六親)이 모두 눈앞에 와 있지만, 타지에 나가 있는 아들을 떠올리면 숨이 막히고 가슴이 답답해온다. 이것을 일컬어 애별리고라 한다. 상공이 이날 밤 팔고(八苦)의 교전(交煎)을 설하고 나니 늙고 젊은

309 【項楚】 '意'는 '憶'으로 보아야 한다.

310 '服'은 原錄에는 '眠'으로 되어 있고 '服'으로 교정하였다. 【校注】 이에 의거하여 수정한다.

311 '似'는 '寺'로 보아야 한다. 이 두 자는 모두 邪母止攝이며 단지 성조만 약간 다를 뿐이다('似'는 上聲이고, '寺'는 去聲)

312 '爲'는 原卷에서는 먼저 '於'로 적었다가 옆에다 '爲'로 고쳐 적었다. 【校注】 뒤에 "皆得涅槃而言滅度"라는 문구가 있는 것으로 보아 '爲'는 '得'으로 보아야 할 듯하다.

313 사랑하는 사람이나 아끼는 사물을 떠나게 되는 괴로움.

집안의 삼백여 노복은 일제히 상공에게 절을 올리며 감사를 드렸다. 그런데 오직 선경(善慶)은 하염없이 눈물을 흘리면서 아무 말도 없이 마음속으로 지난 일을 그리워하고 있었다. '옛날 내가 여산에 머물던 시절, 처음으로 이 경전의 제목을 강설하였을 때 커다란 바위가 요동을 치고 온갖 풀들이 허리를 굽혔고 신령스런 길조(吉鳥)들이 날아와 절을 가득 메웠으며, 상운(祥雲)은 흩어지지 않고 항상 불전 근처에 어렸고, 서기(瑞氣)는 이리저리 돌며 누각 주위를 떠나지 않았다. 제천(諸天)이 설법을 들었고 십류(十類)[314]의 중생이 강경을 들었으며, 유형(有形)과 무형(無形), 유상(有相)과 무상(無相)을 막론하고 모두가 열반을 증득하여 멸도(滅度)[315]를 이루었었지.'

善慶思惟既畢, 滿目是淚. 相公怪之, 問善慶曰:"吾與[316]你講經, 有何事里(理)頻啼泣? 汝且爲復怨恨阿誰? 解事[317]速說情由, 不說眠看喫杖!" 善慶進步向前啓相公曰:"賤奴并不怨恨他別人, 只爲道安上人說法, 總不能平等." 相公曰:"是他道安上人, 自到京中講讚, 王侯將相, 每日聽他說法. 汝且不曾見他說法, 爭得知道他講讚不能平等?" 善慶進步向前啓相公曰:"善慶昨夜隨從阿郎入寺, 隔在門外, 不得聞經, 便知道安上人說法, 不能平等. 賤奴身雖居下賤, 佛法薄會些些, 緇服[318]不同, 法應無二. 從此道安說法, 不能平等, 不解傳法入三等之人耳, 及四生十類." 相公曰:"何者名爲四生十類, 及三等之人耳? 與我子細說看, 令我心開悟, 解得佛法分明." 善慶曰:"三等之人者,

314 열 가지 부류의 중생, 자세한 것은 이하 번역문 참조.

315 성불하여 육도윤회(六道輪廻)의 고통(苦痛)에서 벗어나는 것.

316 '與'자는 原錄에서는 '爲'로 잘못 기록되어 있다.

317 '解事'는 '사리를 아는 자'란 뜻이다. 다음에 나오는 "解事低頭莫語, 用意專聽"의 '解事' 역시 이와 같은 뜻이다.

318 '服'은 原錄에는 '眠'으로 되어 있고 '服'으로 교정하였다. [校注] 이에 의거하여 수정한다.

弟一[319]是床上病兒, 第二是囚[320]徒繫閉, 弟三不自由人. 法師高座上不解方便[321]遍達傳說入三等之人耳. 有如是之過, 是以說法不解平等."

선경이 이런 생각을 하고 있는데 얼굴은 온통 눈물로 범벅이 되었다. 상공이 그것을 이상히 여겨 물었다. "나는 그대를 위하여 강경을 했거늘 어찌하여 그렇게 슬피 눈물을 흘리느냐? 혹시 누구를 원망이라도 하고 있는 게냐? 어찌된 일인지 속히 연유를 말하여라. 말하지 않으면 당장 곤장을 내리리라!" 선경은 앞으로 나아가 상공에게 아뢰었다. "소인이 어느 누구를 원망해서가 절대 아닙니다. 그저 도안 상인(上人)[322]의 설법에 차별됨이 있어서였습니다"이에 상공이 물었다. "그 도안 상인께서 경도(京都)에서 강찬을 하게 된 이후로 왕후장상이 매일같이 그의 설법을 들으러 온다. 너는 그의 설법을 들어본 적도 없으면서 어찌 그의 설법이 차별을 두고 있다고 하느냐?" 선경이 상공에게 아뢰었다. "저는 어젯밤 주인님을 따라 절에 갔었는데 문밖에 떨어져 있어야 해서 설법을 들을 수 없었습니다. 이것은 도안 상인의 설법이 차별을 두고 있음을 말해줍니다. 소인 비록 신분은 미천하지만 불법은 조금 알고 있습니다. 승려와 속인의 옷은 다르지만 불법에는 둘이 있을 수 없습니다. 도안 상인의 설법은 차별을 두고 있어 법이 삼등(三等)[323]의 사람 귀에도 사생(四生) 십류(十類)에도 미치지 못합니다." "무엇을 사생 십류라 하고 삼등의 사람이라 하는지 자세히 설명해 보아라. 내가 마음을 깨우쳐 불법을 분명히 알 수 있게 말이다." 이에 선경이 대답했다. "삼등의 사람이란 첫

319 '弟一'은 原錄에서는 '弟子一'로 되어 있다. [原校] 응당 '第一'이 되어야 하며 '子'는 衍字이다. [校注] '弟'자는 고칠 필요 없다. 다음의 '弟二', '弟三' 등의 '弟'자를 原錄에서는 모두 '第'로 수정하였지만 여기서는 原卷을 따른다.

320 '囚'는 原錄에서는 '因'으로 되어 있고 '囚'로 교정하였다. [校注] 여기서는 직접 수정하여 기록한다.

321 '方便'은 '기회를 틈타(趁机)', '…… 하는 김에(順便)'라는 뜻이다. 여기서는 부사로서 상황어로 쓰였다.

322 지혜와 덕을 갖추어 타인의 스승이 될 수 있는 고승. '중'을 높여 이르는 말.

323 세 부류의 사람. 구체적인 것은 이하 번역문 참조.

째, 침상에 누워 있는 병자이고, 둘째, 감옥에 갇혀 있는 죄수이며, 셋째, 몸이 부자유스런 사람입니다. 그 법사는 높은 자리에 앉아, 이 세 부류 사람의 귀에까지 두루 전해지는 방편을 알지 못합니다. 이 같은 허물이 있는 까닭으로 그의 설법에 차별이 있다는 것입니다."

相公曰:"何者是四生十類?" 善慶啓相公:"四生者是:胎生、卵生、濕生、化生, 是爲四生. 十類者是:有形、無形、有相、無相、非有相、非無相、四足、二足、多足、無足, 此者名爲十類." 相公語善慶曰:"我緣不會, 與我子細說看, 我便捨邪歸政."[324] 善慶曰:"胎生者:是[聽][325]法之人. 比[326]來兩人入寺聽經, 一人無是[貪性],[327] 入得寺中聽經; 一人是有是[328]貪性, 當卽却迴而去. 其人入得寺中, 一人於善法堂中坐定, 聽得一自(字)之妙法, 入於心身, 便卽心生歡喜; 忽憶不來之人, 卽便心生肺忘.[329] 縱有言而[不][330]能聽受, 悶悶不已. 如母胎中之子, 被浮雲之障日, 荏苒之間, 便墮在胎生之中. 卵生者:亦是聽法之人, 故來入寺聽經, 在善法堂前坐, 心欲屬着法師, 法師不解, 且說外緣. 便將甚生法說與. 衆生迷朦, 難會[331]難知, 悶悶不已, 遂卽墮在卵生之中. 濕生者:如是之人, 多受匿法, 得一句一偈, 不會說向之

324 '政'은 原錄에서는 '正'으로 수정되어 있나. [校注] 글자를 고칠 필요 없다. 이미 앞에서 상술하였다.

325 [徐震堮] 다음에 나오는 "卵生者亦是聽法之人"란 문구로 보아 이곳 '法'자 앞에 마땅히 '聽'자가 있어야 한다. [校注] 이에 의거하여 채워 넣는다.

326 '比'는 原錄에서는 '北'으로 되어 있다. [校注] 原卷에서는 '比'로 되어 있는데 이는 '比'자이다. 앞의 "白莊比入寺中"과 뒤의 "化生者, 比入寺中聽法"의 '比'자는 原卷에는 모두 위의 모습으로 쓰여 있는데, 原錄에서는 앞의 문구는 '比'로 적고서 '比'라 교정하였음에 반하여, 뒤의 문구는 '北'으로 잘못 기록하였다. '比來'는 '본래'라는 뜻이다.

327 '貪性' 두 글자는 다음 구에 의거하여 보완한다.

328 '有是'를 原錄에서는 '是有'로 잘못 기록하였다. 原卷에 의거하여 고친다.

329 '肺'는 '廢'로 보아야 한다. '廢忘'은 '잊는다(遺忘)'는 뜻이다.

330 '能'자 앞에 '不'자가 빠졌다.

331 '會'는 原錄에서는 '令'으로 잘못 기록되어 있다. 여기서는 原卷에 의거하여 바로잡는다.

(諸)[332]人, 貪愛潤已, 不解爲衆宣揚. 以是因緣, 便墮在濕生之中. 化生者 : 比入寺中聽法, 得一句妙法, 分別得'無量無邊'[333]義, 文牽敎化, 而(如)[334]恒河沙等. 如然一[335]燈於十燈, 亦百燈於千燈, 亦百[336]千萬億之燈, 燈燈不絶. 此卽名爲化生."

상공이 또 물었다. "사생 십류라는 것은 또 무엇이냐?" "사생이란 태생(胎生)·난생(卵生)·습생(濕生)·화생(化生)을 말하고, 십류란 유형(有形)·무형(無形)·유상(有相)·무상(無相)·비유상(非有相)·비무상(非無相)·사족(四足)·이족(二足)·다족(多足)·무족(無足)을 말합니다." 상공이 선경에게 말했다. "내 그것을 알지 못하니 자세히 설명하여 내가 그릇됨을 버리고 올바름으로 돌아갈 수 있게 하라." 이에 선경이 대답하였다. "태생(胎生)[337]이라는 것은 법을 듣는 사람으로, 본래 두 사람이 설법을 들으러 절에 갔는데, 한 사람은 탐욕이 없어 절에 들어가 설법을 들었고, 또 한 사람은 탐욕이 있어 [설법을 듣지 않고] 그대로 되돌아가버렸습니다. 절에 들어간 사람은 홀로 선법당(善法堂)에 좌정(坐定)하고서 일(一) 자의 묘법을 듣고는 심신으로 그것을 받아들이니 마음으로부터 환희심이 솟아났습니다. 문득 돌아 가버린 사람이 떠올랐으나 이내 잊어버리고 맙니다. 설령 법언(法言)이 있다하더라도 그 자신은 듣지를 못하니 답답한 것이 마치 모태(母胎) 속의 자식이나 구름에 가려진 해와 같아서 세월이 흐른 뒤 태생(胎生)으로 떨어지게 됩니다. 난생(卵生)[338] 역시 법을 듣는 사

332 [通釋] '之人'은 '諸人' 즉 '다른 사람'이다.

333 原錄에서는 '義' 앞에 '宣'자가 있어 "宣義文牽敎化"로 되어 있다. [校注] 原卷에는 확실히 '義'자 앞에 '宣'자가 있다. 이는 '義'자와 음이 유사한 것과 관련하여 생긴 衍字이다(혹은 '誼'자의 편방 생략형) 여기서는 삭제한다.

334 '而'는 '如'로 보아야 한다. "如恒河沙等"은 교화의 광범위함과 무수함을 비유한다.

335 '然一'은 原錄에서는 '一然'으로 되어 있는데, 이는 原卷의 오류이다. 따라서 여기서는 도치시켜 바로잡는다. '然'은 '燃'의 古字이다. 原錄에서는 다음 문구의 구두점이 잘못 찍혀 있다.

336 '百'은 原錄에서는 '爲'로 잘못 기록되어 있다. 이에 原卷에 의거하여 바로잡는다.

337 인간이나 소 말처럼 어미 몸속에서 사지를 이미 갖추고 태어나는 것.

338 닭 오리처럼 알로 태어나는 것.

람으로, 절에 와서 경을 듣는데 선법당(善法堂)에 앉아 일심으로 법사에게 소원을 담지만, 법사는 이해하지 못하고서 그 외연(外緣)만을 설하니 도대체 그는 무슨 법을 중생에게 설하여 들려주는 것인지. 중생은 어리석어 이해하기 어렵거늘 번민이 끊이지 않다가 난생의 속으로 떨어지게 됩니다. 습생(濕生)[339]이라는 것은, 이 같은 사람은 많은 익법(匿法)을 받았지만 단 한 구절의 법문이나 게송도 다른 사람에게 설해본 적이 없이 자기를 윤택히 하는 것에만 탐애하여 중생을 위해 베풀지 않는 자입니다. 이 때문에 습생으로 떨어지고 마는 것입니다. 화생(化生)[340]이라는 것은 예를 들어, 절로 법문을 들으러 와서 묘법 한 구절을 듣고는 무량무변의 이치를 깨달아, 경문을 베풀어 중생을 교화를 하는데, 항하(恒河)의 모래알처럼 하나의 등불을 열 개, 백 개의 등불로, 다시 천 개, 백천만억 개의 등불로 절대 꺼지는 일 없이 늘려가니, 이를 일컬어 화생이라고 부릅니다."

於是相公問:"十類者何?" 善慶曰:"弟一有形者, 見泥龕塑像, 便卽虛心禮拜, 直云佛如須彌山, 見形發心, 此卽名爲有形. 弟二是無形者, 不立性處不見性, 如水中之月, 空裏之風, 萬法皆無, 一無所有, 此卽名爲無形. 弟三是有相者, 着[341]街衢見端正之人, 便言前境修來. 來入寺中聽法, 見法師肥白, 便卽心生愛戀, 卽被纒縛; 旣被纒縛,[342] 卽有忘(妄)想; 旣有忘(妄)想, 卽有無明; 卽有無明, 卽有煩惱; 卽有煩惱, 卽有沈輪(淪); 旣有沈輪(淪), 卽有地獄. 累劫犯之, 身心不定, 卽受

339 지렁이와 같이 습기로 인하여 생겨나는 것.

340 부모의 몸에 의탁을 하지 않고 자신의 업력으로 홀연히 변화하는 것.

341 '着'은 原錄에서는 '著'로 되어 있다. [項楚] '著'는 '若'으로 보아야 한다. [校注] 原卷에서는 '着'으로 되어 있는데(이 권에서는 모두 이 자로 되어 있다. 原錄에서는 보통 '著'로 수정하여 적되 '着'과 '著'를 같이 사용하고 있다. 여기서는 原錄의 '著'자를 原卷에 따라 '着'으로 한다) 이는 介詞로서 '於'의 의미이다. 『全唐詩話』 권1 「王維」: "在泉爲珠, 着壁成繪." '着'은 '在', '於'의 뜻이다.

342 "旣被纒縛" 네 글자는 原錄에서는 빠져 있는데 原卷에 의거하여 채워 넣는다.

其苦. 此卽名爲有相. 弟四無相者, 萬法皆虛, 何曾有實? 東西無迹, 南北無蹤. 是事不於[343]身心, 一體逈超三界, 此卽名爲無相. 弟五非有相者, 當說卽有, 說罷還無; 當立卽有, 不立卽還無; 當信卽有, 不信[344]卽還無. 萬法不於心身, 此卽名爲非有相. 弟六非無相者, 無言無語, 無去無來, 無動無念. 不生不滅, 卽是眞如; 無去無來, 便爲佛性. 此[345]卽名爲非無相. 弟七二足者, 人生在世有身智, 浮[346]名爲二足. 忽(或)卽有身[347]而無知(智), 忽(或)卽有智而無身. 只此身智, 不愚(遇)相逢,[348] 所已(以)沈輪(淪)惡道. 身智若也相逢, 便乃生於佛道. 所已(以)大師有偈:

身生智未生, 智生[349]身已老.
身恨智生遲, 智恨身生早.
身智不相逢, 曾經幾度老.
身智若相逢, 卽得成佛道.

有此身智, 此卽名爲二足. 弟八四足者, 人生四大, 屬地水火風, 四方四海, 此卽名爲四足. 弟九多足者, 萬法皆通, 是(事)[350]無不會, 世間之事, 盡總皆之(知). 一切經書, 問無不答. 十二部尊經, 記在心中. 此卽名爲多足. 弟十無足者, 雖卽爲人, 是事不困,[351] 不辯(辨)東西, 與畜

343 '於'는 동사로서 '居', '存'의 뜻이다. 曹植「當來日大難」: "廣情故, 心相於." 이는 그 사용 예이다. 다음에 나오는 "相公在於"의 '在於'는 同義의 衍字이다.

344 '信'은 原錄에서는 빠짐표(□)로 되어 있고 '信'으로 보정하였다. [校注] 原卷에서 '信'자는 온전하다.

345 '此'는 原錄에서는 빠짐표(□)로 되어 있고 '此'로 보정하였다. [校注] 原卷에서 '此'자는 온전하다.

346 '浮'는 '呼(呼)'로 보아야 할 듯하다.

347 '忽'은 '或'과 통한다. 다음 구문도 마찬가지다. '身'은 原錄에서는 빠짐표(□)로 되어 있고 '身'으로 보정하였다. [校注] 原卷에서 '身'자는 온전하다.

348 "不愚(遇)相逢"은 뒤의 문장에서도 보이는데 '서로 만나지 않는다'는 뜻이다.

349 '生'은 原錄에서는 빠짐표(□)로 되어 있고 '生'로 보정하였다. [校注] 原卷은 이 글자 부분이 약간 구겨져 있으나 '生'자임은 확실하다.

350 [項楚] '是'는 '事'가 되어야 한다. [校注] '是'는 '事'의 가차자이다.

351 '不困'은 그 뜻을 이해하기 어렵다. '不會', '不明' 등의 착오로 보아야 할 듯하다.

生無異, 此卽名爲無足. 上來十類, 各各不同. 更若有疑, 任相公所問."

상공이 또 물었다. "십류(十類)란 무엇인가?" "첫째는 유형(有形)입니다. 진흙으로 만든 감실(龕室) 불상을 보고서 곧 텅 빈 마음으로 예배를 올리면서 '부처님은 수미산과 같으십니다'라고 감탄하는 것은 형(形)을 보고서 발심하게 되는 것이니, 이를 일러 유형이라 합니다. 둘째는 무형(無形)입니다. 자성(自性)[352]을 정립시키지도 드러내 보이지도 않는 것이 마치 물속의 달, 허공의 바람과 같으니 일체는 모두 무(無)라서 어떠한 실체도 없습니다. 이것이 무형입니다. 셋째는 유상(有相)입니다. 길가에서 아름다운 사람을 보면 '전생에 선근(善根)을 닦았구나'라고 감동하고, 설법을 들으러 절에 들어갔다가 통통하고 새하얀 살갗의 법사를 보면 마음에 연모의 감정이 생겨나니, 그리되면 정(情)에 속박 당하게 되고, 정에 속박되면 망상이 생겨나고, 망상이 생겨나면 무명이 있게 되고, 무명이 있게 되면 번뇌가 있게 되고, 번뇌가 있게 되면 악도(惡道)[353]에 떨어지고, 악도에 떨어지면 지옥이 생겨납니다. 영겁 동안 그렇게 표류하니 심신이 안정되지 못하며 괴로움을 받게 되니, 이것이 유상입니다. 넷째는 무상(無相)입니다. 일체는 모두 공(空)이라 실체란 없습니다. 동에도 서에도 자취가 없고 남에도 북에도 흔적이 없습니다. 몸이나 마음과 연관되어 있지 않고, 전체가 삼계(三界)[354]를 멀리 초월하여 있으니, 이것이 무상입니다. 다섯째는 비유상(非有相)입니다. 말을 하면 있고 말을 다하면 없으며, 설정하면 있고 설정하지 않으면 없으며, 믿으면 있고 믿지 않으면 없다. 일체는 나의 몸과 마음에 연관되어 있지 않으니, 이것이 비유상입니다. 여섯째는 비무상(非無相)입니다. 말(言)도 없고 언어(語)도 없으며, 가는 것도 없고 오는 것도 없으며, 행동도 없고 생각도 없습니다. 생겨

352 자기 본래의 성품.

353 악업(惡業)을 지어서 죽은 뒤에 가야 하는 괴로움의 세계. 지옥도, 아귀도, 축생도, 수라도의 네 가지가 있다.

354 중생이 생사 왕래하는 세 가지 세계. 욕계(欲界), 색계(色界), 무색계(無色界)가 있다.

나지도 않고 없어지지도 않으니 진여(眞如)라 할 수 있고, 가는 것도 없고 오는 것도 없으니 불성(佛性)이라 할 수 있습니다. 이를 일러 비무상이라 합니다. 일곱째는 이족(二足)입니다. 사람은 세상에 태어나면서 육신(身)과 지혜(智)라는 두 다리(二足)가 주어지는데, 흔히 육신이 있으면 지혜가 없고 지혜가 있으면 육신이 없습니다. 이 육신과 지혜가 서로 만나지 않으니 이로 인해 악도에 떨어지고 맙니다. 만일 육신과 지혜가 서로 합치된다면 불도(佛道)가 생겨납니다. 그리하여 대사는 게송을 읊습니다.

육신은 생겼으나 지혜가 채 생겨나지 않았다가
지혜가 생겨나니 육신이 늙어버렸네.
육신은 지혜가 더디게 생김을 원망하고
지혜는 육신이 이르게 생김을 원망하네.
육신과 지혜가 서로 만나지 않으니
일찍이 몇 번의 늙음을 거쳤는가.
육신과 지혜가 서로 만나면
즉시 불도를 이루리라.

이 육신과 지혜를 이족(二足)이라 부릅니다. 여덟째는 사족(四足)입니다. 사람은 사대(四大)를 근거로 하여 생겨나고 땅·물·불·바람에 의지하여 사방사해(四方四海)가 존재합니다. 이것을 사족이라 합니다. 아홉째는 다족(多足)입니다. 만법(萬法)에 통달하여 알지 못하는 것이 없으니 세상사를 모조리 알고 있습니다. 어떤 경전을 물어도 대답하지 못하는 것이 없고 십이부경(十二部經)[355]을 마음속에 암기하고 있으니, 이를 일컬어 다족이라고 합니다. 열째는 무족(無足)입니다. 비록 사람으로 태어났더라도 만사에 무지하고 동과 서를 구별하지 못하여 축생과 다름이 없으니,

355 불경(佛經)의 12가지 형태 양상. 즉, 계경(契經)·중송(重頌)·고기송(孤起頌)·인연(因緣)·본사(本事)·본생(本生)·미증유(未曾有)·비유(譬喩)·논의(論議)·자설(自說)·방광(方廣)·수기(授記)를 말함.

이를 무족이라 합니다. 이상의 십류는 각기 다른데, 혹시 의문이 있으시면 상공께서는 무엇이든 물어보시지요."

相公聞語, 由(猶)如[356]甘露入心; 夫人聞之, 也似醍醐灌頂. 相公喚善慶近前: "適[357]來據汝宣揚, 不若(弱)於道安, 與我更說多少,[358] 令我心開悟解, 得佛法分明." 於是善慶爲相公說十二因緣: "無明緣行, 行緣識, 識緣名色, 名色[359]緣六入, [六入][360]緣觸, 觸緣受, 受緣愛, 愛緣取, 取緣有, 有緣生, 生緣老病死優(憂)悲苦惱, [老病死優(憂)悲苦惱緣][361]無名(明). [無名(明)][362]滅卽行滅, [行滅]卽識滅, [識滅]卽名色滅, [名色滅]卽六入滅, [六入滅]卽觸滅, [觸滅]卽受滅, [受滅]卽愛滅, [愛滅]卽取滅, [取滅]卽生滅, [生滅]卽老病死憂悲苦惱滅, 此十二因緣." 相公聞之, 頻稱"善哉". 夫人此時嘆念, 得無量福田. 善慶此時遂下高

356 '如'는 原錄에서는 '於'로 되어 있고 '如'로 교정하였다. [校注] 原卷에는 확실히 '如'로 되어 있다.

357 '適'은 原錄에는 '商'으로 되어 있다. [校注] 原卷에는 확실히 '適'로 되어 있다.

358 '少多'는 原錄에서는 '多少'로 되어 있다. [校注] 原卷에는 확실히 '少多'로 되어 있다. 이에 대해서는 앞(주석 222 참조. 역자 주)의 주석에 보인다.

359 '名色' 두 자는 原錄에는 없다. [校注] 原卷에는 "十二因緣" 다음에 "無明緣行、、緣識、、緣名、、色緣六入緣觸、、受、、緣愛、、取、、緣有、、緣生、、緣老病死優悲苦惱"라 되어 있다. '、、'은 반복부호이다. 原錄에서는 '名色' 우측의 반복부호와 십이인연의 의미를 파악하지 못한 까닭에 '名色' 두 글자를 빠뜨렸고 표점을 잘못 찍었다. [通釋] 妙法蓮華經의 化城喩品에 의거하여 "無明緣行, 行緣識, 識緣名色, 名色緣六入, 六入緣觸, 觸緣受, 受緣愛, 愛緣取, 取緣有, 有緣生, 生緣老病死憂悲苦惱, 老病死憂悲苦惱緣無明"으로 표점을 바로잡는다.

360 '六入'은 原卷에는 반복부호가 없는데 이는 필사자에 의해 생략된 것이다.(필사자는 앞 문상에 여섯 개의 중문부호가 있어 여기서부터는 생략을 한 것 같다) 다음의 '行滅', '識滅' 등도 이와 마찬가지다.

361 原卷에는 '緣'자가 빠져 있다. 原錄에서는 이 글자를 끼워 넣고서 탈락 글자 부호표시가 안 되어 있다.

362 原卷에서는 '無名(明)', '行滅', '識滅' 등에 반복부호가 생략되어 있다. [項楚] 妙法蓮華經의 化城喩品에는 "無名滅則行滅, 行滅則識滅 …… 生滅則老病死憂悲苦惱滅"이라 하였다. 이 문구 역시 이 경문에 의거하여 보완한다. 아마 필사자가 중첩되는 글자를 생략하여 적지 않은 것 같다.

座啓相公:“只如道安法師, 如虛空中造立堂殿, 終不能成就. 臨欲成就, 還當墮落. 賤奴身雖爲下賤, 佛法一般; 衣服不同, 體無兩種. 賤奴今者欲擬從相公入於寺中, 與法師道安同時故義.”[363] 相公曰:“汝若有心, 吾也不障.” 於是相公與夫人令善慶西院內香湯沐浴, 重換衣裝, 放善慶且歸房中歇息, 待來日侵晨, 別有處分. 善慶旣歸房中, 澄心淨意, 直至天明, 更無睡眠. 須臾入朝之時, 善慶亦從相公入內. 相公朝却, 退還宅內歇息, 遂喚善慶. 相公曰:“是他道安是國內高僧, 汝須子細思量.” 善慶啓相公曰:“俗彥(諺)云有語云[364]: 入山不避狼虎者, 是樵父之勇也; 入水不避蛟龍者, 是魚(漁)父之勇也.” 但賤奴若得道安論義, 如渴得漿, 如寒得火, 請相公高枕無憂.” 只時[365]講降時便去.

그의 말을 듣고 나자 상공은 가슴속으로 감로가 들어온 듯 했으며, 부인도 그것을 듣고는 정수리로 제호(醍醐)[366]가 쏟아지는 듯한 느낌을 받았다. 상공은 선경을 가까이 불러들여 말했다. “조금 전 너의 가르침은 도안 상인에게도 뒤지지 않는다. 좀 더 많은 것을 설하여 내가 깨달음을 얻고 불법을 분명히 이해할 수 있게 하라.” 이에 선경은 상공을 위해 십이인연(十二因緣)을 설하였다. “무명(無明)[367]으로 인하여 행(行)[368]이 있고, 행으로 인하여 식(識)[369]이 있고, 식으로 인하여 명색(名色)[370]이 있고, 명색으로 인하여 육입(六入)[371]이 있고, 육입으로 인하여 촉(觸)[372]이

---

363 ‘故義’는 ‘경전의 의미를 해석’하는 것으로, ‘故’는 ‘詁’와 같다. 그러나 다음의 “但賤奴若得道安論義”라는 문구로 보아 ‘故’는 어쩌면 ‘論’의 잘못일지도 모른다.

364 ‘有語云’이 原錄에서는 ‘云有語’로 되어 있다. 여기서는 도치시켜 바로잡는다.

365 ‘時’는 原錄에서는 ‘待’로 교정되어 있다. 【校注】 ‘時’에는 ‘待’의 뜻이 있는 까닭에 굳이 수정하지 않는다. 『論語』 「陽貨」: “공자는 그가 없을 때를 기다렸다가 가서 그에게 절을 하려고 했다(孔子時其亡也, 而往拜之).” 이것은 그 예이다.

366 우유에 갈분(葛粉)을 타서 미음같이 쑨 죽.

367 참된 나를 깨닫지 못하는 어리석음.

368 행위(行爲), 즉 업(業).

369 의식 작용.

370 이름과 육체.

371 여섯 가지 감관: 눈, 귀, 코, 혀, 몸, 뜻.

있고, 촉으로 인하여 수(受)[373]가 있고, 수로 인하여 애(愛)[374]가 있고, 애로 인하여 취(取)[375]가 있고, 취로 인하여 유(有)[376]가 있고, 유로 인하여 생(生)이 있고, 생으로 인하여 늙음과 죽음, 우비(憂悲)고뇌(苦惱)가 있게 됩니다. 따라서 무명이 사라지면 행이 사라지고, 행이 사라지면 식이 사라지고, 식이 사라지면 명색이 사라지고, 명색이 사라지면 육입이 사라지고, 육입이 사라지면 촉이 사라지고, 촉이 사라지면 수가 사라지고, 수가 사라지면 애가 사라지고, 애가 사라지면 취가 사라지고, 취가 사라지면 유가 사라지고, 유가 사라지면 생이 사라지고, 생이 사라지면 늙음과 죽음, 우비고뇌가 사라집니다. 이것이 바로 십이인연입니다." 상공은 이를 듣고는"훌륭하다!"감탄을 하였고, 부인도 깊이 감동하여 무량의 복을 얻었다.

이때 선경은 고좌(高座)에서 내려와 상공에게 아뢰었다. "저 도안 법사라는 자는 허공에 누각을 세우려 하는데 아무리 해도 이루어낼 수 없습니다. 이루어지려다가도 결국은 붕괴되기 마련입니다. 소인의 육신은 비록 미천하나 불법은 평등하며, 옷은 다르지만 [옷을 입고 있는] 육신에는 두 종류가 없습니다. 소인은 이제 상공 어른을 따라 절에 들어가 도안 법사와 논의를 펼치고자 합니다." 상공이 말하였다. "너의 마음이 그러하다면 나도 막지는 않겠다." 그리하여 상공과 부인은 선경이 서원의 향탕(香湯)에서 몸을 씻고 옷을 갈아입을 수 있게 하였고, 또 그가 방으로 돌아가 쉴 수 있게 했으며, 다음날 이른 아침에 별도의 지시가 있을 것임을 알렸다. 선경은 방으로 돌아와서는 마음과 뜻을 맑고 깨끗이 하며 날이 밝아올 때까지 한숨도 자지 않았다. 이윽고 입조(入朝) 시각이 되자 선경은 상공을 따라 궁중에 들어갔다. [얼마 후] 상공은 퇴조(退朝)

372 대상 세계와의 접촉.
373 느낌.
374 구하려는 욕망.
375 집착.
376 존재하게 되는 근거.

하고 집으로 돌아와 잠시 휴식을 취한 뒤 선경을 불러 말했다. “저 도안 법사는 이 나라의 고승이다. 마땅히 깊이 헤아려야 할 것이다.” 이에 선경이 아뢰었다. “속담 중에 ‘산에 들어가서 이리와 범을 피하지 않는 것은 나무꾼의 용맹이고, 물에 들어가서 교룡(蛟龍)을 피하지 않는 것은 어부의 용맹이다’라는 말도 있습니다. 그저 소인이 도안과 논의를 벌일 수만 있게 된다면 갈증에 물을 얻고 추위에 불을 얻는 것과 같습니다. 상공께서는 베개를 높이 하시고 아무 염려 마시기 바랍니다.”그리고 강경이 시작될 때를 기다렸다가 집을 나섰다.

須臾之間已至, 相公先遣[377]錢二百貫文, 然後將善慶來入寺內. 其時聽衆如雲, 施利若雨, 鐘[378]聲旣動, 卽上講 : 都講擧[題],[379] 維那[380]作梵, 四衆瞻仰, 如登靈鷲山[381]中. 道安欲擬忻心, 若座(坐)奄(菴)羅會上. 於是道安手把如意, 身座(坐)寶臺, 廣焚無價寶香, 卽宣妙義, 發聲乃唱, 便擧經題云 : 大涅槃經如來壽量品第一. 開經已了, 嘆佛威儀, 先表聖賢, 後談帝德 : “伏願今[382]皇帝道應龍騃(圖),[383] 德光金園,[384] 握

377 ‘遣’자에는 오류가 있는 듯하다. 앞의 “相公每日朝下, 常在福光寺內聽道安講經, 納錢一百貫文”라는 문구에서는 ‘遣’대신에 ‘納’자를 사용하고 있다. 혹은 ‘遣’다음에 ‘納’자가 빠졌을 수도 있다.

378 ‘鐘’은 原錄에서는 ‘鍾’으로 되어 있고 ‘鐘’으로 교정하였다. [校注] 『干祿字書』에 의하면 唐人들은 ‘鐘’과 ‘鍾’을 모두 ‘鍾’이라 표기하였다. 따라서 여기서는 바로잡아 적는다.

379 [徐震堮] 빠진 글자는 ‘題’자일 것이다. [校注] 다음에 “便擧經題云”이란 문구가 있는 것으로 보아 ‘題’자로 보는 게 옳다.

380 ‘維那’는 앞의 ‘都講’과 마찬가지로 승직의 하나이다. 승려의 강경을 돕거나 질서를 유지하는 일을 한다.

381 ‘鷲’는 原卷에는 ‘就’로 되어 있는데 原錄에서 ‘鷲’로 교정하였다.

382 ‘今’은 ‘當今’의 약칭이다. “伏願當今皇帝……”는 원문에서 자주 보이는 상투어이다.

383 [徐震堮] ‘騃’는 ‘圖’로 보아야 한다. [校注] 「破魔變文」에도 “바라옵건대 순임금의 세월을 오래도록 드리우시고, 요임금의 시절을 영원히 간직하시옵기를. 鳳邑이 千秋에 계속되도록 하시고, 龍圖가 萬代에 간직되도록 하소서(伏願長懸舜日, 永保堯年, 延鳳邑於千秋, 保龍圖於萬歲)”라는 문구가 보인다. ‘龍圖’는 즉 河圖를 말하며 瑞應이다.

金鏡如(而)[385]曜九天, 從神光而臨八表. 願諸王太子, 金支(枝)永固, 玉葉恒春; 公主貴妃,[386] 貞華永曜; 朝廷卿相, 盡孝盡忠; 郡縣官寮, 唯淸唯直; 座下善男善女, 千災霧卷, 瘴逐雲霄(消).[387] 災害不侵, 功德圓滿. 三塗地獄, 悉(息)[388]苦停酸; 法界衆生, 同霑此福." 嘆之已了, 擬入經題. 其時善慶亦其堂內起來, 高聲便喚, 指[389]住經題. 四衆見之, 無不驚愕. 善慶漸近前來, 指云: "道安上人, 大能說法, 闍梨開經講讚, 渲(宣)佛眞宗; 廣度愚迷, 宣揚聖教. 文詞燦爛,[390] 域[391]內無雙. 利益衆生, 莫知其數. 長於苦海, 如(而)[392]作法船; 結大果因, 渡人生死. 未審所講是何經文? 爲諸衆[393]生, 宣揚何法? 誰家章疏, 演唱眞宗? 欲委根元, 乞垂講[394]說. 法師講讚, 海內知名, 人主稱傳,[395] 國中第一. 相公在此, 聊述聲揚, 暖道場將爲法樂; 上人若垂大造, 立儀將來, 不棄蒭蕘, 卽當恩幸."

이윽고 절에 도착하여 상공은 먼저 돈 이백 관문을 바친 다음 선경을

---

384 '園'자가 原錄에서는 '竹' 머리를 하고 있다.

385 [徐震堮] '如'는 '而'와 같다.

386 '妃'는 原錄에서는 '肥'로 되어 있다. [校注] 形誤字임이 분명하다. '肥'의 오른쪽이 原卷에서는 '巳'로 되어 있다.

387 [徐震堮] '瘴'은 '障'으로, '霄'는 '消'로 보아야 할 것 같다. [校注] '瘴'은 오자가 아니다. P.3468 「兒郎偉」: "作勢捍(旱)者與棒, 行瘴氣者與樂." '消瘴'은 당연히 원문 내용의 하나이다.

388 蔣禮鴻은 '悉'을 '息'으로 교정하였는데 이는 옳다.

389 '指'는 原錄에서는 '止'로 되어 있다. [校注] 原卷에서는 먼저 '止'로 적었다가 이어서 '指'로 적고 있는데, 이것은 '止'를 '指'로 고친다는 의미인 듯하다.

390 '燦爛'은 原錄에서는 '璨瓓'으로 되어 있고 '燦爛'으로 교정하였다. [校注] 이는 편방을 바꾼 속사이다.

391 '域'은 原錄에서는 '城'으로 되어 있고 '域'으로 교정하였다. [校注] "是他道安是國內高僧"이라는 앞 문구로 보아 '域'으로 고치는 것이 옳다.

392 '如'는 '而'로 보아야 한다.

393 '諸衆'은 原錄에서는 '衆諸'로 잘못 적었다. 原卷에 의거하여 바로잡는다.

394 '講'은 原錄에서는 '請'으로 되어 있는데, 劉凱鳴의 校注에 의거하여 수정한다.

395 '稱傳'은 '찬양하다'는 뜻이다. 「燕子賦(二)」: "벗을 위해 자신이 먹을 음식을 건네주고, 앉아서 죽음을 맞이함으로써 만 대의 찬양을 얻었다(併糧坐守死, 萬代得稱傳)."

데리고 절 안으로 들어갔다. 이때 청중은 구름처럼 몰려들었고 보시는 비처럼 쏟아졌다. 북소리가 울리고 곧 강경이 시작되었다. 도강(都講)[396]이 경제(經題)를 창하고 유나(維那)[397]가 범패(梵唄)를 노래하니 청중들은 한결같이 우러러보는데 마치 영취산에 오르는 듯하였다. 도안은 마음이 즐거워지는 것이 마치 암라(菴羅)나무[398] 법회에 이른 듯했다. 이때 도안은 여의(如意)[399]를 손에 들고 고좌(孤坐)에 앉아 값을 매길 수 없는 보배로운 향을 피운 다음, 심묘한 법어를 시작하는데 먼저 '대반열반경여래수량품제일(大涅槃經如來壽量品第一)'이라는 경제를 창하였다. 그 개제(開題)[400]가 끝나자 부처의 위의(威儀)를 찬양하고, 옛 성인을 칭송한 다음 [당시] 제왕의 덕을 이야기하였다. "엎드려 바라옵건대 황상의 도(道)는 용도(龍圖)[401]에 감응하고 덕(德)은 금원(金園)[402]을 비추며, 밝은 정도(正道)로써 구천(九天)[403]을 밝히시고, 신비로운 빛을 따라 팔표(八表)[404]에 이르시기를. 황자(皇子)의 금지(金枝)는 영원토록 튼튼하고 옥엽(玉葉)은 항상 무성하기를. 공주와 귀비(貴妃)의 숙덕(淑德)이 영원히 빛나기를. 조정의 신하들은 충과 효를 다하기를. 군현의 관료들은 청렴 정직하기를. 지금 이 자리에 있는 선남선녀들은 모든 재앙이라는 안개를 제거하고 역병의 구름을 내쫓아, 재해가 이들을 침범치 못하고 두루 공덕을 이룰 수 있

396 강경 절차 가운데 일문일답의 형식으로 진행되는 '문난(問難)'에서 법사에게 질문(難)을 하는 것 외에, 강경이 처음 시작될 때 그날 설해질 경전의 제목(經題)을 창하는 것은 도강의 주 역할이었다.

397 사원의 사무를 처리하는 자. 강경시 법회의 질서를 유지시키는 것이 주 역할이었다. 이 외에 본문의 기록으로 보아 범패를 읊는 역할을 겸하기도 한 것으로 보인다.

398 인도가 원산지인 망고(mango)의 일종. 부처가 이 나무가 무성한 암라수숲에서 법문을 하는 장면이 유마경에 보인다.

399 법회나 설법 때, 법사가 손에 드는 물건.

400 경제(經題)의 소개.

401 복희씨때 황하에서 길이 8척이 넘는 용마가 등에 지고 나왔다는 그림. 하도(河圖).

402 사찰 내의 농원.

403 가장 높은 하늘.

404 팔방(八方)의 끝. 먼 곳.

기를. 삼도(三途)[405]의 지옥에서는 고통이 멈추기를. 법계(法界)의 중생들이 모두 이러한 복을 받을 수 있기를."

이 같은 서원을 마치고 막 경제(經題)를 강석하려는데 선경이 자리에서 일어나더니 "강석을 멈추십시오!"라고 큰 소리로 외쳤다. 사방의 청중들이 그 모습을 보고 깜짝 놀라지 않는 이가 없었다. 선경이 서서히 앞으로 걸어 나오며 말하였다. "도안 상인께서는 설법이 매우 뛰어나시지요. 개경(開經)[406]을 강찬하시고 불법(佛法)의 본의(本義)를 널리 베푸시며 우매한 중생을 널리 제도하시고 지고(至高)한 가르침을 선양하십니다. 그 문사(文詞)는 찬란하여 나라 안에서는 겨룰 자가 없습니다. 중생을 이익 되게 함에 그 수효를 헤아릴 길이 없습니다. 항상 고해(苦海)에 머무시며 법(法)의 배(船)를 만드시고 커다란 불과(佛果)를 이루시어 중생을 피안으로 인도하십니다. 그런데 지금 설하실 것은 무슨 경문이고, 또 모든 중생을 위하여 무슨 법을 베푸실 생각이십니까? 누구의 주석(註釋)에 의지하여 그 본의를 해설하시려는 것입니까? 그 근원을 알고자 하오니 부디 알려주시길 바랍니다. 법사님의 강설은 해내(海內)에서 그 명성을 떨치고 있고 황상께서도 찬탄을 하시니 단연 나라 안의 으뜸입니다. 여기에 상공께서도 임해주셨으니 조금이나마 [감추어진 것을] 드러내주시면 이 자리는 온화한 법회가 되고 법락(法樂)[407]을 이루게 될 것입니다. 법사님께서 자비롭게도 법도를 세우시어 이 천한 중생을 내치지 않으신다면 은혜롭고 다행스런 일이라 하지 않을 수 없을 것입니다."

於是道安聞語, 作色動容, 嘖[408]善慶曰 : "亡(望)[409]空便額![410] 我佛如

405 악인이 죽어서 가는 세 가지의 괴로운 세계. 지옥도, 축생도, 아귀도이다. 삼악도(三惡道).

406 강경을 행하는 것을 말하는 것으로 보인다. 본래는 주된 경전(本經)을 강설하기에 앞서 서론격으로 설해지는 경전을 개경(開經)이라 한다. 예를 들어 법화경을 강설할 때 노입부로서 무량의경(無量義經)이 설해지는 것이 그것이다.

407 부처의 가르침을 믿고 받드는 기쁨.

來妙典, 義里(理)幽玄, 佛法難思, 非君所會. 不辭[411]與汝解脫(說),[412] 似頑石安在水中, 水體姓(性)本潤, 頑石無由入得. 汝見今身, 且爲下賤, 如何卽得自由佛法! 付囑國王大臣, 智者方能了義. 汝可不聞道外書言: '堪與言卽言, 不堪與言失言.'[413] 夫子留教, 上(尙)遣如思(斯),[414] 不

408 [徐震堮] '嘖'은 '責'과 같다. [校注] 『龍龕手鏡』: "嘖, 怒也, 讓也." 따라서 '嘖'은 교정할 필요 없다.

409 '亡'은 뒤 문장에서 '忘'으로 되어 있는데 양자 모두 '望'으로 보아야 한다. 陳治文은 '望空'을 '朝空中'이라 풀이하였다. [項楚] '望空'은 '근거없이, 터무니없이(憑空)'란 뜻이다. 『文選』「晉紀總」에서는 "當官者以望空爲高, 而笑勤恪"이라 하였다. 呂延濟는 "望空謂不識是非, 但望空署白而已"라 하였는데, 여기서의 '望空署白'은 '憑空署白'을 말한다. [江藍生] '望空'은 글자 표면상으로 볼 때 '朝空, 向空'의 의미가 있긴 하나 '望空便額'에서는 그 轉義를 취한 것이라 마땅히 '平白, 無據, 無端'로 보아야 한다. [校注] 이곳의 '望空'은 글자 표면상의 뜻을 취한 것이다. 문중에는 "望空便擲"이란 문구 외에도 "高聲便喚, 指住經題" "善慶漸近前來, 指云" "轉更高聲, 遙指道安怒聲責曰" 등의 문구가 있는데, 이들 문구에서는 모두 '指'자를 사용하고 있다. 이것은 '望空'이 곧 '朝空中'이나 '朝上'의 뜻임을 말해준다. 따라서 여기서는 '高座 위의 道安을 가리키다'는 뜻이다. 蔣禮鴻은 '亡空'을 '覆窠'의 聲近字로 의심하였고, 劉凱鳴은 '妄口'의 聲轉字로 의심하였는데 모두 확실하지 않다.

410 蔣禮鴻은 『通釋』에서 『封氏聞見記』 권10 「査談」을 인용하였다. 즉 "宋昌藻, 考功員外郎之問之子也. …… 刺史房琯以其名父之子, 常接遇之. 會有中使至州, 琯使昌藻郊外接候. 須臾却還, 云: '被額.' 房公 …… 顧問左右何名爲'額', 有參軍 …… 對曰: '査名詆訶爲額.'－近代流俗, 呼丈夫婦人縱放不拘禮度者爲'査'. 又有百數十種語, 自相通解, 謂之'査談', 大抵近猥僻." 陳治文은 '額'은 '敋'이며 '擊'의 뜻이라 하였고, 項楚와 江藍生은 모두 앞서의 '詆訶'설을 따르고 있고, 袁賓은 '額'을 '嚇'으로 보았으며, 劉凱鳴은 '額'을 '謞'으로 보았다. [校注] '詆訶'설이 사실에 가깝다. 문중에서는 '질책하다, 지탄하다(指斥)'으로 해석할 수 있다. 「燕子賦(一)」의 "鵲兒被額"구의 '額'자는 原卷에서는 '頟'로 되어 있는데, 甲卷에서는 '嚇'으로, 乙卷에서는 '頟'으로, 戊卷에서는 '額'으로 되어 있다. 原卷과 을권과 무권은 모두 '額'자의 오자 혹은 속자이며, 갑권의 '嚇'은 비슷한 의미의 대체자이다. 또 陳治文은 "亡空便額"을 "嘖善慶曰"앞으로 옮겼는데 정확하지 않다.

411 '不辭'는 '설령(卽使, 縱然)'이란 뜻이다.

412 [潘重規] '脫'은 '說'의 오자인 듯하다. [校注] 이 두 자는 音近通假字이다.

413 『論語』「衛靈公篇」: "공자가 말씀하시길, '더불어 말할 만한 사람인데도 그와 더불어 말을 하지 않으면 사람을 잃는 것이고, 더불어 말할 만하지 못한 사람인데도 그와 더불어 말을 하면 말을 잃는 것이다. 지혜로운 사람은 사람도 잃지 않고 또 말도 잃지 않는다'(子曰: '可與言而不與之言, 失人; 不可與言而與之言, 失言. 智者不失人, 亦不失言')." 본문의 "堪與言卽言, 不堪與言失言"은 이 문구를 고친 것으로, 문중의 '外書'는 유가 경전을 가리키며 '夫子'는 공자를 가리킨다.

與你下愚之人解說. 維那檢校, 莫遣喧囂. 聽經時光可昔(惜)汝不解, 低頭莫語, 用意專聽. 上座講筵, 聽衆宣揚, 普皆聞法. 不事在(再)[415]作一箇問法之人." 但知(諸)會下座(坐)者, 不逆[416]其意; 若是諸人卽怕你道安, 是他善慶, 阿誰怕你! 於是善慶聞語, 轉更高聲, 遙指道安, 怒聲責曰: "闍梨去就[417]也是一個志道霄僧,[418] 所出言問, 不合聖意. 我如來留教, 經乃分明, 蠢動含靈,[419] 皆霑福性. 公還誦金剛經以否? 胎、卵、濕、化, 十類、四生, 有形、無形, 有相、無相, 皆得涅槃而言[420]滅度. 我乃是人, 豈得不合聞法? 我爲下賤, 佛性無殊. 緇服不同, 法應無二. 不見道孔丘雖聖者,[421] 久迷對曰[422]之言; 大覺世尊, 上(尙)有

---

414 [通釋] '上'은 '尙'과 통한다. '如思'는 '如斯'와 같다. 뒤에 나오는 "若作如思, 還失其子犽"의 '如斯' 역시 마찬가지이다.

415 '在'는 '再'로 보아야 하거나, 아니면 '作'의 오자로서 衍字로 보아야 한다. '不事'는 '不可'이다.

416 '不逆'은 '추측할 수 없다, 짐작할 수 없다'는 뜻이다.

417 '去就'는 '행위, 동작'이다.

418 '霄僧'은 原錄에서는 '宵像'으로 되어 있다. [項楚] '宵'는 '肖'로 보아야 할 듯하다. '肖像'은 '생김새, 모양(模樣)'을 말한다. [校注] 原卷에는 사실 '霄僘'로 되어 있는데 뒤 글자는 응당 '僧'자이다. 『龍龕手鏡』: "霄、靇、靇 : 三俗, 音盧." 또 "霄 : 音夫." 글자는 모두 비슷한데 그 풀이는 나와 있지 않다. 전자는 '盧'의 속자이고, 후자는 '膚'의 속자이다. '盧僧', '膚僧'은 모두 그 뜻을 알기 어렵다. '霄'은 어쩌면 필사자가 '僧'자를 그렇게 잘못 적고나서 미처 삭제하지 않은 것인지 모른다.

419 '蠢動'은 동물을, '含靈'은 사람을 가리킨다.

420 '言'은 '行'으로 보아야 할 듯하다. 앞의 "皆得涅槃而行滅度"란 문구에서 보이듯이 '行'자를 사용하고 있다.

421 '者'는 原錄에서는 '著'로 되어 있고 다음 구에 속해 있다. [校注] 原卷에서는 '着'으로 되어 있는데 이는 '者'자의 形訛字로 보인다.

422 '日'은 原錄에서는 '曰'로 되어 있다. [校注] 原卷에서는 '曰'로 되어 있는데 이는 '日'자이다. 돈황사본에서는 통상적으로 '日'을 '曰'로 적고 있고, 반대로 '曰'은 '日'로 적고 있다. 따라서 이곳의 '曰'은 응당 '日'이 되어야 한다. 『列子』「湯問」: "공자가 동쪽을 유람하는데 두 어린이가 말싸움을 하고 있었다. 그 까닭을 물으니 한 아이가 말하길, '제 생각은 해가 떠오를 때 가장 거리가 가깝고 정오가 되면 가장 먼 거리에 있습니다.' 다른 아이는 또 말하길, '제 생각에는 해가 떠오를 때 멀고 정오가 되면 가깝습니다.' …… 공자가 대답을 못하자 두 아이가 비웃어 말하기를, '누가 당신을 지혜가 많은 사람이라 하던가요?'(孔子東遊, 見兩小兒辯鬬, 問其故. 一兒曰: '我以日始出時去人近, 而日中時遠也.' 一兒曰: '我以日初出遠, 而日中時近也.' …… 孔子不能

金槍之難. 維摩居士, 由(猶)遭光嚴童子喝責. 忍辱仙[423]人, 被歌利王割截身體. 君子不欺闇室, 蓋俗事(士)[424]之常談, 賤奴擬問經文, 座主'忘空便額'.[425] 只如峻山, 却生毒藥; 淤泥[426]之中, 乃生蓮華. 彼布袋裏有明珠, 錦袋裏成(盛)糠何用? 座主莫望山採木, 以貌[427]取之. 若作如思(斯), 還失其子羽. 只如佛法, 大體均平, 似降甘澤, 普其總潤. 不可平田殘[428]草下頻滋, 坑坎丘陵不蒙惠澤, 雨元[429]平等自然, 莫生[430]彼我之心, 一切無異. 不見藥王菩薩, 皆標四時, 五菓桃李, 皆從八節, 因地而生. 藥草喩[431]中, 分明乃說大根大樹、大枝大葉, 各逐根基, 因地而所有. 不可甘甛果子, 雨便甘甛; 苦澀果子, 雨便苦澀. 雨元一味, 受性自殊. 但行平等之心, 法界自然安樂. 相公在於, 座主莫謾生人,

---

決也. 兩小兒笑曰: '熟爲汝多智乎?')"

423 '仙'은 原錄에서는 '先'으로 되어 있다. [校注] 原卷에 '仙'으로 되어 있기에 바로잡는다. 「證道歌」: "我師得見練燈佛, 多劫曾爲忍辱仙." '忍辱仙人'은 '忍辱仙'이다. 이에 관해서는 『金剛經』에 보인다.

424 [項楚] '事'는 '世'로 보아야 할 듯하다. [校注] 이 두 글자는 音과 韻이 모두 달라서 통용하거나 가차하기 어렵다. '事'는 '士'로 보아야 한다. '俗士'는 儒生의 무리를 가리킨다. 駱賓王 「螢火賦」: "類君子之有道, 入暗室而不欺."

425 '忘空便額'을 項楚와 袁賓은 선경이 도안을 지탄하는 말이라고 하였으나 확실하지 않다. 江藍生은 두 가지 풀이를 하면서 "나는 경문에 대한 가르침을 청하려 하는데 당신은 도리어 내가 근거 없이 질책한다고 한다"는 풀이 쪽으로 기울어지고 있다. [校注] 江의 견해는 옳다.

426 '淤泥'는 原錄에는 '淤涅'로 되어 있다. [校注] '淤'는 原卷에는 '於'로 되어 있으며, '涅'는 '泥'의 속자이다. 작품 중의 '涅'는 모두 正字로 고친다.

427 '貌'는 原錄에서는 '皃'로 되어 있고 '貌'로 교정하였다. [校注] 이 자는 '貌'의 속자이다.

428 '淺'은 原錄에서는 '殘'으로 되어 있는데, 蔣禮鴻의 견해를 따라 수정한다.

429 '元'은 原錄에서는 '原'으로 되어 있다. [校注] '原來'의 '原'은 본래 '元'으로 적었다가 明代 이후로 '原'으로 적기 시작했다. 따라서 '元'자는 고칠 필요 없다.

430 '生'은 原錄에서는 '殺'로 되어 있다. [校注] 原卷에서는 '煞'로 되어 있는데 그 형태가 '然'과 '煞'의 중간이다. 앞의 '然'자와 관련하여 생긴 衍字로 보인다. 문중에 "莫生……之心"식의 문구가 많이 보이는 까닭에 '生'으로 수정한다.

431 原錄에서는 '草' 다음에 콤마가 찍혀 있고 '喩'는 다음 구에 속해 있다. [項楚] '藥草喩'는 『妙法蓮華經』 28品 중의 「藥草喩品第5」를 가리키는 까닭에 마땅히 서명 기호를 넣어야 한다. 약초유품에는 "……大根大莖大枝大葉, 諸樹大小, 隨上中下, 各有所受. ……"라는 문구가 있다. 본편의 이 문구는 약초유품에서 그 뜻을 취한 것이다.

但之好好立義將來, 願好相祇對."

이 말을 들은 도안은 화가 나서 안색이 변하고 불쾌한 표정을 지으며 선경을 나무랐다. "그대는 지금 이유 없이 나를 질책하는구나! 우리 불여래의 미묘한 경전은 그 의리(義理)가 깊고도 오묘하다. 부처님의 가르침은 헤아리기 어려우니 그대가 이해할 수 있는 바가 아니다. 설령 그대에게 설명을 하더라도 단단한 돌멩이를 물속에 넣어 두는 것과 같아, 축축한 물의 본성이 단단한 돌멩이 속으로 스며들 수 없다.[432] 그대는 현재의 네 모습을 한번 보아라. 미천한 노비의 몸으로 어떻게 얽매임 없는 불법을 이해할 수 있겠느냐! 국왕이나 대신에게 가르침을 전하는데 그중에서도 지혜로운 자만이 비로소 그 뜻을 이해할 수 있다. 그대는 외전(外典)에서 '더불어 말할 만하면 말하고, 더불어 말할 만하지 못하는데 [말을 하면] 말을 잃는다'[433]라고 한 말을 듣지 못했는가? 부자(夫子)[즉 공자]가 남긴 가르침이 이와 같거늘, 그대처럼 어리석은 자에게는 설명하지 않을 것이다. 유나(維那)는 단속하여 떠들지 못하게 하시오. 설법을 듣는 시간은 소중하다. 그대는 이해하지 못하더라도 아무 말도 말고 고개를 숙이고서 듣는 데만 마음을 쓰도록 하라. 고좌에 올라 청중에게 선양하는 것은 모두에게 골고루 법을 들려주기 위함이지 법을 묻는 한 사람만을 위해서가 아니다."

법회의 청중들은 도안의 뜻을 거스르지 않았다. 이처럼 모든 청중들이 그대 도안을 두려워할지 몰라도 저 선경이 그대를 두려워하랴! 선경은 이 말을 듣고 더욱 소리를 높여 도안을 향하여 성난 목소리로 질책하였다. "법사 어른의 행위는 아직 미숙하기만 하군요. 그 같은 언사와

432 물은 부처의 가르침을, 돌멩이는 무명의 중생을 가리킴.

433 이 말은 『논어(論語)·위령공(衛靈公)』에서 보인다. "더불어 말할 수 있는 사람과 말을 하지 않으면 사람을 잃고, 더불어 말할 수 없는 사람과 말을 하면 말을 잃는다. 지혜로운 사람은 사람도 잃지 않고, 또 말도 잃지 않는다(可與言而不與之言, 失人. 不可與言而與之言, 失言. 知者, 不失人, 不失言)." 여기서 '말을 잃는다'라는 것은 한 말이 헛말이 되거나 잘못 받아들여지는 것을 의미함.

힐문은 부처님의 뜻에 맞지 않습니다. 여래의 남기신 가르침은 경전에 분명히 설해 있는 바 '살아 있는 것은 모두 불성을 가지고 있다'라고 하였습니다. 법사님은 금강경을 읽어보셨습니까? 태생·난생·습생·화생의 사생(四生)도, 유형·무형·유상·무상 등의 십류(十類)도 모두 열반을 증득하여 멸도를 이룰 수 있는 법입니다. 그런데 사람인 내가 어찌 불법을 들을 만하지 않다는 것인지요? 나는 비록 몸은 미천하나 불성은 [고귀한 신분의 사람들과] 차이가 없고, 승려와 속인의 옷은 다르지만 불법에는 둘이 있을 수 없습니다. 법사님은 '공자는 성인이지만 해에 관한 말을 듣고 생각이 혼란스러웠다'[434]라는 말을 듣지 못하셨습니까? 지고한 깨달음을 얻으신 세존께서도 일찍이 창에 찔리는 고통을 입었고,[435] 유마 거사도 광엄동자(光嚴童子)에게서 힐책을 받았으며,[436] 인욕선인(忍辱仙人)은 가리왕(歌利王)에게 몸을 찢기셨습니다.[437] '군자는 어두운

434 孔子가 해에 관한 논쟁을 벌이던 두 소년으로부터 비웃음을 당한 고사를 말하는데, 이 고사는 『列子·湯問』에 실려 있다. 인용해 보면, "공자가 동쪽으로 유람하다 두 소년이 말다툼을 벌이는 것을 보게 되었다. 그 까닭을 물었더니 한 소년이 말했다. '저는 해가 뜰 때 사람과의 거리가 가깝고 해가 중천에 떴을 때는 멀다고 했는데, 저 애는 해뜰 때는 멀고 한낮에는 가깝다고 해요.' 다른 소년이 말했다. '일출 때는 수레 지붕만큼 크고 정오에는 쟁반만 한데 이는 멀기 때문에 작고 가깝기 때문에 큰 것이 아니겠습니까?' 또 다른 소년이 말했다. '일출 때는 서늘하고 한낮에는 끓는 물처럼 더운 것을 보면 이는 가깝기 때문에 덥고 멀기 때문에 서늘한 것이 아닌지요?' 공자는 (두 소년의 말다툼을) 해결할 수 없었다. 그러자 두 소년이 웃으며 말했다. '누가 당신을 지혜가 많다고 했습니까?'(孔子東遊, 見兩小兒辯鬪. 問其故. 一兒曰：我以日始出時去人近, 而日中時遠也. 一兒以日初出遠, 而日中時近也. 一兒曰, 日初出大如車蓋, 及日中則如盤盂, 此不爲遠者小而近者大乎? 一兒曰：日初出滄滄凉凉, 及其日中如探湯, 此不爲近者熱而遠者凉乎? 孔子不能決也. 兩小兒笑曰：熟爲汝多知乎?)"

435 『지도론(智度論)』 구(九)에는 세존이 전생에 겪은 아홉 가지 수난을 열거하고 있는데, 이 중 네 번째는 '迸木刺脚'의 수난을 서술하고 있으며, 『흥기행경(興起行經)』 상(上)에서는 열 가지를 열거하고 있는데, 이 중 여섯 번째는 '木槍刺脚'의 수난을 서술하고 있다.

436 유마가 광엄동자로부터 질책을 받았다는 이야기의 근거는 무엇인지 확실하지 않다. 단지 『유마경』 보살품에는 광엄동자가 유마로부터 가르침을 받는 장면이 나올 뿐이다.

437 석가가 전생에 선인(仙人)이 되어 숲에서 인욕의 수행을 하고 있을 때, 그곳으로 가

방에서도 스스로를 속이지 않는다'[438]라는 유생(儒生)의 말도 있잖습니까? 이 몸이 경문을 묻고자 하는데 좌주(座主)께서는 '이유 없이 나를 질책하는구나'하시니, 이는 마치 높고 험한 산속에 독초가 자라고 진흙 연못 속에서 연꽃이 피어나는 격입니다. 베로 만든 자루는 진주를 담고 있는데, 비단으로 만든 자루에는 겨가 가득하니 [비단 자루가] 무슨 소용 있겠습니까? 좌주께서는 산을 바라보고 나무를 자르지 말고 나무의 생김을 보고 나무를 골라야 할 것입니다. 만일 그러한 일을 하신다면 [공자가 말씀하신 것처럼] 자우(子羽)를 잃어버리게 될 겁니다.[439] 불법이라는 것은 그 본질이 평등무차별하니, 이는 마치 하늘에서 내리는 단비가 만물을 고루 적셔주는 것과 같습니다. 평탄한 밭의 메마른 잡초는 흠뻑 적시면서 구덩이나 구릉은 그 혜택을 받지 못해서는 아니 되지요. 비는 본래가 평등하여 저절로 그렇게 되는 것입니다. 피아(彼我)의 구분 없이 모두를 똑같이 대합니다. 약왕보살님은 사계절을 모두 생겨나게 하셨고, 오과(五果)[440]와 도리(桃李)[441]는 모두 한 해의 절기를 따라 땅에서 생겨난 것입니다. 『약초유(藥草喩)』[442]에서도 분명히 설해지고 있는 바 큰 뿌리, 큰 나무, 큰 줄기, 큰 잎들은 모두 같은 뿌리를 통하여 제각기 비를 받은 것입니다. 단 과실이라 하여 단 비가 내리는 것도 쓴 과실이라 하여 쓴 비가 내리는 것도 아닙니다. 비는 본래 똑같은 맛이지만 그것을 받

리왕(歌利王)이 채녀(采女)들과 함께 지나는 길에, 왕의 휴식 중을 이용하여 채녀들은 선인이 있는 곳으로 와서 설법을 들었다. 왕은 이를 질투하여 그 수행의 진위를 시험하겠다며 칼로 선인의 두 팔과 양 다리, 귀, 코를 차례로 잘랐다. 그러나 선인은 얼굴색 하나 변하지 않고 흐르는 피를 우유로 변화시킴으로써 인내의 의지를 증명하였고, 이에 왕은 교화되었다는 고사를 말한다.

438 당(唐) 중기의 격언집인 『태공가교(太公家教)』에 보인다.

439 자우(子羽)는 공자의 제자인 담대멸명(澹臺滅明)의 자(字). 공자는 자우가 자신을 스승으로 섬기려 할 때에 그의 추악한 생김새만으로 그를 잘못 판단했다는 고사가 『사기(史記)·중니제자열전(仲尼弟子列傳)』에 전해온다.

440 오얏·살구·대추·복숭아·밤.

441 복숭아와 자두.

442 『법화경』의 품명(品名).

아들이는 사물의 성질이 다른 까닭에 그리 되는 것입니다. 차별 없는 평등한 마음을 수행하기만 하면 이 세계는 저절로 안락해질 것입니다. 상공께서도 이곳에 와 계시니 좌주께서는 생면부지인 이 사람을 업신여기지 마시고 당당히 법도를 세우시어 [저의 물음에] 답해 주시기 바랍니다."

於是道安被數, 醿䃺[443]非常, 耻見相公, 羞看四衆. 遂攬[444]典尺, 拋在一邊, 漸近前來, 怒聲責曰: "善慶! 汝豈不聞道: '鬭[445]不着底, 死亦難當.' 豈緣一鼠之謙(傔), 勞發千均(鈞)之弩.[446] 汝若[447]見吾之鼓, 不辭對答往來, 蟭蟟(鷦鷯)[448]共鵬鳥如(而)[449]同飛, 對汝虛拋氣力. 解事低頭莫語, 用意專聽. 這遍若不取我指撝, 不免相公邊請杖決了, 趁出寺門, 不得聞經. 謾說狂詞, 悔將何及!" 善慶聞語, 轉爲高聲, 搖(遙)指道安: "許公輒行操次![450] 座主身披法服, 常宣眞經, 合興無量之心, 具六波羅蜜行, 發菩提心, 利益衆生, 出於三界. 何得心無慈愍, 毒害尤

---

443 原錄에서는 '醿䃺'이 앞 구에 속해 있고 '醿䃺'로 되어 있다. [校注] 原卷에서는 '醿醿'로 되어 있다. 『龍龕手鏡』: "醿、醿、䃺: 上二莫可反, 下一勒可反, 面慚貌." 또 "懡㦬: 上忙果反, 下郎可反. 懡㦬, 面慚也." 蔣禮鴻은 『廣韻』과 『集韻』을 인용하며 음과 뜻이 같다고 하였다. 이에 의거하여 수정한다. [陳治文校] '數'자와 '常'자 다음에 콤마를 찍어야 한다. 蔣씨는 구두점에 신중을 기하지 않았으며, 또 '被數'를 '數被'라 뒤바꿔 놓는 오류를 범했다.

444 '攬'은 原錄에서는 '攪'로 되어 있다. [校注] 이 두 자는 형태가 비슷하여 자주 잘못 사용된다. 여기서는 '攬'으로 수정한다.

445 '鬭'는 原錄에서는 '鬪'로 되어 있다. [校注] 原卷 글자의 가운데 오른쪽은 '斗'의 초서이다. '鬭'는 '겨루다, 경쟁하다'는 뜻이다. "鬭不着底, 死亦難當"은 속담으로, 겨루는 것이 무의미하며 언제까지나 그칠 날이 없음을 의미한다.

446 '弩'는 原卷에서는 '努'로 되어 있는데 原錄에서 수정하였다.

447 '若'은 原錄에서는 '欲'으로 잘못 되어 있다. 原卷에 의거하여 수정한다.

448 [項楚] '蟭蟟'는 응당 鷦鷯가 되어야 한다.

449 '如'는 '而'로 보아야 한다. 原錄에서는 "如同飛對"를 한 구로 보았다. [徐震堮] '如同'은 '如何'이다. [校注] 이곳 몇 개의 문구는 '설령 대답을 하더라도 단지 뱁새가 대붕과 함께 날려하는 것처럼 불가능하여 내가 네게 괜히 헛수고만 하게 된다'는 의미이다.

450 [通釋] '操次'는 '세심하지 못하다', '신중하지 못하다', '경거망동하다'는 뜻이다.

深, 欺誑平人, 擬於相公邊請杖! 據思(斯)[451]行卽不合眞宗, 所出言辭, 何殊外道! 闍梨自稱鵬鳥, 直擬擧翼摩天; 嘆他乃作蟭蟟(鷦鷯), 栖宿常居小草, 不見道心. 麤[452]者失欺, 敲(墝)者忘意.[453] 況今朝莫語, 便須用意, 莫謾麤疏. 詞理若乖, 便爲弟子, 勞(牢)把繩頭,[454] 莫交(教)失手.[455] 若也祗對一字參差, 却對[456]賤奴向相公邊請杖, 就高座上拽下決了, 趁出寺門, 不得爲衆宣揚, 莫言不道!"

도안은 책망을 듣고는 온 얼굴에 부끄러워하는 기색이 역력했다. 상공을 바라볼 수도 청중을 쳐다볼 수도 없었다. 그리하여 쥐고 있던 여의(如意)[457]를 한쪽에 던져놓고 서서히 앞으로 나오며 성난 목소리로 꾸짖어 말했다. "선경! 그대는 '끝까지 싸우지 못하면 죽더라도 감당하기 어렵다'라는 말을 듣지 못했는가? 어찌 쥐새끼 한 마리 때문에 수고로이 천 균(鈞)의 활을 쏘겠는가. 그대가 나의 북(鼓)을 보려한다면 나는 그대와의 문답 논쟁을 사양하지 않겠지만, 이는 뱁새가 붕새와 함께 날려는 것과 같아서 그대에게 쓸데없이 기력만 쓰게 될 것이다. 사리를 분별할 줄 아는 자라면 고개를 숙이고서 입을 다물고 오로지 듣기에만 마음을 쓰라. 만일 내가 하는 말을 받아들이지 않는다면 상공께 청하여 곤장을 내리고 산문(山門) 밖으로 내쫓아 설법을 들을 수 없게 할 것이다. 남을

451 [項楚] '思'는 '斯'가 되어야 한다.

452 '麤'는 原錄에서는 '麁'으로 되어 있고 '粗'로 교정하였다. 다음의 "莫漫麤疏"구 역시 마찬가지다.

453 '敲'는 原卷에서는 '㪣'로 되어 있는데 이는 속자이다. 응당 '墝'와 통하는데 그 뜻은 '澆薄'의 '澆'와 같다. '意'는 '義'의 近義詞이다.

454 [徐震堮] '勞'는 '牢'와 같다. 또 '繩'자는 原錄에서는 '纆'로 잘못 기록하였다. [校注] 原卷에서는 먼저 '纆'으로 적었다가 짙은 먹물로 덧칠한 다음 '繩'라 고쳐 적었는데 이것은 '繩'의 속자이다.

455 '手'는 原錄에서는 '乎'로 되어 있고 '手'라 교정하였다. [校注] 原卷에서는 '手'로 되어 있다.

456 '對'는 原錄에서는 '到'로 되어 있다. [校注] '到'는 '對'의 속자인 '对'의 생략형 오자이다. 따라서 수정한다.

457 법사가 강경하면서 손에 들고 있는 지팡이 모양의 기물.

업신여기고 터무니없는 말을 지껄이다가는 후회막급이리라!"

선경은 이 말을 듣고는 목소리를 높여 도안을 가리키며 말했다. "신중하지 못하시게 이 무슨 경거망동이십니까! 좌주께서는 몸에 법의를 걸친 이상, 항상 진경(眞經)을 설하고 무량(無量)의 불심을 일으키고 육바라밀행을 구족하고 보리심을 일으켜 중생을 이익 되게 하여 그들을 삼계(三界)에서 벗어나게 해야 하시거늘, 어찌 자비롭지 못한 마음으로 이토록 사람에게 해악을 끼쳐 죄 없는 자를 깔보아 상공께 곤장을 청하겠다는 것입니까! 이러한 행위는 불법의 본지(本旨)에 어긋나는 것이고, 그 언사는 또 외도(外道)와 무엇이 다르겠습니까! 좌주께서는 스스로를 붕새라 칭하고 날개를 저어 하늘에 닿으려고만 하면서, 다른 사람은 뱁새가 되어 작은 풀밭에서 지내는 것을 탄식만 하고 있으니 도심(道心)이라고는 찾아볼 수 없습니다. 꼼꼼하지 못한 자는 속임수가 들통 나기 마련이고, 경박한 자는 뜻을 잊어버리기 쉽습니다. 하물며 오늘은 말을 하지 않으니 마음을 꼼꼼히 써서 소홀함이 있어서는 아니 될 것입니다. 만일 언사가 이치에 어긋나면 즉시 이 몸의 제자가 되어야 할 터이니, 채찍을 꼭 쥐어서 손을 놓지 않도록 하십시오. 만일 한마디 말이라도 들쑥날쑥함이 있다면 이 몸은 상공께 곤장을 내릴 것을 부탁하는 한편, 고좌에서 대사를 끌어내려 산문 밖으로 내쫓아 다시는 중생에게 설법을 하지 못하게 할 것이니 [그때 가서] 부도(不道)하다고나 말하지 마십시오!"

道安備(被)難, 度(杜)口無詞, 耻見相公, 羞看四衆. 量(良)久之間, 乃喚:"善慶近前! 上來言語, 總是共汝作劇, 汝也莫生頗[458]我之心, 吾

458 '頗'는 原錄에서는 '頗'로 되어 있다. [校注] 原卷에서는 '頗'로 되어 있다. 다음에 나오는 "莫生頗我之心"의 '頗'는 原卷에서는 '頗'로 되어 있는데, 이 자의 왼쪽 편방은 '皮'이다. 따라서 수정하여 기록한다. [通釋] '頗我'는 '彼我'와 같으며, 자신은 옳고 상대는 그름을 승리를 다툰다는 뜻이다. 또 慧琳『一切經音義』권30:"叵我, 如醉人據敖(倨傲)侮慢不敬之貌. 經文有作岠峨, 或作頗峨, 皆不正也. 蓋亦涉俗之言"에서 알 수 있듯이 변문의 '頗我'는 慧琳이 말한 '頗峨'로 해석하여 '업신여기며 말하다'로 이

也不見汝過. 初見汝說, 實載(在)[459]驚疑, 將[460]將爲腦(惱)亂講筵,[461] 有煩聽衆. 吾今知女[462]實是能人, 若問經題, 吾能奉答." 善慶曰 : "闍梨[463]自稱, 却道'莫生頗我之心', 如來留教隨經, 皆因阿闍世尊談宣,[464] 是人總會. 今言許問, 不敢有違. 但知且問經名, 後乃必當有問." 道安曰 : "適來問貧道所講經文, 當是大涅槃經.[465] 善經聞之, 分明記取." 善慶問曰 : "[何者名爲大?][466]何者名爲涅? 何者名爲槃?" 道安答曰 : "大者是廣也, 要廣利一切衆生, 出於苦海. 涅者是不生之義, 不生不滅, 卽契眞如; 無去無來, 便爲佛性. 槃之一字, 般運衆生, 出於三界, 令達彼岸." 善慶曰 : "上來三者義七般." "善慶聞之, 切須記當. 一者、喩若春楊(陽)旣動, 萬草皆生, 不論淺谷深谿, 處處盡皆花[467]發. 妙法經名記(旣)立, 如來宣說流行, 衆生不揀高低, 聞經例皆發善. 二者、喩如繩[468]木之義, 便卽去邪歸正. 三者、喩涌泉[469]之義, 湛湛不滅不流.

해할 수도 있을 듯하다. 그러나 앞에서 인용한 바에 의거하여 '彼我'로 해석하는 것이 더 적절하다. 【校注】 이 두 가지 견해가 모두 옳을 수는 없다. '彼我'는 불교에서 말하는 '分別相'을 가리키며 '頗我'와는 별개의 어휘이다. 따라서 慧琳의 견해가 합당하다.

459 '載'는 '在'로 보는 게 합당하다.

460 '將'은 原錄에서는 '將將'으로 되어 있다. 【原校】 뒤의 '將'은 衍字인 듯하다. 【校注】 뒤의 '將'자는 原卷에서는 반복부호로 되어 있는데 여기서는 삭제한다.

461 '筵'은 原卷에서는 '延'으로 되어 있는데 原錄에서 교정하였다.

462 '女'는 原錄에서는 '汝'로 되어 있다. 【校注】 原卷에 '女'로 되어 있는데 여기서는 굳이 고치지 않는다.

463 '闍梨'는 原卷에서는 '[illegible]'로 되어 있다. 앞의 "闍梨自稱鵬鳥"도 마찬가지다. 이 글자는 초서로 쓰여진 생략형 글자이다(글자 아래 부분의 '小'자 모습의 부호가 바로 생략 부호이다.)

464 '宣'은 原錄에서는 '定'으로 되어 있다. 【校注】 原卷에서는 '宣'으로 되어 있다. 이에 의거하여 바로잡는다.

465 涅槃經에는 大乘과 小乘의 구분이 있다. 여기의 "大涅槃經"은 대승경을 가리킨다.

466 【原校】 다음의 문구에 의거하여 "何者名爲大"라는 다섯 글자를 채워 넣었다.

467 '花'는 原錄에서는 '也'로 되어 있고 '花'로 교정하였다. 【校注】 당연히 形訛字이다.

468 '繩'은 原錄에서는 '繩'로 되어 있고 '繩'으로 교정하였다. 【校注】 '繩'의 속자이다.

469 '泉'은 原錄에서는 '衆'으로 잘못 적고 있다. 原卷에 의거하여 바로잡는다. 또 蔣紹愚는 原卷에는 '喩'자 다음에 '如'자가 있다고 하였으나 확실하지 않다. 江藍生은 '若'자

經文長在世間, 流轉無休無歇. 四者、喩如江海, 能通萬斛之船. 衆生欲過江湖,[470] 第一須凭[471]高掉(篙棹).[472] 經文流轉於世間, 能超出離之人, 欲擬進道修行, 第一須憑經力. 五者、喩於[473]天地覆載衆生, 若也天地全無, 萬像[474]憑何如(而)立! 涅槃經文既有, 衆生於此修行, 若[475]也經法全無, 憑何[476]如(而)[477]出世? 六者、喩如經緯, 能成錦綵羅紈, 直繞(饒)[478]大絹與綾, 皆總因他經緯. 妙法經名既立, 修道[479]因此如(而)成. 直至無上菩提, 盡總憑他經力. 七者、喩如路逕, 解通往來之人. 欲行千里之人, 起發因他道路. 衆生發心修道, 先須讀誦經文. 所已(以)後聖道從資(玆)取.[480] 上來七義, 各各不同, 共識(釋)經之[一][481]字, 善

를 보완해 넣어야 한다고 하였다.

470 '湖'는 原錄에서는 '潮'로 되어 있다. [江藍生校] '潮'는 응당 '湖'의 形訛字이다.

471 '凭'은 原錄에서는 '凖'로 되어 있고 '憑'으로 교정하였다. [校注] 「李陵變文」: "내 들으니 새가 하늘에 있을 때는 오로지 六翮에 의지한다 하였다(吾聞鳥之在空, 由(猶)凭六翮)." '凭'은 原卷에서는 '凴'로 되어 있다. '凖'은 '凴'의 訛字이다. 뒤에 나오는 '憑'은 모두 이 형태로 되어 있지 않다.

472 [徐震堮] '高掉'는 응당 '篙棹'가 되어야 한다.

473 [通釋] '喩若', '喩如', '喩' 등이 뒤섞여 나오는데 …… 모두 '마치 …… 처럼(像)'이란 뜻이다. …… 이로써 알 수 있듯이, 변문에서도 '喩若'나 '喩如'를 두 글자로 나누어 해석하는 것은 바람직하지 못하며, 語素나 의미가 같은 글자가 결합된 복합어로 보아야 한다.

474 [項楚] '像'은 '象'이 되어야 한다. [校注] '像'자는 굳이 고칠 필요 없다. 이 두 자는 통용할 수 있다.

475 原錄에서는 '若' 다음에 '若'자가 하나 더 있다. [原校] '若'자 하나는 衍字이다. [校注] 原卷에서는 반복부호를 사용하지 않았다. 필사자가 이미 적은 것을 잊어 다시 적은 것 같다.

476 原錄에는 '何' 앞에 '行'자가 있는데 이는 '何'의 오자이다. 잘못 적은 글자를 삭제하지 않고 곧바로 '何'로 교정하였던 것이다. 여기서는 삭제한다.

477 '如'는 '而'로 보아야 한다.

478 [劉堅] '直繞'는 '直饒'가 되어야 한다. '만약'의 의미이다. [校注] 이 두 글자는 音近通假字이다.

479 原錄에는 '道' 다음에 '者'자가 있다. [校注] 原卷의 '者'자는 짙은 먹물로 덧칠해졌기에 마땅히 삭제해야 한다.

480 '資'는 '玆'로 보아야 한다. 原錄에서는 '取'자 다음에 '衆'자가 있다. [校注] '衆'은 앞에 나오는 '取'자와 형태가 비슷한 것과 관련하여 생긴 衍字로 보인다. 따라서 삭제한다. 뒤에 나오는 "衆聖因玆成道"의 뜻은 이와 유사하다.

慶聞之, 還須記取."

그러한 비난을 들은 도안은 입을 다물고서 아무 말도 못한 채 수치스러움에 상공에게도 얼굴을 들지 못하고 청중들에게도 고개를 세우지 못했다. 잠시 후 그가 입을 열었다. "선경, 가까이 오시오! 조금 전에 한 말은 모두 거짓으로 꾸며본 것이오. 그대는 나와 겨뤄보겠다는 생각을 하지 마시오. 나 역시 그대의 허물을 묻지 않을 것이오. 처음 그대의 말을 들었을 때 너무 놀란 데다 또 의아스러웠소. 법회에 소란을 일으키고 청중을 성가시게 하려는 것으로 생각되었던 것이오. 나는 이제 그대가 실로 재주가 있는 사람이란 것을 알았으니 경제(經題)에 관해서 묻는다면 내 그 질문에 정중히 대답해 주겠소."

이에 선경이 말했다. "지금 대사께서는 스스로 '나와 겨뤄보겠다는 생각을 하지 말라'하시었습니다. 여래께서 경전의 형식으로 남기신 가르침은 모두 아사세존(阿闍世尊)의 말씀에 기인한 것임은 누구나가 다 알고 있는 사실입니다. 이제 질문을 허락한다고 하셨으니 감히 그 뜻을 거역할 수 없겠습니다. 우선은 경전 이름을 여쭙고 그 후에 다른 질문이 있을 것입니다." 도안이 말하기를, "소승이 이 자리에서 강설하려는 경문이 무엇인지를 물었는데 그것은 대열반경이라는 것이오. 선경 선생, 그대는 그것을 잘 들어 가슴속에 잘 새겨 두시오" 하였다. 선경이 계속해서 "대(大)라는 것은 무엇이고, 열(涅)이라는 것은 무엇이며, 반(槃)이라는 것은 무엇입니까?" 하고 물으니, 도안은 "대(大)라는 것은 넓다(廣)는 뜻으로, 모든 중생을 널리 이롭게 하여 고통의 바다에서 구해내야 할 것을 말하오. 열(涅)이란 불생(不生)의 뜻으로, 불생불멸(不生不滅)[482]이기에 진여(眞如)에 부합하고 무시무종(無始無終)[483]하기에 불성(佛性)이라 할 수 있소.

481 [項楚] 다음에 나오는 "經之一字, 還有多般"과 "經之一字, 分宣萬法"라는 문구로 보건대, 이곳의 '字' 앞에는 '一'자가 있어야 한다. [校注] 이에 의거하여 보충한다.

482 생겨나지도 않고 없어지지도 않고 항상 그대로 변함이 없음. 모든 존재의 실상을 이른다.

483 우주의 근본 이치인 진리 또는 진여는 시작도 끝도 없이 항상 무한히 존재함을 이

반(槃)이라는 글자는 중생을 실어 날라 삼계로부터 벗어나 피안에 도달케 한다는 뜻이오"라고 대답하였다.

선경이 "앞서의 세 글자에는 일곱 가지 의미가 있다 하였습니다" 하니, 도안은 "그대는 잘 들어 가슴에 꼭 담아 두시오. 첫째, 비유컨대 봄볕이 들면 온갖 풀들이 자라나고 얕거나 깊은 계곡을 가리지 않고 여기저기서 꽃이 피어나듯이, 묘법이 경전의 형식으로 자리 잡고 여래의 가르침이 세상에 퍼지게 되면 중생은 신분의 높고 낮음에 관계없이 경문을 들으면 모두 선심(善心)을 발하게 될 것이고, 둘째, 예를 들면 먹줄 잡는 나무에 비유할 수 있으니 굽은 것을 펴서 바로잡을 것이고, 셋째, 예컨대 솟아나는 샘은 물이 깊어 마르지도 고여 있지도 않듯이, 경문은 영원히 이 세상을 흐르면서 그치는 일이 없을 것이고, 넷째, 예컨대 강과 바다는 만(萬) 곡(斛)[484]의 배를 띄울 수 있듯이, 중생은 강과 호수를 건너고자 한다면 반드시 커다란 노에 의지해야 하오. 경문은 이 세상에 널리 전파되면서 중생을 미망(迷妄)의 세계에서 벗어나게 할 수 있기에, 도(道)에 나아가 수행하고자 하는 사람은 반드시 경전의 힘에 의지해야 하오. 다섯째, 예컨대 천지(天地)가 중생을 덮어주고 실어주거늘, 만일 천지가 없으면 만물은 어디에도 존립할 수 없게 되는 것과 같소. 여기에 열반경이 있으니 중생은 이에 의지하여 수행할 수 있거늘, 만일 경문이 모두 사라진다면 중생은 어디에 의지하여 이 미망의 세계에서 벗어날 수 있겠소? 여섯째, 예컨대 날(經)과 씨(緯)가 비단 옷감을 짤 수 있거늘, 비록 커다란 명주와 비단일지라도 모두 저 날과 씨에서 비롯하는 법이오. 묘법이 경전의 형식으로 자리 잡으니 수행은 이를 통하여 이루어지게 되었소. 무상(無上)의 보리조차도 모두 경전의 힘에 의지해야 하오. 일곱째, 예컨대 도로가 왕래하는 사람을 지나다닐 수 있게 하거늘, 지금 천 리를 가려는 사람도 바로 그 도로에서 출발해야 하오. 중생이 보리

른다.

484 곡(斛) : 열 말의 용량.

심을 일으켜 수도를 하려 한다면 먼저 경문을 독송해야 하는 법이오. 후세의 성인들은 모두 여기에서 도를 구하신 것이오. 이상의 일곱 가지 의미는 각기 다르지만 이 모두는 경(經)이라는 글자를 해설한 것이니, 선경은 잘 기억해 두어야 할 것이오" 하였다.

善慶曰 : "經之一字, 還有多般, 更有經名已否?" 道安答曰 : "涅槃之義, 無量無邊, 卒[485]說經名, 如何得盡! 譬如世間百姓, 萬戶千門, 憑何而處理?[486] 遂乃立期(其)州縣, 各[487]自烈(裂)土分疆. 經之一字, 分宣萬法, 因此各異. 州縣要藉官長, 妙法須立經名. 州縣若無官人, 百姓憑何而理? 經文製其疏抄者, 梳也. 譬如亂髮獲其梳理, 萬法既立經名, 衆聖因玆成道. 上來所答, 並總依經, 更若有疑, 任君再問." 善慶曰 : "經之七義, 且放闍梨, 更問少多,[488] 許之已否?" 道安答曰 : "貧道以天[489]人爲師, 義若涌泉, 法如流水, 汝若要問, 但請問之, 今對與前疑速說." 善慶曰 : "若夫佛法, 盡[490]總歸依,[491] 輕塵[足][492]嶽, 墜露添流, 依(挹)[493][之]莫慟(測)其源,[494] 敬之罕[495]窮其濟(際). 但賤奴今問法師, 似螢光競

485 '卒'은 原錄에서는 '卆'로 되어 있고 '卒'로 교정하였다. [校注] 이는 '卒'의 속자이다.

486 '處理'는 '다스리다, 통치하다, 처리하다(治理, 安排)'는 뜻이다.

487 原錄에서는 '各' 앞에 '縣'자가 있다. [項楚] '縣'자 앞에 '州'자가 빠져 있음이 분명하다. [校注] 原卷에서 '縣'자는 반복부호로 되어 있는데 여기서는 삭제한다. 蔣紹愚는 原卷에서 '縣' 앞에 '州'자가 있다고 하였는데 확실하지 않다.

488 '少多'는 原錄에서는 '多少'로 잘못 기록되어 있다. 原卷에 의거하여 바로잡는다.

489 '以天'은 原錄에서는 '天以'로 되어 있다. [徐震堮] '天以'는 글자의 앞뒤가 뒤바뀌었다. [校注] 이에 따라 바로잡는다.

490 '盡'은 原錄에서는 '師書' 두 글자로 되어 있다. [校注] 原卷에서는 '師'자에 덧칠한 흔적이 있는데, 이는 '書'와 동음으로 인한 오자이다. '書'는 '盡'의 形訛字이다. 이에 바로잡는다.

491 [項楚] '依'는 응당 '於'가 되어야 한다. 音近通假字이다.

492 '足'은 原錄에서 다음의 '添'자에 의거하여 임의로 보완한 것이다.

493 [徐震堮] "依之莫慟其馮, 敬之罕窮其濟"는 「聖教序」의 문구를 인용한 것으로, 마땅히 "挹之莫測其源, 遵之莫窮其際"가 되어야 한다. [校注] 「聖教序」 원문 : "妙道凝元, 遵之莫窮其際; 法流湛寂, 挹之莫測其源" 이에 의거하여 바로잡는다

494 '源'은 原錄에서는 '馮'으로 되어 있는데 이는 形訛字이다.

日, 螗螂巨(拒)轍; 自之鴻鳥, 敢登於鳳臺? 雷音之下, 有鼓難鳴;[496] 碧玉之前, 那逞寸鐵! 只如佛性, 遍滿有情, 再問我佛如來以何爲體?" 道安答曰: "善慶近前, 莫致謙詞, 我佛以慈悲爲體." 善慶又問曰: "旣言我佛慈悲爲體, 如何不度羼提衆生?" 道安答曰: "汝緣不會, 聽我說着. 羼提衆生, 緣自造惡業. 譬如人家養一男, 長大成人, 竊盜於鄕黨之內. 事旣彰露, 便被州縣捉來, 遂卽送入形(刑)獄, 受他考(拷)楚, 文案旣成, 招伏[497]愆罪, 領上法場, 看看是死. 父母雖有恩慈, 王法如何救得! 我佛雖有慈悲, 爭那佛力不以(似)他業力, 如此之[流],[498] 難爲救度." 善曰(慶)問曰: "羼提衆生, 雖造惡業, 我佛慈悲, 亦合救之. 上來所說, 總屬外緣. 我佛如來, 以何爲性?" 道安答曰: "以平等爲性." 善慶問曰: "旣稱平等爲性, 緣何衆生沈輪(淪)生死, 佛卽證無餘涅槃?" 道安答曰: "衆生沈輪(淪)惡道, 從無明妄想[499]而生; 佛證無餘涅槃, 從一切皆盡."

선경이 계속해서 묻기를, "경(經)이라는 글자에는 아직 여러 가지가 있습니다. 좀 더 다른 것이 있습니까?" 하니, "열반의 뜻은 무량무변하니 당장에 경명(經名)을 설명한다 한들 어찌 다 할 수가 있으랴! 예를 들면, 세간의 사람들은 그 수가 수천수만에 달하는데 무엇을 근거로 하여 다스릴 수 있는가? 그것은 거기에 주(州)와 현(縣)을 설치하여 각기 토지를 나누어 구역을 짓는 방법이오. 경전은 각기 제법(諸法)을 설하고 있는 까닭에 서로 다른 이름으로 불리어지오. 주와 현에 장관을 두듯이 이들 묘법에는 경명을 붙여야 하오. 주와 현에 관원이 없으면 백성들은 무엇으로 다스릴 수 있겠소. 그 경문에 대한 주석을 붙이는 것은 빗질을 하

495 '遵'은 原錄에서는 '敬'으로 되어 있다. '罕'은 原錄에서는 '平'로 되어 있고 '罕'으로 교정하였다.

496 原卷에는 '鳴' 다음에 반복부호가 衍字로 덧붙여 있다.

497 '伏'은 原錄에서는 '伏'로 잘못 기록되어 있다. 原卷에 의거하여 바로잡는다.

498 '之' 다음에 한 자가 빠져 있는데 '流', '輩', '類' 등의 글자가 될 것이다.

499 '妄想'은 原卷에서 '忘相'으로 되어 있는 것을 原錄에서 수정하였다.

는 것이니, 즉 흐트러진 머리카락을 빗질하여 단정히 하듯이 제법에 대한 경명이 세워지고 나니 뭇 성인들은 이것에 의거해서 도를 이룰 수 있었소. 이상의 답변은 모두 경전에 따른 것이오. 의문이 더 있으면 얼마든지 물어보시오" 하였다.

선경이 또 "일곱 가지 경의(經義)는 내버려두고, 법사 어른, 다른 것을 좀 더 물어도 되겠습니까?" 하니, 도안은 "빈도는 인천(人天)[500]의 스승이오. 의(義)는 솟아나는 샘 같고 법(法)은 흐르는 물 같거늘 더 묻고 싶거든 무엇이든 물으시오. 내 그 의문을 즉시 설명해 줄 터이니" 하였다. 이에 선경은 "대저 불법은 우리 모두가 결국은 귀의해야 될 대상입니다. 가벼운 티끌도 높은 산을 이루고 떨어지는 이슬도 강물을 보탭니다. 그것(불법)을 취하면서도 그 근원을 헤아릴 수 없고, 그것을 따르면서도 그 끝을 알 길이 없지요. 제가 지금 법사님께 묻는 행위는 마치 반딧불이 해와 겨루려 하고, 사마귀가 수레바퀴를 가로막는 것과 같으며, 기러기가 봉황의 누대에 오르려는 것과 다름없지요. 우레 소리 아래서 북소리는 울리기 어렵고, 푸른 옥 앞에서 작은 쇠붙이는 눈에 띄지 않는 법이지요. 불성(佛性)은 생명이 있는 모든 것에 두루 가득 차 있는데, 불 여래는 무엇으로 바탕을 삼는지 묻고 싶습니다" 하였다.

그러자 도안이 "가까이 오시오, 선경 선생. 그런 겸손의 말씀 마시오. 부처님은 자비로써 바탕을 삼고 있소" 하니, 선경은 "부처님은 자비로써 바탕을 삼는다고 하셨는데 어찌하여 천제(闡提)[501]는 제도하지 않습니까?" 하고 물었다. "그대는 이해하지 못하고 있는데 내 말을 잘 들어보시오. 천세 중생은 스스로가 악업을 지은 자이오. 예를 들면, 어떤 집에서 아들을 하나를 키웠는데, 이 아이는 어른이 되어 그 고향 마을에서 도적질을 하다가 그의 행위가 드러나면서 주현(州縣)에 체포되어 감옥에 갇혀서 고초를 겪다가 문안이 완성되어 죄를 받아 형장으로 끌려가 죽

500 인간계와 천상계의 중생.

501 본디 해탈의 소인을 갖지 못하여 부처가 될 수 없는 이. 일천제(一闡提).

음을 눈앞에 두었을 때, 그의 부모가 아무리 자애롭더라도 왕의 법으로부터 그를 어떻게 구해낼 수 있으리! 부처님이 비록 자비롭다 하나 그러한 업력(業力)은 부처님의 힘으로도 어찌할 수 없는 까닭에 이러한 부류는 제도하기 어렵소." 다시 선경이 묻기를, "천제 중생이 비록 악업을 지었더라도 부처님의 자비는 그 역시 구해낼 수 있습니다. 조금 전에 설한 바는 모두 외연(外緣)[502]에 지나지 않습니다. 그러면 부처님은 무엇으로 본질을 삼으시는 것입니까?" 하니, 도안이 "평등으로 본질을 삼고 있소" 하였다. 다시 선경이 묻기를, "평등을 본질로 삼으신다면서 무슨 까닭으로 중생이 생사에 빠져 있는데 부처님은 무여열반(無餘涅槃)[503]을 증득하신 것입니까?" 하니, 도안은 "중생이 악도(惡道)에 빠지는 것은 무명(無明)과 망상에서 비롯되는 것이고, 부처님이 무여열반을 증득하신 것은 모든 것을 끊은 데서 비롯된 것이오"라고 대답하였다.

善慶又問曰: "衆生無明有[504]煩惱, 與佛性如何?" 道安答曰: "無明煩惱是衆生, 一切斷處爲佛性. 所以衆生不離於佛, 佛也[505]不離衆生. 上來所說言詞, 謹答例皆如是." 善慶曰: "闍梨適來所說言詞大遠,[506] 講讚經文大錯, 總是信口落荒.[507] 只要悅喻(愉)[508]門徒, 順耳且聽. 如

502 간접적인 요인.

503 소승적인 불교관에서는 열반을 유여열반(有餘涅槃)과 무여열반(無餘涅槃)으로 나눈다. 유여열반은 육체는 살아있으면서 얻는 열반을 말하고, 무여열반은 그 육체마저 사라진 상태에서 얻는 열반을 말한다.

504 '有'자는 衍字인 듯하다. "衆生無明煩惱與佛性如何"로 이어서 읽는다.

505 '佛也'는 原錄에서는 '色'으로 되어 있다. 【校注】 原卷에서는 '[illegible]'로 되어 있는데, 이는 반복부호와 '也'자이다. 반복부호는 앞 구의 '佛'자에 대한 반복을 가리킨다. 蔣紹愚는 '色'자가 原卷에서는 '佛'로 되어 있다고 했는데 정확하지 않다.

506 '適'은 原錄에서는 '商'으로 잘못 기록되어 있다. 原卷에 의거하여 바로잡는다. 【項楚】 '遠'은 '違'가 되어야 할 듯하다. 【校注】 항초의 견해는 합당해 보인다.

507 【通釋】『廣韻』: "諜, 諜謊, 狂言." '落荒'은 '諜謊'이다.

508 '喻'는 '愉'로 보아야 한다. "悅愉門徒"는 "말이나 행동으로 대중의 심리에 영합하여 신임이나 칭찬을 받다(嘩衆取寵)"는 뜻이다.

江湖[509]大海, 其中有多少衆生, 或卽是黿鼉, 或若是蝦蟹[510]龍魚, 如是多般, 盡屬於水. 雖然魚水相同, 於其中間有異 : 魚不得水如(而)[511]便死, 水不得魚湛然. 衆生離佛, 卽有沈輪(淪); 佛離衆生, [卽][512]有寂滅. 蓋聞佛者, 出世獨尊; 一相之中, 逈超[513]三界. 爲慈悲之故, 救度衆生. 若佛與凡同, 所說例皆不是. 涅槃之經, 甚處譬喩幽玄, 今對衆前, 略請上人一說." 道安答曰 : "涅槃經譬喩, 其數最多, 大喩三千, 少(小)[514]喩八百." 於其中間, 善慶問曰 : "黑風義者何?" 道安答曰 : "黑風義者, 是衆生無明之風. 衆生從無量劫來, 彼(被)[515]此風搖動不定. 將此風分爲八般, 引義臺支,[516] 卒說不盡." 於是善慶知[517]道安不解, 解說不能. 善慶問曰 : "闍梨旣稱國之大德, 卽合問一答十. 雖有觸髏, 還無兩眼. 凡人渡水, 弟一須解怕(拍)浮;[518] 不解, 徒勞入水. 黑風之義, 誰人所講? 經文阿誰章疏?" 於是道安心疑(擬)答, 口不能答; 口擬答, 心不能答. 手脚專顚,[519] 唯稱"大罪" : "願汝慈悲, 與我解說."

선경이 또 물었다. "중생은 무명 때문에 번뇌가 있다면, [중생이 본래 지니고 있는] 불성은 어찌 되는 것입니까?" "무명 번뇌가 있으면 중생이

509 '湖'는 原錄에서는 '潮'로 되어 있다. 주석 392 참조.

510 '蟹'는 原錄에서는 '魚' 편방에 '解'자로 되어 있는데, 이는 앞 자 '蝦'(原卷에서는 '鰕'로 되어 있음)와 관련하여 유사하게 바뀐 것이다.

511 '如'는 原錄에서는 '魚'로 되어 있다. [項楚] '如'는 '而'와 통한다.

512 '卽'자는 앞의 "卽有沉輪"에 의거하여 보완한다.

513 '超'는 原錄에서는 '起'로 되어 있다. [項楚] '起'는 '超'의 訛字이다. 앞의 "一體逈超三界"라는 문구는 그 증거이다.

514 [項楚] '少'는 '小'가 되어야 한다.

515 [徐震堮] '彼'는 '被'가 되어야 한다.

516 '支'는 原錄에서는 '友'로 되어 있고 '敎'로 교정하였다. [校注] 原卷에서는 '友'로 되어 있는데 이는 '支'로 기록해야 합당하다.

517 原錄에서는 '知'자 다음에 '道'자가 덧붙어 있다. [校注] 原卷에서 '道'자가 없다. 따라서 삭제한다.

518 '拍浮'는 '수영하다'는 뜻이다.

519 [通釋] '專顚'은 '攢蚖'이 소리가 조금 바뀐 것이다. 도안은 원공에 의해 곤경에 빠진 후 어찌할 바를 모르며 재능을 발휘할 수 없게 되었는데, 이 또한 '攢蚖'의 의미이다.

요, 일체를 끊어버리면 불성이오. 그러므로 중생은 부처님과 떨어질 수 없고 부처님 역시 중생과 떨어질 수 없소. 위에서 말한 언설은 대체로 이 같은 뜻에서 말한 것이오." 선경이 말하기를, "법사께서 조금 전에 말한 언사는 [경문에] 크게 어긋나고 경문을 강찬(講讚)한 것도 크게 잘못되어 있으니, 모두가 입에서 나오는 대로 함부로 지껄인 것입니다. 문도(門徒)들의 심리에 영합하고자 귀에 듣기 좋은 말을 했을 뿐입니다. 세상의 대해(大海)에는 수많은 중생들이 있으니 자라와 악어가 있는가 하면 새우와 게, 용과 물고기 등이 있지요. 이처럼 많은 종류가 모두 물속에서 살아가고 있습니다. 그런데 물고기와 물은 비록 같은 세계에 있지만 거기에는 서로 다름이 존재합니다. 물고기는 물이 없으면 죽어버리지만 물은 물고기가 없으면 고요해집니다. 중생은 부처님을 떠나면 고통에 떨어지지만 부처님은 중생을 떠나면 열반이 있게 됩니다. 그리고 부처님은 속세를 벗어난 독존(獨尊)으로, 하나의 실상(實相) 속에서 삼계를 초탈하시지만 자비를 지니신 까닭에 중생을 제도하십니다. 그런 부처님을 범부와 같다고 말한다면 그것은 모두 잘못된 것입니다. 열반경에는 곳곳에 현묘한 비유(譬喩)가 있는데 그 가운데 하나만 이들 청중들에게 설해주시기를 청합니다." 도안이 대답하길, "열반경의 비유는 그 수가 매우 많으니 대유(大喩)가 삼천이고 소유(小喩)가 팔백이 있소" 하였다.

선경이 물었다. "흑풍(黑風)이라는 것은 무슨 뜻입니까?" "흑풍이란 것은 중생의 무명(無明)의 바람이오. 중생은 영겁의 오랜 옛날부터 줄곧 이 바람에 흔들리며 편안함을 얻지 못했소. 이 바람은 여덟 종류로 나눌 수 있는데 하나하나 끌어다 이 자리에서 모두를 설명할 수는 없소." 선경은 도안이 이해하지 못하여 설명을 못하고 있음을 알아차렸다. 선경이 물었다. "법사께서는 나라의 대덕(大德)으로 일컬어지는 분이시니 하나를 물으면 열을 답할 수 있어야 합니다. 그러면 마치 '해골은 있어도 두 눈이 없다'라고 말하는 것입니다.(?) 무릇 물을 건너려는 사람은 무엇보다 수영을 할 줄 알아야 합니다. 그렇지 못하고서 물에 들어가는 것은 헛수고일 뿐이지요. 그런데 그 흑풍의 뜻은 누가 강설한 것입니까? 누구의 주석에 있는 것입니까?" 이에 도안은 마음으로는 대답해야겠다고 생각하면 입이 대답되어지지 않았고, 입이 대답해야겠다고 생각하면 마음이 대답되어지지 않으니 어찌할 바를 몰랐다. 그러더니 대뜸 "큰 죄를 지었습니다. 부디 자비를 베푸시어 제게 설하여 주십시오" 하였다.

善慶說曰:"涅槃經義, 大無恐怖, 但請安心, 勿令懷憂慮. 不問別餘, 卽問上人:涅槃經疏抄從甚處得來?" 道安答曰:"從廬山遠大師處得來." 善經曰:"如今若[520]見遠公, 還相識已否?" 道安[521]答曰:"如今若見遠公, 實當不識." 善慶曰:"旣言不識, 疏抄從甚處得來?" 道安答曰:"向遠公上足弟子雲慶和尙處得來." 善慶曰:"若覓諸人, 實當不是; 若覓遠公, 只這賤奴便是." 道安聞語, 由(猶)自身[522]懷疑惑[523]:"我聞大師身有異相, 腕有肉環, 若是大師, 現出其相."[524] 於是遠公爲破疑情, 宣(揎)其左膊, 果然腕有肉環, 放大光明, 聽衆皆普見. 於是道安起下高座, 擧身自撲, 七孔之中, 皆流鮮血. 步步向前, 已(以)懺前悔, 擬將尖刀剜眼, 自恨生盲, 不識上人. 雨淚悲啼懺懷, 伏願上人慈悲.[525] 遠公曰:"汝莫心懷疑慮, 不用苦賜[526]悲啼. 汝是具足凡夫, 如何得識

520 原錄에서는 '若'자 앞에 '者'자가 있는데, 이는 '若'의 形近誤字로 衍字이다.

521 '答'은 原錄에는 빠져 있는데 原卷에 의거하여 채워 넣는다.

522 '自身'은 原錄에서는 '身自'로 되어 있다. [蔣紹愚] "由身自懷"는 "由自身懷"의 잘못이다. [校注] 이에 의거하여 바로잡는다.

523 '惑'은 原卷에는 '或'으로 되어 있는 것을 原錄에서 수정하였다.

524 『廬山蓮宗寶鑑』:"도안의 팔뚝에 肉釧이 있는데 원공에게 있는 것으로 되어 있으니, 이는 다섯 번째 허위다(道安臂有肉釧, 妄爲遠公者, 五誑也)."

525 '懺悔' 이 두 자는 본래 다음 구 '慈悲' 뒤에 나오는데 그렇게 되면 의미가 통하지 않는다. 필사할 때 뒤바뀐 것으로 보인다. 이에 바로잡는다.

526 '賜'는 原校에서는 '切'로 되어 있는데 정확하지 않다. 『周書』 권1 「文帝紀上」:"太祖表於魏帝曰:'…… 以臣昔同幕府, 苦賜要結. ……'." '苦賜'라는 용어가 사용되고 있다. 또 변문에서 '賜'는 '死'로 보아야 하는 경우도 있다. 「燕子賦(一)」:"엄격하게 통제하지 않으시면(不須苦死相邀勒)." 이는 '苦死'의 사용예이다. 「韓擒虎話本」:"갑자기 마음이 불안해지고(忽覺神賜不安)." '賜'는 '思'와 통하고 있다. 「韓朋賦」:"작은

於吾所講涅槃之義? 早是入吾師位, 待我拜謝相公, 迴來與汝宣揚政(正)法.” 於是遠公直至相公面前, 啓相公曰:“但賤奴伏事相公日淺, 未[527]施汗馬之功, 輒入寺中, 有亂於法會. 蒙相公慈造, 未施罪愆, 今對衆前, 請科痛杖.” 於是相公聞語, 擧身自撲, 匐面在地, 更不再起. 良久乃蘇, 進步向前啓上人曰:“但弟子雖宰相, 觸事[528]無堪; 濟擧[529]三願(願),[530] 朝定槳(延獎)用. 凡夫肉眼, 豈辯(辨)聖賢, 負罪彌天, 且放免尤. 六載爲奴, 驅使常在宅內, 或卽麤語嗔喝於上人. 如是罪愆, 如何懺悔!” 遠公曰:“緣貧道宿世曾爲保見,[531] 有其債負未還, 欲得今世無寃, 合來此處計會. 一常(償)百了, 事且無疑. 自今已後, 前眼相看, 更不用憂慮.” 於是相公聞語, 轉更悲啼:“伏願上人慈悲, 與說宿生[因][532]果. 遠公曰:“相公前世作一個商人, 他家白莊也是一個商人, 相公遂於白莊邊借錢五[百][533]貫文. 是時貧道作保, 後乃相公身亡, 貧道欲擬塡還, 不幸亦死. 輪迴數遍, 不愚(遇)相逢, 已(以)[534]是因緣, 保債得債.” 於是相公聞語, 進步向前, 雨淚悲啼, 自責愆過:“弟子自負他人債, 卽合自已常(償)塡, 勞使上人之身, 弟子若愚(遇)此生死後, 必沉地獄.” 遠公曰:“今債已常(償)了, 勿致疑. 從今已後, 更不復作苦. 勸門徒弟子欠債, 直須還他. 貧道爲作保人, 上(尙)自六載爲奴不了. 凡夫淺識, 不具(懼)[535]

북이 소리가 없다함은 그녀의 생각을 말한다(小鼓無音是其思).” ‘思’가 丙卷에서는 ‘死’로 되어 있다. 이상의 예로 보아 ‘賜’와 ‘思’와 ‘死’는 서로 통용되고 있음을 알 수 있다.

527 ‘未’는 原卷에서는 앞 구 ‘淺’의 앞에 있다. 여기서는 原校에 의거하여 바로잡는다.

528 ‘觸事’는 ‘일에 부닥치다’, ‘일에 직면하다’는 뜻이다.

529 ‘濟擧’는 ‘懠恒’로 보아야 할 듯하다. ‘懠恒(忮)’는 ‘강직한 모습’이다.

530 ‘三願’는 그 뜻을 이해하기 어렵다. 原錄에서는 ‘三願’으로 교정하였는데, 이 역시 확실한 것 같지 않다.

531 ‘見’은 原錄에서는 ‘兒’로 잘못 교정하였다.

532 [徐震堮] ‘果’ 앞에 ‘因’자가 누락되었다.

533 [原校] ‘百’자는 앞의 문구에 의거하여 채워 넣었다.

534 [項楚] ‘已’는 ‘以’와 통용된다.

535 ‘具’는 原錄에서는 ‘且’로 되어 있는데, 이는 형태의 유사함에서 생긴 오자이다. ‘具’는 ‘懼’와 통한다.

罪愆, 廣造衆罪, 如何懺悔!"

선경이 말하기를, "열반경의 참뜻은 두려움이 없는 것이오. 마음을 편안히 하고 근심 걱정을 하지 마시오. 그런데 상인에게 묻고 싶은 것은 다른 게 아니라, 열반경소초를 어디에서 구했느냐 하는 것이오." 도안이 대답하길, "여산 원공 대사의 거처에서 구했습니다." 선경이 말하기를, "지금 그 원공을 만나면 알아볼 수 있겠소?" "지금 원공을 만난다 해도 사실 알아볼 수 없습니다." "알아볼 수 없다면서 그 소초는 어디에서 난 것이오?" "원공의 수제자인 운경 승려의 거처에서 받은 것입니다." "여러 사람 가운데에서 찾았다 해도 정말 그는 아닐 것이오. 만일 원공을 찾으려 한다면 이 천노(賤奴)가 바로 그 사람이오." 도안은 그 말을 듣고 마음속에 의심이 생겼다. "제가 듣기로 [원공] 대사의 몸에는 독특한 모양이 있다고 하는데 팔뚝의 육천(肉釧)이 바로 그것입니다. 만일 [원공] 대사시라면 그것을 좀 보여주십시오."

이에 원공은 의심을 없애기 위해서 왼쪽 팔을 걷어 올리니 과연 팔에는 육천이 밝은 빛을 발하고 있었다. 청중은 모두 똑똑히 그것을 바라보았다. 이때 도안은 벌떡 일어나 고좌에서 내려오더니 오체(五體)를 땅에 던지니 일곱 구멍에서는 붉은 피가 흘러 나왔다. 그리고 앞으로 다가서면서 앞서의 잘못을 뉘우치는데, 예리한 칼로 두 눈을 도려내려 하며 눈 뜬 장님이 되어 상인(上人)을 알아보지 못한 자신을 한탄하였다. 비처럼 눈물을 흘리고 흐느끼면서 상인의 자비를 구하며 참회하였다. 원공이 말했다. "그대는 의심하거나 염려하지 마시오. 애태우는 것도 슬피 우는 것도 쓸모없는 일이오. 그대는 범부중생이거늘 어찌 내가 강설한 열반의 뜻을 이해할 수 있었겠소. 다행히도 나를 법사의 자리에 올려놓았으니(다행히 나를 이 자리에 들게 해 주셨으니) 상공께 감사의 절을 올리고 나서 그대에게 정법을 펼쳐 보이겠소."

그리고 원공은 상공 앞으로 다가와 아뢰었다. "소인이 상공님을 모셔 섬긴 지 얼마 안 돼 아직 한마(汗馬)의 노역도 다 하지 못하고서 함부로 절에 들어와 법회를 소란스럽게 했습니다. 상공님의 자비를 입어 아직 그 죄과를 받지 못했는데 지금 청중 앞에서 무거운 장죄(杖罪)에 처해 주시기 바랍니다." 상공은 이 말을 듣자 오체를 땅에 던지고 얼굴을 땅에 댄 채 다시 일어나지 못했다. 얼마 후 깨어난 그가 앞으로 나아가 원공 상인에게 아뢰었다. "소인 비록 몸은 재상이나 어떤 일도 감당해내지 못합니다. 강직함에 조정으로 불러들여져 등용되었지만 범부의 육안이라 성자(聖者)를 알아보지 못했으니, 지은 죄 하늘에 가득하나 이 허물을 용서해주십시오. 여섯 해 동안 노예 삼아 집에서 부리며 때로는 거친 말로 상인을 꾸짖었으니, 이 같은 죄를 어찌 참회해야 하오리까!" 원공이 말했다. "빈도는 전생에 보증인이었는데 당시의 빚을 다 갚지 못하였지요. 그리하여 금세에 [빚을 갚지 못해 짊어져야 하는] 속박을 제거하고자 이곳으로 와서 빚을 청산하게 된 것입니다. 이제 깨끗이 해결되었으니 아무런 의혹도 없습니다. 앞으로 서로를 대하더라도 우려하실 필요 없습니다." 상공은 이 말을 듣자 더욱 슬피 흐느끼며 "전생의 인과를 설해주시는 자비를 제게 베풀어 주시기 바라옵니다" 하니, 원공이 대답했다. "상공께서는 전생에 상인(商人)이었고 그 백장 역시 상인이었는데, 상공께서 백장으로부터 오백 관문의 돈을 빌렸었지요. 이때 소승은 보증인이었는데, 얼마 후 상공께서 돌아가심에 따라 소승이 그 빚을 갚으려 했는데 불행히도 저 역시 죽게 되었습니다. 수차례 윤회를 거듭하면서도 서로 만나지 못하다가 이번 인연으로 보증한 빚을 갚을 수 있었습니다."

상공은 그 말을 듣고 앞으로 나아가 비처럼 눈물을 쏟고 슬피 흐느끼며 자신의 허물을 자책하였다. "이 몸 스스로가 지은 채무는 저 자신이 갚아야 하거늘 상인(上人)의 몸을 수고롭게 했으니, 생을 마친 후 이 몸은 반드시 지옥에 떨어지겠군요." 원공이 말하길, "이제 빚을 다 갚았으니 의심을 갖지 마시고, 지금 이후로는 더 이상 괴로워하지 마십시오. 문도 제자들에게 권하노니 진 빚은 반드시 갚으십시오. 빈도는 보증인이 되었다가 여섯 해 동안 노비가 되어 지냈습니다. 범부는 지혜가 얕아 죄와 허물을 두려워하지 않으며 여러 가지 죄를 지어대니 어떻게 참회할 것인가!"

是時聽衆雨淚悲啼, 嗟念遠公, 盡懷惆愴. 千人瞻禮, 萬衆咨嗟. 是日聽衆悉斷慳貪. 是時遠公由(猶)未了, 遂被會下諸[衆]幷[536]及相公, 再請遠公重昇高座. 是日遠公由(猶)如臨崖枯木, 再得逢春; 亦(一)[537]似鉤網[538]之魚, 蒙放却歸江海. 天生意氣, 不與凡同; 骨貌神姿, 世人之罕有. 重聲鐘磬, 再擧經題, 爲衆宣揚. 其時道安亦[539]在會下而座(坐). 是時遠公纔開經之題目, 便感得地皆六種震搖, 五色常(祥)雲, 長空而遍; 百千天衆, 共奏宮商; 無量聖賢, 同聲梵音. 經聲歷歷, 法韻珊珊. 大衆睹此其希, 聽衆[皆][540]言罕有. 是時相公再在連(蓮)宮之會, 重開香積之筵, 大集兩街僧尼, 遂將金刀落髮. 相公是日只於福光寺內, 具[541]將此事, 寫表奏上晉文皇帝.

皇帝攬(覽)表, 大悅龍顔, 頻稱"善哉", 惟言"罕有". 當時有勅: 令中書門下, 排比釋、道、儒三教, 同至福光寺內. 迎請遠公, 入其大內供養. 是時續有勅曰[542]: "賜遠公如意數珠[一][543]串, 六[544]環錫杖[545]一條, 意

536 '衆幷' 두 자는 原錄에서는 '弁'으로 되어 있고 '衆'으로 교정하였다. [校注] 原卷에서는 '衆'자가 누락되었다. '弁'은 사실 '并'으로 되어 있는데 이는 '幷'자이다.

537 '亦'은 '一'로 보아야 한다. '一似'는 '猶如'와 같은 뜻이다.

538 '網'은 原錄에서는 '錮'로 되어 있다. [原校] '鉤錮'를 向達은 '溝壑'으로 보았고, 王重民은 '溝涸'으로 보았다. 原錄에서는 王重民의 견해를 따랐다. [校注] 原卷에서는 두 번째 글자는 사실 '鋼'로 되어 있는데, 이는 '網'자가 앞의 '鉤'자의 관련하여 類化된 속자이다. '鉤網'은 낚싯바늘과 어망을 가리킨다.

539 [原校] '亦'자는 衍字이다. [校注] 原校에는 설명이 누락된 내용이 있다. 즉 原卷에서는 '亦然'으로 되어 있는데 '亦'자 하나는 衍字이다.('亦'자는 原卷 좌측에 짙은 점이 찍혀 있는데, 이는 誤字임을 표시한 것이라 마땅히 삭제해야 한다)

540 '言' 앞에 한 자가 누락되었다. 임의로 '皆'자를 채워 넣는다.

541 '具'는 原錄에서는 '且'로 되어 있다. [校注] 原卷에서는 '具'로 되어 있다. 이에 따라 바로잡는다.

542 '曰'은 原錄에서는 '旨'로 되어 있다. [校注] 原卷에서는 '曰'로 되어 있으며, '曰'자 앞에 가느다란 주름이 잡혀 있다.

(衣)着[546]僧依(衣)數對." 兼將御輿, 來迎遠公入內. 勅旣行下, 內外咸知, [公][547]卿宰相排比, 何銖(殊)鼎[548]沸! 威儀直入寺中, 便請大師上輿. 是時遠公再三不肯: "貧道是一界(介)凡僧, 每謝君王請(淸)[549]命, 臣[550]僧却擬歸山, 卽是貧道所願." 崔相公進步向前啓言和尙: "伏願慈悲, 莫違所請, 皇帝於大內顒顒專望, 瞻仰上人, 一爲法界衆生, 二願莫違皇帝淸命." 遠公旣蒙再三邀請, 遂內進步而行, 百般伎藝仙樂前迎, 群宰喜賀當今萬歲.

이때 청중들은 비처럼 눈물을 흘리고 슬피 흐느끼면서 원공[이 겪은 일]을 떠올리며 비탄에 잠겼다. 모든 사람이 숙연히 [원공에게] 절을 올리며 비통해 했다. 이날 청중들은 모두 인색하고 탐하는 마음을 끊었다. 이때 원공은 아직 [말을] 마치지도 않았는데, 법회의 청중들과 상공은 원공에게 다시 고좌에 오를 것을 간청하였다. 이날 원공은 벼랑 끝의 고목이 다시 봄을 맞은 듯 했고 낚시 바늘과 그물에 걸린 물고기가 방생되어 강과 바다로 다시 돌아가는 듯 했다. 타고난 의기(意氣)는 범부와 같지 않고 골격과 풍채는 세상에서 찾아보기 드물었다. 이때 다시 종(鐘)과 경(磬)이 울리고 거듭 경제(經題)를 창한 다음 청중에게 강설을 펼쳤다. 이때 도안 역시 고좌 아래에 앉아 경청하였다. 원공이 경제를 창하니 대지가 감동하여 육종(六種)으로 진동[551]하고 오색의 상서로운 구름이

543 '一'은 다음의 '一條'라는 문구에 의거하여 채워 넣는다.
544 '六'은 原錄에서는 '亦'으로 잘못 기록되어 있다. 原卷에 의거하여 바로잡는다.
545 '杖'자는 原錄에서는 '金' 편방으로 되어 있는데 이는 앞 자와 관련하여 類化된 것이다.
546 '意'자를 蔣禮鴻은 '衣'로 교감하였다.
547 [徐震堮] '卿' 앞에 '公'자가 누락된 것으로 보인다. [校注] 이에 의거하여 채워 넣는다.
548 '鼎'은 原錄에서는 '鼎'으로 되어 있고 '鼎'으로 교정하였다. [校注] 이는 '鼎'의 속자이다.
549 [項楚] '請命'은 마땅히 '淸命'이 되어야 한다. 다음의 "二願莫違皇帝淸命" 문구에서 '淸命'으로 되어 있다. 또 다음 "且依君王請命"문구의 '請命'역시 '淸命'이 되어야 한다. [校注] 이에 의거하여 교정한다.
550 '臣'은 原錄에서는 '尼'로 되어 있다. [校注] 原卷에서는 사실 '臣'의 속자로 되어 있다. 이에 의거하여 바로잡는다.
551 세간(世間)에 상서가 있을 때에 대지(大地)가 진동하는 여섯 가지 모양. 흔들려서

가없는 창공에 뭉게뭉게 피어올랐으며, 수백 수천의 천녀(天女)들이 악기를 연주하고 무수한 보살들이 음악에 맞춰 범음(梵音)을 읊었고, 그 독경소리 뚜렷하고 설법소리 맑고 깨끗하였다. 이 같은 기적을 보고 청중들은 하나같이 보기 드문 일이라며 감동하였다. 이때 상공은 또 법회에다 거듭 재회(齋會)[552]를 열어 동도(東都)의 승려들을 불러 모은 뒤 마침내 금칼로 머리털을 자르고 출가하였다. 상공은 이날 복광사에서 이에 관한 표문(表文)을 적어 진(晋) 문황제(文皇帝)께 올렸다.

황제는 표문을 받아 읽은 뒤에 용안에 가득히 기쁜 웃음을 띠며 "훌륭하도다. 참으로 드문 일이로다!"라고 찬탄을 하고는 다음과 같은 칙명을 내렸다. 즉 중서문하성으로 하여금 불(佛)·도(道)·유(儒) 삼교[의 장로들]을 불러 모아 복광사로 가서 원공을 궁중으로 모셔와 공양을 올리도록 하게 하였다. 그리고 원공에게 여의(如意)와 염주 한 개, 육환(六環)의 석장(錫杖)[553] 한 자루, 승복 수 벌을 하사하였고, 아울러 어가(御駕)를 보내 원공을 태워 입궁케 하였다. 칙명이 내려지자 조야(朝野)가 모두 알고 공경(公卿)과 재상(宰相)이 [원공을 맞을] 채비를 하는데 [그 소란함이] 솥의 물이 끓어오르는 듯했다. 의장(儀仗)[554]이 직접 절로 들어와 대사에게 어가에 오를 것을 간청하였다. 이때 원공은 극구 사양하는데 "소승은 일개 범승에 불과할 뿐입니다. 군왕의 하명에 깊이 감사드리오나 소승은 산으로 돌아가고자 합니다. 이는 바로 소승이 바라는 바입니다"고 하

불안한 동(動), 아래로부터 위로 오르는 기(起), 솟아오르고 꺼져 내려가 육방(六方)으로 출몰(出沒)하는 용(涌), 은은한 소리가 울리는 진(震), 꽝 하는 소리가 나는 후(吼), 물건을 깨닫게 하는 각(覺)이다.

552 음식을 차려 여러 중과 모든 넋을 공양하는 법회. 혹은 불교 신자들이 모여 중을 공양하는 일.

553 육환의 석장: 석장은 중이 짚고 다니는 지팡이를 말하는데, 손잡이 부분에 큰 고리가 있고 그 고리에 작은 고리가 여러 개 달려 있다. 육환의 석장은 윗부분에 여섯 개의 고리가 달려 있는 석장을 말함.

554 천자(天子)나 왕공(王公) 등 지위가 높은 사람이 행차할 때에 위엄을 보이기 위하여 격식을 갖추어 세우는 병장기(兵仗器)나 물건. 여기서는 맞이하는 행렬.

였다. 이에 최 상공이 앞으로 나아가 원공에게 아뢰기를, "엎드려 바라옵건대, 자비를 베푸시어 [황제의] 청을 받아들여 주십시오. 황제께서는 궁중에서 이제나저제나 하고 기다리시며 일편단심으로 상인을 숭앙하시고 계십니다. 법계(法界)의 중생들 위해주시고, 황제의 명을 거스르지 말아 주십시오." 거듭된 요청에 마침내 원공은 발걸음을 옮기는데 여러 가지 기예(技藝)와 선악(仙樂)이 길을 인도하고 뭇 대신들이 일제히 폐하의 만세를 축원하였다.

遠公出得寺門, 約行百步已來, 忽然騰空而去, 莫知所在. 相公憂懼作禮, 亡(望)[555]空虔誠啓告: "大師有無邊之力, 伏願乞捨慈悲, 且依君王請(淸)命!" 行行啓告, 迤邐而行. 是日也, 遠公早先至閤門謹[556]取勅旨. 於是皇帝知道遠公到來, 便出宮門, 千迴瞻禮, 萬遍虔恭. 亦(一)[557]見遠公, 龍顏大悅, 喜也無盡. 於是帝曰: "朕之少(小)國, 喜遇上人降臨. 國人安泰, 皆因和尙." 只於大內供養數年, 六宮欽仰,[558] 五院虔恭. 皇帝於和尙處受三歸五戒, 無從不依.[559] 自從遠公於大內見諸宮常將字紙穢用茅厠之中, 悉嗔諸人, 以爲偈曰:

儒童說[560]五典, 釋教立三宗,

---

555 '亡'은 原錄에서는 '天'으로 되어 있다. [校注] 原卷에서는 '亡'으로 되어 있는데, 이는 '望'과 통한다.

556 '謹'은 原錄에서는 '領'으로 되어 있다. [校注] 原卷에서는 사실 '謹'으로 되어 있다. 이에 의거하여 바로잡는다.

557 '亦'은 '一'과 통한다.

558 '欽'은 原錄에서는 '領'으로 되어 있다. [校注] '領仰'은 아무런 말도 아니다. 原卷에서는 사실 '欽'으로 되어 있다. 이에 의거하여 바로잡는다.

559 [項楚] "無從不依"는 "無不依從"이 되어야 한다. [校注] 항초의 견해는 일리가 있다. 그러나 작품 중에 "不遇相逢"이란 구가 있는데, 그 구법이 이와 유사하다. 어쩌면 당시의 구어체 어법인지도 모른다.

560 '童'은 응당 '重'의 形訛字이다. '重說'은 '說重'이 도치된 것이다. '儒說'은 '釋教'와 대치되고, '重'은 '立'과 대치된다. '五典'은 詩·書·禮·易·春秋를 가리키고, '三宗'은 '空', '假', '不空假'를 가리킨다.

視[561]禮行忠孝, 撻遣出[562]九農.
長楊幷五策,[563] 字與藏經同,
不解生珍敬,[564] 穢用在廁中.
悟滅恒沙罪, 多生懺不容,[565]
陷身五百劫, 常作廁中蟲.

원공은 산문을 나서 약 백여 보를 걸어가더니 홀연 허공으로 날아올라 간 곳을 알 수 없었다. 상공은 걱정스럽고 두려운 마음에 절을 올리고 허공을 바라보며 정성스레 고하였다. "대사께서는 무량의 신통력을 지니셨습니다. 엎드려 바라옵건대, 자비를 베푸셔서 폐하의 하명에 따라 주십시오!" 걷는 걸음걸음 이렇게 아뢰면서 서서히 길을 갔다. 이때 원공은 앞서서 궐문에 도착하여 칙지를 받들었다. 이때 황제는 원공이 이른 것을 알고 궐문을 나가 천 번의 예배와 만 번의 공경을 올렸다. 그리고 원공을 대하자 용안에 기쁨이 가득차고 다함이 없는 희열을 느꼈다. 그때 황제가 말하였다. "짐의 이 작은 나라가 기쁘게도 상인의 강림을 맞이하게 되었습니다. 백성들이 편안한 것은 모두 대사님 덕택입니다." 이리하여 궁중에서 공양을 올리기를 수 년, 그동안 원공은 육궁(六宮)[566] [황친(皇親)들]의 찬앙(讚仰)과 오원(五院)[567] [관원들]의 공경을 받았

561 '視'는 '士'로 보아야 할 듯하다.

562 '撻遣'은 그 뜻을 파악하기 어렵다. 오류가 있어 보인다. '撻'은 '捷'으로 보아야 할 듯하다. '出'자는 原卷에서는 비교적 짙게 적혀 있는데 '步'나 '安'의 초서인 듯하다.

563 '楊'은 原錄에서는 '揚'으로 되어 있다. [項楚] '揚'은 '楊'이며 揚雄의 「長楊賦」를 가리킨다. [校注] 原卷에서는 '楊'으로 되어 있는데 '養'자 옆에 고쳐 적은 것이다. 또 '五策'은 '모종의 다섯 가지 책론'을 가리킨다.

564 [徐震堮] '珍'은 '尊'과 같다. [項楚] '珍'과 '尊'은 그 뜻이 다르다. 원문에는 오류가 없는 까닭에 고칠 필요 없다.

565 '容'은 原錄에서는 '客'으로 되어 있고 '容'으로 교정하였다. [校注] 돈황사본에서는 이 두 글자가 혼용되고 있다. '容'으로 기록하는 게 합당하다.

566 옛 중국의 궁중에 있었던 황후의 궁전과 부인 이하의 다섯 궁실.

567 당대(唐代)의 어사대부(御史大夫), 어사중승(御史中丞), 시어사(侍御史), 전중시어사(殿中侍御史), 감찰어사(監察御使)의 다섯 관서. 후대에도 이 명칭을 계속 사용함.

다. 그리고 황제는 원공으로부터 삼귀오계(三歸五戒)[568]를 받았고 이 계율을 항상 지키고 따랐다. 그런데 원공은 궁성안의 모든 궁에서 글씨를 적는 데 쓰는 종이를 측간에서 사용하는 것을 보고 사람들을 질책하면서 게송을 읊었다.

> 유가는 오전(五典)을 설하고,
> 불교는 삼종(三宗)[569]을 세우니
> 예(禮)를 돌아보아 충효를 행하고,
> 속히 구농(九農)[570]으로부터 내몰린다.
> 장양부(長楊賦)[571]와 오책(五策),
> 그 글자는 대장경과 한가지로다.
> 귀히 여겨야 함을 깨닫지 못하니,
> 측간에서 더럽게 사용되는구나.
> 깨달음이 항사(恒沙)의 죄[572]를 없앤다지만,
> 여러 생(生) 참회해도 받아들여지지 않으니
> 육신은 오백 겁 동안 [재난에] 빠져,
> 언제나 측간 속의 벌레로 살아가리.

是時大內因遠公說偈, 盡皆修福. 遠公忽因一日, 憶得阿閦如來有言, 遂便辭皇帝："臣僧於大內, 蒙陛下供養數年, 今擬却歸廬山, 伏乞

---

568 불(佛)·법(法)·승(僧) 삼보(三寶)에 귀의한다는 삼귀계(三歸戒)와 불살생(不殺生)·불투도(不偸盜)·불사음(不邪淫)·불망어(不妄語)·불음주(不飮酒) 한다는 오계(五戒)를 말함.

569 삼종(三宗) : 소승(小乘)·중승(中乘)·대승(大乘)의 삼승을 가리키는 것으로 보임. 대승불교에서는 부처의 설법을 듣고 깨달은 성문(聲聞)을 소승, 스승 없이 혼자서 스스로 깨달은 독각(獨覺)을 중승, 이타(利他)의 보살(菩薩)을 대승이라 부름.

570 구농(九農) : 각종 농사 활동을 가리킴.

571 한(漢)의 문인 양웅(揚雄)이 지은 부(賦).

572 '항사(恒沙)'란 항하(恒河), 즉 갠지즈강의 모래. "항사의 죄"란 갠지즈강의 모래만큼 무수한 죄를 말함.

陛下進旨." 皇帝聞語, 滿目淚流, 良久乃言和尙曰: "朕之小國, 總無供養, 上人數年在其內中, 朕且無心輕慢. 朕雖爲人主, 濫處乾坤, 每謝上人, 來過小國. 伏願和尙慈悲, 更住三、五日間, 得之已否?" 遠公曰: "若夫涅槃之義, 本無攀緣; 若有攀緣, 皆屬忘(妄)想. 伏願陛下, 莫懷惆愴, 貧道有願歸山." 皇帝見他遠公語切, 便知情意難留,[573] 有勅先報六宮, 闈裏排比祖送. 是時皇帝慕戀, 辟宰沖沖(忡忡),[574] 合國大臣, 同時祖送.

遠公上路, 離宮闕, 別龍樓, 望廬山而路遠, 睹江河以道[575]遙. 是日遠公能[576]涉長路而行, 遂卽密現神通. 遠公旣出長安, 足下雲生, 如壯士展臂, 須臾之間, 便至廬山. 遠公亦也不歸舊寺, 相去十里已來, 於一峻嶺上, 權時結一草菴. 彼中結跏敷坐, 便卽重尋舊卷, 再擧經聲. 荏苒之間, 又經數月. 遠公忽望高原, 乃喚(援)此上, 其境峻峰鶴鳴, 澗下龍吟, 百谷千峰, 例皆花發. 地流長平之水,[577] 園開不朽之花, 是如來修行之處. 於是遠公正坐, 入其三昧. 然淨意澄心, 思唯(惟)佛道; 念浮生[之][578]不久, 想凡世而無堪. 便將自性心王, 造一法船, 歸依上界. 遠公造船, 不用凡間料物, 也不要諸般, 自持無漏大乘, 已(以)[579]爲攬(纜)[580]索; 菩提般若, 用作勾[581]欄. 金剛密迹, 已(以)爲 (下闕)[582]

573 [項楚] '情'자 다음에 '去'자가 누락되었다. "情去意難留"는 당시의 속어이다. 「伍子胥變文」의 "情去意實(衍字임)難留, 斷弦由(猶)可續"구는 그 증거이다. [校注] 속어는 상황에 따라 변하는 경우가 많다. 따라서 보충해 넣지 않는다.

574 [徐震堮] '沖沖'은 '忡忡'과 같다.

575 '道'는 原錄에서는 '逍'로 되어 있다. [校注] 原卷에서는 '逍'로 되어 있는데, 이는 '道'의 訛字이다. '道遙'는 앞의 '路遠'과 짝이 된다.

576 [項楚] '能'은 '乃'와 통한다. [校注] '能'과 '乃'는 소리가 비슷하며 의미가 서로 통한다. 허사는 고정된 글자가 없는 경우가 많은 까닭에 교정하지 않는다.

577 이 구는 原錄에서는 "地平長流之水"로 되어 있는데 뒤의 "園開不朽之花"와 대구가 되지 않는 관계로 일부 글자의 위치를 수정한다.

578 '之'자는 다음 문구의 문형에 의거하여 보완하였다.

579 [項楚] '已'는 '以'와 통한다. 다음 행의 '已爲' 역시 '以爲'로 보아야 한다.

580 [項楚] '攬'은 '纜'이 되어야 한다.

581 '勾'는 原錄에서는 '拘'로 되어 있고 '勾'로 교정하였다. [校注] 原卷에서는 '拘'로 되어

開寶五年張長繼書記[583] (原卷抄至此止)

원공의 이 게송을 듣고 궁중에서는 모두 [글씨 쓰는 종이를 더럽게 사용하는 일을 하지 않아] 공덕을 닦게 되었다. 원공은 문득 어느 날 아촉여래(阿閦如來)의 말씀을 떠올리고는 황제께 작별을 주청하였다. "소승이 궁중에서 폐하의 공양을 입은 지 수 년이 되었사온데, 이제는 여산으로 돌아가고자 하오니 부디 윤허해 주시옵소서." 황제는 그 말을 듣고 두 눈 가득 눈물을 흘리더니 잠시 후에 원공에게 일렀다. "짐의 이 소국에서는 어떤 공양도 올리지 못했음에도 상인께서 수 년 동안 궁중에 머무시니, 경망되고 오만한 마음이 짐에게서 사라졌소. 짐은 비록 백성의 주인이라지만 천지(天地)의 일을 함부로 처리했었소. 그럼에도 불구하고 상인께서 짐의 이 소국에 와 주셔서 감사할 따름이오. 바라건대 자비를 베푸시어 며칠간만 더 머물러 주실 수 없겠소?" "열반의 뜻에 따르면 본래 반연(攀緣)[584]함이 없는 것입니다. 반연함이 있다면 그것은 망상이지요. 부디 폐하께서는 슬퍼하지 마십시오. 소승은 산으로 돌아가길 바라옵니다." 원공의 간곡한 말을 듣자 황제는 그의 떠나려는 마음을 붙잡기 어려울 것을 알고는 육궁(六宮)에 칙명을 내려 가만히 전송할 준비를 하게 하였다. 이때 황제는 [원공을] 사모하는 마음이 들었고 제후와 재상은 근심이 가득했는데, 나라의 모든 신하들이 일제히 나와 그를 전송을 했다.

그리하여 원공은 길을 떠났다. 궁궐과 이별하고 누각을 떠나 여산을 향하는데 갈 길은 멀기만 하고 강물을 바라보니 물길은 아득하였다. 이날 원공은 먼 길을 걷다가 은밀히 신통력을 발휘하였다. 원공은 어느새

있는데, 이는 '勾'의 속자이다.

582 필사자는 여기까지 적고 나서 더 이상 적지 않았는데, 대충 종결이 다가온 것으로 보인다. 原卷은 찢기거나 손상된 흔적도 없다.

583 開寶 5년은 서기 972년으로, 宋初 太祖 趙匡胤 시기이다. 韓建瓴은 이 작품이 아무리 늦어도 唐代에 씌어진 것이라 하였는데 그 증거가 부족하다.

584 마음이 대상에 의지하여 작용함.

장안을 벗어났는데 발아래는 역사(力士)가 팔을 펼친 듯한 구름이 뭉게뭉게 피어올랐다. 그리고 잠깐 사이에 여산에 이르렀다. 원공은 옛 절로 돌아가지 않고 그곳에서 십 리 떨어진 한 험준한 고개 위에 임시로 띠풀로 암자를 엮었다. 그리고 그 안에 결가부좌하고서 옛 경권을 다시 찾아내 송경을 시작하였다. 세월이 흘러 어느덧 수개월이 지났다. 원공은 문득 어떤 한 높은 언덕을 바라보고는 즉시 그곳으로 올랐다. 그곳은 험준한 봉우리에서는 학이 울어대고 계곡에서는 용이 소리를 길게 뺐으며 수많은 골짜기며 봉우리마다에는 꽃들이 만발해 있었다. 또 땅에는 물이 완만하면서도 길게 흐르고 있었고 뜰에는 시들지 않는 꽃이 피어 있었으니, 그곳이 바로 여래의 수행처였다. 이에 원공은 정좌를 하고 삼매에 들어갔다. 뜻을 깨끗이 하고 마음을 맑게 하면서 오로지 불법만을 깊이 생각하다가, 덧없는 인생은 오래가지 못하고 속세는 무상하다는 생각이 들자 곧 자성(自性)[585]과 심왕(心王)[586]으로 법선(法船) 한 척을 만들어 [그것을 타고] 상계(上界)로 귀의했다. 원공이 만든 배는 속세의 재료를 사용하지 않았고 여러 물품들도 필요치 않았다. 무루(無漏) 대승(大乘)의 법으로 닻줄을 만들었고 보리(菩提) 반야(般若)로 난간을 만들었으며 금강밀적(金剛密迹)[587]으로 …… (이하 빠져 있음)

개보(開寶) 5년에 장장계(張長繼) 기록함.

585 본디부터 갖추고 있는 불성(佛性).

586 마음의 개별적 작용을 총괄하는 마음 작용의 근원이자 주체를 말함.

587 손에 금강저라는 무기를 쥐고 항상 부처님을 호위한다는 야차신의 우두머리. 금강역사(金剛力士)라고도 함.

한금호화본(韓擒虎話本)[1]

會昌既[2]臨朝之日, 不有三寶,[3] 毀拆[4]迦藍,[5] 感得[6]海內僧尼, 盡總還

1 【王慶菽原校】 본 두루마리 번호는 S.2144이며, 원래 제목은 없고 고사의 내용에 따라 임시 제목을 썼다. 【韓建瓴】 (작품 속에 나오는) '殿頭高品'이 설치된 시기는 宋 太宗 太平興國 8년(983)부터 眞宗 大中祥符 2년(1009)까지 겨우 26년 동안이다. 이 시기는 이 畵本의 창작시기를 정할 때 대단히 중요하다. 다시 말해 이 화본의 창작은 983년보다는 빠르지 않고 1009년보다는 늦을 수 없다는 말이다. …… 따라서 이 畵本은 唐 話本이 아니라 宋 話本이다. 【校注】 작품의 창작 시기는 좀 더 늦어야 할 것 같다. 본문 중에 '北蕃大下(夏)單于'라는 말이 나오는데 '大夏'는 곧 '西夏'이기 때문이다. 본문에서는 한금호를 번국에 보내 전투를 벌인 일을 말하고 있는데 이를 통해 당시 서하와 송의 정치·군사적 관계를 어느 정도 알 수 있다. 【項楚】 이 작품은 『隋書』 「韓擒傳」(당의 휘를 피하느라 '虎'자를 생략함)을 골간으로 해서 풍부한 상상력과 허구를 가미하여 재창작한 것이다. 그 중에 사신과 활쏘기 내기를 하는 건 본래 賀若弼과 관계된 이야기이고(『隋書』 「賀若弼傳」에 보임) 한 번 화살을 쏘아 두 마리의 독수리를 잡는 건 長孫晟의 이야기이다.(『隋書』 「長孫晟傳」에 보임) 작자는 다른 사람의 이야기를 한금호의 이름으로 옮긴 것이다.

2 【原校】 '會昌'은 唐 武宗의 연호로서 隋代보다 252년 후이다. 周 武帝와 唐 武宗이 모두 불교에 반대해서 설화인이 역사의 연대에 대해 착오를 일으킨 것이다. 【校注】 原卷의 첫머리가 훼손되어 있어서 '會昌' 두 글자는 판독하기가 힘들다. 이 화본은 옛

俗迴避, 說其中有一僧名號法華和尙, 家住邢州, 知主上無道, 遂復(複)裹[7]經題,[8] 直[9]至隨州山內隱藏, 權時繫[10]一茅菴. 莫不朝朝轉念,[11] 日日看風(諷).[12] 感得八個人, 不顯姓名, 日日來聽.

회창(會昌) 조정이 들어서면서 삼보(三寶)를 가까이하지 않고 사원을 부숴버리자 세상의 승려들은 모두 환속하여 몸을 피했다. 그 중 법화화상(法華和尙)이라는 한 승려는 형주(邢州)에 살다가 주상의 무도함을 알고 경전을 꾸려서 곧바로 수주(隨州)에 있는 산 속으로 가 몸을 숨기고 임시로 띳집을 엮어 지었다. 날마다 [불경을] 읊고 매일 보며 외지 않는 날이 없었다. 이에 감응하여 여덟 사람이 이름을 밝히지 않은 채 매일 와서

일을 가지고 지금의 일을 말하는 경우가 많으며 역사적 사실에 구애받지 않고 있다. 따라서 역사적 지식의 결핍으로 인해 착오가 생긴 것은 아니다. 그리고 潘重規는 '旣'자가 原卷에는 '帝'로 되어 있다고 했으나 이 글자 역시 훼손되어 판독하기가 상당히 어렵다.

3 [項楚] 不有 : 가까이 하지 않다. '有'는 '友'와 통한다. 『左傳』 昭公20년 : "이 사람은 과인과 친하지 않도다(是不有寡君也)." 杜預 注 : "有, 相親有." [校注] '有'는 '存'일 것이다.

4 '坼'을 原錄에서는 '拆'으로 고쳤으나 '坼'은 '拆'의 古字이므로 굳이 고칠 필요가 없다. 『說文』 : "坼, 裂也."

5 [周紹良] 이상의 두 구는 北周의 武帝가 불교를 탄압한 일을 말한다.

6 感得 : 使得(~하게 하다, ~결과를 낳다). '感'은 본래 정신적인 감응을 가리키는 말이나 여기서는 의미가 확장・전이되어 '감응'이라는 본래의 의미가 사라졌다. 자세한 내용은 『通釋』을 참고.

7 '復'은 '複'과 통한다. 또 '複'은 '幞', '襆'의 통용자이고 또 현재 쓰이고 있는 '包袱'의 '袱'이기도 하다. '複裹'는 '포장하다, 꾸리다'의 의미이다.

8 原卷을 보면 '題'자의 아래쪽 반이 훼손되어 있고 위쪽 반은 '題'자로 보이지 않는다. 아무래도 '帙'자가 아닐까 한다.

9 '直'을 原錄에서는 '眞'으로 쓴 나음 고쳤는데 여기서는 '直'으로 바로 썼나.

10 [徐震堮] '繫'는 '結'이 되어야 할 것이나. '繫'는 '計', '結'과 음이 비슷하다. [校注] 거의 맞는 의견이다. 그러나 '繫' 자체에 '結'의 의미도 있으므로 굳이 고칠 필요는 없다.

11 [項楚] 轉念 : 불경을 읊다. '轉'은 경문을 읊는다는 의미이다. 『高僧傳』 권13 : "경문을 읊는 것을 轉讀이라 하고, 노래하고 찬송하는 것을 梵音이라 한다(詠經則稱爲轉讀, 歌讚則稱爲梵音)."

12 '風'을 原錄에서는 '經'으로 썼다. 原卷을 보면 '風'자는 草書로 옆쪽에 작게 쓰여 있다. '風'은 '諷'과 같다.

[불경 읊는 소리를] 들었다.

或朝一日, 有七人先來, 一人後到. 法華和尙心內有宜(疑), 發言便問: "啓言老人, 住居何處? 姓字名誰? 每日八人齊來, 君子因何後到?" 老人答曰: "某乙[13]等不是別人, 是八大海龍王, 知和尙看一部法華經義疏,[14] 迴施功德與我等水族眷屬,[15] 例皆同沾福利. 某乙等眷屬, 別[16]無報答, 恐和尙有難, 特來護助, 先來[17]莫怪後到. 爲隨州楊堅,[18] 限百日之內, 合有天分,[19] 爲戴平天冠不穩, 與揳[20]腦蓋骨[21]去來. 和尙

---

13 '某乙'을 原錄에서는 '厶乙'으로 쓰고 '某'로 고쳤다. [原校] 이 두루마리에서 '某'자는 모두 '厶乙'로 쓰여 있다. 편집의 편의를 위해 아래에서는 모두 '某'로 쓰도록 하겠다. [校注] '厶乙'는 '某乙'이 합해진 것인데 原校에서는 이를 '某' 한 글자로 잘못 인식했다. 이하에서는 原卷에 근거하여 '乙'자를 모두 넣겠다.

14 '疏'를 原錄에서는 결문으로 처리했다. 原卷을 보면 '口'가 왼쪽 위 모퉁이에 남아있는데 이는 '䟽(疏)'자의 일부인 것으로 보인다. 『法華經義疏』는 隋의 吉藏이 지은 책으로 S.4136 돈황사본에 있다.

15 [項楚] 迴施: 불교도들은 자신이 닦은 공덕을 모두 다른 중생들에게 돌려주는데 이를 '迴施'라 하며 흔히 '迴向'이라고도 한다. 眷屬: 여기서는 '같은 무리'를 말한다. 불교에서 말하는 '眷屬'은 의미가 대단히 넓어서 가족, 제자, 같은 무리 등을 모두 '眷屬'이라 부를 수 있다.

16 原錄에서 '別'을 '並'으로 잘못 써서 여기서는 原卷에 따라 고쳤다.

17 '先'이 原錄에는 '失'로 되어 있다. [袁賓] '失來'는 '適來'가 되어야 한다. [校注] '失'은 '先'이 되어 '先來'와 '後到'가 상대를 이루어야 한다.

18 [項楚] 隨州楊堅: 양견은 곧 隋 文帝를 말한다. 양견은 북주 때 隨州刺史를 역임한 적이 있다.

19 [項楚] 天分: 천명. 천자의 자리에 오를 운명을 가리킨다.

20 '揳'를 原錄에서는 '換'으로 고쳤다. 『廣韻』: "揳, 揳換." 『龍龕手鏡』: "揳, 胡計反. 揳, 換也. 又胡佳反, 挾物也." 『集韻』: "揳, 杭越之間謂換曰揳." 그리고 "戶禮切, 揳, 揭也." 이를 통해 '揳'에 세 가지 뜻이 있고 음에 따라 뜻이 달라짐을 알 수 있다. 여기서는 당연히 '換'으로 해석된다.

21 [項楚] 換腦蓋骨(項楚는 '揳'를 '換'으로 보고 있다—譯注): 고대 중국의 관상법에서는 骨相을 중시했으므로 '換骨'이라는 말을 굳이 덧붙인 듯하다. 『五燈會元』 권1 「二祖慧可大祖禪師」: "다음날, 찌를 듯 머리가 아파 선사가 그를 치료해주려 하였다. 그때 하늘에서 이런 소리가 들렸다. '골을 바꾸는 것이니 여간 아프지 않을 게다.' 선조는 결국 귀신을 본 일을 선사에게 다 말했다. 선사가 그 정수리 뼈를 보니 다섯 봉우리가 튀어나온 듯 했다(翌日, 覺頭痛如刺, 其師欲治之. 空中有聲曰, 此乃換骨,

若也不信, 使君現患生[22]腦疼次, 無人醫療. 某乙等弟兄八人別無報答, 有一合[23]龍膏, 度與和尙. 若到隨州使君面前, 已(以)膏便塗, 必得痊差.[24] 若也得敎,[25] 事須委囑 : 限百日之內, 有使臣詔來, 進一日亡, 退一日則傷. 若已(以)後爲君, 事須[26]再興佛法, 卽是某乙等願足. 且辭和尙去也." 道遊(猶)言訖,[27] 忽然不見.

그러던 어느 날은 일곱 사람이 먼저 오고 나중에 한 사람이 왔다. 법화화상은 이상한 생각이 들어 이렇게 물었다. "노인께 여쭙겠습니다. 어디에 사시고 성함은 어떻게 되시는지요? 매일 여덟 명이 함께 오시더니 군자께서는 어이하여 나중에 오셨습니까?" 노인이 답했다. "우리는 다른 사람이 아니라 팔대해(八大海)의 용왕들입니다. 화상께서 『법화경의소(法華經義疏)』를 읽으시며 물에 사는 우리 가족들에게 공덕을 도로 베푸시어 모두들 그 복을 누리고 있음을 알고 있습니다. 우리 가족들은 따로 보답할 길이 없던 차에 화상께서 어려움을 겪으실 것이 염려되어 일부러 도움을 주러 온 것이니 먼저 왔다고 하여 늦게 온 것을 나무라진 마십시오. 수주(隨州)에 사는 양견(楊堅)에게 앞으로 백일 안에 천명(天命)이 있을 것이나 평천관(平天冠)[28]을 써도 맞지 않을 것이므로 두개골의 모양

非常痛也. 祖遂以見神事白於師, 師視其頂骨, 卽如五峯秀出矣) "

22 [項楚] 使君 : 刺史에 대한 존칭. 여기서는 양견을 가리킨다. 患生 : 병을 앓다, 병이 생기다.

23 '合'을 原錄에서는 '盒'으로 고쳤다. '盒'은 '合'보다 나중에 생긴 글자이다.

24 '差'를 原錄에서는 '瘥'로 고쳤다. '瘥'는 '差'보다 나중에 생긴 글자이다. 『方言』 권3 : "差, 愈也. 南楚病愈者謂之差."

25 '敎'를 原錄에서는 '效'로 고쳤다. [王鍈] '병이 낫다'의 의미인 '較'가 되어야 한다. [校注] '敎', '校', '較', '覺' 등이 모두 '병이 낫다'의 의미가 있으므로 굳이 고칠 필요가 없다. 자세한 내용은 『通釋』 참고.

26 '須'를 原錄에서는 '復'으로 썼으나 原卷에는 '須'로 되어 있다. '事須'는 '반드시'의 의미이다. 위에 나오는 '事須委囑'의 '事須' 역시 같은 의미이다.

27 '道遊言訖'의 '遊'를 原錄에서는 '由'로 고쳤으나 '猶'로 읽는 것이 옳다. 아래에는 '道猶言訖', '道由言訖', '思量言訖'과 같은 말들이 자주 등장하는데, 이 말들은 일종의 口語 어법이며 '道猶未訖', '思量未訖'의 뜻으로서 말이 막 끝나자마자 어떤 일이 발나려함을 의미한다.

을 바꾸어야 합니다. 화상께서는 믿기 힘드시겠지만 지금 사군(使君)은 두통을 앓고 있는데도 아무도 이를 고쳐주지 못하고 있습니다. 우리 형제 여덟 사람은 달리 보답할 것이 없어 용고(龍膏)[29] 한 갑을 화상께 드리고자 합니다. 수주의 사군에게 가셔서 이 고약을 발라주면 반드시 차도가 있을 것입니다. 만약 효과를 보면 꼭 이렇게 당부를 하십시오. '백일 안에 한 사신이 황제의 조명을 가지고 올 터이니 하루라도 일찍 가면 죽고 하루라도 늦으면 상처를 입게 됩니다. 나중에 군주가 되면 꼭 불법을 다시 일으켜 주십시오. 그것으로 우리는 족합니다.' 그럼 화상께는 하직인사 여쭙겠습니다." 말을 마치자마자 홀연히 사라졌다.

法華和尙見龍王去後, 直到隨州衙門. 門司[30]入報, "外頭有一僧, 善有妙術, 口稱醫療, 不感(敢)不報." 使君聞語, 遂命和尙昇廳而坐, 發言相問. "是某乙悴(猝)[31]患生腦疼, 檢盡藥方, 醫療不得. 知道和尙現有妙術, 若也得敎, 必不相負." 法華和尙聞語, 逐[32]袖內取出合子, 已(以)龍仙膏往頂門便塗. 說此膏未到頂門, 一事[33]也無,[34] 才到腦蓋骨

28 [項楚] 平天冠 : 고대에 천자가 제사를 지낼 때 쓰던 면류관으로서 천자만 쓸 수 있다. 蔡邕, 「獨斷」 : "『주례』에서 천자는 면류관 앞뒤로 붉고 푸른 열세 술의 끈을 길게 늘어뜨린다고 했다. …… 공자는 '주나라의 면류관을 썼다.'고 했다. 소인은 알아보지 못하는데 이것을 평천관이라 한다(周禮, 天子冕前後垂延朱綠藻, 有十三旒. …… 孔子曰, 服周之冕. 小人不識, 謂之平天冠)."

29 [項楚] 龍膏 : 玉龍膏라고도 하며 신비한 효과가 있는 고약이라고 한다. 『太平廣記』 권310 「張無頗」 : "어떤 사람이 옥룡고 한 갑을 갖고 있었는데 혼을 돌아오게 하고 죽은 사람을 일으켰을 뿐 아니라 이것 때문에 이름난 미인까지 만났다고 한다(某有玉龍膏一合子, 不惟還魂起死, 因此亦遇名姝)."

30 [項楚] 門司 : 문지기, 문을 지키며 말을 전달하는 일을 맡은 아전.

31 '悴'를 原錄에서는 '怵'으로 썼다가 '体'로 고쳤다. 실제 原卷에는 '悴'의 속자인 '忰'로 쓰여 있으며 이 글자는 '猝'와 통한다. 돈황사본에는 '體'가 '躰'로 쓰이긴 해도 '体'로 쓰인 경우는 없다.

32 原錄에서는 '逐'을 '遂'로 고쳤다. 하지만 '逐'은 굳이 고칠 필요가 없으며 의미는 '隨'(~을 따라)이다. 『史記』 「匈奴列傳」 : "수초를 따라 옮겨가다(逐水草移徙)."

33 '事'가 原錄에는 '半'으로 되어 있으나 실제 原卷에는 '事'자의 초서로 쓰여 있다. 다음에 나오는 '別無餘事', '一事無'의 '事' 역시 原卷에 초서로 쓰여 있다.

上, 一似佛手捻却. 使君得教, 頂謁[35]再三, 啓言和尙 : “雖自官家[36]明有宣頭,[37] 不得隱藏師僧, 且在某乙衙府迴避, 乞(豈)[38]不好事.” 法華和尙聞語, 億(憶)得龍王委囑, 不感(敢)久住. 啓言使君 : “限百日之內, 合有天分. 若有使臣詔來, 進一日亡, 退一日傷. 若也已後爲君, 事須再興佛法, 卽是貧道願足.[39] 且辭使君歸山去也.” 使君見和尙去後, 心內由(猶)自有疑, 遂書壁爲記.

---

34 [項楚] ‘說 …… 一事也無’는 설화인의 말투이다. 아래에 이런 문장도 나온다. “술을 아직 마시지 않을 때는 아무 일도 없더니 입 속에 들어가자마자 뇌가 갈라져 죽었다(說者酒未飮之時一事無, 才到口中, 腦裂而死).”

35 [項楚] 頂謁 : 매우 공경하는 예를 행하다. 『五燈會元』 권2 「牛頭山慧忠禪師」 : “현령 장손은 산으로 가서 크게 절을 올렸다(縣令張遜者, 至山頂謁).” ‘頂’은 곧 ‘頂禮’를 말한다. 이는 불교도들이 오체투지를 하여 머리가 상대의 발쪽으로 가게 하는 인사로서 존경의 뜻이 가장 크게 담긴 예절이다.

36 官家 : 황제를 말한다. 『資治通鑒』 95에서 石邃가 말한 “官家難稱”에 대한 胡三省의 注 : “천자를 관가라 칭한 건 여기서 처음 보인다. 서한 때는 천자를 현관이라 하고 동한 때는 천자를 국가라고 하여 이를 아울러서 칭한 것이다. 혹은 오제가 천하를 벼슬로 여기고(官) 삼왕이 천하를 자기 집처럼 여겨(家) 이를 아울러 칭한 것이라고도 한다(稱天子爲官家, 始見於此. 西漢謂天子爲縣官, 東漢謂天子爲國家, 故兼而稱之. 或曰五帝官天下, 三王家天下, 故兼稱之).” ‘家’는 명사형 접사가 된다. [項楚] 宋高承 『事物紀原』 권1 「官家」 : “劉向의 『說苑』 : 포백령이 진시황에게 말하였다. ‘천하가 벼슬이면 어진 이에게 넘겨주고, 천하가 자기 집이면 후대에 물려줍니다. 그래서 오제는 천하를 벼슬로 여기고 삼왕은 천하를 자기 집으로 여겼다고 하는 것입니다’(劉向說苑, 鮑白令之對秦始皇曰, 天下官則讓賢, 天下家則世繼, 故曰五帝以天下爲官, 三王以天下謂家).” 蔣濟, 「萬機論」 : “오제는 천하를 벼슬로 여겨 현자에게 전해주었고, 삼왕은 천하를 자기 집으로 여겨 자식에게 전해주었다(五帝官天下, 故傳之賢, 三王家天下, 故傳之子.” 天子를 ‘官家’라 하는 건 곧 ‘帝王’이라 말하는 것과 같으며 그 의미는 여기서 비롯되었다.

37 宣頭 : 唐宋金 때는 황제의 교지를 中書省으로 주었는데 이를 ‘宣’이라 했으며, 역마를 공급하는 등의 작은 일은 ‘宣頭’ 혹은 ‘頭子’라 했다. 唐 李中이 『碧雲集』에는 「己未歲冬捧宣頭離下蔡」라는 시제가 있으며, 梁 末帝의 「追復博王友文官爵詔」에서는 “친구 규는 겨우 선두만 보고 문득 역모를 행하였다(友珪纔睹宣頭, 俄行大逆)”라고 했다.

38 『廣韻』 : “乞, 說文本作气, 音氣, 今作乞, 通爲乞取之乞.” 이처럼 ‘乞’은 ‘氣’의 음을 갖고 있으므로 ‘豈’와 통할 수 있다.

39 ‘卽是貧道願足’이 본래는 ‘退一日傷’ 바로 다음에 있었으나 袁賓이 고친 것에 따라 자리를 바꿨다.

법화화상은 용왕들이 떠난 후 곧바로 수주의 관아로 갔다. 문지기가 들어가 아뢰었다 "밖에 승려가 하나 와 있는데 묘술을 잘 부린다 합니다. 치료를 해 주겠다 하기에 감히 아뢰옵니다." 사군은 이 말을 듣고 화상에게 대청으로 올라와 앉도록 하고는 물었다. "내가 갑자기 두통이 생겨 갖은 약과 처방을 다 써봤으나 도무지 낫지를 않소. 화상께서 묘술을 잘 쓴다 하니 만약 효과를 보게 해 주면 그 은혜는 결코 저버리지 않으리다." 법화화상은 이 말을 듣고 소매에서 갑을 꺼내어 용선고(龍仙膏)를 정수리에 발랐다. 이 고약이 정수리에 이르기 전까지는 아무렇지도 않더니만 두개골 위에 닿자마자 마치 부처의 손이 비트는 것 같았다. 사군은 효과를 보자 여러 번 크게 절을 올리고서 화상에게 말하였다. "천자의 뜻이 확고하여 사승(師僧)을 숨겨둘 수는 없을 터이나, 그래도 우리 관아에 피해 있는 것이 좋지 않겠습니까?" 법화화상은 이 말을 듣고 용왕의 당부가 생각나 더 오래 지체할 수 없어 사군에게 이렇게 말하였다. "앞으로 백일 내에 천명이 있을 것입니다. 한 사신이 황제의 조명을 가지고 올 터이니 하루라도 먼저 가면 죽고 하루라도 늦게 가면 다치게 됩니다. 이후에 임금이 되시거든 꼭 불법을 다시 일으켜 주십시오. 그렇게 되면 빈승은 더 바랄 것이 없습니다. 그럼 이제 사군께 하직 인사를 드리고 산으로 돌아가렵니다." 사군은 화상이 떠나고도 의심스러운 생각이 가시지 않았으나 이윽고 벽에 글로 써 두었다.

前後不經所(數)旬，裹(果)然司天太監[40]夜官(觀)虔(乾)象，知隨州楊堅

40 司天太監 : 司天監의 관리로서 천문과 역법, 바람과 구름의 모습 등을 보면서 이상한 징후가 있으면 비밀리에 아뢰는 일을 맡았다. '太監'은 大卿監을 말하는 '大監'이 되어야 할 듯하다. 『舊五代史』「職官志」: "後唐 同光 원년 11월에 중서문하에서 아뢰었다. '모든 寺監에서 大卿監, 祭酒, 司業을 1명씩 두기를 청합니다'(後唐同光元年十一月, 中書門下奏, 諸寺監各請只置大卿監, 祭酒, 司業各一員)." **[項楚]** 원문의 '太'는 '臺'가 되어야 한다. 唐代의 司天臺는 하늘의 모습을 보고 길흉을 점치는 등의 일을 맡았는데 그 안에는 監 한 명과 少監 두 명이 있었다. 『舊唐書』「職官志(二)」를 참고.

限百日之內, 合有天分, 具表奏聞. 皇帝攬(覽)表, 似大杵中心,[41] 遂差殿頭高品直詣隨州宣詔. 使君蒙詔, 不感(敢)久住, 遂與來使登徙(途)進發, 迅速不停, 直至長安十里有餘常樂驛安下. 憩歇才定, 使君忽思量得法華和尙委囑 : "限百日之內, 合有天分, 進一日亡, 退一日傷. 是我今日[42]朝現(見), 必應遭他毒手." 思量言訖, 遂命天使同共商量, 後來日[43]朝現(見). 天使唱喏, 具表奏聞. 皇帝攬(覽)表, 大悅龍顔. 唯有楊妃滿目流淚. 皇帝亦(一)見,[44] 宣問皇后 : "緣卽罪楊堅一人,[45] 不干[46]皇后之事."

그 후 얼마 지나지 않아 과연 사천태감이 밤에 건상(乾象)[47]을 보고서 수주의 양견이 백일 이내에 천명을 얻게 될 것임을 알게 되어 이를 모두 표문으로 아뢰었다. 황제는 표문을 보고 가슴을 찧는 듯 괴로워했으며 이윽고 전두고품(殿頭高品)[48]을 수주로 보내 황제의 조서를 전하도록

41 劉凱鳴은 '中'을 '舂'으로 고쳤으나 확실치 않다. 【項楚】 大杵中心 : '마음속을 찧는 듯하다'는 의미로 대단히 고통스러운 모습을 형용한다.

42 '日'이 原錄에는 빠져 있다. 하지만 '日'자는 '今'자의 오른쪽 아래에 덧붙여져 있다. 글씨가 작아 빠뜨리기 쉽다.

43 【徐震堮】 '後'는 '候'가 되어야 한다. 【校注】 徐震堮의 의견은 분명치 않다. '後來日'은 앞으로 하루, 즉 내일을 말한다. 아래도 마찬가지다.

44 【原校】 '亦見'은 곧 '一見'이다. 이래 역시 마찬가지다.

45 【項楚】 이 구는 '朕緣卽罪楊堅一人'이 되어야 할 것이다. 맨 앞의 '朕'자가 빠져 있으며 여기서 '緣'은 실제의 의미가 없다.

46 '干'을 原錄에서는 '扞'으로 썼다가 '干'으로 고쳤는데 이 글자는 '干'의 속자인 '忓'인 듯하다.

47 【項楚】 乾象 : 天象. 『後漢書』 「郭太傳」 : "나는 밤에는 千象을 보고 낮에는 人事를 살핀다(吾夜觀乾象, 晝察人事)."

48 殿頭高品 : 宋代 內侍省의 내시 품계 중 하나. 韓建瓴이 인용한 『事物紀原』 「環衛」 중 '貴'부의 '殿頭' 조 : "태평흥국 8년에 소성에 전두고품이 처음으로 생겼다. 태중상부 3년 2월에는 '조정 내 내시성의 전두고품이 내시전두가 된다'는 교지가 내려졌다(太平興國八年始有入內殿頭高品. 大中祥符三年二月宣, 入內內侍省殿頭高品爲內侍殿頭)." 그리고 『職官分紀』 26 「殿頭」 등에 대한 주석 : "태평흥국 4년에 조정에 전두고반, 고품, 소저의 세 등급을 설치했다. 대중상부 2년에는 내시성의 동·서반 공봉관, 전두, 고품, 고반, 황문의 여섯 등급으로 바꾸고 소저의 내시는 없앤다는 조령을 내렸다(太平興國四年, 置入內殿頭高班, 高品, 小底三等. 大中祥符二年詔改定入內內侍

했다. 사군은 황제의 부름을 받고 더 머무를 수 없어 사신과 함께 길을 떠나 쉬지 않고 달려서 장안으로부터 십여 리 떨어진 상락역(常樂驛)에 곧장 이르렀다. 잠시 쉬고서야 정신이 가다듬어져 사군은 문득 법화화상이 당부한 말이 생각났다. "백일 내에 천명이 있을 것이니 하루라도 먼저 가면 죽고 하루라도 늦게 가면 다치게 된다고 했다. 내가 오늘 천자를 알현하면 분명히 그의 독수(毒手)를 피하지 못할 것이다." 이런 생각으로 곧 사신과 함께 상의하여 다음날 황제를 알현키로 했다. 사신은 큰 소리로 예를 드리고는 표문을 갖추어 아뢰었다. 황제는 표문을 읽고 크게 기뻐하는 얼굴이었다. 그러나 오직 양비(楊妃)[49]만은 눈에 눈물을 가득 담고 있었다. 황제가 이 모습을 보고 황후에게 물었다. "양견 혼자에게만 죄를 줄 것이오. 황후와는 무관한 일이오."

楊妃拜謝, 便來后宮, 心口思量: "阿耶[50]來日朝近(覲), 必應遭他毒手. 我爲皇后, 榮得兮(奚)爲! 不如服毒先死, 免見使君受苦." 思量言訖, 香湯沐浴, 改換衣裝, 滿添[51]一盃藥酒在鏡臺前頭. 皇后重梳嬋嬪(蟬鬢), 載(再)畫娥媚(蛾眉). 整(正)[52]梳裝之次, 鏡內忽見一人, 迴故[53]而趣(覷),[54] 員(元)是聖人,[55] 從坐而起. 皇帝宣問: "皇后梳裝如常, 要酒何

盛東西頭班供奉官, 殿頭, 高品, 高班, 黃門凡六等, 罷小底之門, 黃門)."

49 [項楚] 楊妃: 양견의 딸로 北周 宣帝의 황후이다.

50 [原校] '耶'는 곧 '爺'이다. 아래 역시 마찬가지다. [校注] '爺'자는 나중에 생긴 글자이다.

51 '添'자가 原錄에는 없으나 原卷을 보면 '滿'자 오른쪽 아래에 작은 글자로 쓰여 있다.

52 '整'은 '正'과 통한다.

53 '故'를 原錄에서는 '顧'로 고쳤다. [蔣禮鴻] '迴故'는 몸을 돌린다는 의미로서 여기(「鳳歸雲」: 待公卿迴故日)에 나오는 '집으로 돌아가다'의 '迴故'와 다르지만, 기본적인 의미는 서로 같다. 原校에서는 '故'를 '顧'로 고쳤는데 이 역시 불필요한 것이다.

54 [項楚] '趣'자는 음이 비슷해서 '覷'자가 잘못 쓰인 것이다. 아래에 나오는 "望殿而趣, 見一白羊身長一丈二尺"의 '趣' 역시 마찬가지다.

55 [項楚] '員'을 原校에서는 '原'으로 고쳤는데, '原來'의 '原'을 唐代에는 모두 '元'으로 썼으며 明代 이후에야 '原'으로 쓰기 시작했다. 聖人: 천자에 대한 존칭. 『禮記』「大傳」: "천자는 남면을 하고서 천하를 다스린다(聖人南面而治天下)."

用?” 楊妃蒙問, 繫(喜)[56]從天降, 啓言聖人:“但[57]臣妾一遍[58]梳裝, 須飮此酒一盞, 一要軟[59]髮, 二要貯(駐)顔.[60] 且徒(圖)供奉聖人, 別無餘事.” 皇帝聞語, 喜不自身(勝):“皇后上(尙)自貯(駐)顔, 寡人飮了, 也莫端正?”[61] 楊妃聞語, 連忙捧盞, 啓言陛下:“臣妾飮時, 號曰發裝酒.[62] 聖人若飮, 改却酒名, 喚餌甚得,[63] 號曰萬歲盃. 願聖人萬歲, 萬萬歲!” 皇帝不知藥酒, 捻得便飮. 說者[64]酒未飮之時一事無, 才到口中, 腦烈(裂)身死.

양비는 인사를 올리고 후궁으로 와서 마음속으로 생각했다. “아버지께서 내일 천자를 뵈러 오면 필시 그의 독수에 당하게 되리라. 황후인 내가 더 영화를 누려서 무엇하겠는가! 차라리 내가 독을 먹고 먼저 죽어 사군

---

56 【袁賓】 ‘繫’는 ‘計’의 동음가차자일 것이다. 【項楚】 原卷의 ‘繫’를 『敦煌變文集』에서는 ‘喜’로 고쳤는데 그것보다는 ‘計’가 맞을 듯하다. 【校注】 原校에서 말한 ‘喜’도 가능하므로 고치지 않는다.

57 【項楚】 但:문장 첫머리의 인칭대명사 앞에 쓰이는 어조사. 「廬山遠公話」:“但貧道從雁門而來, 特投此山, 住持修道(빈승은 안문에서 왔으며 지금 이 산에 머물며 수행을 하고자 합니다).”

58 ‘一遍’ 두 글자가 原錄에는 빠져 있다. 여기서는 原卷을 보고 채워 넣었다.

59 ‘軟’이 原錄에는 ‘濡’으로 쓰여 있다. 이 글자는 ‘軟’에 편방을 더한 글자이며 字書에는 실려 있지 않다.

60 【項楚】 원문의 ‘貯’는 ‘駐’가 되어야 한다. ‘駐顔’은 늙지 않고 젊은 얼굴을 그대로 유지한다는 의미이다. 『神仙傳』 권3 「劉根」:“초목으로 만든 약들이 온갖 병을 치료하고 허한 곳을 보하고 젊은 얼굴을 유지하며 곡식을 끊고 기를 더해줄 수 있다 해도 사람을 죽지 않게 할 수는 없습니다(次乃草木諸藥, 能治百病, 補虛駐顔, 斷穀益氣, 不能使人不死也).”

61 莫:긍정형 의문 어기조사로서 추측을 나타낸다. 여기서는 완곡한 긍정형 어기를 표현하고 있다. 端正:예쁘다, 아름답다.

62 ‘曰’을 原錄에서는 ‘目’으로 쓰고 ‘曰’로 고쳤다. 사본에서 ‘曰’을 ‘日’로 쓰고 ‘日’을 ‘目’으로 잘못 본 것이다. 여기서는 바로 고쳤다. 또 ‘裝’을 原錄에서는 ‘粧’으로 고쳤는데, 『說文』에서 ‘妝’을 ‘飾’이라고 했고 『玉篇』에서도 “裝, 束也”라고 했다. 즉 ‘裝’에 이미 ‘飾’의 의미가 있는 것이다. 『後漢書』 「章帝八王傳」:“매일 아침 능묘를 배알하고자 밤마다 단정하게 몸을 꾸몄다(每朝謁陵墓, 常夜分嚴裝)”에서 ‘裝’ 역시 ‘飾’의 의미이다. ‘粧’은 나중에 생긴 글자이다.

63 【項楚】 원문의 ‘喚餌甚得’은 ‘餌甚’을 바꾸어 ‘喚甚餌得’으로 해야 한다.

64 【項楚】 者:‘這’와 같다. 『說文』:“者, 別事詞也.” 段玉裁 注:“속어에서 ‘者箇’, ‘者般’, ‘者回’는 모두 사물을 구별하는 뜻이 있다. 언제 이 這가 그것(者)을 대신했는지는 모르겠다.”

께서 해를 당하지 않도록 하는 것이 나으리라." 이렇게 생각하고는 향탕(香湯)에 목욕을 하고 옷을 갈아입고 약을 넣은 술을 한 잔 가득 따라 경대 앞에 두었다. 황후는 귀밑머리를 매미모양으로 여러 번 빗고 눈썹도 예쁘게 그렸다. 머리를 빗고 화장을 하던 중 거울 속으로 누군가가 보여 고개를 돌려 보니 다름 아닌 황제이시라 바로 자리에서 일어났다. 황제가 물었다. "황후는 몸단장을 하는 것이 여느 때와 다름없는데 술은 대체 어디다 쓰려 하오?" 양비는 황제의 물음을 받고 반가운 얼굴로 천자를 따라 내려와 천자에게 아뢰었다. "첩이 단장을 하면서 꼭 이 술을 한 잔 마시는 건, 하나는 머리를 부드럽게 하기 위함이고 또 하나는 젊은 얼굴을 그대로 간직하고자 함입니다. 이 또한 성군을 받들기 위함이지 다른 뜻은 없사옵니다." 황제는 이 말을 듣고 흐뭇해서 어쩔 줄을 몰랐다. "황후는 아직 젊은 얼굴을 그대로 간직하고 있소. 과인도 이 술을 마시면 얼굴이 고와지지 않겠소?" 양비는 이 말을 듣고 급히 잔을 들어 폐하께 아뢰었다. "신이 이 술을 마실 때는 '화장주'라고 불렀습니다. 이제 폐하께서 술을 드시면 무엇으로 이름을 바꾸어 부를까 하다가 '만세배'라 부르고자 합니다. 부디 만세 만만세 하옵소서!" 술을 아직 마시지 않을 때는 아무 일도 없더니, 입 속에 들어가자마자 두개골이 터져 죽고 말았다.

楊妃亦(一)見, 拽得靈襯(櫬),[65] 在龍床底下. 權時把敷壁[66]遮闌, 便來前殿. 遂差內使一人, 宣詔楊堅.[67] 使君蒙詔, 一似大杵中心, 不感(敢)爲(違)他宣命, 當時朝現(見), 直詣閤門.[68] 所司入奏, 楊妃聞奏, 便令[69]

65 [項楚] 靈櫬 : 시체를 담는 관, 여기서는 시체를 가리킨다.

66 [項楚] 敷壁 : 벽을 가리는 휘장을 말하며 '壁衣'라고도 한다. 『五國故事』 卷上 : "(이욱은) 워낙 사치스러워 궁 안에 금고리와 붉은 비단으로 그 벽을 덮었다([李煜]尙奢侈, 嘗於宮中以鎖金紅羅冪其壁)"에서 말하는 것이 바로 '敷壁'이다.

67 原錄에서는 '宣' 앞에 '直到' 두 글자를 넣었으나 原卷에 이미 지워져 있으므로 쓸 필요가 없다.

68 [項楚] 閤門 : 便殿의 문. '閤'은 '閣'과 통하며 편전을 가리킨다. 『資治通鑑』 唐 憲宗 元和 15년 : "壬午, 羣臣入閣." 胡三省 注 : "구양수는 이렇게 말했다 : 당대에는 천자

賜對. 使君得對, 趨過蕭牆,[70] 拜舞叫呼萬歲. 楊妃亦(一)見, 處分左右:"冊起[71]使君, 便賜上殿." 楊堅擧目忽見皇后, 心口思量:"是我今日莫逃得此難!" 思量言訖, 便上殿來. 楊妃問言:"阿耶莫怕, 主上龍歸倉(滄)海,[72] 今日便作萬乘軍(君)王." 楊堅聞語, 猶自疑或(惑). "若也不信, 行到龍床底下, 見其靈衬(櫬), 方可便信." 楊堅啓言皇后:"某緣力微, 如何卽是?" 皇后問言:"阿耶朝廷與甚人訴(素)善?" "某與左右金吾有分." 皇后聞言:"緣二人權綰[73]總在手頭, 何憂大事不成!" 遂來前殿, 差一人宣詔左右金吾上將軍胡朗. 二人蒙詔, 直至殿前, 忽見楊堅, 心內有疑. 皇后宣問:"將軍知道與使君有分. 主上已龍歸倉(滄)海, 今擬冊立[74]使君爲軍(君), 卿意若[75]何?" 朗啓言皇后:"冊立則得, 爭況(向)[76]合

가 매일 어전에서 군신들을 보는 것을 '常參'이라 했고, 초하루와 보름날 여러 능침에 음식을 바치고서 사모하는 마음이 일어 正殿에 가지 못할 때면 편전으로 행차하여 군신들을 보았는데 이것을 '入閤'이라 했다. '宣政'은 정전으로 '衙'라 했으며, '衙'에는 호위병이 있었다. '紫宸'은 편전으로 '閤'이라 했다. 정전에 행차하지 않고 편전에 행차하면 정전에서 호위병을 불러와 편전의 문으로 출입을 하도록 했고 정전에서 알현하고자 기다리던 백관들은 그들을 따라 들어와 천자를 뵙기 때문에 이를 '入閤'이라 한 것이다(歐陽修曰, 唐故事, 天子日御殿見羣臣, 曰常參. 朔望薦食諸陵寢, 有思慕之心, 不能臨前殿, 則御便殿見羣臣, 曰入閤. 宣政, 前殿也, 謂之衙, 衙有仗. 紫宸, 便殿也, 謂之閤. 其不御前殿而於紫宸也, 乃自正衙喚仗由閤門出入, 百官俟朝于衙者因隨而入見, 故謂之入閤)."

69 原錄에서는 '令'이 빠져 있다. 여기서는 原卷에 근거하여 보충하였다.

70 '蕭'를 原錄에서는 '簫'로 썼다. [原校] '簫牆'은 곧 '蕭牆'이며 아래도 마찬가지다. [校注] '竹'과 '艹'는 통용되는 경우가 대부분이므로 '簫'를 바로 '蕭'로 쓴다. 아래 역시 마찬가지다. [項楚] '趨'는 잰걸음으로 빨리 가는 모습으로 상대에 대한 공경을 표시한다. 蕭牆 : 고대의 궁실에서 내외를 나눌 때 쓰던 작은 담장.

71 [蔣禮鴻] '冊'은 '扶'의 의미이다. 王建의 시 「送振武張尚書」:"하늘을 돌리고 땅을 구르는 장군께서 春宮을 붙들고 五雲으로 오르셨네(迴天轉地是將軍, 扶冊春宮上五雲)"에서 '扶'와 '冊'이 연이어 쓰인 것을 보면 '冊'에 '扶'의 의미가 있음을 알 수 있다. ……'冊'은 곧 '策'의 가차자이다. [陳治文] 『集韻』:"搩、拺, 扶也." '冊'과 '拺'은 같은 '楚革切' 음으로서 '冊'은 '拺'의 동음가차자이다. [校注] '拺'은 당연히 '策'에 편방이 더해져 생긴 글자이다.

72 [項楚] 龍歸滄海 : 천자의 죽음을 완곡하게 표현한 말이다.

73 [項楚] 權綰 : 권력.

74 [項楚] '冊'은 작위를 봉하는 문서이다. '冊立'은 봉해서 세운다는 의미인데 여기서는

朝大臣, 如何卽是?” 皇后問言 : “將軍今夜點檢御軍五百, 須得闊刀陌刀,[77] 甲幕下埋伏. 阿奴[78]來日, 前朝自幾(己)宣問, 若也冊立使君爲軍(君), 萬事不言. 一句參差,[79] 殿前總殺. 別立一作大臣, 乞(豈)不好事!” 將軍唱喏,[80] 遂點檢御軍五百, 甲幕下埋伏.

양비는 이 모습을 보고 시체를 끌어 용상(龍床) 아래로 넣고 휘장으로 잠시 가려두고서 정전(正殿)으로 왔다. 이윽고 사람을 시켜 양견을 부르는 조명을 내리도록 했다. 사군은 조명을 받고 가슴을 찧는 듯 괴로웠으나 감히 어명을 어길 수 없어 천자를 뵈러 곧장 편전(便殿)으로 갔다. 소사(所司)[81]가 들어가 아뢰자 양비는 이를 듣고 곧바로 모실 것을 명하였다. 사군은 허락을 받자 궁실의 작은 담장을 조심히 지나 예를 올리고 만세를 불렀다. 양비는 [양견을] 보고서 좌우에 명하였다. “사군을 일

천자를 옹립한다는 말이다.

75 ‘若’을 原錄에서는 ‘者’로 썼으나 이는 ‘若’을 잘못 쓴 것으로 보는 게 타당하다. 아래에서는 모두 바로 고쳤다.

76 ‘況’은 ‘向’으로 읽힌다. ‘爭向’은 ‘어떻게 대처할 것인가, 어떻게 처리할 것인가’의 의미이다. 白居易 시 「題酒甕」 : “맑은 술 두세 동이가 없다면 수천수만 가닥의 백발을 어찌할 것인가?(若無淸酒兩三甕, 爭向白髮千萬莖).”

77 ‘須’를 原錄에서는 ‘復’이라 하고 蔣禮鴻은 이를 ‘複’으로 고쳤다. 하지만 실제 原卷이 ‘須’로 되어 있어 여기서는 옳게 고쳤다. [項楚] ‘陌刀’는 긴 칼이며 ‘驀刀’라고도 한다.

78 [項楚] 阿奴 : 1인칭 대명사로서 ‘奴’와 같다. 돈황본 「王昭君變文」 : “멀리 백운을 가리키며 외치길 ‘그만 멈추고 내 ‘별향관’ 곡조를 한 번 들어보시오(遠指白雲呼且住, 聽奴一曲別鄕關).”

79 [項楚] 參差 : 어긋나다, 부합하지 않다. 『太平廣記』 권149 「麴思明」(『會員解頤錄』에서 출전) : “만약 내년에 관직이 내려지는 날, 한 글자라도 어긋나면 폐하에게 죽음을 청하겠나이다(若來年授官日, 一字參差, 請死於陛下).”

80 [項楚] 唱喏 : 옛날 사람들이 읍을 할 때 소리 내는 것을 이렇게 부른다. 兪樾은 『茶香室續鈔』 권7 「揖爲唱喏」에서 명대의 何孟春이 지은 『餘冬叙錄』의 다음 내용을 인용하였다. “읍을 唱喏라고 한 것을 보면 옛 사람들은 읍을 할 때 반드시 이 소리를 냈던 듯하다. 송대 사람이 오랑캐 조정의 실정을 적으며 이렇게 말했다. ‘오랑캐들은 읍을 할 때 소리를 내지 않는데 이를 啞揖이라 한다.’ 즉 송대 이전에 중국 내 사람은 읍을 할 때 소리를 냈음을 알 수 있다(揖, 相傳曰唱喏, 想古人相揖, 必作此聲. 宋人記虜廷事實云, 虜揖不作聲, 名曰啞揖. 卽宋以前人, 中國之揖作聲可知).”

81 [譯注] 所司 : 有司, 즉 어떤 일을 주관하는 관리를 말한다.

으켜 어전으로 모셔오너라." 양견은 눈을 들어 황후를 흘긋 바라보고는 마음속으로 생각했다. "오늘 나는 화를 피하지 못하겠구나!" 이렇게 생각하고는 어전으로 올랐다. 양비가 물었다. "아버님, 두려워하지 마십시오. 주상께서 창해(滄海)로 돌아가셨으니 바로 오늘부터는 [아버지께서] 만승(萬乘)의 군왕이십니다." 양견은 이 말을 듣고 쉽게 믿을 수가 없었다. "못 믿으시겠거든 용상 아래로 가서 시신을 보시면 믿을 수 있을 것입니다." 양견이 황후에게 아뢰었다. "미약한 제가 어찌 그럴 수 있겠습니까?" 황후가 물었다. "아버지께서는 조정에서 누구와 평소 사이가 좋으신지요?" "좌우 금오(金烏)[82]와 친분이 있습니다." 황후는 이 말을 듣고서 "두 사람의 권력이 수중에 있는데 어찌 대사를 걱정하십니까?"라고 말하고는 곧 어전으로 가서 좌우 금오의 상장군 호(胡)와 낭(郎)을 불러오도록 했다. 두 사람은 조명을 받고 즉시 어전으로 갔으나 양견이 눈앞에 있어 속으로 의아한 생각이 들었다. 황후가 물었다. "장군들께서는 사군에게 천명이 내려졌음을 아실 것이오. 주상께서 이미 창해로 돌아가셨으니 이제 사군을 천자로 옹립하려는데 경들의 생각은 어떠하오?" 낭이 황후에게 아뢰었다. "옹립은 할 수 있다 해도 조정의 대신들은 어떻게 처리하시렵니까?" 황후가 분부하였다. "장군은 오늘밤 어군(御軍) 5백을 점검하여 잘 벼린 장검을 가지고 갑막(甲幕) 아래에 매복을 시키시오. 나는 내일 어전에서 사군을 천자로 옹립하는 것이 어떻겠느냐고 묻고서 다른 말은 한 마디도 않겠소. 만약 한 마디라도 반대하는 자가 있다면 어전 앞에서 모두 죽여 버리시오. 다른 이들을 대신으로 세우면 더욱 좋은 일 아니겠소!" 장군은 소리 내어 읍을 하고는 어군 5백을 점검하여 갑막(甲幕) 아래에 매복해 두었다.

乞(迄)後來日前朝, 應是[83]文武百寮大臣總在殿前. 皇后宣問:"主上

82 【項楚】'金烏'는 곧 '執金吾'로서 漢代에는 수도의 치안을 담당하는 군사 장관이었다. 당대에는 左右金吾衛 上將軍이 있었다.

以(已)龍歸倉(滄)海, 今擬冊立隨州楊使君爲乾坤之主, 卿意若何?" 道猶言訖, 拂袖便去. 應是文武百寮大臣不冊(測)涯濟(際),[84] 心內疑或(惑), 望殿而趣(覷), 見一白羊,[85] 身長一丈二尺, 張牙利口, 便下殿來, 哮吼如雷, 擬呑合朝大臣. 衆人亦(一)見, 便知楊堅合有天分, 一齊拜舞, 叫呼萬歲. 遂[86]乃冊立, 自稱隋文[87]皇帝. 感得四夷歸順, 八蠻來降.

다음날 아침이 되어 어전 앞에 문무백관들이 모두 모이자 황후가 물었다. "주상께서 이미 창해로 돌아가시어 오늘 수주의 양사군을 천지를 주재할 주인으로 모시고자 하는데 경들의 생각은 어떠하오?" 말을 마치자마자 소매를 털고 자리를 떴다. 문무백관들이 어찌된 영문인지 몰라 마음속에 의혹만 가득한 채 어전 쪽을 바라보자 몸길이가 열두 척이나 되는 흰 양 한 마리가 날카로운 이빨이 박힌 입을 크게 벌리고 우레처럼 포효하며 대신들을 집어삼킬 듯 어전 아래로 내려왔다. 사람들은 이 모습을 보고서 양견이 천명을 받았음을 알고 일제히 절을 올리고 만세를 불렀다. 마침내 천자의 자리에 올라 스스로를 수문황제라 불렀다. 그러자 사이(四夷)가 귀순하고 팔만(八蠻)이 항복을 해 왔다.

時有金璘(陵)[88]陳王, 知道楊堅爲軍(君), 心生不負.[89] 宣詔合朝大臣,

---

83 [項楚] 應是 : 모두, 전부.

84 [項楚] 不測涯際 : 자세한 내막을 모르다. 武則天, 「大周新譯大方廣佛華嚴經序」: "그것을 본 사람 중에 그 참된 의미를 다 아는 이가 드물고, 그것을 물리친 사람 중에 그 자세한 내막을 아는 이는 드물다(視之者罕窮其指歸, 挹之者罕測其涯際)."

85 [項楚] 여기서 '羊'은 '楊'자와 雙關을 이루어 양견이 천명을 받았음을 보여주고 있다.

86 '遂'를 原錄에서는 '遊'로 썼으나 실제 原卷을 보면 '遂乃' 두 글자가 '歲'와 '冊' 오른쪽에 작은 글자로 더해져 있다.

87 '隋'가 原錄에는 '隨'로 되어 있다. '隨國公'에 봉해졌던 양견은 황제에 오른 후에도 '辶'를 넣은 '隨'를 쓰다가 周와 齊가 분주하게 편할 날이 없었다는 점을 감안하여 '辶'를 없애고 '隋'로 썼다. 돈황사본에서 '隋'는 대부분 '隨'로 쓰이고 있다.

88 [原校] '金璘'은 곧 '金陵'이며 아래 역시 마찬가지다.

89 '負'를 原錄에서는 '服'으로 고쳤다. '不負'는 '不分'과 같으며 '不忿'으로도 쓴다. 이 말은 당송대에 쓰던 俗語로 '따르지 않다, 믿지 않다'의 의미이다.

總在殿前, 當時宣問:“阿奴今擬興兵, 收伏狂秦,[90] 卿意若何?” 時有鎭國上將軍仕蠻奴越班[91]走出奏而言曰:“臣啓陛下, 且願拜將[92]出師, 剪戮後, 收下西秦, 駕行便去.” 陳王聞語:“衣(依)卿所奏.” 遂拜蕭磨[93]呵周羅侯二人爲將, 收伏狂秦. 二人受宣, 拜舞謝恩, 領軍四十餘萬, 登途進發.

당시 금릉(金陵)의 진왕(陳王)은 양견이 임금이 되었음을 알고 복종하지 않으리라 마음먹었다. 이에 조정의 대신들을 전 앞으로 모두 불러 이렇게 말했다. “나는 오늘 군사를 일으켜 미친 듯 날뛰는 진나라를 무릎 꿇게 하려는데 경들의 의향은 어떠하오?” 진국상장군(鎭國上將軍) 임만노(仕蠻奴)[94]가 대신들 사이에서 걸어 나와 아뢰었다. “신이 폐하께 아뢰옵니다. 대장을 임명하고 군사를 출정시켜 적을 베고 육시(戮屍)한 후 서진을 점령하여 어가가 그곳으로 행차하길 바라옵니다.” 진왕이 이를 듣고 말하였다. “경의 뜻대로 하겠소.” 이윽고 소마가(蕭磨呵)와 주라후(周羅侯)[95] 두 사람을 장군으로 임명하고 진나라를 치도록 하였다. 명을 받은 두 사람은 절을 올려 성은에 감사한 후 군사 40만을 이끌고 출정길에 올랐다.

不經旬日, 直至鍋口[96]下營憩歇. 二將商量, 兩道行軍, 各二十餘萬.

---

90 [項楚] 狂秦: 양견이 세운 수 왕조를 가리킨다. 수의 도읍인 大興(지금의 西安)이 秦 땅에 속하므로 이렇게 부른 것이다. 아래의 ‘狂秦’ 역시 수 왕조를 가리킨다.

91 [項楚] 越班: 조정의 신하들은 일정한 순서에 따라 줄을 맞추는데 이를 ‘班’이라 한다. 아뢸 것이 있을 때는 그 줄 사이로 걸어 나오며 이를 ‘越班’이라 한다.

92 [項楚] ‘且’는 ‘臣’을 잘못 쓴 글자일 것이다. 拜將: 대장을 임명하다. 『史記』「淮陰侯列傳」: “대장을 임명받은 사람이 바로 한신이 되자 전군이 모두 놀랐다(至拜大將, 乃韓信也, 一軍皆驚).”

93 [原校] 『隋書』「高祖本紀」에는 ‘簫磨呵’가 ‘蕭摩訶’로 되어 있다. [校注] ‘蕭’를 原錄에서는 ‘簫’로 썼는데 여기서는 모두 ‘蕭’로 바로 고쳤다. 또 바로 다음의 ‘周羅侯’가 『隋書』에는 ‘周羅睺’로 되어 있다.

94 [項楚] 仕蠻奴: 陳의 대장. 『陳書』 권20에 전이 있다.

95 [項楚] 蕭磨呵는 진의 대장으로 『陳書』에 전이 있으며, 周羅侯는 진의 대장으로 『隋書』에 전이 있다.

96 [徐震堮] ‘鍋口’는 ‘渦口’일 것으로 보인다. [項楚] 渦口: 지금의 安徽省 懷遠縣 경내

蕭磨呵打宋、卞、陳、許,[97] 周羅侯收安、伏、唐、鄧.[98] 寄(旣)入界守(首), 鄕村百姓具表聞天,[99] 皇帝攬(覽)表, 似大杵中心. 遂搥鍾(鐘)擊鼓, 聚集文武百寮大臣, 總在殿前. 皇帝宣問:"阿奴無得(德), 檻(濫)處爲軍(君), 今有金璘(陵)陳叔寶[100]便生爲(違)背, 不順阿奴, 今擬拜將出師剪戮, 甚人去得?" 時有左勒將賀若弼越班走出:"啓言陛下:臣願請軍去得."

열흘이 지나지 않아 과구(鍋口) 아래에 이르러 영채를 세우고 군대를 쉬었다. 두 장군은 작전을 짜서 군사를 20만씩 둘로 나누어 소마가는 송(宋), 변(卞), 진(陳), 허(許)를 치고 주라후는 안(安), 복(伏), 당(唐), 등(鄧)을 치기로 했다. [군대가] 경계에 들어서자 마을의 백성들이 황제에게 표를 올려 알렸다. 황제는 표문을 읽고 가슴을 찧는 듯 괴로웠다. 이윽고 종을 치고 북을 두드려 문무백관을 모두 어전 앞으로 불러 모았다. 황제가 물었다. "과인은 부덕한 인물이면서도 외람되이 천자가 되었소. 지금 금릉의 진숙보(陳叔寶)가 역심을 갖고 나를 따르지 않아 이제 장군을 임명하고 군대를 출정시켜 그 자를 베려 하니 누가 이 일을 해낼 수 있겠소?" 좌륵장(左勒將) 하약필(賀若弼)[101]이 대신들 사이로 걸어 나왔다. "폐하께 아뢰옵니다. 신이 군대를 이끌고 나가겠습니다."

賀若弼才請軍之次, 有一個人不恐(肯).[102] 是甚人? 是卽大(積代)[103]名

에 있다.

97 [項楚] '卞'은 '汴'이 맞다. 宋, 卞, 陳, 許:宋州, 卞州, 陳州, 許州를 말하며 관할지는 모두 지금의 河南省 경내에 있다.

98 [項楚] '伏'은 '復'이 되어야 한다. 安, 復, 唐, 鄧:安州, 復州, 唐州, 鄧州를 말하며 이 중 안주와 복주는 지금의 호북성 경내에 당주와 등주는 지금의 호남성 경내에 있다.

99 [項楚] 聞天:황제에게 아뢰다. '天'은 천자를 가리킨다.

100 '寶'를 原錄에서는 '古'로 쓰고 '寶'로 고쳤다. 두 글자는 음이 서로 다르므로 글자를 잘못 보고 쓴 것으로 보아야 한다. 위에서 '陳王'이라고 칭했으므로 '古'가 혹시 '王' 자를 보고 잘못 옮긴 건 아닐까 한다.

101 [項楚] 賀若弼:수의 대장으로 『隋書』에 전이 있다.

102 [徐震堮] '不恐'은 '不肯'이 되어야 할 것이다. 아래의 '不肯拜舞' 역시 마찬가지다. [校注] '肯'과 '恐'은 동음가차자이다.

將[104]韓熊男, 幼失其父, 自訓其名, 號曰衾虎,[105] 心生不分, 越班走出 : "臣啓陛下 : 蹄觥[106]小水, 爭知[107]大海滄波? 賈(假)饒[108]螻蟻成堆,[109] 儺(那)能與天爲患! 臣願請軍, 尅日[110]活擒陳王進上, 不[111]感(敢)不奏." 皇帝聞語, 亦(一)見衾虎, 年登[112]一十三歲, 妳腥未落,[113] 有日(若)[114]大

---

103 [袁賓] '卽大'는 '積代'와 비슷한 음으로 가차한 글자이다. [項楚] '卽大'는 '絶代'의 음을 잘못 쓴 것이다.

104 原錄에서는 '韓熊' 위에 '是'자가 있는데, 이 '是'자는 바로 위의 '是' 때문에 쓰게 된 연문일 것이다(原卷에서는 옆쪽에 작은 글자로 쓰여 있다).

105 [原校] 본문에서는 '擒虎'가 모두 '衾虎'로 되어 있다. [校注] 『隋書』「韓擒傳」: "한금의 자는 子道로 河南 東垣 사람이며 나중의 집은 新安이다. 아버지 雄은 용맹한 무장으로 잘 알려져 있다." "금의 본명은 豹이다." 『廿二史考異』: "당대에 휘가 '虎'인 사람은 사서에서 대부분 '武', '獸' 혹은 '彪'로 고쳤다. 여기서 유독 '豹'라고 고친 건 '黃斑'(호랑이의 다른 이름－譯注)의 무늬에 응하기 위함이다." 한금은 본명이 한금호이나 당 고조의 조부의 이름이 虎여서 이를 피휘하여 이름자를 줄이거나 바꾸었던 것으로 보인다.

106 [徐震堮] '觥'은 '涔'이 되어야 한다. [校注] 두 글자는 모양이나 음이 모두 가깝지 않으므로 분명한 주장이 아니다. [項楚] 蹄觥小水 : 우마의 발자국에 고인 물이라는 뜻으로 아주 적음을 나타낸다. '觥'은 술잔이다. 발굽이 땅에 찍히면 잔의 모양이 되므로 '蹄觥'이라 했다.

107 '知'가 原錄에는 '福'으로 되어 있고 潘重規는 '禍'일 것이라고 했다. 原卷의 '礿'는 아마 '知'자일 것이다. 돈황사본에서는 '知'를 속자로 '㓒'나 '㓒'로 쓰곤 하는데 이 글자와 비슷하다. P.3211 王梵志 시 "知(智)者好思量, 爲他受枷棒"에서 '知'가 原卷에는 '㓒'로 되어 있다. 이 글자를 '買'로 쓰기도 하는데 이는 틀린 것이다. 같은 사권의 王梵志 시 "知(智)者天上去, 愚者入深坑"에서 '知'가 原卷에는 '㓒'으로 쓰여 있는데 S.5641 본에는 '知'로 되어 있다. "蹄觥小水, 爭知大海滄波"는 『莊子』「逍遙遊」의 "아침버섯은 새벽과 저녁을 모르고 매미는 봄가을을 알지 못한다(朝菌不知晦朔, 蟪蛄不知春秋)"와 同工異曲의 묘가 있다.

108 [項楚] 假饒 : 설사 ~일지라도. 『景德傳燈錄』 권30 永嘉眞覺禪師의 「證道歌」: "칼을 맞고도 담담하고 독약을 먹고도 여유롭네(縱遇鋒刀也坦坦, 假饒毒藥也閑閑)."

109 '堆'를 原錄에서는 '堆'로 썼다가 '堆'로 고쳤으나 여기서는 바로 고쳤다.

110 [項楚] 尅日 : 약속한 기일로 '克日', '剋日'로도 쓴다.

111 '不'가 原錄에는 빠져 있다. 여기서는 原卷에 근거하여 채워 넣었다.

112 '年登' 두 글자가 原錄에는 빠져 있다. 여기서는 原卷에 근거하여 채워 넣었다.

113 [項楚] 妳腥未落 : '乳臭未乾'(젖내가 아직 마르지 않다)과 같은 말로 어린 모습을 형용한다 '妳'는 '奶'와 같다. "입가에는 젖비린내가 아직 가시지 않고, 정수리에는 배냇머리가 아직도 있구나(口邊廂妳腥也猶未落, 頂門上胎髮也尙自存)." [都興宙] 『說文』에는 妳, 奶, 嬭 세 글자가 모두 없으며 妳, 嬭, 妳는 '乳'의 俗稱이다. 이 글자들

胸今(襟).[115] "阿奴何愁社稷, 擬拜韓衾虎爲將, 恐爲阻着賀若弼, 擬二人總拜爲將, 殿前上(尙)自如此, 領兵在外, 必爭人我."[116][117] "卿二人且歸私地(第), 後來日前朝, 別有宣至(旨)."[118]

하약필이 군대를 청할 때 한 사람이 나와 이를 막았다. 그 사람은 누구일까? 바로 대를 이어 온 명장 한웅(韓熊)[119]의 아들로, 어려서 아버지를 잃고 스스로 그 이름을 금호(衾虎)라 지어 불렀다. 그는 마땅치 않다고 생각되었는지 대신들 사이로 걸어 나왔다. "신이 폐하께 아뢰옵니다. 소발자국에 고인 물이 어찌 큰 바다의 파도를 알겠습니까! 땅강아지와 개미가 아무리 높이 쌓인다 한들 어찌 하늘에까지 해를 미치겠습니까!

은 변문 이전의 자료에서는 아직 발견되지 않았으므로 변문이 있던 시기 즉 당오대 때에 쓰이기 시작했을 것이다. 【校注】『晉書』「桓玄傳」의 "유모가 매번 안고 온으로 가는데 번번이 사람을 바꾼 이후에 이르렀다(妳媼每抱詣溫, 輒易人而後至)"를 보면 '妳'자가 진작부터 쓰이고 있었음을 알 수 있다.

114 【劉堅】'有日大胸今'은 곧 '有偌大胸襟'이다. 속문학에서는 '日'과 '偌'가 통용되는 경우가 많다. 南戲「張協狀元」第44出: "상공이 보니 그 많은 가마가 모두 사당 앞에 있었다(相公看, 日多轎兒都在廟前)." 錢南揚 선생은 이곳의 '日'을 '偌'로 校記했는데 이는 올바른 의견이다. 【校注】'若'으로 읽는 것이 맞다. '偌'는 '若'보다 나중에 나온 속자이며 돈황본에서는 본 적이 없다. '若大'는 '이처럼 크다'의 의미이다. 【項楚】'日大'는 곧 '爾大'로서 '이처럼 크다'의 의미이다. '日'과 '爾'는 같은 소리 때문에 서로 바뀐 것이다. 宋 孔平仲『孔氏雜說』: "흔히 말하는 '日許'는 '爾許'로 소리 때문에 와전된 것이다(俗所謂日許者, 爾許也, 聲之訛也)." 『啓顔錄』에서는 키가 작은 사람에 대해 읊으면서 이렇게 말했다. "성문이 이처럼 높아 스스로 엎드려 기어 들어가다(城門爾許高, 故自匍匐入)."

115 原錄에서는 '今'을 다음 구에 넣었으나 이는 잘못된 것이다. '今'은 '襟'과 통한다.

116 【蔣禮鴻】'人我'는 '彼我'와 같다. 자기는 옳고 남은 그르며 누가 나은지 승부를 가린다는 의미이다.

117 【譯注】『校注』 본이나 項楚 본 등 대부분의 책에서 여기까지를 화자의 말로 보고 있으나 '阿奴'가 1인칭 대명사이기 때문에 최소한 '阿奴'부터는 양견의 말이나 생각으로 보아야 한다. 내용상으로 보면 양견이 마음속으로 생각한 다음 바로 두 대신에게 명령을 내리고 있는 장면으로 보는 것이 타당하다. 그래서 번역문에서는 '阿奴'부터 여기까지를 양견의 생각으로 처리했다.

118 【原校】'宣至'는 '宣旨'가 되어야 할 것이다. 【項楚】'宣'은 서면으로 쓴 천자의 유지로서 '宣頭'라고도 한다.

119 【項楚】『隋書』「韓擒傳」에 따르면 韓熊은 한금호의 아버지로서 이름이 '雄'으로 되어 있다.

신에게 군사를 주시면 약속한 기일 내에 진왕을 사로잡아 바치겠나이다. 감히 아뢰옵니다." 황제가 이 말을 듣고 금호를 보니 나이는 겨우 열셋 정도에 젖비린내가 아직 가시지 않았으나 가슴에는 웅지를 품고 있는 듯했다. "내 어찌 사직을 근심하겠는가만, 한금호를 대장으로 임명하려니 하약필이 걸리고 둘 다를 대장으로 임명하려니 어전 앞에서도 하물며 이러한데 군대를 이끌고 밖으로 나가면 둘은 필시 누가 나은지 승부를 가리려 할 것이다." [황제는 이렇게 생각하고는 말했다] "경들 둘은 일단 집으로 돌아가시오. 내일 아침에 따로 유지가 있을 것이오."

乞(迄)後來日前朝, 合朝大臣總在殿前, 遂色(索)[120]金鑄印, 弟一拜[121]楊素爲都招討使,[122] 弟二拜賀若弼爲副知節, 弟三韓衾虎爲行營馬步使. 三人受宣, 拜舞謝恩, 走出朝門, 領軍三十餘萬, 登途進發. 迅速不停, 直到鄭州. 有先峰(鋒)馬探[123]得蕭磨呵領軍二十餘萬, 陳留下營, 具事由迴報. 上將軍楊素聞語, 當處下營, 昇棖(帳)[124]而坐. 遂喚二將, 總在面前, 遂問二將: "隋文皇帝殿前有言, 請軍(君)剋收金璘(陵). 如今賊軍俯迫,[125] 甚人去得? 若也得勝迴過,[126] 具表奏聞." 將軍才問, 韓衾虎越班便出: "啓言將軍, 衾虎去得." "要軍多少?" "要馬步軍三萬五

120 [項楚] 원문의 '色'은 '索'과 통한다. 돈황사본에 흔히 보이는 경우이다.

121 '弟一拜'가 原錄에는 '拜弟'로 되어 있다. [項楚] 양소는 양견의 동생이 아니고 아래에 '弟二', '弟三' 등이 있어 '弟一拜'로 고친다. '弟'는 '第'와 통한다.

122 '討'를 原錄에서는 '罰'로 썼다. [原校] 王重民은 '招罰使'는 '招討使'가 되어야 한다고 했다.

123 [原校] 본 사권 안의 '探'자는 모두 '㨯' 혹은 '挅'자로 되어 있다. 이하에서는 일률적으로 '探'으로 고친다. [校注] 이 글자들은 모두 '探'의 속자로서 다른 사권들에도 흔히 보인다.

124 [原校] '棖'은 곧 '帳'이며 아래 역시 마찬가지다. [校注] "棖, 杖也." 또 '지탱하다', '부닥치다' 등의 뜻도 있긴 하지만 바로 '帳'자가 되진 못한다. 아래도 모두 마찬가지다.

125 '俯'가 原錄에는 '府'로 되어 있으며 劉凱鳴은 이를 '逼'으로 고쳤다. 실제 原卷에는 '俯'로 쓰여 있으며, '俯迫'이 아주 가깝다는 의미이므로 굳이 글자를 고칠 필요가 없다.

126 迴過: 돌아오다. 아래 역시 마찬가지다.

千." 便令交付.

다음날 아침 대신들이 모두 어전 앞에 모이자, 이윽고 금인(金印)을 가져오게 하여 첫 번째로 양소(楊素)를 도초토사(都招討使)[127]에 임명하고, 두 번째로 하약필을 부지절(副知節)[128]에, 세 번째는 한금호를 행영마보사(行營馬步使)[129]에 임명하였다. 세 사람은 명을 받고 절을 올려 성은에 감사하고 조정을 나와 30여 만의 군사를 이끌고 출정에 나섰다. 쉬지 않고 급히 달려 곧바로 정주(鄭州)에 이르렀다. 선봉의 기마정찰병이 소마가가 군사 20여 만을 이끌고 진류(陳留)[130]에 영채를 세웠음을 탐지하고 돌아와 자세히 보고하였다. 상장군 양소는 이 말을 듣고 그 자리에 진을 쳐서 군막에 올라앉았다. 이윽고 두 장군을 면전으로 불러 물었다. "수문황제께서 어전에서 말씀하실 때 금릉을 치게 해달라는 청을 드렸소. 지금 적군이 바로 앞에 있는데 누가 먼저 나서겠소? 만약 승리를 하고 돌아오면 표문을 갖추어 폐하께 아뢰겠소." 장군이 묻자마자 한금호가 불쑥 나섰다. "장군께 아뢰옵니다. 소인 금호가 가겠습니다." "군사는 얼마면 되겠소?" "마보군(馬步軍) 3만 5천이면 됩니다." 곧바로 군대를 내주도록 명하였다.

衾虎得兵, 進軍便起, 迅速不停. 來到終謀(中牟)[131]境上, 屯軍便住. 衾虎昇棖(帳)而坐, 遂喚一官健[132]只在面前, 截(再)三處分: "公解探事, 一取[133]將軍處分, 探得軍機, 速便早迴, 與公重賞." 官健唱喏. 丏(改)

---

127 [項楚] 都招討使 : 당대의 무관직으로 항복을 권유하거나 반역자를 토벌하는 일을 총괄한다. 임무가 끝나면 관직은 거두어진다.

128 [項楚] 副知節 : 副大使知節度事의 약칭이다. 여기서는 副都招討使를 가리킨다.

129 [項楚] 行營馬步使 : 기마병과 보병의 군영을 관리하는 우두머리.

130 [項楚] 陳留 : 현 이름. 지금은 河南 開封에 편입되어 있다.

131 [原校] 啓功은 '終謀'는 곧 '中牟'라고 했다. [項楚] '中牟'는 옛날 읍 이름으로 지금의 하남성 鶴壁市 서쪽에 있다.

132 [項楚] 官健 : 唐代의 군사에 대한 호칭이다.

133 [項楚] 一取 : 모든 것을 그대로 따르다. 여기서 '一'은 '일체, 전부'의 의미이다.

揬衣裝, 作一百姓裝裹,[134] 擔得一栲栳[135]饅頭, 直到蕭磨呵寨內, 當時便賣. 探得軍機, 卽便迴來. 到將軍根(帳)前唱喏便報. 衾虎問言官健:"軍機若何?" 官健祗對:"馬軍是海眼皂旗,[136] 步人是紅旗, 勝字田(塡)心,[137] 大開寨門, 一任百姓來往買賣." 衾虎聞語, 便知蕭磨呵不是作家[138]戰將. 自故(古)有言:"軍慢卽將妖(夭),[139] 主慢卽國傾." 道由(猶)言訖, 處分兒郎, 丏(改)揬旗號, 夜至黃昏, 登途便起. 去蕭磨呵寨二十餘里, 偸路而過, 迅速不停. 來到金璘(陵)江岸, 虜劫舟船,[140] 領軍便過. 到得南岸, 應是舟船, 溺在水中, 遂却繼[141]自家旗號, 顯其衾虎之名. 引軍打劫, 直到石頭店.

군사를 얻은 금호는 쉬지 않고 신속히 진군하여 중모(中牟) 가까이에 이르러 군대를 주둔시켰다. 금호는 군막에 올라 앉아 병사 한 명을 면전으로 불러 여러 차례 당부하였다. "그대가 알아볼 일이 있다. 내가 당

134 '裹'를 原錄에서는 '褁'로 썼다가 '裹'로 고쳤다. 이 글자는 '裹'의 필획을 줄인 속자이며, 앞에 나온 '復(複)裹經題', '裹(果)然司天太監' 등의 '裹'가 原卷에는 모두 이 속자로 쓰여 있다.

135 栲栳:'竹' 머리를 쓰기도 한다. 버들가지나 대나무 껍질로 만든 바구니를 말한다.

136 海眼:泉眼(샘물이 나오는 동굴). 『酉陽雜俎』 속집 4 「貶誤」:"촉 땅의 석순가는 여름에 큰 비가 오면 종종 여러 가지 색의 작은 구슬이 나오곤 하여 사람들은 이 땅을 海眼이라고 여겼다(蜀石笋街, 夏中大雨, 往往得雜色小珠, 俗以爲地當海眼)." [項楚] 海眼皂旗:불셜누늬가 그려진 검은 색 깃발. 옛날 사람들은 어떤 샘은 땅 밑으로 바다와 통한다고 보곤 했으며 이런 샘을 '海眼'이라 했다.

137 '田'은 '塡'으로 읽어야 한다. '勝字塡心'은 깃발에 '勝'자가 쓰여 있다는 말이다.

138 [蔣禮鴻] '作家', '作者'는 전문가, 고수를 말한다. 『景德傳燈錄』 권12:"만약 싸움에 그렇게 능히다면 킬 한 자루만 정해 싯저 늘어가면 되지 가타부타 말은 하지 마오(若是作家戰將, 便請單刀直入, 更莫如何如何)."

139 '妖'는 '夭'로 읽으면 된다. [項楚] 慢:게으르다. 원문의 '妖'는 '殀'가 되어야 힌다.

140 '船'을 原錄에서는 '舡'으로 썼는데 이 글자는 속자라서 바로 고쳤다. 아래의 '應是舟船' 역시 마찬가지다. [項楚] 『廣韻』 上平聲四 '江'에서 "舡, 許江切. 舽舡, 船皃"라고 한 것을 보면 '舡'은 '船'과 다른 글자이다. 그러나 민간에서는 '船'을 '舡'으로 쓰기도 하여 『龍龕手鏡』에서는 "舡, 又俗音船"이라고 했다.

141 [原校] 王重民은 "'却繼'는 '翹起'가 되어야 할 것 같다"고 했다. [校注] 왕중민의 의견은 분명치 못하다. 『爾雅』 「釋詁」 上:"係, 繼也." 郝懿行義疏:"繼는 繫를 말한다. 繼와 繫는 음도 같다." '却繼'는 다시 묶는다는 의미이다.

부하는 말을 철저히 따라 군사기밀을 염탐하고 신속히 돌아오도록 하라. 무거운 상을 내리겠다." 병사는 큰 소리로 읍을 했다. 옷을 갈아입고 일반 백성의 모습을 하고서 만두 바구니를 지고 소마가의 영채로 들어가 만두를 팔며 군사기밀을 알아내고는 즉시 돌아왔다. 장군의 막사에 이르러 큰 소리로 읍을 하고 보고하였다. 금호가 병사에게 물었다. "군사기밀은 무엇인가?" 병사가 답하였다. "기마군은 물결무늬의 흑기를 쓰고 보병은 홍기를 쓰는데 가운데에 '승(勝)'자가 쓰여 있습니다. 영채의 문을 활짝 열고 백성들이 마음대로 드나들며 물건을 팔도록 하고 있습니다." 금호는 이 말을 듣고 소마가가 전투의 고수가 아님을 알 수 있었다. "예부터 '군사들이 게으르면 장수가 일찍 죽고 군주가 태만하면 나라가 기운다.'고 했다." 이렇게 말하고는 군사들에게 명하여 깃발을 바꾸어 달고 황혼이 되면 출발하도록 했다. 소마가의 영채로부터 20여리 떨어진 곳으로 몰래 길을 잡아 쉬지 않고 신속히 움직였다. 금릉의 강 언덕에 이르러 배를 빼앗아 군대를 이끌고 강을 건넜다. 남쪽 언덕에 닿은 후 모든 배들을 물속에 침몰시키고 원래 깃발을 다시 달자 '금호(衾虎)'라는 이름이 선명히 드러났다. 군대를 이끌고 사나운 기세로 치고 부수며 석두점(石頭店)[142]까지 곧장 내달았다.

人戶告級(急), 具表奏聞. 陳王攬(覽)表, 似大杵中心. 遂搥鍾(鐘)打鼓, 聚集文武百寮大臣, 總在殿前. 陳王宣問:"阿奴無得(德), 檻(濫)處稱尊. 今有隋駕(家)兵仕(士)[143]到來, 甚人敵得?" 陳王裁[144]問, 時有三十年名將鎭國任蠻奴越班走出:"臣啓大王:不知隋駕(家)兵事(士)多少? 緣衾虎領軍三萬五千, 臣願請軍三萬五千, 不肖(消)展陣開旗, 聞蠻奴之

142 [項楚] 石頭店: 금릉(남경) 부근의 지명.

143 '隋'를 原錄에서는 '隨'로 썼다. [原校] '隋駕兵仕'는 곧 '隋家兵士'이다. 아래의 '隋駕兵事' 역시 마찬가지다.

144 '裁'를 原錄에서는 '纔'로 고쳤다. 하지만 고대에 두 글자는 통용되었으므로 굳이 고칠 필요가 없다.

名, 卽便降來.” 陳王聞語, 便交點檢 : “物(勿)令遲滯!”

사람들은 황급히 이 소식을 표문으로 알렸다. 진왕은 표문을 읽고 가슴을 찧는 듯 아팠다. 이윽고 종을 울리고 북을 쳐서 문무백관들을 어전으로 모두 불러 모았다. 진왕이 물었다. “과인은 덕이 없으면서도 외람되이 존자의 자리에 있소. 지금 수의 병사들이 왔다 하는데 누가 그들을 대적할 수 있겠소?” 진왕이 묻자마자 30년 동안이나 이름을 날린 명장 진국[대장군] 임만노가 대신들 사이로 나섰다. “신이 대왕께 아뢰옵니다. 수의 병사들이 얼마나 되는지 모르시는지요? 금호는 군사 3만 5천을 이끌고 있다 하옵니다. 신에게 군사 3만 5천을 주신다면 진을 치고 깃발을 펼칠 필요도 없이 이 만노의 이름만 듣고도 항복을 해 올 것입니다.” 진왕은 이 말을 듣고 즉시 명하였다. “더 지체하지 말라!”

蠻奴遂領軍三萬五千, 直到衾虎陣面, 一齊簸旗大喊,[145] 色(索)隋駕(家)兵事(士)交戰. 衾虎亦(一)見, 領軍便來, 高聲便問 : “上將姓字名誰, 官居何爲(位)?” 將軍祇對 : “某姓任名蠻奴, 官職鎭國大將軍.” 衾虎聞言, 滿目淚流 : “億(憶)得亡父委囑 : ‘若也已後爲將, 到金璘(陵)之日, 有一名將任蠻奴與阿耶同堂學業, 傳筆抄書. 見面之時, 切須存其父子之禮.’ 誰知今日相逢!” 思量言訖, 遂乃前來啓言將軍 : “但衾虎三杖[146]

145 ‘簸’가 原錄에는 ‘擌’로 되어 있는데, 이 글자는 속자이므로 바로 고쳐 썼다. ‘喊’을 原錄에서는 ‘瞰’으로 썼다가 ‘喊’으로 고쳤다. 아래도 마찬가지로 곧바로 고쳤다. [項楚] 擌旗 : 깃발을 흔들다. ‘簸旗’ 혹은 ‘播旗’라고도 한다. ‘擌’는 민간에서 만든 속자이다. 白居易, 「新豊折臂翁」 : “활을 당기지도 깃발을 흔들지도 차마 못하고 이때부터 비로소 운남 정벌을 하지 않게 되었네(張弓簸旗俱不堪, 從茲始免征雲南).”

146 ‘杖’이 原錄에는 ‘扙’으로 되어 있으며 여기서는 原卷에 근거하여 고쳤다. [徐震堮] ‘三扙’은 ‘甲仗’이 되어야 할 듯하다. [袁賓] ‘三杖’은 곧 ‘三仗’이다. 玄應 『一切經音義』 권23 ‘刀仗’조 : “사람이 잡아 쥐는 것이 仗이 된다. 仗은 또 활, 삼지창, 방망이, 몽둥이 등을 총칭하는 말이기도 하다(人所執持爲仗, 仗, 亦弓矟杵棒之總名也).” 『北史』 권18 「魏任城王澄列傳」 : “숭이 몸에 무기를 갖추고 투구를 벗고 곧장 나서니 그 용기가 삼군의 으뜸이었다(嵩身備三仗, 免胄直前, 勇冠三軍).” [項楚] 『敦煌變文集新書』의 교기에서는 “돈황사본에서 ‘木’과 ‘扌’은 서로 구별되지 않는 경우가 흔하다. ‘扙’은 곧

在身, 拜跪不得, 乞將軍不怪." 蠻奴聞語, 卽知[147]便是韓熊男, 心口思量 : "父不得與子交戰." 問言衾虎 : "收軍却回, 蠻奴奏上陳王, 差使和同[148]作一禮義之國, 乞(豈)不好事!"

만노는 곧 3만 5천의 군사를 이끌고 금호의 진 맞은편까지 가서 깃발을 흔들고 함성을 지르며 수의 병사들이 나와 싸울 것을 부추겼다. 금호는 이 모습을 보고 군사를 이끌고 와 큰 소리로 물었다. "상장군의 성함은 무엇이고 어떤 관직에 계십니까?" 장군이 공손하게 답을 했다. "내 이름은 임만노이고 지금은 진국대장군의 자리에 있다오." 금호는 이 말을 듣고 눈에 눈물이 가득해졌다. "돌아가신 아버님의 당부가 생각나는구나. '네가 나중에 장군이 되어 금릉에 가보면 임만노라는 명장이 있을 게다. 이 아비와 함께 공부하며 서로 붓을 건네고 글씨를 베끼던 사이이다. 그 분을 만나거든 반드시 부자의 예를 갖추어야 한다.' 그런데 오늘 이렇게 만날 줄 어찌 짐작했겠는가!" 이렇게 생각하고는 곧 장군에게 가까이 다가와 아뢰었다. "제 몸에 무기를 지니고 있어 절을 올리지 못하오니 장군께서는 부디 탓하지 마시길 바랍니다." 만노는 이 말을 듣고 한웅의 아들임을 알아차리고 "아버지가 아들과 칼을 부딪칠 순 없지"라고 생각하며 금호에게 말했다. "군대를 거두고 돌아가게. 이 만노가 진왕께 아뢰어 사신을 보내 화친을 맺어 예의지국(禮儀之國)이 되도록 한다면 더 좋지 않겠는가!"

衾虎聞語, 心生不分 : "啓言將軍 : 但某乙面辭隋文皇帝之日, 剋收

'杖'이다"라고 했다. '三杖'은 무기를 가리키며 '三仗'이라고도 한다. 『北史』「燕鳳傳」: "북방 사람들은 씩씩하고도 빨라서 말에 올라 무기를 가지고 나는 듯 말을 달린다(北人壯悍, 上馬持三仗, 驅馳若飛)."

147 '知'가 原錄에는 '次'로 되어 있다. '次'는 '咨'를 줄여 쓰고 '咨'는 다시 '知'를 잘못 쓴 것으로 보인다. 여기서는 바로 고쳤다.

148 '和'가 原錄에는 '私'로 되어 있으나 原卷을 보면 '和'자의 초서이다. '和同'은 同義連文이다. [項楚] 원문의 '私'는 '和'를 잘못 쓴 것이다. '和同'은 곧 '和睦'으로 여기서는 講和의 의미이다.

金璘(陵), 一事未成. 迴去須得三般之物進上隋文皇帝, 卽便却迴." 蠻奴聞語:"弟一要何物?" 衾虎答曰:"某乙弟一要陳家地理山河、人戶數目, 卽便却迴." 蠻奴聞言:"此緣小[149]事, 後[150]某乙奏上陳王." 蠻奴問言:"弟二要何物?" 衾虎答曰:"某乙弟二要兵馬庫藏, 賞設[151]三軍, 卽便却迴." 蠻奴問:"弟三要何物?" 衾虎答言:"某乙弟三要陳叔保(寶)手(首)進上隋文皇帝, 卽便却迴." 蠻奴聞言, 知子無禮, 忽然大怒. 衾虎亦(一)見, 拔劍便赫(嚇), 問言將軍:"但衾虎手內之劍, 是隋文皇帝殿前宣賜, 上含霜雪, 臨陣交豐(鋒), 不識親疏." 蠻奴聞語, 迴馬遂排一左掩右(夷)陣, 色(索)隋駕(家)兵士交戰.

하지만 금호는 이 말이 마땅치 않은 표정이었다. "장군께 아룁니다. 제가 수문황제께 하직인사를 올리던 날 금릉을 차지하겠노라 약속했는데 아무 것도 이루지 못했습니다. 그러니 돌아갈 때 수문황제께 진상할 세 가지 물건만 얻을 수 있다면 바로 돌아가겠습니다." 만노가 물었다. "첫 번째 물건은 무엇인가?" "제가 첫 번째로 구하고자 하는 건 진의 지세와 산하, 호수(戶數)입니다. 이걸 구하고 돌아가겠습니다." 만노가 말했다. "그건 어렵지 않은 일이니 내가 진왕께 아뢰도록 하지." 만노가 물었다. "두 번째는 무엇인가?" 금호가 답했다. "제가 두 번째로 구하고자 하는 건 병마와 창고입니다. 이것들로 삼군에 잔치를 베풀고 상을 하사하고 돌아갈 것입니다." 만노가 물었다. "세 번째는 무엇인가?" 금호가

149 '此緣小' 세 글자가 原錄에는 빠져 있어 原卷에 따라 채워 넣었다. 또 바로 앞의 '聞言'을 原錄에서는 '聞語'로 잘못 써서 原卷에 근거하여 바르게 고쳤다.

150 '後'는 '候'로 읽어야 한다.

151 賞設: 犒賞(상을 내리다). 『資治通鑑』 唐 寶曆 元年 李絳의 上疏: "만약 간악한 사가 멋대로 계략을 꾸며 허장성세로 돈을 상으로 하사한다면 군사들은 그것만 바라게 되어 더욱 지휘하기가 힘들어집니다(若有姦人爲之畫策, 虛張賞設錢數, 軍士覬望, 尤難指揮)." '賞'은 본래 돈이나 물건으로 상을 내린다는 의미이고 '設'은 잔치를 베푼다는 의미인데 이 두 글자를 이어서 '상을 내리다'의 넓은 의미로 쓴다. [譯注] 여기서는 '賞'과 '設' 혹은 '賞'과 '犒'의 본래 의미대로 '상을 내리고 잔치를 베풀어 위로하다'로 해석하였다.

답하였다. “제가 세 번째로 구하고자 하는 건 수문황제에게 바칠 진숙보의 머리입니다. 이걸 구하고 돌아갈 것입니다.” 임만노는 이 말을 듣고 무례한 아들에 크게 노하였다. 금호는 이 모습을 보고 칼을 뽑아 장군을 위협하며 말했다. “내가 쥔 이 검은 수문황제께서 어전 앞에서 하사하신 것이오. 서릿발 같은 날카로움으로 싸움에 임할 때는 멀고 가깝고를 따지지 못하오.” 만노는 이 말을 듣고 말을 돌려 좌엄우이(左掩右夷)의 진을 치며 수의 군사와 싸울 태세를 갖췄다.

衾虎亦(一)見, 破顔微笑, 問言諸將 : “還識此陣?” 諸將例皆不識. “但衾虎雖在幼年, 也曾博攬(覽)亡父兵書. “此是左掩右移(夷)陣, 見前面津口紅旗, 下面總是鹿巷,[152] 李(裏)有硇(撓)勾[153]搭索,[154] 不得打著, 切須旣(記)當.”[155] 見右夷陣上, 人緣(員)敎(較)多,[156] 前頭總是弓弩. 衾虎有令

152 [原校] ‘鹿巷’은 ‘鹿砦’가 되어야 할 것이다. [項楚] 『前漢書平話』 : “진을 배치하자 하늘에서 내려오고 땅에서 솟구쳐 나와 40리에 걸쳐 창과 칼이 막아서고 온갖 색의 3천 깃발이 펼쳐졌다. 구불구불 이어진 사슴뿔 1천 가지에 천리마를 탄 1만 기마병으로 전운은 자욱하고 살기는 등등했다(便排一陣, 從天降下, 就地涌出, 四十里槍刀齊迊, 三千里雜彩旗開. 鹿巷千條, 戰驥萬騎, 陣雲靄靄, 殺氣騰騰).” ‘鹿巷’의 ‘鹿’은 ‘鹿砦’, ‘鹿角’을 말하고 ‘巷’은 그것으로 설치해 놓은 구조물이 구불구불하면서 길다는 것을 형용한다.

153 原卷의 ‘硇’는 한약 ‘硇沙’의 ‘硇’로서 ‘撓’의 동음가차자이다. ‘撩勾’는 병기 이름이다. 자루가 길고 끝에 갈고리가 달려 있어 그것으로 적을 꿰어 당긴다. 『水滸傳』 31회 : “사당 밖에서 안으로 갈고리를 몰래 넣어 무송을 낚아챘다(只見廟外邊探入撓鉤, 把武松搭住).” ‘撓鉤’는 곧 ‘撩勾’와 같다.

154 搭索 : 갈고리에 두르는 줄로서 적을 채거나 다른 물건을 걸어 챌 때 쓰기도 한다. 『武經總要』 권12에 있는 ‘飛鉤’ 그림이 이런 종류의 무기이다.

155 ‘當’은 동사에 붙는 접미사인데 原錄에서는 아래 구에 속하는 것으로 잘못 보았다. [項楚] 記當 : 기억하다(記住). ‘當’은 동사 뒤에 붙는 어조사로서 뜻은 없다. 「廬山遠公話」 : “선경은 이 말을 듣거든 꼭 기억해 두시오(善慶聞之, 切須記當).” 「維摩詰經講經文」 : “내가 末代에 전해주려 하니 너는 꼭 기억하여 그대로 따르지 않도록 하라(我要流傳於末代, 須汝記當莫因循).”

156 較多 : 아주 많다. ‘較’는 ‘校’라고도 쓰며 ‘極(아주)’이나 ‘頗(상당히)’의 의미가 있다. 이는 비교나 차등의 의미에서 기원한 것이다. 「漢將王陵變」의 “兵馬校多”가 그 예이다. [項楚] 人緣敎多 : 사람이 아주 많다. 『敦煌變文集』에서는 ‘緣’을 ‘員’으로 ‘敎’를

:“簸旗大喊, 旗亞[157]齊入, 若一人退後, 斬刹(殺)[158]諸將, 莫言不道!” 道由(猶)[159]言訖, 簸旗大喊, 一齊便入, 此陣一擊, 當時瓦解. 蠻奴領得戰殘兵士, 便入城來.

금호는 이 광경을 보고 가볍게 미소 지으며 장수들에게 물었다. “이 진을 아시오?” 장수들은 누구 하나 알지 못했다. “나는 아직 어리지만 일찍이 돌아가신 아버지의 병법서들을 두루 보았소. 이것은 좌엄우이진이라는 것이오. 앞쪽 입구에는 붉은 기를 세우고 아래는 모두 사슴뿔을 구불구불 길게 늘여 세우고 안은 긴 갈고리가 줄에 묶여 있어 쉽게 쳐들어갈 수가 없소. 이 점을 명심해야 하오.” 우이진(右夷陣) 위를 보니 수많은 군사에 앞쪽은 전부 활과 쇠뇌가 배치되어 있었다. 금호가 명을 내렸다. “깃발을 흔들고 크게 소리를 지르다가 깃발이 내려지면 일제히 쳐들어간다. 한 사람이라도 물러서면 장수들의 목을 벨 것이니 다른 말은 말라!” 말을 마치자마자 깃발을 흔들며 큰 소리를 지르고 일제히 쳐들어가니 적진은 그 자리에서 와해되고 말았다. 만노는 잔병들만을 이끌고 급히 성으로 돌아왔다.

陳王聞語, 大怒非常, 處分左右, 令交(教)把[160]入. 橫拖到(倒)拽, 直

‘較’로 고쳤으나 모두 불필요한 교정이다. ‘緣’자는 실제의 의미가 없다. 여기서 ‘教’는 ‘대단히’의 의미이다. 敦煌本 「難陀出家緣起」: “우리 석가모니 대법왕께서는 난타를 보고 근심이 되고 형제의 정이 아직 너무 간절해 온 몸에서 위엄의 빛이 났다(我佛牟尼大法王, 觀見難陀氣[起]愍傷, 兄弟之情還教切, 運[渾]身便卽現威光).”

157 [項楚] 亞: 낮추다. 元稹 「望雲騅」: “몸을 낮춰 백옥의 굴레를 받고 입을 열어 자금의 재갈을 머금네(亞身受取白玉羈, 開口銜將紫金勒).”

158 原卷을 보면 ‘刹’자의 왼쪽 부분이 알아보기 힘들다.

159 ‘道由’ 두 글자가 原錄에는 없다. 하지만 原卷을 보면 ‘〃由’라고 작게 쓰여 있으며 여기서 ‘〃’는 바로 앞의 ‘道’자를 말한다.

160 ‘把’를 原錄에서는 ‘托’으로 쓴 다음 ‘拖’로 고쳤으나 原卷의 ‘把’는 곧 ‘把’의 속자이다. ‘把’는 ‘잡다, 압송하다’의 뜻이다. 아래의 ‘把在將軍馬前’의 ‘把’도 原卷에는 ‘把’로 되어 있다. 하지만 바로 다음 ‘橫拖到(倒)拽’의 ‘拖’자가 原卷에는 그대로 ‘拖’로 쓰여 있으므로 ‘把’와 ‘拖’는 서로 구별이 된다.

至殿前. 責而言曰 : "叵[161]耐遮賊,[162] 臨陣交鋒, 識認親情, 壞却阿奴社稷. 敗軍之將, 腰令(領)[163]難存, 亡國大夫, 罪當難赦. 拖出軍門, 斬了報來!" 任蠻奴不分, 冊起頭稍[164] : "合負大王萬死, 乞載(再)請軍, 與隋駕(家)兵士交戰." 陳王聞語, 念見名將卽(積)大(代)[165]功訓(勳), 處分左右, 放起頭稍.[166] 蠻奴拜舞謝恩, 奏而言曰 : "臣願請軍, 敬(更)[167]與隋

161 [項楚] '叵耐'는 '叵耐'와 같으며 '참으로 유감이다, 원통하다'의 의미이다. 『敦煌曲子詞集』 상권 「鵲踏枝」 : "저걸 어쩌나! 좋은 소식 준다는 까치가 거짓말만 늘어놓고 있으니 기쁜 소식 보내온 들 어찌 믿을 수 있으랴(叵耐靈鵲多謾語, 送喜何曾有憑據)."

162 '遮'를 原錄에서는 '這'로 고쳤다. '這'의 원래 글자는 거성으로 읽는 '者'로서 나중에 '這'와 '遮' 등이 생겼다. 자세한 내용은 『近代漢語指代詞』를 참조. 고대의 단어들은 정해진 글자가 없는 경우가 많으므로 '遮'를 굳이 고칠 필요는 없다.

163 [原校] 向達은 '令'이 '領'이 되어야 한다고 했다. [校注] '腰令'은 '要令'이 아닐까 한다. 그래서 아래의 '罪當'을 '最當'으로 보아 '要令'과 '最當'이 의미상 짝을 이루도록 해야 할 것이다.

164 [蔣禮鴻] 머리를 든다는 말이다. 여기서 '冊'은 '竪'(세우다)의 의미이다. '冊'은 곧 '策'의 가차자이다. [陳治文] '頭稍'는 '머리카락'이지 머리가 아니다. 임만노는 '질질 끌려왔으므로' 이미 머리가 산발이 되었음에 분명하고 진왕에게 아뢰려고 할 때는 머리카락을 올리고 얘기했을 것이다. 머리카락이 진왕의 부하들에게 잡혀 있었으므로 바로 다음에 '좌우에 명하여 머리카락을 놔주도록 했다'는 말이 있는 것이다. [校注] 陳治文의 주장이 더 타당하다. '頭稍'는 '頭綃'나 '頭梢'라고도 한다. 玄應 『一切經音義』 권15 : "頭綃, 私遙反. 謂頭髮也." 元劇 『西遊記』 一本一出 : "그는 자기 머리카락을 움켜쥐었다(他把他頭梢揪住)." P.2003 「十王經」 : "머리카락을 올리고 고개를 들어 業鏡을 바라보고서야 전생의 일을 분명히 알 수 있었다(策髮仰頭看業鏡, 始知先世事分明)." 여기서 '策髮'이 곧 위의 '冊起頭稍'이다. 이 예문과 함께 있는 그림을 보면, 어떤 사람이 죄인의 머리카락을 쥐고 위를 보도록 하고 있다.

165 原錄에서는 '卽'을 '郞'으로 썼다. [徐震堮] '郞'은 아마 '偌'을 잘못 쓴 글자일 것이다. [項楚] '卽大'는 '絶代'와 음이 비슷하여 잘못 쓴 것이다. [校注] 原卷에서 '卽' 위에 찍힌 점은 먹물이 잘못 튄 것이다. 왼쪽과 오른쪽에도 그런 점이 많이 튀어 있다. 따라서 이 글자는 '卽'이며, 다음에 나오는 '卽大名將'의 '卽'도 原卷을 보면 역시 그렇게 쓰여 있다. 袁賓은 '卽大'가 '積代'의 近音 가차자라고 했는데, 이 의견이 타당하다.

166 放起頭稍 : 잡고 있던 머리카락을 놔주다. 벌을 면해준다는 표현이다.

167 [原校] 왕중민은 '敬'을 '敢'으로 보아야 한다고 했다. '敬'이 '交戰'과 함께 있는 건 타당하지 않으며 그보다는 '敢'자를 쓰는 게 훨씬 낫다는 것이다. [蔣禮鴻] '敬'은 '更'의 동음가차자로서 '다시'의 의미이다. 「維摩詰講經文」 : "일찍이 십선을 마치고 거듭 불승이 되었으니 다시는 몸을 육취에 빠뜨리지 마십시오(曾終十善重佛僧, 敬莫交身沉六趣)"에서 '敬莫'은 바로 '更莫'이다. 『敦煌曲校錄』 「十二時」 : "다시 강을 하려는데 해가 서쪽으로 지려 하는구나(敬疑講, 日將西)"와 『雲謠集雜曲子』 「竹枝子」 詞 : "그

駕(家)兵士交戰, 得勝迴過, 冊立大王, 面南稱尊, 不是好事!" 陳王聞語, 便交(教)點檢在城兵士, 便令交割.[168]

진왕은 이 소식을 듣고 불같이 노하며 당장 [만노를] 잡아들이라고 좌우에 명하였다. 만노가 어전 앞으로 질질 끌려오자 꾸짖어 말하였다. "저 놈을 어찌한단 말이냐! 전투를 위해 전장에 나갔다가 친정에 얽매어 나의 사직을 무너뜨렸다. 패군의 장수는 살려둘 수 없고 망국의 대부는 죄를 면하기 힘든 법. 군문으로 끌고 가 목을 벤 후 아뢰어라!" 임만노는 억울한 듯 머리칼을 들어 올렸다. "대왕께 만 번을 죽어도 마땅하오나 부디 다시 한 번 군대를 내 주시어 수의 군대와 일전을 치르도록 해 주십시오." 진왕은 이 말을 듣고 누대에 걸쳐 쌓아 온 명장의 공훈을 생각하여 좌우에 명하여 잡고 있던 머리칼을 풀어주도록 했다. 만노는 엎드려 성은에 감사하며 아뢰었다. "신에게 군대를 주시어 다시 한 번 수의 군사와 싸울 수 있도록 해 주옵소서. 싸움에서 이기고 돌아와 대왕을 남면(南面)의 천자로 옹립하면 좋지 않겠습니까!" 진왕은 이 말을 듣고 성에 있는 병사를 뽑아 넘겨주도록 했다.

蠻奴領軍, 心生不分, 從城排一引龍出水陣, 直至隋駕(家)兵士陣前, 簸旗大喊, 便索交戰. 衾虎亦(一)見, 破顏微笑, 或(忽)遇(語)[169]諸將: "蠻

이가 오길 기다려 다시 그이와 얘기해야지(待伊來敬共伊言)"의 '敬' 역시 '更'자의 가차자이다. [校注] 蔣禮鴻의 의견이 타당하다.

168 [項楚] 交割: 넘겨주다. 『唐會要』 권68: "구제에 따르면, 자사는 삭직되더라도 후임이 오지 않으면 이전대로 그대로 업무를 보아야 하며 그만큼의 급료도 준다. 후임에게 넘겨줄 때까지 모든 일을 처리하는 것이다(舊制, 刺史已除, 替人未到, 依前管一應務, 並給俸料. 待替到交割, 便聽東西)."

169 [項楚] 원문의 '或遇'는 비슷한 음 때문에 '回語'가 잘못 쓰인 것이다. 아래에 나오는 "衾虎聞言, 或遇將軍, 拒敵者煞, 來投便是一家"의 '或遇' 역시 '回語'가 되어야 한다. [王鍈] '或'은 '卽'이고 '遇'는 '語'와 통한다. [校注] '或'은 '忽'로 읽어야 한다. 두 글자는 돈황사본에서 통용되는 경우가 많다. '或'은 입성자여서 '迴'로 잘못 쓰이긴 힘들다. 그리고 아래에서 항복한 장수들에 대해서도 '或語'라는 말을 쓰고 있는데 이때 '或'을 '迴'로 풀이할 수는 없다.

奴是郎(積)大(代)名將, 乍舒(輸)心生不分, 從城排一大陣, 識也不識?" 諸將啓言將軍: "但某乙郎知用命, 不會兵書, 將軍若何?" 衾虎聞語: "但某乙雖自年幼, 也覽亡父兵書, 若逢引龍出水陣, 須排五虎擬山[170]陣." 道由(猶)言訖, 此陣便圓,[171] 緣無將來頭(投), 心生疑或(惑). 迴覩[172]此陣, 虎無爪牙, 爭恐(肯)[173]猛利, 遂抽衙隊[174]弓箭五百人, 已(以)安爪衙(牙). 排此陣是甚時甚節? 是寅年、寅月、寅日、寅時. 此陣旣圓, 上合天地.

만노는 군사를 이끌면서도 억울한 마음은 그대로였다. 성에서부터 인룡출수진(引龍出水陣)을 쳐서 수의 군진 앞에까지 이르러 깃발을 흔들고 소리를 지르며 싸움을 걸었다. 금호가 이 모습을 보고 가볍게 미소 짓다가 장수들에게 물었다. "만노는 역시 대를 이은 명장이오. 싸움에 져서 심기가 불편할 터인데 성에서부터 큰 진을 치고 나왔소. 무슨 진인지 알겠소?" 장수들이 장군에게 아뢰었다. "저희들은 명을 그대로 따를 줄은 아나 병서를 알진 못합니다. 장군께서는 어떻게 하실 생각이신지요?" 금호가 말했다. "내가 나이는 아직 어리나 돌아가신 아버님의 병서를 이미 읽었소. 인룡출수진을 대하거든 반드시 오호의산진(五虎擬山陣)을 쳐야 하는 법이오." 말을 마치고 진을 모두 폈으나 투항해 오는 적장이 하나도 없어 괴이하게 생각되었다. 고개를 돌려 진을 보니 호랑이에 이빨과 발톱이 없는 격이라 사납고 날카로울 리가 없었다. 이윽고 아대(牙隊)[175]에서 활 잘 쏘는 병사 5백을 뽑아 발톱과 이빨을 삼았다. 이 진

170 擬山 : 산으로 쳐들어가다. '擬'에는 '~向'의 의미가 있다. "다시 제사에 임해 씻으려고 손을 물로 뻗었으나 씻지는 않았다(又臨祭就洗, 以手擬水而不盥)"에서 '擬水'는 '물쪽으로 뻗다'의 의미이다.

171 [項楚] 여기서 '圓'은 진형이 이미 다 배치되었음을 가리킨다.

172 [潘重規] 原卷의 '觀'을 『敦煌變文集』에서는 '覩'로 썼다. [校注] 손으로 쓴 두 글자는 모양이 비슷하며 여기서는 『敦煌變文集』을 따랐다.

173 '恐'은 '肯'으로 읽힌다. '爭肯'은 '怎肯'과 같다.

174 '衙'를 原錄에서는 '壓'으로 고쳤다. 하지만 '衙'는 '牙'와 같으며, '壓'은 入聲字이므로 가차되기 힘들다. '牙'는 주장(主將)이 있는 곳으로서 '牙旗', '牙門', '牙帳' 등의 '牙'가 모두 이 의미이다. 이후 '牙'는 '衙'로도 쓰이는 경우가 많았으므로 '衙隊'는 곧 '牙隊'를 말한다.

이 짜인 때는 언제인가? 바로 인(寅)년, 인월, 인일, 인시였다.[176] 진이 다 펴지면서 천지가 합해진 것이다.

蠻奴亦(一)見, 失却隋駕(家)兵士, 見遍野總是大蟲, 張牙利口, 來呑金璘(陵). 蠻奴心口思微(惟): "若逢五虎擬山之陣, 須排三十六萬人倫槍[177]之陣, 擊十日十夜, 勝敗由(猶)未知. 我把些子[178]兵士, 似一片[179]之肉入在虎牙, 不螻咬嚼,[180] 博唼之間,[181] 並乃傾盡. 我聞公(功)成者

175 牙隊는 주장군이 직접 지휘하는 부대를 말한다. 『舊唐書』「羅弘信傳」: "위나라의 牙中軍은 至德 연간에 전승사가 상, 위, 단, 박, 위, 패 등의 6주를 점거하여 군중의 자제들을 소집해서 부하로 두면서부터 이렇게 불리게 되었다(魏之牙中軍者, 自至德中, 田承嗣盜據相魏澶博衛貝等六州, 召募軍中子弟置之部下, 遂以爲號)." 여기서 아중군이 곧 '아대'이다.

176 [項楚] '인년, 인월, 인일, 인시'는 '五虎擬山陣'의 '虎'와 부합되게 하기 위함이다.

177 '倫'은 '輪'으로 읽히며 지금은 '掄'이라 쓴다. '掄槍'은 창을 휘두른다는 말이다.

178 [項楚] 些子: 약간, 조금.

179 '片'을 原錄에서는 '斤'으로 썼으나 실제 原卷을 보면 '片'으로 되어 있다.

180 [蔣禮鴻] '不螻咬嚼'은 '不够咬嚼'(충분히 씹지 않다)이다. 「大目乾連冥間救母變文」: "앞으로 얼마 가지 않으면 도착합니다(前路不婁行卽到)." 『龍龕手鏡』: "夥, 力口反, 多也." '婁'와 '夥'는 같으며 '不婁'는 '不多'의 의미이다.

181 [徐震堮] '博唼'은 '噂嗏'이 되어야 한다. 『說文』: "噂, 噍貌." '噍'는 '무언가를 먹는다'는 뜻이다. 『敦煌掇瑣』에 실린 「俗務要名林」에서는 "噂嗏, 上補各反, 下子入反"라 했으며, 또 『字寶碎金』에서는 "口, 噂嗏, 音博接"이라 했다. '唼'과 '嗏'은 같은 음인 것이다. [校注] '博'은 '噂'의 속자인 '𠴗'을 간략히 쓴 것이다. 『說文』의 "𠴗, 俗; 噂, 正"이라는 기록이 그 증거이다. '唼'은 굳이 고칠 필요가 없다. 慧林의 『一切經音義』 권35에서는 "噂嗏, 經文作噂唼字, 非也, 唼音所匣反"이라 하였다. 여기서는 비록 '틀리다(非也)'라고 하고 있지만 오히려 이를 통해 '噂唼'가 불경에서 쓰이고 있음을 알 수 있다. '噂嗏'는 연면사로서 소리에 그 의미를 둔다. 따라서 '博嗏' 등 모양이 다른 글자로 쓴다고 해서 틀린 건 아니다. 연면사인 이상 두 글자는 나뉠 수 없으며 『說文』에서 "噂, 噍貌"라고 한 부분은 사실 脫文이 있는 것이다. 慧林의 『一切經音義』 권56에서는 "噂嗏, 『說文』 '噂嗏, 嚼聲貌也.' 經文作'博', 下或作'唊', 或作'唼', 子盍反"이라 하고, 권64의 같은 조목을 인용한 부분에서도 "『說文』 '噂嗏, 噍聲'"이라 하고, 권65에서도 "噂嗏, 『說文』 '噍貌也'"라고 했다. 인용한 바가 약간 달라지긴 했지만 '噂嗏'은 항상 한 단어로 쓰이고 있다. '噂嗏'의 뜻은 '噍貌'라고 하면 정확하지 않고 '噍聲'으로 해석해야 한다. 이는 의성어로서 吳 방언에서는 지금도 작은 물건을 씹는 소리를 '噂嗏'로 표현한다. 『一切經音義』에서는 『說文』 외에도 다른 문헌들을 인용하고 있다. 권61에서는 『聲類』를 인용하여 "噂, 脣彈舌令作聲"이라 했고, 권64에서

去, 未來者休, 不如擣(倒)戈[182]卸甲來降." 思量言訖, 莫不草繩自縛, 黃麻半(絆)肘, 直到將軍馬前. 衾虎亦(一)見, 處分左右, 冊起蠻奴: "具(拒)[183]狄(敵)者殺, 來頭(投)便是一家, 容某乙奏上隋文皇帝, 請作叔父恩養, 卽是衾虎願足."

만노가 이를 보니 수나라 병사는 이미 사라지고 들판에는 살모사가 날카로운 이빨을 훤히 드러내고 금방이라도 금릉을 삼킬 듯 하고 있었다. 만노는 속으로 생각했다. "오호의산의 진 앞에서는 삼십육만인륜창(三十六萬人倫槍)의 진을 펼쳐 열흘 밤낮을 공격해도 승패를 알 수 없다. 나의 몇 안 되는 병사들은 호랑이 이빨에 고깃덩어리처럼 내던져져 몇 번 씹지도 않고 순식간에 다 없어지고 말 것이다. '공을 세운 자는 제거되지만 공을 아직 이루지 못한 자는 모면한다.'고 했으니 창을 거꾸로 하고 갑옷을 벗어 투항하는 것이 나으리라." 이렇게 생각하고는 밧줄로 자기 몸을 묶고 황마(黃麻)로 팔꿈치까지 얽어매어 장군의 말 앞으로 갔다. 금호는 이를 보고 좌우에 명하여 만노를 일으키도록 했다. "대항하는 자는 살려둘 수 없으나 투항하는 자는 한 가족이 되는 법입니다. 제가 수문황제께 아뢰어 숙부로 모시겠다는 청을 올리겠습니다. 이것이 금호가 바라는 바입니다."

道由言訖, 領軍便入城遲(池). 陳王見隋駕(家)兵士到來, 遂乃波逃[184]入一枯井, 神明不助, 化爲平地. 將士亦(一)見, 當下擒將, 把在將軍馬前, 責而言曰: "叵耐遮賊, 心生爲倍(違背), 効(淆)亂[185]中圓(原), 今日把

는 『桂苑朱叢』을 인용하여 "嚩嘌, 噍食聲也"라 했으며 또 『廣雅』를 인용하여 '䴕' 역시 "噍聲也"라고 했다. 해설은 비록 다르지만 모두 의성어로 보고 있는 것이다. 여기서 '博唼之間'은 한 번 씹는 소리가 나는 시간을 의미하며 대단히 빠르고 쉬움을 과장되게 표현한 말이다.

182 原錄에서는 '戈'를 '弋'으로 썼다가 '戈'로 고쳤는데 여기서는 곧바로 고쳤다.

183 [徐震堮] '具'는 '拒'와 같다.

184 [原校] 向達은 '波逃'가 당대에 흔히 쓰이던 말이라고 했다. 「張淮深變文」과 「廬山遠公話」에 보인다.

來, 有甚李(理)說!" 陳王備側(被責), 度(杜)口無詞. 遂陷居(車)而再(載), 同朝隋文皇帝, 迅速不停, 直到新安界守(首). 有先逢(鋒)使探得周羅侯領軍二十餘萬, 疑(擬)劫本主.[186] 衾虎聞言, 遂命陳王側(責)而言曰 : "是(事)君爲陪(違背), 於天不祐, 先斬公手(首), 在(再)居中營, 後[與][187]周羅侯交戰."

말을 마치고 군사를 이끌고서 성지(城池)로 들어왔다. 진왕은 수의 군대가 이르자 말라버린 우물 안으로 도망쳐 들어갔으나, 하늘도 돕지 않는지 그것마저도 평지가 되고 말았다. 장수와 병사들이 그를 보고 당장 사로잡아 장군의 말 앞으로 잡아오자 꾸짖어 말하였다. "이 도적놈이 바로 반역의 마음을 품고 중원을 어지럽힌 놈이로구나. 오늘 이렇게 잡혀 왔으니 할 말이 있으면 어서 해 보아라!" 진왕은 호된 꾸지람을 받고서 입을 꾹 닫고 말을 하지 않았다. 결국 함거(陷車)[188]에 태우고 함께 수문황제를 뵈러 쉬지 않고 달려 신안(新安)[189] 경계에까지 이르렀다. 이때 선봉의 정찰병이 주라후가 군사 20여만을 이끌고 자기 군주를 구하려 한다는 소식을 가져왔다. 금호는 이 말을 듣고 진왕에게 꾸짖어 말하였다. "임금 섬기기를 거역하면 하늘도 돕지 않나 보구나. 먼저 그대의 머리를 치고 다시 중영(中營)에 자리를 잡은 다음 주라후와 일전을 벌여야겠다."

185 '効'를 原錄에서는 '攪'로 교기했다. 蔣禮鴻은 "'効'는 '効笑'의 '効'와 같은 의미 즉 '모욕하다'이다. 『敦煌變文集』에서는 '効'를 '攪'로 보았는데 이는 틀린 의견이다"라고 하면서 '姣'와 소리도 가깝고 뜻도 통한다고 보았다. 또 項楚는 이를 '擾'로 고쳤다. 그러나 이 세 글자는 '効'와 소리, 운, 성조가 모두 구별이 되므로 옳은 의견으로 볼 수 없다. 그보다는 '淆'로 보아야 할 것이다. 이 글자는 '効'와 소리와 운이 같으나 성조는 평성과 거성으로 서로 다르다. 그러나 성조가 다른 글자가 서로 가차되는 경우는 흔하다. 『新書』「親疏危亂」의 "天下淆亂"이라는 구절에서 '淆亂'이라는 단어를 쓰고 있다.

186 [項楚] 本主 : 자기의 군주. 여기서는 진왕을 가리킨다.

187 '後' 아래에 '與'자가 빠진 것으로 보인다. 項楚는 '後'를 '候'로 보았으나 그렇지 않은 듯 하다. '先', '再', '後'는 순서를 말할 때 흔히 쓰인다.

188 [項楚] 陷車 : 즉 '檻車'. 죄수를 가두고 송치할 때 쓰는 수레.

189 [項楚] 新安 : 현 이름으로 지금의 하남성 경내에 있다.

陳王聞語, 啓言將軍 : "容某乙修書與周羅侯降來, 乞(豈)不好事!" 衾虎聞語, 便令修書. 陳王書曰 : "阿奴本任金璘(陵)之日, 地管五十餘州, 三百餘縣, 握萬里山河, 權軍百萬, 便擬橫行天下, 自號稱尊. 不知衾虎兵士到來一擊, 當時瓦解, 當下擒將. 賈(假)饒[190]卿雖自權軍, 不得與隋駕(家)交戰. 若也心中疑或(惑), 於天不祐! 今陳王書到周羅侯手內開坼."[191] 修書寄必(既畢), 遂差一小將直至周羅侯寨內送書. 羅侯得書, 滿目淚流, 心口思量 : "我主上由(猶)自擒將, 假饒得勝迴戈(過),[192] 公(功)歸何處?" 思量言訖 : "大凡男子, 隨幾[193]而變, 不如降他." 先送二十萬軍衣甲, 然後草繩自縛, 直到將軍馬前, 啓而言曰 : "某乙緣是敗君(軍)之將, 死活二徒(途), 伏乞將軍一降."[194] 衾虎聞言, 或(忽)遇(語)將軍 : "具(拒)狄(敵)者殺, 來頭(投)便是一家."

진왕이 이 말을 듣고 장군에게 말했다. "제가 주라후에게 항복을 하라고 편지를 쓰는 것이 좋지 않겠습니까!" 금호는 이 말을 듣고 즉시 편지를 쓰도록 명했다. 진왕은 이렇게 편지를 썼다. "나는 금릉을 다스릴 때 50여 주에 3백여 현을 관할하면서 만 리 산하를 손에 쥐고 백만 대군

190 '假饒'는 같은 구 안의 '雖'와 겹치므로 아무래도 연문인 듯하다.

191 [項楚] 원문의 '坼'은 '拆'이 되어야 한다. '今陳王書到周羅侯手內開坼.' 이 구는 편지의 봉투에 쓴 말이다.

192 '戈'를 原錄에서는 '弋'으로 쓴 다음 '戈'로 고쳤다. 그러나 실제 原卷에는 '戈'로 되어 있으며 삐친 획이 점처럼 짧게 찍혀 있다. '戈'는 '過'로 읽어야 한다. 두 글자는 완전한 동음이다. '迴過'는 '돌아가다'로서 본문에서 여러 번 보인다. 만약 '迴戈'를 '항복하다'의 의미로 해석한다면 바로 아래 구의 "공은 어디로 가는가?"와 문맥상 맞지 않는다. 北大圖書館 소장본 新68號 「佛說八陽神呪經」의 題記 : "첫 번째는 돌아가신 부모님이 정토에 태어나시길 바라고, 두 번째는 길순 등의 일행이 아무런 재난이나 어려움 없고 병이 있으면 나아서 일찍 돌아오기를 바랍니다(一爲先亡父母, 神生淨土, 二爲吉順等一行, 無之[諸]災彰[障], 病患得差, 願早迴戈)." 여기서 '戈' 역시 '過'와 통한다.

193 '幾'를 原錄에서는 '機'로 고쳤으나 '幾'가 本字이므로 굳이 고칠 필요가 없다. 『易』「繫辭」 下 : "군자는 상황을 보고 대처하지 종일토록 기다리지 않는다(君子見幾而作, 不俟終日)"이 바로 이 의미이다.

194 降 : 명을 내리다. 말씀을 내리다. 「李陵變文」의 "사활의 갈림길에서 결판을 내려주시길 바랍니다(殺活二徒[途], 希申一決)"가 이와 같은 의미이다.

을 호령하고 마음대로 천하를 누비며 스스로를 존자(尊者)라 불렀소. 그러나 금호 군의 일격으로 산산조각이 나고 그 자리에서 사로잡힐 줄은 몰랐소. 경이 비록 군대를 이끌고는 있으나 수의 군대와 교전하기는 힘들 것이오. 믿을지 모르겠으나 하늘도 우리를 도와주지 않소! 진왕의 이 서신은 주라후의 수중에 들어간 다음에 개봉하기 바람." 편지를 다 쓰자 소장(小將) 한 명을 주라후의 영채로 보내 편지를 전달했다. 주라후는 편지를 보고 눈에 눈물이 가득한 채 생각했다. "주상께서 잡혀 가셨으니 설령 이기고 돌아간다 해도 그 공이 어디로 가겠는가?" 또 생각하기를 "무릇 대장부라면 그때그때 상황에 따라 임기응변해야 하니 항복하는 것이 낫겠구나." 그러고는 먼저 20만 군의 갑옷을 보낸 다음 밧줄로 스스로를 묶고 장군의 말 앞까지 와서 아뢰었다. "저는 패군의 장수로 죽느냐 사느냐의 기로에서 장군의 명을 따르고자 합니다." 금호는 이 말을 듣고 곧바로 장군에게 말하였다. "대항하는 자는 살려둘 수 없지만 투항하는 자는 한 가족입니다."

既得主、將二人, 登途進發, 星夜不停, 同朝隋文皇帝. 皇帝覽表, 大悅龍顏, 便令賜對. 衾虎得對, 先進上主、將二人, 然後趨[195]過蕭牆, 拜舞叫呼萬歲. 皇帝亦(一)見, 大悅龍顏: "賜卿且歸私地(第)憩歇. 後(候)楊素到來, 別有宣至(旨)." 衾虎拜舞謝恩, 走出朝門, 私宅憩歇. 前後不經旬日, 楊素戰蕭磨呵得勝迴過, 直詣閤門. 所司入奏, 皇帝聞奏, 便令賜對. 楊素得對, 趨過蕭牆, 拜舞叫呼萬歲. 皇帝亦(一)見, 遂詔合朝大臣, 總在殿前, 色(索)金鑄印, 遂拜韓衾虎爲開國公, 姚(遙)守[196]陽(揚)州節度;[197] 第二拜楊素東京留守;[198] 第三賜賀若弼錦綵羅

195 '趨'가 原錄에는 '遂'로 쓰여 있다. 이 글자는 '趨'의 속자인 '趍'와 같다. 여기서는 곧바로 고쳤다.

196 [項楚] '遙守'는 곧 '遙領'으로, 관직은 맡되 해당 지역으로 직접 가서 다스리지는 않는 것을 말한다.

197 [項楚] 원문의 '陽'은 '揚'이어야 한다. 양주태수와 바로 아래 구의 동경유수는 모두

紈, 金銀器物. 三將受宣, 拜舞謝恩, 走出朝門, 各歸私地(第).

주군과 장수 두 사람을 이미 얻고 길에 올라 밤낮을 가리지 않고 수문황제를 뵈러 달려갔다. 황제는 표문을 읽고 크게 기뻐하며 즉시 불러들이도록 하였다. 금호는 들어오라는 명을 받고서 먼저 주군과 장수 두 사람을 바친 후 궁실의 작은 담장을 조심히 지나 절을 올리고 만세를 불렀다. 황제는 이 모습을 보고 기쁜 얼굴을 감추지 않았다. "경은 집으로 돌아가 푹 쉬도록 하오. 양소가 돌아오면 따로 유지를 내리겠소." 금호는 엎드려 성은에 감사하고 조정의 문을 나서 집으로 가 푹 쉬었다. 그로부터 열흘이 지나지 않아 양소는 소마가와 싸워 이기고 돌아와 곧장 편전으로 갔다. 소사가 들어가 아뢰자 황제는 어서 불러들이라 명하였다. 양소는 들어오라는 명을 받고 궁실의 작은 담장을 조심히 지나 절을 올리고 만세를 불렀다. 황제는 이를 보고 곧 조정의 모든 대신들을 불렀다. 어전에 모이자 곧 금인(金印)을 가져오게 하여 [먼저] 한금호를 개국공(開國公)[199]에 양주절도사(揚州節度使)로 봉하였다. 다음으로 양소를 동경유수(東京留守)[200]로 봉하고 마지막으로 하약필에게는 갖가지 색의 아름다운 비단과 금은의 기물을 하사하였다. 세 장수는 황제의 명을 받고 엎드려 성은에 감사하고는 조정 문을 나와 각자 집으로 돌아갔다.

당시 벼슬아치들이 흠모하던 관직이었다. 『淵鑒類函』「鳥部三」의 「鶴」에 인용된 '小說': "객들이 하나하나 각자 뜻하는 바를 말했다. 어떤 사람은 양주자사가 되고 싶다 하고 어떤 사람은 많은 재화를 갖고 싶다 하고 어떤 사람은 학을 타고 하늘로 올라가고 싶다고 했다. 그 중 한 사람은 '허리에 10만 관의 돈을 차고서 학을 타고 양주로 가겠다.'고 하며 세 가지 모두를 바랐다(有客相從, 各言所志. 或願爲揚州刺史, 或願多貲財, 或願騎鶴上昇. 其一人曰, 腰纏十萬貫, 騎鶴上揚州. 欲兼三者)."

198 '京'을 原錄에서는 '凉'으로 썼다. 하지만 이 글자는 '京'에 편방이 잘못 더해진 글자일 것이다. 東京은 곧 洛陽을 가리킨다.

199 [項楚] 開國公 : 개국공신들에게 주는 고위 관작. 唐代에 開國郡公은 정삼품, 開國縣公은 종이품이었다.

200 [項楚] 東京留守 : 당대에는 洛陽을 동경으로 삼았으며 유수의 직을 상설하여 보통 지방의 장관이 이를 겸임하였다.

前後不經旬日, 有北蕃[201]大下(夏)[202]嬋(單)于遂差突厥守(首)領爲使, 直到長安, 遂色(索)隋文皇帝交戰. 皇帝聞語, 聚集文武百寮大臣. 總在殿前, 皇帝宣問:“嬋(單)于色(索)寡人交戰, 卿意若[何]?” 皇帝才問, 蕃使不識朝疑(儀), 越班走出:“臣啓陛下:蕃家弓箭爲上, 賭射只在殿前. 若解微臣箭得, 年年送供(貢), 累歲稱臣. 若也解箭不得, 只在殿前, 定其社稷!”[203]

그로부터 열흘이 지나지 않아 북방의 번국(蕃國)인 대하(大夏)의 선우(單于)가 돌궐(突厥)의 수령을 장안에 사신으로 보내 수문황제에게 싸움을 청했다. 황제는 이 말을 듣고 문무백관들을 불러들이라 명하였다. 모두 어전으로 모이자 황제가 물었다. “선우가 과인에게 싸움을 걸어왔소. 경들의 생각은 어떻소?” 황제의 물음이 떨어지기 무섭게 오랑캐 번국의 사신이 조정의 예의도 모른 채 불쑥 앞으로 나섰다. “신이 폐하께 아뢰옵니다. 우리 번국은 활솜씨를 제일로 여기니 이곳 어전에서 활쏘기 내기를 하는 게 어떻겠습니까. 만약 소신의 화살을 둘로 가르면 매년 조공을 바치며 대대로 신하로 칭하겠으나 만약 가르지 못하면 바로 이 어전에서 사직을 결정하는 것입니다!”

皇帝聞奏, 卽在殿前, 遂安社(射)墮(垜),[204] 畫二鹿, 使交(教)賭射. 蕃人已(一)見,[205] 喜不自昇(勝), 拜謝皇帝, 當時便射. 箭發離弦, 勢同僻

201 [項楚] 北蕃: 북방의 소수민족. ‘蕃’은 옛날에 소수민족을 부를 때 쓰던 칭호이며 ‘番’이라고도 쓴다.

202 ‘大下’는 ‘大夏’일 것이다. 북송 때 黨項族 李元昊가 세운 정권을 가리키며, 이 정권은 1032년에 ‘大夏’로 칭하였다. 사서에서는 ‘西夏’로 칭한다. 당시 서하는 빈번히 송을 침범해 왔으므로 본문에서는 한금호라는 영웅의 형상을 만들어 抗敵의 선선 도구로 쓰고 있다. 그러나 돈황사본의 하한 연대가 지금까지 알려진 바로는 1032년까지 가지 않으므로 이 점은 좀 더 고증해봐야 한다.

203 [項楚] 定其社稷: 나라의 운명을 결정하다. 여기서는 수나라가 稱臣을 해야 함을 말한다.

204 [項楚] 垜: 과녁. 『景德傳燈錄』 권29 香嚴襲燈大師智閑 「與薛判官」: “활과 화살을 잃고 과녁을 발로 밟아버렸다(失却弓箭, 蹋却射垜).” 줄여서 ‘垜’라고도 한다.

(劈)竹, 不東不西, 恰向鹿齊(臍)中箭. 皇帝亦(一)見, 宣問大臣: "甚人解得?" 時有左勒將賀若弼: "臣願解箭!" 皇帝聞語: "衣(依)卿所奏!" 賀若弼此時臂上捻弓, 腰間取箭, 荅(搭)闊(括)當弦,[206] 當時便射. 箭起離弦, 不東不西, 同孔便中, 皇帝亦(一)見, 大悅龍顏, 應是合朝大臣, 一齊拜舞, 叫呼萬歲.

황제는 이 말을 듣고 즉시 어전에 과녁을 설치하고 사슴 두 마리를 그려 활쏘기 내기를 하도록 했다. 번국 사람이 이 모습을 보고 기쁨을 감추지 못하고 황제께 절한 다음 바로 화살을 쏘았다. 줄을 떠난 화살은 파죽(破竹)의 기세로 날아가 한 치의 어긋남도 없이 사슴의 배꼽 한 가운데에 정확히 꽂혔다. 황제가 이를 보고 대신들에게 물었다. "누가 저 화살을 쪼갤 수 있겠소?" 좌륵장 하약필이 나섰다. "신이 저 화살을 가르겠사옵니다!" 황제가 말했다. "그렇게 하시오." 하약필은 팔위에 걸친 활을 내리고 허리에서 화살을 꺼내 시위에 걸고 힘껏 화살을 날렸다. 줄을 떠난 화살은 한 치의 어긋남 없이 같은 구멍에 그대로 꽂혔다. 황제가 이 광경을 보고 크게 기뻐하자 조정의 모든 대신들은 일제히 절을 올리며 만세를 불렀다.

時韓衾虎亦(一)見箭不解, 不恐(肯)拜舞, 獨立殿前. 皇帝宣問: "卿意若何?" 衾虎奏曰: "臣願解箭." 皇帝聞語: "衣(依)卿所奏!" 衾虎拜謝, 遂臂上捻弓, 腰間取箭, 荅(搭)闊(括)當弦, 當時便射. 箭既離弦, 世(勢)同雷吼, 不東不西, 去蕃人箭闊(括)便中, 從榦[207]至鏃, 突然便過, 去射墮(垜)十步有餘, 入土三尺. 蕃人亦(一)見, 驚怕非常, 連忙前來, 側身便

205 [徐震堮] '已'는 '一'이 되어야 한다. [校注] '已'는 모양이 비슷해서 '亦'을 잘못 쓴 것이고 '亦'은 또 '一'과 통한다.

206 括: 箭括. 활시위에 올리는 화살의 끝부분. 이 글자는 '栝'이라고도 쓰며 本字는 '筈'이다. '當'자를 原錄에서는 '齊'라 했고 項楚는 '當'으로 고쳤다. 原卷을 보면 '當'의 초서가 지워진 흔적이 있으므로 項楚의 의견이 옳다.

207 '榦'은 '簳'과 같으며 화살대를 말한다.

拜. 衾虎亦(一)見, 責而言曰:“叵耐小獸, 便意生心,[208] 擾亂中園(原), 如今殿前, 有何理說.” 蕃將聞語, 驚怕非常, 當時便辭, 登徒(途)進發. 隋文皇帝亦見, 遂差韓衾虎爲使和蕃. 衾虎受宣, 拜舞謝恩, 面辭聖人, 與蕃將登途進發.

그러나 한금호는 화살이 갈라지지 않은 것을 보고 절을 올리지도 않은 채 홀로 어전으로 나섰다. “무슨 일이오?” 금호가 아뢰었다. “신이 저 화살을 가르고자 합니다.” 황제가 말했다. “그렇게 하오.” 금호는 인사를 올린 후 팔위의 화살을 내리고 허리에서 화살을 꺼내 시위에 먹이고 힘껏 화살을 날렸다. 줄을 떠난 화살은 우레와 같은 기세로 날아가 한 치의 어긋남도 없이 번국 사람이 쏜 화살 한 가운데를 정확히 맞혀 화살대와 화살촉까지 가르고 과녁에서 십여 발자국 떨어진 곳까지 날아가 땅속으로 세 자쯤 박혔다. 번국 사람은 이 모습을 보고 너무나 놀랍고도 무서워 급히 앞으로 나와 잔뜩 몸을 움츠리고 벌벌 떨며 절을 올렸다. 금호가 이 모습을 보고 꾸짖어 말하였다. “저 짐승 같은 놈을 어찌할 것인가! 헛되이 반역을 꾀해 중원을 어지럽혔으니 이제 어전 앞에서 무슨 염치로 말을 하겠는가!” 번국의 장수는 이 말을 듣고 놀라고 두려워 즉시 하직인사를 올리고 길을 떠나려 했다. 수문황제는 이를 보고 한금호에게 번국에 사신으로 가서 화친을 맺도록 했다. 명을 받은 금호는 엎드려 성은에 감사하고 천자께 인사를 올린 후 번국의 장수와 함께 여정에 올랐다.

前後不經旬日, 便到蕃家解守(界首). 單于接得天使, 昇棖(帳)而坐, 遂喚三十六射雕王子, 總在面前. 處分:“緣天使在此, 並無歌樂, 蕃家弓

208 便意生心: 헛되이 도모할 생각을 하다. 項楚는 ‘便意’를 ‘使意’로 보고 ‘계략을 꾸미다’로 봤으나 분명치 않은 의견이다. ‘生心’은 곧 ‘圖謀’의 의미이다. 『魏書』 「爾朱彦伯列傳」: “땅에 침을 뱉으며 말하였다. ‘세륭은 담이 작은데 어찌 감히 도모를 하겠습니까!’(唾地曰, 世隆無膽, 誰敢生心).”

箭爲上, 射雕洛(落)雁, 供養天使." 王子唱喏, 一時上馬, 忽見一雕從北便來, 王子亦(一)見, 當時便射, 箭旣離弦, 不東不西, 況(向)[209]雕前翅過. 單于亦(一)見, 忽然大怒, 處分左右, 把下王子 : "便擗[210]腹取心, 有挫我蕃家先祖!" 天使亦(一)見, 仿(方)便[211]來救, 啓言蕃王 : "王子此度且放. 但某乙願請弓箭, 射鵰供養單于."

그로부터 열흘이 지나지 않아 번국의 경계에 다다랐다. 선우는 천자의 사신을 영접하여 막사에 올라 앉아 활 잘 쏘는 36명의 왕자들을 면전으로 불러 모아 명을 내렸다. "천자의 사신께서 이곳에 오셨는데 풍악이 없구나. 우리 번국은 활솜씨가 제일이니 [풍악 대신] 독수리를 맞추고 기러기를 떨어뜨려 사신께 바치도록 하라." 왕자들은 큰 소리로 대답을 하고는 일시에 말에 올랐다. 마침 독수리 한 마리가 북쪽에서 날아오자 왕자가 이를 보고 바로 화살을 날렸다. 시위를 떠난 화살은 한 치의 벗어남도 없이 독수리에게로 곧장 날아가다가 날개를 지나쳐버렸다. 선우는 이 광경을 보고 불같이 화를 내며 왕자를 잡아오도록 좌우에 명했다. "저 놈의 배를 갈라 심장을 꺼내 오너라. 우리 번국의 선조를 욕되게 했도다!" 사신은 이 모습을 보고 [왕자를] 구할 심산으로 번왕에게 아뢰었다. "이번 한 번은 용서해 주시지요. 제게 활과 화살을 주신다면

209 [蔣禮鴻] '況'은 '向'이다. '況'과 '向'은 『廣韻』에서 去聲의 漾韻에 함께 속해 있고 성모는 曉母에 함께 속해 있으므로 서로 가차할 수 있다.

210 擗 : 쪼개다, 가르다. 『韓詩外傳』 九 : "눈은 살구를 갈라놓은 듯 했다(目如擗杏)."

211 方便 : '기회를 틈타'라는 의미로 부사이다. 아래의 "사신은 이 기세를 이어 목에 힘을 주었다(天使接世[勢]便赫[嚇])"가 이 구와 말의 정황이 동일하며 '方便'은 '接勢'와 같다. [項楚] '方便'은 '방법을 생각하다, 계획을 꾸미다'의 의미이다. 慧思, 「南嶽思大禪師立誓願文」 : "이때 나라 안의 모든 선사들을 관청으로 불러들여 공양을 드리도록 한다는 칙령이 내려졌다. 혜량은 어리석고도 무도한 짓이라 보고 칙령을 따르지 않았으며 그곳을 떠나 몸을 피하고자 회남으로 건너가 산으로 들어갔다(是時國敕喚國內一切禪師入臺供養, 惠思自量, 愚無道德, 不肯隨敕, 方便捨避, 渡淮南入山)." 『太平廣記』 권328 「王懷智」(『法苑珠林』에서 출전) : "너는 죽는 것이 마땅하나 이제 따로 방법을 내어 너를 집으로 돌아가게 해 주니 의당 나를 위해 이 편지를 방주로 가지고 가서 우리 집에 들러야 할 것이다(汝雖合死, 今方便放汝歸家, 宜爲我持此書至坊州, 訪我家)."

독수리를 쏘아 선우께 바치겠습니다."

單于聞語, 遂度與天使弓箭. 衾虎接得, 思微(惟)中間, 忽有雙雕, 爭食飛來. 衾虎亦(一)見, 喜不自勝, 祗揖蕃王, 當時來射. 衾虎十步地走馬, 二十步地[212]臂上捻弓, 三十步腰間取箭, 四十步搭闊(括)當弦, 拽弓叫圓, 五十步翻身倍(背)射. 箭旣離弦, 世(勢)同擗[213]竹, 不東不西, 況(向)前雕咽喉中箭, 突然而過, 況(向)後雕擗心便着, 雙[214]雕齊落馬前. 蕃王亦(一)見, 一齊唱好. 天使接世(勢)便赫(嚇): "但衾虎弓箭少會些些, 隋文皇帝有一百二十指撝,[215] 射燕(雁)都盡總好手."[216] 蕃王聞語, 連忙下馬, 遙望南朝拜舞, 叫[217]呼萬歲. 拜舞旣了, 遂揀細[218]馬百疋,[219] 明駝[220]千

212 原錄에서는 '地'를 '把'로 썼으며 項楚는 이를 '地'로 고쳤다. 原卷에서 '二十步地'는 옆쪽에 작은 글자로 채워 넣어져 있다. 여기서 '地'자는 상당히 판독하기가 힘드나 자세히 살펴보면 '地'자임을 알 수 있다.

213 '擗'을 原錄에서는 '僻'으로 쓴 다음 '劈'으로 고쳤다. 아래의 '擗心'과 마찬가지로 原卷에는 '擗'으로 되어 있다. '擗'은 본래 '손으로 가르다'의 의미이나 나중에 '劈'(쪼개다)의 의미도 갖게 되었으므로 굳이 고칠 필요가 없다. 『水滸全傳』 49회: "해보에게 칼끝으로 호되게 두들겨 맞아 골이 산산조각 났다(被解寶枷梢打重, 把腦盖擗得粉碎)."

214 '雙'을 原錄에서는 '双'으로 썼으나 原卷에는 '雙'으로 쓰여 있다. 돈황사본에서 '雙'이 '双'으로 쓰인 경우는 없다.

215 [項楚] '指撝'는 '指揮'와 같으며 '지휘사'를 가리킨다. 지휘사는 친위군을 이끄는 무관이다.

216 [原校] '都' 다음에 빠진 글자가 있는 듯 하다. '都護'나 '都尉'가 되어야 할 것이다. [徐震堮] 晩唐五代 때에는 날쌔고 용감한 이들을 친위군으로 뽑아 '~都'라고 불렀다. 예를 들어 『舊唐書』「田頵傳」에서는 "전군은 죽은 병사 수백 명을 스스로 헤아려 '조아도'라 불렀다(頵自料死士數百, 號爪牙都)"라고 했으며, 이 외에도 董昌에게는 '感恩都'가 있었고 楊行密에게는 '黑雲都'가 있었으며, 李嗣源에게는 '橫衝都'가 劉守光에게는 '定霸都'가 있었다는 것 등이 모두 그러하다. [校注] 그리고 項楚는 "李克用에게는 '射雁都'가 있었다"라고 하고 潘重規는 "'都'는 '皆'(모두)와 같은데 이렇게 보아도 뜻이 통할 수 있다"고 하였다. 이 몇 가지 의견들 중에서 潘重規의 의견이 가장 타당하며 '都盡總'은 세 글자로 된 同義連文이다. '好手'는 '솜씨 좋은 사람'이다. 劉叉의 시 「獨飮」: "모두들 태갱을 만들고자 했으나 예부터 솜씨 좋은 사람이 없었네(盡欲調太羹, 自古無好手)."

217 原錄에서는 '叫'를 '時'로 썼으며 아래의 '叫呼'에서도 마찬가지로 이렇게 썼다. 그러나 原卷을 보면 모두 '吋'로 되어 있는데 이는 본문의 다른 예에서 보이는 '叫'의 속

頭, 骨咄[221]、羱羝、麞鹿、麝香, 盤纏天使. 衾虎便辭, 登途進發.

선우가 이 말을 듣고 사신에게 활과 화살을 주었다. 금호가 이것을 받고서 잠시 생각에 잠기는 사이 독수리 한 쌍이 먹이를 잡으러 날아가는 모습이 보였다. 이를 본 금호는 희색을 감추지 못한 채 번왕에게 읍을 하고 곧바로 활을 당길 태세를 갖췄다. 금호는 열 걸음을 가서 말을 타고, 스무 걸음에는 팔에 걸린 활을 내리고, 서른 걸음에 허리에서 화살을 꺼내, 마흔 걸음에 시위에 올려 둥글게 활을 당기고는, 쉰 걸음에 몸을 뒤로 돌려 화살을 날렸다. 시위를 벗어난 화살은 파죽의 기세로 한 치도 흐트러짐 없이 날아가 앞서 날던 독수리의 목구멍을 뚫고 뒤따르던 독수리의 심장까지 갈랐다. 독수리 두 마리는 말 앞에 함께 떨어졌다. 번왕은 이 광경을 보고 감탄사를 연발했다. 사신은 이 기세를 이어 목에 힘을 주었다. "저의 활솜씨는 그저 조금 하는 정도입니다. 수문황제에게는 120명의 지휘사(指揮使)가 있는데 기러기를 쏘아 맞추는 데는 모두가 명사수들입니다." 번왕은 이 말을 듣고 급히 말에서 내려 멀리 남쪽을 향하여 절을 올리고 만세를 불렀다. 절을 마친 다음에는 좋은

자들과 다를 바가 없다.

218 '細'를 原錄에서는 '紬'로 썼으며 蔣禮鴻은 이를 '駎'로 고쳤다. [項楚] 원문의 '紬'는 '細'를 잘못 쓴 것이다. '細馬'는 곧 '良馬'이다. 『舊唐書』「職官志三」: "모든 말에 左右監이 있어 좋고 나쁨을 구별하였다. …… 좋은 말은 左라 칭하고 질이 떨어지는 말은 右라 칭했다(凡馬有左右監, 以別其粗良. …… 細馬稱左, 粗馬稱右)." '細馬'가 좋은 말인 이유는 '細'자에 '훌륭하고 좋다'는 의미가 있기 때문이다. [校注] 原卷을 보면 '細'자의 윗부분이 조금 삐져나와 있다.

219 '疋'을 原錄에서는 '匹'로 고쳤으나 두 글자는 통용되는 경우가 많으므로 굳이 고칠 필요가 없다. 『戰國策』「魏策」의 "수레 6백 대와 기마 5천 필(車六百乘, 騎五千疋)"이 그 예이다.

220 [項楚] 明駝: 千里駝. 「木蘭詩」: "천 리를 가는 낙타의 발을 빌려 나를 고향으로 보내주시길(願借明駝千里足, 送兒還故鄉)." 『酉陽雜俎』 前集 권16 「毛篇」: "낙타는 누워도 배를 땅에 대지 않으며, 굽은 다리와 어두운 눈으로 천 리를 간다(駝臥腹不貼地, 屈足漏明, 則行千里)."

221 [蔣禮鴻] '骨咄'은 곧 '鶻貀'로서 말 종류에 속하는 짐승이 이름이다. 북방 소수민족 땅에서 난다. 『玉篇』: "鶻, 古忽切, 貀, 都忽切. 鶻貀, 獸名, 出北海."

말 1백 필과 천 리를 가는 낙타 1천 두, 골돌(骨咄), 야생 양, 고라니, 사슴, 사향 등을 챙겨 사신에게 여비로 주었다. 금호는 작별 인사를 하고 길에 올랐다.

前後不經旬日, 便達長安, 直詣閤門. 所司入奏, 皇帝聞語, 便令賜對. 衾虎得對, 趨過蕭牆, 拜舞叫呼萬歲. 皇帝亦(一)見, 喜不自昇(勝), 遂賜衾虎錦綵羅紈, 金銀器物, 美人一對. 且歸私地(第)憩歇, 一月後別有進旨.[222] 衾虎拜武(舞)謝恩, 便來私住(家)[223]憩歇.

그렇게 열흘이 지나지 않아 장안에 도착하여 곧바로 편전으로 갔다. 소사가 들어가 아뢰는 말을 듣고 황제는 즉시 불러오도록 했다. 금호는 들라는 명을 받고 궁실의 작은 담장을 조심히 지나 절을 올리고 만세를 불렀다. 황제는 이 모습을 보고 기쁨을 감추지 못하며 금호에게 갖가지 색의 비단과 금은의 기물에 아름다운 여인까지 주고서 집으로 돌아가 쉬도록 하고는 한 달 후에 따로 분부가 있을 것이라 했다. 금호는 엎드려 성은에 감사하고 집으로 돌아와 쉬었다.

前後不經兩旬, 忽覺神賜(思)不安, 眼[瞤][224]耳熱, 心口思量, 昇廳而坐. 坐[225]由(猶)未定, 惚(忽)然十字地烈(裂), 涌[226]出一人: 身披黃金鏁

222 [項楚] 원문의 '進旨'는 '進止'가 되어야 한다. 進止는 황제의 諭旨이다. [校注] '進旨'는 '進止'와 같다. 「廬山遠公話」: "이윽고 황제께 하직인사를 올렸다. '…… 이제 여산으로 돌아가려 함에 엎드려 폐하의 유지를 바라옵니다.'(遂便辭皇帝. …… 今擬却歸廬山, 伏乞陛下進旨)." 王慶菽은 原校에서 '進旨'를 '進止'로 고쳤으나 그럴 필요가 없다. '進旨'는 문인들의 정식 상소문에도 보인다. 白居易, 「請簡放後宮內人」: "삼가 상주문을 갖춰 엎드려 폐하의 유지를 기다리옵니다(謹具奏聞, 伏待進旨)."

223 '私住'를 原錄에서는 결문 처리한 다음 '私第'를 써 넣었다. 그러나 실제 原卷을 보면 잔결된 곳 없이 '私住'로 쓰여 있으며 '住'는 '家'와 통한다.

224 [原校] '眼' 아래에 원래 빈 칸이 하나 있는데 啓功은 '瞤'자가 빠졌을 것이라고 했다.

225 '坐'가 原錄에는 없다. 原卷을 보면 위의 '坐'자 아래에 중첩 부호가 있으므로 여기서는 이에 근거해 채워 넣었다.

226 '涌'을 項楚는 '踊'으로 고쳤으나 두 글자는 뜻이 통하므로 굳이 고칠 필요가 없다.

甲, 頂戴[227]鳳翅頭(兜)毛(牟),[228] 按三丈(杖)[229]低頭[230]高聲唱喏. 衾虎亦(一)見, 當時便問:"是公[231]甚人?" 神人答曰:"某乙緣[232]是五道將軍."[233] "何來?" "夜來三更奉天符牒下,[234] 將軍合作陰司之主."[235] 衾虎聞語, 或(忽)遇(語)五道大神:"但某乙請假三日, 得之已府(否)?" 五道大神啓言將軍:"緣鬼神陰司無人主管, 一時一剋(刻)不得." 衾虎聞語, 惚(忽)然大怒, 問:"你屬甚人所管?" "某乙屬大王所管." 衾虎側(責)言:"不緣未辭本主, 左脅下與一百鐵棒!" 五道將軍聞語, □(嚇)[236]得甲(浹)貝(背)汗

227 '戴'가 原卷에는 '載'로 쓰여 있으며 原錄에서는 '戴'로 고쳤다.

228 '頭'는 '兜'로 읽어야 한다. 鳳翅兜牟는 깃털 장식이 있는 투구이다.

229 '丈'을 袁賓은 '仗'으로 고쳤으나 앞에서 '杖'이라 했으므로 계속 '杖'자를 쓴다. 또 원빈은 '按' 위에 '手'자가 빠진 것 같다고 했는데 이는 타당한 의견이다. 원빈은 『北史』 권18 「魏任城王澄列傳」의 "숭이 몸에 무기를 갖추고 투구를 벗고 곧장 나서니 그 용기가 삼군의 으뜸이었다(嵩身備三仗, 免胄直前, 勇冠三軍)."를 인용하였다. '三仗'은 곧 무기를 가리킨다.

230 '低頭'가 原錄에는 '頭低'로 되어 있는데 여기서는 원빈의 교정을 따랐다.

231 '是公'을 原錄에서는 '公是'로 고쳤다. 原卷의 '是公'에서 '是'는 접두사 혹은 어기조사인데 原校에서는 이를 감안하지 않고 자리를 바꿔버렸다.

232 **[項楚]** '緣'을 『敦煌變文集』에서는 '原'으로 썼으나 그럴 필요가 없다. 이 글자는 실제적인 의미가 없다.

233 '軍'을 原錄에서는 '來'로 쓴 다음 '軍'으로 고쳤으나 실제 原卷을 보면 '軍'으로 되어 있다.

234 '符'를 原錄에서는 '苻'로 쓴 다음 '符'로 고쳤다. 돈황사본에서는 '竹'머리를 '艸'머리로 쓰는 경우가 흔하다. '天符牒下'는 「唐太宗入冥記」에 나오는 '天符使下'와 같은 의미로서 상제가 명을 내리는 것을 말한다.

235 **[項楚]** 陰司之主: 저승의 地府를 주재하는 자, 즉 염라대왕을 가리킨다. 당시에는 한금호가 죽어서 염라대왕이 되었다는 전설이 유행하였다. 그래서 『隋書』 「韓擒傳」에서 "살아서는 상주국이 되고 죽어서는 염라왕이 되었다(生爲上柱國, 死作閻羅王)"고 한 것이다. 『類說』 권50에 인용된 「縉紳脞說」: "唐의 嚴安之가 경조윤이 되자 그 강직한 성품이 알려져 백성과 아전들이 모두 그를 두려워하였다. 하루는 어떤 신이 나타나 무기를 감추고 지극히 공손하게 예를 올리며 말하였다. '오도장군이 인사 올립니다. 이제 상제의 부절을 받들어 공을 韓王 대신 염라왕으로 모시고자 합니다.' 엄안지는 그날 밤 죽었다. 황제는 이 소식을 듣고 그를 평등왕에 추봉하였다(唐嚴安之爲京兆尹, 以强明稱, 民吏畏之. 一日見一神, 韃櫜致禮甚恭, 曰, 五道將軍拜謁, 今奉天符, 迎公爲閻羅王, 替韓王. 安之是夜卒. 明皇聞之, 追封爲平等王)." 여기서 말하는 '韓王'이 바로 한금호이고, 엄안지는 한금호를 이어 염라왕 자리를 맡은 사람이다.

236 原卷을 보면 행 마지막에 한 칸이 비어 있다.

流："臣啓大王：莫道三日，請假一月已來總得." 衾虎處分五道將軍："速去陰司點檢[237]鬼神，後弟三日祗候." 五道將軍唱喏，影[238]滅身形.

그로부터 스무 날이 지나지 않아 갑자기 마음이 불안해지고 눈꺼풀이 부르르 떨리고 귀가 뜨거워져 대청으로 올라가 앉아야겠다는 생각을 했다. 그런데 제대로 앉기도 전에 홀연 땅이 십자로 갈라지더니 한 사람이 불쑥 솟아나왔다. 몸에는 황금 갑옷을 두르고 머리에는 봉황의 날개로 장식한 투구를 쓰고 [손에는] 무기를 든 채 우렁찬 소리로 고개 숙여 인사를 했다. 금호가 이 광경을 보고 바로 물었다. "공은 뉘시오?" 신인(神人)이 답했다. "저는 오도장군(五道將軍)[239]입니다." "무엇 때문에 오셨소?" "장군을 저승의 주인으로 모시라는 상제의 명을 받들고자 이 한밤중에 온 것입니다." 금호가 이 말을 듣고 오도장군에게 말했다. "내게 사흘의 말미를 줄 수 있겠소?" 오도대신이 장군에게 말하였다. "귀신들이 사는 저승이라 주재할 분이 한시라도 없어서는 안 됩니다." 금호가 이 말을 듣고 불같이 화를 내며 물었다. "그대는 누구의 소관이더냐?" "저는 바로 대왕의 소관입니다." 금호가 꾸짖어 말하였다. "폐하께 아직 작별인사도 올리지 못한 것만 아니라면 왼쪽 옆구리 아래에 쇠몽둥이 백 대를 가했으리라!" 오도장군은 이 말을 듣고 깜짝 놀라 등줄기에 땀이 줄줄 흘렀다. "신이 대왕께 아뢰옵니다. 사흘이 아니라 한 날의 말미를 달라 하셔도 되옵니다." 금호가 오도장군에게 명하였다. "속히 저승

237 原錄에는 '點'자가 없으나 실제 原卷에는 있다. '點檢'은 감독하고 살핀다는 의미이다. '點'은 이름을 부르는 것이고 '檢'은 곧 돌아다니며 살펴본다는 뜻이다.

238 '影'을 原錄에서는 '隱'으로 고쳤으나 분명치 않은 의견이다. 【袁賓】 '影'자 자체에 '隱'의 의미가 있으므로 굳이 고칠 필요가 없다.

239 【項楚】 五道將軍：염라대왕의 수하에 있다는 두령으로 '五道神'이라고도 한다. 「大目乾連冥間救母變文」："오도장군은 성질이 좋지 않으며 번쩍번쩍 빛나는 금갑옷을 입고…… 만약 저승으로 가는 길을 물으려면 반드시 거쳐야 하며 이 대장군을 그냥 지나치는 사람은 없다(五道將軍性靈惡，金甲明晶 …… 若問冥途都要處，無過此箇大將軍)." 【校注】 오도장군은 염라대왕 수하의 장군으로 지옥으로 들어가는 다섯 길을 관장한다. 귀신은 지옥에 떨어지면 염라대왕에게 잡혀 와 심문을 받는다.

으로 가서 귀신들을 점검하고 앞으로 사흘째 되는 날 나를 모시도록 하라.” 오도장군은 ‘예!’라고 큰 소리로 답하고 바로 사라졌다.

衾虎見五道將軍去後, 遂寫表聞天, 具事由奏上隋文皇帝. 皇帝攬(覽)表, 驚訝非常, 宣詔衾虎, 直到殿前: “緣朕之無得(德), 濫處稱尊, 不知將軍作陰司之主, 阿奴社稷若何?” 衾虎奏曰: “臣啓陛下, 若有大難, 但知[240]啓告, 微臣必領陰軍相助.” 皇帝聞奏, 遂詔合朝大臣, 內宴三日, 只在殿前與衾虎取別. 恰到第三日, 整(正)歌歡之此(次), 忽見[241]一人着紫, 忽見一人着緋, 乘一朵黑雲, 立在殿前, 高聲唱諾.[242] 衾虎亦(一)見: “殿前立著甚人?” 當時祇對: “某乙緣[243]二人是天曹、地府, 來取大王, 更無別事.” 衾虎聞語: “且賜酒飯管領, 且在一邊.” 二人唱諾, 各歸一面. 衾虎且與聖人取別, 面辭合朝大臣, 來入自宅內, 委囑妻男合宅良賤: “且辭去也!” 道由(猶)言訖, 便奔床臥, 才着錦被蓋却, 撲馬攀鞍,[244] 便昇雲路,[245] 來到隋文皇帝殿前: “且辭陛下去也!” 皇帝亦

240 [項楚] 但知: 단지. 여기서 ‘知’자는 실제의 의미가 없다.

241 原錄에서는 ‘見’을 ‘有’로 보았으나 바로 아래 구에 ‘見’이 있으므로 여기서는 ‘見’으로 고쳤다.

242 原錄에서는 ‘諾’을 ‘喏’으로 썼으나 原卷에는 ‘諾’으로 되어 있다. ‘唱諾’, ‘唱喏’, ‘唱偌’는 같은 말을 다른 글자로 쓴 것이다. 『宋書』 「恩倖傳」의 “左右因唱諾”이 그 예이다. ‘喏’은 ‘諾’보다 나중에 생긴 글자이며, 본래는 대답할 때 내는 소리였으나 나중에는 읍을 하면서 함께 대답을 하는 일종의 예절이 되었다. 아래 ‘二人唱諾’의 ‘諾’ 역시 原錄에서는 ‘喏’으로 고쳤다.

243 ‘緣’은 어조사이다. 원인을 나타내는 본래 뜻이 허사화되어 어기를 여유 있게 늦춰주는 작용을 한다. 본문에 여러 번 등장한다.

244 [項楚] 원문의 ‘撲’은 ‘驀’이 되어야 하며 ‘擧’는 ‘攀’이어야 한다. 『說文』: “驀, 上馬也.” [校注] 原錄에서는 ‘攀’을 ‘擧’라고 썼는데 글자가 비슷해서 ‘攀’을 잘못 쓴 것이다. 그리고 원빈과 項楚 등이 ‘撲’을 ‘驀’으로 고쳤으나 그럴 필요는 없다.

245 ‘路’를 原錄에서는 ‘霧’로 썼다. [原校] ‘霧’가 原卷에는 ‘露’로 쓰여 있다. 啓功은 이를 ‘路’로 보아야 한다고 했고 王慶菽은 ‘霧’가 맞다고 했다. [項楚] ‘路’가 맞을 것이다. ‘雲路’는 신선이 되어 하늘로 올라가는 길이다. 『太平廣記』 권175 「林傑」(「閩川士傳」에서 출전): “신선이 운로로 돌아가 버리자 연단을 하는 화로의 초목들이 모두 시들어버렸다(羽客已歸雲路歸, 丹爐草木盡彫殘).” [校注] ‘露’는 앞의 ‘雲’을 쓰느라 비슷

(一)見，滿目淚流，遂執盞[246]酹酒祭而言曰.[247]

畫本旣終，並無抄略.[248]

금호는 오도장군이 사라지자 곧 표문을 써서 이 일을 모두 수문황제에게 아뢰었다. 황제는 표문을 읽고 깜짝 놀라 금호를 어전으로 불러들였다. "짐은 덕이 없으면서도 외람되이 존자를 칭하고 있소. 장군이 저승의 주인이 된다면 나의 사직은 어찌 되는 것이오?" 금호가 아뢰었다. "신이 폐하께 아뢰옵니다. 만약 큰 재난이 닥친다면 제게 알려만 주십시오. 미천한 신이 반드시 저승의 군대를 이끌고 도우러 나서겠나이다." 황제는 이 말을 듣고 조정의 모든 대신들을 불러 사흘 동안 연회를 베풀고는 어전에서 금호와 작별을 했다. 사흘 째 되는 날 한창 노래를 부

하게 써져 버렸을 것이다. 『隋書』 「韓擒虎列傳」: "또 어떤 사람이 병세가 심하여 금호의 집까지 급히 와서는 이렇게 말했다. '왕을 뵙고 싶습니다.' 좌우 사람들이 물었다. '왕이라니?', '염라왕 말입니다.' 금호의 자제들이 매질을 하려 하자 금호가 이를 막으며 말하였다. '살아서는 상주국에 죽어서는 염라왕이라. 이 정도면 만족스러운 것 아니겠느냐.' 그러고는 앓아누워 며칠 만에 세상을 떴으니 그 때 나이 55세였다(又有人疾篤，忽驚走至擒家曰，我欲謁王. 左右問曰，何王也. 答曰，閻羅王. 擒子弟欲撻之，擒止之曰，生爲上柱國，死作閻羅王，斯亦足矣. 因寢疾，數日竟卒，時年五十五.)"

246 原錄에서는 '盞'을 '蓋'로 썼으며 원빈과 項楚는 '榼'으로 고쳤다. 여기서는 原卷에 근거하여 '盞'으로 옳게 고쳤다.

247 '曰'이 原錄에는 '日'로 되어 있으나 原卷의 '日'은 곧 '曰'이다. 原卷을 보면 '曰' 다음에 바로 '畫本旣終，並無抄略'의 여덟 글자가 이어져 있고 그 아래에는 훼손된 흔적이 없다. 즉 초사자가 근거한 저본이 미완성본이었다는 말이다. 생략된 부분은 「葉淨能詩」 말미의 운문과 비슷할 것이다.

248 초사자의 題記라서 다른 행에서 시작했다. '畫本'은 곧 '話本'일 것이다. '畫'와 '話'는 동음가차자이다. 程毅中과 韓建瓴은 '畫'가 그림이라고 했으나 그렇지는 않을 것이다. 또 이 두루마리의 뒷면에는 「結壇散食迴向發願文」이라는 상당히 긴 글이 초사되어 있다. 그 중에 이런 기록이 있다. "奉請 …… 親就敦煌群(郡)東南角結壇道場五日五夜，受我太傅花果淨香淨燈專主供養，擁護我一群(郡)含生及我太傅、公主長幼合宅親羅并受無疆之福，九橫不侵於寶體，十善常增於閨合(閤)，敬禮常住三寶." 한건령은 이 글이 980년 전후부터 984년 사이에 쓰였으며 여기서 '太傅'는 曹延祿을 가리킨다고 했다.

르며 즐거워하던 차에 갑자기 자주색 옷을 입은 사람 한 명과 붉은 색 옷을 입은 한 사람이 한 점 검은 구름을 타고 어전에 서서 큰 소리로 인사를 올리는 것이었다. 금호가 이를 보고 "전 앞에 서신 분들은 뉘시오?"라고 하자 곧바로 답을 올렸다. "저희 두 사람은 천조(天曹)와 지부(地府)[249]의 사신으로 대왕을 모시러 왔습니다. 다른 일은 없습니다." 금호가 말했다. "술과 밥을 잘 차려 대접하라 할 것이니 한 쪽에 가서 계시오." 두 사람은 큰 소리로 답을 하고는 각자 한쪽으로 돌아갔다. 금호는 천자와 작별을 하고 조정의 대신들에게도 인사를 하고는 집으로 돌아와 아내와 아들과 귀천을 막론한 집안의 모든 이들에게 인사를 했다. "잘들 계시게!" 말을 마치자마자 침대로 달려가 비단이불을 덮더니 말을 당겨 안장에 올라 운로(雲路)를 따라 수문황제의 어전으로 갔다. "폐하! 안녕히 계십시오." 황제는 이 광경을 보고 눈에 눈물이 가득한 채 잔을 잡고 술을 뿌리고 제사를 지내며 말했다.

화본은 여기서 끝나며 빠뜨리고 베낀 건 없음.

249 天曹, 地府 : 천상과 저승에 있는 관부를 가리킨다. 『神仙傳』 권2 「王遠」 : "경의 부모가 경에게 살며시 물었다. '왕군은 어떤 신이시며 어느 곳에 사시느냐?' 경이 말했다. '늘 곤륜산 위에 계시면서 나부산이나 괄창산 등의 산을 오가시지요. 이들 산 위에는 궁실이 있어 천조의 일을 주관한답니다.'(經父母私問經曰, 王君是何神人, 復居何處. 經曰, 常在崑崙山上, 往來羅浮、括蒼等山, 山上皆有宮室, 主天曹事)." 『宣室志』 권2 '婁師德' 조 : "수 리를 가자 길 옆으로 관부가 하나 보였다. 좌우에는 관아의 병졸들이 서 있고 붉은 문은 아주 높았으며 '지부원'이라고 쓰여 있었다. '어찌하여 지부가 인간세상에 있는 게지?'라고 놀라 말하니 자주색 옷을 입은 사람이 답했다. '저승으로 가는 길은 진정 인간세상과 접해있거늘 세상 사람들이 어찌 이를 알겠는가?'(行數里, 見路傍有府署, 左右吏卒, 朱門甚高, 曰地府院. 驚曰, 何地府而在人間乎. 紫衣者對曰, 冥途固與人間接跡, 世人又安得而知之)."

당태종입명기(唐太宗入冥記)[1]

(前缺)[2]闐,[3] 使人卽曰[4]: "只爲□名□□人到, 爲□□(今受)[5]罪未了." □

1 [原校] 두루마리 번호는 S.2630이다. 표제는 원래 빠져 있으며 여기서는 王國維와 魯迅 때부터 써 왔던 擬題를 따랐다. 당태종이 저승으로 들어가 그의 생혼이 힐문을 받는 이야기는 唐 張鷟의 『朝野僉載』 권6에 보인다. [校注] 이 두루마리는 아래쪽이 가로로 찢겨져 있어 빠진 글자가 대단히 많다. 두루마리 끝에는 두 개의 짧은 글이 따로 있는데 그 중 하나에는 '天復六年丙寅歲閏十二月二十六日氾美賛書記'라는 말이 있다. 이는 곧 두루마리가 초사된 시기일 것이다. 왕국유와 노신은 이 작품을 「唐太宗入冥小說」이라는 이름으로 불렀다.

2 [原校] 이 두루마리는 심하게 훼손되어 매 행 끝부분마다 두세 글자씩 빠져 있다. 또 본래 두루마리가 여러 쪽으로 나뉘어 있었던 것 같은데 런던박물관에서 잘못 정리해서 순서가 바뀌어버려 분맥이 명확하지 않다. 현재의 시작부분도 본래는 중간에 있던 것을 첫머리로 옮겨놓은 것이다.

3 '闐'을 原錄에서는 '閻'이라 했다. [劉瑞明] '閻'은 '閻羅'일 것이다. 즉 '閻'자 뒤에는 '羅'자가 하나 빠졌다는 말이다. [校注] 原卷에는 '闐'으로 되어 있다. 『龍龕手鏡』: "闐, 俗; 闐, 正: 堂練反, 于闐, 國名. 又音田, 衆車聲也." 이에 근거하면 '闐'은 '闐闐', '隱闐', '駢闐'이 손상되었다고 보아야 하며, 빠진 구절은 귀신 使者가 수레 소리를 크게 내며 당태종의 생혼을 잡아오는 장면이 될 것이다.

4 '卽曰'을 原錄에서는 결문 처리했다. 여기서는 희미하게 남아있는 原卷을 보고 채워

□(帝聞)[6]語驚而言曰："憶德(得)武德三年至伍年[7]收六十四頭□□(目之)日,[8] 朕自親征, 無陣不經, 無陣不歷, 殺人數廣. 昔日□□,[9] 今受罪由(猶)自未了, 朕卽如何歸得生路?" 憂心若醉.

(앞부분은 없음) [구릉구릉 수레소리가 나더니] 사자(使者)가 말하였다. "( ) 아직 죄를 다 받으신 것이 아닙니다." [황제가 이를 듣고] 깜짝 놀라 "무덕(武德) 3년부터 5년까지 64명의 우두머리를 토벌할 당시, 짐은 친히 정벌을 나서 겪어보지 않은 싸움이 없고 거치지 않은 전투가 없이 무수한 사람들을 죽였소. 이전에 [사람들을 그렇게 죽여] 지금도 죄를 다 받지 않았나 보오. 짐은 이제 어떻게 해야 살아 돌아갈 길을 찾겠소?"라고 하고는 심히 근심스러운 빛을 보였다.

□□(使人)[10]卽引行, 帝[11]乃隨逐入得朝門蕭[牆][12]立定, 通事捨(舍)□

넣었다. '使人'은 사람의 목숨을 가져오는 귀신으로 염라왕이 보내는 사자이다.

5 '只爲', '名', '人到'를 原錄에서는 모두 결문 처리했으나 여기서는 原卷의 잔획을 보고 채워 넣었다. '今受'는 아래의 '今受罪由自未了'에 근거하여 채워 넣었다.

6 劉瑞明은 결문을 '帝聞'으로 채워 넣었는데 타당한 의견이다.

7 武德三年至伍年：唐 高祖 때로 서기 620년에서 622년까지이다. 【劉瑞明】 '三年'은 '元年'을 잘못 쓴 것으로 보인다. 무덕 원년에 나라를 세울 때부터 이미 李淵 부자는 反隋의 기치를 들었던 각지의 의군들과 형제의 관계에서 적대의 관계로 전환되기 때문이다. 특별히 무덕 3년이라고 쓸 이유가 없는 것이다. 【校注】 무덕 3년부터 이씨당 왕조는 각지의 적군 특히 竇建德과 王世充 등을 계속해서 토벌한다. 따라서 '三年'은 틀릴 것이 없다.

8 '日'이 原錄에는 '曰'로 되어 있는데 사실 이는 '日'자이다. 劉瑞明은 "이전에 64곳의 전장에서 연기와 먼지를 일으켰던 비도들 중에는 사내다운 두목들이 많아 억울하게 죽은 원혼들이 모두 그 안에 있다(前日那六十四處煙塵草寇, 衆好漢頭目, 枉死的冤魂, 都在裏頭)"라는 『隋唐演義』의 기록을 인용하여 결문을 '目之'로 채웠는데 이는 그럴듯한 견해이다.

9 劉瑞明은 이 결문을 '威武' 혹은 '功業'으로 채워 넣었으나 아무래도 '殺生' 류의 말이 아닐까 한다.

10 결문은 마땅히 '使人'이 되어야 한다.

11 【原校】 이 두루마리에서는 '朕', '帝', '陛下', '皇帝' 등의 글자에 꼭 한 칸씩이 비어 있다. 【校注】 칸을 비운 건 공경의 표시이며 돈황사본에서는 흔히 보이는 예이다.

12 【原校】 原卷에는 '蕭'자 아래에 빠진 글자가 없으나 啓功은 '牆'자가 빠졌을 것이라고

(人)[13] : "□(引)唐[14]天子太宗皇帝某乙生魂." 使人唱喏, 引至殿□□(前令)[15]設拜, 皇帝不施拜禮. 殿上有高品一人喝云 : "大唐天子□□□(太宗皇)帝, 何不拜舞?" 皇帝未喝之時由(猶)校[16]可, 亦(一)見被喝, 便卽□(高)聲而言 : "索朕拜舞者, 是何人也? 朕在長安之日, 只是受□□□(人拜舞), 不慣拜人. 殿上索朕拜舞者, 應莫不是人? 朕是大□□□(唐天子), 閻羅王是鬼團頭,[17] 因何索朕拜舞?" 閻羅王被罵, □□羞[18]見地獄, 有耻於群臣.

했다. [劉瑞明] '蕭'는 '肅'의 오자일 것이다. '蕭牆'은 궁실 안뜰의 쉬는 공간 바깥쪽에 설치된 것으로 가까운 사람이 아니면 여기서 더 들어갈 수가 없다. 정무를 보는 대청에는 이런 시설이 없었을 것이다. [校注] 「捉季布傳文」 : "궁실 안의 작은 담장까지 잡아오자 계포는 어전 위에 대고 큰 소리를 질렀다(臨至捉到蕭牆外, 季布高聲殿上聞)." 「韓擒虎話本」 : "궁실의 작은 담장을 조심히 지나 절을 올리고 만세를 불렀다(趨過蕭牆, 拜舞叫呼萬歲)." 여기를 보면 '蕭牆'은 모두 어전 앞에 있다. 따라서 계공의 주장이 옳으며 이에 근거하여 위에서 '牆'자를 채워 넣었다. 任半塘 편 『優語集』 '出手不得' 條 : "안록산은 어전 앞의 쪽문이 무너지는 걸 꿈속에서 보았다. 번작이 말하였다. '옛것을 혁파하고 새로운 것을 따르라는 것입니다.'(祿山夢見殿閣子倒, 幡綽曰, 革故從新)." '蕭牆'은 여기에 나온 어전 앞의 작은 쪽문 같은 것이다.

13 '捨'는 '舍'가 되어야 하며 아래의 결문은 '人'이 된다. '통사사인'은 보고하고 아뢰는 관리를 말한다. S.610 『啓眼錄』 「嘲誚」 : "건국 초에 배씨 성을 가진 사람이 있었는데 …… 이 사람이 말하기를 '어려서부터 말을 워낙 잘하여 말을 전하는 데 있어서는 통사사인이 되기에도 충분합니다. 게다가 글도 지을 줄 알고 비웃고 놀리는 말도 잘합니다'라고 하였다. …… 언박은 크게 기뻐하며 '기왕 말을 잘 전한다 하니 대청 앞의 쪽문으로 말을 전해주면 되겠네'라고 하자 이 사람은 쪽문으로 달려가 '지금 총명하신 주상께서 사방의 문을 열고서 인재들을 기다리는데 당신은 대체 뭐하는 사람이기에 여기서 현자의 길을 가로막고 있단 말인가?'라고 큰 소리로 말하고는 밀어 넘어뜨렸다(國初有人姓裴, …… 此人卽云, 少小已來, 自許明辯, 至於通傳言語, 堪作通事舍人, 幷解作文章, 兼能嘲戱. …… 彥博大喜, 卽云, 旣解通傳言語, 可傳語與廳前屛牆. 此人卽走至屛牆, 大聲語曰, 方今主上聰明, 辟四門以待士, 君是何勿人, 在此妨賢路. 推倒)." 여기서 '屛牆'이 바로 앞에 나온 '蕭牆'이며 본문의 통사사인은 인용문에 나온 이런 통사사인을 말한다.

14 결문은 '引'일 것이다. 위의 '引行'과 아래의 '引至殿□' 모두 '引'자를 썼다. '引' 아래에 '大'자가 빠졌을 수도 있다.

15 결문은 '前令'일 것이다.

16 '校'를 原錄에서는 '覺'으로 고쳤다. [徐震堮] '校'는 '較'와 같으므로 잘못 쓴 글자가 아니다. [校注] '(猶)校可'는 말이 된다. '校' 혹은 '較'는 '비교하다'의 의미에서 '어느 정도', '매우', '그래도' 등 정도를 표시하는 말로 의미가 확장되었다.

17 鬼團頭 : 귀신 세계의 두령. P.2870 「十王經」에는 염라왕의 그림이 있으며 그 경문에는 이런 기록이 있다. "염라법왕이 부처에게 아뢰었다. '세존! 우리 왕들이 저마다 사

遂乃作色[19]動容, 處分[20]左右□(曰): "領過[21]□□□(判官廳)推勘!"[22] 領[23]過□□□(殿, 使人)[24]唱喏.

사자(使者)가 인도하여 황제는 곧 조정의 작은 문까지 따라가 섰다. 통사사인(通事舍人)이 [말을 전했다]. "당의 천자인 태종 이씨 황제의 생혼을 데리고 오랍시오!" 사자가 큰 소리로 대답하고는 어전 앞으로 데리고 가 절을 올리도록 했으나 황제는 절을 하지 않았다. 전 위에 있던 고품

자를 보내면 그들은 검은 말에 올라 검은 깃발을 손에 쥐고 검은 옷을 입고서 죽은 사람의 집안이 어떤 공덕을 쌓았는지 이름에 걸맞게 [살았는지] 죄인은 내지 않았는지 맹세를 저버리진 않았는지를 점검합니다(閻羅法王白佛言, 世尊, 我等諸王, 皆當發使, 乘黑馬, 把黑幡, 着黑衣, 檢亡人家造何功德, 準名放□, 抽出罪人, 不違誓願)."

18 原錄에서는 '羞'를 '着'으로 쓴 다음 '羞'로 고쳤다. 하지만 두 글자는 뒤섞여 쓰이는 경우가 많으므로 바로 '羞'로 써야 한다. 劉瑞明은 결문이 '於是'나 '感得'일 것이라고 했으나 原卷의 잔획과 맞지 않다.

19 【張鴻勳】 作色 : 얼굴빛을 바꾸다. 화를 낸다는 말이다.

20 處分 : 말로 명령하다, 분부하다.

21 '領過' 두 글자는 아래의 '領判官推勘' 등의 구에 근거하여 채워 넣었다.

22 이 구가 原錄에는 '□□閻羅□□□推勘'으로 쓰여 있다. 앞의 두 결문은 原卷에서 두루마리 아랫부분의 훼손된 곳에 있으나 전후 문맥으로 볼 때 결문이 없는 것으로 보여 여기서는 빈 칸을 삭제했다. '閻羅' 두 글자는 原卷에서 오른쪽 절반만 남아 있는데 아무래도 '領過'자의 잔획으로 보여 이렇게 고쳤다. 그 다음 결문 세 칸은 아래의 '領判官推勘', '使者到廳前拜了' 등의 구에 근거하여 채워 넣었다. 劉瑞明은 이 구를 '送十殿閻羅着判官推勘'이라고 채워 넣고서 "십전염라는 생사의 윤회를 주관한다. …… 잔결된 곳의 내용은 다음과 같아야 한다. 즉 사자가 태종을 십전염라 판관에게 데리고 가서 판관에게 이렇게 말하는 것이다. '조사해서 죄가 없으면 장안으로 되돌려 보내십시오(推勘無罪卽放迴長安去也)'"라고 주장하나 이는 분명치 않은 의견이다. P.2870 「十王經」에 따르면 지옥에는 十王이 있는데 차례대로 秦廣王, 初江王, 宋帝王, 五官王, 閻羅王, 變成王, 太山王, 平正王, 都市王, 五道轉輪王이다. 이렇듯 염라왕은 십왕 중 한 명이며 또 다른 십전염라가 존재할 근거는 없다.(다른 지옥 이야기에 근거했다 하더라도, 지옥은 염라왕 한 사람이 주재하므로 더욱이 십전염라를 언급할 수는 없다) 만약 '염라'가 염라왕 자신을 말한다면 자기 말 속에 '염라'라고 쓸 수는 없다. 그리고 당연히 이 부분은 염라왕이 당 태종을 판관에게 데려가서 엄히 심문하고 장안으로 돌려보내지 말 것을 명하는 내용이어야 한다.

23 '領'을 原錄에서는 '頁'로 썼다. 【原校】 이 글자는 오른편의 '頁'자만 남아 있다. 【校注】 '領'자의 일부만 남은 게 확실하다.

24 결문은 '殿, 使人'으로 보는 게 타당하다. 이 구는 사자가 명령을 받고 태종을 염라전 밖으로 데리고 나오는 내용이다.

(高品)[25] 한 사람이 꾸짖었다. "대당의 천자 태종황제는 어찌하여 절을 올리지 않는 게요?" 황제는 자기를 꾸짖기 전까지는 그래도 괜찮았으나, 일단 싫은 소리를 듣자 버럭 소리를 지르며 말했다. "짐에게 절을 올리라고 한 자는 누구인가? 짐은 장안에 있을 때 다른 사람의 절은 받아봤어도 남에게 절을 해 본 적은 없다. 전 위에서 절을 하라고 시킨 이는 보아하니 사람이 아닌가 보구나? 짐은 대당(大唐)의 천자이고 염라왕은 귀신의 우두머리인데 어찌하여 짐에게 절을 시킨단 말인가?" 염라왕은 싫은 소리를 들어 지옥을 보기도 창피하고 군신들에게도 치욕스런 모습만 보이게 되었다. 이윽고 정색을 하고는 좌우에 명하였다. "판관청(判官廳)으로 데라고 가서 심문하라!" 어전에서 데리고 나오며 사자는 '예!'하고 크게 답했다.

便引□曰[26]: "□□□□." "□□□(却)歸[27]長安去也. 今問□□判官名甚姓□(誰)?"[28] "判官懆惡,[29] 不敢道名字." 帝曰: "卿近前來輕道." "□□(判官)[30]姓偓[31]名子玉." "朕當識." 纔言訖, 使人引皇帝至□□(判官)[32]院門,

25 高品: 내시성의 관리로 보통 환관이 맡는다. 入直, 出使, 宣傳의 일을 담당한다.

26 '曰'이 原錄에는 결문으로 처리되었으나, 原卷에 '曰'자가 있으므로 여기서는 채워 넣었다. '曰' 앞의 결문은 '帝'자일 것이다.

27 '歸'를 原錄에서는 결문으로 처리했다. 原卷을 보면 '歸'자의 왼쪽 반이 아직 남아 있다. '歸' 앞의 결문은 '却' 정도의 글자일 것이며, '却' 앞은 '朕'자일 것이다. 이 구와 바로 아래 구는 모두 당 태종의 말이다.

28 '姓誰'를 原錄에서는 결문으로 처리하여 아래 구에 포함시켰으며, 劉瑞明은 '使人言' 혹은 '緣生死'로 채워 넣었다. 그런데 原卷을 보면 '名甚' 아래에 '姓'자의 윗부분이 남아있다. '姓' 다음의 결문은 '誰' 혹은 '何'가 되어야 할 것이다. 原錄에서는 '誰' 아래에 결문을 한 칸 더 두었으나, 原卷을 보면 행 끝이 모두 두세 글자 정도가 비어 있고 이 행에서 '姓誰'를 채워 넣으면 이미 행의 끝부분이 되므로 결문을 더 넣을 필요는 없다.

29 '懆惡'는 성급하고 화를 잘 내는 것이다. '操惡', '操嗔', '操暴' 등도 있는데 뜻은 모두 같다. 『說文』: "懆, 愁不安也."

30 原錄에서는 결문을 세 칸으로 처리했으나 여기서는 두 칸으로 고치고 '判官'으로 채워 넣었다.

31 【原校】 原卷을 보면 崔子玉의 성이 '偓'로 잘못 쓰인 곳이 몇 군데 있는데 여기서는

使人奏曰:“伏惟陛下, 且立在此, 容臣入報判官, □□(報了)[33]速來.” 言訖, 使者到廳前拜了, 啓判官:“奉大王處□□(分將)太宗皇[帝]生魂到, 領[34]判官推勘, 見在門外, 未敢引□(入).” □(催)子玉聞語, 驚忙起立, 惟言 “禍事”.[35] 兼云:“子玉是人臣, □□(不曾)[36]遠迎皇帝, 却交(敎)人君向門外祇候,[37] 微臣子玉□□[38]乖禮, 又復見[39]任輔楊(陽)[40]縣尉, 當家伍百餘口, 躍馬肉食. □是皇帝所司.[41] 今到冥司, 全無主領之分, 事將□怠. 若勘皇帝命盡, 卽萬事絶言; 或若有壽, □□(却歸)[42]長安, 伍佰餘口, 則須變爲魚肉. 豈不緣子玉冥司□(禮)乖!”

[황제를 끌며] “( )”[라고 말하자 황제가 말했다.] “( ) 장안으로 돌아갈 것이오. 그런데 판관의 이름은 어떻게 되오?” “워낙 성질이 급하고 화를 잘 내는 분이라 감히 이름을 말씀드릴 수가 없습니다.” 황제가 말했다.

原卷 그대로 옮겼다.

32 劉瑞明은 결문을 ‘判官’으로 보았는데 타당한 의견이다.

33 原錄에서는 결문을 세 칸으로 처리했으나 여기서는 한 칸을 지우고 ‘報了’로 채워 넣었다.

34 ‘領’은 ‘領過’를 줄인 것이다.

35 禍事: 구어로서 ‘糟了’(이런!)라고 말하는 것과 같다. 王梵志의 시:“산 사람의 슬퍼하는 모습만 보이고 귀신이 앓는 소리는 들리지 않네(只見生人悲, 不聞鬼唱禍)”에서 ‘唱禍’가 바로 ‘惟言禍事’의 의미이다.

36 【徐震堮】 ‘遠迎’ 앞에 빠진 글자는 ‘不曾’이 아닐까 한다. 【校注】 劉瑞明은 ‘合當’일 것이라고 했는데, 原卷에 ‘不’자의 위 부분 첫 가로획이 남아있으므로 徐震堮의 교기가 타당하다.

37 ‘向門外祇候’는 곧 ‘於門外等候(문밖에서 기다리다)’이다. ‘向’에는 ‘於’, ‘在’의 의미가 있으며 ‘祇候’는 ‘기다리다’의 의미이다. ‘祇’는 접사이다.

38 아래에 ‘又復’이 있으므로 이곳의 결문은 ‘旣已’ 정도가 되지 않을까 한다. 劉瑞明은 ‘深爲’로 채워 넣었으나 분명치 않다.

39 ‘見’을 原錄에서는 ‘現’으로 고쳤다. 하지만 옛 서적을 보면 이렇게 쓰인 경우가 아주 흔하므로 굳이 고칠 필요가 없다.

40 【原校】 王重民은 ‘輔陽’이 ‘滏陽’인 것 같다고 했다.

41 【原校】 王重民은 ‘司’가 ‘賜’가 되어야 할 것이라고 했다. 【校注】 ‘司’자는 고칠 필요가 없으며 이 구의 결문은 ‘盡’이나 ‘皆’ 정도가 될 것이다. ‘盡是皇帝所司’는 자신과 가족들이 모두 황제의 소관임을 말한다.

42 결문은 ‘却歸’ 정도가 되어야 할 것이다.

"가까이 와서 살짝 말해 보오." "판관은 성이 최(崔)이고 이름은 자옥(子玉)입니다." "짐도 아는 사람이라오." 말을 하는 사이 어느새 사자는 황제를 판관청의 문 앞까지 데리고 와서 당부했다. "폐하께서는 여기 서 계십시오. 신이 들어가 판관에게 아뢰고 속히 돌아오겠습니다." 사자는 말을 마치고 판관청 앞까지 가서 절을 올린 후 판관에게 말하였다. "대왕께서 태종황제의 생혼을 판관청으로 데리고 가서 추심하라 명하셨습니다. 지금 문 밖에 있는데 감히 안으로 들여도 될지 모르겠습니다." 최자옥은 "이런 낭패를 봤나!"라고 하며 급히 자리에서 일어나 말하였다. "나는 신하이면서도 황제를 멀리까지 나가 영접하기는커녕 도리어 문밖에서 기다리게까지 했으니 신하로서 황제께 큰 결례를 범했구나. 게다가 지금은 보양의 현위를 맡고 있고 우리 집안 5백여 식구들의 부귀공명이 모두 황제의 소관이 아닌가. 저승을 내 마음대로 주무를 수 있는 것이 아니라 일이 아주 난감해지겠구나. 만약 황제의 명이 다했다고 판결이 나면 만사 말할 필요가 없으나 혹시 아직 수명이 남아 있어 장안으로 돌아가게 되면 내 5백여 식구들은 고기밥이 될 게 뻔하지 않은가. 나 때문에 저승의 법도가 흐트러지게 생겼구나!"

此時催子玉憂惶不已. 皇帝見使人久不出□□(來, 心)口思惟:"應莫被使者於催判官說朕惡事?" 皇□(帝)□(此)時, 未免憂惶. 於[是]催子玉忙然[43]索公服執槐笏□□(忽忽)[44]下廳安定神思. 須臾, 自通名銜, 唱喏走出, 至□(皇)帝前拜舞, 叫呼萬歲, 匐面在地, 專候進旨.[45] □(皇)帝問曰:"朕前拜舞者, 不是輔陽縣尉催子玉否?" □□(催子玉)[46]稱臣. "賜卿

43 '忙然'은 놀라서 허둥대는 모습이다. '忙'은 '忙怕'의 '忙'이다.

44 劉瑞明은 결문을 '忽忽'으로 채워 넣었는데 타당한 의견이다. 또 '下'를 '上'으로 해석하면서 '下'가 반대의 뜻이 되었다고 했다. 그러나 '下廳'은 틀린 말이 아니다. 이 구는 황제를 맞이하기 위해 대청 아래로 내려간다는 의미이다. 반대의 뜻으로 쓰인다는 건 근거 없는 억측이다.

45 進旨:'進止'와 같으며 '지시', '유지'의 뜻이다.

無畏, 平身祇對朕."[47] 此時皇帝緣心□□,[48] 便問催子玉, "卿與李乾風[49]爲知已朝庭[50]否?" 催子玉□□□(答曰): "臣與李乾風爲朝庭." 帝曰"卿旣與李乾風爲□□(知已)朝庭, 情分如何?" 子玉曰: "臣與李乾風爲朝廷已來, □□(情同)[51]管鮑." 帝曰: "甚濃厚! 李乾風有書與卿, 見在□□."

최자옥이 깊이 근심하고 있을 때 황제는 사자가 한참이 지나도 나오지 않자 속으로 이렇게 생각했다. "최판관에게 내가 저지른 악행들을 다 불고 있나?" 황제 역시 근심을 떨칠 수가 없었던 것이다. 이때 최판관은

---

46 原錄에서는 결문을 두 칸으로 보았으나 여기서는 세 칸으로 늘렸다. 결문은 당연히 '催子玉'일 것이다.

47 劉瑞明은 '朕'이 연문이라고 했으나 확실치 않다.

48 劉瑞明은 결문을 '憂惶'으로 채워 넣었는데 타당한 의견이다. 앞에 나온 '皇帝此時, 未免憂惶.'과 같은 의미이다.

49 李乾風은 李淳風을 잘못 쓴 것이다. 『朝野僉載』: "당 태종이 아주 건강한데도 태사령 이순풍은 황제를 보고 눈물만 흘리며 아무 말도 하지 않았다. 황제가 그 이유를 묻자 '폐하께서 오늘 밤에 세상을 뜨시게 됩니다'라고 답하였다. 태종은 '인생유명이거늘 무슨 걱정을 하는가!'라고 하고는 순풍에게 곁에서 하룻밤을 묵도록 했다. 태종은 한밤중이 되어 갑자기 세상을 떴는데 누군가가 이렇게 말하는 것이었다. '폐하께서는 잠시 왔다가 가시지요.' 황제가 물었다. '뉘시오?', '신은 이승의 사람으로서 저승의 일을 살펴보는 사람입니다.' 태종이 들어가자 판관은 6월 4일의 일을 묻고는 다시 돌아가도록 했다. 아까 만났던 사람은 다시 밖으로 배웅까지 해 주었다. 순풍이 하늘의 모양을 보니 곡을 하지 말라는 것이었다.(태종은) 잠시 후 잠에서 깨어났다. 날이 밝자 어제 보았던 사람을 찾아 所司로 하여금 관직을 하나 주도록 해서 결국 촉도의 丞자리 하나를 주었다(唐太宗極康豫, 太史令李淳風見上, 流淚無言. 上問之, 對曰, 陛下夕當晏駕. 太宗曰, 人生有命, 亦何憂也, 留淳風宿. 太宗至夜半, 上奄然入定, 見一人云, 陛下暫合來, 還卽去也. 帝問, 君是何人. 對曰, 臣是生人判冥事. 太宗入見, 判官問六月四日事, 卽令還. 向見者又迎送引導出, 淳風卽觀乾象, 不許哭泣, 須臾乃寤. 至曙, 求昨所見者, 令所司與一官, 遂注蜀道一丞)." 그러나 '乾'과 '淳'은 글자의 모양과 소리가 모두 가깝지 않으므로, 아무래도 '夜觀乾象'의 '乾'을 잘못 쓴 것 같다.

50 **[蔣禮鴻]** '朝庭'이나 '朝廷'은 친구를 말한다. '朝廷'은 본래 장소를 가리키는 말이나 같은 조정에 있는 벗을 가리키는 말로 쓰였다. 이는 옛 사람들이 동향 사람을 '鄕里'라 하고 현대어에서도 '街坊', '鄰居'라 하는 것과 마찬가지의 이치로서 모두 단어의 의미가 전이된 사례이다. 본래는 같은 조정의 벗을 가리키나 나중에는 같은 조정이라는 조건도 아예 없어지고 그냥 친구를 가리키는 말로 일반화되었다. …… 이 역시 단어의 의미가 확장된 것이다.

51 劉瑞明은 결문을 '情同'이라고 했는데 타당한 의견이다.

허둥지둥 공복을 찾아 입고 홰나무 홀을 집어 대청 아래로 총총히 내려와서는 마음을 진정시켰다. 잠시 후 자기 이름과 관명을 알리고 '예!' 하는 소리와 함께 나와 황제 앞으로 가서 절을 올리며 만세를 부른 다음 고개를 깊이 숙이고 황제의 유지를 기다렸다. 황제가 물었다. "짐 앞에서 절을 올리는 이가 혹 보양현위 최자옥이오?" 최자옥은 신하의 예를 갖췄다. "두려워 말고 일어나 짐을 마주하시오." 그러면서 황제는 걱정스런 빛으로 최자옥에게 물었다. "경은 이건풍과 친구 사이가 아니오?" 최자옥이 답했다. "신과 이건풍은 친한 벗 사이입니다." 황제가 말했다. "경이 이건풍과 친한 벗 사이라면 둘의 우정은 어느 정도요?" 자옥이 말했다. "신과 이건풍은 벗이 된 이래로 줄곧 관포지교(管鮑之交)의 정을 나눠 왔습니다." 황제가 말했다. "아주 깊은 사인가 보구려! 이건풍이 경에게 주는 편지가 있어 지금 [여기에 가져 왔소]."

催子[玉]聞道有書, 情似不悅. 皇帝遂取書, 分付□□(催子)玉跪而授之. 拜舞謝帝訖, 收在懷中. 皇帝問□□(催子)玉, "何不讀書?" 催子玉奏曰: "臣緣[官]卑,[52] 不合對陛下讀□□□(知己書),[53] 有失朝儀." 帝曰: "賜卿無畏, 與朕讀之." 催子玉旣□□(奉帝)[54]命拜了, 對帝前坼[55]書便讀. 子玉讀書已了, 情意□□(不悅),[56] 更無君臣之禮. 對帝前遙望長安便言: "李乾風□□[57]眞共你[58]是朝廷, 豈合將書囑這箇事來!" 皇帝□

52 '卑' 위에 '官'자가 빠졌을 것이다. 아래에 '臣緣官卑'라는 구가 나온다.

53 原卷을 보면 '讀' 아래의 결문이 윗부분만 남아있는데 아무래도 '知'자의 잔획인 것으로 보여 '知己書'를 채워 넣었다.

54 原錄에는 결문이 세 칸으로 되어 있는데 여기서는 한 칸을 지우고 '奉帝' 두 글자로 채운다.

55 '坼'를 原錄에서는 '拆'으로 고쳤으나 이 글자는 굳이 고칠 필요가 없다.

56 결문은 앞의 '情似不悅'에 근거하여 채워 넣었다.

57 결문은 '若是'가 아닐까 한다.

58 劉瑞明은 '你'를 '我'로 고쳤으나 확실치 않은 의견이다. 여기서는 최자옥이 이미 '군신의 예를 저버렸으므로' 황제를 '你'로 칭한 것이다. 【譯注】 '你'가 '我'가 될 근거는 없다. 그리고 여기서 '조정'은 앞의 구와 마찬가지로 '벗'의 의미로 쓰인 것으로 보이

□(一聞)[59]此語, 無[60]地自容. 遂低心下意, 軟語問催子[玉]曰 : "卿□□[61]書中事意, 可否之間, 速奏一言, 與[62]寬朕懷." 催子□□(玉答)曰 : "得則得,[63] 在事實校[64]難." 皇帝又問(聞)道'校難'之□(語),[65] □意慘然.[66] 遂卽告子玉曰 : "朕被卿追來, 束手□至, 且緣太子[67]年幼, 國計事大, 不忘(望)歸生多時. 如□□[68]朕三五日間, 與卿却到長安, 囑付社稷與太子了, □(却)[69]來對會[70]非晚." 皇帝此時論着太子, 涕淚交流. □□□(催子玉)[71]見君王惆悵, 遂卽奏曰 : "伏維陛下, 且賜寬懷. 過□□(來與)[72]臣商

며 그렇게 볼 경우 '你'는 당연히 황제가 될 수 없다. 결문은 최자옥 자신을 가리키는 말이나 '아무리, 비록' 등의 말이 들어가야 할 것이고, 이 부분은 "이건풍! 아무리 내가 자네의 진정한 친구라 하더라도 어떻게 편지로 이런 일을 부탁할 수 있단 말인가?" 정도로 풀이되어야 할 것이다.

59 原錄에서는 결문을 한 칸만 쓰고 '聞'으로 채워 넣었다. 그러나 행 끝의 잔결된 부분이라 두 칸이 될 수 있으므로 '一聞'으로 채워 넣었다.

60 '無'를 原錄에서는 '毛'로 먼저 쓴 다음 '無'로 고쳤다. [張鴻勳] '毛'는 '無'의 의미이다. 『後漢書』「馮衍傳」 : "배고픈 자는 먹을 것이 없고 추운 자는 맨발을 그대로 드러내고 있다(飢者毛食, 寒者裸跣)." [項楚] '毛'를 '無'로 고친 것은 '毛'자 자체에 '無'의 의미가 있음을 모르는 것이다. [校注] 原卷에 '無'자의 초서로 쓰여 있으므로 '毛'로 쓰는 건 옳지 않다.

61 原錄에서는 결문을 한 칸으로 처리했으나 여기서는 原卷에 근거하여 두 칸으로 늘렸다.

62 '與'는 곧 '以'이다.

63 [張鴻勳] 得則得 : 되긴 되나. '得'은 '行'이나 '可'의 의미이다.

64 '校'를 原錄에서는 '較'로 고쳤다. 그러나 두 글자는 통용되며 '極'이나 '甚'의 의미이다.

65 '問'은 '聞'으로 읽어야 하고 결문은 '語'자가 되어야 할 것이다.

66 原錄에서는 '慘' 위에 '便'자를 넣었다. 原卷을 보면 '慘' 위에 '便努' 두 글자가 있고 '慘' 아래에는 '然'이 두 번 쓰여 있다. 그러나 '便努'와 첫 번째 '然'자 옆에 삭제 부호가 있으므로 기록하지 않는 것이 타당하다. '意' 위의 결문은 '情'일 것이다. 앞부분에 '情意不悅'이라는 구가 있다.

67 原錄에서는 '子'를 '宗'으로 쓴 다음 '子'로 고쳤다.

68 결문은 '寬假'(말미를 주다) 정도의 뜻을 가진 말일 것이다.

69 결문은 '却'이나 '歸' 정도의 글자일 것이다.

70 [張鴻勳] 對會 : 대질심문.

71 原錄에서는 결문을 두 칸으로 처리했으나 여기서는 '催'자를 더 채워 넣었다.

72 결문은 '來與'나 '前與' 정도가 되어야 할 것이다. 그래서 아래에 '進步而行'이라는 말이 있는 것이다.

量." 皇帝遂衣(依)催子玉所請, 進步而行.

최자옥은 편지가 있다는 말을 듣고 기분이 썩 좋지 않았다. 황제는 편지를 꺼내 최자옥에게 무릎을 꿇게 하고는 편지를 주었다. [최자옥은] 엎드려 성은에 감사한 후 편지를 품속에 넣었다. 황제가 최자옥에게 물었다. "왜 편지를 읽지 않소?" 최자옥이 아뢰었다. "신 같은 미천한 관리가 폐하 앞에서 친구의 편지를 읽어 조정의 법도를 어지럽힐 수는 없습니다." 황제가 말했다. "경은 어려워하지 말고 짐에게 읽어 보오." 최자옥은 황제의 명에 따라 예를 올리고 황제 앞에서 편지를 뜯어 읽었다. 편지를 다 읽은 최자옥은 심기가 불편한지 군신의 예도 잊어버렸다. "이 건풍! 아무리 자네와 진정한 친구 사이라 하나 어찌 내게 편지로 이런 일을 부탁할 수 있단 말인가!" 황제는 이 말을 가만히 듣고 있기가 힘들었으나 이윽고 마음을 가다듬고 화를 가라앉힌 다음 부드러운 말로 최자옥에게 부탁했다. "경은 편지 속의 뜻을 잘 살펴서 되던 안 되던 속히 한 마디 말씀을 아뢰어 짐을 너그러이 봐주도록 해 주오." "그렇게 할 수 있다 하더라도 사실 너무나 힘든 일입니다." "짐은 경에게 아무 대책도 없이 왔소. 게다가 태자는 아직 어리고 국사는 막중하다오. 이승으로 돌아가 오래 머무는 건 바라지 않소. 그저 짐에게 사흘에서 닷새 정도만 말미를 주어 경과 더불어 장안으로 가서 사직과 태자를 부탁하고 돌아온 다음 심문을 해도 늦지 않을 것이오." 태자 얘기를 꺼내자 황제는 두 눈에서 눈물이 흘러 내렸다. 최자옥은 군왕이 슬퍼하는 모습을 보고 곧 아뢰었다. "폐하! 외람된 말씀이오나 이리 가까이 오셔서 신과 상의를 좀 하시지요." 황제는 최자옥의 청에 따라 바짝 다가가 걸었다.

催□□□(子玉在)[73]前, 皇帝隨後, 入得屛牆內. 東面見有二十所已來, □□(皇帝)問從者:"第六曹司內有兩人哭, 爲何事得爾許哀?" □□催子

73 原錄에서는 결문을 두 칸으로 처리했으나 여기서는 '在'자를 더 채워 넣었다.

[玉]奏曰：“不是餘人，健成[74]元吉二太子.” 皇帝聞之，□□語催子玉曰：“朕不因卿追來到此，憑何得見兄弟?”[75] □(催)子玉奏曰：“二太子在來多時，頻通款狀，苦請追取陛下□□(對直)，[76] 稱訴冤屈，詞狀頗切，所以追到陛下對直. 陛[下]若不見□□(兄弟)，[77] 臣與陛下作計校有路；陛下若入曹司與二太子相見，□□怨家相逢，臣亦無門救得，陛下應不得却歸長□(安). 惟陛下不用看去，甚將穩便.” 帝聞此語，更不敢□□(看去)，[78] 遂怱怱[79]上廳而坐，其催子玉於階下立.

최자옥이 앞장서고 황제가 뒤를 따라 담장 안으로 들어갔다. 동쪽으로 보이는 스무 곳의 관부를 지나면서 황제가 최자옥에게 물었다. “여섯 번째 관아에 있는 두 사람은 어찌하여 저토록 슬프게 울고 있는 것이오?” 최자옥이 아뢰었다. “저들은 다른 사람이 아니라 건성(建成)과 원길(元吉)[80] 두 태자입니다.” 황제가 이 말을 듣고 최자옥에게 말하였다. “짐이 경을 따라 이곳으로 오지 않았다면 어떻게 형제들을 만날 수 있었겠소?” 최자옥이 아뢰었다. “두 태자는 여기에 온 지 한참이 지났는데 수시로 소장을 올려 폐하를 찾아 대질을 하게 해 달라고 간곡하게 청을 넣습니다. 원통하게 호소를 하고 소장도 워낙 간절하여 폐하를 찾으면 대질을 하게 될 것입니다. 폐하께서 형제들을 아예 만나지 않으면 신이 폐하와 함께 방도를 찾아볼 수 있겠으나, 행여 폐하께서 관아로 들어가 두 태자와 만나기라도 하시면 이건 바로 원수들이 상봉을 하는 것이니 신도 어찌해 볼 방법이 없습니다. 그러면 폐하께서는 장안으로 돌아가

74 健成은 곧 建成이다.

75 原錄에서는 ‘弟’ 아래에 결문을 한 칸 넣었으나 여기서는 삭제했다.

76 ‘對直’ 두 글자는 아래의 ‘所以追到陛下對直’ 구에 근거하여 채워 넣었다.

77 결문은 당연히 ‘兄弟’ 두 글자가 되어야 한다.

78 ‘看去’ 두 글자는 위의 ‘陛下不用看去’ 구에 근거하여 채워 넣었다.

79 ‘怱’을 原錄에서는 ‘偬’으로 쓴 다음 ‘怱’으로 고쳤다. ‘偬’의 오른편이 곧 ‘怱’이므로 이 글자는 ‘怱’에 편방을 더한 글자이다.

80 **[譯注]** 건성은 당 태종 이세민의 형이고 원길은 동생이다. 이세민은 왕위에 오르기 전 태자를 차지하기 위한 싸움에서 현무문의 변을 일으켜 건성과 원길을 살해한다.

지 못하게 됩니다. 가보시지 않는 게 훨씬 나으실 것입니다." 황제는 이 말을 듣고 만나 볼 마음이 싹 가셔 곧 대청으로 서둘러 올라가 앉았다. 최자옥은 섬돌 아래에 섰다.

六曹官[81]入□□[82]皇帝, 唱喏走入, 拜了起居, 再拜走出. 帝問催□□(子玉)曰: "適來廳前拜者是何人?" 催子玉奏曰: "是六曹官." 帝又問: "何爲六曹官?" 催子玉奏曰: "陽道呼爲六曹官, □□□(陰道亦)[83]呼爲六曹官." 皇帝曰: "卿何不上廳與朕相伴語□?" 催子玉奏曰: "臣緣官卑, 不合[與]陛下同廳對坐." 帝曰: "卿在[84]□□(長安)之日, 卿卽官卑, 今在冥司, 須□□[85]上來." 催子玉拜了, □□□(遂上廳)[86]坐.[87]

통조관(通曹官)이 황제에게 큰 소리로 읍하며 들어와서는 절을 마치고 일어나 다시 한 번 절을 하고 나갔다. 황제가 최자옥에게 말했다. "방금 대청 앞에서 절을 한 사람은 누구요?" 최자옥이 아뢰었다. "육조관(六曹官)입니다." 황제가 다시 물었다. "어찌하여 육조관이라 하오?" "이승에서 육조관이라 불려 저승에서도 역시 육조관이라 부릅니다." 황제가 말했

---

81 '六'을 原錄에서는 '通'으로 썼다. '通'은 바로 아래의 '曹'와 모양이 비슷해서 연문으로 쓴 듯 하고 '六'은 바로 앞의 '立'자와 모양이 비슷해서 이에 빼 먹고 쓴 듯하다. 아래에 나오는 '是六曹官' 등의 구를 통해 '通曹官'이 '六曹官'의 잘못임을 알 수 있다. 【譯注】 '通'과 '曹'가 비슷한 모양이라고 볼 수는 없으며 '立' 때문에 '六'자를 빼먹었다는 주장 역시 지나친 억측이다. 여기서는 '通曹官'을 말 그대로 '관부로 말을 전하는 관리' 정도로 해석해도 무방하다.

82 결문은 '拜於' 정도가 될 것이다.

83 原錄에서는 결문을 두 칸으로 처리했으나 여기서는 한 칸을 늘리고 '亦'으로 채워 넣었다. 이 두 구는 저승에서도 역시 이승을 따라 육조관을 설치했다는 말이다. 唐代에는 吏, 戶, 禮, 兵, 刑, 工의 6부를 '六曹'라 했다.

84 '在'가 原錄에는 '至'로 되어 있으나 原卷에 남아 있는 위 부분은 '在'의 잔획이다.

85 原卷을 보면 한두 글자가 빠져 있다. 이 중 앞 글자는 오른쪽 위 부분만 남아있는데 아무래도 '達'의 잔획으로 보인다.

86 결문은 앞에 나온 '卿何不上廳'에 근거하여 채워 넣었다.

87 【原校】 原卷을 보면 이하 13행의 아래쪽 반이 모두 잔결되어 있다. 【校注】 매 행마다 대략 10~12자 정도가 빠져 있다.

다. "경은 어찌하여 대청으로 올라와 짐과 함께 얘기를 나누지 않는 게요?" 최자옥이 아뢰었다. "미관말직의 제가 어찌 대청에 올라 폐하를 마주할 수 있겠습니까?" 황제가 말했다. "장안에 있을 때나 미천한 관직 아니겠소? 지금은 저승에 있으니 어려워 말고 이리 올라오시오." 최자옥은 엎드려 성은에 감사하고 곧 대청으로 올라가 앉았다.

皇帝旣(擧)[88]頭而看屛牆外, [ ]亦(一)見便識. 催子玉以手招之, [ ]走到廳前拜了, 上廳立定[ ]在長安之日, 有何善事, 造何[ ][89](善)童[子][90]向前叉手啓判官云:"皇[ ]來幷無善事, 亦不書寫經像, [ ]陰道與(以)功德爲憑, 今皇帝[ ]帝却歸生路." 催子玉又問道[91]:"[ ]□□."[92] 善童子啓判官曰:"皇帝[ ]下大赦三度曲恩."[93] 催子玉曰:"[ ]判放着三萬六

88 '旣'는 '擧'로 읽힌다. 劉瑞明은 '顧'로 보았으나 확실치 않다.

89 '造何' 아래는 '功德'으로 채울 수 있을 것이다.

90 原錄에서는 '善童子'를 '子童' 두 글자로 썼다. 【原校】 '子童' 두 글자는 도치가 된 듯하다. '童子'가 맞을 것이다. 【校注】 原卷을 보면 '童' 위에 '子'자가 없다. 여기서는 아래의 '善童子'에 근거하여 '善'을 채워 넣고 빠진 글자 '子'도 넣었다. 劉瑞明은 여기와 아래의 '善童子' 등을 모두 '判善童子'라고 보았으나 확실치 않은 의견이다. 본문에는 '判善童子'라고 쓴 예가 없다. 그리고 「董永變文」의 "좋은 일 나쁜 일 빠짐없이 적히니 선악동자가 매번 기록해 둔다네(好事惡事皆抄錄, 善惡童子每抄將)"을 통해 '善童子'가 바로 '善惡童子'임을 짐작할 수 있다. 선악의 두 동자는 인간의 선한 행실과 악한 행실을 모두 적어 저승의 판관이 추심을 할 때 증거자료로 제공한다.

91 '道'자는 위 부분만 남아있는 原卷의 잔획을 보고 보충하였다.

92 이 결문 두 글자는 행의 맨 앞부분에 있는데 판독하기가 힘들다.

93 劉瑞明은 '曲'을 '由'로 고친 후 다시 '有'로 고쳤다. 그러나 이 의견은 근거 없는 억측이다. '恩曲'은 틀린 말이 아니다. 『宋書』 권72 「文九王」: "진평국 태비의 계집종 형은 아들의 악행을 부끄럽게 여길 수 없었다. 주상이 이를 가상히 여겨 특별사면을 내려주었는데도 더욱 불만을 품고 巫術을 동원해 저주를 빌었다(而晉平國太妃妾邢不能追慚子惡, 上感曲恩, 更懷不逞, 巫蠱祝詛)." 여기서 '曲恩'은 특별사면의 의미이다. 『舊唐書』 「太宗下」: "13년 봄 정월 초하루 을사일에 헌릉에 배알한 후 삼원현 및 시종 사형수들을 사면해주고……9월 계묘일에는 서주의 사형수들을 사면해주었다(十三年春正月乙巳朔, 謁獻陵. 曲赦三原縣及行從大辟罪. ……九月癸卯, 曲赦西州大辟罪)." 여기서 '曲赦'는 곧 은혜를 베풀어 사면을 해준다는 의미이다. 또 "그래서 짐은 천하를 가진 이래 사면을 많이 하지 않았다. 그러나 이제 사해가 안정이 되고 예의가 흥하면서 특별한 은혜를 무수히 베푼다면 장차 어리석은 자들이 요행만

千五佰五十[ ]造多少功德?" 善童子曰:"此事[ ]量[94]功德使卽知." 催子玉問[ ].

황제가 고개를 들어 담장 밖을 보니 ( ) 한 번 보고 바로 알 수 있었다. 최자옥이 손짓으로 그를 부르자 대청 앞으로 와서 절을 올린 후 대청으로 올라가 섰다. [판관이 물었다.] "[황제는] 장안에 있을 때 어떤 선한 일을 했으며 어떻게 공덕을 쌓았느냐?" 선악동자(善惡童子)가 앞으로 나와 두 손을 모으고 판관에게 아뢰었다. "[황제는 장안에 있을 때] 선한 일도 하지 않고 경문을 쓰지도 않았으며 ( ) 저승에서는 공덕에 의거하는 법이니 이제 황제께서 ( ) 황제는 살 길을 찾게 될 것입니다." 최자옥이 다시 물었다. "( )?" 선악동자가 판관에게 말했다. "황제가 ( ) 세 번에 걸쳐 대사면을 해주었다 합니다." 최자옥이 말했다. "36, 550명을 방면해주고 ( ) 그 공덕은 얼마나 되는가?" 선악동자가 말했다. "그것은 [제 소관이 아니라] 공덕사(功德使)[95]에게 [물어 하나하나 따져봐야] 알 수 있을 것입니다." 최자옥이 물었다. ……

(上缺)[96]將來, 逡巡取到, 放在案□(上), □□□□□□□本院喚卽須來." 六曹官唱喏, 却歸本院.[97] □□□□(催子玉語)[98]皇帝曰:"此案上三卷文書, 便是陛下命祿及造□□(功德),[99] 一一見在其中. 今欲與陛下檢尋勾

을 바라며 법을 어기려 하고 과오는 고치지 못할까 걱정이 된다(故朕有天下以來, 不甚放赦. 今四海安靜, 禮義興行, 非常之恩, 施不可數, 將恐愚人常冀僥倖, 唯欲犯法, 不能改過)"에서 '非常之恩' 역시 '恩曲'이다.

94 原卷에서 '量'자는 판독하기가 힘들어서 이 글자가 아닐 수도 있다. '量'자 위에는 대략 열 자 정도가 빠져 있다.

95 '功德使'는 '考功'(관리의 고과와 관련된 일을 담당하는 관직) 류의 관직 이름으로 보인다.

96 [原校] 原卷을 보면 이 부분이 맨 앞으로 가 있으나 글의 내용을 보고 앞부분과 자리를 바꾸었다. 그러나 중간에 역시 빠진 부분이 있어 내용이 바로 이어지지는 않는다.

97 '院'자를 原錄에서는 결문 처리했으나 여기서는 原卷에 왼쪽 위 부분만 남아있는 잔획을 보고 채워 넣었다.

98 原錄은 결문이 세 칸이나 여기서는 네 칸으로 늘리고 '催子玉語'로 일단 채워 넣었다.

改, 未敢擅□."[100] □(皇)帝曰:"依卿所奏, 與朕盡意如法勾改." 催子玉却據□□[101]而坐, 檢尋文部(簿):"皇帝命祿歸盡." 遂依命祿上[102]□□命祿額上添祿, 又注:"十年天子, 再歸陽道." 催子玉添□(祿)已訖, 心口思惟:"我緣生時官卑, 不因追皇帝至□(此),[103] 憑何得見皇帝面? 今此覓取一員政官."[104]

(앞부분은 없음) "…… 즉시 가지고 와서 책상 위에 올려놓고 ( ) 본원으로 [돌아가 있다가] 부르면 다시 오도록 하라." 육조관은 '예!' 하며 큰소리로 답을 하고 본원으로 돌아갔다. ( ) 최자옥이 황제에게 말했다. "이 책상 위에 있는 세 권의 문서에는 폐하의 수명과 공덕이 하나하나 기록되어 있습니다. 폐하의 기록을 살펴보고 고치려 해도 마음대로 할 수가 없습니다." 황제가 말했다. "경이 말한 것처럼 짐을 위해 표가 나지 않게 성의껏 고쳐주오." 최자옥이 대청에 기대어 앉아 장부를 살펴보니 황제의 수명은 다해 있었다. 이윽고 명록(命祿)의 [필체를 따라] 명록 위에 녹(祿)을 더하고 다시 '10년 동안 천자는 이승으로 돌아감'이라는 말을 집어넣었다. 최자옥은 녹을 더한 다음 마음속으로 생각했다. "이승에서 말단 관리에 불과한 내가 황제를 좇아 이곳으로 오지 않았다면 어떻게 황제를 뵐 수 있었겠는가? 이 기회를 잡아 정관(正官) 자리를 꼭 하나 꿰차야겠구나."

遂□□(卽執)[105]笏奏曰:"臣與陛下勾改文[106]案了." 皇帝曰:"如何也?

99 결문은 '功德' 두 글자가 되어야 할 것이다. 이 구는 세 권의 문서가 폐하의 수명과 공덕을 적어 놓은 장부임을 말하고 있다.

100 결문은 '行'이나 '施' 같은 글자일 것이다.

101 결문은 '廳上' 두 글자가 아닐까 한다.

102 原卷을 보면 '上'자가 위 부분만 남아있는데 아무래도 이 글자가 아닌 듯하다.

103 原錄에서는 '至' 아래에 두 개의 결문을 넣었다. 하지만 原卷에서 '至'는 행의 상단에 있고 바로 아래의 결문은 한 글자뿐인 것으로 보여 여기서 '此'자를 채워 넣었다.

104 '政官'은 곧 '正官'이다. 돈황사본에서는 '正'이 '政'으로 쓰인 경우가 흔하다. 최자옥의 원래 관직이 副職인 縣尉이므로 정관 자리를 하나 가지려는 것이다.

卿□速奏朕知!" 催子玉又心口思惟: "我不辭[107]便道'注得□□(十年)[108]天子'卽得,[109] 忽若皇帝不遂我心中所求之事, 不可却□□[110]三年伍年, 且須少道." 崔子玉奏曰: "微臣何無得(德),[111] [得][112]陛下□(親)躬到此! 但臣與陛下添注命祿, 更得五年却□(歸)[113]陽道." "朕若到長安城, 天下[114]應有進貢物, 悉□(賜)與卿." 崔子玉又心口思惟: "此度許五年, 卽賜我錢物. □□(忽若)[115]更許五年, 必[116]合得一員政官." 遂再奏曰: "臣緣□□,[117] 昔言已主(注)得五年歸生路. 臣與李乾風爲知己□□(朝廷),[118] 將書來苦囑, 非不[119]殷勤. 臣與(以)李乾風更與陛□(下)□(注)[120]五年, 計十

---

105 결문은 '卽執'이 아닐까 한다.

106 '文'을 原錄에서는 '之'로 썼으나 실제 原卷에는 '文'으로 되어 있다.

107 '辭'가 原錄에는 속자인 '辤'로 되어 있다. 劉瑞明은 비슷한 모양 때문에 '能'자를 '辭'로 잘못 쓴 것이라고 했으나 이는 '不辭'가 하나의 단어로 쓰여 가정과 종속의 관계를 표시할 수 있음을 모르고 한 말이다.

108 결문은 위의 '十年天子, 再歸陽道' 구에 근거하여 채워 넣었다.

109 '卽得'은 '就算了'(~하면 그만이다, ~해도 된다)의 의미이다. 이 구는 내가 '천자에게 십년을 주라'고 써 넣었다고 말하면 그만이다는 의미이다.

110 결문은 '多道'가 아닐까 한다. 劉瑞明은 '再感'으로 채워 넣었으나 확실치 않은 의견이다. [譯注] 劉瑞明의 의견이 오히려 맞는 듯하다. 덧붙이자면, 이 부분은 '不可'를 앞쪽으로 붙여 "그러다가 내가 바라는 바를 황제가 이루어주지 못하기라도 하면 안되니 3년이나 5년을 줄여 더 적게 말해야 하리라" 정도로 풀이하는 것이 가장 자연스럽다.

111 '得'은 '德'으로 읽어야 한다. 앞의 '何'자를 劉瑞明은 '合'으로 고쳤으나 이는 잘못된 교기이다.

112 위 구의 '得'자 아래에 '〃' 부호를 빠뜨린 것으로 보고 '得'자를 채워 넣었다.

113 결문은 위 구의 '再歸陽道'에 근거하여 채워 넣었다

114 '下'를 原錄에서는 '上'으로 썼다. 여기서는 原卷에 근거하여 바르게 고쳤다.

115 결문은 가정을 표시하는 앞쪽의 '忽若'을 보고 채워 넣었다.

116 '必'을 原錄에서는 '止'으로 썼으나 原卷을 보면 '必'의 속자로 쓰여 있다.

117 劉瑞明은 결문을 '自卑'로 채워 넣었으나 이는 확실지 않은 의견이다. '勾改'나 '添注' 정도의 말일 것이다.

118 '己'를 原錄에서는 '与'로 쓴 다음 '己'로 고쳤으나, 모양이 비슷해서 잘못 쓴 것이므로 여기서는 바로 고쳤다. 결문은 앞에 나온 '知己朝廷'에 근거하여 채워 넣었다.

119 [蔣禮鴻] '非不'는 정도의 심함을 나타내는 말로 '非常'이라 말하는 것과 같다. [校注] '非不'는 이중부정으로 긍정을 표시하는 말이며, '非常'의 의미는 이런 이중부정의 구법에서 나온 것이다.

年再歸長安城."

이윽고 홀을 잡고 말하였다. "신이 폐하의 기록을 고쳐 놓았습니다." 황제가 말했다. "어떻게 고쳐놓았소? 어서 짐에게 말을 해 보오." 최자옥은 다시 생각했다. "내가 '천자께 10년을 더 주었습니다'라고 바로 말해버려도 되겠지만 그러다가 내가 원하는 바를 황제가 이루어주지 못하기라도 하면 어떡하겠는가? 3년이나 5년을 [줄여서] 적게 말해야겠다." 최자옥이 아뢰었다. "덕이 없는 미천한 신인데도 폐하께서는 몸소 이곳으로 와 주셨습니다! 신이 폐하의 명록에 5년을 더 채워 넣어 다시 이승으로 돌아가실 수 있게 했습니다." "짐이 장안으로 가면 온 천하에서 공물을 바칠 것이니 이것들을 모두 경에게 주겠소." 최자옥은 또 생각했다. "좀 전에 5년을 주니 재물을 내려주시겠다고 했지. 그럼 다시 5년을 주면 정관 자리 하나는 틀림없이 얻겠구나." 이윽고 다시 아뢰었다. "신이 [명록에 글을 써 넣어서] 5년을 얻어 이승으로 돌아가실 수 있게 했다고 말했습니다. 이건풍은 신과 가까운 친구 사이라 편지를 보내와 간곡히 부탁하는 말이 참으로 은근하였습니다. 신은 이건풍을 봐서 폐하께 5년을 더 써 넣어 도합 10년을 늘려 장안으로 돌아가실 수 있게 하겠습니다."

皇帝再[121]聞所奏, 語□□(崔子)玉: "朕深愧卿與朕再三添注, 朕若到長安城, □□□(天下應)[122]有進貢錢物, 悉總賜卿." 崔子玉又心口思惟: "皇□(帝)兩度只與我錢物, 盡不道與崔子玉官職,[123] 將知皇□(帝)大惜官職." 崔子玉見皇帝不道與官, 心口思□(惟), 良久不語. 皇帝遂問崔

120 蔣禮鴻은 '與'를 '以'로 고쳤는데 이는 타당한 교정이다. 그리고 蔣禮鴻은 결문을 '注'로 보충하였다.

121 '再'를 原錄에서는 속자인 '再'로 썼다.

122 '天下應' 세 글자는 앞에 나온 '天下應有進貢物'을 따라 채워 넣었다. 原錄에서는 결문을 두 개로 보았으나 여기서는 세 개로 늘렸다.

123 原錄에서는 '職'의 '耳' 변을 '身' 변으로 썼는데 이 글자는 속자이다. 아래 역시 마찬가지다.

子玉:“卿適來奏朕, □[124]朕却歸陽道. 朕到長安取卿, 卿須朝朕.” 崔□□(子玉)曰:“臣當朝陛下.” 帝曰:“卿早晩[125]放朕歸去?” 崔□□(子玉)奏曰:“伏惟朕下通[126]一紙文狀, 以爲案底.” 帝曰:“朕□[127]之日, 不曾解通文狀, 如何通得?” 崔子玉[128]又心口思惟:“□(若)[129]不痛嚇, 然可[130]覔得官職!” 子玉遂乃奏曰:“陛下若□□(不通)文狀, 臣有一個問頭,[131] 陛下若答得, 卽却歸長安; 若□□(答不)得, 應不及再歸生路.” 皇帝聞已, 忙怕[132]極甚, 苦囑□(崔)子玉:“卿與我出一個異(易)問頭, 朕必不負卿!”

황제는 이 말을 재차 듣고 최자옥에게 말하였다. “경이 짐을 위해 다시 써 준다니 참으로 부끄럽기 그지없소. 짐이 장안에 가면 [온 천하에서] 공물과 돈을 바칠 것이니 이것들을 모두 경에게 주겠소.” 최자옥이 다시 생각했다. “황제가 두 번 모두 돈만 준다고 하고 나한테 관직을 주

124 劉瑞明은 결문을 ‘放’으로 채웠으나 아무래도 ‘許’자 정도가 아닐까 한다.

125 【張鴻勳】 早晩: 언제쯤. 지금도 하남성 지역에는 ‘多早晩’이라는 말이 있는데, 이 말 역시 ‘언제’ 혹은 ‘무슨 날’이라고 묻는 것이다.

126 通: 진술하다. 『漢書』 「夏侯勝傳」: “조정에서 매번 큰 논의가 있을 때마다 주상은 하후승의 성품의 솔직함을 알고 이렇게 말했다. ‘선생이 진술하는 말로는 이전 일을 문제 삼지 않겠소’(朝廷每有大議, 上知勝素直, 謂曰, 先生通言, 無懲前事).” 顔師古 注: “通, 謂陳道之也.”

127 이 구는 앞의 ‘朕在長安之日’과 비슷한 의미일 것이나, 글자 수가 이렇게 많지 않으므로 아무래도 결문은 ‘昔’자가 아닐까 한다.

128 原錄에서는 崔子玉 아래에 ‘曰’을 쓰고, 이 글자는 당연히 연문일 것이라고 교기를 달았다. 여기서는 아예 없앴다.

129 결문은 ‘如’나 ‘若’ 같은 글자가 되는 게 타당하다. 原錄에는 ‘痛’자를 속자(왼쪽 점 두 개가 없는 글자)로 쓴 다음 ‘痛’자로 고쳤다.

130 徐震堮은 ‘然可’가 ‘如何’가 되어야 한다 하고 劉瑞明은 ‘然’을 ‘焉’으로 고쳤으나, 둘 다 ‘然’의 의미를 모르고 있다. 【蔣禮鴻】 ‘然’은 곧 ‘如何’(어떻게)이다. ‘然’은 ‘如此’(이처럼)이기도 하고 ‘如何’이기도 하다. 이는 ‘沒’이 ‘熠沒’(이처럼)이기도 하고 ‘什麽’(무슨)이기도 한 것과 비슷하다. 이 말의 음은 지금의 ‘哪’ 음과 관계가 있다.

131 【蔣禮鴻】 ‘問頭’는 관청에서 죄인을 심문할 때 묻는 문제로 종이에 쓰여 있다. 문두에는 일정한 격식이 있는데, 시작 부분에는 항상 ‘問’자가 있으며 마지막은 항상 ‘仰答’이라는 말로 끝난다. 여기서 ‘仰’은 아래로 내려 보내는 공문에 쓰이는 명령의 어기를 가진 상투어이다.

132 忙怕: 놀라고 두려워함.

겠다는 말은 아예 하지 않는 걸 보면 아무래도 관직을 매우 아끼는 듯 하구나." 최자옥은 황제가 관직을 주겠다는 말은 하지 않자 한참을 골똘하게 생각하며 아무 말도 하지 않았다. 그러자 황제가 최자옥에게 물었다. "경은 방금 짐에게 장안으로 돌아갈 수 있게 해 준다고 했소. 짐이 장안으로 가서 경을 찾으면 경은 꼭 짐을 찾아오기 바라오." 최자옥이 말했다. "반드시 폐하를 찾아뵙겠사옵니다." 황제가 물었다. "언제쯤 짐을 돌아가게 해 주겠소?" 최자옥이 아뢰었다. "황송하오나 폐하께서 상부로 올리는 진술서 한 장에 진술을 하시어 이것으로 근거를 삼으면 됩니다." 황제가 말했다. "짐은 이전에 진술서에 진술을 해 본 적이 없는데 어떻게 하면 되는 것이오?" 최자옥은 다시 속으로 생각했다. "흠씬 놀라게 하지 않고서 어떻게 관직을 얻어낼 수 있겠어!" 이윽고 최자옥이 아뢰었다. "폐하께서 만약 진술서에 진술을 하지 못하신다면 대신 제가 문두(問頭)에 문제를 하나 내겠습니다. 만약 폐하께서 맞히시면 장안으로 돌아가시고 맞히지 못하시면 다시 이승으로 돌아갈 수 없게 됩니다." 황제는 이 말을 듣고 매우 놀라고 두려워하며 최자옥에게 간곡히 부탁하였다. "부디 쉬운 문제로 내 주오. 짐이 반드시 그에 보답을 하리다."

崔子玉覓官心切, 便索紙祗揖[133]皇帝了, 自出問□(頭)云 : "問大唐天子太宗皇帝去[134]武德七年爲甚□□(殺兄)弟於前殿, 囚慈父於後宮? 仰

133 祗揖 : 한 손으로는 주먹을 쥐고 다른 손으로 그 주먹을 감싸 가슴으로 모으고 몸을 굽히는 예절. '祗'는 접사이다.

134 劉瑞明은 '去'를 '在'로 고쳤으나 이는 옳지 않다. '去'는 지난일로 거슬러 올라감을 의미한다. 「燕子賦」(一)의 "그러나 참새는 지난 정관 19년 대장군이 요동을 정벌하는데 …… (但雀兒去貞觀十九年, 大將軍征討遼東 ……)"가 그 예이다. 『魏書』 권53 「李冲列傳」 : "짐은 지난 17년에 20만 백성들을 끌어안고 있으면서 도성 밖을 나가지 않았소. 이는 인사가 성황인 것이지 천시는 아니오(朕去十七年, 擁二十萬衆, 行不出畿甸, 此人事之盛, 而非天時)." 任昉 『奏彈劉整』 : "어머니는 지난 2월 9일 밤 수레의 난간과 지팡이와 안장 끈을 잃어버렸는데 아무래도 유정의 계집종인 채음이 훔쳐간 것 같다(孃去二月九日夜, 失車欄, 夾杖, 龍牽, 疑是整婢采音所偸." 위 예를 통해 六朝 때에 이미 '去'가 개사로 쓰였음을 알 수 있다.

答!" 崔子玉書□(了)□[135]與皇帝. [皇帝]把得問頭尋讀,[136] 悶悶不已, 如杵中心, 拋□(問)頭在地, 語子玉: "此問頭交(教)朕爭答不得!"[137] 子玉見□□(皇帝)有憂, 遂收問頭, 執而奏曰[138]: "陛下答不得, 臣□(爲)陛下代答得無?" 皇帝旣聞其奏, 大悅龍顔: "□(依)卿所奏!" 崔子玉又奏云: "臣爲陛下答此問頭, 必□(得)[139]陛下大開口." 帝曰: "與朕答問頭, 又交(教)朕大開口, 何□(也)?"[140] 子玉奏曰: "不是那個大開口.[141] 臣緣在生官卑, 見(現)□(任)輔陽縣尉. 乞陛下殿前賜臣一足之地, 立死□(亦)[142]幸!"

최자옥은 관직을 간절히 바라는 터라 곧바로 종이를 꺼내 몸을 굽혀 황제에게 읍을 한 다음 자기가 직접 문제를 냈다. "대당의 천자 태종황제는 지난 무덕(武德) 7년에 왜 어전 앞에서 형제들을 죽이고 아버지를 후궁에 감금하였는가? 답변 바람!" 최자옥은 문제를 다 쓴 다음 황제에게 건네주었다. 문두를 받아 본 황제는 가슴이 답답해지고 찧는 듯 마음이 아파 문두를 땅에 던져버리고는 자옥에게 말했다. "이 문제에 짐이 어떻게 답을 하란 말이오!" 황제가 근심에 쌓여 있자 최자옥은 곧 문두를 다시 주워 손에 쥐고 말하였다. "폐하께서 답을 하기 힘드시다면 신

135 앞의 결문은 '了'일 것이고 뒤의 결문은 '遞'나 '把' 정도일 것이다.

136 尋讀: 동의연문이다. '尋'은 곧 '讀'이기도 하다. S.778 王梵志 시: "대략 한 번 훑어보고 세 번 생각하여 잊지 마시오(一遍略尋, 三思無忘)." 『三國志』「孫權傳」에서 裴松之가 『吳書』를 인용하여 단 주석: "책에 전하는 역사를 널리 살피고 기이한 것들을 긁어모으면서도 글이나 읽고 문구나 따는 제생들을 본받진 않습니다(博覽書傳歷史, 藉採奇異, 不效諸生尋章摘句而已)." 『辭源』에서는 '尋'을 '搜尋'(찾다)으로 풀이했으나 이것이 전부는 아니다.

137 爭答不得: '어떻게 답을 하겠는가?'의 뜻으로 구어의 어법이다. '不'과 '爭'을 함께 씀으로써 긍정의 어기가 아닌 부정의 어기를 강조하고 있다.

138 劉瑞明은 '執' 아래에 '笏'이 빠져 있다고 했으나 확실치 않은 의견이다. '執' 아래에는 빠진 글자가 없으며 여기서 최자옥이 쥔 것은 문두(문제가 적힌 종이)이다.

139 결문은 '得'으로 보는 게 타당하다.

140 결문은 임시로 '也'자로 넣었다.

141 大開口: 여기서는 관직의 하사를 윤허한다는 말이다. 그래서 최자옥은 문두에 답한다는 의미로 '大開口'라고 한 것이 아니라고 말한 것이다.

142 劉瑞明은 결문을 '亦'으로 채워 넣었는데 이는 그럴듯한 의견이다.

이 폐하를 위해 대신 답을 하면 어떻겠습니까?" 황제는 이 말을 듣고 희색이 가득해졌다. "경의 뜻대로 해 주오!" 최자옥이 다시 아뢰었다. "신이 폐하를 위해 문제에 답을 해 드리면 폐하께서도 시원하게 답을 해 주십시오." 황제가 말했다. "짐에게 답을 해 준다고 해 놓고 다시 짐에게 시원하게 답을 하라는 건 또 무슨 말이오?" 자옥이 아뢰었다. "[문제에 답을 해 준다는] 그 의미로 시원하게 답을 하시라는 게 아닙니다. 신은 이승에서 보양현위라는 말단관직에 있습니다. 그러니 폐하께서 어전 앞에 신이 발을 디딜 자리를 하나 마련해 주신다면 당장 죽어도 여한이 없다는 그 말씀입니다!"

皇帝語子玉: "卿要何官職, 卿何不早道!" 又□(問): "是何處人事(氏)?" 崔子玉奏曰: "臣是蒲州人事(氏)." 皇帝曰: "□(賜)[143]卿蒲州刺史兼河北二四十州採訪使, 官至御史大夫, 賜□□(紫金)魚袋, 仍賜輔陽縣[144]庫錢二萬貫與卿資家." 崔□□(子玉)奉口敕賜官, 下廳拜舞, 謝皇帝訖, 上廳坐定. □(答)問頭次, 報: "天符使[145]下." 崔子玉問: "何來?" 使啓判官: "判官往□□[146]授蒲州刺史兼河北二十四州採訪使, 官至御史大夫, 賜紫□(金)□(魚)袋, 仍賜輔陽縣正(鎭)庫[147]錢二萬貫. 今日天苻." 崔子玉云.[148] □(皇)帝曰: "天符早知. 朕聞陰補陽授, 蓋不虛矣."

황제는 "경은 무슨 관직을 원하오? 어찌 내게 진작 말하지 않았소?"라고 묻고는 "경은 어디 출신이오?"라고 다시 물었다. 최자옥이 아뢰었다.

---

143 결문은 아래의 '奉口敕賜官' 구에 근거하여 채워 넣었다.

144 原錄에는 '輔陽縣'이 '蒲州縣'으로 되어 있다. [徐震堮] 아래 부분에 따르면 '蒲州'는 '輔陽'이 되는 게 맞다.

145 '符'를 原錄에서는 '苻'로 쓴 다음 '符'로 고쳤다. 돈황사본에서는 '竹'과 '艹'가 통용되는 경우가 흔한데 '竹'이 '艹'로 쓰이는 경우가 더욱 많다.

146 劉瑞明은 결문은 '陽間'으로 채워 넣었는데 이는 그럴듯한 의견이다.

147 '正'은 '鎭'으로 읽어야 한다. '鎭庫錢'은 만일의 사태를 위해 쌓아놓는 고정자금을 가리킨다.

148 '崔子玉云' 네 글자는 연문인 듯하다. 혹은 '云' 아래에 글자가 빠졌을 수도 있다.

"신은 포주(蒲州) 사람입니다." 황제가 말했다. "경을 포주자사 겸 하북(河北) 24주의 채방사(採訪使)로 삼을 것이며 어사대부의 관직에 자색 공복과 금어대(金魚袋)를 하사하겠소.[149] 아울러 보양현의 창고에 20만 관의 돈을 하사하여 경의 집안사람들이 쓸 수 있도록 하겠소." 최자옥은 황제의 칙명을 받들고 대청 아래로 내려가 엎드려 성은에 감사한 후 다시 대청으로 올라와 앉았다. 이윽고 문두에 답하려는 차에 "천부사(天符使)[150]가 내려갑니다"라는 보고가 들어왔다. 최자옥이 물었다. "어떻게 오시었소?" 천부사가 판관에게 아뢰었다. "판관은 이승으로 가면 포주자사 겸 하북 24주의 채방사의 직을 제수받고 관직은 어사대부에 이르러 자색 공복과 금어대를 하사받게 된다. 아울러 보양현의 창고에는 20만 관의 자금이 내려지리라. 이것이 오늘 내리는 하늘의 부명(符命)입니다." 황제가 말하였다. "하늘은 이미 알고 있었구려. '음보양수(陰補陽授)'라는 말이 과연 헛말은 아닌가 보오."

崔子玉□□與皇帝答問頭, 此時只用六字便答了, 云:"大聖滅族□□."[151] 崔子玉書了似[152]帝, 歡喜倍常. 崔子玉呈了收却, 又□(曰):"陛下若到長安, 須修功德, 發走馬使, 令放天下大赦, 仍□□(令沙)[153]門街西邊寺錄講大雲經.[154] 陛下自出已分錢, 抄寫大□□(雲經)." 崔子玉遂

149 [張鴻勳] 唐制에 따르면 3품 이상의 고급 관료는 자주색 공복에 金魚袋를 차게 되어 있다. 존경과 총애의 표시로 황제가 자주색 공복과 금어대를 특별히 하사하는 경우도 있다.

150 天符使: 천상의 조정에서 보내는 사절.

151 劉瑞明은 결문을 '興國'으로 채워 넣었는데 맞는 의견인 것 같다.

152 似: 주나. 劉瑞明은 '似'를 '以'로 쓴 다음 다시 '已'로 고치고 '已' 아래에서 구를 끊었으나 이는 俗語詞로 쓰이는 '似'의 의미를 모르는 것이다. 張鴻勳은 '呈'으로 고쳤으나 이 역시 틀리긴 마찬가지다. 賈島의 시 「劍客」: "오늘 잡아다가 임금에게 주면 누가 공평치 못한 일이라 하겠는가?(今日把似君, 誰爲不平事)." 歐陽修, 「紫名屛歌」: "화공을 불러 돌을 그리게 하여 보내주어야지(呼工畵石持寄似)" 등이 모두 같은 예이다.

153 劉瑞明은 결문을 '令沙'로 채워 넣었는데 맞는 의견인 듯하다.

依帝命取紙, 一依前功德數抄寫一本, 度與□□(皇帝)收得, 揷在懷中. 皇帝語子玉曰 : "朕稍似飢餧,[155] 如□□(何得)飯?" 子玉奏曰 : "陛下若飢, 臣當取飯." 崔子玉左右處□□(下缺)

天復六年丙寅歲閏十二月二十六日氾美贇書記[156]

최자옥은 황제를 위해 문두에 답을 하면서 '大聖滅族興國(천자는 가족을 멸하고 나라를 일으켰다)'이라는 여섯 글자만 썼다. 최자옥은 글을 써서 황제에게 바치고는 더욱 기뻐하였다. 최자옥은 문두를 바친 다음 다시 말했다. "폐하께서는 장안에 가시면 반드시 공덕을 닦으셔야 합니다. 주

---

154 현존하는 『大雲經』은 『大方等無想經』으로 일명 『大方等大雲經』이라고도 한다. 이 불경은 총 6권으로 北凉의 曇無讖이 번역하였으며 본문에 나오는 『대운경』은 현존하는 이 『대운경』이 아닌 듯하다. 『舊唐書』 「則天皇后本紀」 載初 元年 秋 7월 : "승려 열 명이 가짜 『대운경』을 지어 주상에게 아뢰면서 신황(神皇－무측천)이 수명받는 일을 유난히 힘주어 말하였다. 그래서 이것을 천하에 만들어 배포하고 모든 주에 대운사를 설치하도록 명하자 출가한 승려가 1천 명에 달했다(有沙門十人僞撰大雲經, 表上之, 盛言神皇受命之事. 制頒於天下, 令諸州各置大雲寺, 總度僧千人)." 또 권183 「薛懷義傳」에 따르면 경문을 위조할 줄 아는 사람이 『대운경』의 疏를 지었다고 한다. 본문에 나오는 『대운경』은 이렇게 위조된 經疏이고, 거리 서쪽의 사원은 대운사를 가리킬 가능성이 크다.

155 原錄에서는 '餧'자의 오른편을 '委'로 쓴 다음 '餧'로 고쳤다. 이 글자는 바로 '餧'의 속자이다.

156 이 題記가 原錄에는 없다. [劉瑞明] 甘肅省圖書館에 소장된 淸末 慕少堂의 『中國小說考』 중 「唐太宗入冥記」 조에는 이런 기록이 있다. "내가 본 바에 의하면 「당태종입명기」의 뒤쪽에는 '天復六年丙寅歲閏十二月抄'라고 쓰여 있었다." 이를 통해 모씨가 본 사권은 끝부분의 글자가 온전하고 제기까지 쓰여 있음을 알 수 있다. 지금 런던 소장의 原卷이 잔결된 건 사실 앞뒤를 바꾸고 정리하는 과정에서 그렇게 된 것이다. [校注] 런던에 소장된 原卷이 앞뒤를 바꾸는 등의 이유로 잔결되었다는 건 억측이다. 原卷의 마이크로필름을 보면 두루마리 맨 뒤에 두 개의 짧은 기록이 있다. 劉銘恕는 『敦煌遺書總目索引』의 提要에서 (마이크로필름에 근거하여) "본문 뒤에 짧은 기록 두 개가 따로 있다. 그 중 하나는 '羅被子一條, 羅衫子一褄'라 되어 있고 다른 기록은 '天復六年丙寅歲閏十二月二十六日氾美贇書記'이다"라고 이미 밝혀 놓았다. 劉瑞明은 마이크로필름도 보지 않고 『總目』의 제요도 살펴보지 않은 채 『敦煌變文集』의 기록만을 근거로 추단해서 이렇게 사실에 어긋나는 주장을 하게 된 것이다. 그리고 劉銘恕는 '天復六年'을 941년으로 보면서 아마 '天福六年'을 잘못 썼을 것이라고 말했다. 그러나 天福 6년에는 '閏十二月'이 없었으므로 이 역시 분명치 않은 의견이다. 天復 연간은 총 4년이므로 天復 6년은 天祐 3년(906년)으로 보는 게 타당하다.

마사(走馬使)를 보내 천하에 대사면령을 내리시고 사문(沙門) 거리 서쪽의 사원에서 『대운경(大雲經)』을 기록하고 강(講)하도록 명하십시오. 폐하께서 직접 돈을 내시어 『대운경』을 초사하는 일도 잊지 마십시오." 최자옥은 황제의 명에 따라 종이를 꺼내 이전에 쌓은 공덕의 수를 그대로 베껴 건네주었다. 황제는 이것을 받아 품속에 넣었다. 황제가 자옥에게 말했다. "짐이 허기가 져서 그러는데 어디서 밥을 좀 얻을 수 없겠소?" 자옥이 아뢰었다. "폐하께서 허기가 진다고 하시니 신이 마땅히 밥을 가져다 드려야지요." 최자옥은 좌우에 명하여 ……

(아래는 빠져 있음)

천복 여섯 번째 해 병인년 윤 12월 26일 범미윤(氾美贇)이 씀.

엽정능시(葉淨能詩)[1]

(前缺)

[會]嵇(稽)山會葉觀中,[2] 女冠[3]□□[4]悉解符籙,[5] 後[6]歸[7]依[太]上老君

1 【原校】原卷의 번호는 S.6838이다. 앞쪽에 제목이 없어서 뒤쪽의 제목을 썼다. 【校注】任二北과 胡士瑩은 「葉淨能詩」라는 편명이 「葉靜能傳」의 잘못이라 하고, 張錫厚는 「葉靜能話」의 잘못이라 했으며, 李正宇는 「葉靜能書」의 잘못이라고 했다. 原卷을 보면 '葉淨能詩'라는 네 글자는 본문 끝부분 詩讚文 다음의 새로운 행에 쓰여 있으며 여기에 '一卷'이나 '一首' 등의 기록은 없다. 아무래도 이 제목은 본문 전체의 편명이 아닌 마지막 시찬문의 제목인 듯하다. 原卷에서 '詩'자는 해서의 정자로 쓰여 있어 '話'나 '傳' 같은 글자가 잘못 쓰였을 것 같지는 않으나 '書'의 借音字일 가능성은 있다고 생각한다. '葉淨能'의 '淨'을 사서와 소설에서는 대부분 '靜'으로 썼으나 본문에서는 모두 '淨'으로 썼으므로 일일이 고치지 않았다. 본 작품은 많은 내용이 엽정능 한 사람에게 집중되어 있으며 창작 방식은 「廬山遠公話」와 같다. 【項楚】葉淨能은 葉靜能이라고도 한다. 唐 中宗 때의 유명한 도사로서 景龍 4년 李隆基가 군사를 일으켜 韋后를 죽일 때 엽정능도 참수를 당했다. 작품의 제목은 비록 「엽정능시」이지만, 사실 이 작품은 당시 민간에 전해지던 葉法善, 羅公遠, 張果, 明崇儼, 仇嘉福 등 많은 도사들의 이야기를 모아서 엽정능 한 사람에게 집중해 놓았으므로 '怪異記傳'의 집대성이라 할 만하다.

之教. 淨能一見慕之, 便卽留意, 住在觀內, □(爲)[8]一道仕(士). 日夜精修, 懃苦而學. 長年二十, 便入道門. 身爲樗冠[9]黃被,[10] 卷不離手, 志成(誠)[11]敢(感)神, 遂得神人而見, 淨能亦不知何處而來.

(앞쪽은 빠져있음)

회계산(會稽山) 회엽관(會葉觀)의 여도사는 나이 ( )세에 부록(符籙)[12]을 모

---

2 原卷에서 이 구는 희미하게 남아 있어 판독이 힘들다. 이 구는 행의 첫머리에 있고 그 앞쪽 행은 글자가 쓰여 있던 흔적이 없어서 원문은 바로 이 행에서 시작되는 것으로 보인다(앞쪽에 제목 줄이 하나 빠졌을 수 있는지 행 사이가 꽤 넓다).

3 '冠'을 原錄에서는 '見'으로 쓴 다음 '冠'으로 고쳤는데 모양이 비슷해서 잘못 쓴 것으로 보인다. '女冠'은 여도사를 말한다.

4 原卷의 결문은 희미하게 남아있는데 '歲'자인 듯하다. [譯注] IDP(International Dunhuang Project)가 제공하는 정밀 사진자료에 의하면, '冠'자 아래에는 두 글자 정도의 빈칸만 있고 글자를 쓴 흔적은 전혀 없다.

5 '籙'을 原錄에서는 '錄'으로 쓴 다음 '籙'으로 고쳤다. 하지만 原卷을 보면 '符' 밑에 바로 '後'자가 이어져 있으며 '籙'자는 없다. 여기서는 빠진 글자를 채워 넣었다. [譯注] 역시 IDP의 사진자료에 의하면, '後'자 다음에 '籙'자가 분명히 있다.

6 原錄에서는 '復'으로 썼으나 옳지 않은 듯하다.

7 原錄에는 '歸'자가 없으며 여기서는 原卷에 근거하여 채워 넣었다.

8 '爲'를 原錄에서는 결문 처리했다. 原卷을 보면 '內'와 '一' 사이에 빈 공간이 없어 '爲'를 임으로 채워 넣었다. 아래의 '仕'는 '士'와 통한다.

9 '樗'자의 '木'변을 原錄에서는 '扌'으로 썼다. 劉凱鳴은 '樗'를 '楮'로 고쳤으나 그럴 필요는 없다. '樗冠'은 곧 가죽나무로 만든 冠을 말한다. 『說文』: "樗, 木也. 讀若華." 慧琳『一切經音義』 권35 : "樗木皮 : 華卦反, 俗用作樺." 권68 : "樗皮 : 胡化反. 論作樺, 亦通." '亦通'은 곧 원래 글자 다음에 이어서 사용된 글자임을 말한다. '樺'가 비교적 일찍 쓰인 예는 『玉篇』이나 『魏書』 「禮志」 등에서 볼 수 있으며, 이 글자는 '樗'('槬'이라고도 씀)보다 나중에 생긴 글자이다.

10 '被'를 原錄에서는 '帔'로 고쳤으며 '帔'는 '被'보다 나중에 나온 글자이다. 『方言』 권4 : "帍裱謂之被巾." '黃被'는 어깨에 걸치는 노란 천을 말한다. P.3211 王梵志 詩 : "도관 안의 부인들은 이름 없는 여자 도사들이네. 모두들 머리를 간편히 빗을 수 있어 부용관을 두르지. 황금색 긴 치마에 노란 홑겹 속옷을 가로로 걸쳤구나(觀內有婦人, 無名是女官. 各各能梳略, 悉帶芙蓉冠. 長裙并金色, 橫披黃襯單)"에서 '橫披'가 S.5441에는 '橫被'로 되어 있다.

11 '成'을 原錄에서는 '咸'으로 썼다. [徐震堮] '咸'은 '誠'이 되어야 한다. [校注] '咸'은 모양이 비슷하여 '成'을 잘못 쓴 것이라 여기서는 곧바로 '成'으로 고쳤다.

12 [項楚] 符籙 : 도교의 비밀문서로서 기이한 문자로 天曹(천상의 관아)에 있는 귀신들 이름을 써서 귀신 부리는 사람에게 준다. 아래에 나오는 "이 부본 한 권을 정능에게 주었다(送此符本一卷與淨能)"의 부본이 바로 이런 문서이다. 또 도교에서는 법술을

두 풀이할 줄 알았고 나중에는 태상노군(太上老君)[13]의 가르침에 귀의하였다. 정능은 그를 보자마자 사모하게 되어 곧 마음을 잡고 도관 안에 머물며 도사가 되었다. 밤낮으로 정성껏 도를 닦고 부지런히 학문을 익혀 20세에 도문(道門)으로 들어갔다. 몸에는 자작나무 관(冠)에 황색 도복을 걸치고 손에서 책을 놓지 않았다. 그 뜻과 정성이 신을 감동시켜 마침내 신인(神人)을 만나게 되니 정능도 그가 어디서 왔는지는 알 수 없었다.

書云: 淨能年幼, 專心道門, 感得大羅宮[14]帝釋,[15] 差一神人, 送此符本一卷與淨能, 令淨能志心懃而[16]學: "勿遣人知也. 得成, 無所不遂, 尊師忽(或)要[17]昇天, 須去卽[去], 須來便來. 推五岳卽須臾, 喝太

쓰면서 기이한 문자나 부호를 노란 종이에 써서 이것으로 귀신을 마음대로 부리는데 이 종이도 '부록'이라 한다. 아래에 나오는 "이윽고 부록 한 줄을 써서 강물에 던졌다(遂書符一道, 抛向水中)"가 바로 이것이다.

13 [項楚] 太上老君: 도교에서 교조인 老子를 부를 때 쓰는 존칭. 『老子內傳』: "태상노군은 성이 李이고 이름은 耳이며, 자는 伯陽에 일명 重耳라고도 한다. 태어나면서부터 흰머리라 노자라 불렀다. 귀에는 구멍이 세 개가 나 있어 또한 老聃이라 부르기도 한다(太上老君, 姓李名耳, 字伯陽, 一名重耳. 生而白首, 故號老子. 耳有三漏, 又號老聃)."

14 '大'를 原錄에서는 '天'으로 쓴 다음 '大'로 고쳤다. [原校] 불경에 天羅가 등장하긴 하나 자주 보이진 않으며, 아래의 글을 참조해보면 마땅히 '大羅宮'이 되어야 한다. [校注] 『酉陽雜俎』 2 「玉格」: "도가에서 열거하는 三界의 諸天은 불교와 이름만 다를 뿐 같은 것이다. 삼계 밖을 四人境이라 하는데, 이는 常融, 玉隆, 梵度, 賈奕의 四天을 말한다. 사인천 밖은 三淸이라 하며 大赤, 禹餘, 淸微가 바로 그것이다. 삼청 위를 大羅라 하며 여기에 또 九天波利 등의 아홉 명이 있다(道列三界諸天, 數與釋氏同, 但名別耳. 三界外曰四人境, 謂常融, 玉隆, 梵度, 賈奕四天也. 四人天外曰三淸, 大赤, 禹餘, 淸微也. 三淸上曰大羅, 又有九天波利等九名)." 대라궁의 제석은 곧 대라천의 왕을 말한다. 아래에 나오는 '大羅王'이 바로 그이다. [項楚] 大羅宮: 대라천의 仙宮으로 도교에서 가장 높은 궁이다. 대라천은 도교의 36天 중 가장 높은 天이다.

15 [項楚] 帝釋: 본래는 불교에서 33천을 주재하는 신이나 민간에서는 天帝를 제석이라 부르기도 한다. 예를 들어 돈황본 「董永變文」에는 "제석궁에서 친히 분부하시어 저를 보내 함께 빚을 갚으라 하셨어요(帝釋宮中親處分, 便遣汝等共田常)"이라 했고 「不知名變文」에도 '華北太山天帝釋'이라는 말이 있다.

16 '而'자는 연문이거나 '懃'자 위에 있어야 할 것으로 보인다.

17 '忽要'를 原錄에서는 '匆安'으로 쓴 다음 '從容'으로 고쳤다. [蔣禮鴻] "忽要拔地移山,

陽海[18]水時向(餉)[19]逆流. 通幽動[微],[20] 制約宇宙, 造化之內, 無人可皆.[21] 若不志[22]道法之玄, 心都被符所捐.[23] 天上天下, 一切靈祇[24]名字, 留在此符本之中, 吾亦不能言." 臣(神)[25]人知天文, 辭尊師去:"後

卽使一神符"의 '怱'자 역시 '忽'의 오자이다. 내용을 살펴보면 '匆妄'도 '忽要'를 잘못 쓴 것임을 알 수 있다. '或'이 올바른 글자이고 '忽'은 동음가차자이다. 【校注】 '匆'은 '怱'을 줄여 쓴 것이고 '怱'은 '忽'의 속자이다. 아래에 나오는 '忽爾卒亡' 등의 '怱'도 모두 이 속자로 쓰여 있다.

18 太陽海 : 『魏書』 권95 「石勒列傳」 : "유찬이 낙양을 공격하자 석륵은 장사 조응을 남겨 보병 9만을 통솔해 치중을 중문으로 옮기게 했으며 경기병 2만 명을 이끌고 태양에서 유찬과 만나 진의 감군 배막을 민지에서 대패시키고 결국 낙천까지 이르렀다(劉粲攻洛陽, 勒留長史刁膺統步卒九萬, 徙輜重於重門, 率輕騎二萬會粲於太陽, 大敗晉監軍裴邈于澠池, 遂至洛川)." 太陽은 곧 지명이다.

19 【蔣禮鴻】 '時餉'이나 '時向'은 곧 '一時一餉'을 줄인 말이다. '餉'과 '向' 중에서 당연히 '餉'이 本字이며 '一餉'은 밥 한 끼 먹을 정도의 시간을 말한다. 【校注】 '時餉逆流'는 '즉시 역류하다'이다. 아래의 '不經時向中間'의 '時向'도 같은 의미이다.

20 【原校】 '微'는 啓功이 「化度寺塔銘」에 근거하여 채워 넣었다. 【譯注】 '通幽動微'는 '通幽洞微'라고도 하며 심오하고도 자세한 도리를 훤히 꿰뚫는다는 의미이다.

21 '皆'를 原錄에서는 '偕'로 고쳤으나, '皆'가 '偕'의 고자이므로 굳이 고칠 필요가 없다. 『說文解字注箋』 : "皆, 又作偕. 皆、偕古今字."

22 '志' 아래에 '心'자가 빠진 듯하다. 혹은 아래 구의 '心'자가 이곳으로 와야 할 것이다. '志心'은 온 마음과 뜻을 기울인다는 의미로서 앞에 나온 '令淨能志心懃而學'에서 이미 같은 의미로 쓰였다.

23 '捐'을 原錄에서 '損'으로 썼으나 실제 原卷에는 '捐'으로 되어 있다. 이 구는 만약 지극정성으로 도를 배우지 않으면 神符에 의해 버려져 부록을 마음대로 다룰 수 없게 된다는 의미이다.

24 【項楚】 '靈祇'는 곧 '神祇'로 하늘과 땅의 모든 신령을 가리킨다.

25 '臣'을 原錄에서는 '忠'으로 썼으나 '忠人'은 해석이 안 된다. '忠'은 곧 '恧'을 잘못 쓴 것인데, 이 글자는 무측천 때 쓰던 '臣'의 새 글자이다. 『吐魯番出土文書』에 자주 보이며 돈황사본에서도 가끔 보인다. 예를 들어 「韓朋賦」의 "諸臣聚集, 王得好婦"에서 '臣'자가 原卷에는 '恧'으로 쓰여 있다. 이 글자는 '恧'의 변체이다. '臣'은 '神'의 동음가차자이다. 예를 들어 「捉季布傳文」의 '朝下總呼諸大臣' 구가 庚卷에는 "朝庭邀呼請(諸)重神"으로 되어 있고 丁卷에서는 '神'으로 썼다가 다시 옆에 '臣'으로 고쳐 놓았다. 또 '慚愧英雄楚下臣' 구와 '牛由天子牛由臣' 구에서 '臣'이 庚卷에는 '神'으로 되어 있고 丁卷에서는 '神'으로 쓴 다음 다시 '臣'으로 고쳐놓았다. 위 내용은 『太平廣記』 26 「葉法善」 조의 "항상 괄창의 백마산으로 갔다. 석실 안에서 세 명의 신선을 만났는데 모두 비단옷에 보물로 장식한 관을 쓰고 있었으며, 선사에게 말하기를 '우리는 태상의 명을 받아…… 正一三五의 법을 당신께 드립니다'라고 하였다(常遊括蒼白馬山. 石室內遇三神人, 皆錦衣寶冠, 謂師曰, 我奉太上命 …… 以正一三五之法,

於大羅天中爲期相見!" 須臾之間, 淨能不見神人. 當時傾心在道, 更無退心. 便開符讀之, 脚下[26]分明悉住(注)鬼神名字, 皆論世上精魅.[27] 不禁[28]小耶(邪), 忽(或)要[29]拔地移山, 卽使一神符.

책에서는 이렇게 말하고 있다. 정능은 어린 나이에도 도문에 온 마음을 기울였다. 이에 감동한 대라궁(大羅宮)의 제석신(帝釋神)은 신인을 보내 부본(符本) 한 권을 정능에게 주면서 정성을 기울여 부지런히 학문에 임하라고 당부했다. "다른 사람이 알지 못하도록 하십시오. 이를 얻으면 못하는 바가 없게 됩니다. 존사(尊師)[30]께서 혹 하늘로 오르고자 할 경우에도 가고자 하면 곧 가고 오고자 하면 곧 올 수 있습니다. 오악(五岳)을 미는 것도 잠깐이면 되고 태양해(太陽海)의 물을 마셔 역류시키는 것도 금방입니다. 심오하고도 자세한 도리를 훤히 꿰뚫고 우주를 제어하니 이 세상 천지에 견줄만한 사람은 아무도 없습니다. 만일 도법의 현묘함에 온 정성과 뜻을 기울이지 않는다면 신이 내린 부본에 의해 오히려 버림을 받을 것입니다. 천상천하의 모든 천신(天神)과 지신(地神)의 이름

令授於子)"와 비슷하다.

26 脚下 : 부본의 아랫부분을 말한다. 매 부본 아래에는 주해, 즉 소위 말하는 '각주'가 달려 있다.

27 '鬼神'은 시키는 대로 역할을 맡고 '精魅'(도깨비)는 장차 없애야 할 대상이다. 이 구는 어떤 도깨비를 만나면 어떤 귀신을 부려 없애야 하는지가 부본 위에 분명히 적혀 있다는 말이다.

28 **[項楚]** 禁 : 법술이나 주문 등으로 귀신을 통제하는 것이다. 『後漢書』「徐登傳」: "등이 계곡의 물에 법술을 부리자 물이 흐르지 않았다. 병이 다시 고목에 법술을 부리자 나무에서 싹이 돋았다(登乃禁溪水, 水爲不流, 炳復次禁枯樹, 樹卽生荑)." 『抱朴子』「內篇」'至理' : "혹 사악한 산도깨비가 인가를 침범하여 기왓장을 사람에게 던지고 사람들 집에 불을 지르고 혹은 모습을 드러내 돌아다니거나 사람 목소리만 듣고 말을 하기도 했는데 법술을 잘 하는 사람이 기로써 도깨비에게 법술을 부리면 그런 일이 모두 없어졌다(或有邪魅山精, 侵犯人家, 以瓦石擲人, 以火燒人屋舍, 或形現往來, 或但聞其聲音言語, 而善禁者以氣禁之, 皆卽絶)."

29 '忽'이 原錄에는 속자인 '怱'으로 되어 있다. 본문 내의 다른 예도 모두 마찬가지라 교록자들 대부분은 곧바로 '忽'로 고쳐 썼다. 「捉季布傳文」의 몇몇 두루마리도 '忽' 자가 모두 이 속체로 쓰여 있다.

30 **[張鴻勳]** 尊師 : 도사에 대한 존칭.

이 이 부본에 남겨져 있으며 저 역시 이를 말할 수는 없습니다." 신인은 천문을 보고 존사에게 작별인사를 했다. "훗날 대라궁에서 다시 뵙겠습니다!" 잠깐 사이에 신인은 정능의 눈앞에서 사라졌다. 정능은 수도에 정성을 기울이고 그만둘 마음은 전혀 없던 터라 곧 부록을 열어 읽어보았다. 아래쪽에 귀신의 이름이 분명히 쓰여 있고 세상의 도깨비들에 대해 말하고 있었다. 사소한 삿됨에는 관여치 않았으나 혹여 땅을 뽑고 산을 옮기기라도 해야 하면 신부(神符)를 하나 부렸다.

淨能便於會稽山內精法, 上[31]應天門, 下通[地][32]理, 天下鬼神, 盡被淨能招將, 神祇無有不伏驅使. 淨能便於會嵇(稽)[山]內令鬼神驅馳[精]魅,[33] 無不遂心. 要呼便呼, 須使便使. 若在[34]道精熟, 符錄(籙)最絶, 宇宙之內, 無過葉淨能者矣. 況且道士美貌淸暢, 情傷[35]寬閑, 若至太處,[36] 性同緩急;[37] 一旦意欲遊行, 心士[38]只在須臾, 日行三萬五萬里. 若不餐,[39] 動經三十五十日; 要餐, 頓[40]可食六七十料[41]不足. 或卽隱

---

31 '上'을 原錄에서는 '人'으로 쓴 다음 '上'으로 고쳤다. 이는 비슷한 글자 때문에 잘못 쓴 예이다.

32 [原校] 啓功의 의견에 따라 '地'를 채워 넣었다.

33 原錄에서는 '令鬼神驅馳魅'이 '令' 아래에 '人'자를 넣었으며, 潘重規는 이 구가 '令人神鬼魅驅馳'일 것이라고 했으며, 項楚는 자리를 바꿔 '令神人鬼魅驅馳'로 고쳤다. 그러나 본문에서는 귀신이 도깨비를 쫓는 자가 되므로 項楚의 설은 확실치 않은 듯하다. '人'은 '山'을 잘못 쓴 것으로 보고 '會稽' 아래로 놓는 것이 타당하다. '精'자는 위의 '皆論世上精魅' 구에 근거하여 채워 넣었다.

34 在 : 於. 張鴻勳은 '在'를 동사 '在思'(마음을 쏟다)의 '在'라고 보았으나 확실치 않은 의견이다. 현대어에 '在行'이라는 단어가 있는데 조어법은 '在道'와 같으나 '~에 숙련되다, 능통하다'라는 형용사로 쓰인다.

35 '傷'은 '復'의 잘못으로 보인다. 예를 들어 P.3211 王梵志 시 : "초가십에는 침상도 아예 없고 요도 이불도 없었다(草舍元無床, 無氈復無被)"에서 '復'이 S.5441에는 '傷'으로 잘못 쓰여 있다.

36 潘重規는 '處'가 '虛'일 것으로 보았다.

37 '緩急'의 의미는 '緩'(느긋하다)으로서 한쪽 뜻만 쓰이는 복합사이다.

38 [潘重規] '士'는 '事'와 통한다.

39 '餐'을 原錄에서는 '飡'으로 썼으며 아래쪽의 '餐'은 原錄에서 '湌'으로 썼다. 原卷에는

身沒影, 卽便化作一百個人.

정능이 회계산에서 도법에 정통하여 위로는 천문에 응하고 아래로는 지리에 통달하자 천하의 귀신들이 모두 정능의 손에서 좌지우지되었으며 천신과 지신들 중 누구도 그를 따르지 않는 자들이 없었다. 정능은 회계산에서 귀신으로 하여금 도깨비를 쫓게 할 때 자신의 뜻대로 하지 못하는 게 없었다. 불러야 하면 바로 부르고 마음대로 부려야 하면 바로 부렸다. 만약 도에 정통하고 부절에 가장 능한 자로 따진다면 우주 안에서 엽정능보다 뛰어난 사람은 없을 것이었다. 게다가 도사는 깨끗하고 훤하고 아름다운 용모를 지녔으며 마음 또한 넓어 마치 태허에 이른 듯 성품이 느긋했다. 그러나 일단 어딘가로 가야 할 때면 마음을 먹자마자 하루에 3만에서 5만 리를 갔다. 밥을 먹지 않을 때는 30에서 50일을 그냥 보내곤 했으며, 밥을 먹고자 하면 한 번에 60에서 70가지 음식으로도 부족했다. 간혹 몸을 숨기고 그림자까지 없앴다가 백 사람으로 변하기도 했다.

今乃愚(遇)唐朝天子, 三皇五帝開闢以來, 未似我[玄][42]宗皇帝聖明. 朝庭卿相, 言無諂[43]佞. 帝號開元. 自帝每修道者, 敕命天下修造尊容, 並及觀舍殿, 再[44]崇道教. 淨能自會嵇(稽)山適長安, 留名. 行經數日, 大羅王化作一河水, 其河闊五里已來,[45] 又無橋船[46]渡人之處, 而試淨

'飡'으로 되어 있다.

40 頓 : 밥 한 끼. 『世說新語』「任誕」: "고을의 현인께 제사지낸다 하여 밥 한 끼 구걸코자 하는 것뿐입니다(聞鄉祠, 欲乞一頓食耳)."

41 料 : 음식, 먹을 것. 蔣紹愚는 原卷의 글자가 '升'의 속자라고 했으나 原卷의 글자는 '料'로 보는 것이 타당하다. [張鴻勳] 料 : 양을 세는 단위. 一石이 곧 一料이다.

42 [原校] '玄'은 啓功의 의견에 따라 채워 넣었다. [校注] '未似我' 세 글자는 당대 사람들의 어투인 듯하다.

43 '諂'을 原錄에서는 '誦'으로 쓴 다음 '諂'으로 고쳤다. 비슷한 모양 때문에 잘못 쓴 것이 분명하므로 여기서는 곧바로 고쳤다.

44 '再'를 原錄에서는 '毎'으로 쓴 다음 '稱'으로 고쳤다. 하지만 이 글자는 '再'의 속자이다. 「韓擒虎話本」에 나오는 "再興佛法"의 '再'자도 原卷에는 이 속자로 쓰여 있다.

能. 遂書符一道, 抛向水中, 其河枯竭, 淨能卽行.

이제 당 왕조는 천자를 새로 맞이하였으니 삼황오제(三皇五帝)가 하늘을 연 이래로 우리 현종(玄宗) 황제처럼 현명한 성군은 일찍이 없었다. 조정의 공경과 대신들은 알랑거리거나 아첨하는 말을 하지 않았다. 제호(帝號)는 개원(開元)으로 했다. 황제가 늘 도를 닦으면서부터 신상(神像)을 세우고 도관의 전(殿)을 짓고 도교를 다시 숭상토록 하는 칙명이 천하에 내려졌다. 정능은 직접 회계산에서 장안(長安)으로 가 이름을 남기고자 했다. 정능을 시험코자 며칠 후에 대라왕이 강물을 만들어 강의 길이가 5리나 되는데도 사람이 건너갈 다리나 배를 없게 했다. 정능이 부록 한 줄을 써서 강물로 던지자 강물이 다 말랐고 정능은 곧 강을 건넜다.

經數日, 得至華州華陰懸(縣)東五里已來. 其年四月選,[47] 悉皆赴任. 有常州無錫懸(縣)令張令[48]將妻及男女於華岳神[49]前過. 其張令將妻,[50]

45 已來: 대략의 수를 표시하는 말로 '左右'와 같다. 아래 역시 마찬가지다.

46 '船'을 原錄에서는 속자인 '舡'으로 썼다. 아래에서는 곧바로 고쳤다.

47 [項楚] 選: 관리의 선발을 가리킨다. 『新唐書』「選擧志下」: "문관과 무관을 뽑는데 문관의 선발은 이부에서 주관하고 무관의 선발은 병부에서 주관한다(凡選有文武, 文選吏部主之, 武選兵部主之)."

48 [原校] 이 이야기에서는 주인공이 장령이나, 『太平廣記』 권378 「說郛」 권24에 인용된 「逸史」에는 李主簿로 되어 있다. [校注] 이 고사는 여러 가지 전설이 있다. 『太平廣記』 '葉法善' 조에서는 이렇게 말한다. "촉천 장현위의 아내가 죽었다가 되살아나 다시 부부가 되자 선사가 이를 알고 말하였다. '시체가 아양을 떠는 병이오. 빨리 없애지 않으면 장현위가 죽게 되오.' 선사가 부록을 던지자 검은 연기로 변하였다(蜀川張尉之妻, 死而再生, 復爲夫婦. 師識之曰, 尸媚之病也, 不速除之, 張死衣. 師投符而化爲黑氣焉)." 비록 산신이 아내를 데려가는 이야기는 나오지 않지만, 이에 근거하여 장령('令'은 사실 인명이 아닌 관직명일 것이다) 혹은 장현위의 고사 역시 널리 전해졌음을 알 수 있다.

49 [項楚] 華岳: '華山'을 말한다. 五嶽 중 西嶽이므로 '華嶽'이라고 하며 '華岳'이라고도 한다. 위에 나온 華岳神은 곧 金天王으로 속칭 '華嶽三郎'이라고 한다. 『舊唐書』「玄宗紀上」: "계축년에 화악신을 금천신으로 봉하였다(癸丑, 奉華嶽神爲金天神)."

50 '將妻'를 '妻將'으로 바꾸어 세 구를 "其張令妻將酒脯駝馬奠祭岳神求福"로 연이어 읽

酒脯駝馬, 奠祭岳神求福. 適會此日岳神在廟中闕第三夫人, 放到店中, 夜至三更, 使人娶之. 三更三點, 忽爾卒亡. 懸(縣)令不知是岳神娶將,[51] 號天大哭, 情[52]纏綿. 其淨能在於側近店止[53]宿, 忽聞哭聲甚切. 淨能遂問: "何故哭?" 張令曰: "其夜妻子卒亡." 淨能曰: "必被岳神取[54]也!" 欲與張令妻再活. 張令曰: "啓尊師: 若化救得再活, 殺[55]身乃不敢有違, 要其尊師命矣." 淨能問長官曰: "夫人莫先疾病否?" 張令曰: "先無病疾, 只到此間[56]有[57]亡. 淨能救護, 誓不辜恩."[58]

그로부터 며칠이 지나 화주(華州) 화음현(華陰縣) 동쪽 5리 정도 되는 곳에 이르렀다. 그 해 4월은 관리가 새로 선발되어 모두들 임지로 가는 때였다. 상주(常州) 무석현(無錫縣)의 현령 장령(張令)은 아내와 자식들을 데리고 화악(華岳)의 신 앞을 지나게 되었다. 장령의 처는 술과 육포와 말로 악신(岳神)에게 제사를 지내 복을 기원했다. 마침 이날 악신은 사당에 세 번째 부인이 없었다. 그래서 [장령이 묵고 있는] 여관으로 가서는 삼경(三更)에 사람을 보내 그녀를 데리고 오도록 했다. 삼경 삼점(三點)[59]에 갑자기 죽자 현령은 악신이 데리고 간 줄도 모르고 하늘에 대고 울

어야 할 듯하다.

51 '娶將'이 原錄에는 '將娶'로 되어 있다. 그러나 原卷에는 '娶將'으로 되어 있으며, 이는 신부를 데리고 간다는 의미이다.

52 '情' 아래에 '極'이나 '甚'자가 빠진 듯하다.

53 '止'가 原錄에는 '上'으로 되어 있으나 실제 原卷에는 '止'로 되어 있다.

54 '取'를 原錄에서는 '娶'로 고쳤다. 그러나 '取'는 '娶'의 古字이므로 굳이 고칠 필요가 없다.

55 '殺'을 原錄에서는 속자인 '煞'로 썼다. 아래에서는 곧바로 고쳤다. '殺身乃不敢有違'는 뒤에 나오는 '不敢有負天師'와 같은 의미이다.

56 '間'을 原錄에서는 '門'으로 쓴 다음 '間'으로 고쳤는데 여기서는 바로 고쳤다.

57 '有'는 '而'나 '乃'가 되어야 할 듯하다.

58 【譯注】 이 『校注』 본은 '淨能救護, 誓不辜恩'을 장령의 말로 처리하지 않았다. 하지만 이 구절을 장령의 말로 보지 않으면 해석이 힘들어지며, 바로 다음에 정능이 손을 쓰는 장면이 나오므로 이 구절은 장령이 정능에게 부탁하는 말로 보는 것이 타당하다. 項楚 역시 여기까지를 장령의 말로 보았다.

59 【譯注】 點: 고대에 시간을 세는 단위. 하룻밤은 5更으로 나뉘고 1경은 다시 5點으로 나뉘었다.

부짖으며 가슴아파했다. 옆 여관에 머물던 정능이 문득 간절히 우는 소리가 들려 사연을 물었다. "왜 그렇게 우십니까?" 장령이 답했다. "아내가 갑자기 죽었습니다." 정능은 "필시 악신이 데리고 갔을 겁니다!"라고 하며 장령의 아내를 다시 살려내고자 했다. 장령이 말했다. "존사님! 다시 살려낼 수만 있다면 제 목숨을 바쳐서라도 존사의 명을 따르겠습니다." 정능이 장관(長官－장령)에게 물었다. "부인께서는 전에 무슨 병이 있었습니까?" 장령이 답했다. "전혀 병은 없었고 여기 와서 별안간 세상을 뜬 겁니다. 정능 존사께서 구해주신다면 그 은혜 절대 저버리지 않겠습니다."

淨能遂取筆書一道黑符, 吹向空中, 化爲着黑衣神人, 疾速如雲, 卽到岳神廟前. 門人亦(一)見, 走報岳神云:"太一使至." 岳神便屈,[60] 使人直入殿前, 言:"太一傳語, 因何輒娶他生人婦, 離他夫婦, 失其恩愛?" 岳神啓使人曰:"皆奉天曹疋配, 與(以)[61]之作第三夫[人], 非關太一之事. 乃使迴, 但依此諮報." 使人唱喏, 當[62]時却迴. 具依岳神言語諮說.[63] [淨能]作色惱然. 又取朱筆書符, 吹向空中, 化作一使人. 身着朱衣, 傾(頃)刻之間便[64]至. 岳神趨走下殿, 祇對[65]使人. 使人曰:"不[當]取他生人婦爲妻, 太一極怒. 今取張令妻何處?" 岳神啓言使人曰:"豈敢專擅取他生人婦爲妻, 皆奉天曹疋配, 伏惟使者照[66]爲諮說, 卽

60 '屈'은 '請'의 의미이다.

61 '與'는 '以'로 읽는다.

62 '當'이 原錄에는 '劣'로 되어 있다. [徐震堮] '劣'은 '立'과 같다. 아래에서는 다시 거론하지 않는다. [蔣禮鴻] 본편에 나오는 '劣時'는 대부분 '立時'(즉시)로 해석될 수 있다. 다만 "劣時策賢坊百姓康太淸, 有 女……"에서는 '즉시'가 아닌 '당시'로 해석해야 한다. [校注] '劣'자는 '當'자의 초서와 모양이 비슷해서 잘못 쓴 것이다. 여기서는 모두 옳게 고쳤다.

63 諮說 : 아뢰다. 앞에 나온 '諮報'와 같은 의미이다.

64 '便'을 原錄에서는 '使'로 썼다. 그러나 '便'을 잘못 쓴 것에 분명하므로 여기서는 바로 '使'으로 고친다.

65 [項楚] 祇對 : 공경하며 대하다. 祇 : 공경하다.

當[67]恩幸." 使人曰:"莫爲此女人損着符(府)君[68]性命, 累及天曹!" 岳神曰:"伏惟太使善爲分疎,[69] 終不敢相負!"

정능이 곧 붓을 꺼내 검은 부록을 한 줄 써서 공중에 날려 보내자 [부록은] 검은 옷의 신인이 되어 구름처럼 빠르게 악신의 사당 앞으로 갔다. 문지기가 이를 보고 악신에게 가서 알렸다. "태일신(太一神)[70]의 사신이 왔습니다." 악신이 즉시 사신을 전으로 들게 하자 [사신이] 말하였다. "태일신께서 말씀을 전하라 하셨습니다. '어찌하여 남의 부인을 데려가 부부 사이를 갈라놓는 배은망덕한 짓을 저질렀는가?'라고 말입니다." 악신이 사신에게 말하였다. "천조(天曹)[71]에서 정해준 대로 세 번째 부인으로 삼은 것이니 태일신과는 무관한 일입니다. 사신께서는 돌아가셔서 이렇게 아뢰어 주십시오." 사신은 알겠다고 답하고 즉시 돌아가 악신의 말을 그대로 아뢰었다. 정능이 노한 얼굴을 하고는 다시 붉은색 붓을 꺼내 부록을 적어 공중에 날리자 이번에는 붉은 옷을 입은 사신이 되어 순식간에 그곳으로 갔다. 악신은 전 아래로 급히 내려와 사신을 공손히 맞았다. 사신이 말하였다. "부당하게 남의 아내를 데려가 태일신께서 심히 노하셨습니다. 장령의 처를 어디에 데려다 놓으셨습니까?" 악

66 原卷을 보면 '照' 아래에 '知'자가 있다. '照知'는 '照察'(잘 살펴 봐주다)의 의미이다. 그러나 '知'가 아래의 '諮' 때문에 잘못 쓰인 것일 수도 있어 여기서는 집어넣지 않았다.

67 '當'이 原錄에는 '劣'로 되어 있다. [原校] '劣'은 '當'이 되어야 한다. [潘重規] '劣'은 '略'이나 '少'의 의미로서 굳이 고치지 않아도 뜻이 통한다. [校注] '劣'은 '當'자의 초서를 잘못 본 것이다. 「廬山遠公話」의 "법사님께서 자비롭게도 법도를 세우시어 이 천한 중생을 내치지 않으신다면 은혜롭고 다행스런 일이라 하지 않을 수 없습니다(上人若垂大造, 立儀將來, 不棄蒭蕘, 卽當恩幸)"에 '卽當恩幸'이라는 말이 나온다.

68 府君 : 華岳神을 가리킨다. 화악신은 華山府君이라 불리기도 한다. 예를 들어 『太平廣記』 권300 「河東縣尉妻」(『廣異記』에서 출전)에는 화악신이 하동현위 李某의 처 王氏를 데리고 가는 내용이 있는데 여기서 화악신을 '화산부군'이라 부르고 있다.

69 分疎 : 해명하다, 이유를 말하다. 蔣禮鴻은 『漢書』의 顔師古 注를 인용하여 이렇게 말했다. "'解'는 요즘 말로 하면 '分疏'이다." '分疏'와 '分疎'는 같다.

70 [張鴻勳] '太一'은 '泰一'이라고도 하며 北極神의 별명이다. 도가에서 가장 존귀한 천신으로 여긴다.

71 [項楚] 天曹 : 도교에서 말하는 천상의 관부로서 하늘과 인간세상의 일을 주재한다.

신이 사신에게 아뢰었다. "어찌 감히 다른 사람의 부인을 함부로 취하겠습니까? 모두가 천조에서 정하신 것입니다. 사자께서 잘 살펴 아뢰어 주신다면 참으로 은혜롭고 다행스럽겠습니다." 사자가 말했다. "그럼 이 여자가 부군의 목숨을 줄여 천조에 누를 끼치는 일은 없도록 하십시오!" 악신이 말하였다. "태사(太使)께서 잘만 말씀해 주신다면 그 은혜 죽을 때까지 잊지 않겠습니다!"

使人迴至店中見淨能, 具傳[72]岳神言語, 云皆奉天曹疋配, 爲定(第)[73]三夫人, 非敢專擅. 淨能聞說, 作色動[74]容, 怒使人曰:"大不了事!"[75]噣[76]在一邊, 又取雄黃及二尺白練絹, 畫道符吹向空中, 化爲一大將軍, 身穿金甲, 㨃[77]上兜鍪, 身長一丈, 腰闊數圍. 乃拔一劍, 大叫如雷,[78] 雙目赫然, 猶如電[79]掣. 展轉之間, 便至岳神廟前. 其時張令妻[80]正拜堂[81]次, 使者高聲作色:"咄! 這府君, 因何取他生人婦爲妻, 太

72 原卷을 보면 '傳'이 원래는 '全'자로 쓰였다가 옆에 '傳'으로 고쳐져 있다.

73 [蔣禮鴻] '定三'은 곧 '第三'이다. '第三夫人'이라는 말은 앞에서 자주 나왔다. 북서지역의 소리에서 '定'과 '第'는 구분이 되지 않는다.

74 '動'이 原錄에는 '重'으로 되어 있으나, '動'에서 편방을 빠뜨린 것으로 보여 여기서는 옳게 고쳤다. [項楚] 作色動容 : 노한 얼굴을 하다, 화내다.

75 了事 : 원래 뜻은 '사리를 분명히 알다'이니 의미가 확장되어 '능력이 있다'라는 뜻으로도 쓰인다.

76 [袁賓] '噣'은 '喝'을 잘못 쓴 것이다. [校注] '噣'자는 原卷에서 정자로 분명하게 쓰여 있다. 이 글자는 『說文』과 『廣韻』에서 '陟救'와 '竹角'의 두 切音으로 되어 있다. 그런데 뜻이 '喙'(부리) 혹은 '啄'(쪼다)이라 하여 위의 내용과 맞지 않는다. 이 글자는 '囑'으로 읽어야 할 것이며 뜻은 '命'이다. P.2449 기원문에 '受他噣託'이라는 구가 나오는데 여기서 '噣'이 바로 '囑'으로 읽힌다.

77 이 '㨃'자는 原卷에서 알아보기 힘들게 쓰여 있으나 아래의 '㨃上兜鍪'는 아주 선명하다. 이 글자는 字書에 보이지 않는데 아무래도 '卓'에 편방을 더한 글자인 듯하다. 「漢將王陵變」의 '揭上頭牟' 구와 「韓擒虎話本」의 '頂載鳳翅頭毛' 구에 근거할 때 '㨃'은 '戴'(머리에 쓰다)의 의미일 것으로 보인다.

78 '雷'가 原卷에는 '雲'으로 되어 있는데 모양이 비슷하여 잘못 쓴 글자이다.

79 '電'를 原錄에서는 '雷'로 쓴 다음 '電'으로 고쳤다.

80 原錄에서는 '妻' 아래에 '入'자가 있다. 그러나 原卷을 보면 지운 흔적이 있으므로 여기서는 쓰지 않았다.

一[82]極怒, 令我取你頭來!" 都不容岳神分疏, 拔劍上殿, 便擬斬岳神. 岳神見使者上殿, 忙懼不已, 莫知爲計, 當時便走. 諸親向前, 哀祈[83]下拜:"使但任[84]將張令妻去." 親情[85]迴報府君:"不用留此女人, 致他太一嗔怒!" 岳神自趨走下殿, 長跪[86]設拜, 哀祈使者.

사신은 여관으로 돌아와 정능을 뵙고 악신이 한 말을 그대로 전했다. 모두 천조의 뜻을 받들어 세 번째 부인으로 삼은 것일 뿐 멋대로 처신한 건 아니라는 말이었다. 정능은 이 말을 듣고 노한 얼굴로 "이런 못난 놈 같으니!" 하며 사신을 꾸짖어 한 쪽으로 가 있도록 했다. 이윽고 다시 웅황(雄黃)[87]과 누인 명주 두 자를 꺼내 부록을 그려 하늘로 날리자 이번에는 대장군으로 변했다. 몸에는 금갑을 두르고 머리에는 투구를 썼으며 한 길이나 되는 키에 허리는 몇 아름이나 되었다. 검을 뽑아 천둥같이 부르짖으며 두 눈에 핏발이 선 채 번개처럼 빨리 날아 순식간에 악신의 사당 앞에 이르렀다. 그때 장령의 처는 막 배례(拜禮)를 올리려던 참이었다. 사자는 노한 얼굴로 소리를 질렀다. "이놈! 부군은 어찌하여 남의 부인을 처로 삼았느냐? 태일신께서 몹시 노하시어 네 머리를 가져

81 [張鴻勳] 拜堂: 고대의 혼인 예식 중 하나로서 특히 신랑신부가 서로 배례를 하고 당 위에서 시부모님께 절을 올리는 의식을 말한다.

82 '一'이 原錄에는 '使'로 되어 있다. [徐震堮] '太使'는 응당 '太一'이 되어야 한다.

83 '祈'를 原錄에서는 '析'으로 쓰고서 '祈'로 고쳤다. 原卷을 보면 아래 '哀祈使者'의 '祈' 역시 '析'으로 쓰여 있다. 이는 모양이 비슷해서 잘못 쓸 글자이다.

84 '任'을 原錄에서는 '令'으로 썼으나 原卷을 보면 '任'으로 되어 있으며 뜻은 '얼마든지, 마음대로'이다. 이 구의 '使'는 사자를 가리키며, 앞에 나온 '太一使至'와 '使迴' 등의 '使'도 모두 사자를 가리킨다.

85 原錄에는 '情' 아래에 '淸'자가 있다. [原校] 周紹良은 "당대 사람들은 친척을 흔히 친정이라고 불렀다. 「舜子變」이나 「韓擒虎話本」을 보면 알 수 있다. 이 구는 '親情請迴報府君'이 맞으며 '請'을 '淸'으로 잘못 썼다"고 했는데 여기서는 이 의견을 따라 고친다. [校注] '淸'자는 연문이 분명하므로 지웠다. [項楚] '淸'은 앞의 '情' 때문에 쓰게 된 연문이다. '親情'은 친척을 말한다.

86 [張鴻勳] 長跪: 허리를 곧게 펴고 무릎을 꿇는 행동으로 상대에게 존경을 표시하며 무릎을 꿇는 방법이다.

87 [項楚] 雄黃: 광물의 일종으로 적황색이다. 도교에서는 硃砂나 웅황으로 부록을 쓴다.

오라 명하셨다!" 악신에게 해명할 틈도 주지 않고 검을 뽑아 전으로 올라가서는 악신의 목을 베려 했다. 사신이 전으로 올라오자 악신은 어찌할 바를 모르고 부들부들 떨다가 곧바로 자리를 피했다. 여러 친척들이 사신에게 다가가 애걸복걸하며 절을 올렸다. "사신께서는 장령의 처를 마음대로 데리고 가십시오." 이번에는 부군을 보고 친척들이 말했다. "공연히 여자를 남겼다가 태일신의 노여움을 살 필요는 없지 않은가!" 그제야 악신은 전 아래로 조심히 내려와 허리를 꼿꼿이 세워 무릎 꿇고 인사를 올리며 사신에게 애걸하였다.

當時却領張令妻[88]歸衣(於)[89]店內, 不經時向(餉)中間, 張令妻卽再蘇息. 報言夫:"我在岳神前拜堂之次, 忽有一將軍, 身穿金甲, 障上兜鍪, 拔劍上殿, 擬斬岳神; 岳神怕他, 而乃放妾却迴." 張令見妻所說, 喜不[90]自勝, 遂與妻同禮謝淨能, 啓言:"尊師救得妻子再活, 恩重岳山, 未委將何酬[91]答?" 張令遂於籠中取絹二十疋上尊師. 張令曰:"唯置得此絹, 未免貧自孤遺.[92] 令身與妻子, 卽合永爲奴僕,[93] 以謝恩私,[94] 伏望尊師, 特收薄禮!" 淨能曰:"道之法門, 不將致物[95]爲念, 不

88 原錄에서는 '妻'를 '事'로 쓰고서 '妻'로 고쳤으니 여기서는 곧바로 고쳤다.

89 [徐震堮] 돈황사본에서 '衣'는 흔히 '於'와 통한다. [校注] 原錄에서는 '衣'를 '依'로 고쳤으나 여기서는 '於'로 고친다. [項楚] 原卷의 '衣'는 비슷한 음 때문에 '於'를 잘못 쓴 것이다.

90 '不'를 原錄에서는 '悅'로 썼으나, 이 '悅'은 '不'가 되어야 맞다. 앞의 '說'자 때문에 잘못 쓴 것으로 보인다.

91 '酬'를 原錄에서는 '詶'로 쓴 다음 '酬'로 고쳤다. 『說文』:"詶, 譸也." 段玉裁 注:"俗用詶爲應酬字." 慧琳의 『一切經音義』 73에 인용된 『蒼頡解詁』:"詶, 報也."

92 原卷에 '自'자가 분명히 있으나 아무래도 잘못 쓰인 것 같다. [項楚] '自'는 '子'가 되어야 할 듯하다. '貧子孤遺'는 가난하고 의지할 곳 없는 처지를 스스로 부끄러워하는 말이다.

93 '僕'자가 原錄에서는 '女' 편방을 따르고 있는데, 아마 앞의 '奴'자 때문에 같은 편방을 써버렸을 것이다.

94 [蔣禮鴻] '恩私'는 '恩惠, 恩德, 恩恤'이라는 말과 같다.

95 [張鴻勳] 致物: 재물을 취하다. '致'는 '얻다'의 의미이다.

求色慾之心, 不貪榮貴, 唯救世間人疾病, 即是法門. 以長官夫婦情深, 淨能遂救其性命, 但當赴任, 將絹以充前程,[96] 無使再三.[97] 淨能西到長安, 自有財帛." 妻[98]遂拜辭淨能.

[사신은] 곧바로 장령의 처를 데리고 여관으로 돌아왔다. 잠시 후 장령의 처가 다시 숨을 쉬기 시작하더니 남편에게 말했다. "제가 악신 앞에서 배례를 올리던 차에 몸에는 금갑을 두르고 머리에 투구를 쓴 장군이 갑자기 나타나더니 칼을 뽑고 전으로 올라와 악신의 목을 베려 했습니다. 악신은 벌벌 떨다가 저를 다시 돌려보내 주었지요." 장령은 아내의 말을 듣고 기쁨을 감출 수 없었다. 이윽고 아내와 함께 정능에게 감사의 예를 올리며 말하였다. "존사께서는 아내가 다시 살아날 수 있도록 해 주시고 악산에도 큰 은혜를 베푸셨습니다. 어떻게 보답을 해야 할지 모르겠습니다!" 장령은 곧 대나무 상자에서 명주 스무 필을 꺼내 존사에게 바치며 말하였다. "이 명주만으로는 턱없이 부족합니다. 그래서 우리 두 부부가 영원히 종이 되어 은혜를 갚고자 하니 부디 존사께서는 저희들의 작은 마음을 거두어주십시오." 정능이 말하였다. "도가의 법문에서는 재물을 생각하지 않고 색욕의 마음을 바라지 않으며 부귀영화를 탐하지도 않습니다. 오로지 세상 사람들의 질병을 고쳐주려 하지요. 이것이 바로 법문입니다. 장관 부부께서 워낙 정이 도타워 제가 목숨을 구해준 것뿐입니다. 당장 임지로 가셔야 하는 처지이니 앞길에 여비로 충당하십시오. 사양하지 않길 거듭 바랍니다. 저는 서쪽 장안으로 가면 얼마든지 재물이 있습니다." 장령 부부는 곧 정능에게 하직 인사를 올렸다.

96 [蔣禮鴻] 여기서 '前程'은 『水滸傳』에나오는 '盤纏' 과 같은 의미로 봐야 할 것이다. 넓은 의미로는 일상생활에 드는 생활비를 말하고 좁은 의미로는 여비를 말한다. [校注] '前程'은 '前程所費'의 생략형으로 보인다. 「伍子胥變文」의 '將充所費'라는 말과 같은 의미이다.

97 [項楚] 여기서 '再三'은 '여러 번 사양하다'의 의미이다.

98 [譯注] 문맥상 '妻' 앞에 '夫'가 있어야 할 것으로 보인다.

淨能曰了,[99] 卽策杖尋途.[100] 不經旬日, 便至長安. 且見[101]玄都觀內安置, 徒[102]經一月, 不出院內, 只是彈琴長嘯, 以暢其情. 觀家[103]奴婢, 往往潛看, 不見庖廚, 亦無餐啜之處. 五三儕流[104]參謁,[105] 問其道術, 淨能具說符錄(籙)之能, 除[106]其精魅妖邪之病, 無不可言[107]矣. 遂出一人之口, 入萬人之耳, 不經信宿, 長安兩市[108]百姓, 悉知玄都觀[109]內一客道士, 解醫療魅病, 兼有符錄(籙)之能.

정능은 다시 지팡이를 짚고 여정에 올라 열흘이 지나지 않아 장안에 도착했다. 이때부터 현도관(玄都觀)[110]에 자리를 잡고 한 달이 지나도록 도원(道院) 밖을 나서지 않은 채 거문고를 타고 길게 읊조리기만 하면서 자신의 심사를 풀었다. 도관의 노비들이 몰래 가서 보곤 했으나 음식 만드는 사람도 보이지 않고 밥을 먹을 곳도 없었다. 삼삼오오 무리를

---

99 '曰了'가 原錄에는 '日了'로 되어 있다. 袁賓은 이를 '事了'로 고치고 項楚는 '日下'로 고쳤는데, 原卷에는 '曰了'로 되어 있다. '曰'에 '言'의 의미가 있어 혹시 비슷한 글자 모양 때문에 '言'자를 잘못 쓴 건 아닐까 한다. [項楚] 원문의 '了'는 '下'의 오자인 듯하다. '日下'는 '바로, 당장'의 의미이다. 「李陵變文」: "지금 당장은 사실 대단히 외롭고도 위태로운 상태입니다(當今日下, 實是孤危)."

100 尋途: 길에 오르다. 여기서 '尋'은 '찾다'가 아니다.

101 [項楚] 原卷의 '見'은 '於'가 되어야 한다. 아래의 '且於觀內安置'라는 말을 통해 알 수 있다.

102 '徒'는 '從'이 되어야 할 듯하다.

103 觀家: 도관 측. 즉 현도관 측을 말한다.

104 原錄에서는 '儕'를 '濟'로 쓰고 '儕'로 고쳤다. [張鴻勳] 儕流: 같은 무리의 사람들.

105 原錄에서는 '謁'을 '竭'로 쓰고 '謁'로 고쳤다. 비슷한 모양 때문에 생긴 오자이므로 여기서는 바로 고쳤다.

106 原錄에서는 '除'를 '隊'로 쓰고 '墜'로 고쳤다. [項楚] 이 글자는 사실 '除'의 오자이다. 아래쪽에 '除其精魅魍魎妖邪之病.'이라는 구가 바로 있다.

107 袁賓은 '言'을 '已'로 봤으나 확실치 않은 의견이다.

108 [項楚] 兩市: 동시와 서시를 말한다. 각각 장안성의 萬年縣과 長安縣에 있었으며 번화한 상업 지역이었다.

109 原卷의 '靚'를 原錄에서 '都'로 고쳤다.

110 [項楚] 玄都觀: 당대 長安의 유명한 도관이다. 劉禹錫, 「元和十年自郎州承召至京戲贈看花君子」: "현도관 내 복숭아나무 천 그루는 모두 유씨 총각이 간 다음에 심은 것이네(玄都觀裏桃千樹, 盡是劉郎去後栽)."

지어 뵈러 가서 도술을 묻자 정능은 부록의 효험을 다 말해주었고 도깨비의 요사한 병을 없애는 법까지 말하지 못하는 것이 없었다. 한 사람의 입에서 나온 말이 만 사람의 귀에 들어가 겨우 며칠 만에 장안의 두 시장 백성들이 현도관의 한 객도사(客道士)[111]가 도깨비에 홀린 병을 치료하고 부록을 다루는 능력까지 있음을 알게 되었다.

當時策賢坊百姓康太淸有一女年十六七, 被野狐精魅. 或笑或哭, 或走或坐, 或出街中亂走, 卽惡口罵詈人. 時有鄰[112]人報康太淸曰: "玄都觀內有一客道士, 解醫野狐之病." 康太淸聞說, 與妻相隨, 同詣觀中院內, 禮拜淨能, 具[113]論疾狀: "輒投尊師救療, 死不辜恩!" 淨能曰: "此病是野狐之病, 欲得除喩(愈),[114] 但將一領氈來, 大釘四枚, 醫之立差."[115] 康太淸當時便歸, 取氈一領及釘, 並引女子, 同至觀中. 淨能見女子, 便知是野狐之病. 淨能當時左手持劍, 右手捉女子, 斬爲三斷(段),[116] 血流遍地. 一院之人, 無不驚愕. 康太淸夫婦號天叫地, 高聲唱: "走投[117]懸(縣)門, 告玄都觀道士把劍殺人!" 淨能都不忙懼, 收氈蓋着死女子屍, 釘之內[118]四角, 血從氈下交流. 看人無數, 皆言: "帝城之

111 【項楚】 客道士 : 외지에서 온 도사. 타향에 기거하는 이에겐 항상 '客'이라는 칭호가 따른다.

112 原錄에서는 '鄰'을 '繼'로 쓴 다음 '鄰'으로 고쳤다. 실제 原卷에는 '繼'의 간체로 되어 있는데, 이 글자가 '鄰'(좌우 편방이 서로 바뀔 수 있음)과 비슷하여 여기서는 곧바로 고쳤다.

113 '具'가 原錄에는 '且'로 되어 있다. 이는 비슷한 모양 때문에 '具'를 잘못 쓴 것이다.

114 【項楚】 除愈 : 병이 낫다. 『太平廣記』 권218 「腹瘕病」(『續搜神記』에서 출전) : "환자가 한 되나 되는 말 오줌을 한입에 들이키자 병이 씻은 듯이 나았다(病者遂頓服升餘馬溺, 病卽豁然除愈)."

115 原錄에서는 '差'를 '瘥'로 고쳤는데, '瘥'는 '差'보다 나중에 나온 글자이다. 『方言』 권3 : "'差'는 '병이 낫다'이다. 남초 지역에서는 병이 낫는 것을 '差'라 한다(差, 愈也. 南楚病愈者謂之差)."

116 '斷'은 '段'으로 읽어야 한다.

117 原錄에서는 '投'를 '捉'으로 쓴 다음 '投'로 고쳤으나 여기서는 곧바로 고쳤다.

118 '內'는 연문일 것이다. '內'가 바로 다음의 '四'자와 비슷해서 잘못 써버린 듯하다.

內, 敢有此事, 誰不叫呼!" 淨能却於房內, 彈琴長嘯, 都不爲事.

당시 책현방(策賢坊)의 백성 강태청(康太淸)의 열예닐곱 정도 되는 딸이 여우도깨비에게 홀려 괜히 웃다가 울다가 걷다가 앉다가 거리로 나가 정신없이 쏘다니다가 험한 말로 사람들에게 욕을 하곤 했다. 한 이웃이 강태청에게 말했다. "현도관에 객도사가 한 명 있는데 여우에 홀린 병을 낫게 할 수 있다는구먼." 강태청은 이 말을 듣고 처와 함께 현도관의 도원 안으로 찾아가 정능에게 인사를 올린 후 병의 상태를 모두 말하였다. "존사께서 병만 낫게 해 주신다면 그 은혜 죽어도 잊지 않겠습니다!" 정능이 말하였다. "이 병은 여우에게 홀린 병이오. 낫게 하고 싶으면 모포 하나와 큰 못 네 개를 가져오시오. 이것으로 치료하면 바로 나을 수 있소." 강태청은 즉시 돌아가 모포 하나와 못과 함께 딸을 데리고 도관으로 갔다. 정능은 딸을 보고서 여우에게 홀린 병임을 바로 알아보았다. 정능은 즉시 왼손으로 칼을 쥐고 오른손으로 딸을 잡고서 세 토막으로 몸을 베었다. 땅은 흐르는 피로 가득하고 도원 안에 있던 사람들은 누구 하나 경악하지 않는 이가 없었다. 강태청 부부는 하늘을 보고 울부짖고 땅에 대고 외치며 큰 소리로 호소했다. "어서 관아로 가서 현도관의 도사가 칼로 사람을 죽였다고 고발해 주시오!" 정능은 전혀 서두르지 않고 누려운 기색도 없이 모포를 가져다가 죽은 딸의 시체 위에 덮은 다음 네 귀퉁이를 못으로 박았다. 모포 아래로는 피가 줄줄 흘러나왔다. 이 광경을 지켜보던 수많은 사람들이 하나같이 입을 모았다. "도성 안에서 감히 이런 짓을 했으니 나라도 저렇게 울부짖겠네!" 그러나 정능은 바로 방 안으로 들어와 거문고를 타고 길게 읊조리며 대수롭지 않은 듯 있었다.

須臾, 捕賊官及捉事所由[119]等, 齊到淨能院內, 問: "殺人道士何在?"

119 捉事所由: 체포 업무를 관장하는 서리.

淨能於房內報之:“在此! 官人何必忽忽? 淨能療野狐之病, 閑人無知, 妄說殺人.” 官人迴問, 康太淸啓言官人曰:“在氈底一人.” 其官人見氈下血流傍地,[120] 語[淨]能曰:“殺人處目驗見在, 仍敢拒張!”[121] 淨能語官人曰:“何不揭氈看驗之? 取此[122]行麤疏法令!” 捕賊官遂處分所由, 揭氈驗之. 曰:“康太淸女子與[123]野狐並[124]臥, 女子宛[125]然無損, 野狐斬爲□□(三段).” 捕賊官見人, 情思愕然. 康太淸夫婦匍匐作禮. 其女魅病, 當時便除. 捕賊官具事由申上尹,[126] 到觀中親自禮謁, 然問姓名, 瞻仰之極. 尹言其異聖[127]事, 錄表奏[128]聞.

잠시 후 포도관(捕盜官)이 담당 서리 등을 대동하여 정능의 도원으로 와서 물었다. “사람을 죽인 도사는 어디 있느냐?” 정능이 방 안에서 아뢰었다. “여기 있습니다! 포도관께서는 뭐가 그리 급하십니까? 제가 여우에 홀린 병을 치료했으나 어리석은 자들이 그것도 모르고 사람을 죽

---

120 傍地 : 땅에 가득하다(覆地, 滿地).

121 拒張 : 거부하다, 받아들이지 않다.

122 [蔣禮鴻] ‘取此’는 ‘자세하지 않다, 신중하지 않다, 경거망동하다’의 의미이다.

123 ‘與’가 原錄에는 ‘爲’로 되어 있다. [江藍生] ‘爲’는 ‘與’의 오자로 보아야 할 것이다. ‘爲’와 ‘與’는 성조만 다를 뿐 성모와 운모가 모두 통한다. [校注] ‘爲’가 ‘與’의 간체자와 모양이 비슷해서 잘못 썼을 것이다.

124 原錄을 보면 ‘並’ 위에 ‘病’자가 있다. [江藍生] ‘病’과 ‘並’은 음이 비슷하며 ‘病’은 연문이다. 음이 비슷한(혹은 같은) 두 글자가 연속해 쓰여 있을 때 두 글자 중 하나가 연문이 되는 건 흔히 보이는 예이다. [項楚] 이 구는 원래 ‘康太淸女子爲野狐病並臥’로 되어 있다. 여기서 ‘爲’는 ‘與’로 봐야 하고 ‘病’은 연문이다.

125 原錄에서는 ‘宛’을 ‘菀’으로 쓴 다음 ‘宛’으로 고쳤는데 여기서는 곧바로 고쳤다.

126 [徐震堮] ‘上’자에서 끊고 ‘尹’은 아래 구로 넣어야 한다. [張鴻勳] ‘上尹’은 ‘京兆尹에게 보고하다’이다. 일설에는 ‘上尹’을 ‘上級’으로 보기도 하는데 이렇게 해도 뜻은 통한다. [校注] 장홍훈이 말하는 일설이 누구의 주장인지 모르겠다. 두 가지 설 중에 하나는 반드시 틀린 것이며 두 가지 모두가 맞다 할 수 없다. 原卷을 보면 ‘上尹’ 두 글자 위에 빈 칸이 있다. 이는 높은 사람을 언급할 때 존경의 의미로 비워두는 것이다. 따라서 ‘上尹’을 떼어 읽어서는 안 된다. ‘上尹’은 곧 ‘尹’이며 ‘上’은 ‘上官’의 ‘上’과 마찬가지로 상대를 높이는 말이다. [項楚] ‘尹’은 수도의 행정장관인 경조윤을 가리킨다.

127 異聖 : 신통한, 신기한. 초인적인 능력을 가지고 있는 것을 ‘聖’이라 한다.

128 原錄에서는 ‘奏’를 ‘秦’으로 쓴 다음 ‘奏’로 고쳤으나 여기서는 곧바로 고쳤다.

였다는 망언을 하고 있습니다." 포도관이 고개를 돌려 묻자 강태청이 아뢰었다. "모포 아래에 사람이 한 명 있습니다." 포도관은 모포 아래로 땅에 피가 가득한 모습을 보고는 정능에게 말하였다. "사람을 죽인 곳이 바로 눈앞에 있는데도 감히 부인을 한단 말이냐?" 정능이 포도관에게 말하였다. "모포를 들어서 유심히 한 번 보시지요. 신중하게 살펴보지 않고 대충대충 법령을 시행해서야 되겠습니까?" 포도관이 서리에게 모포를 걷어 살펴보라고 했다. "강태청의 딸이 여우와 함께 누워있는데 딸은 다친 곳 하나 없고 여우는 세 토막이 나 있습니다." 포도관은 딸을 보고 놀라움을 금할 수 없었다. 강태청 부부는 엎드려 감사의 인사를 올렸다. 도깨비에 홀린 딸의 병이 그 자리에서 나은 것이다. 포도관이 이 일을 경조윤(京兆尹)에게 자세히 아뢰자 [경조윤은] 도관으로 직접 와 인사를 하고 성함을 물으며 하염없이 우러러보았다. 경조윤은 이 신기한 일을 표문으로 써서 황제께 아뢰었다.

開元皇帝好道, 不敬釋門, 遂命中使[129]至玄覩(都)觀內宣進止, 詔淨能. 奉詔行, 直至殿前, 皇帝亦(一)見, 淨能便說道法淸虛微妙, 深惬[130]聖情. 皇帝意樂長生不死之術, 淨能奏曰: "有錄(籙)符之[131]昇天地, 除其精魅魍魎妖邪之病; 合陳[132]神丹, 不得阻隔. 陛下若求志里(治理)長生不死之法, 亦將易矣." 玄宗聞淨能所奏, 性意悅然, 謂淨能曰: "願爲弟子, 尊師與朕爲師, 且於觀內安置."[133] 觀家敕[134]選一院, 每日令

129 [張鴻勳] 中使 : 태감, 환관.

130 '惬'이 原錄에는 '懷'로 되어 있으나 '懷'는 비슷한 모양으로 인해 '惬'을 잘못 쓴 것이다. '深惬聖情'은 정능의 말이 황제의 마음에 딱 든다는 의미이다. [項楚] 원문의 '懷'는 '悅'이 되어야 한다. 아래의 '音樂至極, 深悅帝情' 구가 이를 뒷받침해 준다.

131 '有錄(籙)符之'는 '有符錄(籙)之[能]'으로 쓰고 아래에 쉼표를 찍어야 할 듯하다.

132 合 : 섞어서 만들다. '陳'은 '煉'을 잘못 쓴 것이 아닐까 한다.

133 [譯注] 본 『校注』 본에서는 '尊師與朕爲師'를 황제의 말로 처리했으나, 문맥상 '且於觀內安置'까지를 황제의 말로 보는 것이 옳다.

134 敕 : 선택하도록 명하다. 여기서는 황제가 도관 측에 도원을 하나 택하도록 명했다는

人祇擬.[135] 皇帝日[日]駕幸葉淨能院內, 論其道法. 及朝庭卿相, 無不欲往. 百姓已來, 皆崇道教.

개원(開元) 황제는 도가를 아끼고 불교를 존중하지 않았으므로 곧 태감(太監)을 현도관으로 보내 황제의 뜻을 알리고 정능을 불러오도록 했다. [정능은] 황제의 부름을 받고 어전으로 갔다. 황제는 정능이 맑고도 오묘한 도법을 말하니 마음이 매우 흡족해졌다. 황제가 장생불사의 술법을 좋아하자 정능이 말하였다. "부록을 다루는 능력이 있으면 천지를 오르내리고 도깨비의 요사스러운 병도 치료할 수 있으며 신단(神丹)을 단련하는 것도 문제가 없습니다. 폐하께서 장생불사의 술법을 다루고자 하신다면 이 역시 어려운 일이 아닙니다." 현종은 이 말을 듣고 기쁨을 감추지 못한 얼굴로 정능에게 말하였다. "짐이 제자가 되려니 존사께서는 짐의 스승이 되어 주시고 우선은 도관에 자리를 잡고 계시오." 그러면서 도관 측에 명하여 도원 하나를 골라 매일 사람을 시켜서 시중을 들게 했다. 황제는 매일 엽정능이 있는 도원으로 행차하여 도법을 논했다. 그러자 조정의 공경과 재상들도 [정능에게] 가려하지 않는 사람이 없었고 백성들까지도 모두 도교를 숭상하게 되었다.

忽於一日, 皇帝意欲求仙, 詔淨能於大內顧聞(問). 淨能奏曰: "臣與陛下搖(遙)採仙藥去." 淨能一身元在觀, 化爲[一]身與陛下取仙藥. 行至殿(錢)[136]塘江, 見水深淼淼,[137] 廣闊莫惻(測)其涯. 江有惡蜃,[138] 舟舡

의미이다. '敕'자는 '官家' 앞으로 가야할 것으로 보인다.

135 [項楚] 시중을 들다. '祇'는 공경을 나타내는 말이다. '擬'는 본래 '미리 헤아리다'의 뜻인데, 여기서는 상대방의 뜻을 헤아려서 그대로 따른다는, 즉 시중을 든다는 의미이다.

136 吳 지역에서는 '錢'을 '鈿'이라 하며, '殿'은 이 '鈿'의 假音字이다. 이에 근거할 때 본문의 작자 혹은 초사자는 吳語를 잘 썼던 것으로 보인다.

137 原錄에서는 '淼'를 '林'으로 쓰고서 '淼'로 고쳤으나 여기서는 곧바로 고쳤다. [項楚] '淼淼'는 곧 '渺渺'와 같으며 강이 대단히 넓고 아득한 모습을 말한다.

138 [項楚] '蜃'은 大蛤이다. 『國語』「晉語」九: "참새는 바다로 들어가 蛤이 되고 꿩은 바다로 들어가 蜃이 된다네(雀入於海爲蛤, 雉入於海爲蜃)." 韋昭 注: "작은 것을 합

不敢過之. 淨能遂書符一道, 抛向江中, 其江水汎澄三日,[139] 漂其惡蜃於沙灘之[□](上). 淨能亦(一)見, 當時斬爲三斷(段). 便過其江, 取得仙藥, 進上皇帝. 皇帝大悅. 唯高力士不信是仙藥, 遂奏曰: "臣恐此藥, 非是眞藥, 臣擬試之!" 皇帝曰: "何法而試?" 力士奏曰: "臣擬蕭墻之內, 堀[140]地道打五百面鼓. 陛下詔淨能, 言大內有妖起, 尊師如何除剪?" 皇帝依奏, 力士便差人堀地道成, 內打五百面鼓.

그러던 어느 날, 황제는 불로장생의 방법을 찾고자 정능을 대내(大內)[141]로 불러 그 방법을 물었다. 정능이 아뢰었다. "신이 폐하와 함께 멀리 선약(仙藥)을 캐러 가겠습니다." 정능은 한 몸은 도관에 그대로 두고 다른 한 몸으로 폐하와 함께 선약을 찾아 나섰다. 전당강(錢塘江)에 이르고 보니 강은 깊고 아득하고 끝을 알 수 없을 만큼 넓었으며 사나운 교룡(蛟龍)이 살고 있어 감히 배를 타고 건널 수가 없었다. 정능은 결국 부록 한 줄을 써서 강으로 던졌다. 강물은 사흘 동안 맑고 잠잠하더니 교룡을 모래톱 위로 떠밀어 놓았다. 정능은 교룡을 보고 그 자리에서 세 토막으로 베고는 곧 강을 건너 선약을 구해 황제에게 바쳤다. 황제는 기쁨을 감추지 못했다. 하지만 유독 고력사(高力士)만은 이것이 선약인지를 믿지 못하고 이렇게 아뢰었다. "신이 보기에 이 약은 진짜가 아닌 듯합니다. 신이 시험을 한 번 해보겠습니다!" 황제가 말했다. "어떻게 시험

이라 하고, 큰 것을 신이라 한다. 모두 껍질이 있는 것들로서 조개류이다(小曰蛤, 大曰蜃, 皆介物, 蚌類)." [張鴻勳] '蜃'은 전설에 나오는 물짐승으로서 蛟龍 같은 것이다. 뱀과 비슷하나 크고 뿔이 있다. 연기를 내뿜으면 누대나 성곽 같은 모양이 된다고 한다.(『本草綱目』「鱗部」 1에 보인다) [校注] 惡蜃: 사나운 교룡. '蜃'은 곧 '蜃龍'으로 조개 류가 아니다. 「長興四年中興殿應聖節講經文」: "고래 눈에 이는 빛에 해와 달이 흔들리고, 교룡이 뿜은 연기 누대처럼 변하는구나(鯨眼光生遙[搖]日月, 蜃龍烟吐化樓臺)."

139 原錄에서는 '日'을 '月'로 쓰고 '日'로 고쳤으나 여기서는 곧바로 고쳤다.

140 '堀'은 본래 '窟'의 古字이나 '굴을 파다'라는 의미의 동사가 되었으며, 나중에는 '扌' 편방을 따라 '掘'이 되었다

141 [項楚] 大內: 황궁을 가리킨다. 『舊唐書』「德宗紀上」: "천보 원년 4월 계사일에 장안 대내의 동궁에서 태어났다(天寶元年四月癸巳, 生於長安大內之東宮)."

을 한다는 게요?" 고력사가 아뢰었다. "신이 궁실 담장 안에 땅을 파 놓고 북 5백 개를 울리겠습니다. 폐하께서는 정능을 불러서 대내에 도깨비가 있으니 그것들을 어떻게 없앨 것인지 물어보십시오." 황제가 그대로 하겠다고 하자 고력사는 즉시 사람들을 시켜 땅을 파고 그 안에서 5백 개의 북을 울리도록 했다.

皇帝便詔淨能, 奉詔至殿前. 皇帝賜上殿, 便言大內有妖[鼓]之聲. 淨能奉進止[142]除妖鼓之聲. 索水一椀,[143] 對皇帝前便噀[144]之作法. 水亦(一)離口, 雲霧斗[145]闇, 化作大蛇, 便入地道. 眼如懸鏡, 口若血盆, 毒氣成雲, 五百人悉皆作曾寒災聲,[146] 不敢打鼓. 淨能既聞聲絶, 奏

142 原錄에서는 '止'를 '上'으로 썼고 '奉進止' 위에 '一'자가 들어가 있다. [項楚] '一'은 연문이고 '上'은 '止'가 되어야 한다. '進止'는 천자의 뜻을 가리키며, '奉進止'는 천자의 뜻을 받든다는 의미이다.

143 原錄에서는 '椀'을 '梡'으로 쓰고 '椀'으로 고쳤으나 여기서는 곧바로 고쳤다.

144 原錄에서는 '噀'을 '潠'으로 쓴 다음 '噀'으로 고쳤다. '潠'은 곧 '噀'의 편방을 바꾼 속자이다. [項楚] '噀'은 물을 머금었다가 내뿜는 것으로 도사들이 법술을 쓸 때 하는 행동이다. 『神仙傳』 권5 「欒巴」: "정월 초하루의 대회에 난파는 술이 취한 얼굴로 늦게 도착해서는 백관들에게 술을 주자 이를 마시지 않고 서남쪽을 보고 뱉어버렸다. 한 관리가 이를 보고 불경하다고 아뢰어 난파를 불러 힐문하자 난파는 이렇게 말했다. '신의 고향에서는 신이 귀신에 홀린 병을 치료할 수 있다고 하여 살아있는데도 신을 위해 사당을 세워주었습니다. 오늘 아침에는 노인들이 신의 사당으로 모두 와서 신에게 제사를 올리느라 아침밥을 먹지 못해 이렇게 술 취한 얼굴을 하고 있습니다. 신은 방금 성도의 시장에 불이 난 것을 보고 술을 머금어 그들을 구해준 것이지 감히 불경한 짓을 저지른 건 아닙니다. 지금 저를 힐문하라 아뢰는 건 공연히 제게 죄를 뒤집어씌우려는 것입니다.' 이윽고 성도로 공문을 보내 물어보자 이렇게 아뢰었다. '정월 초하루에 식사를 한 후 불이 났으나 잠시 후 동북쪽에서 큰 비가 세 차례 내려 불이 꺼졌습니다. 비에 맞은 사람들은 모두 취기가 돌았습니다'(正旦大會, 巴後到, 有酒容. 賜百官酒, 又不飮, 而西南向噀之. 有司奏巴不敬, 詔問巴, 巴曰, 臣鄕里以臣能治鬼護病, 生爲臣立廟, 今旦有耆老皆來臣廟中享臣, 不能早飯, 是以有酒容. 臣適見成都市上火, 臣故漱酒, 爲爾救之, 非敢不敬. 當請詔問, 虛願抵罪. 乃發驛書問成都, 已奏言, 正旦食後失火, 須臾有大雨三陣從東北來, 火乃止. 雨着人皆作酒氣)."

145 斗 : 돌연, 갑자기.

146 張鴻勳은 '曾'을 '噤'으로 고쳤으나 '曾'이 '噤'과 통용된 예를 본 적이 없어 확실치 않

曰:"臣[□](啓)陛下, 不是妖鼓之聲." 皇帝曰:"不是妖鼓之聲, 是何物[147]聲?" 淨能奏曰:"陛下試臣符錄(籙)之功, 令人打鼓." 皇帝聞奏, 慚見淨能. 便歸觀內.

황제가 곧 정능을 불러들이자 정능은 조명을 받들어 어전 앞으로 왔다. 황제는 어전 위로 올라오게 하고는 대내에서 도깨비의 북소리가 들린다고 말하였다. 정능은 황제의 뜻을 받들어 도깨비의 북소리를 없애고자 물을 한 그릇 가져오게 했다. 이윽고 황제 앞에서 물을 머금었다가 다시 뿜어내며 법술을 부렸다. 물이 입을 떠나자마자 구름과 안개로 갑자기 어두워지더니 큰 구렁이로 변하여 땅속으로 곧장 들어갔다. 거울을 걸어놓은 듯한 눈에 피를 담은 그릇 같은 입으로 독기를 뿜어 구름을 만드니 5백 사람은 하나같이 입도 못 열고 부들부들 떨며 감히 북을 칠 수가 없었다. 북소리가 끊기자 정능이 아뢰었다. "폐하! 이건 도깨비의 북소리가 아닙니다." 황제가 말하였다. "도깨비의 북소리가 아니라면 무슨 소리란 말이오?" 정능이 아뢰었다. "폐하께서 신이 가진 부록의 효험을 시험하고자 사람들을 시켜 북을 치게 하셨지요." 황제는 이 말을 듣고 겸연쩍은 듯 정능을 바라보았다. [정능은] 곧 도관으로 돌아왔다.

前後三日, 皇帝詔淨能於大內飲宴, 作樂動簫韶.[148] 時囑(屬)初秋之

은 의견이며 '憎'과는 통용될 것이다. 災聲:'큰일났다!'고 외치는 소리. [項楚] '曾'은 '增'이 되어야 할 것이다. '增寒災聲'은 춥거나 무서워 부들부들 떠는 소리이다. 『飜譯名義集』 권2 「地獄篇」 '頞哳嚯嚯婆虎虎婆' 條:"『義府』에서 이르기를 '추위가 너무 심해지면 입도 못 벌린 채 혀만 움직일 수 있어서 끌끌 차는 소리를 내게 되는데, 이 세 가지는 대략 고통을 받는다는 말이 된다'라고 했다(義府云, 以寒增甚, 口不得開, 但得動舌, 作哳叱之聲, 此三約受苦以立名)." 이것으로 지옥에서 받는 고통 소리를 말하므로 '災聲'이라 하는 것이다.

147 何物:무슨. '何勿'이라고도 한다.

148 [項楚] 簫韶:순임금 때의 악곡이라고 전해진다. 『書』 「益稷」:"순임금 때의 음악이 끝나자 봉황이 와서 법도에 맞춰 춤을 추네(簫韶九成, 鳳凰來儀)." 孔穎達 疏:"'韶'는 순임금 때의 음악으로 경전에 흔히 보인다. 그러나 나머지 글에서 '簫'를 언급하고 있진 않다. '簫'는 악기이지 악곡의 이름이 아니다. '簫'는 악기 중 작은 것이다(韶

月, 凉風漸侵. 大內宴賞, 與賓(嬪)妃翫樂, 同飮數巡, 歌吹濱(繽)紛. 皇帝心不歡悅, 謂淨能曰 : "朕今飮宴都不似.[149] 天師有章令[150]使宴樂歡娛." 淨能承其帝命, 抽身便起, 只對殿西角頭一個劍南蠻畫瓮子, 可授(受)[一][151]石已來,[152] 淨能移心作法, 闇求歡樂[153]帝心, 娛情在炙.[154] 於是淨能懷中取筆, 便於瓮子上畫一道士把酒盞飮帖在瓮子上, 其瓮子便變作一個道士. 身長三尺, 還着槾[冠]黃被, 立於殿西角頭. 淨能奏曰 : "臣見陛下飮似不樂, 臣與陛下邀得一個飮流,[155] 此席的畢(必)[156]歡矣." 皇帝聞, 謂淨能曰 : "是何飮流, 性[157]得朕意?" 淨能奏曰 : "還是一個道士, 妙解章令, 又能飮宴, 論今說古, 無有不知, 多解多能, 人間皆曉."

是舜樂, 經傳多矣, 但餘文不言簫, 簫乃樂器, 非樂名. 簫是樂器之小者)." [張鴻勳] '簫'는 대나무로 만든 관악기이고 '韶'는 순임금 때의 악곡이라고 전해진다. '簫韶'는 음악을 범칭할 때 쓴다.

149 [項楚] '都不似'는 '都似不樂'이 맞지 않을까 한다. 아래에 '臣見陛下飮似不樂'이라는 말이 나온다.

150 [項楚] 章令 : 酒令. 보통 '令章'이라고 한다. 『太平廣記』 권257 「周顗」(「抒情詩」에서 출전) : "당나라의 처사 주의는 빼어난 유학자로 학문이 깊었다. 그러나 불우하게 과거에 급제를 못하여 절강 서쪽에 가 머물며 놀고 마시는 일에만 매달리고 주령에 푹 빠져 술자리마다 항상 그 놀이를 했다(唐處士周顗洪儒奧學, 偶不中第, 旅浙西, 與從事歡飮, 而昧於令章, 筵中皆戱之)." [張鴻勳] '章令'은 곧 '令章'이다. 술자리에서 술을 권하고 흥을 돋우기 위해 하는 일종의 놀이이다.

151 [譯注] 『校注』 본에는 원래 '一'자가 없으나, 문맥에 따라 '一'자를 넣은 項楚 본을 따랐다. 뒤에 '道士飮一石以來'라는 말이 나온다.

152 [項楚] 可 : 대략. 아래의 '~已來'와 함께 대략의 수를 표시한다.

153 原錄에서는 '樂' 앞에 '要'자를 썼다. 그러나 '樂'을 거성으로 읽으면 '要'와 동음이 되므로 '要'는 '樂' 때문에 한 번 더 쓰인 것으로 보인다. 여기서는 삭제했다.

154 '在炙'는 술자리에 있는 사람을 가리키는 듯하나 좀 더 고찰이 필요하다. [項楚] '炙'자는 아무래도 틀린 듯하다.

155 飮流 : 술을 잘 마시는 사람. '流'는 품위나 등급을 나타낸다.

156 [原校] 曾毅公은 '的'을 '酌'으로 보았는데 이렇게 해도 의미가 통한다. [蔣禮鴻] 的畢 : 반드시. '畢'은 '必'과 통한다. 校記에서는 증의공이 '赤'으로 고친 것 역시 의미가 통한다고 했으나 이는 틀린 말이다.

157 [徐震堮] '性'은 '省'이 되어야 한다. [校注] 原卷의 글씨는 아무래도 '住'를 잘못 쓴 듯하며 '住'는 '助'와 통한다. [項楚] '性'은 '省'과 통하며 '이해하다, 알다'의 의미이다.

그로부터 사흘 후 황제는 정능을 대내로 불러 잔치를 마련하고 음악을 연주토록 했다. 당시는 초가을이라 바람이 갈수록 서늘해질 때였다. 대내의 잔치에서 비빈(妃嬪)들과 즐거이 놀고 몇 순배의 술을 함께 마시며 시끌벅적 노래도 부르고 악기도 불었으나 황제는 도무지 흥이 나지 않아 정능에게 이렇게 말했다. "짐은 오늘 잔치를 벌여놓고도 즐겁지가 않소. 천사(天師)[158]께서 술자리를 즐겁게 해 줄만한 주령(酒令)[159] 놀이를 하나 보여주는 게 어떻소?" 정능은 황제의 명을 받들어 몸을 일으키더니 어전 서쪽 귀퉁이의 검남(劍南) 만화(蠻畫)[160]가 그려진 술동이에서 [술을] 한 섬 받아내고, 마음을 움직이는 술법을 써서 황제가 자기도 모르게 흥을 느끼도록 했다. 그런 다음 정능은 품속에서 붓을 꺼내 잔을 들고 술을 마시는 도사 그림을 술동이에 그려 넣었다. 술동이는 곧 그 도사로 변하였다. 도사는 몸이 3척에 자작나무 관(冠)을 쓰고 황색 도복을 걸치고 어전의 서쪽 귀퉁이에 섰다. 정능이 아뢰었다. "폐하께서 흥을 느끼지 못하시는 듯하여 신이 폐하께 술을 잘 마시는 이를 한 명 대령했습니다. 이제 술자리가 무척 즐거워질 것입니다." 황제가 이 말을 듣고 정능에게 말했다. "어떤 애주가이기에 짐의 뜻을 이해한단 말이오?" 정능이 아뢰었다. "이 사람 역시 도사인데 주령 놀이도 기막히게 잘 풀고 술도 잘 마십니다. 고금을 막론하고 모르는 것이 없고 다재다능하며 인간세상의 일도 훤히 꿰뚫고 있습니다."

陛下詔道士, 道士奉詔[161]從殿西角趨而直至殿前, 口口稱臣. 玄宗

158 [項楚] 天師 : 東漢 때 五斗米道教의 교조인 張陵을 張天師라고 하여 이후에 '천사'가 높은 지위의 도사에 대한 존칭이 되었다.

159 [譯注] 酒令 : 술자리에서 흥을 돋우기 위해 하는 일종의 놀이이다. 한 사람을 뽑아 令官으로 삼고 이 영관의 명을 어기거나 마시라는 명을 받으면 술을 마셔야 한다.

160 [項楚] 劍南 : 당대 검남도의 관할지역은 지금의 사천성 중부 지방을 포괄한다. 蠻畫 : 서남 지역 소수민족의 그림.

161 原錄에는 '奉' 아래에 '奏'자가 있다. [項楚] '詔'와 '召'가 통용되는 경우를 변문에서는 흔히 볼 수 있다. '奏'자는 지워야 한다. 바로 앞의 '奉'자 때문에 비슷한 모양의 글자

亦(一)見, 龍顔大悅, 妃后[162]綵女,[163] 悉皆歡笑. 其道士朝儀不失, 皇帝便賜昇殿. "與朕接坐問答."[164] 帝又問: "尊師飮戶[165]大小?" 淨能奏曰: "此尊大戶, 直是飮流, 每巡可加三十五十分,[166] 卒難不醉."[167] 其道士巡到便飮, 都不推辭. 皇帝極歡, 同坐興洽,[168] 妃后婇女, 皆勸[169]三升. 道士被勸校[170]多, 巡巡不闕.

황제가 도사를 부르자 도사는 조명을 받들고 어전 서쪽 귀퉁이에서 총총히 어전 앞으로 가며 연신 '폐하!'를 외쳤다. 현종은 그 모습을 보고 크게 기뻐하였고 비빈과 궁녀들도 모두 즐거운 듯 웃었다. 도사가 황제 앞에서 신하의 예를 표하자 황제는 곧 어전으로 올라오도록 했다. "짐과 나란히 앉아 얘기를 좀 하오." 황제가 다시 물었다. "존사께서는 주량이 얼마나 되시오?" 정능이 아뢰었다. "이 존사께서는 술을 워낙 잘 하셔서 한 순배가 돌 때마다 큰 잔으로 석 잔에서 다섯 잔을 더해도 끝까지 취하지를 않습니다." 도사는 순배가 되면 바로 들이키며 절대 사양하지 않

를 하나 더 써버린 듯하다.

162 原錄에서는 '后'를 '妃'로 쓰고 '姤'로 고쳤으며, 아래에 나오는 '妃后婇女'의 '后'도 原錄에서는 '姤'로 썼다. '姤'는 '后'의 속자이다.

163 【項楚】 '綵女'는 '采女'와 같으며 궁녀를 말한다. 【張鴻勳】 '채녀'는 본래 漢代의 궁녀를 부르는 말이었으나 나중에는 궁녀에 대한 통칭으로 되었다.

164 '答'이 原卷에는 '合'으로 쓰여 있는데 原錄에서는 이를 곧바로 '答'으로 고쳤다.

165 【蔣禮鴻】 戶: 주량. '飮戶'는 곧 주량을 말하며 '大戶'는 주량이 많음을 의미한다.

166 【項楚】 三十五十分: 큰 잔으로 3~5잔. 당대 사람들은 술의 양을 세는 단위로 '分數'를 썼으며, 그릇 하나에 가득 따르면 '十分'이 되었다.

167 【徐震堮】 '不'은 연문인 듯하다. 【蔣禮鴻】 '不'은 어조사로서 실제적인 의미가 없다. '卒難不醉'는 곧 '猝難醉'(빨리 취하지 않다)라는 말이다. 【項楚】 '卒難不醉'는 곧 '卒難醉'이다. '卒'은 '결국'의 의미이며 '不'는 뜻이 없다. 【校注】 '不'는 '終'(끝내)으로 해석해야 할 것이다. '不'는 부정의 어기를 더욱 강하게 해주므로 '難不'는 부정의 의미를 나타낸다. 혹은 '不'가 '可'의 오자일 수도 있을 것이다.

168 '洽'을 原錄에서는 '合'으로 썼으나 '洽'으로 되어야 마땅하다. 잘못해서 편방을 빠뜨린 것이다.

169 '勸'을 原錄에서는 '歡'으로 쓰고 '勸'으로 고쳤다. 아래의 '餘酒擬勸尊師'에서 '勸'도 原卷에는 '歡'으로 쓰여 있다.

170 【項楚】 校: 지극히, 매우. 돈황본 「唐太宗入冥記」: "그렇게 할 수는 있습니다만 사실 매우 어려운 일입니다(得則得, 在事實校難)." '教'로도 쓰인다.

았다. 황제는 매우 즐거워하며 함께 앉아 흥겹게 어울리고 비빈과 궁녀들에게도 모두 석 되씩의 술을 권했다. 도사는 이렇게 많은 술을 권해 오는데도 매 순배마다 빠지고 넘어가는 법이 없었다.

從巳時飮至申時, 道士飮一石已來, 酒瓮子恰滿.[171] 罇中有酒五升, 淨能意逞(酲)[172]道士, 奏曰:"陛下! 席欲散, 餘酒擬勸尊師, 伏望朕下允臣所[□](奏)." 皇帝曰:"依奏!" 酒便賜尊師, 其道士苦苦推辭,[173] 奏曰:"臣恐失朝儀而虧禮度." 淨能曰:"知上人[174]是大戶, 何用推辭!" 道士奏曰:"其酒已當,[175] 實欿[176]不得!" 淨能見苦推辭, 對皇帝前乃作色怒曰:"此[177]道士終須議斬首!" 皇帝曰:"他有何罪愆, 忽而斬之?" 淨能奏曰:"緣伊逅(詬)[178]我極." 皇帝依奏, 令高力事(士)取劍斬道士, [□](頭)

171 '滿'이 原錄에는 '蕩'으로 쓰여 있다. [蔣紹愚] '蕩'자가 原卷에는 '滿'으로 되어 있다. [校注] 原卷의 초서는 '蕩'자와 비슷하며 아래의 '緣酒瓮子恰滿便醉'에서 '滿'자도 역시 초서로 쓰여 있어 '蕩'자와 비슷하다.

172 '逞'은 '酲'(취하다)으로 읽어야 한다. [張鴻勳] 逞 : 자랑하다, 뽐내다.

173 '苦苦'를 原錄에서는 '苦不'로 썼다. [原校] '苦不'는 문맥에 맞지 않는다. 아무래도 '不'자는 같은 글자를 표시하는 기호를 잘못 쓴 듯하다. [蔣禮鴻] '苦苦推辭'는 곧 '苦推辭'이다. 아래에 바로 '淨能見苦推辭'라는 말이 나오며, '不'가 있든 없든 의미는 같다. [校注] 이 구의 구법은 별다를 것이 없으며 '苦苦推辭'로 쓰는 게 마땅하다.

174 [張鴻勳] 上人 : 본래 승려를 높여 부르는 말이나 여기서는 도사에 대한 존칭으로 쓰였다.

175 '當'을 原錄에서는 '劣'로 썼다. [徐震堮] '其酒已劣'은 본래 '某酒已多'가 아니었나 싶다. [項楚] 원문의 '其'는 '某'자의 오자이고 '劣'은 '當'자의 초서를 잘못 쓴 것이다. '當'은 '딱 맞다, 상당하다'의 의미이며, 여기서 '某酒已當'은 자기가 마신 술이 술동이에 꽉 찼다는 의미이다. [校注] 본문에서 '劣'자는 '當'자와 자주 섞여 쓰이므로 이 구는 술이 이미 가득 찼다는 의미의 '其酒已當'이 되어야 한다. '其'는 1인칭 대명사로 쓰일 수 있으므로 굳이 고칠 필요가 없다.

176 '實'을 原錄에서는 '貫'으로 쓰고 '實'로 고쳤다. '欿'을 原錄에서는 '飮'으로 썼으나 여기서는 原卷에 근거하여 바르게 고쳤다.

177 原錄에서는 '此' 앞의 '曰'을 '恩'으로 쓰고 이 구에 포함시켰다. [袁賓] '恩'은 '思'의 오자이다. [校注] 原卷에서 '恩'은 속자인 '㤙'으로 쓰여 있는데, 이는 '曰'자를 잘못 쓴 것으로 보아 앞 구로 넣어야 한다.

178 '逅'는 '욕을 보이다'는 의미의 '詬'로 읽어야 한다.

隨劍落, 抛在一邊. 頭元是酒瓮子蓋, 身晝瓮子身, 向上晝一個道士, 帖符一道. 緣酒瓮子恰滿便醉. 皇帝一見[179]大笑, 妃后共賀帝情, 應[180]內人驚笑不已. 高力士再三瞻矚不分,[181] 重觀恣(咨)嗟.[182] 玄宗皇帝及朝庭大臣, 嘆[183]淨能絶古超今, 化窮無極,[184] 暴書[185]符錄(籙), [□]聖幽玄, 人間[186]罕有, 莫側(測)變現, 與太上老君而無異矣!

사시(巳時)부터 신시(申時)까지 마시자 도사는 한 섬 정도를 마셔 술동이가 꽉 차게 되었다. 술두루미에 아직 술이 다섯 되가 남아 있어 정능은 도사를 취하게 할 요량으로 이렇게 아뢰었다. "폐하! 술자리가 끝나려하니 남은 술은 존사께 권하려 합니다. 부디 신의 청을 허락해 주옵소서." 황제가 말하였다. "그렇게 하시오!" 술이 곧 존사에게 건네지자 도사는 애써 거절하며 이렇게 아뢰었다. "신이 조정의 법도를 잃고서 예의 없는 짓을 저지를까 걱정되옵니다." 정능이 말하였다. "존사께서 술고래인 걸 다 알고 있는데 어찌 사양을 하십니까?" 도사가 아뢰었다. "술이 이미 꽉 차 더 이상 마실 수가 없습니다!" 이렇듯 극구 사양하자 정능은 황제 앞에서 노기 띤 얼굴로 말하였다. "이 도사는 결국 머리를

179 '一見'이 原卷에는 '見一'로 되어 있다. 여기서는 原錄에 따라 자리를 바꿨다.

180 應 : 모든. 『梁書』 「武帝紀」 : "모두가 가난하고 병에 걸려 전부 다 구휼해주었다(應諸窮疾, 咸加賑恤)." 五代 梁太祖, 「定鞍飾等級詔」 : "내외의 모든 장상들에게 은으로 안장과 재갈을 꾸미는 것을 허락해주었다(應內外將相, 許以銀飾鞍勒)."

181 [項楚] 不分 : 믿지 못하다. 杜甫, 「送路六侍御入朝」 : "복숭아꽃이 비단처럼 붉음을 믿지 못하고, 버들개지가 무명보다 흰 것을 유난히 싫어하네(不分桃花紅似錦, 生憎柳絮白於綿)."

182 [項楚] 咨嗟 : 찬탄하다. 『世說新語』 「文學」에서 劉孝標가 인용한 「玠別傳」 : "무창이 왕돈 장군을 뵙자 왕돈은 같이 이야기를 나눠보고 자신의 재주가 부족하다며 찬탄해마지 않았다(武昌見將軍王敦, 敦與談論, 咨嗟不能自已)."

183 '嘆'을 原錄에서는 '歡'으로 쓴 다음 '嘆'으로 고쳤다.

184 '化窮無極'은 '化無窮極'이 되어야 할 것이다. 앞에서 '皇帝一見大笑' 구의 '一見'도 原卷에는 거꾸로 되어 있었다.

185 '暴'은 '異'가 되어야 할 듯하다. '異書'는 신선이 주는 글을 가리킨다. [譯注] '異書'라고 하면 문맥이 잘 통하지 않는다. 그보다는 '暴'을 '순식간에' 정도로 풀이하여 그대로 두는 것이 나을 듯하다.

186 '間'을 原錄에서는 '問'으로 쓴 다음 '間'으로 고쳤다.

베어야겠습니다!" 황제가 말했다. "대체 그가 무슨 죄를 졌다고 갑자기 목을 베겠다는 것이오?" 정능이 아뢰었다. "저를 심하게 욕보인 죄입니다!" 황제는 정능의 말을 따라 고력사에게 칼을 가져와 도사의 목을 베도록 했다. 도사의 머리는 칼을 따라 한 쪽으로 뚝 떨어졌다. 알고 보니 머리는 술동이의 뚜껑이었고 몸은 술동이에 그린 몸이었다. 도사 그림 위로는 부록이 한 줄 붙어 있었다. 도사가 취한 건 술동이가 꽉 찼기 때문이었던 것이다. 황제는 이 광경을 보고 큰 소리로 껄껄거리고 비빈들은 황제의 즐거운 마음을 저마다 축하하였다. 안에 있던 사람들 모두가 놀라면서도 웃음을 그치지 않았다. 고력사는 재삼 자세히 뜯어보고도 믿지 못하다가 다시 거듭해 보고는 찬탄을 금하지 못했다. 현종 황제와 조정의 대신들은 "정능은 고금을 초월하고 변화무궁하고 순식간에 부록을 쓰고 깊고 오묘하니, 이는 인간세상에서 찾아보기 힘들며 그 변화막측함은 태상노군과 다를 바가 없구나!"라고 감탄해마지 않았다.

玄宗傾心好道, 專意求仙, 露膽披肝, 思望長生. 又貪採符錄(籙)之妙. 皇帝又夜夢見一神人 送龍肝來. 帝謂神人曰:"此肝自何而來?" 神人曰:"上界令神送來!" 皇帝夢裏得龍肝, 其味甚美, 忽然驚技(覺), 都無一物. 皇帝思夢, 便詔淨能問之. 淨能奏曰:"陛下合得龍肉喫." 皇帝曰:"何以得之?" 淨能奏曰:"索水一盆." 劍横其上作法, 書符一道, 抛着盆中, 雲霧[187]斗闇, 良久中間, 霧收雲散, 空中有一神人, 送龍腿一隻, 可重三十餘斤. 淨能收得, 進上皇帝. 皇帝見龍肉, 大悦龍顔, 朝庭將相具言:"自古未有似淨能者也!"

현종은 도술에 마음을 쏟고 신선이 되는 데 온 뜻을 기울이며 장생불사를 간절하게 바랐고 게다가 부록의 묘술까지 탐하였다. 어느 날 밤 황제는 한 신인(神人)이 용의 간을 주는 꿈을 꾸었다. 황제가 신인에게

187 '霧'를 原錄에서는 '露'로 쓰고 '霧'로 고쳤다. 아래 '霧收雲散'의 '霧' 역시 마찬가지다.

말했다. "이 간은 어디서 가져온 것이오?" 신인이 말했다. "상계(上界)에서 신을 시켜 보내온 것입니다." 황제는 꿈에서 용의 간을 얻고 그 맛이 참으로 일품이라고 느끼다가 문득 잠에서 깨어났다. 주변엔 아무 것도 없었다. 황제가 꿈을 되새겨보다가 곧 정능을 불러 묻자 정능이 아뢰었다. "폐하께서는 용의 고기를 드셔야겠습니다." 황제가 물었다. "그걸 어디서 구한단 말이오?" 정능이 아뢰었다. "물 한 동이만 있으면 됩니다." 이윽고 물동이 위에 검을 가로놓고서 부록 한 줄을 써서 물동이 속에 던졌다. 그러자 구름과 안개로 갑자기 어두워지다가 시간이 지나면서 안개가 걷히고 구름이 흩어지면서 공중에서 한 신인이 나타나 30여 근에 달하는 용의 다리 한 쪽을 주었다. 정능은 이것을 받아 황제에게 진상했다. 황제는 용의 고기를 보고 기쁨을 감추지 못했고, 조정의 장상(將相)들은 "자고이래로 정능 같은 분은 없었습니다!"라며 한소리로 입을 모았다.

開元十三年, 天下亢旱, 帝乃詔百僚. 皇帝[曰]:"關外亢旱, 關內無雨, 卿等如何?" 有[188]宰相璟宗(崇)[189]奏曰:"陛下何不問葉淨能求雨?" 皇帝聞, 便詔淨能對, 奉詔直至殿前. 皇帝曰:"天下亢旱, 天師如何與朕求雨, 以救萬姓?" 淨能奏曰:"與陛下追五嶽神問之." 皇帝曰:"便與問." 淨能對皇帝前, 便作結壇場, 書符五道, 先追五嶽直官[190]要雨. 五嶽曰:"皆猶(由)天曹." 淨能便追天曹, 具言:"切緣百姓抛其麵米餅, 在其三年亢旱." 淨能曰:"緣皇帝要雨, 何處有餘雨, 速令降下!" 天曹

188 마이크로필름 상에서는 '有'가 검게 보이는데 아무래도 붓으로 지운 흔적인 듯하다.

189 [原校] 啓功은 이렇게 말했다. "'璟崇'은 姚崇과 宋璟을 가리킨다. 그러나 소설에서는 억지로 끌어다 맞추는 경우가 흔하므로 굳이 '宋璟' 혹은 '宋璟姚崇'으로 바꿀 필요는 없다. [項楚] 송경과 요숭은 당 현종 초기의 유명한 재상이다.

190 [項楚] 直官:당직 관리. 여기서는 당직을 서는 仙官을 가리킨다. [校注] '直'을 原錄에서는 '値'로 고쳤다. 그러나 '當値'의 '値'를 옛날에는 '直'으로 쓴 경우가 많았으므로 굳이 고칠 필요가 없다.

曰 : "隨天有雨." 葉尊師便令計會[191]五嶽四瀆 : "速須相將下雨!" 前後三日雨, 三日雨足,[192] 五穀[193]豐熟, 萬姓歌謠.

개원(開元) 13년, 천하에 큰 가뭄이 들자 황제는 곧 백관들을 불러 모았다. 황제가 말했다. "관외는 가뭄에 허덕이고 관내는 비가 오질 않으니 대체 어떻게 해야 하겠소?" 재상 송경(宋璟)과 요숭(姚崇)이 아뢰었다. "폐하께서는 어찌 엽정능에게 비를 내려달라 청하지 않으십니까?" 황제는 이 말을 듣고 곧 엽정능을 불러 오도록 했다. 조명을 받들고 어전 앞에 이르자 황제가 말했다. "천하에 큰 가뭄이 들었소. 천사께서는 짐에게 비를 구해다 주어 우리 백성들을 구제할 수 없겠소?" 정능이 아뢰었다. "폐하를 위해 오악신(五嶽神)[194]들에게 가서 청해 보겠습니다." 황제가 말하였다. "어서 그렇게 해 주오." 정능은 황제 앞에서 곧바로 단장(壇場)[195]을 세워 올리고 다섯줄의 부록을 써서 먼저 오악신 중 당직을 서고 있던 선관(仙官)에게 가서 비를 달라고 요구했다. 그러자 오악신이 말하였다. "모두 천조에서 그렇게 하라 했소." 정능은 곧 천조로 가서 "3년 동안 큰 가뭄이 들어 백성들은 밥 먹기를 포기했습니다"라고 사정을 말하고는 다시 말을 이었다. "황제께서 비를 달라고 하셨으니, 어디 남는 비가 있으면 빨리 내리라고 해 주십시오!" 천조에서 말하였다. "하늘의 뜻에 따라 비를 주겠소." 엽정은 곧 오악(五嶽)과 사독(四瀆)[196]의 신들에

---

191 計會 : 여기서는 '통고하다'로 해석된다. 白居易 시 「府西池」 : "오늘은 누가 가서 알렸는지 모르겠으나 봄바람과 봄물이 한꺼번에 왔구나(今日不知誰計會, 春風春水一時來)."

192 原錄에서는 이 구를 '前後三日雨足'이라 써서 '三日雨' 세 글자를 중첩하지 않았다. 그러나 原卷을 보면 '三日雨' 우측에 작은 중첩 부호 세 개가 있으므로 여기서는 그대로 채워 넣었다.

193 '五'가 原錄에는 '石'으로 되어 있다. [原校] '石穀'은 '食穀' 혹은 '五穀'이 되어야 할 것이다. [校注] '石'은 '五' 혹은 '百'의 오자로 봐야 한다.

194 [項楚] 五嶽神 : 도교에서는 오악을 모두 神君이 관리한다고 여긴다. 『雲笈七籤』에 따르면 오악신은 東嶽泰山君, 南嶽衡山君, 中嶽嵩山君, 西嶽華山君, 北嶽恒山君이다.

195 壇場은 불교도들이 발원하고 복을 빌 때 쓰기 위해 흙으로 쌓은 사각형의 대로서 가운데에는 단을 세운다.

게 "속히 비를 내려주라 하시었소!"라고 통보했다. 이때부터 사흘 동안 비가 충분히 내려 오곡이 풍성하게 익고 온 백성들은 노래를 부르며 기뻐했다.

至十四年, 皇帝大赦天下, 一任百姓點燈供養. 諸官[197]看燈, 非常作樂. 又有敕令:"坊市百姓, 一任點燈, 勿令禁夜."[198] 看燈却迴大內, 皇帝[199]問:"諸州懸[200](縣)皆如此否?" 淨能奏曰:"蜀都有燈, 供養至極, 伏[201]恐京國不如!" 皇帝又問:"劍南去此多少?" 淨能奏曰:"去此三千里." 皇帝問曰:"如何知彼?" 淨能奏曰:"臣適來從彼看迴. 陛下不信臣

---

196 【項楚】五嶽四瀆:'四瀆'은 江, 淮, 河, 濟의 네 강을 말하며 이 강들은 모두 바다와 직접 연결되어 있다. 도교에서는 오악과 사독에 모두 神明이 있다고 본다. 「太上老君開天經」:"혼돈(전설 속에 나오는 중앙의 황제)은 두 아들을 차례로 낳았으니 큰 아들은 호신이고 작은 아들은 호령이었다. 호신은 죽어서 산신이 되고 호령은 죽어서 물신이 되었으므로 이들을 오악사독이라 이름하였다(混沌號生二子, 大者胡臣, 小者胡靈. 胡臣死爲山嶽神, 胡靈死爲水神, 因卽名爲五嶽四瀆)." 옛 사람들은 악독의 신이 비와 관련된 일을 담당한다고 보았다.

197 【項楚】원문의 '官'은 '宮'자를 잘못 쓴 것이다. '諸宮'은 곧 后妃들을 가리킨다. 고대에 천자의 후비들의 거처에는 '三宮六院'이라고도 불리는 '六宮'이 있었다. 그래서 후비들의 거처 이름으로 후비들을 부르고 이것이 바로 위에 나온 '諸宮'인 것이다.

198 【項楚】禁夜: 당대에 장안성에서 시행하던 통금제도. 날이 어두워진 후 거리의 북이 8백 통(1통은 333회－譯注)울리면 각 坊의 문을 닫고 거리는 통행이 금지되었는데 이를 '禁夜'라 하였다. 다만 정월 14일, 15일, 16일에는 통금을 없애고 백성들이 마음껏 등불을 보면서 즐길 수 있도록 했다. 【校注】『舊唐書』「玄宗本紀」:"(천보 3년) 11월 계묘일에 도성으로 돌아왔다. 계축일에는 매년 하던 대로 정월 14일, 15일, 16일로 날짜를 잡아 동네와 저자의 문을 활짝 열어 등을 밝히고 영원히 이를 상규로 삼도록 했다(十一月癸卯, 還京. 癸丑, 每載依舊取正月十四日, 十五日, 十六日開坊市門燃燈, 永以爲常式)."

199 原錄에서는 '皇帝'를 '淨能'으로 쓴 다음 '皇帝'로 고쳤으나 여기서는 곧바로 고쳤다.

200 【項楚】諸州懸: 다른 주현. '諸'에는 '여타의, 다른'의 의미가 있다. 李白, 「淸溪行」:"청계는 나의 마음을 맑게 하고 물빛이 여타의 물과는 다르다네(淸溪淸我心, 水色異諸水)."

201 '伏'이 原錄에는 '优'로 되어 있다. 【徐震堮】'优'는 '犹'가 되어야 한다. 【校注】실제 原卷에는 '伏'으로 쓰여 있어 여기서는 올바로 고쳤다. 돈황사본에서 '優'는 간체인 '优'로 쓰지 않으며, '猶' 역시 간체인 '犹'로 쓰지 않는다. 따라서 두 글자는 비슷한 모양 때문에 잘못 쓰일 일은 없다.

所奏曰,[202] 自去卽難, 與臣同往, 斯須[203]便到." 皇帝曰:"脫將朕去,[204] 復何侍從, 幾人同行?" 淨能奏曰:"可一與人也."[205] 皇帝曰:"復着何色衣服?" 淨能奏曰:"供奉[206]之類, 盡着素衣." 皇帝曰:"便令高力士等火急裝束, 速與卿等同往劍南看燈." 高力士等面奉進止,[207] 當時排比[208]裝束. 於是[209]作法, 便將皇帝及左右隨駕等, 同[□](往)劍南看燈. 疾似飛雲, 由(猶)[210]如電掣. 皇帝侍從片[211]時便到劍南, 巡歷街衢, 同遊諸處. 又見坊市點燈舖設, 供養交横,[212] 音樂至極, 深悅帝情.

---

202 原錄에서는 '曰'을 '白'으로 고쳤다. '曰'은 '言'의 의미로 쓴 것일 수도 있고 연문일 수도 있다. 바로 아래의 '自'와 모양이 비슷해서 잘못 써버렸을 수도 있다는 말이다(原卷을 보면 '曰'은 '日'자의 모양이다).

203 【項楚】 斯須:片刻. 杜甫, 「可歎」:"하늘의 뜬구름이 흰 옷과 같더니 순식간에 푸른 개로 변해 버렸네(天上浮雲似白衣, 斯須改變如蒼狗)."

204 脫:만약. '脫將朕去'는 '만약 나를 데리고 간다면'이라는 의미이다.

205 【劉堅】 '可一與人也'는 '可與一人也'가 되어야 한다. 【陳治文】 '與'는 '百'의 오자이다. '百'자가 '與'자의 간체자와 모양이 비슷해서 잘못 쓴 것이다. 【項楚】 원문의 '一'은 '一任'의 의미이며 '可一與人'은 얼마든지 마음대로 데려가도 된다는 말이다. 【校注】 '一與'는 '一以'와 같으며 '全部'의 의미이다. 『魏書』「皇后列傳」:"국상이 있고 나서 사흘 후에 임금의 옷과 기물들을 모두 태웠다(國有大喪, 三日之後, 御服器物一以燒焚)."

206 【項楚】 供奉:翰林侍奉처럼 황제의 좌우에서 황제를 시봉하는 관직에 있는 사람.

207 '止'를 原錄에서는 '上'으로 쓰고 '止'로 고쳤으나 여기서는 곧바로 고쳤다.

208 '排比'가 原錄에는 '枇棑'로 되어 있다. 【蔣禮鴻】 '枇'는 '比'자가 '排'와 비슷하게 되면서 '批'로 바뀐 다음 다시 '扌' 편방이 '木' 편방으로 바뀐 글자이다. '棑枇' 두 글자의 자리가 서로 바뀌긴 했으나 뜻은 그대로이다. 【校注】 原卷을 보면 '枇棑' 옆에 '乙' 기호가 있으므로 '棑枇'로 쓰는 게 맞다. 그리고 돈황사본에서 '扌'와 '木' 편방은 혼용되는 경우가 많으므로 결국 '排比'로 고쳐지는 것이다.

209 原卷을 보면 '是' 아래에 '是'가 하나 더 연문으로 들어가 있다('〃' 부호를 쓰진 않았다).

210 原錄에서는 '由'를 '申'으로 쓰고 '由'로 고친 다음 다시 '猶'로 고쳤다. 【陳治文】『集韻』에 따르면 '申'과 '迅'은 둘 다 음이 '思晉切'이다(稕韻). 즉 '申'은 '迅'자의 동음가차자가 된다는 말이다. 【校注】 모양이 비슷해서 '由'를 '申'으로 잘못 썼을 가능성이 훨씬 크므로 여기서는 原錄의 표기를 따랐다.

211 '片'이 原錄에는 '行'으로 되어 있다. 【陳治文】 '行'은 '片'의 오자이다. 「太子成道變文」의 '行時入定'과 「破魔變文」의 '足躡巫山一行雲'에서 '行'자는 모두 '片'자를 잘못 쓴 것이다. '行'과 '片'은 초서 글자가 대단히 흡사하다. 【校注】 진치문이 언급한 두 예문은 原卷에 사실 '行'이 아닌 '片'의 속자로 쓰여 있다. 본 작품의 原卷은 실제로 '行'자로 쓰여 있다.

212 '横'자가 原錄에는 '擴'으로 쓰여 있다. '交横'은 대단히 많은 모습을 말한다.

14년이 되자 황제는 천하에 대사면령을 내리고 백성들이 마음껏 등불을 켜고 공양을 할 수 있도록 했다. 관리들은 저마다 등불을 보고 무척이나 즐거워했다. 또 이런 칙명도 내렸다. "거리와 저자의 백성들이 마음껏 등불놀이를 즐기도록 하고 통행을 금하게 하지 말라." 황제는 등불놀이를 보고 대내로 돌아와 물었다. "다른 주현(州縣)들도 모두 이러하오?" 정능이 아뢰었다. "촉도(蜀都)[213]의 등불놀이에서 지극히 성대하게 공양을 하고 있습니다. 송구하오나 이곳 장안도 미치지 못할 정도입니다!" 황제가 다시 물었다. "검남은 여기서 얼마나 떨어져 있소?" 정능이 아뢰었다. "3천리 밖입니다." 황제가 물었다. "그런데 어찌하여 그 사실을 아시오?" 정능이 아뢰었다. "제가 방금 그곳을 둘러보고 오는 길입니다. 폐하께서 신의 말씀을 믿으신다면, 폐하 스스로 가시긴 힘들고 신과 동행하면 금방 닿을 수 있습니다." 황제가 말했다. "만약 짐을 데려간다면 시종은 누구로 몇 명이나 데려갈 수 있소?" 정능이 아뢰었다. "모두 갈 수 있습니다." 황제가 말했다. "옷은 무슨 색으로 입어야 하오?" 정능이 아뢰었다. "폐하를 시봉하는 이들은 모두 흰옷을 입게 하십시오." 황제가 명하였다. "고력사 등에게 어서 빨리 행장을 꾸리라 하여 속히 공경들과 함께 검남으로 가 등불을 볼 수 있도록 하라." 고력사 등은 황제의 뜻을 받들어 즉시 행장을 꾸렸다. 이에 [정능은] 황제와 좌우 시종들이 모두 검남으로 가 등불놀이를 볼 수 있도록 술법을 부렸다. 시종들은 구름처럼 빠르고 번개처럼 순식간에 검남에 이르러 거리를 누비며 이곳저곳에서 함께 즐겼다. 거리와 저자에서는 등불을 켜고 자리를 깔고 성대한 공양에 음악도 훌륭했다. 황제의 마음은 그렇게 즐거울 수가 없었다.

---

213 【項楚】 蜀都 : 成都. 고대의 촉국과 삼국의 촉이 모두 여기에 있었다. 【原校】 명황(현종)이 등을 구경한 일은 여러 곳에서 보이나 언급하고 있는 장소가 서로 다르다. 『幽怪錄』에서는 "廣陵에서 등불을 보았다"라고 했고, 道藏의 『內三洞群仙錄』 권10에 인용된 「仙傳拾遺」와 趙道一의 『眞仙體道通鑒』 권39에는 凉州라고 되어 있다. 여기서는 촉도라고 되어 있어 위의 장소들과 또 다르다. 【校注】 『明皇雜錄』과 『碧鷄漫志』에도 명황이 양주에서 등불을 보았고 동행한 사람은 葉法善이라고 되어 있다.

淨能又將皇帝於蜀王殿上, 隨駕同觀, 遂令奏樂數曲. 皇帝謂淨能曰: "天師, 夜更深, 朕擬却歸長安." 淨能奏曰: "陛下今日游蜀川, 未能周遍, 若欲歸京, 如今便行." 淨能再奏曰: "陛下駕幸此郡, 須交(教)蜀郡之[214]知看燈, 於蜀王殿上奏樂." 帝曰: "如何令人得之(知)朕自看燈來?" 淨能奏曰: "陛下須留一事[215]着體之衣於蜀王殿上. 後節度使必遣人搜殿, 見此汗衫子, 必差人進來. 陛下然謂: '朕自看燈作樂, 故留汗衫子, 以爲不謬.' 卽蜀人及官寮[216]百姓, 咸知陛下看燈, 豈不善矣!"

정능은 다시 황제를 촉왕(蜀王)의 전 위로 모시고 가서 시종들과 함께 구경을 하고 음악도 몇 곡 연주토록 했다. 황제가 정능에게 말했다. "천사! 밤이 깊었으니 짐은 이제 장안으로 돌아가야겠소." 정능이 아뢰었다. "폐하께서 오늘 촉천(蜀川)을 다 둘러보신 건 아니나 만약 장안으로 돌아가시겠다면 지금이라도 바로 갈 수 있습니다." 정능은 다시 말을 이었다. "폐하께서 촉군에 행차를 하셨으니 폐하께서 이곳에 와 등불구경도 하고 촉왕의 전 위에서 음악도 연주했음을 알려주셔야 하지 않겠습니까?" 황제가 물었다. "어떻게 사람들에게 짐이 등불구경 온 사실을 알려준단 말이오?" 정능이 아뢰었다. "폐하께서는 입고 있는 속옷 한 벌을 촉왕의 전 위에 남겨 놓으십시오. 나중에 절도사가 사람을 보내 뒤져보고 이 속옷을 발견하면 빈드시 폐하께 사람을 보내 바칠 것입니다. 그때 폐하께서 이렇게 말씀하시는 겁니다. '짐이 이곳에 와 등불구경도 하

214 '之'는 아래의 '知' 때문에 쓴 연문인 것으로 보인다. 다음에 나오는 '知'는 '之'로 써야 한다.

215 [項楚] 一事 · 一件(한 벌). '事'는 양사로서 '件'과 같다. 崔致遠, 「唐大薦福寺故寺主翻經大德法藏和尙傳」: "단오 때라 天后(武后)께서 사신을 보내 옷 다섯 벌을 주셨다(時屬端午, 天后遣使送衣五事)."

216 '官寮'를 原錄에서는 '宙宇'로 쓴 다음 '宇宙'로 고쳤다. [蔣禮鴻] '宇宙'는 '官寮'가 되어야 한다. 뒤에 나오는 '其夜節度使及官寮百姓等, 又聞蜀王殿上作樂'가 이를 반증한다. '寮'의 속체에 '宁'가 있어서 이를 '宇'로 잘못 쓴 것이다. '宙' 역시 모양이 비슷해서 생긴 오자이다. [校注] 原卷을 보면 '寮가' '窠'로 되어 있으며, 돈황사본에서 '宁' 자가 쓰인 예는 없다.

고 음악도 연주한 다음 속옷을 그곳에 남겨둔 것이니 괴이하게 생각지 말라.' 그러면 촉 땅 사람들과 관리와 백성들 모두가 폐하께서 등불구경을 하셨음을 알게 될 터이니 이보다 더 좋은 일이 어디 있겠습니까!"

皇帝遂留衣——少(小)汗衫子一領——在於[217]蜀王殿上. 淨能見皇帝留衣, 便作法, 須臾之間, 相將到長安. 淨能奏曰: "此大內." 皇帝展轉懷媿求道仙, 嘆淨能是[218]事莫側(測)其涯,[219] 符錄(籙)天下每不可比. 皇帝專心求長生不死之術, 忽聞大內打四下鼓, 更漏[220]分明, 皇帝迴報淨能: "天師且歸觀內, 明晨[221]見朕." 淨能奉敕, 便歸觀內. 皇帝與高力士說曰: "[蜀]中路遠, 阻隔山何(河), 瞬[222]息之間, 及諸[223]州郡."

황제는 곧 옷(작은 속옷 하나)을 촉왕의 전 위에 남겨두었다. 황제가 옷을 남겨두자 정능은 곧 술법을 부려 순식간에 황제를 데리고 장안에 이르렀다. 정능이 아뢰었다. "황궁이옵니다." 황제는 어떻게든 신선이 되고 싶어 안달인 사람이라 "정능이 하는 일은 어느 하나 변화막측하지 않은 것이 없고 부록을 다루는 것 역시 천하에서 견줄 이가 없구나!"라며 감탄을 아끼지 않았다. 황제가 장생불사의 도술을 얻으려고 애쓰던 차에 문득 대내 안 네 곳에서 북치는 소리가 들렸다. 이미 밤이 늦은 것이다. 황제가 정능을 돌아보며 말했다. "천사께서는 일단 도관으로 돌아가서

---

217 原錄에는 '於'자가 없으며 여기서는 原卷에 근거하여 채워 넣었다.

218 原錄에서는 '是'를 '事'로 고쳤으나 사실 굳이 고칠 필요는 없다. '是處'가 '到處'인 것처럼 '是事'는 곧 '事事'를 말한다. 柳永의 詞 중에 "꽃 같은 마음이면 무엇이든 다 되네(芳心是事可可)"라는 구절이 있는데, 이는 당송대 사람들이 흔히 쓰던 말이다.

219 原錄에서는 '涯'를 '渥'으로 쓰고 '涯'로 고쳤다.

220 [張鴻勳] 옛날에는 물시계(刻漏)를 보고 시간을 알려줬으므로(報更) 물시계를 '更漏'라 불렀다. 이후에는 밤늦은 시간을 가리키는 말로 흔히 쓰이게 되었다.

221 原錄에는 '明晨' 아래에 '淨能' 두 글자가 있다. [徐震堮] '淨能' 두 글자는 연문이다.

222 原錄에서는 '瞬'을 '牒'로 쓴 다음 '瞬'으로 고쳤다. 그러나 原卷을 보면 '月' 편방 중간에 가로획이 세 줄이다. 즉 '目' 편방이라는 말이다.

223 原錄에서는 '諸'를 '都'로 쓴 다음 '諸'로 고쳤다. 바로 다음의 '郡'자를 보고 모양이 비슷한 '都'로 써버린 듯하다.

내일 아침 일찍 다시 만나도록 하오." 정능은 황제의 명을 받들어 곧 도관으로 돌아갔다. 황제가 고력사에게 말하였다. "촉 땅으로 가는 길은 멀고 산과 강으로 가로막혀 있는데도 순식간에 그 주군에 이르렀소."

其夜節度使及官寮百姓等, 又聞蜀王殿上作樂, 直至天明. 蜀郡人深怪, 倍加搜獲, 疑是異人; 捕逐紛[□](紜), 恐是精怪. 又收得少(小)汗衫子一領. 數日尋逐, 都無蹤由. 劍南節度不敢隱, 便錄表聞, 奏言異事, 謹差幕府兼御史中丞翟常[224]進表. 不經旬日, 卽到長安. 皇帝覽表, 展在玉案,[225] 讚[226]之一遍. 又見汗衫子, 龍顏大悅, 隱知[227]不謬. 皇帝親問事宜, 使人具言:"正月十五日夜二更, 車馬侍從, 盡着白衣, 得[228]有一百餘人, 向蜀王殿上作樂, 曲終便去. 遺却汗衫子一領, 搜獲更無蹤由. 是此異詳(祥), 本使勒臣奏聞." 皇帝謂翟常曰:"昨正月十五日夜, 朕與葉淨[能]及隨駕於蜀王殿上憩歇,[229] 故令奏樂, 收暢(搜腸)曲羅.[230] 及歸迴, 恐蜀郡不知朕之遊看, 故遺汗衫子. 卿速報本使, 朕

224 [原校] 이곳의 '翟常'과 앞에 나온 '康太清'은 모두 돈황 지방 사람들에게 잘 알려진 인물이었다. 이는 돈황 사람이 엽정능의 이야기를 하면서 지방화를 시킨 것이다.

225 '案'이 原錄에는 '桉'으로 되어 있다. 편방의 위치를 바꿀 수 있는 글자이다.

226 [項楚] '讚'은 '讀'의 오자인 듯하나.

227 '隱'을 原錄에서는 '㥯'으로 썼다. 潘重規는 原卷의 이 '㥯'자를 '焉'으로 고쳤으나 분명치 않은 의견이다. 이 글자는 당연히 '隱'자의 오른쪽 부분이 속체로 쓰인 것으로 봐야 한다. '隱知'는 同義連文이다. [項楚] 원문의 '㥯'는 '意'의 오자일 것이다.

228 [項楚] '得'은 대략의 수를 표시하는 말로서 '大約'과 마찬가지다. 『東坡志林』 권3 「記墨」: "이에 솥, 아궁이, 공이, 절구 같은 것들 백여 근을 가져다가 소량의 약으로 단련시켰더니 모두 은이 되었다(乃取釜竈杵臼之類, 得百餘斤, 以少藥鍛之, 皆爲銀)."

229 '歇'이 原錄에는 '歌'로 되어 있다. [劉凱鳴] '歌'는 '歇'을 잘못 쓴 것이다.

230 [袁賓] '曲羅'는 말이 안 되며 '曲罷'가 되어야 한다. 비슷한 모양 때문에 잘못 쓴 것이다. '收暢' 역시 풀이가 안 되어 좀 더 고찰이 필요하다. [劉凱鳴] '暢'은 '場'의 오자이다. [劉瑞明] '收暢'은 '攸揚'의 잘못이다. '曲羅'는 '曲異'가 되어야 할 듯하다. [校注] '收暢'은 '搜腸'이 되어야 할 것이다. '搜腸曲羅'는 좋은 곡을 모두 펼친다는 의미이다. 앞의 '又聞蜀王殿上作樂, 直至天明'라는 구절이 많은 곡을 연주했음을 말해준다. [項楚] '暢'은 '場'이 되어야 하고 '羅'는 '罷'가 되어야 한다. '收場曲罷'는 연주를 마치고 음악이 끝났다는 말이다.

自別有優賞詔."[231]

그날 밤 절도사와 관리와 백성들은 촉왕의 전 위에서 날이 밝도록 음악을 연주하는 소리를 들었다. 촉군 사람들은 이를 괴이하게 여겼다. 그러니 애써 찾으려 하면서도 아마 사람이 아닐 것이라 하고, 이리저리 잡으려 애쓰면서도 혹시 도깨비가 아닌가 싶었다. 그러다가 작은 속옷 하나만 주웠을 뿐 며칠을 뒤지고도 아무런 종적을 찾을 수 없었다. 검남 절도사는 감히 숨겨서는 안 될 일이라 보고서 즉시 이 괴상한 일을 알리는 표문을 써서 참모 겸 어사중승(御史中丞) 적상(翟常)을 보내 표문을 올리도록 했다. [적상은] 열흘이 지나지 않아 장안에 도착했다. 황제는 표문을 받아 옥안(玉案)에 펼친 다음 한 번 쭉 읽었다. 또 속옷을 보고 크게 기뻐하며 과연 틀린 말이 아니라고 생각했다. 황제가 친히 사정을 묻자 사자가 아뢰었다. "정월 15일 밤 2경쯤에 거마와 시종들이 모두 흰 옷을 입고 1백여 명 가량의 사람들이 촉왕의 전 위에서 악을 연주하다가 곡이 끝나자 자리를 떴습니다. 속옷 하나를 남겼을 뿐 다른 흔적은 전혀 찾을 수가 없었습니다. 기이하고도 상서로운 일이라 본사(本使)에서 저로 하여금 아뢰도록 한 것입니다." 황제가 적상에게 말하였다. "지난 정월 15일 밤에 짐은 엽정능과 시종들과 함께 촉왕의 전 위에서 쉬면서 풍악을 울리라 명하여 많은 좋은 곡들을 연주했소. 돌아올 때 촉군에서 짐이 그곳으로 가 구경한 사실을 모를까 염려되어 일부러 속옷을 남기고 온 것이오. 경은 속히 짐이 특별히 두터운 상을 내린다고 본사에 아뢰시오."

翟常拜辭皇帝, 便卽登途. 歡心弈[弈], 雨露[霑]身, 六親增榮, 九族咸慶. 不經旬日, 卽至蜀中, 具言詔命. 劍南人吏百姓, 皆言皇帝通神宇宙, 天下周遊, 非論[232]蜀川境, 諸州府不敢輒[233]行法令.

231 [原校] 만약 '詔'자가 연문이 아니면 위아래에 빠진 글자가 있을 것이다. [校注] '優賞'은 두터운 상을 말하며 '優賞詔'는 두터운 상을 내리라는 조명을 말한다.

적상은 황제에게 하직인사를 올린 후 곧바로 여정에 올랐다. 기쁜 마음은 이루 형언할 수 없었다. 임금의 은택을 온 몸에 받고 육친(六親)에게 영화가 내리고 구족(九族)이 함께 축하할 일이었다. 열흘이 지나지 않아 촉 땅에 이르러 임금의 조명을 모두 전했다. 검남의 관리와 백성들은 모두들 황제께서 우주만물과 통하시고 천하를 주유하시니 촉천 뿐 아니라 다른 지역에서도 함부로 법령을 집행하는 일은 감히 없을 것이라고 말했다.

皇帝每日親問淨能道法, 淨能時時進法, 皇帝每事不遺. 忽於一日, 皇后無子, 擬求淨能, 曰:"妾聞葉淨能法述(術)通神, 妾欲求子, 不敢不奏." 皇帝便詔淨能問曰:"朕未登極之日, 卽有皇后; 及至登極已來, 全無子息.[234] 天師茲(緇)流,[235] 爲朕求一子, 在其國計. 朕與皇后, 不敢有負天師." 淨能奏曰:"男女[236]蓋緣宿運, 淨能何以求之?" 淨能乃問天曹, 牒地府. 淨能便對皇帝書符, 吹向空中, 當時化爲神, 便乃昇天. 又書符牒問地府. 須臾天曹、地府同報曰:"皇后此生不合有子." 淨能具奏.

황제는 매일 정능에게 도법에 대해 물었고 정능은 그때마다 도법을 알려주었다. 황제는 어느 것 하나 그냥 흘려보내는 법이 없었다. 그러던 어느 날 황후가 아들이 없어 정능에게 부탁할 요량으로 이렇게 물었다. "엽정능의 법술이 무척이나 신통하다고 하여 소첩이 아들 하나만 있으면 해서 감히 아뢰옵니다." 황제는 곧 정능을 불러 물었다. "짐이 아직

232 [蔣禮鴻] '非論'은 '不但'(~뿐만 아니라)이다.

233 [項楚] 輒: 자의로, 마음대로.

234 子息: 대를 이을 자식, 아들. 돈황본 「降魔變文」: "집에 아들이 여럿인데 막내아들은 아직 장가를 가지 않았다(家有子息數人, 小者未婚妻室)."

235 緇流: 승려를 가리키는 말로 승려들이 검은 옷을 입기 때문에 이렇게 부른다. 여기서는 도사를 말한다.

236 男女: 자식.

등극하지 않을 때부터 황후는 있었으나 짐이 등극하고 나서도 아들 하나가 없소. 천사께서 나라의 앞날을 위해 짐에게 아들을 하나 구해준다면 짐과 황후는 천사의 은혜를 결코 저버리지 않겠소." 정능이 아뢰었다. "자식은 이미 운명으로 정해졌거늘 제가 어찌 구해줄 수 있겠습니까?" 정능은 곧 천조에 문의를 하고 지부(地府)에 문서를 보내고자 황제 앞에서 부록을 써서 공중에 날렸다. 부록은 즉시 신인이 되어 하늘로 올라갔다. 그리고 다시 부록을 써서 지부에 문서를 보내 문의를 했다. 얼마 후 천조와 지부에서 함께 알려오기를 "이번 생에서 황후는 아들이 없다"라고 했다. 정능은 이를 그대로 아뢰었다.

八月十五日夜, 皇帝與淨能及隨駕侍從, 於高處翫[237]月, 皇帝謂淨能曰:"月中之事, 其可慖(測)焉?" 淨能奏曰:"臣說亦恐無益, 臣願將陛下往至月宮遊看可否?" 皇帝曰:"何以得往?" 淨能奏曰:"陛下自行不得, 與臣同往, 其何難哉!" 皇帝大悅龍顏. 皇帝曰:"可將侍從同行?" 淨能奏曰:"劍南看燈, 凡人之處; 月宮上界, 不同人間. 緣陛下有仙分,[238] 其可蹔往." 皇帝又問曰:"復[239]着何色衣服?" 淨能奏曰:"可着白錦綿衣." 皇帝曰:"因何着白錦綿衣?" 淨能[奏曰]:"緣彼是水晶樓殿, 寒氣淩人."

8월 15일 밤, 황제는 정능과 수행 시종들과 함께 높은 곳에 올라 달구경을 했다. 황제가 정능에게 말하였다. "달에서 일어나는 일도 헤아릴 수 있소?" 정능이 아뢰었다. "신이 말로 해봤자 별 소용이 없을 듯합니다. 신이 폐하를 모시고 갈 터이니 직접 월궁을 둘러보시는 게 어떻겠

237 原錄에서는 '翫'을 '旣'로 쓴 다음 '翫'으로 고쳤으나 여기서는 곧바로 고쳤다.

238 仙分: 신선이 되는 연분. 『南史』「鄧郁傳」: "대낮에 신선 위부인이 홀연 내려와서는 …… 욱에게 말하였다. '그대에게 신선의 인연이 있는 터라 일부러 내려와 찾아서 기다리고 있었지요'(白日, 神仙魏夫人忽來降臨 …… 謂郁曰, 君有仙分, 所以故來, 尋當相候)."

239 '復'자가 原錄에는 없다. 여기서는 原卷을 보고 채워 넣었다.

습니까?" 황제가 말했다. "어떻게 갈 수 있단 말이오?" 정능이 아뢰었다. "폐하께서 직접 가시진 못하나 신과 동행을 한다면 무슨 어려움이 있겠습니까!" 황제는 기쁨을 감추지 못하며 말하였다. "시종들도 함께 갈 수 있소?" 정능이 아뢰었다. "검남에서 등불 구경을 할 때는 그래도 사람이 사는 곳이었으나, 월궁은 상계(上界)로서 인간 세상과는 다른 곳입니다. 그나마 폐하께서는 신선이 될 연분이 있으셔서 잠시 가 보실 수 있는 것입니다." 황제가 다시 물었다. "이번에는 무슨 색 옷을 입어야 하오?" 정능이 아뢰었다. "흰 비단에 무명옷을 입으면 되겠습니다." 황제가 물었다. "어찌하여 흰 비단에 무명옷을 입어야 하오?" 정능이 아뢰었다. "그곳은 수정으로 만든 누대와 전각들이라 한기를 참기 힘듭니다."

皇帝裝束便行. 淨能作法, 須臾便到月宮內.[240] 觀看樓殿臺閣, 與世人不同; 門窗[戶]牖, 全珠(殊)異世. 皇帝心看樓殿, 及入重門, 又見樓處[241]宮閣, 直到大殿, 皆用水精瑠璃瑪瑙, 莫惻(測)涯際. 以水精[242]爲窗牖, 以水精爲樓臺. 又見數個美人, 身着三殊(銖)[243]之衣, 手中皆

240 [原校] 엽정능과 당 명황이 월궁으로 간 이야기는 가장 널리 알려진 고사 중 하나여서 당대에도 이미 여러 가지 이야기가 전해지고 있었다. 『龍城錄』과 『異聞錄』에서는 申天師라 하고 『唐逸史』에서는 羅公遠이라 하고 『集異記』에서는 葉法喜('喜'는 '善'이 되어야 옳다)라 하고 『明皇雜錄』에서는 葉法靜이라 했다. 나중에 이들은 엽정능 한 사람으로 모두 모아진다. 元代 王伯成의 「天寶遺事諸宮調」는 월궁 이야기를 전문적으로 묘사한 작품인데, 이 중 지금까지 남아있는 다섯 則이 『庸熙樂府』 권4에 전하고 권7에는 왕백성의 「自序」 한 칙이 있다.

241 [項楚] '樓處'는 '樓外'가 되어야 한다. '外'와 '處'의 속체가 비슷한 모양이라 '處'로 잘못 쓰고 이것을 다시 '處'로 쓴 것이다. [校注] 돈황사본에서 '處'자를 '处'로 쓴 경우는 없다. 原卷을 보면 이 글자가 '[illegible]'로 쓰여 있는데 아무래도 '臺'자를 잘못 쓴 듯하다.(原卷에서 '臺'자는 '[illegible]'로 쓰여 있다)

242 [原校] '水精'과 '水晶'은 통용될 수 있다. 위에서 '水晶'이라 하고 아래에서 '水精'이라 한 것은 모두 原卷을 그대로 따른 것이다.

243 [徐震堮] '三殊'는 '三銖' 혹은 '三珠'가 되어야 할 듯하다. [項楚] '殊'는 '銖'가 되어야 한다. 24銖가 1兩이며, 이는 天衣가 아주 가볍고 얇음을 나타낸다. 「破魔變」: "몸에 천궁의 3수짜리 옷을 걸치고서 무산의 한 조각 달을 발로 밟다(身挂天宮三珠[銖]服, 足躡巫山一片雲)."

擎水精之盤，盤中有器，盡是水精七寶合成．皇帝見皆存禮度．淨能引皇帝直至娑羅樹邊看樹，皇帝見其樹，高下莫惻(測)其涯，枝條直赴(覆)[244]三千大千世界．其葉顏色，不異白銀，花如同雲色．皇帝樹下徐行之次，踦躇[245]暫立，冷氣淩人，雪凝傷[246]骨．皇帝謂淨能曰："寒氣甚[247]冷，朕欲歸宮．" 淨能奏曰："與陛下相隨遊戲，甚是仙華,[248] 不並下方,[249] 陛下不用忽忽，且從容翫月觀看，然乃却迴，豈不善矣!" 皇帝倚樹，轉覺凝寒,[250] 再問淨能："朕今忍寒不得，願且却歸．若更須臾，恐[251]將不可．" 淨能再問(聞)帝說，不覺哂然.[252]

황제가 떠날 채비를 마치자 정능은 곧 술법을 부려 순식간에 월궁 안에 다다랐다. 누대와 전각들은 인간세상과 달랐으며 대문과 창문들도 전혀 다른 세상의 것이었다. 황제가 누대와 전각들을 유심히 보다가 곧 두 개의 문을 지나자 또 다시 누대와 궁궐 쪽문이 나타나더니 곧바로 대전(大殿)으로 이어졌다. 모두가 수정과 유리와 마노로 만든 것들로 그 끝을 헤아릴 수 없었다. 수정으로 창문을 만들고 수정으로 누대도 만들었다. 또 미녀들이 몇 명 보이는데 무게가 3수(銖) 밖에 되지 않을 옷을

---

244 '赴'는 '覆'으로 읽어야 한다.

245 '踦躇'를 原錄에서는 '踟躕'로 고쳤다. 이 단어는 연면사로서 굳이 고칠 필요는 없다.

246 '傷'이 原錄에는 '復'으로 되어 있으나 '傷'의 오자로 보는 것이 옳다. 돈황사본에서 '傷'과 '復'이 서로 잘못 쓰인 예는 대단히 많다.

247 '甚'을 原錄에서는 '其'로 쓰고 '甚'으로 고쳤으나 여기서는 곧바로 고쳤다.

248 '華'를 原錄에서는 '莘'으로 쓴 다음 '華'로 고쳤다. 돈황사본을 보면 '華'의 속체가 '莘'과 뒤섞여 쓰이곤 한다. 「韓朋賦」의 "明顯絶華"에서 '華'자도 사권에는 '莘'으로 쓰여 있다.

249 【項楚】 不並下方 : 아래 세계와는 다르다. '不並'은 곧 '不比', '不同'이다. 沈佺期, 「王昭君」: "오랑캐 땅으로 시집오던 날 한나라 궁에 있을 때와는 달랐지(嫁來胡地日, 不並漢宮時)."

250 【項楚】 凝寒 : 嚴寒. 『文選』 권23 「贈從弟三首」 중 두 번째 : "어찌 엄한 추위를 근심하지 않는가, 송백의 본성이 있어서이지(豈不罹凝漢, 松柏有本性)." 李善 注 : "凝, 嚴也."

251 原錄에는 '恐' 앞에 '須'자가 있으나, 이는 앞의 '須'자 때문에 잘못 쓴 연문이기 때문에 삭제해야 한다.

252 【項楚】 哂然 : 웃는 모습.

입고서 손에 수정 쟁반을 들고 있었다. 쟁반 안의 그릇들은 하나같이 수정과 칠보를 섞어 만든 것들이었다. 황제가 보니 모두들 예의와 법도가 있었다. 정능은 황제를 데리고 곧장 사라수(娑羅樹)가 있는 곳으로 가서 나무를 감상했다. 황제가 나무를 보니 높이는 그 끝을 헤아릴 수 없고 가지는 삼천대천(三千大千)의 세계[253]를 덮고 있었다. 이파리의 색깔은 백은(白銀)과 다르지 않았고 꽃은 구름빛과 같았다. 황제는 나무 아래를 서서히 걷다가 머뭇머뭇하며 잠시 멈춰 섰다. 냉기는 참기 힘들 정도고 눈이 얼어 뼛속까지 파고드는 듯했다. 황제가 정능에게 말했다. "한기가 너무 심해 짐은 궁으로 돌아가야겠소." 정능이 아뢰었다. "폐하와 함께 거닐며 노니는 이곳은 참으로 화려한 선계라 인간 세상과는 전혀 다릅니다. 서두르지 마시고 느긋하게 달구경을 하신 다음 돌아가시는 게 좋지 않겠습니까!" 황제는 나무에 기댔다가 한기가 확 끼쳐 다시 정능에게 물었다. "너무 추워 견딜 수가 없으니 짐은 돌아가야겠소. 잠시도 더 못 있을 것 같소." 정능은 황제의 말을 다시 듣자 자기도 모르게 피식 웃음이 나왔다.

便乃作法, 須臾却到長安. 皇帝專心求法, 合掌向前啓言天師:"示朕道法, 盡朕一身,[254] 永受天錄(祿),[255] 與朕爲師." 淨能奏曰:"微臣道法, 皆是符錄(籙)之功, 豈堪傳受?" 皇帝至明晨, 群臣朝參, 帝曰:"朕昨夜三更, 與葉天師同往月宮觀看, 見內外淸霄迥然, 樓殿臺閣悉異, 皆是七寶裝飾." 群臣共賀[256]皇帝:"三皇五帝周秦已來, 未有似陛下

253 [譯注] 三天大千의 세계 : 불교 용어이다. 須彌山을 중심으로 하여 일곱 산과 여덟 바다가 그 주위를 둘러싸고 다시 鐵圍山이 외곽이 되는 세계를 하나의 小世界라 하며, 천 개의 소세계는 소천세계가 되고, 천 개의 소천세계는 다시 중천세계가 되며, 천 개의 중천세계를 합하여 대천세계가 된다. 이를 통틀어 삼천대천의 세계라 한다.

254 [項楚] 盡朕一身 : 내 평생을 다하다.

255 [項楚] '錄'은 '祿'이 되어야 한다. 天祿 : 하늘에서 내리는 복록. 여기서는 황제가 하사하는 俸祿을 말한다.

256 原錄에서는 '賀'를 '駕'로 쓴 다음 '賀'로 고쳤다.

者也. 若道教通神, 符錄(籙)絶妙, 天下無過葉天師耶!" 皇帝遂命太史官批在唐錄.

정능은 곧 술법을 부려 순식간에 장안으로 돌아왔다. 황제는 오로지 도법을 구하려는 마음뿐이라 합장을 하고서 천사에게 말하였다. "짐에게 도법을 가르쳐준다면 내 일생을 다 바칠 것이며 영원히 봉록을 받을 수 있도록 해 줄 것이오. 부디 짐의 스승이 되어주오." 정능이 아뢰었다. "미천한 신의 도법은 모두 부록의 효험일 뿐인데 어찌 차마 전수해드릴 수 있겠습니까?" 황제는 다음날 아침 군신들이 조회에 모이자 이렇게 말했다. "짐은 어젯밤 삼경에 엽천사와 함께 월궁에 구경을 갔었소. 안팎의 맑은 하늘은 아득하고 누대와 전각들은 모두들 다른 모양에 칠보장식을 하고 있었소." 군신들 모두가 황제에게 축하의 말을 올렸다. "삼황오제와 주진(周秦) 이래로 폐하와 같은 분은 없었습니다. 도교의 신통함과 부록의 절묘함으로 따진다면 천하에 엽천사만 한 분은 없습니다!" 황제는 곧 태사관(太史官)에 명하여 이를 『당록(唐錄)』[257]에 기록하도록 했다.

後經數日, 淨能見大內一宮人, 美貌殊絶, 每見帝寵. 淨能遂歸觀內, 畫一道符, 變作一神. 神人每至三更, 取內人來於觀內寢, 恰至天明, 却送歸宮. 日來月往, 已經半年, 美人昏似醉, 都不覺知. 忽奏皇帝曰: "今有孕, 惟候其產難,[258] 不敢不奏." 皇帝聞奏, 當知卽是淨能作法令人取之. 便令美人勿說於人.

그 후 며칠이 지나 정능은 대내에서 한 궁녀를 보았는데, 그녀는 미모가 절색이라 매일 황제의 총애를 받고 있었다. 정능은 곧 도관으로 돌아와 부록을 한 줄 써서 신인으로 변하게 했다. 신인은 날마다 삼경

257 【項楚】 唐錄 : 『唐實錄』을 가리킨다. 당대에는 계위를 이은 황제들이 사관으로 하여금 반드시 선제先帝의 실록을 수찬토록 해야 했다. 선제의 통치시기에 있던 중대한 사실들을 편년으로 기록하였으며, 한유(韓愈)가 지은 『順宗實錄』이 한 예이다.

258 【項楚】 產難 : 분만. 난산일 경우 옛 사람들은 이를 劫難(악업이 쌓여 닥치는 재난)으로 보았기 때문에 분만을 '產難'이라고 불렀다.

만 되면 궁녀를 도관으로 데리고 와서 자고 날이 밝으면 바로 궁으로 돌려보냈다. 어느새 시간은 흘러 반년이 지났다. 미인은 취한 듯 정신이 혼미할 뿐 도무지 뭐가 뭔지를 모르다가 문득 황제에게 이렇게 아뢰었다. "아이를 배고 해산 날짜를 기다리고 있어 감히 아뢰지 않을 수 없습니다." 황제는 이 말을 듣고 정능이 법술을 부려 누군가에게 여자를 홀리라 했음을 바로 알 수 있었다. 미인에게는 다른 사람에게 발설하지 말도록 했다.

皇帝詔高力士商量, 擬於大殿內殺淨能. 淨能於觀內早知之. 皇帝爲(謂)高力士曰:"葉淨能移山覆海, 變動乾坤, 製(制)約宇宙, 昇虛空而自在, 變化無難, 朕擬殺之, 恐將難矣![259] 卿有何計, 與朕殺之?" 力士奏曰:"葉淨能昇雲來往, 皆用符錄(籙)之功, 今因大殿內設計欲謀殺之, 淨能何以得知! 陛下但詔淨能上殿賜座, 殿後蜜(密)排五百口劍, 陛下洋洋(佯佯)[260]問法, 淨能道法之次, 洋洋(佯佯)振龍威. 臣闇點號, 五百人一時攢劍上殿, 而[261]必殺之." 皇帝曰:"其計甚善!" 力士旣奉進旨,[262] 遂於金吾杖(仗)取五百人, 刀[263]劍悉如雪霜, 伏於殿後, 不令人知.

황제는 곧 고력사를 불러 대전 안에서 정능을 죽일 모의를 꾸몄다.

259 恐將難矣: 대단히 어려울 것이다. '將'은 실제적인 의미가 없다.

260 [徐震堮] '洋'은 '佯'이 되어야 하고 또 중첩해서도 안 될 것이다. [蔣禮鴻] '洋洋'은 '佯佯'를 가차한 말이며 '~인 체하다'의 의미이다. 당대 사람들이 '佯佯'으로 중첩해서 쓴 예가 있으므로 '佯'을 두 번 썼나고 해서 틀렸다고 할 순 없다. 韓偓의 시 「墜花落」: "일찍이 화당의 잔치에서 귀밑머리 매만지는 척 몰래 돌아본 적이 있지(也曾同在華堂宴, 佯佯攏鬢偸迴面)."

261 原卷에서는 '而'자 아래에 '悉'자를 넣었다. 그러나 原卷을 보면 '悉'자 옆에 '卜' 기호가 있으므로 적을 필요가 없다.

262 '旨'가 原錄에는 '言'으로 되어 있다. [項楚] '言'은 당연히 '旨'가 되어야 한다. '奉進旨'는 '奉聖旨'라고 말하는 것과 같다. [蔣冀騁] '言'은 '旨'가 되어야 한다. 모양이 비슷해서 잘못 쓴 것이다. '進旨'는 '進止'와 같다. 「廬山遠公話」: "엎드려 폐하의 명을 바라옵니다(伏乞陛下進旨)."

263 '刀'가 原錄에는 '及'으로 되어 있다. [項楚] '及'자는 '刀'자를 잘못 쓴 것이며 '及(刀)劍' 두 글자는 아래 구로 넣어야 한다.

정능은 도관 안에 있으면서도 진작 이를 알고 있었다. 황제가 고력사에게 말했다. "엽정능은 산을 옮기고 바다를 덮고 하늘과 땅을 바꾸고 우주를 제어하고 자유자재로 하늘로 오르며 무엇이든 변할 수가 있소. 그러니 짐이 그를 죽이려 해도 참으로 어려운 일이 아니겠소! 경이 계책을 내어 짐을 위해 죽여줄 수 없겠소?" 고력사가 아뢰었다. "엽정능이 구름 위를 왔다 갔다 하는 건 모두 부록의 효험 때문입니다. 지금은 대전 안에서 그를 죽일 계책을 꾸미고 있으니 정능이 이를 알 리는 만무합니다. 폐하께서는 그저 정능을 불러 어전으로 올라오게 한 다음 자리를 마련해 주십시오. 어전 뒤에 5백 명의 검객들을 숨겨 두겠습니다. 폐하께서 술법을 묻는 척하셔서 정능이 도법을 말하면 그때 폐하께서 황제의 위용을 떨치십시오. 신이 몰래 신호를 하면 5백 명의 검객들이 일시에 칼을 들고 전으로 올라가 반드시 정능의 목을 치겠습니다." 황제가 말했다. "참으로 좋은 계책이오!" 고력사는 황제의 명을 받들어 곧바로 금오군(金吾軍)에서 5백 명을 뽑아 서릿발처럼 날이 선 칼을 쥐고 어전 뒤에 숨어 있도록 했다. 다른 사람들이 알지 못하게 하라는 당부도 잊지 않았다.

皇帝遂詔淨能. [淨能]早知伏殺殿後, 都不爲事. 旣至殿前, 皇帝賜坐, 說其道法. 皇帝曰: "便[264]有何法?" 淨能知皇帝福(復)[265]問述(術)法: "其數極多. 陛下欲擬遍問之, 卒無盡理.[266] 臣所見只可如斯!" 皇帝問(聞)淨能奏, 悖然作色, 大怒龍威. 高力士便遣五百人一時上殿, 擬斬淨能. [淨能]見五百人拔劍上殿, 都不忙懼, 對皇帝前緩步徐行: "吾亦不將忙矣!"[267] 五百人一時擧劍, 俯臨淨能. 淨能思心作法, 卽變身入

264 '便'은 '更'이 되어야 할 것이다.

265 原錄에서는 '福'을 '逼'으로 고쳤으나 '復'의 차음자로 보는 게 옳다.

266 原錄에는 '理'자가 '盡'자 위에 있다. 여기서는 자리를 바꿨다.

267 [項楚] 不將: ~라 생각지 않다, ~라 느끼지 않다. 馮翊子『桂苑叢談』「客飮甘露寺」: '손바닥 안 용과 뱀에 종이 위 난새라 순식간에 천 폭도 어려울 것 없다네.(握裏龍

殿柱中, 莫睹蹤由. 皇帝驚忙, 繞柱數匝看之. 連聲便喚: "天師! 天師! 朕無此意, 高力士起此異心, 幸願天師察朕成(誠)素!" 淨能於柱內奏曰: "本願盡陛下一世, 誰知陛下中道起此異心!" 皇帝遂遣高力士把劍削柱看之. 高力士奉[268]敕削柱. 其柱約一半已上, 轉起分明, 全無淨能蹤由. 淨能柱內又奏: "臣且歸大羅天去也!" 皇帝與高力士見一條紫氣, 昇空而去. 皇帝追悔不及. 朝庭將相皆言皇帝忽忽納力士之[□], 致使天師不住人間, 却歸於上界, 蓋非淨能之過矣.

이윽고 황제가 정능을 불렀다. 정능은 어전 뒤에 검객들이 숨어있는 것을 다 알고도 아무 일 없다는 듯 태연했다. 어전 앞에 이르러 황제가 자리를 내주자 도법을 설하였다. 황제가 말했다. "또 무슨 도법이 있소?" 정능은 황제가 다시 술법을 묻는다는 것을 알았다. "그 수는 지극히 많습니다. 폐하께서 술법들을 다 알고자 해도 죽을 때까지 그 도리를 모두 깨우칠 수는 없습니다. 신이 본 것도 겨우 이 정도뿐입니다." 황제는 정능의 말을 듣고 갑자기 얼굴빛을 바꾸며 크게 노했다. 고력사는 곧 5백 명 명을 일시에 어전 위로 보내 정능의 목을 치려고 했다. [정능은] 5백 명이 칼을 뽑아들고 어전 위로 올라오는 모습을 보고도 전혀 두려워하지 않고 황제에게 천천히 걸어갔다. "그래도 저는 두렵지 않습니다!" 5백 사람이 일시에 칼을 들고 정능에게 달려들었다. 그러자 정능은 속으로 법술을 가다듬다가 곧 몸을 바꾸어 어전의 기둥 속으로 들어가 흔적 없이 사라져버렸다. 황제는 놀라고 두려워 기둥 둘레를 여러 번 돌며 살펴보다가 다급한 소리로 외쳤다. "천사! 천사! 짐은 본래 이럴 생각이 없었고 고력사가 다른 마음을 품은 것이오. 짐의 솔직한 마음을 알아주오!" 정능이 기둥 안에서 아뢰었다. "본래는 폐하께 일생을 바치

蛇紙上鸞, 湰巡千幅不將難) 忙: 두려워하다. 『廣韻』 下平聲十一 '唐': "忙, 怖也. 忙, 上同." 그래서 '怕'와 함께 쓰여 '忙怕'이라고도 한다. 「伍子胥變文」: "물고기와 거북은 두려워서 진흙을 뚫고 들어가기 바쁘고 어룡은 파도 위를 내달리며 솟구쳤다(魚鱉忙怕攢泥, 魚龍奔波透出)."

268 原錄에서는 '奉'을 '奏'로 쓴 다음 '奉'으로 고쳤으나 여기서는 곧바로 고쳤다.

고자 했으나, 중간에 폐하께서 이처럼 다른 마음을 품으실 줄은 미처 몰랐습니다!" 황제는 곧 고력사를 시켜 칼로 기둥을 깎아 찾아보도록 했다. 고력사는 황제의 명을 받고 기둥을 깎았다. 기둥의 반 이상을 샅샅이 뒤져보았으나 정능의 종적은 찾을 수가 없었다. 정능이 기둥 안에서 다시 아뢰었다. "신은 이제 대라궁으로 돌아가겠습니다!" 황제와 고력사는 한 줄기 자줏빛 연기가 하늘로 올라가는 모습을 보았다. 황제는 이만저만 후회되는 게 아니었다. 조정의 장상(將相)들은 하나같이 황제가 고력사의 말을 가볍게 받아들였다가 천사가 인간 세상에 살지 못하고 하늘로 다시 올라가게 된 것이지 정능의 잘못은 아니라고 입을 모았다.

皇帝自此之後, 日夜思慕, 寢食不安. 旬日之間, 中使[269]蜀川一百餘里已來, 忽見淨能緩步徐行. 淨能見使人, 高聲便喚: "使人且住!" 使人聞喚, 下馬離鞍, 向前禮拜, 問: "天師且去?"[270] "來日聖宮(躬)[271]萬福!" 使人[272]曰: "何得至此間?" 淨能曰: "我要歸大羅宮去. 來日忽忽, 不及辭皇帝. 使人與淨能傳語啓陛下, 淨能在路, 不及修表, 伏惟陛下照察. 若欲得與臣再相見, 須待海竭河枯, 山移地沒." 言訖, 傾(頃)刻之間, 並不相見.

황제는 이후부터 밤낮으로 [엽정을] 그리워하느라 침식도 제대로 하지 못했다. 그렇게 열흘 정도 지나 촉천으로 떠난 사신이 [촉천에서] 1백여 리 쯤 떨어진 곳에서 느린 걸음으로 걷고 있는 정능과 만났다. 정능은 사신을 보고 큰 소리로 외쳤다. "사신께서는 잠시 멈춰보시오!" 부르

269 [張鴻勳] 中使: 황제의 궁에서 파견하는 사신으로 대부분 환관이 맡는다.

270 [譯注] 구절을 위와 같이 끊을 경우 문맥이 잘 통하지 않는다. 項楚는 '去'를 '云'으로 보고 '拜禮問天師'를 하나로 붙였다. 즉 이 부분은 "천사에게 예를 올리고 안부를 묻자 [천사는] 이렇게 말했다"의 의미가 되는 것이다. 이 부분은 項楚의 의견을 따라 번역했다.

271 [項楚] 聖躬: 聖體. 즉 천자를 가리킨다.

272 原錄에서는 '使人'을 '天師'로 쓰고 '使人'으로 고쳤으나 여기서는 곧바로 고쳤다.

는 소리를 듣고 사신은 말에서 내려 천사에게 다가가 배례를 한 후 안부를 물었다. [천사가] 말했다. "폐하의 앞날에 만복이 깃들길 바랍니다." 사신이 말했다. "이곳은 어인 일이십니까?" 정능이 말했다. "저는 대라궁으로 돌아가려 합니다. 갈 길이 바쁜 터라 폐하께 인사도 못 드릴 듯합니다. 사신께서는 저를 대신해 폐하께 말씀을 전해 주십시오. 길 위에 있는 관계로 표문을 쓰진 못하니 폐하께서 잘 살펴주시길 바라며, 만약 신을 다시 만나고 싶으면 바닷물이 다하고 강물이 마르고 산이 옮겨가고 땅이 꺼질 때까지 기다려야 한다고 말입니다." 말을 마치자 순식간에 사라졌다.

其使人遂歸赴闕庭, 見皇帝先[奏]其蜀川事由, 後奏:"臣從劍南迴日, 去蜀川一百里路, 逢葉淨能緩步徐行, 喚臣傳奏陛下:'來日怱怱, 不及辭陛下. 兼緣在路, 不及修表. 陛下若欲得相見, 須待山移地沒, 海竭河枯.' 令臣口奏, 不敢不奏." 皇帝聞淨能附使人所奏, 臨殿而望蜀川, 滿目流淚而大哭曰:

사신은 곧 조정으로 돌아와 폐하를 뵙고 먼저 촉천에서의 일을 아뢴 다음 다시 이렇게 아뢰었다. "신이 검남에서 돌아오는 날 촉천에서 1백 리 쯤 떨어진 곳에서 엽정능을 만났습니다. 천천히 걸어가고 있다가 신을 불러 폐하께 이렇게 전해 달라 했습니다. '갈 길이 바빠 폐하께 하직인사를 올리지 못합니다. 또 길에 있는 관계로 표문도 갖추지 못했습니다. 폐하께서 만약 저를 다시 만나고 싶으면 산이 옮겨지고 땅이 꺼지고 바닷물이 다하고 강물이 마를 때까지 기다려야 합니다.' 신에게 아뢰어 달라 하여 감히 이렇게 아뢰옵니다." 황제는 정능이 사신에게 아뢰어 달라고 한 말을 듣고는 어전으로 가 멀리 촉천 쪽을 바라보며 두 눈 가득 눈물을 흘리고 큰 소리로 울며 말하였다.

"朕之葉淨能, 世上無二. 道教精修, 淸虛玄志. 練(煉)九轉神丹, 得長生不死. 伏(服)之一粒, 較量無比. 元始太一神府(符), 印[273]能運動天地 : 要五曹喚來共語, 呼五岳隨手驅使. 造化須移則移, 乾坤要止則止. 亦能將[274]朕月宮觀看, 伏(復)[275]向蜀[□](川)遊戱. 朕興異心, 干戈倫(輪)矣![276] 呼之上殿, 都無志畏.[277] 問之道術, 奏言無比. 鋒刀遍身, 投形柱裏. 相[278]之無處, 寧知其意? 劍南使迴, 他早至彼. 令傳口奏, 能存終始. 朕實辜卿, 願卿知意. 遙望蜀川, 空留雙淚. 開闢已來, 一人而已. 與朕標題,[279] 烈(列)於淸(靑)史."

葉淨能詩

짐의 엽정능! 세상에 둘도 없는 사람.

도교의 정수를 익혀 청허(淸虛)하고도 깊은 뜻을 가졌지.

구전신단(九轉神丹)[280]을 만들어 장생불사를 얻었으니

한 알만 먹어도 그 효과 견줄 바 없다네.

원시태일신(元始太一神)[281]의 부절로 천지를 움직이고

273 [項楚] '印'은 '卽'의 오자이다.

274 原錄에서는 '將'을 '苻'로 쓰고 '扶'로 고쳤다. [蔣禮鴻] '苻'는 비슷한 모양 때문에 '將'자가 잘못 쓰인 것이다. '將'은 '데리고'의 의미이다. 앞의 "臣願將陛下往至月宮遊看可否?"라는 구절을 통해 여기가 '將朕'이 되어야 함을 분명히 알 수 있다.

275 '伏'은 '復'으로 읽힌다. 두 글자는 돈황사본에서 흔히 통용된다.

276 [項楚] 이 단락은 운문이라 '倫'자는 운에서 벗어나서 안 되고 '備'자가 맞을 것이다. 모양이 비슷해서 '倫'자로 잘못 쓴 것이다. [校注] 이 구에서 허자인 '矣'자가 운에 맞으므로 반드시 불가하다고는 할 수 없다. '倫'은 '輪'과 통하며 '휘두르다'의 의미이다.

277 [項楚] '志'는 '忌'의 오자이다. 忌畏 : 꺼리다, 두려워하다.

278 相 : 살펴보다. 『詩』「鄘風」'相鼠' : "쥐를 보니 가죽이 있고 사람은 법도가 없구나(相鼠有皮, 人而無儀)." 鄭玄 箋 : "相, 視也."

279 [張鴻勳] 標題 : 본래는 기물이나 책, 글씨, 그림 위의 題記를 가리키나 여기서는 '기술' 혹은 '기재'의 의미이다.

280 [項楚] 九轉神丹 : 아홉 차례의 변화를 거친 신단으로 '九轉還丹'이라고도 한다. '轉'은 곧 '변화'의 의미이다. 수은과 황을 섞어 丹砂를 만드는 것처럼 약물이 고온에서 화학변화를 일으킬 때 한 번 변화하는 것을 '일전一轉'이라 한다. '轉'의 수가 많을수록 신단의 효험이 좋아진다.

281 [項楚] '元始'는 곧 '元始天尊'으로 도교에서 최고로 받드는 신이며, '太一' 역시 가장 존숭을 받는 신이다. 여기 나온 '元始太一'은 가장 높고 가장 존경을 받는 신을 말한다.

오조(五曹)[282]를 오라 하여 함께 이야기를 나누고
오악신을 불러 마음대로 부렸지.
조화(造化)도 바꾸려 하면 바꾸고 건곤(乾坤)도 멈추려 하면 곧 멈추었네.
또 짐을 월궁으로 데려가 구경시켜주고 촉천으로 가 놀게도 해 주었지.
짐은 다른 마음이 생겨 병사들을 준비해두었지.
불러서 어전 위로 오르라 해도 전혀 꺼리지 않았고
도술을 물으니 서로 비견할 수 없다 아뢰었네.
온몸에 칼을 맞고 기둥 속으로 몸을 피했고
자세히 살펴보아도 종적이 없었으니 어찌 그 뜻을 알았겠는가?
검남의 사신이 돌아오는 길, 그는 이미 그곳에 가 있었네.
내게 전해달라는 말이 끝까지 정을 담아두자는 것.
짐은 참으로 볼 낯이 없으니 경은 부디 짐의 마음 알아주기를.
멀리 촉천을 바라보니 두 눈에서 공연히 눈물만 흐르는구나.
하늘이 열린 이래로 단 한 명뿐이리라,
짐과 함께 청사(靑史)[283]에 이름을 나란히 할 사람은.

엽정능시(葉淨能詩)

282 [項楚] 五曹 : 천조에 있는 각 부의 仙官들을 가리킨다.
283 [項楚] 靑史 : 史籍. 고대에는 죽간으로 역사를 기록했고 죽간은 푸른색이므로 '청사'라 부르는 것이다.

卷三

공자항탁상문서(孔子項託相問書)[1]

昔者夫子[2]東遊, 行至荊山[3]之下, 路逢三箇小[4]兒. 二小兒作戲,[5] 一

1 【王重民原校】 총 11권의 편호와 교정문은 다음과 같다.
原卷 P.3883.
甲卷 P.3833 소책자. 제목은 '孔子項託相問書一首'라고 되어 있다.
乙卷 P.3255 훼손.
丙卷 P.3754 훼손. 양면에 베껴 쓰여 있다. .
丁卷 P.3882 훼손.
戊卷 S.5529 훼손.(【校注】 앞제목은 '孔子項託相問書一卷')
己卷 S.5674 훼손.(【校注】 앞제목은 '孔子項託相問書一卷')
庚卷 S.5530 훼손. 글씨체가 대단히 조악하다.(【校注】 양면에 각각 한 번씩 초사되어 있는데 글자체가 다르고 다른 글자도 약간 보인다. 앞면에 초사되어 있는 '稱庚[一]'은 뒷면에는 '稱庚[二]'로 되어 있다.)
辛卷 S.1392 완전본. 단, 차이나는 글자가 매우 많다.
壬卷 S.395 두루마리 끝부분이 훼손되어 있다. 마지막 제목은 '天福八年癸卯歲十一月十日淨土寺學郎張延保記'.
癸卷 S.2941 앞부분 19행만 남아 있다.
【校注】 항탁 고사는 돈황에서 발견된 모든 통속 작품 가운데 전해지는 텍스트가 가장 많고 가장 널리 유포되어 있다. 다른 연관 자료로 볼 때도, 가장 널리 전파되었

小兒不作戲. 夫子怪而問曰 : “何不戲乎?” 小兒答曰 : “大戲相殺, 小兒相傷,[6] 戲而無功, 衣破裹功. 相[7]隨擲石,[8] 不[如][9]歸舂. 上至父母, 下[10]及兄弟, 只欲不報, 恐受無禮. 善思此事, 是以不戲, 何謂(爲)[11]怪乎?”

옛날 공자가 동쪽으로 여행하다 형산 아래 이르러 세 아이를 만났다. 그 중 두 아이는 장난치고 있었지만 한 아이는 장난하고 있지 않았다. 이를 이상히 여긴 공자가 물었다. “얘야, 너는 어째서 놀지 않느냐?” 소년이 말했다. “심한 장난은 서로 큰 손해며 가벼운 장난이라도 서로에게

고 가장 오래 동안 전해졌다. 明本『歷朝故事統宗』卷九에『小兒論』한 편이 있는데 8, 90%가 동일한 문장이고 부록이 있다. 이외에 P.3826, 이목제 소장본, 러시아 소장본이 있고, 티베트어 번역본 3권도 있다. p.3826는 두루마리 뒷면에 초사되어 있는데 다음과 같이 쓰여 있다.「十一月者夫子, 孔子共項託相問書, 孔子項託□月日□□寫」뒤이어「一碩麥, 兩個各半, 春衣造一□」과 고용 계약서가 쓰여 있는데 연관있는 문장이 아니다. 따라서 본권에는 단지 표제만이 남아 있다.

2 【原校】갑권의 ‘夫子’는 ‘孔子’로 되어 있다.

3 【原校】갑권의 ‘荊山’은 ‘經山’으로 되어 있다.【譯註】‘荊山’은 現在 湖北省 漳縣의 서쪽에 있는 山.

4 戊卷의 ‘小’는 모두 ‘少’로 되어 있다.

5 【原校】‘戲’는 원권에 ‘喜’로 되어 있는데 갑권에는 ‘虛’로 되어 있는데, 무권, 신권, 계권에 의거하여 고쳤다. 아래 여섯 개의 ‘戲’자는 ‘喜’로 되어 있는데 ‘虛’로 적는 것과는 다르다. 여기서는 모두 ‘戲’로 고친다.【校注】무권과 경권 등에는 ‘戲’자의 왼쪽 부분이 ‘虛’로 되어 있다. 따라서 ‘虛’는 ‘戲’의 속자로 줄인 글씨이다.

6 【原校】‘傷’은 원래 ‘相’으로 되어 있는데 무권에 의거하여 수정했다.【校注】原卷은 훼손된 상태이고 갑권에는 ‘相’의 반복부호로 되어 있다.

7 【原校】‘相’은 원래 ‘二’로 되어 있는데, 무권과 신권에 의거하여 고쳤다.【校注】원권은 훼손되어 있는데 상반부 ‘二’만 남아 있으므로 ‘二’字가 아니다.

8 ‘擲石’은 갑권에 ‘藉石’으로 되어 있다.【譯註】‘擲石’은 아이들의 돌 던지기 놀이를 말한다.

9 【原校】‘如’는 무권에 의거하여 보완한 것이다. 신권에는 ‘兒’로 되어 있는데 ‘而’와 통하며 ‘而’는 곧 ‘如’자다.【校注】갑권에 ‘而’로 되어 있다. ‘如’, ‘兒’, ‘而’는 음이 같은 글자를 빌어 쓴 것이다.

10 【原校】‘下’는 원래 ‘夏’로 되어 있는데 무권과 신권에 의거하여 고쳤다.【校注】원권은 훼손되어 있고 갑권에는 ‘夏’로 되어 있다. 또 庚 (一)권의 두루마리 끝부분은 여기서 끝나고 결손되어 있다.

11 【原校】‘謂’는 원래 ‘不’로 되어 있는데 무권에 의거하여 고쳤다.【校注】‘不’은 ‘可’의 오류다. 庚 (一)권에는 ‘以’로 되어 있다. ‘謂’는 ‘爲’로 읽는다. 또 戊卷 下는 ‘怪’ 이하에 한 단락이 빠져 있다.

상처를 주니 장난이란 도움이 안 되고 옷에 구멍이나 낼 뿐이예요. 서로 돌이나 던지며 노는 것은 집에 돌아가서 절구질해서 집안 일을 돕는 것만 못해요. 장난치다 부모나 형제 앞에 끌려가게 되면 말대꾸하며 변명하지 않으면 욕을 먹을 거예요. 이러한 점을 심사숙고하여 장난치지 않는 것인데 어째서 괴이하게 여기시는지요?"

項託有(又)相[12]隨擁土作城, 在內而座.[13] 夫子語小兒曰:"何不避車?" 小兒答曰:"昔聞[14]聖人有言, 上知[15]天文, 下知地理,[16] 中知人情, 從昔至今, 只聞車避城, 豈聞城避車?" 夫子當時無言而對, 遂乃車避城. 下道[17]遣人往問:'此是誰兒小兒? 何姓何名?' 小兒答曰."姓項託."

또 한번은 공자가 수레를 타고 가는데 길 한복판에서 귀한 관상을 지닌 항탁이 흙으로 성(城)을 쌓고는 그 안에 앉아 있었다. 공자가 물었다. "어째서 수레를 피하지 않는 게냐?" 소년이 대답했다. "옛날 성인의 말씀에 '위로는 천문(天文)을 알고 아래로는 지리(地理)를 알며 가운데로는 인정(人情)을 안다.'했지요. 자고로 수레가 성을 피한다는 말은 들었지만 성

12 원록에는 '有相'에서 끊어 읽었다. [原校] 신권에 '相'은 '常'으로 되어 있다. [校注] 庚(一)권에 '相'이 '當'으로 되어 있다. '常'은 '當'의 오류로 봐야 타당하다. '相隨'와 '當隨' 모두 '오래지 않아', '뒤이어'의 뜻이다. '有'는 '又'로 봐야 하는데, 뒷 문장 '夫子問小兒曰'은 甲卷, 丁卷, 庚(一)卷에 모두 '夫子有問小兒曰'로 되어 있다. '有'는 '又'와 통한다.

13 '坐'는 원록에 '座'로 되어 있다. [校注] 인권에는 '坐'로 되어 있는데 바로 잡는다.

14 [原校] '聞'은 원래 '問'으로 되어 있는데 갑권에 의거하여 바로 잡는다. [校注] 原卷은 훼손되어 있는데 갑권에는 '問'으로 되어 있고 庚卷(二)에도 '問'으로 되어 있다. 이하도 동일하다. 또 丁卷은 다음 글자인 '聖'부터 시작된다.

15 '知'는 갑권, 신권, 경권(一) 모두 '至'로 되어 있고, 정권에는 '知'로 되어 있다.

16 '理'는 원록에는 '里'로 되어 있는데 '理'로 교정한다. [校注] 정권에는 먼저 '理'로 써놓고 뒤이어 '里'로 고쳐 놓았다. 경권(二)에는 '理'로 되어 있다. 원권은 훼손되어 있으므로 경권(二)에 의거하여 기록한다.

17 갑권은 '豈聞城避車'부터 '遂乃車避城'까지가 없다. 정권과 경권(二)은 '車避城' 세 글자가 없다. 또 정권에는 '下道' 두 글자가 '遣人' 아래 있어 '遣人下道往問'으로 되어 있다. 이로 볼 때, '遂乃車避城'에서 끊어 읽고 '下道'는 다음 구에 연결시켜야 할 듯하다.

(城)이 수레를 피한다는 말을 들은 적이 있으신지요?" 공자는 답변을 못하고는 마침내 수레가 성곽을 피해 가도록 했다. 그리고는 사람을 보내 물었다. "너는 뉘집 아이이며, 성명이 어떻게 되느냐?" 소년이 대답했다. "성은 항이요 이름은 탁입니다."

夫子曰：汝年雖[18]少，知事甚大. 小兒答曰："吾[19]聞魚生三日，游於江海，兎生三日，盤地三畝，馬生三日，趁[20]及其母，人生三日，[21] 知識父母. 天生自然，[22] 何言大小?"

공자가 말했다. "너는 비록 나이는 어리지만 대단히 사리에 밝구나." 소년이 말했다. "제가 듣기로 물고기는 태어난 지 삼일 만에 강과 바다를 돌아다니고, 토끼는 태어난 지 삼일 만에 수백 보를 뛰어다니고, 말은 태어난 지 삼일 만에 그 어미를 좇아다니며, 사람은 태어난 지 삼일 만에 부모를 안다 하였지요. 천지자연의 이치인 것을 무엇이 대단하단 말입니까?"

夫子問[23]小兒曰："汝知何山無石? 何水無魚? 何門無關? 何車無輪? 何牛無犢? 何馬無駒?[24] 何刀無環? 何火無煙? 何人無婦? 何女無夫? 何日不足? 何日有餘? 何雄無雌?[25] 何樹無枝? 何城無使? 何人[26]無字?" 小兒答曰："土山無石. 井水無魚. 空門無關. 轝車無輪. 泥[27]牛無

18 [原校] '雖'는 원래 '須'로 되어 있는데, 갑권과 정권에 의거하여 수정한다.

19 '吾'는 갑권, 정권, 경권(二)에 '昔'으로 되어 있다.

20 '趁'은 원록에 '趂'로 되어 있는데 '趁'으로 고친다. [校注] 돈황사본에 '趁'을 '趂'로 많이 쓰고 있는데 俗字이다. [역주] '趁及'은 뒤따라다닌다는 의미이다.

21 원권의 '月'은 갑, 정, 신, 경(一)권에 모두 '日'로 되어 있어 수정하였다.

22 '自然'은 정·신권에 '三日'로 되어 있다. 또 을권은 '然'자로부터 시작한다.

23 '問'자 위에는 갑·정·신권에 '有'자가 있는데 '又'와 통한다.

24 '駒'는 경(일)권에 '駈'로 되어 있다.

25 [原校] '雌'는 원래 '觜'로 되어 있다. 신권에 의거하여 수정한다. 이하 동일. [校注] 기권과 경(일)권에는 모두 '觜'로 되어 있다. 」

26 [原校] '人'은 원래 '兒'로 되어 있다. 정권과 신권에 의거하여 수정한다. [校注] 을권에는 '人'으로 되어 있는데 덧칠하여 지웠고 옆에 '身'이라고 주를 달아 놓았다.

犢. 木馬無駒. 斫刀無環. 螢[28]火無煙. 仙人無婦. 玉女無夫. 冬日不足. 夏日有餘. 孤雄無雌.[29] 枯樹無枝. 空城無使.[30] 小兒無字."

공자가 물었다. "돌이 없는 산, 물고기 없는 물, 빗장 없는 문, 바퀴 없는 수레, 송아지 없는 소, 망아지가 없는 말, 고리 없는 칼, 연기 없는 불, 아내 없는 남자, 남편 없는 여자, 태양 빛이 부족한 날, 태양 빛이 남아도는 날, 암놈이 없는 숫놈, 가지 없는 나무, 하인이 없는 성, 자가 없는 사람이 무엇인지 알겠느냐?" 소년이 대답했다. "흙산은 돌이 없고, 우물물은 고기가 없고, 빈 문에는 빗장이 없고, 가마는 바퀴가 없고, 진흙으로 만든 소는 송아지가 없고, 목마(木馬)는 망아지가 없고, 작두는 고리가 없고, 반딧불은 연기가 없고, 신선은 아내가 없고, 선녀는 남편이 없고, 겨울에는 해가 부족하고, 여름에는 해가 여유가 있고, 홀로된 수놈은 암놈이 없고, 마른나무는 가지가 없고, 빈 성에는 하인이 없고, 어린 아이는 자(字)가 없지요."

夫子曰:"善哉! 善哉! 吾與汝共遊天下, 可得已否?"[31] 小兒答曰:"吾不遊也. 吾有嚴父, 當須侍之, 吾有慈母, 當須養之, 吾有長兄, 當須順之, 吾有小弟, 當須教之. 所以[32]不得隨君去也."

공자가 말했다. "총명하구나 총명해! 내 너와 함께 천하를 주유했으면 하는데 하겠느냐?" 소년이 대답했다. "가지 않겠어요. 저는 엄한 부친을

27 '泥'는 원록에 '土'자를 밑에 넣었는데 속자이다. 경(一)권에는 '泥'로 되어 있다. 또 무권은 여기 윗부분이 훼손되어 있다. 임권은 위 구 '犫'자부터 시작한다.

28 [原校] '螢'은 원래 '熒'으로 되어 있는데 갑권에 의거하여 고친다. 정권에는 '瑩'으로 되어 있다. [校注] 무권에도 '螢'으로 되어 있다. 신권에는 '營'으로 되어 있고, 경(일)과 경(이)권은 모두 '榮'으로 되어 있다.

29 병권은 '雌'자부터 시작한다.

30 '使'는 경(일)과 경(이)권 모두 '所'로 되어 있는데 동음가차자이다. '使'는 刺使를 가리킨다.

31 [原校] 무권에는 '已否'가 '以不'로 되어 있다. [校注] 병, 정, 경(일)에는 '已'가 '以'로 되어 있다. '已否'와 '以不'는 '與否'와 같은 의미이다.

32 [原校] 병권에는 '所以'가 '是以'로 되어 있다. [校注] 무권에는 '所有'로 되어 있다.

시중을 들어야 하고 자애로운 어머님을 봉양해 드려야 해요. 또 큰 형님을 모셔야 하고 밑의 아우를 가르쳐야 해요. 때문에 선생님을 따라갈 수 없어요."

夫子曰:"吾車中有雙陸[33]局, 共汝博戲[34]何如?" 小兒答曰:"吾不博戲也. 天子[35]好博, 風雨無[36]期, 諸侯好博, 國事不治,[37] 吏人好博, 文案稽遲.[38] 農人好博, 耕種失時. 學生好博, 忘讀書詩.[39] 小兒好博, 笞撻及之. 此是無益之事, 何用學之?"

공자가 말했다. "내 수레 속에 바둑이 있는데 내기 시합하는 것이 어떻겠느냐?" 소년이 대답했다."저는 노름 같은 것 안 해요. 천자가 노름을 좋아하면 풍우(風雨)를 기대할 수 없고, 제후가 노름을 좋아하면 국사가 다스려지지 아니하고, 관리가 노름을 좋아하면 행정 처리가 늦어지고, 농부가 노름을 좋아하면 농사의 시기를 잃고, 학생이 노름을 좋아하면 시서(詩書) 읽는 것을 잊어버리지요. 아이가 노름을 좋아하면 종아리를 맞게 되어 도움이 안 되는데 무엇하러 그것을 배우겠는지요?"

夫子曰:"吾與汝平却天下,[40] 可得已否?"[41] 小兒答曰:"天下不可平

33 [原校] 갑, 을, 정, 기 네 권은 '雙陸'이 '雙六'으로 되어 있다. [校注] 병권과 임권에도 '雙六'으로 되어 있다. 쌍륙은 도박의 한 종류인데 창을 움켜잡고 바둑판 위에 던지는 놀이에서 유래했다.

34 [原校] '戲'는 원래 '喜'로 되어 있는데 갑, 을, 병 세 권에 의거하여 교정한다. [校注] 무권에서는 먼저 '喜'로 썼다가 '戲'로 고쳐 놓았다.

35 '天'은 을, 무, 경(일), 기, 임권에 모두 '夫'로 되어 있다.

36 [原校] 기권에 '無'는 '失'로 되어 있다. [校注] '失'은 '无'의 오자로 봐야 타당하다.

37 '不治'는 갑권에 '失之'로 되어 있다. '之'자는 평성으로 압운한 것이다.

38 [原校] '遲'는 원권에 '犀'로 되어 있는데 갑권에 의거하여 교정한다. [校注] '稽遲'는 을권도 동일하다. 병, 경(일)권에는 '經遲'로 되어 있고, 임권에는 '荊遲'로 되어 있다.

39 [原校] '書詩'는 원래 '詩書'로 되어 있는데 을권과 신권 두 권에 의거하여 교정한다. [校注] 경(일)권은 '忘讀詩' 이하 부분이 잔결되어 있다. 경(이)권은 '詩書'로 되어 있는데, 아랫 구절 '小兒' 이후부터는 모두 잔결되어 있다.

40 '天下'는 갑권에 '天地'로 되어 있다.

也. 或有高山, 或有江海,[42] 或有公卿, 或有奴婢, 是以不可平也."

공자가 물었다. "내 너와 함께 천하를 평등하게 했으면 하는데 하겠느냐?" 소년이 대답했다. "천하는 평등하게 될 수 없습니다. 높은 산이 있기도 하고, 강과 바다가 있기도 하며, 공경이 있고 노비가 있는 경우도 있어 평등해질 수 없습니다."

夫子曰: "吾與汝[43]平[44]却高山, 塞却江海, 除却公卿, 棄却奴婢, 天下蕩蕩, 豈不平乎?" 小兒答曰: "平却高山, 獸無所依, 塞却江海, 魚無所歸, 除各公卿, 人作是非, 棄却奴婢, 君子使誰?"

공자가 말했다. "내 너와 높은 산을 깎아 강과 바다를 막아 버리고, 공경을 제거하고 노비를 없애면 천하의 불평등이 어찌 제거되지 않겠느냐?" 소년이 대답했다. "높은 산을 평평하게 하면 금수가 의지할 곳이 없게 되고, 강과 바다를 막아 버리면 물고기가 살 곳이 없어지고, 공경을 제거하면 사람이 나쁜 행위를 하고, 노비를 없애면 군자는 누구를 부리겠습니까?"

夫子曰: "善哉! 善哉![45] 汝知屋上生松, 戶前生葦, 床上生蒲, 犬吠

41 '已否'는 갑권과 무권에 '以否'로 되어 있다. 을권에는 먼저 '與否'로 썼다가 다시 '與'자 옆에 삭제 부호를 덧붙였다가 곧이어 '已'로 고쳤다. 이로 보건대, 당나라 때 민간에서는 '已否'라고 하는 것이 관습이었고, '與否'를 관습상 사용하지 않았음을 알 수 있다.

42 무권은 '江海' 이하 부분이 빠져 있다.

43 '與'는 원록에 '以'로 되어 있다. [原校] 갑권에는 '吾以汝'가 '吾與兒'로 되어 있다. [校注] '以'와 '與'는 통하므로 서로 빌어 쓰는 글자이다. 그래서 교정하였다. '兒'는 '汝'의 음을 빌어다 쓴 글자이다. 앞 문장 '共汝博戲如何'에서 '汝'자는 신권에 '兒'로 되어 있다. 다른 사권에서도 '汝'를 '如'와 '以'로 쓰고 있다.

44 '平'은 갑권과 신권에 '捨'로 되어 있고, 을권에는 '柽'로, 임권에는 '栓'로 되어 있다. 다음 문장 '平却高山' 구절도 동일하다. '栓'와 '柽'는 모두 '掘'의 속자이며, '捨'는 틀린 형태의 글자이다. 『清平山堂話本』「柳耆卿詩酒翫江樓記」에 '姐姐, 免勞惭皺, 我將那點鋼鍬掘倒了翫江樓!'라는 문장이 있는데 여기서 '掘'의 의미가 동일하다.

45 [原校] '善哉! 善哉' 네 글자는 을, 병, 기 세권에 의거하여 보충한다.

其主, 婦坐使姑, 鷄化爲稚, 狗化爲狐, 是何也?" 小兒答曰: "屋上生松者是其椽,[46] 戶前生葦者是其箔, 床上生蒲者是其席. 犬吠其主, 爲傍有客, 婦坐使姑, 初來花下[47]也. 雞化爲雉, 在[48]山澤也, 狗化爲狐, 在[49]丘陵也."

공자가 말했다. "잘한다 잘해! 너는 집 위에서 자라는 소나무, 문 앞에 자라는 갈대, 책상 위에 있는 부들, 개가 주인에게 짖어 대는 것, 며느리가 앉아서 시어미를 부리는 것, 닭이 꿩으로 변한 것, 개가 여우로 변한 것이 무엇인지 알겠느냐?" 소년이 대답했다. "지붕 위에 자라는 소나무는 서까래고, 문 앞에서 자라는 갈대는 발이고, 책상 위에 있는 부들은 방석이고, 개가 주인을 보고 짖는 것은 객이 옆에 있기 때문이고, 며느리가 시어미를 부리는 것은 신부가 처음 시댁 문을 지날 때고, 닭이 꿩으로 변하는 것은 산과 못에서이고, 개가 여우로 변하는 것은 구릉에서지요."

---

46 '椽'는 원록에 '椽'으로 되어 있는데 '椽'으로 교정한다. 【校注】 원권과 기, 신, 임권에는 모두 '椽'로 되어 있는데 '椽'의 속자이다. 갑권에는 '掾'로 되어 있는데 잘못 쓴 글자다. 다른 사권에는 모두 잔결되어 있다.

47 '初來花下'는 아녀자가 해산하는 것이다. 문장 가운데 '婦'는 신부, 며느리를 말하고, '姑'는 시어머니를 말한다. 며느리는 시어머니를 모셔야 마땅하지만 해산할 때는 시어머니가 아이를 받고 며느리를 돌보아야 한다. 그래서 '며느리가 앉아서 시어미를 부린다'고 한 것이다. '坐'의 의미는 이중적인데 한편으로는 앉는다는 일반적인 의미를, 한편으로는 산욕기에 있다는 의미이다. '初來花下'는 북교 경전에 나오는 말이다. 『태자성도경변문』에 "聖主摩耶往後園, 綵女頻(嬪)妃奏樂喧. 魚透碧波堪上岸(賞翫), 無憂花樹最宜觀. 無憂花樹葉敷榮, 夫人緩步彼中行. 擧手或攀枝餘葉, 釋迦聖主袖中生"라는 구절이 있고, 동일 텍스트 뒷부분에 훨씬 상세한 묘사가 나오는데, 석가모니의 어머니 마야 부인이 꽃 아래에서 가지를 잡고 태자 싯달타를 낳는 것을 말한다.(석가모니는 의탁한 태자이다) 문장 중의 "喜樂之次, 腹中不安, 欲似臨産 乃遣姨母波闍波提抱腰, 夫人手攀樹枝 綵女將金盤承接太子"는 신부가 앉아서 시어미를 부린다는 의미이다. 장홍훈은 '初來花下'를 결혼이라고 보았으나 확실하지 않다.

48 【原校】 병, 기, 임 세 권에는 '在'가 '近'으로 되어 있다. 【校注】 갑권과 신권에도 '近'으로 되어 있다.(다른 사권은 잔결되어 있다) '近'은 '사람의 성질은 처음에는 서로 비슷하나, 습관에 따라 혹은 착하게도 되고 혹은 악하게도 되어 마침내 멀어진다'는 의미이다.

49 【原校】 을, 병, 기, 임 네 권에는 '在'가 '近'으로 되어 있다. 【校注】 갑권과 신권에도 '近'으로 되어 있다.

夫子語小兒曰:“汝知夫婦是親, 父母是親?” 小兒曰:“父母是[親].”[50] 夫子曰:“夫婦是親. 生同床枕, 死同棺槨, 恩愛極重, 豈不親乎?” 小兒答曰:“是何言與! 是何言與! 人之有母,[51] 如樹有根, 人之有婦, 如車有輪. 車破更造, 必[52]得其新, 婦死更娶, 必得賢家.[53] 一樹死, 百枝枯, 一母死, 衆[54]子孤. 將婦比母, 豈[55]不逆乎?”

또 공자가 물었다. “너는 부부와 부모 중 어느 쪽이 가까운지 알겠느냐?” 소년이 대답했다. “부모가 친하지요.” 공자가 말했다. “부부가 친하단다. 살아 있을 때는 침상을 같이 하고 죽어서는 관을 같이 할만큼 아끼고 사랑함이 지극하니 어찌 친하지 않겠느냐?” 소년이 대답했다. “도대체 무슨 말씀이십니까? 사람에게 어머니가 있는 것은 나무에 뿌리가 있는 것과 같고, 남자에게 아내가 있는 것은 수레에 바퀴가 있는 것과 같지요. 수레가 부서져 다시 만들 경우 새로운 바퀴가 필요하듯이 아내가 죽어 새장가를 들면 좋은 아내를 얻을 수 있지요. 나무가 죽으면 모든 가지가 말라 버리듯 어머니가 돌아가시면 모든 자식들이 고아가 되니, 아내를 어머니에 비유하는 것이 어찌 거꾸로 된 것이 아니겠습니까?”

小兒却問夫子曰:“鵝鴨何以能浮? 鴻鶴[56]何以能鳴? 松柏[57]何以冬

50 [原校] ‘親’은 갑, 병 두 권에 의거하여 보충한 것이다. [校注] 기권과 임권에도 ‘親’자가 있다.

51 [原校] 병권에는 ‘母’가 ‘父’로 되어 있다. [校注] 신권에는 ‘婦’로 되어 있는데 다음 문장에는 ‘婦’가 거꾸로 ‘母’로 되어 있다.(갑권에도 ‘母’로 되어 있다)

52 ‘必’은 신권에 ‘不’로 되어 있다.

53 장례홍은 ‘賢家’를 賢妻로 보았다. ‘家’는 다음 구절의 ‘枯’, ‘孤’, ‘乎’와 압운된다. 따라서 ‘姑’로 읽어야 마땅하다.

54 [原校] ‘衆’은 원래 ‘種’으로 되어 있는데 임권에 의거하여 교정한다. [校注] 갑권에도 ‘衆’으로 되어 있고, 나머지 사권에는 ‘種’으로 되어 있는데 음을 빌어다 쓴 것이다.

55 ‘豈’는 기권에 ‘此’로 되어 있다.

56 ‘鶴’은 ‘鵠’과 같다. 돈황사본에서는 ‘鵠’을 ‘鶴’으로 쓴 경우가 많다.

57 [原校] 병권과 임권에 ‘松柏’은 ‘松竹’으로 되어 있는데 이하도 동일하다. [校注] 갑권과 임권 두 권에도 ‘松竹’으로 되어 있다.

夏常靑?" 夫子對曰:"鵝鴨能浮者緣脚足方, 鴻鶴能鳴者緣咽項[58]長, 松柏冬夏常靑[者][59]緣心中[60]强." 小兒答曰:"不然也! 蝦蟆能鳴, 豈猶(由)咽項長? 龜[61]鼈能浮, 豈猶(由)脚足方? 胡竹冬夏常靑, 豈猶(由)心中强?" 夫子問小兒曰:"汝知天高幾許?[62] 地厚幾丈? 天後幾樑? 地有幾柱? 風從何來? 雨從何起? 霜出邊? 露出何處?"小兒答曰:"天地相刼[63]萬萬九千九百九十里, 其地厚薄, 以(與)天等同.[64] 風出蒼吾(梧),[65] 雨出高處,[66] 霜出於天, 露出百草.[67] 天亦無樑, 地亦無柱, 與[68]四方雲[氣][69]而乃相扶,[70] 故以[71]爲柱, 有何怪乎?" 夫子嘆曰:"善哉! 善哉! 方知後[72]生實可畏[73]也."

---

58 '咽'은 신권과 임권에 '烟'으로 되어 있다. '咽'은 음이 '烟'이고 목부위를 말한다. '咽項'은 같은 의미의 글자를 연이어 붙여 쓴 것이다.

59 【原校】 '者'는 기권과 임권 두 권에 의거하여 보충한 것이다.

60 '心'은 갑권에 '㴱(深)'으로 되어 있다.

61 【原校】 기권과 임권 두 권에는 '龜'가 '魚'로 되어 있다.

62 【原校】 병권에는 '許'가 '里'로 되어 있다.

63 '刼'은 임권에 '起'로 되어 있는데, '起'는 '去'와 통한다. 『晏子賦』에 「天地相去萬萬九千九百九十九里.」라는 구절이 있는데 이와 흡사하다.

64 【原校】 기권에는 '以天同等'이 '與天共同'으로 되어 있다. 【校注】 갑권에도 '與天共同'으로 되어 있다. '以'는 '與'로 봐야 타당하다.

65 '蒼吾'는 기권에 '槍梧'로 되어 있다. 갑권에는 전체 구절이 '風起輕山'으로 되어 있는데 '輕山'은 '經(荊)山'으로 봐야 타당하다.

66 【原校】 기권에는 '處'가 '山'으로 되어 있다. 【校注】 임권에는 '市'로 되어 있다.

67 【原校】 갑권에는 '風起於山, 雨出江海, 霜出河邊, 露出百草'로 되어 있다. 【校注】 갑권에는 첫째구가 '風起經山'으로 되어 있는데, 앞의 것보다는 확실하다.

68 '與'는 원록에 '以'로 되어 있다. 【校注】 갑권과 기권에 '與'로 되어 있는데 이에 근거하여 교정한다.

69 '氣'는 원록에는 없다. 【校注】 갑권에는 '雲' 다음에 '去'가 있다. 신권과 무권에는 '起'가 있고 기권과 임권에는 '氣'가 있는데 이에 근거하여 보충한다. 또 무권에는 '雲' 이하가 반복되어 있다.

70 '扶'는 을권에 '浮'로 되어 있다. 이 구절은 천지와 사방 구름이 서로 도와가며 존립함을 말한다.

71 '以'는 원록에 '與'로 되어 있다. 【原校】 무권에는 '與'가 '以'로 되어 있다. 【校注】 갑권에도 '以'로 되어 있어 교정하였다.

72 '後生'은 갑권에 '小兒'로 되어 있다.

73 '畏'는 기권에 '得'으로 되어 있고, 신권에는 '委'로 되어 있다.

이제는 거꾸로 소년이 공자에게 물었다. 소년이 물었다. "거위와 오리는 어째서 물 위에 뜨고, 기러기와 학은 어째서 울 수 있으며, 소나무와 잣나무는 어째서 항시 푸른지요?" 공자가 말했다. "거위와 오리가 물 위에 뜰 수 있는 것은 다리가 각이 졌기 때문이고, 기러기와 학이 울 수 있는 것은 목이 길기 때문이며, 소나무와 잣나무가 항시 푸른 것은 중심이 강하기 때문이다." 소년이 말했다. "그렇지 않지요. 거북이와 자라가 물에 뜨는 것이 어찌 다리가 각이 졌기 때문이며, 두꺼비가 울 수 있는 것이 어찌 목이 길기 때문이며, 대나무가 항시 푸른 것이 어찌 중심이 강하기 때문이겠습니까?" 공자가 물었다. "너는 하늘의 높이와 땅의 두께가 얼마나 되고, 하늘에는 몇 개의 기둥이 있고, 땅에는 몇 개의 기둥이 있고, 바람은 어디에서 불어오고, 비는 어디에서 생겨나고, 서리는 어느 곳에서 생겨나고, 이슬은 어느 곳에서 나오는지 알겠느냐?" 소년이 대답했다. "천지는 일억구천구백구십구리요, 땅의 두께는 하늘과 같습니다. 바람은 창오산에서 불어오고, 비는 높은 곳에서 시작되고, 서리는 하늘에서 생겨나고, 이슬은 온갖 풀에서 생겨나지요. 하늘에는 들보가 없으며 땅에도 기둥이 없습니다. 사방의 구름으로 서로 지탱하여 기둥 삼을 뿐이니 괴이하게 여길 것이 무엇인지요?" 공자가 말했다. "총명하구나 총명해! 정말 후배는 두려워할 만하다는 사실을 이제야 깨닫겠구나!"

夫子共項託對答, 下下[74]不如項託, 夫子有心殺項託, 乃爲詩曰 :

공자는 항탁과의 대화에서 자신의 답변이 한결같이 항탁만 못하자 내심 항탁을 살해하려는 마음을 지닌다. 이 다음은 시루 읊는다.

孫景[75]懸頭而刺股 匡衡[76]鑿壁夜偸光[77]

---

74 [原校] 갑권과 무권 두 권에는 '下下'가 '一一'로 되어 있다. '下下'와 '一一'은 의미가 같다. '下下'는 북방 방언에 훨씬 가깝다. [校注] 기권, 신권, 임권에는 '一一'로 되어 있다.(나머지 두루마리는 모두 훼손되어 있다)

子路爲人情[78]好勇[79] 貪讀詩書是子張[80]
項託七歲能言語 報[81]答孔丘甚能强
項託入山遊學去[82] 叉手[83]堂前啓孃孃[84]
百尺樹下兒[85]學問 不須[86]受寄[87]有何方[88].
耶孃年老昏迷去[89] 寄[90]他夫子兩車草[91]

75 孫景은 바로 孫敬을 말한다. 『태평어람』 권611 「楚國先賢傳」에 다음과 같은 문구가 있다. “손경은 학문을 좋아하여, 때때로 졸음이 오면 머리를 지붕 기둥에 메어 놓고 공부하곤 했다(孫敬, 好學, 時欲寤寐, 懸頭屋梁以自課).”

76 ‘衡’은 갑, 기, 신, 임권에 모두 ‘行’으로 되어 있는데 형태가 비슷한 오자이다.(음이 유사하다.)

77 【譯註】 匡衡鑿壁夜偸光 : 『西京雜記』 卷2에 다음과 같은 기록이 있다. 「광형은 자가 치규로 학문에 열심이었으나 불빛을 얻지 못했다. 이웃집에 불빛이 있었으나 자신의 거처에 닿지 않자 벽을 뚫어 빛을 끌어들여 책에 빛을 비추어 독서했다(匡衡, 字稚圭, 勤學而無燭, 隣舍有燭而不逮, 衡乃穿壁引其光, 以書映光而讀之.)」

78 【原校】 갑권에는 ‘情’이 ‘程’으로 되어 있다. 【徐校】 ‘性’을 잘못 쓴 것으로 의심된다. 【校注】 ‘程’은 ‘情’의 음을 빌어 쓴 글자다. 신권에는 ‘諸’로 되어 있는데 ‘情’의 오자이다.

79 ‘勇’은 원록에 ‘用’으로 되어 있는데 ‘勇’으로 교정한다. 【校注】 신권과 임권 두 권에 모두 ‘勇’으로 되어 있어 교정한다.

80 【原校】 ‘張’은 원래 ‘章’으로 되어 있는데 병권에 의거하여 교정한다. 【校注】 기타 각 권도 ‘章’으로 되어 있다. 『史記。仲尼弟子列傳』에 다음과 같은 문구가 있다. “전손씨는 진나라 사람으로 자는 자장인데 공자보다 48세 적다(顓孫氏, 陳人, 字子張, 少孔子四十八歲).”

81 【原校】 병권과 무권 두 권에는 ‘報’가 ‘對’로 되어 있다. 【校注】 ‘報答’, ‘對答’은 모두 회답한다는 뜻이다.

82 ‘去’는 기권에 ‘問’으로 되어 있다.

83 ‘叉手’는 갑권에 ‘有手’로 되어 있고, 신권에는 ‘抄手’로 되어 있다. 【校注】 ‘有’는 ‘叉’의 오자이고, ‘叉手’와 ‘抄手’의 의미는 같다. 【譯註】 叉手 : 손을 맞잡고 공경을 표하는 모습.

84 【原校】 무권에 ‘孃孃’은 ‘耶孃’으로 되어 있고 임권에는 ‘阿孃’으로 되어 있다. 【校注】 신권에도 ‘耶孃’으로 되어 있다.

85 【原校】 ‘兒’는 원래 ‘如’로 되어 있는데 임권에 의거하여 교정한다. 【校注】 나머지 사권에는 모두 ‘如’로 되어 있다.

86 ‘須’는 갑권에 ‘隨’로 되어 있다. 【校注】 ‘不須’는 ‘不要’, ‘不可’의 의미이다.

87 ‘기’는 원록에 ‘기’로 되어 있다. 【校注】 갑, 기, 신, 임권에는 모두 ‘寄’로 되어 있는데 이에 의거하여 교정한다. ‘寄’는 맡겨두다는 의미이다.

88 장홍훈은 ‘方’을 ‘妨’으로 교정하였는데 정확하지 않은 듯하다. 금병매 26회에 다음과 같은 문구가 있다. “閑居愼句說無妨, 才說無妨便有方.” ‘方’은 ‘妨’의 의미인 듯하다.

89 원록에 ‘昏’은 좌변에 ‘心’이 붙어 있다. 【校注】 무권에는 ‘昏’으로 되어 있는데 正字이

夫子一去經年歲 項託父母不承忘[92]

取他百[93]束將[94]燒却 餘者他日餧[95]牛羊

夫子登時却索草[96] 耶孃面色轉無光

當時便欲[97]酬倍價 每束黃金三錠强[98]

金錢銀錢總不用 婆婆項託在何方?

我兒一去經年歲 百尺樹下學文章

[夫子當時文(聞)此語 心中歡喜倍勝常][99]

夫子乘馬入山去 登山驀領(嶺)甚分方[100]

樹樹每量無百尺 葛藟[101]交脚[102]甚能長[103]

다. 갑권에 '昏迷去'는 '皆明(迷)暗'으로 되어 있는데 '皆'는 '昏'을 잘못 쓴 것이다.'

90 [原校] '寄'는 맡겨두다의 의미로 공자가 수레 두 대의 풀을 항탁 어미에게 맡겨두었다는 의미이다. [校注] 여기서 '寄'는 받아두다는 의미이다.

91 '草'자는 압운하지 않았다.

92 [原校] [校注] 不承忘 : '忘'字는 '望'으로 풀어야 의미가 통한다. '不承望'이란 '예기치 않게', '뜻밖에도'란 의미.

93 [原校] 병권에는 '百'이 '兩'으로 되어 있다.

94 '將'은 '燒'자 아래 있어야 타당할 듯하다. 갑권에는 '皆'로 되어 있다.

95 '餧'는 원권에 '飤'로 "되어 있고 무권에는 '餧'로 되어 있다. '飤'는 '餧'의 다른 글자체로 '飢'의 변화된 글자다. 갑권에는 '寺'로, 기권에는 '似'로, 임권에는 '飼'로 되어 있는데, '寺'와 '似'는 모두 '飼'의 음만 빌린 글자이다. 『廣雅.釋詁三』에서는 "餧, 食也"라고 했고, 『廣韻』에서는 '於僞切'이라고 했는데 오늘날의 '喂'자를 말한다.

96 이 구절은 갑권에 "夫子登來取色草"라고 되어 있고, 신권에는 '索' 아래 '色'자가 있다. [校注] '色'은 '索'의 음을 빌인 글자이다.

97 임권에는 '便欲'이 '却素(索)'으로 되어 있다. 병권에는 이 구절 이하가 빠져 있다. 무권에는 이하의 큰 단락이 빠져 있다.

98 '鋌'은 원록에 '錠'으로 되어 있다. [校注] 원권에는 '鋌'으로 되어 있는데 옆에 '金庭'으로 교정하여 놓았는데 두 글자 모두 같다. 또 갑권과 기권에는 '兩'으로 되어 있다.

99 [原校] 이 두 구는 갑권과 기권에 의거하여 보충한다. 기권에는 '當'이 '登'으로, '文'은 '問'으로 되어 있다. [校注] '問'은 응당 '聞'이 되어야 한다. 이 두 구는 신권에도 있는데 '當'이 '登'으로 되어 있다. '當時', '登時'는 모두 즉각의 의미이다.

100 [原校] 갑권에 '分方'은 '芬方'으로 되어 있다. [校注] 갑권에는 전체 구가 "蘆叢百里甚芬方"으로 되어 있고, 신권에는 전체 구절이 "登時驀領甚芬芳"으로 되어 있으며, 임권에는 '驀'가 '陌'으로 되어 있다. [장례홍] 芬芳, 分芳, 分方, 分非는 '芬芳'의 변체일 뿐이다. [譯註] '芬芬'은 어지러운 모양.

101 '蔓'은 원록에 '蔓'으로 되어 있는데 속자이다. 갑권과 임권에는 '棿'으로 되어 있고

夫子使人把鉎钁[104] 撅[105]着地下有石堂

一重門裏石師子 兩重門裏[106]石金剛

入到中門側耳聽 兩伴(畔)[107]讀書似雁行

夫子拔刀撩亂斫 其人兩兩不相傷[108]

化[109]作石人總不語 鐵刀[110]割截血汪汪[111]

項託殘氣[112]猶未盡 迴頭遙望啓孃孃[113]

將兒赤血瓮[114]盛着 擎向家中七日强

阿孃不忍見兒血[115] 擎將寫着[116]糞堆[117]傍

기권에는 '葛'으로 되어 있는데 모두 음을 빈 것이다.

102 '交'는 甲, 己, 壬卷에 '胶'로 신권에는 '絞'로 되어 있는데 붙인다는 뜻이다.

103 '長'은 갑권과 기권에 '强'으로 되어 있다. 花蕊夫人 『궁사』에 "外檻周迴十里强"라는 구절이 있다. '强'은 '長'으로 되어 있기도 한데 두 글자는 서로 빌어 쓴다.

104 '钁'는 원록에 '鑺'로 되어 있다. [校注] 俗書에는 '钁'과 '鑺' 두 글자가 동일한 형태인데 문구 중에 '鑺'을 통속적으로 쓴 것은 큰 가래를 말한다. P.3350 『下女賦詞』에 "不假用鍬鑺, 且借玉琶推"라는 구절이 보인다. 鑺는 '钁'의 속자이다.

105 '撅'은 원록에 '土' 변으로 되어 있다. [校注] 갑, 기, 신권에는 "로 되어 있는데 '撅'의 속자이다. '土厥'은 '撅'과 같은 글자인데 '掘'에서 부수만 바꾼 것이다.

106 '裏'는 원록에 '外'로 되어 있다. [校注] 갑, 을, 임권에도 모두 '裏'로 되어 있으므로 교정한다.

107 '伴'은 '畔'으로 해석한다. 또 갑권에는 '讀'자 이하 부분이 빠져 있다.

108 기권에는 '相傷'이 '損相(傷)'으로 되어 있다.

109 '化'는 기권에 '遍'으로 되어 있고, 신권에는 '變'으로 되어 있다.

110 [原校] '鐵刀'는 원래 '減力'으로 되어 있는데 기권에 의거하여 교정한다. 또 기권에는 '割截'가 '石斤着'로 되어 있다. [校注] 원권과 신권, 임권에는 모두 '減刀'로 되어 있다. '減'은 '鐵'자를 잘 쓴 것이다.

111 '汪汪'은 기권과 신권에 '滂滂'으로 되어 있다.

112 '氣'는 원록에 '去'로 되어 있다. [校注] 신권과 임권 모두 '氣'로 되어 있어 이에 따라 교정한다.

113 '啓孃孃'은 신권에 '靠耶孃'으로 되어 있다.

114 '瓮'는 임권에도 동일하고 갑권에도 이 글자가 존재한다. [原校] 기권과 신권에는 '瓫'로 되어 있다. [校注] 『龍龕手境』에 "瓶, 之大者也"라는 구절이 있다.

115 무권에 이하 부분이 존재한다.

116 '寫'는 원록에 '瀉'로 교정하였다. [原校] 기권에서는 '着'이 '却'으로 되어 있다. [校注] 신권에는 '寫'가 '瀉'로 되어 있는데 고금자라 번거롭게 교정하지 않았다. 임권에도 '着'이 '却'으로 되어 있다.

一日二日竹生根[118] 三日四日竹蒼蒼[119]
竹竿[120]森森長百尺 節節兵馬似神王[121]
弓刀[122]器械沿身[123]帶 腰間寶劒白[124]如霜
二人登時各覓勝[125] 誰[126]知項託在先亡
夫子當時[127]甚惶怕 州懸(縣)分明置廟堂[128]
손경은 들보에 머리를 매달고, 허벅지를 찌르며 공부했고
광형은 야밤에 이웃 벽을 뚫어 새어나오는 불빛을 훔쳐 공부했으며
자로는 성품이 용감했고
시서를 즐겨 읽는 이는 자장이었다.
항탁은 7세에 언변에 능해
공자에게 답변함이 참으로 대단했다.

---

117 '堆'는 원록에 '塠'로 되어 있는데 '堆'로 교장한다. [校注] 무권과 기권에는 정자(正字) '堆'로 쓰여 있다. 또 '糞'은 기권에 '粉'으로 되어 있다.

118 '生根'은 기, 신, 임권에 '根生'으로 거꾸로 쓰여 있다.

119 '蒼'은 기권에 '槍'으로 되어 있다.

120 '竿'은 기권과 임권에 '葦'로 되어 있다.

121 '神'은 기권에 '臣'으로 되어 있다. 이 구절은 죽간 마디가 마치 용맹무쌍한 신과 같음을 말한다. 元稹『度門寺詩』에 "太子知栽植, 神王守要衝"라는 구절이 있는데 여기서도 나무를 용맹무쌍한 신과 비유하였다.

122 '弓刀'는 무, 기, 신, 임권 모두 '刀劍'으로 되어 있다.

123 '沿'은 임권에 '緣'으로 되어 있는데 두 글자의 뜻은 같다. '沿身帶'는 온몸을 덮은 것을 말한다.

124 '白'은 무권과 임권에 '利'로 되어 있다. 기권에는 '治'로 되어 있다.

125 '各'은 원록에 '却'으로 되어 있다. [原校] 무권에는 '却覓勝'이 '各覓強'으로 되어 있다. [校注] '却'은 무, 기, 신, 임권 모두 '各'으로 기록되어 있다.(나머지 사권에는 빠져 있다) 이에 근거하여 교정한다. [譯註] '覓勝'은 승부를 가린다는 뜻.

126 [原校] 무권에는 '誰'가 '須'로 되어 있다.

127 '當時'는 무권과 신권에 '登時'로 되어 있다.

128 맨뒤 제목은 네 권의 사본에 쓰여 있다. 무권과 원권은 같고, 기권에는 '孔子共項託一卷'으로 임권에는 '孔子項託一卷'으로 되어 있다. [譯註] 州縣分明置廟堂 : 州縣에서 공자의 像을 高堂에 안치하고 제사를 지내주다. 『新唐書.禮樂志五』에 다음과 같이 기재되어 있다. 「武德 5년 州縣에 孔子廟를 세우라는 조칙을 내리다(武德5年, 詔州縣學皆作孔子廟.)」

항탁은 산으로 공부하러 떠나면서
두 손을 맞잡고 집앞에서 모친에게 작별 인사를 고하며 말했다.
"깊은 산 속에서 소자가 학문하는 길 외에
달리 무슨 방법이 있겠습니까?"
항탁의 부모는 나이가 많아 건망증이 있었는데
공자는 그들에게 두 수레 분의 약초를 맡기었다.
공자가 떠난 지 한 해가 지나
항탁의 부모는 뜻밖에도
공자가 맡긴 약초 백 묶음을 소각하고
나머지는 나중에 소를 먹여 버렸다.
공자가 나타나 갑자기 약초를 찾자
항탁 부모의 얼굴은 잿빛으로 변한다.
당시 몇 배의 값으로 보상하려니
한 묶음당 황금 세 돈 이상이나 되었다.
"금전도 은전도 모두 필요 없소.
당신 아들 항탁이 어디 있소?"
"제 아이가 떠난 지는 일년이 넘었습죠.
지금 깊은 산 속에서 글공부를 하고 있습니다."
공자는 당시 이 말을 듣고
마음 속으로 뛸 듯이 기뻤다.
공자가 말을 타고 산으로 들어가자
오르막 고개 길이 얼마나 복잡한지
나무마다 백 척 이상이요
얽힌 갈대 줄기가 길게 뻗쳐 있었다.
공자는 사람을 시켜 곡괭이를 가지고
지하를 파 들어가니 석당(石堂)이 나타났다.
겹문 안에는 돌로 된 스승 상이 있고,

겹문 밖에는 돌로 조각한 금강력사(金剛力士)가 버티고 있었다.
가운데 문으로 들어가 귀 기울여 들어보니
항탁과 스승이 나란히 책읽는 모습이 마치 한 쌍의 기러기쌍 같았다.
공자는 칼을 꺼내 난도질했으나
두 사람 모두 태연할 뿐이었다.
석상은 전혀 말이 없었는데,
칼로 베니 피가 줄줄 흘러내렸다.
숨이 끊어지지 않은 항탁은
고개를 돌려 멀리 모친을 향하여 이르길.
"장차 저의 붉은 피를 항아리에 담아
집에 7일 이상 보관하세요."
항탁의 모친은 차마 아이의 피를 눈뜨고 보지 못하고
그만 분뇨 곁에 쏟아 부었다.
하루 이틀이 지나 대나무 뿌리가 생겨났고
사흘 나흘이 지나서는 대나무가 푸릇푸릇해졌다.
백척이나 자란 거대한 대나무 줄기는
마디마디 건장한 것이 흡사 용맹한 신왕(神王) 같았다.
또 활과 칼 그리고 병기를 몸에 휴대하고
허리에는 서리같이 흰 보검을 차고 있었다.
두 사람이 즉시 승부를 가렸을 때
항탁이 살아남을 줄 누가 알았으랴?
공자는 당시 매우 황당해 했고
고을에서는 묘당에 공자상을 안치했다.

孔子項託相問書一卷
공자항탁상문서 1권

안자부(晏子賦)[1]

昔者[2]齊晏子使於[3]梁國爲使, 梁王[4]問左右[5]曰. 「其人形容何似?」[6]

1 【原校】 모두 6권이 남아 있으며, 원래 편호 및 교주 목차는 다음과 같다. 原卷 P.2564, 甲卷 P.3460(절반만 남아 있다.) 乙卷 P.3716(전체 보존) 丙卷 P.3821 丁卷 S.6332 戊卷 P.2647(문자가 간략하고 교주가 들어 있지 않다.) 【校注】 原卷 뿐만 아니라 甲卷, 乙卷, 丙卷 모두 「晏子賦一首」라는 제목이 붙어 있다. 原卷 안자부 뒤에는 「齖䶗新婦文」一本과 「太公家教」一卷이 초사되어 있으며, 乙卷 「晏子賦」 앞에는 「王梵志詩」一卷이 뒤에는 趙洽의 「醜婦賦」 一首와 「百鳥名」이 초사되어 있고, 丙卷 「晏子賦」 앞에는 「丈夫百歲篇」, 「十二時孝行文」, 「曲子感皇恩」 등이 초사되어 있다. 戊卷 전문은 다음과 같다: 齊國之臣, 昔爲晏子, 使於梁國. 至梁王門外, 問."是何國者?" "齊國人也, 晏子." 梁王問曰."形容何似?" 左右對曰."短小至醜, 面目黑色. 髮不副耳, 脣不附齒, 袴不副踝, 起不成人也!" 王曰."已若倒來, 從吾狗門而入." 梁王問曰. "卿是何人, 從吾狗門而入?" 晏子對王曰."臣造人家之門, 卽從人門而入, 臣造狗門, 卽從狗門而入. 有何耻乎?" 梁王嘿然不對. 梁王曰."齊國無人, 遣(下殘)."

2 【原校】 갑권과 병권 두 권에는 '者'가 '有'로 되어 있다.

3 【原校】 을권과 병권 두 권에는 '使於'가 '其於'로 되어 있다.

4 【原校】 갑권에는 '梁王' 두 자가 중첩되어 있다. 【啓】 "'梁國爲使'에서 구절이 끊어지고 '梁王' 아래 부분은 하나의 구절을 이루므로 중첩할 필요가 없다."

5 【原校】 '左右' 아래에는 원래 '對'자가 있는데 甲卷과 丙卷에 의거하여 삭제한다." 【校

左右對曰.「使[7]者晏子, 極甚[8]醜陋, 面目靑黑,[9] 且脣不覆[10]齒, 髮不附耳, 腰不覆胯,[11] 旣[12]貌觀占,[13] 不成人也.」

옛날 제나라 사람인 안자가 양나라에 사신으로 갔다. 양왕이 측근 신하에게 묻기를, “그 자의 생김새가 어떠하던고?” 측근 신하가 대답하되, “안자라는 사신은 눈은 까맣고 얼굴은 푸르뎅뎅하며, 입술은 치아를 덮지 못하고 머리칼은 귀에 닿지 아니하고 허리는 사타구니에 붙어 있지 않아 그 생김새가 사람 꼴이 아니옵니다.

梁王見晏子, 遂喚[14]從小門而入. 梁王問[15]曰.「卿是何人, 從吾狗門

注] 乙卷은 ‘左右’ 다음에 ‘人’이 있다.

6 ‘何似’는 갑권에 ‘似誰’로 되어 있다.

7 ‘使’는 을권과 병권에 ‘其’로 되어 있다.

8 ‘甚’은 原錄에 ‘其’로 되어 있다. [原校] 갑권과 을권에 ‘極其’는 ‘極甚’되어 있다. [校注] 사실 원권에는 ‘極甚’으로 되어 있고 병권도 마찬가지다. 정권에는 이 부분이 빠져 있다. 따라서 바로 잡는다. ‘極甚’은 같은 의미의 글자를 연이어 쓴 것이다.

9 여기 두 구절은 무권에는 “短小至醜, 面目黑色”으로 되어 있다.

10 ‘覆’은 원록에 ‘附’로 되어 있다. [原校] 정권에는 ‘附’가 ‘覆’으로 되어 있다. [校注] 무권에는 ‘副’로 적혀 있다. ‘附’, ‘覆’, ‘副’는 모두 음이 같은 글자인데 여기서는 ‘覆’으로 해야 의미가 맞다. 아래 두 구에 ‘覆’이 두 번 나오는데 原錄에 모두 ‘附’로 되어 있는 것을 여기서는 직접 고쳤다.

11 ‘胯(사타구니 과)’는 원록에 ‘踝’로 되어 있다. [原校] 병권에 ‘踝’는 ‘跨’로 되어 있다. [校注] ‘跨’는 응당 ‘胯’로 읽어야 한다. ‘胯(사타구니 과)’는 ‘腰’와 엇비슷하나 ‘踝’와 ‘腰’는 관련이 없다. 따라서 교정하였다.

12 [原校] 을권에 ‘旣’는 ‘面’으로 적혀 있다. [校注] 다음 글자 ‘貌’는 동사로 묘사하다의 ‘描’에 해당한다. 따라서 ‘旣’는 착오가 아니며 이미 그러하다는 것을 표시한다.

13 蔣冀騁 「『三國志 · 王餐傳』의 주에서 인용한 『魏略 · 曹丕與吳質書』에 “無衆星之明, 假日月之光, 動見觀瞻, 何時易邪?”라는 문구가 보인다. 여기서 ‘觀瞻’은 사람의 생김새를 가리킨다. 『宋史 · 樂志』 중 “雲車風馬, 從衛觀瞻”의 의미도 동일하다. [校注] ‘占’과 ‘瞻’은 통용되는 글자다. 원록에서는 ‘占’을 ‘瞻’으로 교정했는데 여기서는 삭제한다.

14 喚은 을권에는 ‘小’ 병권에는 ‘笑’라고 적혀 있고 두 권은 글자 다음에 ‘卽’字가 있다. 무권 ‘已若倒(到)來, 從吾狗門而入’ 구절에 의거하여 ‘喚’으로 해야 타당함을 알 수 있다. 아마 梁王이 명령한 듯하다.

15 을권에는 ‘問’ 다음에 ‘晏子’ 두 글자가 있다.

而入?」晏子對王曰.「若置(至)造[16]人家之門, 卽從人門而入, 君是狗家[17], 卽從狗門而入.有何耻乎?」梁王嘿然不對.[18]

양왕이 안자를 접견하며 작은 개구멍으로 들어오게 했다. 양왕이 묻기를, "경은 뉘이기에 개구멍으로 들어왔소?" 안자가 답하되, "인가(人家)에 왔다면야 사람이 들락거리는 문으로 들어 왔겠으나, 개들이 사는 집인지라 개구멍으로 들어왔거늘 무엇이 부끄러우리까?" 양왕이 입을 다물고는 대답을 못했다.

梁王[19]曰.「齊國無人, 遣卿來[也]!」[20] 晏子對[21]曰.「齊國大臣七十二相, 弁是聰明智[22]惠, 故使向智量[23]之國去, 臣最無智,[24] 遣使無智國來[也].」[25]

양왕이 또 물었다. "제나라에 사람이 없어 그대를 보내왔구료?" 안자

16 원록에는 '若' 위에 '王'字가 있는데 을권에는 없다. [原校] '造' 다음에는 원래 '作'자가 있다. 갑, 을, 병, 정권에 의거하여 삭제한다. 무권에서는 이 구절을 '臣造人家之門'으로 정돈하였는데 이에 의거하여 '王'자를 삭제한다. 또한 '置'는 응당 '至'로 읽어야 하는데 '至造'는 동일한 의미의 글자를 연이어 쓴 것이다. 이렇게 쓴 것은 '造'자에 '도달하다(到)'는 의미와 '제작하다(製作)'는 의미가 모두 들어 있어 불일치해진 듯하다.

17 이 구절은 무권에 '臣造狗門'으로 되어 있다.

18 이 구절은 무권에 의거하여 보완한 것이다.

19 [原校] 병권에는 '梁王' 다음에 '問晏子' 세 글자가 있다.

20 [原校] '也'字는 갑, 을, 병 세 권에 의거하여 보충한 것이다. 갑권에는 '遣卿到來也'로 되어 있다.

21 [原校] 을권과 병권은 '對'자 다음에 '王'자가 있다.

22 '智'는 원록에 '志'로 적혀 있다. [校注] 갑, 을, 병 세 권에는 모두 '智'로 적혀 있는데 이에 의거하여 고친다.

23 [原校] '量'은 원래 '粱'으로 되어 있는데 갑, 을, 병 세 권에 의거하여 수정한다. [校注]『經律異相』卷14「舍利弗從生及出家得到」. "或謂愚小無知, 或謂智量過人." S.4428『印沙文』. "知量超群, 行名絶代." S.5573『印沙佛文』. "知量糹君(超)郡(群), 行名絶大(代)." '智量'은 '智慧'의 뜻이다.

24 '智'는 원록에 '志'로 적혀 있는데, 병권과 정권에 의거하여 수정한다. 다음 구의 '智'자 역시 원록에는 '志'로 되어 있는데 갑권과 을권에 의거하여 수정한다.

25 [原校] '也'자는 을권과 병권에 의거하여 보충 것이다.

가 대답하길, "제나라에는 일흔 두 명의 대신이 있사온대 모두 총명하고 슬기롭나이다. 따라서 그들을 슬기 있는 나라로 보냈고, 소인같이 가장 무지한 자를 무지한 나라로 파견했나이다."

梁王曰. 「不道卿無智, 何以短小?」 晏子對王曰. 「梧桐樹雖[26]大裏空虛, 井水雖[27]深裏無魚, 五尺大蛇怯[28]蜘蛛,[29] 三寸車割制[30]車輪. 得長何益, 得短何嫌!」

양왕이 묻기를, "그대가 무지한 것은 그렇다 합시다. 경의 생김새는 왜 그리 왜소하오?" 안자가 대답하길, "오동나무는 키가 크기는 하지만 속이 텅 비었고, 우물물은 깊기는 하지만 물고기가 없고, 다섯 자나 되는 큰 뱀일지라도 작은 거미를 무서워하고, 굴대빗장은 석치 밖에 되지 않지만 수레를 멈출 수 있으니, 크다고 해서 이로울 것이 무엇이며, 짧다고 해서 해로울 것이 무엇이 있겠나이까?"

梁王曰. 「不道卿短小, 何以黑色?」 晏子對王曰. 「黑者天地之性[31]也. 黑羊之肉, 豈可不食? 黑牛駕車, 豈可無力? 黑狗趁兎, 豈可不得? 黑雞長鳴, 豈可無則? 鴻鶴[32]雖白, 長在野田, 喪車雖白, 恒載死人.

26 [原校] '雖'는 원래 '須'로 되어 있는데 을권에 의거하여 수정한다. 병권에는 '雖'자가 없이 "梧桐樹大裏空虛"로 되어 있다. 또 갑권에는 '大'가 '長'으로 되어 있다.

27 [原校] '雖'는 원래 '須'로 되어 있는데 갑, 을, 정 세 권에 의거하여 수정한다. [校注] 병권에는 '雖'자가 없다.

28 [原校] 병권에는 '怯'이 '怕'로 되어 있고, 갑권에는 '愓'으로 되어 있는데 '怕'자를 잘못 쓴 것이다. 을권에는 '恨'으로 되어 있는데 착오이다. [校注] '愓'는 '怕'의 俗字이다.

29 '蛛'는 原錄에 '咮'로 되어 있다. [校注] 원권은 물론 을권과 병권 모두 '蛛'로 되어 있고, 갑권에는 '跦'라고 되어 있다. 따라서 바로 잡는다.

30 [原校] '制'는 원래 '製'로 되어 있는데 을권과 병권 두 권에 의거하여 수정한다. 갑권에는 '政'으로 되어 있다. [校注] '制' 앞의 '轄'자는 을권에 '輊'으로 되어 있다. 또 을권과 병권에는 이 구절이 上句의 앞에 놓여 있는데 '蛛'와 '虛', '魚'는 압운을 이루고 있다.

31 '性'은 갑, 을, 병권 모두 '姓'으로 되어 있다.

32 '鴻鶴'은 바로 '鴻鵠'다.

漆[33]雖黑, 嚮其前,[34] 墨挺[35]雖黑在王邊.[36] 採桑椹[37]黑者先嘗. 方之[38]此言, 見白[39]何益!」

양왕이 말하길, "작고 왜소한 것은 그렇다 치오. 경은 어찌 그리 까맣소잇까?" 안자가 왕에게 대답하길, "검은 것은 천지의 본성이나이다. 양고기가 검다하여 어찌 먹지 않을 수 있겠으며, 검은 소가 수레를 끈다하여 어찌 힘이 없겠나이까? 검은 개가 토끼를 쫓는다고 어찌 잡지 못하겠으며, 검은 닭이 울 때 어찌 정해진 시각이 없겠나이까? 큰 기러기와 고니는 하얗지만 들에서 자라고, 상여는 하얗지만 늘 죽은 사람을 싣나이다. 칠기는 비록 검지만 맨 앞줄에 놓여 있고, 묵은 검지만 왕의 곁에 있고, 뽕나무 과실을 딸 때는 언제나 검은 것을 먼저 맛보나이다. 이러한 사실을 안다면 어찌 하얗다고 하여 이득이 된다고 하리잇까"

[又][40]晏子對王曰. 「劍雖三尺, 能[41]定四方, 麒麟雖小, 聖君瑞應,

33 '漆'은 병권에 '膝'로 되어 있다. [校注] 돈황사본에는 '漆'이 여러 차례 '柒'([譯注] '膝' 자를 잘못 쓴 듯하다)로 되어 있다. 이는 '柒'에 변을 덧붙인 것이다. '漆'은 칠판, 칠합 류의 칠기를 가리키는 것으로 그 빛이 사람을 비춘다. '漆'자 다음에는 한 글자가 누락되어 있는 듯하다.

34 '嚮'은 병권에 '向'으로 되어 있다. 보통 '嚮'은 '向'으로 많이 쓴다. '向'과 다음 구의 '在'는 동일한 의미이다. 또 갑권에는 '嚮其前'이 '嚮其人前'으로 되어 있다.

35 [原校] 병권에는 '挺'이 '定'으로 되어 있다. [袁賓校] '挺'은 '鋌'을 빌어다 쓴 것으로 '錠'에 해당한다. [都與宙] '挺'을 '곧다'는 뜻인데 문맥과 부합하지 않는다. '鋌(錠)'자의 음을 빌어다 쓴 것으로 봐야 타당하다. [校注] 金, 銀, 墨 등 덩어리의 무게를 나타내는 글자로는 '錠', '鋌', '埏', '定', '鋋' 등을 쓰는데 글자만 다르게 쓸 뿐 의미는 동일하다. 고대에 양(量)을 나타내는 글자로는 정해진 것이 없었다.

36 [原校] 을권에 '邊'은 '前'으로 되어 있다.

37 갑권에 '桑'은 '□嗽' 두 글자로 되어 있다. 을권에는 '椹'이 '甚'으로 되어 있다. '桑椹'은 뽕나무 과실인데 하얀 색에서 붉은 색과 검은 색으로 변해 가는데 매우 검어지면 익은 것이다. 또 갑권은 구절 중간의 '先'자에서 중단된 체 뒷부분이 殘缺되어 있다.

38 '之'는 원록에 '知'로 되어 있다. [原校] '方知'는 원래 '方之'로 되어 있는데 을권에 의거하여 수정한다. [校注] '方'은 비유의 의미이다. 原卷이 맞으므로(병권 역시 '知'가 '之'로 되어 있다) 원상 회복시켜 수정한다. 이하도 동일하다.

39 '白'은 원록에 '大'로 되어 있는데 '白'으로 교정한다. [校注] 정권에 '白'으로 되어 있으므로 이에 의거하여 수정한다.

箭雖小，煞猛虎，小鎚能鳴大鼓．方之此言，見大何益!」[42]

안자가 또 왕에게 대답하길, "칼은 비록 세 척 밖에 안 되지만 능히 사방을 정벌할 수 있고, 기린은 비록 작지만 성군의 상서로운 징조를 나타내고, 화살은 비록 작지만 맹호를 잡고, 작은 쇠몽둥이라도 큰 북을 울릴 수 있나이다. 이런 것을 보면 큰 것이 어찌 이득이 되리잇가?"

梁王問曰．「不道卿黑色，[43] 卿先祖是誰?」 晏子對王曰．「體有相，[44] 生於事，[45] 粳粮稻米，[46] 出於糞土，健兒論功，儜兒說苦，[47] 臣今共王言

---

40 [原校] '又'자는 을권과 병권에 의거하여 보충한 것이다. 안자가 왕에게 대꾸한 구절은 '劍雖三尺'부터 '見大何益'까지이다. 이에 대하여 啓功은 다음과 같이 말했다. "잘못 기술된 것이 확실하다. 당연히 '得長何益，得短何嫌' 뒷부분에 놓여야 한다. 양왕이 안자가 짝달막하고 왜소한 것을 비난하자, 안자는 먼저 짧은 것을 논박한 다음 이어서 작은 것에 대하여 논박한다. 그런 연후에 양왕은 다시 검은 것을 들먹여 희롱한다. 따라서 작은 것을 논박한 이 단락은 당연히 검은 색에 대하여 이야기한 앞부분에 놓여야 한다. 그러나 『晏子賦』의 세 寫卷이 모두 이렇게 된 것을 보면 당시 錯簡에 근거하여 抄寫했다는 것을 알 수 있다."

41 병권에는 '能'자가 없다.

42 '益'은 원록에 '意'로 되어 있는데 '益'으로 수정한다. [校注] 을권과 정권 모두 '益'으로 되어 있어 이에 의거하여 수정한다. 또 병권은 다음 단락의 머리 글자인 '梁'자에서 끊어져 있다.

43 '黑色'은 원록에 '短小'로 되어 있나. [校注] 원권에는 '黑色'으로 되어 았고, 乙卷과 丁卷에는 '短小'로 되어 있다. 앞단락의 記述 착오로 인하여 초사자가 미봉책으로 '黑色'을 '短小'로 고쳐놓았던 듯하다. 여기서는 원권을 쫓아 수정한다.

44 '相'은 원록에 '於'로 되어 있고 '於'자 아래에 '喪'자가 있다. [校注] '於'는 초서체 '相'字를 잘못 쓴 것이다. '喪'은 '相'과 음이 비슷하여 덧붙인 것이다. '有相'은 '귀한 觀相'을 의미한다. 하늘이 부귀현달의 외모를 부여해 주었음을 뜻한다. 또 '體'자는 을권과 병권에는 모두 없으며 '於'자는 을권에 '橡'으로 되어 있는데 '相'을 잘못 쓴 것으로 봐야 맞다.

45 원록에는 이 부분을 '體有於喪生於事'로 연이어 써놓았다. [原校] 이 구절의 의미는 불분명하다. 을권에는 '有橡生於所'로 되어 있는데 뜻이 더 불분명하다. [校注] '所'와 '事'는 음이 같다. '有橡(相)生於所(事)'는 관상 좋은 사람이 비천한 처지에서 성공한다는 의미가 담겨있는 듯하다.

46 '米'는 을권에 '粲'으로 되어 있다

47 [原校] 을권에는 이 두 구절이 '健兒論金(금)，女烹論說古'로 적혀 있다. '今'과 '古'로 쓰는 것이 원권의 '功'과 '苦'에 비하여 나은 것 같다. 왜냐하면 '何勞問其先祖'는 복

論,[48] 何勞問其[49]先祖!」

양왕이 묻기를, "그대가 작고 왜소한 것은 그렇다 칩시다. 그대의 조상은 뉘인가?" 안자가 왕에게 대답하길, "[부귀현달하는 관상을 지닌 자는 비천한 처지에서 성공하는 법이나이다.] 멥쌀은 썩은 흙에서 나오는 법이고, 용감한 자는 공훈을 논하지만 나약한 자는 고달픔만을 이야기하나이다. 지금 신이 왕과 이야기하고 있거늘 어찌 조상을 따지시나잇가?"

王乃[50]問晏子曰.「汝知天地之綱紀, 陰陽之本姓(性), 何者爲公?[51] 何者爲母? 何者爲左?何者爲右? 何者爲夫? 何者爲婦? 何者爲表? 何者爲裏? 風從何處出?[52] 雨從何處來? 霜從何處下? 露從何處起?[53] 天地相去幾千萬里? 何者是小人? 何者是君子?」[54] 晏子對曰.「九九八十一, 天地之綱紀, 八九七十二, 陰陽之本性. 天爲公,[55] 地爲母, 日爲夫, 月爲婦, 南爲表, 北爲裏, 東爲左, 西爲右, 風出高山, 雨出江海, 霜出青天, 露出百草. 天地相去萬萬九千九百九十九里. 富貴是君子, 貧者是小人.[56] 出語不窮, 是名君子也.」[57]

선이기 때문이다.(계공의 설을 전적으로 좇았다) 【校注】 '健兒'는 강자이고 '儜兒'는 약자이다. '女烹'자의 원래 글자는 '女烹'인데 '儜'의 오자인 듯하다. '論說古'의 '論'은 더 들어간 글자이다.

48 이 구절은 원록에 '今臣共其王言'으로 적혀 있다. 【校注】 을권에는 '臣今共其王言論'으로 되어 있는데 '其'자는 앞 글자 '共'과 형태가 비슷하여 더 들어간 것이다. 여기서는 을권에 따라 수정 보완한다.

49 【原校】 을권과 정권에는 '其'가 '我'로 적혀 있다.

50 【原校】 을권에는 '王乃'가 '梁王'으로 되어 있다.

51 【原校】 을권에는 '公'이 '父'로 되어 있다.

52 【原校】 을권에 이 네 구절은 '風從何處來? 雨從何處下? 霜從何處出? 露從何處起?'로 되어 있다. 【校注】 '起'는 압운한 글자다.

53 '起'는 原錄에 '生'으로 되어 있다. 乙卷에 의거하여 수정한다.

54 이 두 구절은 原錄과 을권이 서로 맞는다. 【原校】 이 두 구는 원래 '何者是小人? 何者是君子'라 되어 있는데 을권과 서로 맞바꾼다. 【校注】 原卷의 '子'자는 압운한 글자다. 따라서 原卷을 좇는다. 丁卷은 原卷과 같다.

55 【原校】 乙卷에는 '公'이 '翁'으로 되어 있다.

56 이 두 구절은 을권과 서로 맞으며, '子'는 압운한 글자다.

왕이 또 안자에게 물어, "그대가 천지의 법도와 음양의 본성을 안다면 대답하라. 무엇이 아비가 되고, 무엇이 어미가 되는고? 무엇이 왼쪽이 되고 무엇이 오른쪽이 되는고? 무엇이 지아비가 되고 무엇이 지어미가 되는고? 무엇이 겉이 되고 무엇이 안이 되는고? 바람은 어디에서 발생하고, 비는 어디에서 내리는고? 서리는 어디에서 내리며, 이슬은 어디에서 생겨나는고? 하늘과 땅의 거리는 몇 만 리나 되는고? 어떤 사람이 군자이고 어떤 사람이 소인인고?" 안자가 대답하길, "구구 팔십일은 천지의 법도요 팔구 칠십이는 음양의 본성이나이다. 하늘은 아비가 되고, 땅은 어미가 되고, 해는 지아비가 되고, 달은 지어미가 되고, 남방은 밖이 되고, 북방은 안이 되고, 동쪽은 좌측이 되고, 서쪽은 우측이 되고, 바람은 높은 산에서 나오고, 비는 강과 바다에서 생겨나고, 서리는 푸른 하늘에서 발생하고, 이슬은 온갖 풀에서 생겨나나이다. 하늘과 땅의 거리는 구만구천구백구십구리요, 부귀한 사람이 군자이고, 가난한 자가 소인이며, 언변에 막힘이 없는 자를 군자라고 일컫나이다."

晏子賦一首[58]
안자부일수

57 [原校] 이 두 구절은 원래 '是名晏子'로 되어 있는데 乙卷에 의거하여 수정한다. 啓功은 다음과 같이 말했다. "가난한 자는 소인이요 부귀한 자는 군자인 즉 언변이 궁색하지 않은 것도 가난하지 않은 조건의 하나에 해당하므로 군자라고 일컬을 수 있다." 을권이 비교적 뛰어나므로 이를 좇아 고쳐야 한다.

58 원록에는 미제(眉題)가 없다. [校注] 원권과 을권 모두 '晏子賦一首'라는 眉題 다섯 글자가 붙어 있다. 이에 의거하여 늘여 쓴다.

연자부 1(鷰子賦一)[1]

仲春二月，雙鷰翱翔. 欲造宅舍，夫妻平章.[2] 東西步度,[3] 南北占

1　[原校] 사권은 모두 일곱 종류인데, 편집 번호와 校記 순서는 다음과 같다.
原卷 P.2653 시작 부분이 훼손되어 약간 빠진 것이 있다.
甲卷 P.2491 완전하다. 이 두루마리를 이용하여 原卷의 앞부분을 보완하였다.
乙卷 P.3666 끝부분이 빠져 있다.
丙卷 P.3757 앞부분 18행만 있다.
丁卷 S.6267 대부분 크게 손상되어 있고, 행의 상당 부분이 끊어져 있다.
戊卷 S.214 앞부분이 훼손되어 빠져 있고, 맨 끝에 다음과 같이 적혀 있다. 『癸未年十二月卄一日』永安寺學士郎杜友遂書記之耳』
己卷 S.5540.
[校注] 원권에는 「鷰子賦一卷(一)」, 「鷰子賦一首(二)」, 「韓朋賦一首」가 초사되어 있다. 본편의 원래 문건은 시작 부분의 우측 모서리가 좌측 방향으로 찢어져 있고, 앞 제목도 훼손되어 있다. 갑권의 앞 제목은 「鷰子賦一卷」으로 되어 있고, 뒷면에 「天福八年, 歲次癸卯十月一日」이라 적혀 있는 것으로 보아 한 사람이 초사하지 않은 듯하다. 을권의 標題 아래에 「咸通八年匚コ家學生」이라고 적혀 있다. 정권은 수미가 모두 殘缺되어 있다. 戊卷은 맨 끝에 「甲申年三月卄三日永安寺學士郎杜友遂書記之耳」라고 적혀 있다. 己卷(S.5540)은 원록에 S.554로 잘못 적혀 있어 바로 잡는다. 기권은 앞쪽에 『多心經疏』를 초사해 놓았고, 本賦는 S.5540(二)이다. 이외에 P.4019

詳.[4] 但避將軍、太歲,[5] 自然得福無殃.[6] 取[7]高頭之規,[8] 壘泥作窟, 上

역시 『鷰子賦』를 초사한 두루마리로 후반부만 남아 있는데 23행은 절단(횡으로 찢어져 있음)되어 있고 28행은 온전히 남아 있으며 맨 끝에 「鷰子賦一卷 曹光晟書記」라 적혀 있다. 또 이 두루마리에는 書儀 3행이 초사되어 있고 맨 끝에 「三月卄日伎節沙州諸軍事左散騎尙書御使大夫檢校記, 曹光□」라 적고 있는데 빠진 글자는 「晟」자로 보아야 타당하다. 寫卷 P.4019는 王重民 등이 몰랐던 듯한데 여기서는 庚卷에 집어넣기로 한다. 한편 「鷰」자는 각 두루마리에서 「鷰」자로 되어 있는데 이 글자는 「鷰」의 속자이다. 『廣韻.霰韻』에 「연은 설문해자에서 검은 새라고 했다. 연(鳶) 자는 속자로 오늘날 통용되고 있다(鷰, 說文云.玄鳥也. 鳶, 俗, 今通用)」라 기록되어 있다. 여기서는 모두 「鷰」으로 고쳐 적었는데 별도로 교기를 쓰지는 않았다. 이 작품의 제목은 다음 작품과 구별하여 (一) (二)로 나누어 표기하였다.

2 平章 : 상의하다는 의미. '平章'이라는 단어는 『尙書』에 나오는데, 魏晉 이후에 '상의하다'라는 뜻이 생겨났고, 唐 이후에는 관직명으로 사용되었다.

3 步度 : 걸어서 길이를 재다(즉 보행 측량)는 의미. 『降魔變文』의 "사리불과 함께 동서로 걸으며 (거리를) 헤아리고 남북으로 걸으며 두루 살폈다(卽共舍利佛相隨, 步度東西, 按行南北)", "사리불을 정원으로 모셔다가 조사하고 헤아리며 그 땅을 살펴보네(卽屈舍利入園中, 校量步度觀其地)"에서 步度와 按行, 校量은 모두 같은 뜻이다.

4 占詳 : 을권에는 「瞻相」으로 되어 있다. [江藍生] 「응당 『占相』으로 써야 하는데, 생김새나 지형을 관찰하여 길흉화복을 판단한다는 뜻이다. 明代 徐謂의 『南詞叙錄』에는 『端相은 세세히 들여다 본다는 말이다. 唐나라 사람들은 '端相良九'라고 말했는데, '端詳'이라고 쓰는 것은 잘못된 것이다.』라고 되어 있다.」 白居易 『和夢遊春詩一百韻幷序』에 「端詳筮仕蓍, 磨拭穿楊鏃」라는 구절이 있는데 이 시구로 보면, 당나라 때 이미 「端詳」이란 말이 있었고, 元曲 중에도 자주 보이는 것을 봐서 당시 속어였음을 알 수 있다. 따라서 서위의 말은 옳지 않다. 「端詳」은 「자세히 본다(細看)」는 의미가 있고, 「占詳」에도 같은 뜻이 들어 있다. 또 「瞻相」과 「占相」이란 단어도 자주 보이는데 동일한 의미의 단어다.

5 '太歲'는 병권에는 '大歲'로 되어 있는데 같은 말이다. '將軍'과 '太歲'는 모두 음양서에 나오는 '神將'으로 만사에는 반드시 이를 피해야 한다. P.3803 「詠黃道決歌」에 "다만 황도를 계승함은 모두 복과 이득이 되니, 장군과 대세를 피하지 밀지어다(但承黃道皆福利, 不避將軍及歲支)"라는 구절이 있는데 여기서 '歲支'는 '太歲'를 가리킨다. P.3865 「宅經」에는 "또 이 두 주택을 지을 때는 천덕・월덕・천도에 따라 짓고, 장군・태세・표미・황번・흑방・오성의기를 피하지 말라. 단 음양 이기는 따라야 한다(又此二宅修造, 唯有天德、月德、天道到卽修之, 不避將軍、太歲、豹尾、黃幡、黑方及五姓宜忌, 但隨順陰陽二氣焉"는 구절이 있다.

6 [原校] "갑권의 '殃'은 '殊'다." [校注] "갑권에는 "로 되어 있는데 '殃'의 오자이다."

7 [江藍生] '取'는 '往', '向'이다. 「舜子變」: "但取你親阿孃墳墓去" [校注] 여기서 '取'는 선택하여 취하다, 계획적으로 취하다는 의미이다.

8 [江藍生校] '規'는 '居'의 동음자인 듯하다. [項楚] '탁'(음은 '卓'이다)은 대들보 위의 짧은 기둥이다. 원래 '規'로 되어 있는데 잘못 쓴 글자인 듯하다. [校注] '規'자는 오

攀樑使,[9] 藉草爲床. 安不離危,[10] 不巢於翠暮(幕);[11] 卜勝【而】[12]處, 遂託弘(虹)[13]梁. 鋪置纔[14]了, 暫往坻塘.[15]

류가 아닌 듯하다. P.2593「開元判集」殘卷 에 "入鳥路以裁規"라는 구절이 보인다. '入鳥路以裁規'는 깊은 산 계곡에 들어가 목재를 구한다는 뜻으로 '取高頭之規'의 의미에 해당한다. '規'는 목재를 가리키는 것으로 '中規之材'에서 그 의미를 취했다.

9 '梁'은 【原錄】에 '樑'으로 되어 있는데, 俗字이다. 乙券에는 '梁使'가 '京事'로 되어 있는데, '京'은 '涼(凉)'의 줄임자이면서 '梁'의 借音字이다. 【江藍生】'使'는 응당 '窶'로 써야 한다. '梁'는 대들보 위의 새 둥지를 가리킨다. 【項楚】'楝'으로 봐야 하며, '使'는 '楝'을 잘못 쓴 글자이다. 【校注】'使'는 을권에 '事'로 되어 있는데, '事'와 음이 같으므로 '楝'의 착오일 가능성은 그리 크지 않다. '字'는 비교적 僻字로「玉篇」에 '穴'로 풀이되어 있다. '梁使'를 '梁穴'로 해석하는 것 역시 그다지 문맥에 맞지 않는다. '使' '事'는 모두 '欐(들보 려)'로 봐야 할 듯하다.『廣韻·支韻』「所宜切」: "려는 량동의 별명이다. 또한 례와 려 두 가지 음이 있다(欐, 梁楝別名. 又禮、麗二音)."「所宜切」의 음은 '使'와 가깝다.

10 '離'는 원록에 '慮'로 쓰여 있다. 【校注】을권에는 '慮'가 '離'로 쓰여 있는데 이에 의거하여 고친다. '安不離危'는 노자에 나오는 '禍福相倚'의 뜻인데 뒤에 이어지는 '不巢於翠幕'와 의미가 통한다.

11 '暮'는 을권에 '慕'로 되어 있다. 【江藍生】'不'은 더 들어간 글자이다. '翠幕'은 녹색 장막을 말하는데 여기서 '翠'는 반드시 실제 의미를 지니지는 않는다. 【校注】江總「勞酒賦」에 "멀리 경기 지역으로 새해 축하 길을 나서니, 장막을 맑은 기수에 펼치노라(開靑壇于迥甸, 列翠幕于淸沂)"라는 구절이 있다. '翠幕'은 장막 즉 毳幕(취막, 솜털 장막)을 말한다.『王昭君變文』의 구절 "屯下旣稱張毳幕, 臨時必請定(掟)門旗"에도 '毳幕'으로 되어 있다. 帳篷은 정해진 곳이 없이 여기저기 옮겨 다니므로 제비가 둥지를 틀 곳이 못됨을 말한다.

12 【原校】'而'는 원래 빠져 있는 글자인데 을권에 의거하여 보충한다.

13 '弘'은 을권에 '洪'으로 되어 있다. 【徐校】'弘'은 '虹'으로 써야 타당한 듯하다. 【劉凱鳴】'紅'으로 써야 한다. 【校注】'弘'과 '洪'은 모두 '虹'의 借音字이다. '虹梁'은 들보의 굽은 모양이 무지개와 흡사함을 가리키는 것이다.『長興四年中興殿應聖節講經文』에 "曉日虹梁光已合, 靑烟鴛瓦色寧分" 구절이 있고, 梁 簡文帝『雙飛鷰』에는 "桂楝本曾宿, 虹梁早自窺" 구절이 보인다. 또 江總『內殿賦新詩』『全唐詩外編』100쪽 賈竦(가송)「謁華山岳廟」에 "虹梁無鷰雀, 玉座鎭虺, 蜴" 구절이 있고, 北周 王褒『陵雲臺』「樂府詩」에 "窗開神女電, 梁映美人虹" 구절이 있다. 앞에서 나열한 것들은 모두 '무지개'로 '들보'를 비유했음을 알 수 있다.

14 '纔'는 을권에 '在'로 되어 있고, 병권에는 '讒'로 되어 있다.

15 '坻'의 원형은 '坘'이다. 【項楚】'堤'로 써야 한다. 【校注】을권에는 '持'로 되어 있는데 '坻'와 음이 동일하여 빌어다 쓴 것이다. 따라서 '坻'는 '堤'의 오자가 아님을 입증할 수 있다. 臺灣 敦煌寫卷 7529號『大般涅槃經』의 구절 "所有戒律, 不如坘塘"도 동일한 용례다.

음력 2월 한 쌍의 제비가 여기저기 날아다니며 어디에 집을 지을지 의논하고 있었다. 동서로 거리를 측량하고 남북으로 길흉을 점쳐보았다. 태수장군의 별자리만 피하기만 한다면 자연히 복을 얻고 재앙은 없을 것 같았다. 나무 꼭대기의 가지를 가져다 진흙을 쌓아 굴을 만들고 들보를 오르내릴 수 있게 하고 풀을 엮어 침상을 만들었다. 안전에 염려가 없도록 위험한 푸른 막사는 둥지로 정하지 않았다. 점으로 좋은 주거지를 선택한 그들 부부는 드디어 큰 나무에 의탁하기로 하였다. 설치를 가까스로 끝내고 잠시 제방의 저수지에 먹거리를 구하러 갔다.

乃有黃雀, 頭腦[16]峻削,[17] 倚街傍巷, 爲强凌[18]弱, 睹[19]鸗不在, 入來晈(挍)掠.[20] 見他宅舍鮮淨,[21] 便卽穴白[22]占着. 婦兒男女,[23] 共爲歡樂.

---

16 ‘腦’는 갑권과 을권 모두 ‘惱’로 되어 있다. ‘頭腦’는 頭臚(살갗 려) 즉 두피를 말한다. 晉나라 竺法護가 번역한 『佛說文殊悔過經』에 “假使頭腦著於地時”라는 구절이 있다.

17 ‘峻削(깍을 삭)’은 뾰족함을 가리킨다. 뒷 문장에서 ‘他家頭尖’이란 표현 즉 ‘尖’자를 써서 鸜鵒(구관조 욕)을 묘사했다. ‘頭尖’은 머리가 영특하다, 권세에 빌붙어 이익을 취하다는 의미로도 쓰일 수 있다.

18 ‘凌’은 을권에 ‘隣’으로 되어 있다.

19 ‘睹’는 을권에 ‘覩’로 되어 있다.

20 ‘晈’는 원록에 ‘皎’로 되어 있다 【校注】 갑권과 을권에는 모두 글자 좌측이 ‘日’ 변으로 되어 있으며, 병권은 ‘目’ 변으로 되어 있다. 江藍生은 을권에 ‘恔’로 되어 있다고 적고 있는데 정확하지 않다. 또 ‘晈’자에 대하여 江藍生과 項楚 모두 ‘徼(구할 요)’로 교정하였는데 정확하지 않은 듯하다. 『伍子胥變文』에 ‘子將絞略橫行’이란 구절이 있는데 ‘絞略’과 ‘晈掠’은 같은 말을 다른 글자로 쓴 것이다. 원록에는 ‘晈’를 ‘挍’로 썼는데 맞는 듯하다. 『韓朋賦』의 “見一黃蛇, 絞妾床脚”에서 ‘絞’는 원록에 ‘皎’로 되어 있고, 무권에는 ‘挍’로 되어 있는데 ‘絞’와 ‘挍’는 서로 빌어다 쓰는 글자임을 알 수 있다. 『集韻 · 巧韻』에 “攪, 亂也” “挍, 亂也”라고 되어 있다. 여기서 ‘挍’는 ‘攪’의 다른 글자체이며, ‘挍掠’은 방해하다, 약탈하다는 의미이다.

21 ‘穴白’은 원록에 ‘冗自’로 되어 있다. 【原校】 ‘冗自’ 두 글자는 원권에서는 ‘穴白’과 흡사하다. 啓功의 說에 의거하여 옮겨 기록하였다. 계공은 을권의 ‘自’자는 분명하다고 말하고 있다. 【校注】 이 부분은 원권에 잔결되어 갑권에 의거하여 보충한 것이다. 갑권에는 ‘穴白’으로 되어 있고, 을권도 같다. 병권에는 ‘冗自’로 되어 있다. ‘宂(쓸데없을 용)’은 ‘穴’의 俗字로 자주 사용되며, ‘自’는 ‘白’을 잘못 쓴 것이다. 唐五代 때는 ‘冗自’라는 단어가 사용된 사례가 없다. P.3633 『沙州百姓一萬人上迴鶻天可汗書』에 “且太保棄蕃歸化, 當爾之時, 見有吐蕃節兒鎭守沙州. 太保見南蕃離亂, 乘勢共沙州百姓

自誇樓玀,[24] 得伊造作[25]:「『耕田人[26]打兎, 蹠[27]履人喫臛.』 古語分明, 果然不錯.[28] 硬努[29]拳頭, 偏脫胳膊.[30] 鷰若入來, 把棒撩[31]脚. 伊且單身獨手, 嘍[32]我阿莽[33]蕿(䕸)[34]斫! 更[35]被脣口囁嚅,[36] 與你到頭尿却.」[37]

同心同意, 穴白趁却節兒, 却着漢家衣冠, 永抛蕃醜."라는 구절이 있다. [江藍生] '穴'은 동사 "꿰뚫다, 관통하다"의 의미로 자주 쓰인다. 『舊唐書・李密傳』에 "雖隕(떨어질 운)首穴胸所甘已" 구절이 있다. '白'은 텅비어 아무 것도 없다(空無所有)는 뜻이 있으므로, '穴白'은 빈틈을 파고 들다라는 의미가 되며 기회를 타다라는 말로 쓰이기도 한다.

22 '占着'은 점거하다, 눌러 앉아 떠나지 않다는 의미이다. 唐 玄宗 『科禁諸州逃亡制』에 "制國以立法爲先, 教人以占著爲事" 구절이 있다.

23 '婦兒男女'에서 '婦兒'는 아내를, '男女'는 자녀를 가리킨다.

24 '樓玀'는 을권에 '嘍囉' 병권에 '僂玀'로 되어 있다. [校注] 이것은 聯綿詞 즉 유사한 글자를 잇달아 쓴 중첩어인데 '婁羅', '僂羅', '樓羅' 등으로도 쓴다. 唐 蘇鶚(물수리 악) 『蘇氏演義』에 "婁羅者, 幹辦集事之稱. 世曰婁敬、甘羅, 非也" 구절이 있고, 『北夢瑣言』 唐 鄭綮詩에 "側坡蛆蜫蝡, 蟻子競來拖. 一朝白雨下, 無鈍無嘍囉" 구절이 있으며, 『酉陽雜俎續集』 四에 "予讀梁元帝風人辭云. '城頭網雀, 樓羅人著.' 則知樓羅之語, 起已多時'" 구절이 보인다.

25 '造作'은 집을 짓는다는 의미이다. 여기서는 잘 지은 집을 가리킨다.

26 [原校] 을권에 '耕作人'은 '耕地漢'으로 되어 있다.

27 '蹠(밟을 척)'은 갑권에 '蹝', 을권에 '蹝', 병권에 '蹝'로 되어 있는데 '蹠'의 일반적인 俗字 '蹠'와는 다르다. [江藍生] '蹝'는 책에서 찾아볼 수 없다. 의심컨대 '蹠'를 잘못 쓴 것 같다. 또한 '蹠'는 동사 '著'의 오자이다. 『景德傳燈錄』 卷十三 「汝州風穴」 延昭禪師에 "問. 大衆雲集, 請師說法. 師曰. 赤脚人 趁兎, 著靴人喫肉." 따라서 '蹠'는 '著'로 써야 타당하다.

28 '錯'은 『廣韻』에 뜻은 착오, 음은 '倉'과 '故'의 반절이라고 했다. 또 뜻은 '엇섞여 있음(雜錯)', 음은 '倉'과 '各'의 반절이라고 했다. 여기서는 '착오'의 의미이고 음은 '倉'과 '各'의 반절이며, '雀', '削', '弱', '掠', '着', '樂', '作', '臛', '膊', '脚', '斫', '却'과 압운된다.

29 '努'는 을권에 '怒'로 되어 있다. '努'는 특정한 곳(일)에 힘을 쓴다는 의미다. 예컨대, 『諸病源候論』 卷一 『養生方導引法』에 다음 구절이 인용되어 있다. "一足蹋地, 一手向後長舒努之, 一手捉涌泉急挽, 足努手挽, 一時極勢."

30 '偏脫胳膊'은 팔을 걷어 붙이다는 의미이다. 『諸病源候論』 「養生方」에 다음 구절이 인용되어 있다. "大汗勿偏脫衣, 喜偏風半身不隨."

31 '撩'는 을권에 '了'로 되어 있다. '把棒撩脚'은 몽둥이를 들고 다리를 후려치다는 의미이다. '撩'는 '掠'의 음이 바뀐 것이다. 『諸病源候論』 卷三 『養生方導引法』에 "혀를 입 안에서 놀리다(以舌撩口中)"라는 구절이 인용되어 있다. '以舌撩口'는 '聊'로도 되어 있으니 앞의 책 卷二의 '舌聊上齒表'라는 구절이 그것이다. 또 '略'으로도 되어 있는데 '以舌䑛略脣口牙齒'가 그것이다.

한편 노란 참새란 놈이 있었으니, 머리를 치켜세워 깍고 길거리를 배회하면서 강자에게는 아부하고 약자는 업신여기고 다녔다. 그는 마침 제비가 집에 없는 것을 보고는 노략질하려고 들어갔다가 제비의 집이 참신하고 깨끗한 것을 보고 아예 점령해버렸다. 참새의 아내와 새끼들

---

32 '嘍'는 을권에 '樓'로 되어 있다. [蔣禮鴻] '嘍'는 많다, 충분하다는 의미이다. 제비 홀로는 힘에 부쳐 어찌 해볼 도리가 없으니 무시당하기 쉽다는 의미이다.('孽'은 원래 '薩'로 되어 있다) [校注] '嘍' 혹은 '樓'가 단독으로 사용된 사례는 다른 곳에서는 보이지 않는다.

33 [蔣禮鴻] '阿莽'은 '阿沒'과 동일한 단어인데 '어떻게'라는 의미이다.

34 [江藍生] '孽(서자 얼)'은 원록에 '薩'자 아래 '女'가 붙어 있다. 『通釋』은 『待質錄』에 들어 있다. [江藍生] 劈(벨 칠) '孽斫'은 병권에 '蘗斫'로 되어 있다. 『漢書.貨殖列傳』에 "然猶山不茬蘗"라는 구절이 있다. 顏師古注에는 "斜斫木曰, 髡斬之曰蘗。"라고 되어 있는데 여기서 '蘗'은 '나무를 베다'라는 의미이다. [袁賓] '孽'은 '蘗'이다. 『說文.段注』에는" 字에 대하여 "諸書多用孼, 俗作孼"라고 했다. '孼'字는 여기서 '깨물다(嚙)'는 의미로 쓰였다. '嚙斫'의 의미는 입으로 깨물고 손으로 때리다는 의미다. [校注] 原卷에는 빠져 있는데, 갑권에 의거하여" 薆자를 보충한다." 薆字는 '孽'과 같다. 을권에는 '孽'로 되어 있다. 『干祿字書』에 "'孼', 孽, 上庶孼, 下妖孼"라는 문구가 있다. S.388 『正名要錄』「右本音雖同字義各別例」에 "孽, 妖, 蘗, 木, 孼, 庶"라는 구절이 보이는데, 唐나라 사람들은 孽를 '妖孼'의 '孼'로 보았고 '孼'의 별체자로 보았는데 실은 俗字다. P.3468 『兒郎偉達夜胡詞』에 "聖人福祿重, 萬古難儔疋, 剪孽賊不殘, 驅儺鬼無失"라는 구절이 있고, 또다른 사권 P.3552에는 "剪孼賊不殘, 驅儺鬼無一"이라는 구절이 보이는데 여기서 孽와 孼는 통용되는 글자임을 알 수 있다. '孽斫'와 '剪孽'는 같은 의미의 글자를 연이어 쓴 것인데 孽은 앞에 써도 되고 뒤에 써도 된다. 또 孽, 蘗, 孼는 모두 劈와도 통용되는 글자다. 『說文·刀部』에는 "劈은 斷으로 부수는 刀, 음은 辥이다"로 되어 있는데 여기서 劈는 音이 薛(私列切)이다. 『裴務齊正字本刊謬補缺切韻十六薛韻』에 "薛은 私와 列의 반절음인 '설'이고, 姓을 가리킨다. 劈는 끊고 자른다는 의미이다(薛, 私列反, 姓, 劈, 裁減)"이라고 되어 있는데 裁減(剪)은 斷을 말한다. 또 『廣韻』에 劈은 薛韻(私列切)에도 있고 質韻(魚乙切)에도 있다. 따라서 '孼'(魚列切) 등과 통한다.

35 '更'은 을권에 '漫'으로 되어 있다.

36 '唇口'는 주둥이를 말한다. P.3724 王梵志의 詩에 "仿邊乾咽唾, 恰似守碓(방아 대)狗. 舂人收糖將, 舐略空唇(놀랄 진)口"라는 구절이 있다. '囁嚅'는 '사적인 욕(私罵)'을 말한다. 『玉篇』에도 "囁, 私罵"라고 되어 있다. [校注] '囁'자는 단독으로는 쓰이지 않는다. 따라서 '囁'이 아니라 '囁嚅'라고 썼다.

37 이 구절은 을권에 "與你到頭屎却"로 되어 있고, 병권에는 '你'가 '作'으로 되어 있다. [江藍生] '到頭'는 마지막, 최종의 뜻이다. 두 구는 '만약 제비가 다시 소란을 피우면, 내가 그 녀석의 둥지에 오줌을 퍼부어 버리겠다'는 말이다. [校注] 위에도 "共你到頭無益"라는 구절이 있는데 구법이 비슷하다.

은 모두 기뻐하고 즐거워하며, 멋진 제비집을 훔친 것을 스스로 뽐내며 말했다. "'농사꾼이 잡은 토끼는 도회지 사람이 먹기 마련이라'는 옛 말이 과연 틀림이 없구나. 꼿꼿하고 당당하게 주먹을 쥐고 웃통을 벗고 있다가, 제비가 들어오면 몽둥이로 다리를 부러뜨려 놓을 테다. 제비 놈 하나를 쪽수 많은 우리가 두들겨 패면 되지! 감히 주둥이로 불평해대면 머리에서 발끝까지 오줌을 끼얹어주마."

言語未定, 鸗子卽迴, 踏地[38]叫喚.[39]「雀兒出來!」不問好惡,[40] 拔拳卽差(搓).[41] 左推右聳,[42] 剜(捥)[43]耳摑[44]顋. 兒捻拽脚,[45] 婦下口,[46] 鸗子

38 [蔣禮鴻] '踏地'는 '펄쩍 뛰다'는 의미로 감정이 격했을 때의 동작을 말한다.

39 '叫'는 을권에 '明'으로 되어 있는데 '鳴'의 음만 빌린 글자이다.

40 '不問好惡'은 앞에 주어 '雀兒'가 생략된 것이다. 앞 구의 '來'는 압운한 글자다. 따라서 원록에 '踏地叫喚'에서 문장을 끊은 것은 타당하지 않다.

41 '差'는 을권에 '搋'로 되어 있고, 병권에는 '扠'로 되어 있다. [徐復] '差'는 변문집에서 '搓'로 교정했는데 옳다. 『廣韻』에는 다음과 같은 풀이가 보인다. "'扠'는 주먹으로 가격하다는 뜻인데 '搋(주먹으로 치다)'로도 쓴다. '丑'과 '佳'의 반절이다." "'搋'는 주먹으로 물건을 가격하다는 말로 '丑'과 '皆'의 반절이다." 『集韻』에서는 "'搓'는 推擊으로 '推'와 '皆'의 반절이다"라고 했다. '推擊'은 '椎擊'을 잘못 쓴 것이다. 『字實碎金』에 "拳, 扠人, 丑皆反, 又撺"라는 구절이 보이는데 '撺'는 '搋'를 잘못 쓴 것이다. [校注] '推擊'은 주먹으로 가격하다는 의미인데 '椎擊'의 오류는 아닌 듯하며 '撺'는 俗字로 보아야 타당하다. 『龍龕手鏡』에 "搌, 搋, 擴, 搋, 搋는 다섯 개의 속자인데 搋이 맞다. 음은 敕와 皆의 반절인데 주먹으로 사람을 가격하는 것을 말하며 '攎'로도 쓴다. 擳는 속자로 丑와 皆 · 楚와 佳의 반절음으로 搋로 써야 옳다. 여기서 俗字는 필획이 전해져 있지 않음을 알 수 있다. 蔣禮鴻은 P.2976 『溫泉賦』의 "弓彍 矢卓, 脚蹉拳搋'을 인용하여 '搋'은 '搋'의 간체라고 하였다. [校注] 그밖에 P.5037에서는 "弓臒矢捶, 脚蹉拳搓"라는 구절이 있고, P.3418 王梵志詩에는 "里正被脚蹴, 村頭被拳搓"라는 구절이 있는 것을 보아서 '搓'字는 『鸗子賦』의 '差'로 바꾸어 쓸 수 있는 듯하다. '扠'字는 后漢 시대 때 익명의 작가가 번역한 『佛說安宅神咒經』에서도 "扠汝百鬼頸經着枷"라는 구절이 있으며 또한, 任昉의 『秦彈劉整』에도 "婢采音舉手査范臂"이라는 구절이 들어 있다. 『集韻』에는 "摣, '擊也'"라고 되어 있고, 『釋名』에는 "摣. 叉也. 五指俱往叉取也"라고 되어 있으니, '査'는 摣와 통용되는 글자이고 '搋' 등과는 같은 글자를 달리 쓴 것이다.

42 '聳'은 밀다(推)라는 말이다. 『王昭君變文』에 "牛羊隊隊生埋壙, 仕(士)女紛紛聳入坑"이라는 구절이 보인다. 또 글자가 '摗'로 되어 있는 것도 보이는데 P.2717과 S.6024 『字寶 · 上聲』에 "手推, 音竦"라고 되어 있고, 『集韻』에는 "摗, 推也"로 되어 있다.

被打, 可笑屍骸.[47] 頭不能擧, 眼不[48]能開. 夫妻相對, 氣咽聲哀. 「不曾觸犯豹尾,[49] 緣沒[50]橫羅(罹)鳥災!」[51]

---

43 [江藍生] '剜'은 '捥'으로 적어야 한다. 『集韻』에 "捥·挐, 捩也"라고 했다. [校注] 『伍子胥變文』에 '捥心幷臠割。'라는 구절이 있으니 '捥'은 '剜'과 통하는 글자임을 알 수 있다.

44 [原校] 乙卷에는 '摑'이 '搲'로 되어 있다. [校注] 『玉篇』에는 "摑, 掌耳也"라고 되어 있고, 『廣韻』에는 音이 古와 獲 의 반절이라고 되어 있다. 盧仝의 『示添丁』에는 "父憐母惜摑不得。"으로 되어 있다. 사실은 乙卷에 '㧐'로 쓰여 있는데 우측의 '寇'는 일반적으로 사용하는 俗字다. 아마도 이 글자는 '扣'字의 옆부분만을 바꿔 쓴 듯하다.

45 '捻脚拽'는 原錄에 '捻拽脚'으로 되어 있다. [校注] 乙卷에는 '捻脚曳'으로 되어 있고, 丙卷에는 '拽捻脚'로 되어 있는데 '曳'와 '拽'는 동일한 글자다. 여기서는 乙卷에 의거하여 교정한다. 『伍子胥變文』에 "遙聞空裏打紗聲, 屈節斜身便卽住。慮恐此處人相掩, 捻脚攢形而映樹"라는 구절이 있는데 '捻脚'은 '屈節斜身' 즉 비굴하게 몸을 낮춤을 말한다. 따라서 '捻脚拽'의 의미는 몸을 낮춰 힘주어 끌어 당김을 말한다. [江藍生] '捻'은 문장의 의미와 통하지 않으므로 '搦'의 가차자라고 했으나 확실치 않다.

46 원록에 '齱'으로 되어 있다. [原校] 을권에는 '齱'이 '齱'로 되어 있다. [徐復] '齱'는 이빨로 물어 뜯는다는 의미이다. 曹憲의 『博雅音』에 "齱, 丁皆、丁來二反。" 여기서는 丁과 來의 반절음 즉 '재'로 읽어야 하는데 앞 문장의 來, 顋(뺨 시)와 함께 '咍(웃을 해)' 韻에 맞춘 것이다. [校注] 丙卷은 을권처럼 글자 오른쪽에 '來가 붙어 있다. '齱'은 '齱'를 약간 변화시켜 만든 글자다. 『龍龕手鏡』에 "'齱'은 속자이고 '齱'는 정자로 卓과 皆의 반절음 즉 '태'로 읽고 깨물다(嚙)는 말이다"라고 했다. [項楚] '齱'의 音은 '래(來)'인데 확실하지는 않다. P.2976 『溫湯賦』에 "鵑左右打, 狖縱橫嚛"라는 구절이 있는데, '嚛'는 '齱'의 俗字다. P.5037에서는 齱로 바로 잡았다. 『龍龕手鏡』에는 "啑, 嚌는 둘 다 속자이며, 卓과 皆의 반절음 즉 '태'로 읽고 齱로 써야 옳다"라고 되어 있다.

47 [蔣禮鴻] '尸骸'는 모습을 형용한 단어인데 폄하하는 의미가 담겨 있다. 『降魔變文』에 "頭腦異种醜屍骸"라는 구절이 있는데, 여기서는 시체를 가리키는 말이 아니라 오늘날의 용어인 '사색(死色)이 되다'라는 말로 봐야 가장 적합하다.

48 丁卷은 '不'字부터 시작된다.

49 '豹'는 병권에 '貎'로 되어 있다. [蔣禮鴻] 여기서는 제비가 분에 못 이겨 화냄을 말한다. 제비가 "자신은 황제의 의장을 범하지 않았거늘 어찌 이러한 혹독한 재난을 당해야 하느냐"고 따지는 말이다. [江藍生] 여기서 표범 꼬리(豹尾)가 그려진 창과 깃발 따위는 고관대작의 행장에 사용되는 장식류다. 당나라 때 절도사의 행장에는 표범 고리가 그려진 창이 들어 있었다. 여기서 표범 고리는 권세와 부귀를 가리킨다. [項楚] 표범 꼬리(豹尾)는 높은 관리의 장식품 중 하나다. 표범 꼬리를 저촉했다는 말은 무례한 짓을 했다는 의미이다. [校注] 앞의 注(5)에서 일련의 음양역법자료에 대하여 언급했는데 표범 꼬리는 신장(神將)의 하나이다. S.2620 『唐年神方位圖』를 보면, '丑, 豹尾'、'巳 歲破'、'未, 黃幡'、'申, 害氣'、'酉, 將軍太陰'、'戌, 歲煞'、'亥, 太歲歲刑' 등등 궁중 입구를 봉쇄하지 않은 형태로 배치한 다음 "癸未, 二, 建, 勾陳中宮 : 不宜修, 大凶; 又忌正月七月修者, 凶"라고 주를 달고, 宮 한가운데에 '黑'字를

말이 채 끝나기도 전에 제비가 돌아와 펄쩍 뛰며 "참새 놈들 나와!"하며 소리쳤다. 참새는 시시비비를 따지지도 않고 냅다 주먹부터 내두르며 좌우로 밀치고 귀싸대기와 빰싸대기를 날린다. 참새 새끼들도 합세하여 제비의 다리를 비틀어 끌어당기고, 참새 아내도 입으로 물어뜯었다. 불쌍하게도 제비는 얻어맞아서 시체 마냥 뻗어버려 머리도 들지 못하고 눈도 뜰 수 없게 되었다. 제비 부부가 서로 붙들고 서러움에 목이 메어 슬픈 소리로 말하였다. "우리는 황제의 의장을 범하는 무례한 짓은 하지 않았거늘 어찌 이처럼 혹독한 재난을 겪어야 하는지?"

遂往鳳凰邊[52]下牒分析.[53] 「鸗子單貧,[54] 造得一宅. 乃被雀兒强奪,

배치하였다. 각 그림은 '白、黑、碧、綠、黃、白、赤、白、紫'와 '九、八、七、六、五、四、三、二、一'를 활용하여 九宮의 차례를 표시하였다. 이에 근거할 때 '표범 고리를 범했다(觸犯豹尾)'는 것은 神將 표범 꼬리(豹尾) 별자리와 그 출현 시간에 집짓는 일이 커다란 흉사임을 가리킨다.

50 [原校] 原卷은 이와 동일하다. [徐震堮] '沒'은 '어떤(什沒)'이고, '緣沒'은 '緣何'와 같다. 蔣禮鴻은 『太平廣記』 400 「博異記」에서 蘇遏의 사건을 기록한 다음 구절 "問曰 : '甚沒人?' …… 遏下階, 中庭呼爛木曰 : '金精合屬我, 緣沒敢叫喚?"을 인용하고 있는데 이것이 그 사례이다. 또 原卷은 '緣沒' 두 字부터 시작되는데 태반이 빠져 있다.

51 [蔣禮鴻] '鳥'는 욕에 해당하는 용어로 '띠아오(diǎo)'라고 읽는다. 『水滸傳』에 나오는 '鳥人(좆같은 놈)', '鳥男女(씹할놈)'의 '鳥'와 같다. 『太平廣記』 卷273 李秀蘭條에서 『中興間氣集』의 다음 구절을 인용하고 있다. "秀蘭嘗與諸賢會烏程縣開元寺, 知河間劉長卿有陰疾, 謂之曰 : '山氣日夕佳。' 長卿對曰 : '衆鳥欣有託.' 擧座大笑。" 여기서도 唐나라 사람들이 '鳥'를 좆같은 놈의 '좆'으로 썼음을 알 수 있다. [校注] '鳥'字는 의미가 이중적으로 藥名詩처럼 옛날 사람들이 재치있는 말수단에 사용하곤 했다.

52 原錄에는 '邊' 다음에 '下'字가 있다. [校注] 原卷에는 빠져 있다. 甲卷에는 '下'字가 없고, 乙卷에는 '邊'字가 없다. 丙、丁卷에는 '邊下' 두 字가 모두 없다. 이에 근거하여 '下'字를 삭제하였다. '邊'은 '곳(處)'의 의미로 『廬山遠公話』에 "不免相公邊請杖決了, 趁出寺門"라는 구절이 있다. 또 丙、丁卷과도 서로 통한다. 『張議潮變文』의 '赴單于', '往鳳凰' 구조와도 동일하다.

53 '下牒分析'은 소장을 올린다는 의미이다. 新疆博物館에 소장되어 있는 아스타나 5호묘에서 출토된 사권에 "所將走去傔(시중들 겸)人桑思利, 經都督下牒"라는 구절이 있는데 여기서 '下牒'은 소장을 바친다는 말이다.

54 '單貧'은 곤궁하다는 말이다. 唐玄宗 『安養百姓及諸改革制』에 "其天下百姓, 有灼然單貧不存濟者, 緣租唐先立長行, 每鄉量放十丁"라는 구절이 있다.

仍自更着恐嚇. 云.『明敕括客,[55] 標入正格.[56] 阿你逋[57]逃落藉,[58] 不曾見你膺[59]王役. 終遣官人棒脊,[60] 流[61]向擔(儋)崖[62]象白.』云.[63]『野鵲

55 [原校] 甲卷에는 이 구절이 '明云敕括'로 되어 있다. [校注] 乙卷에는 '明云敕括客'으로 丙卷에는 '云明敕括'로 되어 있다. 白居易『奏所聞奏』에 "臣昨訪聞, 又無明敕"라는 구절이 있는데 여기서 '明'은 아름다운 말이다. '括客'은 逃戶를 검색하고 체포한다는 말이다. 唐玄宗『科禁諸州逃亡制』에 "今正朔所及, 封疆無外, 雖戶口旣增, 而稅賦不益, 莫不輕去鄕邑, 共爲浮惰。…… 諸州背軍逃亡人, 限制到日百日內, 各容自首, 準令、式合所在編戶情願慿住者, 卽附人薄籍, 差科賦斂於附人令式。…… 過限不首, 幷卽括取, 遞(갈마들 체)邊遠附爲百姓, 家口隨逃者, 亦便同送"라는 구절이 있다. 또 아스타나 509号에서 출토된 사권에도"但化明先是京兆府云陽縣嵯峨鄕人, 從涼府與郭元日暕(흐린 아침에 날 밝을 간)驅馱, 至北庭括客, 乃卽附戶爲金滿縣百姓"라는 구절이 보인다.

56 '格'은 사악한 것을 금지하는 법령의 명칭이다.『大唐六典』卷六「刑部員外郎」條에「凡格二十有四篇」을 인용하여 다음과 같이 주를 달았다. "以尙書諸曹爲之目, 共爲七卷。其曹之常務, 但留本司者別爲留司格一卷。蓋編錄彔當時制敕, 永爲法則, 以爲故事" 형식을 보면 S.1344『開元戶部格』의 殘卷에 나오는 "敕 : 几內逃絶戶宅地, 王公百官等及外州人不得亂請射。景龍二年三日二十日。" 그리고 "敕, 逃人田宅, 不得亂容買賣, 其地任依鄕原价租充課役, 有剩官收。若逃人三年內歸者, 還其剩物。其無田宅, 逃經三年以上不還者, 不得更令鄰保代出租課。唐元年七月十九日。"과 유사하다. 여기서 "標人正格"은 공개적으로 포고되는 법령에 포함된다는 말이다.『魏書』卷七七「辛雄列傳」에 "若從証占而雪, 則達正格"라는 구절이 있다.

57 '逋'는 原錄에 '浦'로 되어 있다. [原校] 丙卷에 '浦'는 '浮'로 되어 있는데 당연히 '逋'로 써야 한다. [袁賓] '逋逃'는 逃亡하다는 의미인데 일반적인 도망자를 가리키는 것이 아니라 호적이 없는 자·직업이 없는 자·국가 부역에 응하지 않은 자를 특정하여 지칭한다. 따라서 丙卷에 '浮逃'라고 한 것이 옳다.『唐會要』卷六十에 "幕士、供膳、掌閑, 取浮逃無籍人充"라는 구절이 보인다. 原卷의 '浦'는 음이 비슷하여 '浮'를 대신하여 쓴 글자다. [校注] '逋逃'와 '浮逃'는 의미가 동일하다. 여기서는 原校에 의거하여 '逋'로 교정하였는데 글자 형태가 비슷하여 잘못 쓴 듯하다. 杜甫『遣遇詩』에 "奈何黠吏從, 漁奪成逋浮"라는 구절이 있고, 唐玄宗『聽歸首敕』에 "故貧窶(가난할 구)日甓, 逋逃歲增"라는 구절이 보인다. 여기서 '浦逃'와 '浮逃'는 차이가 없으며 동일한 의미의 글자를 연이어 쓴 것이다.

58 '籍'은 原錄에 '藉'로 되어 있다. [校注] 敦煌 寫本에서는 '藉'와 '籍'을 구부하지 않고 썼는데 '藉'로 쓴 경우가 훨씬 많다. 여기서는 을권에 근거하여 '籍'으로 교정한다. '落籍'은 관적을 이탈한 탓에 호적에 성명이 빠져 있음을 말한다.『唐律疏議.戶婚』에 다음과 같은 구절이 있다. "諸脫戶者, 家長從三年; 無課役者, 減二等; 女戶, 又減三等。'疏曰 : 率土黔庶, 皆有籍書。若一戶之內, 盡脫漏不附籍者, 所由家長合徒三年。……'

59 '膺'은 甲卷에 '膺'로 되어 있다. 丙卷에는 '應'으로 되어 있다. [校注] 膺은 '응당'의 의미가 들어 있다. 따라서 '應'과 통한다.『尙書』「武成」에 "讓膺天命, 以撫方夏"라는 구절이 있는데 이에 대하여「孔傳」에서 "大當天命, 以撫綏四方中夏"라고 풀이하였

是我表丈人[64]鳩[65]是我家伯. 州縣長官, 瓜蘿[66]親戚. 是你[67]下牒言我, 共你[68]到頭無益.[69] 火急離我門前, 少時終須喫摑.』[70] 鸗子不分,[71] 以

으니 '當'으로 膺을 해석했음을 알 수 있다. 唐高祖 『禁行刑屠殺詔』에는 "朕祗膺靈命, 撫遂群生"이라는 구절이 보이는데, 여기서 '膺王役'은 부역을 치르는 것을 가리킨다.

60 '棒脊'은 등짝을 내리치는 것을 말한다. S.778 王梵志詩에 "赤繩串着項, 反縛棒脊皮"라는 구절이 있고, P.3418 王梵志詩에는 "□人卽棒脊, 急于攝你脚"이란 구절이 있는데 모두 동일 사례에 해당한다.

61 '流'는 유배시키다는 의미이다. 『唐律疏』 卷一에 나오는 "流刑三" 구절에 대하여 다음과 같은 「疏」가 달려 있다. "『書經』의 '流宥五刑'은 용서할 수 없는 죄를 지은 자는 멀리 유배보낸다는 의미이다. 대역죄를 지은 자는 변경(四裔), 해외, 중국 바깥으로 내쫓는다는 의미이다.

62 [江藍生] '擔(멜 담)'은 응당 '儋(멜 담)'으로 적어야 한다. 儋・崖・象・白은 唐나라 시절 네 州의 이름이다. 이 네 州는 모두 악명이 높았던 곳인데 죄인들은 대부분 이곳으로 유배되었다. 또 丙卷에는 '白'字 이하가 모두 빠져 있다.

63 '云'은 원록에 '雲'으로 되어 있다. [江藍生] 雲은 '云'의 오자다. [校注] 乙卷에는 '云'으로 되어 있는데 이에 의거하여 교정한다.

64 '野鵲'는 새 이름으로 들이나 밭에서 활동하기 때문에 붙여진 이름이다. 曹植 등 여러 문인의 악부시에 『野田黃雀行』이란 작품이 있다. 이 작품에 나오는 참새는 집에 둥지를 만들어 살기 때문에 '野鵲'이라 칭함과 아울러 '表丈人'이라 한 것이다. 乙卷에는 '鵲이 '雀'으로 되어 있다.

65 [江藍生] '鵴鳩' 는 두 마리의 새인데 '鵴'는 '鸜(구관조 구)鵒'이고, '鳩'는 斑鳩・雉鳩의 종류이다. 『集韻』에는 다음과 같이 풀이되어 있다. "鴝、鸜、.權俱切, 鳥名。說文:'鴝鵒也', '或從瞿', 古作鵴 [校注] '鵴'는 俗字로 『龍龕手鏡』에 ", 俗, 音劬"라고 풀이하였다. 正字로는 '鴝'로 써야 한다. '鳩'는 한 마리의 새를 가리키는데, S.610 『啓顔錄』에 다음과 같은 구절이 있다. "食訖, 此人鷂子卽作聲, 侯白云:'白莊上鳥身品大小共公莊鳥相似, 唯聲不同。' 此人問云:'公鳥作何聲?' 侯白云:'莊上鳥聲作求敕鳩'。此人乃大嗔恨而過。" 여기서 '求敕鳩'는 '鳩'가 짖는 소리를 가리킨다. 『廣韻』에는 "鸜, 亦 鸜鵒"로 되어 있는 것을 보아 '鳩'는 구관조(鸜鵒)인 듯하다. 이 때문에 작품 안에서 참새가 구관조를 '백부(家伯)'라고 부른 것이다.

66 '瓜羅'는 먼 친척을 가리키는데, 얽히고설킨 등나무와 비슷하다는 측면에서 이렇게 표현한 것이다. 徐震堮은 '蘿'를 '葛'의 오자로 의심하였는데 정확하지 않은 듯하다.

67 '是你'는 '너(你)'를 말한다. 여기서 '是'는 접사이다.

68 '共你'는 乙卷에 '恐你'로 되어 있는데 '你'字 오른쪽에 작은 글씨로 '阿你'라고 보완한 것을 보아 '恐阿你'로 연속하여 읽었던 듯하다. '共'은 介詞이고, '共你'는 '너에게[對你]'의 의미이다. 列一四五六 王梵志詩에 "王二與世人, 俱來就梵志。非爲貪與씨, 共你論愚智"라는 구절이 있다.

69 '無益'은 원록에 '并亦'으로 되어 있다. [校注] 甲卷에는 '無亦', 乙卷에는 '無益'으로 되어 있는데 이에 근거하여 교정한다. 이 구절은 너에게 결국 좋은 점은 없을 것이

理從索. 遂被撮頭拖曳,[72] 捉衣擣擘.[73] 遼亂尊拳,[74] 交横禿剔.[75] 父子數人, 共相毆擊.[76] 鸗子被打, 傷毛墮[77]翮. 起止不能, 命垂朝夕. 伏乞檢驗, 見有青赤,[78] 不勝冤屈, 請王科責.」[79]

라는 말로 협박의 어투가 담겨 있다.

70 【原校】 '恐嚇(노할 혁)'부터 '喫(마실 끽)摑(칠 괵)'까지는 제비가 집에 돌아온 후에 참새가 그를 협박하는 말이다. 이로 인하여 제비가 訴狀에서 일일이 이야기하게 된다.

71 '分'은 원록에 '忿'으로 되어 있다. 【校注】 '不分'은 '不服'을 말하는데 번거롭게 교정하지는 않았다.

72 '拖曳'는 甲卷에 '把曳'로 되어 있고, 乙卷에는 '把拽'로 되어 있다. 【江藍生】 '拖曳'로 쓰는 것이 옳다. 【校注】『韓擒虎話本』에 "處分左右, 令交(教)把入, 橫拖到(倒)拽, 直至殿前"라는 구절이 있는데 여기서 '把'는 잡는다는 의미로 '拖'와는 약간 다르다.

73 『玉篇』에는 '擣, 開也'라고, 『韻』에는 '擣, 裂開'라고, 『正字通』에는 "扯, 俗擣字"라고 되어 있다. 趙翼『陔餘叢考』四三에는 "민간에서는 손으로 물건을 끄는 것을 '扯'라고 했는데 經書에는 이 글자가 없다. 『宋史』「杜紘(갓끈 굉)傳」에는 "伴夏國使入見, 夏使欲有所陳乞, 紘連扯之, 乃不敢言"라는 구절이 있는데, '扯'字는 여기서 처음 보인다"라고 되어 있다. '擣擘(엄지 손가락 벽)'은 같은 의미의 글자를 연이어 쓴 것이다.

74 '遼亂'는 丁卷에 '尞亂'으로 되어 있다. 【校注】 여기서는 쌍성연면어(雙聲聯綿詞 : 두 음절로 연결해 써야 하고, 분리되어서는 의미를 갖지 못하는 단어)인데, 그 다음 '交横' 구와 함께 여러 가지 모양을 나타낸다. 글자 역시 '撩亂'、'潦(근비 료)亂' 等으로 되어 있다. '尊拳'는 주먹질을 말하는데 해학적인 말이다. 『世說新語.文學』「劉伶著酒德頌」條에 『竹林七賢論』의 다음과 같은 구절이 인용되어 있다. "伶和其色曰 : '鷄肋豈足以當尊拳!其人不覺廢然而返。"

75 '禿剔'는 丁卷에 '剔禿'로 되어 있다. 【江藍生】 두 글자는 '踢突'(혹은 '突踢')로 써야 타당하다. '踢突'은 발차기(足蹴)나 발로 급히 내지르기를 가리킨다. 【項楚】 '禿剔'는 타격의 의미이다. 【校注】 뒤에 '雀儿剔禿, 强奪鸗屋'라는 구절이 있는데 '剔禿'와 '禿剔'는 동일한 연면어로 업신여기다는 의미이다.

76 '毆'는 원록에 '敲'로 되어 있다. 【校注】 甲卷에는 '敵'으로 되어 있고, 乙卷에는 '毆로 되어 있다. 여기서는 乙卷에 의거하여 교정한다. 『唐律疏議』「鬪訟」에 "諸鬪毆人者, 笞四十 : (原注 : 謂以手足擊人者。)傷及以他物毆人者, 杖六十"이라는 구절이 있고, 「疏議」에는 다음과 같이 기록되어 있다. "問曰.毆人, 謂以手足聲人。其有撮挽頭髮, 或擒其衣領, 亦同毆擊以否? 答曰 : 條云, 鬪毆謂以手足擊人, 明是雖未損傷, 下手卽便獲罪。至如挽鬢(귀밑털, 살짝 빈)撮(취할 촬)髮, 擒領扼喉, 卽是傷殺於人, 狀則不輕於毆, 例同毆法, 理用無惑。" 위 책들은 모두 '毆', '鬪毆', '毆擊' 등의 단어를 사용하고 있고, '敲擊', '敵擊'은 사용하고 있지 않다.

77 '墮'는 갑권에 '墜'로 되어 있다.

78 '青赤'은 색깔로 상흔을 대신 표시한 것이다. 『魏書』卷七一「夏侯道遷列傳」에 다음과 같은 구절이 있다. "爲洗浴者視其屍體, 大有伩處, 青赤隱起二百下許."

79 '科責'은 죄를 판결하고 문책한다는 의미이다.

마침내 봉황이 있는 곳으로 날아가 상소문을 올린다. "저는 미천하고 가난하게 살아오다 집 한 채를 갖게 되었는데, 참새에게 강탈을 당했습니다. 저들은 칙령에 이르기를 도망간 객호를 찾아내어 관청에 바쳐 정식으로 등록시키라 했다며 협박하고, 호적을 이탈하여 국가의 부역에 응하지 않았으므로 관리에게 곤장을 맞게 하고 담주·애주·상주·백주 같은 먼 곳으로 유배시키겠다고 을러댑니다. 그리고 들까치는 자신의 종형제요, 갈매기는 자신의 백부이며 친척들이 등나무 가지처럼 주현의 장관으로 여기저기 깔려있다고 합니다. 이러한 상황에서 제가 자신을 상대로 소송을 걸더라도 전혀 이익이 없을 것이니, 빨리 문 앞을 떠날 것이요, 잠시라도 지체하면 봉변을 당할 것이라고 협박합니다. 저는 분함을 이기지 못하여 이치를 따지다가, 머리를 잡힌 채 끌려가 옷이 찢기며 주먹으로 여기저기 두들겨 맞았습니다. 참새 식구 여러 사람이 합세하여 두들겨 팼습니다. 저는 구타를 당하여 털과 날개가 상하여 일어날 수 없을 정도로 목숨이 조석에 달렸습니다. 바라옵건대 조사를 하시어 흑백을 가리어 주시옵소서. 분통함을 이기지 못하여 왕에게 의법 조처할 것을 청하는 바입니다."

鳳凰云:「鷰子下牒, 辭理懇切. 雀兒豪橫, 不可稱說. 終須兩家, 對面分雪. 但知臧否, 然[80]可斷決.」專差[81]鵪[82]往捉.

봉황이 말했다. "제비가 올린 항소문은 사리에 맞고 간절한 반면 참

80 '然'은 '乃'이다. 『通釋』에 상세히 기록되어 있다.

81 '差'는 原錄에 '着'으로 되어 있는데 '差'로 교정한다. 【原校】 丁卷에는 '着'이 '差'로 되어 있다. 【徐校】 '着'字는 본래 문장 의미와 소통하는 글자이므로 굳이 '差'로 고치지 않았다. 【校注】 原卷과 甲·乙卷에 모두 '差'로 되어 있고, 丁卷에는 □로 되어 있는데 '差'의 變體字이다. 여기서는 이러한 점들에 근거하여 바로 잡는다.

82 『說文』에 "'鴇'는 鴇'로 쓰기도 하고 包 변에 쓰기도 한다"라고 되어 있고, 「段注」에는 "管子、周禮注皆作鴇"로 되어 있다. 『集韻』에는 "鴇, 或作㶉, 鮑, 鴇, 亦書作鴇"로 되어 있고, 『龍龕手鏡』에는 "鴇, 音保, 大鳥也"로 되어 있다. 『百鳥名』에 '鵪兒'라는 단어가 있는데 바로 이 새를 가리킨다.

새들의 횡포는 이루 말할 수 없구나. 양자를 대면시켜 심문하여 시비를 가려 판결하겠노라." 그리고는 굴뚝새를 특별히 파견하여 참새를 잡아 오도록 하였다.

鷯奉命, 不敢久停.[83] 半走半驟,[84] 疾如奔星. 行至門外, 良久立聽. 正聞雀兒, 窟裏語聲. 【雀兒】[85]云. 「【吾】[86]昨夜夢惡,[87] 今朝眼瞤,[88] 若不私[89]鬬, 剋[90]被官嗔. 比來徭役,[91] 徵已應頻.[92] 多是[93]鸗子, 下牒申論, 約束男女,[94] 必莫開門. 有人覓我, 道向東村.」 鷯隔門遙喚 : 「阿你莫漫[95]輒藏!向來聞你所說, 急出共我平章. 何爲[96]奪他宅舍, 仍更打他損傷? 鳳凰令遣追捉, 身作還自祗當.[97] 入孔亦不得脫, 任你百種思

83 【原校】'停'은 원권에 '庭'으로 되어 있고, 갑권에는 '亭'으로 되어 있는데 이에 근거하여 교정한다.

84 '驟'의 원래 의미는 말이 달린다는 것인데, 분주히 움직이는 동작을 표현하는 말로 전환 사용되었다.

85 【原校】'雀兒' 두 글자는 갑권에 의거하여 보충한다.

86 【原校】'吾'자는 을권에 의거하여 보충한다.

87 '夢惡'은 악몽을 가리킨다. P.3908『新集周公解夢書』一卷에 다음과 같은 구절이 있다. "無事思之作夢, 卽名爲夢。若思惟想之或寐, 善夢宜說, 惡夢理之。夫夢見好夢卽喜, 惡卽夏, 若何?智者解之, 惡夢卽吉, 向愚人說之, 好夢變爲凶也."

88 『廣韻』「諄韻」'如匀切'에 "瞤, 目動. 眴(눈 깜짝일 현), 上同"으로 되어 있다. 乙卷에는 '潤'으로 되어 있다.

89 '私'는 갑권에 '思'로 되어 있다. '私鬬'는 민사 소송을 말한다.

90 '剋'는 갑권에 '却'으로 되어 있다. '剋被官嗔'은 반드시 관청으로부터 책망을 받을 것이라는 말이다.

91 '徭役'은 원록에 '亻' 변으로 되어 있는데 俗字다. '比來'는 근래의 의미이다.

92 甲卷에는 '惡徵應頻'으로 되어 있고, 을권과 정권에는 '惡徵已應頻'으로 되어 있다. 【校注】'徵'은 부역인과 세금을 징집하는 것을 말한다. '惡'은 심하다는 말이고, '惡徵'은 과중하게 징집한다는 말이다.

93 【原校】甲卷에는 '事'로 되어 있다. 【周校】"많은 것은 비교적 좋은 것이다. 때문에 '대개(大概)'라고 한 것이다."

94 '約束男女'는 아녀를 관장하고 가르치는 것이다. P.365 王梵志詩에 다음과 같은 구절이 있다. "尊人嗔約束, 共語莫馺驟."

95 '漫'은 을권에 '縵(무늬 없는 비단 만)'으로 되어 있다.

96 【原校】'爲'는 원래 '謂'로 되어 있는데 갑권에 의거하여 교정한다.

量!」雀兒怕怖, 悚懼恐惶. 渾家[98]大小, 亦(一)[99]總驚忙. 遂出跪拜鷂, 喚作「大郎、二郎」.[100]「使人[101]遠來衝[102]熱, 且向窟裏[103]逐凉. 卒客無卒主人,[104] 暫坐撩治[105]家常.」[106] 鷂[107]曰:「者[108]漢大癡, 好不自知.

---

97 '祇'는 원록에 '扺'로 되어 있다. [原校] 原卷、丁卷에 이 두 구는 "奉府命遣我追捉, 手作還是身當"으로 되어 있다. 乙卷에는 "奉蔣來遣追捉, 手作還自身當"으로 되어 있다. 甲卷에 의거하여 교정한다. [校注] 甲卷에 뒤 두 글자는 '袛當'으로 되어 있는데 '祇當'의 뜻 즉 승낙하다는 말이다. 原卷의 后句 '是'는 사실은 '自'이다. 丁卷에는 作 '白'으로 되어 있는데 '自'의 오자다. 또 丁卷의 前句는 "奉府命追捉"으로 되어 있다.

98 [原校] 갑권과 정권에는 '渾家'가 모두 '家中'으로 되어 있다.

99 '亦'은 '一'로 풀이되고, '一總'은 같은 의미의 글자를 연이어 쓴 것으로 모두의 뜻이다.

100 '郎'은 남자를 높여 표현한 말로 兄弟 간 순서에서 맏형을 '大郎', 둘째를 '二郎', 자신을 '主人' 혹은 '郎'으로 부른다. 여기서는 大郎、二郎이 '鷂(여기서는 두 마리의 새를 가리킨다.)'를 가리킨다. P.458『八題記』에 "家中大郎(이하 잔결)"이라는 구절이 보인다.

101 '使人'은 '使者' 즉 '鷂'를 말한다.

102 [原校] '衝'은 원래 '充'으로 되어 있는데 甲·乙·丁 세 卷에 의거하여 교정한다. [江藍生] 衝熱은 열을 내뿜다(冒熱)는 의미이다.『父母恩重講經文』에 "冒熱衝寒勞氣力"라는 구절이 있고,『太平廣記』四二九「申屠澄」에 "客衝雪寒甚, 請前就火"라는 구절이 있는데 '衝'은 모두 '冒'의 의미이다. [校注]『太平廣記』二五三에서는「啓顔錄」의 다음 구절을 인용하고 있다. "晋程季明嘲熱客詩曰:'平生三伏時, 道路無行車。閉門避暑臥, 出入不相過。今代愚癡子, 觸熱到人家。主人聞客來, 頻蹙奈此何。"『道藏』「茅山處士劉詞」에 모아져 있는『混俗頣生錄』「夏時消息第四」에는 다음과 같은 구절이 있다. "衝熱來, 勿以冷水洗手面及淋背, 犯之必患陰黃, 但漱口卽可矣." 여기서 '觸熱'과 '衝熱'은 모두 '冒熱'의 의미이다.

103 '窟裏'는 을권에 '屋裏'로 되어 있다. '裏'字는 각 권 모두 동일한데, 원록에는 '裡'로 교정되어 있다.

104 [蔣禮鴻] '卒客無卒主人'은 唐 나라 사람들이 습관적으로 썼던 말이다.『朝野僉載』卷五에 "驛客將恐, 對白:'邂逅浙米不得, 死罪!'尙書曰:'卒客無卒主人, 亦夏何損?'遂換取麤(거칠 추)飯食之"라는 구절이 있다. 江藍生은『西京雜記』卷四의 다음 구절을 인용하고 있다. "廣漢慚曰:'有蒼卒客無蒼卒主人'。"

105 [原校] '治'는 원래 '裏'로 되어 있다. 丁卷에는 '理'로 되어 있는데 甲·乙·丙卷에 의거하여 교정한다. '治'와 '理'의 의미는 서로 같다. [校注] 敦煌 寫本에 '治'는 '理'로 고쳐 있는 경우가 많다. 또 어떤 곳에서는 '治'로 되어 있는데 금기시하는 글자를 피하여 쓴 것이다. 宋孫奭 等의『律音義』에는 "料治.音聊, 下直之切。爾雅郭璞云:'啖食治擇之名'。唐避高宗諱之字爲'理'"라는 구절이 있다. '料治'는 '撩治'를 말한다.『說文』에는 "撩, 理之也"로 되어 있고,『通俗文』에는 "理亂謂之撩理"로 되어 있다.

106 '常'은 갑권에 '嘗'으로 되어 있다. [蔣禮鴻] 여기서 '家常'은 손님 접대용 술과 식사를 의미하는데 연계되어 있는 단어다.

恰見寬縱,[109] 苟徒(圖)[110]過時. 飯食浪[111]道, 我亦不飢. 火急須去, 恐王怪遲.」雀兒已[112]愁, 貴在淹流.[113] 遷延[114]不去, 望得脫頭.[115] 乾言强語,[116] 千祈萬求.「通容[117]放到明日, 還有些些束羞(脩).」鷂惡發,[118]

---

107 '鷂'字 아래에는 원록에 '惡發把腰郎' 다섯 글자가 있다. 【原校】 '惡發把腰郎' 다섯 글자를 갑권에 의거하여 보충한다. 【校注】 甲卷에는 '郎' 아래 '搊(탈 추)'字가 있는데 이 구절은 다음 문구와 중복되므로 여기서는 삭제한다.

108 '者'는 '這'와 같은 글자이면서 다르게 쓰는 글자이다. 뒤에 '者賊無賴'라는 구절이 있는데, '者'가 甲卷에는 '這'로 되어 있다.

109 '寬縱'은 방관하다, 방임하다는 말이다. 『伍子胥變文』에 "所由寬縱, 解任料徵"라는 구절이 보이고, 唐玄宗 「禁流貶人在路逗留詔」에는 "如更因循, 尙有寬縱, 所繇(역사 요)當別有處分"라는 구절이 있다.

110 【江藍生】 '徒'는 '圖'의 오자이다. 【校注】 敦煌 寫本에서는 두 글자를 서로 빌어 쓰고 있다. 여기서는 자꾸 연기하여 기일이 지나는 것을 꾀함을 의미한다.

111 【原校】 '浪'은 원래 '朗'으로 되어 있는데 갑권에 의거하여 보충한다. 【校注】 '浪'은 '徒'를 말한다.

112 '已'는 원록에 '已'로 되어 있다. 【校注】 原卷과 甲・乙卷에는 모두 '已'로 되어 있고, 乙卷에는 '已'로 되어 있다. 당연히 '巳'로 써야 하고 '심히'라는 의미이다. 『禮記』「檀弓」에 "於野則已疏, 于寢則巳重"이라는 구절이 있는데 注에 '已'를 '太'로 풀이하고 있다.

113 甲卷에 '貴在延流'로 되어 있다. 江藍生은 '貴'를 '欲'으로 풀이하였고, '在'를 '再'로 교정하였다. 【校注】 『魏書』 卷七七 「辛雄列傳」에 "所以大小用情, 貴在得所"라는 구절이 있고, 또 「羊深列傳」에 "然治之爲本, 所貴得賢"라는 구절이 있다. 白居易 『請罷兵第二狀』에 "遷延進退, 貴引日時。不唯意在逗留, 兼是力難支敵"이라는 구절이 있다. '貴'는 '欲'의 의미인데 목적을 표시한다. '在'字는 굳이 교정하지 않는다.

114 【原校】 '遷延'은 원래 '千延'으로 되어 있고, 甲卷에는 '千年'으로 되어 있는데 乙卷에 의거하여 교정한다. 【校注】 丁卷에는 '遷筵'으로 되어 있다.

115 '脫頭'는 빠져 나가다, 도망가다의 의미이다. '頭'는 몸 전체를 가리킨다.

116 '乾'은 甲卷에 '懺'으로 되어 있다. 丁卷에는 이 구절이 거꾸로 '語乾言强'으로 되어 있다. 【校注】 여기서는 토를 달지 않고 억지로 받들어 모신다는 의미이다.

117 '容'은 원록에 '融'으로 되어 있다. 【原校】 '容'은 원래 '融'으로 되어 있는데, 갑권에 의거하여 교정한다. 【校注】 『魏書』 卷三九 「李寶列傳」에 다음과 같은 구절이 있다. "韶在選曹, 不能平心守正, 通容而已, 議者貶之。" 여기서 '通容'은 의미가 같다.

118 【蔣禮鴻】 '惡發'은 화를 낸다는 의미이다. 『漢書』「趙充國傳」 속의 "[辛]湯使酒。" 구절에 달린 「顔注」에 다음 문구가 보인다. "使酒, 因酒以使氣, 若今言惡酒者。" 여기서 '惡酒'는 술을 먹고 화를 낸다는 의미이다. 『續傳燈錄』 二七 「宗杲(밝을 고)禪師」에 다음과 같이 쓰여 있다. "喚爾作菩薩便歡喜, 喚爾作賊便惡發。" '惡發'은 송내 사람들이 사용한 일상어이다. 『老學菴筆記』 卷八里에도 "…… 惡發, 云怒也"라는 구절이 보인다.

把腰卽搊.[119] 雀兒煩惱, 兩眉不皺.[120] 撩檐[121]擒[122]去, 須臾到州.

굴뚝새는 명령이 떨어지자 지체하지 않고 별똥별처럼 내달았다. 어느덧 집 밖에 이르러서는 한참 동안 서서 집 안의 참새들이 말하는 소리를 듣는다. [참새가] 말하길, "[내가] 어젯밤 내내 악몽에서 헤어나지 못하다 오늘 아침 간신히 눈을 떴소. 만약 사사로운 싸움이 발생하지 않는다면, 관청의 노여움을 받을 듯하오. 근래 부역 징발도 잦다는구료. 듣자니 제비가 상소문을 올렸다 하오. 애들 단속을 잘하고 문을 열지 말도록 하시오. 또 나를 찾는 이가 있으면 동쪽 마을에 갔다고 하시오." 말 떨어지

---

119 '搊(탈 추)'는 원록에 扭로 되어 있다. [原校] 丁卷에는 扭가 掃로 되어 있다. 扭로 되어 있는 것은 '扭'로 풀이해야 한다. 掃는 '搊'로 풀이되는데 '搊'로 해석하는 것이 비교적 좋다. [校注] 原卷과 甲卷・乙卷에는 모두 掫로 되어 있다. 丁卷에만 유일하게 掃로 되어 있는데 '搊'의 俗字이다. 『龍龕手鏡』에는 "搊, 掃는 둘 다 속자로 搊와 통하는데 掫가 정확한 글자다. 음은 楚와 尤의 반절 즉 '추'이며 '손으로'의 의미가 담겨 있다. 여기서는 掫를 正字라고 하였는데, 타당하지가 않다. 正字는 '搊'가 맞다. 『集韻』「尤韻」에 "搊는 초와 우의 반절음으로 '추'이며, 『博雅』에 "搊, 拘也"로 되어 있다. 속자는 扭인데 옳지 않다. 項楚는 '搊'는 音이 '丑'인데 정확하지는 않다고 했다. '把腰卽搊' 중의 '把', '搊' 모두 꽉 쥐다는 뜻이다. 또 戊卷은 다음 구 '雀'字부터 시작된다.

120 江藍生과 項楚 모두 '不'字를 의미없는 어조사로 보았는데 정확하지는 않은 듯하다. 다음 구절에 '雀儿打硬' 等의 어구가 있는 것으로 보아 '兩眉不皺'는 참새가 내심 번민하면서도 겉으로는 아무 일도 없는 듯이 꾸미는 것을 말한다. '皺'는 原卷에는 '鄒'로 되어 있고, 甲・乙・丁・戊卷에는 '皺'로 되어 있다. '皺'는 평성으로 읽는데, 앞뒤 '搊'・'州' 等과 押韻된다. 『集韻』에는 "鞨, 皺 .革文築也, 或作皺"로 되어 있다. 음은 '甾'와 '尤'의 반절음 즉 '추'로 읽으며, '鄒'와 압운된다.

121 撩檐은 원록에 '撩瞻'으로 되어 있다. [校注] 原卷에는 '㯧瞻'로 되어 있고, 甲卷에는 '竊言'으로 되어 있으며, 乙卷에는 '撩瞻'으로 丁卷에는 '撩牆'으로 되어 있다. 丁卷에 '撩檐'로 되어 있는데, 이것에 의거하여 교정한다. '撩'는 '掠'의 의미로 작품 앞부분의 구절 "鷹若入來, 把棒撩脚"이 그 사례이다. '撩檐'은 包鳥鷯(굴뚝새 료)가 처마 밑에서 날개짓하여 날아오르는 모양새를 말한다. 원권의 㯧는 '撩'의 잘못된 글자이고, '瞻'은 '檐'의 잘못된 글자이다. 갑권의 '言'은 '檐'의 同音借字이다. 江藍生은 '竊'을 '挈'의 가차자로 보았으나 정확치는 않은 듯하다.

122 [原校] '擒'은 원래 '噤'으로 되어 있는데 갑권에 의거하여 교정한다. [校注] 乙・丁卷에도 '噤'으로 되어 있다. 『龍龕手鏡』에는 "捺, 擒, 二今; 捡(붙잡을 금), 正 : 及林反。一, 捉也, 急持也"로 되어 있고 또 "檎, 巨今反, 林檎也。木禁, 俗, 音同上, 捉也"로 되어 있다. 이로 볼 때 '噤'은 '噙(입에 머금을 금)'이고 '擒'字之에서 옆의 부수를 바꾼 것인 듯하다. 새는 입으로 물건을 물기 때문에 '口'를 부수로 한 것이다.

기가 무섭게 굴뚝새가 문 너머로 부른다. "네 이놈, 숨을 생각일랑 말거라. 방금 네가 한 말 몽땅 들었으니, 어서 나와 시비를 가려보자. 어찌하여 남의 집을 강탈하였으며, 게다가 또 그를 때려 다치게 하였느냐? 봉황께서 나를 보내어 체포해오라 하셨노라. 네 이놈, 스스로 포승줄을 받거라. 구멍 속에 숨어도 도망갈 수 없을 것이니 잘 생각하거라." 참새는 공포에 질려 벌벌 떨었고, 식구들도 모두 놀라 어찌할 바를 몰랐다. 마침내 참새가 문밖으로 나와 무릎을 꿇고 굴뚝새를 "큰 형님, 작은 형님"이라 부르며 말한다. "사신들께서는 멀리서 오시느라 무척 더울 것입니다. 우선 시원한 집 안으로 드시지요. 예로부터 갑작스레 방문하는 손님은 있어도 준비 없는 주인은 없다고 하였지요. 잠시 앉아 계시면 소찬이나마 준비하겠나이다." 굴뚝새가 말했다. "네 이놈, 자신이 뭔 죄를 지었는지 전혀 모르고 참으로 파렴치하구나. 조금이라도 관대하게 해주었다가는 공연히 시간만 허비하겠구나. 식사는 뭔 식사? 난 배고프지 않다. 화급히 떠날 채비나 하거라. 임금께서 더디 옴을 괴이하게 여기실까 두렵구나."참새는 수심에 가득 찬 체 시간을 끌어 볼려고 한다. 이리저리 꾸물대며 곤경에서 벗어날 궁리를 하다 억지소리를 늘어놓으며 손이 발이 되도록 빌며 말한다. "편의를 봐 주시어 내일까지 말미를 주신다면 소소한 예물로나마 보답하겠나이다." 굴뚝새가 버럭 화를 내며 허리를 꽉 붙잡아 결박하니 참새는 괴로워하며 양미간이 찌그러진다. 참새를 체포하여 떠난 지 불과 얼마 되지 않아 도회지에 이르렀다.

【鳳凰遙見, 問是阿誰, 便卽低頭跪拜, 口稱「百姓雀兒」. 「被鷰謗枉[123]奪宅; 昨日】[124]奉土帖追.[125] 匍匐奔走, 不敢來遲.鷰子文牒, 並是

123 '謗'은 원록에 '傍'으로 되어 있는데 '謗'으로 교정한다. '枉'字는 원록에 없다. 【校注】 이 부분은 乙卷에 '被鷰子謗枉'으로 되어 있고('子'자는 옆에 작은 글씨로 덧붙어 있다) 정권에는 '被鷰謗枉'으로 되어 있으므로 이에 근거하여 보완한다. '謗枉'은 誹謗 혹은 원망하다는 뜻이다.

124 【原校】 '鳳凰'부터 '昨日'까지 스물 일곱 글자는 甲·乙 두 권에 의거하여 보완한다.

虛辭. 眯目上下,[126] 請王對推.」[127] 鳳凰云. 「者[128]賊無賴, 眼腦[129]蠹害,[130] 何由可耐![131] 胥是[132]捉我支配.[133] 捋[134]出脊背, 拔却[135]左腿,

또 丁卷에 '傍'은 '謗'으로 되어 있는데 제비에 의하여 무고하게 집을 강탈 당했음을 말한다.

125 '追'는 소환하여 심문하다는 말이다. P.3211王梵志詩에 "有事檢案追, 出貼付里正"라는 구절이 있다. 또 '奉王'은 甲卷에 '鳳王'으로, 丁卷에는 '鳳凰'으로 되어 있다.

126 【江藍生】'眯目'은 눈에 뭐가 들어가 제대로 볼 수 없어 희미하게 만드는 것 즉 속이다는 의미이다. 『朝野僉載』 卷四에 "評事不讀律, 博士不尋章。面糊存撫使, 眯目聖神皇"이란 구절이 있다. '上下'는 존칭이다. '鳳凰'이라고 직접 부르지 않고 '上下'라고 한 것은 높여서 부르는 말이다. 【校注】 盧仝 『月蝕詩』에 "眯目釁(피 바를 흔)成就, 害我光明王"이란 구절이 있는데 여기서 '眯目'은 같은 뜻이다.

127 '對推'는 직접 대면하여 규명하다는 뜻. 『唐律疏議』 「擅興」에 "諸臨軍征討, 而巧詐以避征役, 巧詐百端……"라는 구절이 있고, 「疏」에는 다음과 같이 되어 있다. "注云『巧詐百端』, 或有誣告人罪, 以求推對, 或故犯輕法, 意在留連。"

128 【原校】 갑권에는 '者'가 '這'로 되어 있다.

129 '腦'는 원록에 '惱'로 되어 있다. 【校注】 乙卷에는 '腦'로 되어 있고, 돈황사본에는 두 글자가 나뉘어 있지 않다. 【江藍生】 '眼腦'은 눈을 가리킨다. 【校注】 '眼腦'는 두 글자 중 한 글자의 의미에 치중하여 해석하는 단어로 여기서는 '腦'字에 치중하는 것이 맞다. 따라서 의미는 '마음 속'을 가리킨다.

130 '蠹'은 甲卷에 '姤(만날 구)'로 되어 있는데 '妒'의 속자이다. 【江藍生】 '蠹'는 '妒'의 오자이다. 【校注】 '蠹'와 '妒'는 같다. 唐太宗 『威鳳賦』에 "仰喬枝而見猜, 俯修條而抱蠹"라는 구절이 있는데 동일한 사례이다. '妒害'는 같은 의미의 글자를 연이어 쓴 것으로 질투의 뜻이다. 『后漢書』 「狀皇后紀」에 "陰懷妒害, 苞藏禍心"라는 구절이 있고, 『資治通鑒』 一九一에 인용된 『高祖實錄』에 "元吉見秦王有大功, 每懷妒害"라는 구절이 있으며, 『威鳳賦』에 "慚已陋之至鄙, 害他賢之獨奇"라는 구절이 있는데 모두 같은 사례이다. '害'는 원래 '妎(시새울 해)'로 써야 맞다. 『說文』에는 "妎, 妒也"로 되어 있다. S.6204 『字宝』에는 "妒妒, 妒害"로 되어 있고, P.2717卷에는 "妒妎.丁害反, 下害"로 되어 있다.

131 '耐'는 원록에 '柰'로 되어 있는데 '耐'로 교정한다. 【校注】 乙卷에는 '耐'로 되어 있으므로 이에 근거하여 교정한다.

132 '胥'는 原卷과 丁卷에 모두 '骨'로 되어 있고, 원록에는 '胥'로 되어 있다. 甲・乙卷에는 '骨是' 두 字가 모두 없다. 敦煌 寫本에서는 '胥'가 '肙'로 쓰여 있는 경우가 많다. 따라서 '骨'은 간혹 '胥'의 오자이기도 하다. '胥'는 '須'와 통하는 글자인 듯하다.

133 【蔣禮鴻】 '捉'은 '把'를 말하며 개사이다. '胥是捉我支配'는 나를 지배하다는 의미이다. 【校注】 여기서 '捉'은 '從'의 俗字인 従를 잘못 쓴 듯하다. "胥(須)是從我支配"는 내 지휘를 받아야 한다는 의미이다. 大谷 文書 二五九七号에 "依□□支配, 儀鳳四年諸州庸調及折造雜綵色數等, 處分事條如右"라는 구절이 있는데 '依□□支配'는 누구누구의 지도(지휘)를 따르다는 뜻이다.

134 【江藍生】 '捋出脊背'는 등짝의 근육을 뽑아내다는 의미이다. 【項楚】 참새가 성장하지

揭卻腦[136]蓋.」雀兒被嚇膽[137]碎, 口口惟稱「死罪」. 「請喚[138]鸗子來對.」

봉황이 멀리서 보고 있다가 누구냐고 묻는다. 참새는 고개를 숙이고 무릎 꿇고 절하며 "소인 참새 아뢰옵나이다"라며 입을 놀린다. "제비가 집을 강탈했다고 저에게 죄를 뒤집어 씌웠나이다. 어제 왕의 명령을 받들자마자 지체하지 않고 서둘러 달려왔사옵니다. 제비가 올린 상소문은 모두 거짓말로 폐하의 눈을 어지럽히고 있사오니 바라옵건대 직접 대질하여 심문하시옵소서."봉황이 말했다."이런 무뢰한 놈을 봤나? 네 마음속에 질투가 가득하니 어찌 용서받을 수 있겠느냐? 여봐라, 저 놈 머리를 처들고 등짝의 털을 재끼고 곤장 칠 준비를 하거라." 참새는 이런 소리에 간이 콩알만해져 오로지 "죽을 죄를 졌사옵니다"만 외쳐대며 제비를 불러 대질시켜 줄 것을 청한다.

鸗子忽硉[139]出頭,[140] 曲躬[141]分疏. 「雀兒奪宅, 今見安居. 所[142]被傷

못하도록 등짝의 털을 뽑아버려 온몸이 벌거숭이가 되게 만든다는 의미이다. [校注] '捋'은 말아올리다는 뜻이다. '捋出脊背'는 등짝의 옷을 말아올려 곤장을 치는 것을 말한다. 다음 구절 '但辦脊背祇承'은 옷을 말아올려 곤장 맞을 준비를 한다는 의미이다.

135 [原校] '却'은 원래 '出'로 되어 있는데, 甲・乙・丁 세 권에 의거하여 교정한다. 다음의 '却'字도 원래는 '出'로 되어 있고 丁卷에는 '破'로 되어 있는데 甲・乙卷에 의거하여 교정한다. [校注] P.3552『兒郎偉』에 "喚中夔, 蘭着門。棄(去)頭上, 放气薰。肋析, 抽却筋。拔出舌, 割却唇"이란 구절이 있는데 의미는 이와 유사하다.

136 '腦'는 원록에 '惱'로 되어 있는데 '腦'로 교정한다. [校注] 甲・乙卷에는 모두 '腦'로 되어 있다.

137 '膽'은 사실 원권에 '擔(멜 담)'으로 되어 있고, 갑・을・정권에는 '膽'으로 되어 있다.

138 [原校] 甲・丁 두 卷에 '請喚'은 '喚取'로 되어 있다.

139 [蔣禮鴻] 白居易「東南行一百韻」에 "論笑杓胡硉(돌 위태한 모양 률), 談憐鞏囁嚅"라는 구절이 있는데, 여기서 杓는 李建이고 그의 字는 杓直이다. 鞏은 竇(구멍 두)鞏을 말한다. '胡硉'은 '忽硉'이다. [江藍生] '忽硉'은 擬聲語이다. 대체로 어떤 물건에서 나는 빠른 소리를 '忽律'이라 하는데, '忽剌', '或六'이라고도 쓴다. 明顧起元의『客座贅(혹 췌)語』卷一에 보인다. [項楚] '忽硉'(音은 '路')은 과감하여 두려워하지 않는 모양을 말한다. [校注] '杓胡硉'은 杓柄曲을 말하는데 사람 이름으로 雙關語. 唐 李涉『却歸巴陵途中走筆寄唐知言』에 "巧綴五言才刮骨, 却怕柱天身, 後輩無勞續出頭, 坳塘不合窺溟渤"이라는 구절이 있는데, '硉矹'은 굽은 모양을 나타내고, 出頭는 출신,

損, 亦不加諸.[143] 目驗取實, 【何得稱】[144]虛?」雀兒自隱[145]欺負, 面孔終是攢沅.[146] 請乞設誓, 口舌[147]多端. 「若實奪鷰子宅舍,[148] 卽願一代[149]貧寒.[150] 朝逢鷹奪, 暮逢鷂算.[151] 行卽着網, 坐卽被彈. 經營[152]

신분을 말한다. 따라서 '忽硉'은 '硉矹(돌비알 올)'을 거꾸로 쓴 것으로 보아야 한다.

140 '出頭'는 일어서는 것을 말한다.『三國志 · 魏書』「呂布傳」에 "布雖無勇, 虎步淮南。一時之間, 足下鼠竄(숨을 찬)壽春, 無出頭者"라는 구절이 있다.

141 【原校】'曲躬'은 原卷에 '躬曲'로 되어 있다. 甲 · 乙 두 卷에 의거하여 보완한다.

142 '所'는 을권과 무권에 '仁'으로 되어 있다.

143 【原校】'亦不加諸'은 甲卷에 '諸'가 '知'로 되어 있고, 戊卷에는 '亦不'이 '不敢'으로 되어 있다. 【校注】乙卷에 '亦不'은 '不敢'으로 되어 있다. 【蔣禮鴻】'加諸'는 어지럽게 말하다, 함부로 남을 무고하는 말을 하다는 의미이다. 이 말은『論語 · 子貢』에 나오는 "我不欲人之加諸我也, 吾亦欲無加諸人"에서 취한 것으로 당시 민간 상용어였다. 자세한 것은『通釋』참고.

144 【原校】'何得称' 세 자는 甲 · 乙 · 丁 세 권에 의거하여 보완한다.

145 '隱'은 丁卷에 '穩(평온할 온)'으로 되어 있다. 【蔣禮鴻】여기서 '自隱'의 의미는『捉季布傳文』의 "自隱罪濃憂鼎鑊(가마 확)"에도 똑같이 사용되었다. 참새가 제비를 확실히 속였다고 생각하고 있음을 말하는 것으로 자신의 죄를 전혀 인정하지 않는 대단히 교활한 어투이다. 【校注】"自隱"은 "스스로 알다(自知)"는 의미이다.『捉季布傳文』의 "自隱罪濃憂鼎鑊"에서 "自隱"은 丁 · 庚 두 卷에 "自知"로 되어 있다. "欺負"는 사기치다는 말이다.

146 【原校】"終是攢沅" 구절 속의 '終'字는 원래 '縫'로 되어 있는데 甲卷에 의거하여 교정한다. 또 甲卷에는 '沅'이 '阮'으로, 乙 · 戊 두 권에는 '元(원)'으로 되어 있다. 【校注】"終" 字는 각 卷 모두 동일하다. 原卷에는 '縫'字에 덧칠하여 교정하였는데 아마도 '縫'으로 잘못 썼다가 '終'으로 교정한 듯하다. 【蔣禮鴻】또 다른 작품에는 "雀儿實嚽(기릴 찬)唸(신음할 점), 變弄別浮沉"라는 구절이 있는데, '攢沅'과 '嚽唸'은 확실히 동일한 말로 의모쌍성어에 속한다. 앞 작품에서 참새가 제비를 확실히 속였음을 스스로 알지만 말투는 대단히 교활함을 말하는 것이다. 【校注】'攢沅', '攢阮', '嚽唸'과 '攢蚖(영원 원)', '巑(높이 솟을 찬)岏(가파를 완)' 등 동일한 의미의 단어를 다르게 쓴 것으로 위축되어 있고 자유롭지 않음을 의미한다. 江淹『横吹賦』에 "木斂柯而攢抏(꺾을 완), 草騫葉而蕭瑟"라는 구절이 있는데, 여기서 보이는 것은 비교적 이른 사례에 해당한다. "面孔終是攢沅"은 참새가 자신이 한 말이 거짓말임을 스스로 알고 계면쩍은 얼굴을 하는 모습을 말한다.

147 口舌은 乙卷에 "喉舌"로 되어 있다. 【校注】"口舌"은 '말'의 의미이다.『史記 · 蘇秦傳』에 "今子釋而事口舌, 困, 不亦宜乎!"라는 구절이 보인다.

148 이 구절은 乙卷에 "若實奪他鷰舍"로 되어 있는데 문구 형식이 다음 구와 같다.

149 代는 甲卷에 먼저 "大"로 섰다가 "卜"를 추가한 다음 "代"로 수정하였다. 唐 나라 때에는 太宗의 이름인 '世'자를 쓰는 것을 기피하여 다른 글자로 고쳐 사용하였다. 따라서 '一代'는 '一世'를 말한다.

不進, 居處不安. 日埋一口, 渾家不殘.」[153] 呪雖[154]百種作了, 鳳凰要自難謾.[155] 鷰子曰. 「人急燒香, 狗急驀牆,[156] 只如【你】[157]釘瘡病癩,[158]

---

150 '貧寒'은 丁卷에 '窮寒'으로 되어 있다.

151 [原校] '奪'은 원래 '集'으로 되어 있고, 乙卷에는 '準'으로 되어 있는데 甲卷에 의거하여 교정한다. 丁卷에도 '集'으로 되어 있다. [潘校] '集', '準'은 모두 '隼(새매 준)'의 오자인 듯하다. [校注] '奪'의 原形은 俗字 㝵인데, '集', '準'은 모두 잘못 쓴 글자이다. 北京國書館에 소장된 사권 新一四九○ 『捨身飼虎變文』(사실은 『金光明最勝王經舍身品經文』)에 다음과 같은 구절이 있다. "時二王子悲泣懊惱, 漸捨而去 …… 得二鴿鶵(원추 추), 一爲鷹集, 二被驚怖, 地動之時, 夫人遂覺…又夢二鴿鶵, 一被鷹擒去" 또 『龍龕手鏡』에 "奪, 㝵, 二俗, 徒活反"라는 구절이 있다. 따라서 '集'은 '奪'의 속자이고, '應奪'은 '鷹擒去'이다. 또 韋應物의 시 『鳶奪巢』에 "野鵲野鵲巢林梢, 鴟(솔개 치)鳶(솔개 연)恃力奪鵲巢。吞鵲之肝啄鵲腦, 竊食偸居還自保。鳳凰五色百鳥尊, 知鳶爲害何不言"이란 구절이 있는데, 바로 이 작품의 이야기를 하고 있으며 '奪'字를 사용하고 있다.

152 鳾算은 원록에는 '癡(어리석을 치)筭(산)으로 되어 있는데 '癡'를 '鳾(새매 시)'로 교정한다. [原校] 甲卷에는 '癡'가 '鶁(새 이름 경)'으로 되어 있다. 向 선생은 '癡'를 '鳾'로 봐야 한다고 했는데 날이 저물면 새매가 깃드는 것을 말한다. [校注] 사실 甲卷에는 '鴟(솔개 치)'로 되어 있다. [潘重規] 『龍龕手鑒』에서는 '鴟'와 '鳾'가 통한다. 『龍龕手鏡』에 따라 '鴟(솔개 치)' 다음에 '通'字를 집어넣었는데, 이는 '鴟'와 "鳾"가 오랫동안 통용되어 온 속자로 서로 통하지는 않으면서 빌어쓰는 글자임을 말해준다. 또 '筭'은 甲卷에 모두 '筭(산가지 산)'으로 되어 있는데, "算" 字를 말한다. 乙卷에는 "筭"으로 되어 있는데 잘못 쓴 모양의 글자이다. 『玉篇』에 '筭'은 '筭'이다"라고 했고, 『說文』에서는 "算, 數也。從竹, 從具, 讓若筭"이라고 했다. '筭'은 본래 명사이고, "算"은 동사인데 經典 속에서 두 글자는 通用된다. 『地獄變文』에 "日夜只是算人"이란 구절이 있는데, 남을 몰래 모해하다라는 말이다. 또 "算"은 다음에 연결되어 있는 "彈"과는 압운되는 글자이고 평성으로 읽어야 한다.

152 '營'은 甲·戊卷에 "榮"으로 되어 있는데 음을 빌어 쓴 글자이다. "經營"은 영리를 취하다는 뜻이다. 江藍生은 "經營不進"의 "進"은 본래 "賣"로 써야 맞다고 했는데 정확하지는 않은 듯하다.

153 [蔣禮鴻] 殘은 留(남겨 두다)·餘(여유)의 뜻이다. "不殘"은 不留(남겨 두지 않다), 不餘(여유가 없다)의 의미이다.

154 '雖'는 을권과 무권에 '絶'로 되어 있다.

155 '謾'은 원록에 "漫"으로 되어 있는데 "謾"으로 교정한다. [原校] 甲卷에 '漫'은 '謾'으로 되어 있어 지금 즉각 교정한다. 『廣韻』에는 "毋官切, 欺也, 慢也"로 되어 있다. "要自"의 뜻은 응당, 반드시의 의미이다. 杜甫 『暮秋枉道裴道州手札』에 "道州手札過復至, 紙長要自三過讀"라는 구절이 있다.

156 暮墻은 담을 넘는다는 의미이다.

157 [原校] '你'字는 갑권과 무권 두 권에 의거하여 보충한다. [校注] 을권에도 있다.

158 '癩'은 甲·乙卷에 "賴"로 되어 있다. [江藍生] '釘'은 '疔'의 오자이고, '賴'는 '癩'의 오

埋卻【你】[159]屍腔.[160] 總是轉關[161]作呪, 徒(圖)[162]擬誑惑[163]大王.」 鳳凰大嗔, 狀[164]後即判. 「雀兒之罪, 不得[165]稱算. 推問根由, 仍生拒捍.[166] 責情[167]且決五下,[168] 枷項禁身推斷.」

자이다. 【校注】 '疔瘡'은 '丁瘡' 후에 생긴 글자다. 『諸病湖候論』 卷三一 「丁瘡候」에 다음과 같은 구절이 있다. "丁瘡者, 風邪毒氣於肌肉所生也, 凡有十种。…… 初作時突起如丁蓋, 故謂之丁瘡." 여기서 "丁蓋"는 "釘蓋"이다. 따라서 "釘瘡"은 잘못된 字가 아니다. 또 "癩" 字는 본래 "癘(창질 려)"로 되어 있는데 經籍에는 "賴" 자를 빌어쓴 경우가 많다. 예컨대, 『史記』 「刺客傳」에 "漆身爲厲"라는 구절이 있고, 『索隱』에는 "厲音賴, 惡瘡也。…… 古多假厲爲賴"라고 되어 있다. 『諸病源候論』 卷二에 「諸癩候」가 있다.

159 【原校】 '你'字는 戊卷에 의거하여 보충한다. 【校注】 乙卷에도 있는데 덧칠하여 고쳐 놓았다.

160 【原校】 甲・丁・戊 三卷에는 '腔'이 '喪'으로 되어 있다. 【校注】 乙卷에도 "喪"으로 되어 있다. '屍腔'은 다른 사례가 보이지 않는다. 『集韻』에 "腔, 骨體曰腔"이라고 했다. 따라서 "屍腔"은 시체를 가리킨다. "屍喪"은 시체를 가리키는데 魏晋六朝 때 일상적으로 사용되었음을 알 수 있다. 『三國志.魏書.鄧艾傳』에 다음과 같은 구절이 있다. "臣以爲艾身首分離, 損棄草上, 宜收屍喪, 還其田宅。"

161 【蔣禮鴻】 '轉關'은 속인다는 의미이다. 여기서는 참새가 주술로 수단을 부려 봉황을 속이려 함을 말한다. 【校注】 S.610 『啓顔錄』에 다음과 같은 구절이 있다. "法師即去扇, 以如意指麾, 別送關, 幷語未得盡, 如意遂擺落。" "別送關"은 달리 요령을 부리다는 말로 "轉關"의 의미와 가깝다.

162 原卷에는 "徒擬" 위에 "雀儿" 두 字가 있다. 다른 사권에는 모두 없다. "徒"는 "圖"와 통하며 『魏書』 卷七 『九鹿悆列傳』에 다음과 같은 구절이 보인다. "何此城之固, 良非彼軍士所能圖擬。"

163 誑惑은 甲卷에 "誑或"으로 되어 있고, 乙卷에는 "狂惑"으로, 戊卷에는 "枉惑"으로 되어 있다. 誑惑은 속여 현혹시키다는 의미이다. "或"은 "惑"의 古字이다.

164 狀은 을권과 무권에 '然'으로 되어 있다.

165 【原校】 戊卷에는 '不得'이 '不可'로 되어 있다. 【校注】 甲卷에도 "不可"로 되어 있다. "不得"의 뜻은 "可不"의 의미와 같다. "不可稱算"은 말로 표현하거나 계산할 수가 없다는 말로 수가 엄청 많음을 나타내는 것이다.

166 拒捍은 항거하다는 말이다. 『唐律疏議鬪訟』에 "謂有所徵攝, 權時拒捍不從者"라는 구절이 보인다.

167 責情은 제멋대로 한다는 말로 심함을 가리킨다. 『鷰子賦』(二)에 "忽然責情打, 幾許愧金身"라는 구절이 있고, 唐憲宗 『南郊赦文』에 "天下官吏, 應行鞭捶, 責情致死, 切令察訪"이라는 구절이 있다.

168 五下는 원록에 "五百"으로 되어 있다. 【原校】 甲卷에는 '五百'이 '五下'로 되어 있고, 다음에 '次第王下'라는 말이 보이는 것으로 보아 '五下'가 맞는 듯하다. 【校注】 乙・戊卷에는 "五" 다음에 한 글자가 빠져 있다. 『唐律疏議』 「名例」에 "杖刑五 …… 杖一百

제비가 당당히 출두하여 넙죽 절을 하며 상소문을 올린다. "참새가 저의 집을 빼앗아 지금 편안히 지내고 있습니다. 제가 상처를 입고 손해를 본 것에 대해서는 조금도 보탬이 없으며 눈으로 본 사실 그대로입니다. 어찌 헛된 거짓말을 하겠나이까?" 참새는 자신이 거짓말한 것을 숨기며, 험상궂은 얼굴로 구구절절 변명하면서 하늘에 맹세한다. "만약 정말로 제비의 집을 빼앗았다면, 한 평생 가난하고 곤궁하게 살아갈 것이옵니다. 아침에는 매에게 포획되고 저녁에는 올빼미에게 당하며, 걸어가다가그물에 사로잡히고 앉아 있으면 총탄에 맞고 말 것입니다. 일을 도모하더라도 진척이 없을 것이요, 거처함에 있어서도 편안하지 아니할 것입니다. 또 하루에 식구 하나씩을 잃어 온 가족이 남아나지 않을 것입니다."참새는 온갖 변명을 늘어놓았으나 봉황을 속이기는 어려웠다. 제비가 말했다. "사람은 다급해지면 향을 피워 기도하며 빌고, 개는 다급해지면 담장을 뛰어넘는다 했지요. 참새같이 썩어 문드러진 사기꾼은 죽여서 시체로 매장해야 마땅할 것이오. 사실과 어긋난 엉뚱한 비방으로 대왕을 현혹시켜 속이고 있습니다." 봉황은 크게 진노하여, 제비가 고소하자 즉시 판결을 내렸다."참새의 죄는 변명의 여지가 없다. 이유를 묻고 있거늘 시종 변명만 하는구나. 저놈에게 곤장 오백대를 친 후 목에 형틀을 씌워 감옥에 가두거라."

鷰了唱快,[169] 喜慰不已.[170] 「奪我宅舍, 捉我巴毀,[171] 將作[172]你吉達

。贖銅十斤"이라는 구절이 있는데 「疏」에 다음과 같이 풀이되어 있다. "今律云『累決笞、杖者, 不得過二百』, 蓋循漢制也。" 이에 근거하면 '五百'은 오류로 보아야 타당하므로 갑권에 의거하여 교정한다. 『漢將王陵變』에 "各決杖伍下, 乂與三軍將上縫補衣裳"이란 구절이 있고, 『李陵變文』에 "語由(猶)未訖, 陵下有一決果管敢, 校尉緣檢校疏唯(遺), 李陵嗔打五下"라는 구절이 있는데 모두 "五下"라는 말을 사용하고 있다.

169 [江藍生] '唱'은 '暢'字를 빌어다 쓴 것이다. [校注] "唱快"는 잘못 쓴 것이 아니며 잘 부른다는 뜻이다. 『降魔變文』에 "百僚齊嘆希奇, 四衆一時唱快"라는 구절이 있고, P.4011 『儿郎傳』에는 "萬姓皆唱快活, 家家富樂安眠"라는 구절이, P.3270 『儿郎傳』에는 "齊聲皆唱快活, 万姓謠(徭)役不扁(偏)"라는 구절이 있다. 여기서 "唱快"은 쾌활하

到頭, 何期天還報你.[173] 如今及阿莾次第,[174] 五下乃是調子!」[175]

제비는 기뻐 노래를 불렀으며, 통쾌하기 그지 없었다. "내 집을 강탈하고 나를 두들겨 패고서는 행운이 따르리라고 여겼겠지만, 하늘이 네게 보복할 줄을 어찌 생각이나 했으랴? 어쩌다 이런 상황이 되었을꼬? 네 놈은 곤장을 맞아야 싸다."

【于時】[176]鶺鴒[177]在傍, 乃是雀兒昆季.[178] 頗有急難之情, 不離左右

게 노래 부른다는 말이다.

170 [原校] '不已'는 원래 '不以'로 되어 있는데 乙卷에 의거하여 교정한다. [校注] 戊卷에도 '不已'로 되어 있다.

171 [原校] '巴毁' 두 글자는 풀이할 수 없다. 갑권에 '巴'는 '粈'로 되어 있고, 을권과 무권 두 권에는 '把'로 되어 있다. [校注] 갑권에는 사실 柸로 되어 있는데 衼자를 잘못 쓴 것으로 '衼'字로 보아야 타당하다. [徐復] '巴毁'는 손으로 가격하여 상처를 입히다는 말이다. 『說文』에 "擎, 傷擊也聲"로 되어 있고, 『廣韻』에는 "擎, 手擊傷也。許委切"로 되어 있는데, '毁'와 음이 같다. 胡文英 『吳下方言考』에 "吳中舒掌擊人咀曰祀掌"라고 했다. 여기서 '捉我巴毁' 중의 '捉'는 '把'를 가리키며 나를 때려 상처를 입혔다는 의미이다.

172 [蔣禮鴻] 『敦煌曲子詞集水調詞』에 "爲言無谷還逢谷, 將作無山更有山"라는 구절이 있다. '將作'은 '將爲'를 말한다. [校注] 『大目乾連冥問救母變文』에도 "作是香飯美飲食, 飯未入口便成火"라는 구절이 있는데 같은 사례이다.

173 '天還報你'는 속담으로 악행을 행하면 악행에 대한 보복이 있기 마련이라는 말이다.

174 莾은 甲卷에 '奔'로 되어 있는데 俗字인 '莾'의 줄임자이다. [蔣禮鴻] '如今及阿莾次第'는 제비가 상쾌해한다는 말이다. 참새가 이전에 제멋대로 집을 강탈했었으나 이제는 곤장을 맞으니 어찌된 상황인가?('次第'는 장면, 상황을 말하며 『詩詞曲語詞匯釋』에 보인다) [校注] '阿莾'은 여기서는 '이렇게', '이와 같이'로 풀이해야 한다. '及阿莾次第'는 이와 같은 상황에 이르렀구나의 의미로 의문구가 아니다.

175 [江藍生] '調'는 모든 악을 극복 제압하다는 뜻. [項楚] '調'(音은 '조')는 농담. 이 구절은 등짝에 곤장을 맞아 잘 되었다는 의미로 비꼬는 말이다. [校注] '調子'는 단어다. 따라서 두 사람의 해설은 정확하지는 않은 듯하다. '調子'는 본래 악곡이나 악조를 가리키는데, 『太平廣記』 204 「懿宗」 條에 다음과 같은 구절이 있다. "故樂工依其節, 奏曲子, 名道調子。" 또 음악은 平・淸・瑟・楚・側 다섯 개의 악조가 있다. 『魏書. 音樂』에 "若善琴術, 則知五調調音之調"라는 구절이 있다. 또 易擊辭의 "天數五, 地數五"라는 구절로 보면, '五'는 基數이다. 따라서 '五下乃是調子'는 음악 비유한 것으로 봐야 타당하며, '杖打五下'는 곤장의 댓수가 분명히 적지 않았음을 말한다.

176 [原校] '于時' 두 글자는 갑, 을, 무 세 권에 의거하여 보완한다.

177 '鶺鴒(할미새 척, 척령)'은 원록에 '䳶(때까치 격)鴿(집비둘기 합)'으로 되어 있다. [原

看侍.[179] 旣見鸗子唱快, 便卽向前塡置.[180] 「家兄觸悞(忤)明公, 下走實增厚愧,[181] 切(竊)[182]聞狐死兔悲, 惡[183]傷其類. 四海盡爲兄弟, 何況[184]更同臭[185]味. 今日自能論競,[186] 任他官府處理.[187] 死雀不就上彈,[188]

校] 갑권에는 '鵙鴒'가 '鵤鷯'로 되어 있다. 을권과 무권 두 권에는 '鶺鴒'으로 되어 있고, 정권에는 '鶺鴒'으로 되어 있다. '鶺鴒(할미새 척, 척령)'은 참새와 비슷하며 '鶺鴒'으로 쓰는 것이 옳은 듯하다. [校注] 原卷에는 '鴠(산박쥐 단)鴒'으로 되어 있고, 乙卷에는 '鶺鴒'으로 되어 있는데 '鴒'은 '鴒'을 잘못 쓴 글자이다. [江藍生] 『詩經·小雅·常棣』에 "脊令在原, 兄弟急難"이란 구절이 보인다. '于時' 네 구절은 바로 여기에 뿌리를 둔다.

178 '昆季'는 兄弟다. 할미새와 참새는 모습이 비슷하므로 형제라 칭한 것이다.

179 [蔣禮鴻] '看', '看侍'는 보살피다는 의미로 해석된다. 『根本說一切有部毗奈耶雜事』 卷十六에 師於異時, 忽染時患, 諸習讀人, 曾不看侍"라는 구절이 보인다.

180 '塡置'는 戊卷에 '塡致'로 되어 있다. [蔣禮鴻] 塡置·置言은 문책하다·원망하다의 의미이다. 할미새가 한 마지막 네 마디는 순전히 원망하는 말투이다. 『不知名變文』에 다음과 같은 구절이 있다. "娘子今日何置言? 貧富多生惡業牽." 이 변문은 아내가 남편이 가난하여 자신을 고생시키는 것을 원망하는 이야기로 남편이 아내에게 답하는 말이다. 가난은 본시 전생 악업의 업보인 것을 그대가 어찌 원망하느냐는 의미로 한 말이다. [校注] '塡置', '塡致'는 모두 같은 의미의 글자를 연이어 쓴 것이다. 『史記 絳候周勃世家』에 "逮捕勃治之勃恐, 不知置辭"라는 구절이 있다. '置辭'는 단어를 문맥에 맞게 골라 쓰는 것을 말한다. '置言'도 이러한 의미이다.

181 [原校] 甲·乙·丁·戊 네 卷에는 '家兄'부터 '厚愧'까지의 열두 글자가 없다. [校注] 原卷에는 '愧'가 '鬼'로 되어 있다.

182 切은 원록에 '㓞'로 되어 있는데, '叨'로 교정한다. [校注] 原卷에는 㓞로 되어 있고, 나머지 세 권에는 모두 '㓞'로 되어 있는데 모두 '切'의 常用俗字이다.(『干祿字書』에는 "㓞切, 上通下正"이라고 되어 있다) 따라서 '㓞'라고 쓰지 않았다. '切'은 '竊(절)'로 읽는다.

183 惡은 원록에 '物'로 교정되어 있다. [校注] '惡傷其類'는 속어로 후에 '物傷其煩'로 변하였다. 太平廣記 四三四 甯茵條에 다음 구절이 보인다. "寅怒, 拂衣而起曰: '…… 但未能共語者, 惡傷其煩耳!"(唐代 裴鉶의 『傳奇』에 보인다.) '惡'은 싫어한다는 뜻이다.

184 '況'은 갑권과 정권에 '向'으로 되어 있다. 음이 같아 빌어 쓴 것이다.

185 '臭'는 원록에 臰로 되어 있는데 '臭'로 교정한다. [校注] 여기서는 '臭'의 속자이다. '臭味'는 성향, 기질을 의미하며, 같은 종류를 비유한다.

186 '論競'은 논쟁하며 다투는 것을 말한다. 『唐律疏議』「鬥訟」疏에 "後周爲鬪爭律"이란 구절이 있다.

187 '處理'는 甲卷에 '療治'로 되어 있다. [校注] 處理·療治는 모두 징계 처분의 의미이다. 『漢將王陵變』에 "苦楚蒸煮療治"라는 구절이 보인다 여기서 '治'는 원래 '理'로 썼다가 옆에 '治'로 고쳐 놓았는데, '療理'는 '料理'와 같고 '처리하다'는 뜻에 해당한다.

188 이 구절은 원록에 '死雀就上更彈'으로 되어 있다. [原校] 구절 가운데 '雀'字는 원래

何須逐後罵詈!」

[이때] 참새와 형제 사이인 때까치와 비둘기가 곁에 있다가 참새의 다급한 상황을 보고는 곁을 떠나지 못하고 지켜보고 있었다. 그들은 제비가 쾌재를 부르는 것을 보고 즉시 앞으로 가서 한 마디 했다. "저희 집안 형님이 선생을 노하게 하여 죄송하기 그지없습니다. 외람되지만 한 말씀 드리지요. 여우가 죽으면 토끼도 슬퍼한다 했는데, 이는 같은 동물이기에 애달파하는 것이지요. 사해가 모두 형제이니, 하물며 같은 동물들끼리야 더할 나위가 있겠는지요? 이제 실컷 싸웠으니 관청의 처분을 따르기로 하지요. 죽은 참새에게 총 쏘는 격으로 또다시 욕할 필요가 있겠는지요?"

婦聞雀兒被杖, 不覺精神咀(沮)喪. 但知搥胸拍臆, 發頭[189]憶想. 阿莽[190]兩步併[191]作一步, 走向獄中看去. 正見雀兒臥地,[192] 面色恰似

'鳥'로 되어 있는데, 甲・乙 두 권에 의거하여 교정한다. 이 구절은 갑, 을 두 권에는 '死雀不就上更彈'으로 되어 있고, 戊卷에는 '死雀不就上彈'으로 되어 있다. 【校注】 甲・乙 두 卷에도 '死雀不就上彈'으로 되어 있다. '死鳥就上更彈', '死雀不就上彈'은 같은 의미의 속담으로 긍정구를 부정구로 변환시킨 것이다. 따라서 이에 근거하여 교정하였다. 【蔣禮鴻】 '就上'은 아마도 '就地'로 써야 할 듯 싶다. 이것은 당시 속어로 참새가 이미 땅 위에서 죽어 자빠져 있는데 또다시 그 위에 가격하는 것은 의미없고 지나친 것임을 말한다. 여기서는 매를 맞은 참새에게 제비가 추가로 욕을 하는 것은 부질없는 짓임을 말한다. 日本『諸錄俗語解』「正宗贊」 卷一에 "將死雀就地彈" 이란 조목이 있는데....이를 가지고 증명할 수 있다."고 했다. 【袁賓】 '就地'로 고칠 필요가 없다. '就上'은 唐宋 시대의 구어로 '그 위에, 땅에'의 의미이다. '就上'은 '위에(於上)'을 말하는 것으로 죽은 '참새 몸 위에 대고'를 가리킨다.

189 【江藍生】 蔣 선생은 『釋容體』에서 다음과 같이 말했다. "'拔頭'는 '撥頭', '鉢頭'로도 쓰는데, 머리를 풀어 헤친다는 의미로 쓰였음을 증명할 수 있다. '發頭'는 '拔頭', '撥頭'인 듯하다." 項楚는 '撥頭'로 교정하였다. 【校注】 인용한 蔣 선생의 주장은 『敦煌變文字義通釋』 第一次 교정본에 보이며 第二次 교정본에는 빠져 있다. '發頭'는 각 사권 모두 동일하므로 번거롭게 교정하지 않았다. '頭'는 두발을 지칭하고, '發'은 풀어 헤친다는 말이다. 『廣雅』「釋詁」 三에는 "發은 열다(開)의 뜻이다"라고 했다.

190 '阿莽' 두 字는 蔣禮鴻・江藍生・項楚 모두 위 구에 집어넣었다. 蔣 선생은 '發頭憶想阿莽'이 참새의 아내가 예전 집을 강탈했을 때가 어떠했는지를 회상하는 것으로 보았다. 【江藍生】 '但知' 두 구는 참새 아내가 머리 속에서 이것저것 뭔가를 생각하

坌[193]土, 脊上縫[194]個服子,[195] 髣髴[196]亦(欲)[197]高尺五. 既見雀兒困頓,

고 있음을 말한다. [項楚] '阿莽'은 '여차여차'의 의미로 과거의 여러 가지 정황을 가리킨다. [校注] '阿莽', '阿沒'에서 '阿'는 특별한 의미없이 덧붙인 글자다. '沒 혹은 '么'는 '무엇(什么)', '어떤(怎么)'의 의미로 쓰일 수 있고, '이런(這么)'의 뜻으로도 쓰일 수 있다. 『大目乾連冥問救母變文』에 "慈親到沒艱辛地, 魂魄於時早已消"라는 구절이 있는데, '沒'은 '이런'의 뜻으로 풀이된다. 다음 구절 "如今會遭他夜莽赤(敕)推"에서 '夜莽'은 '阿莽'과 같다. 갑권에는 '者奔(莽)'으로 되어 있는데, '이런'의 뜻과 같다. 따라서 "阿莽兩步併作一步"는 "這么兩步併作一步"이다.

191 '併'은 원록에 '並'으로 되어 있다. [校注] 갑권에는 '併'으로 되어 있는데 이에 의거하여 교정한다.

192 臥地는 누워 있다는 의미이다. [蔣禮鴻] '地'는 어조사로 '立', '坐', '臥' 等 자동사 뒤에 붙는다. 최근 어떤 학자들은 '地'를 현재 시태조동사인 '着'과 동일한 것으로 보았는데, 완전히 통하는 글자는 아니다. [校注] 語助詞 '地'는 天地의 '地'에서 전이된 것으로 '立', '坐', '臥' 等 몇 가지 動詞 뒤에만 쓰인다.

193 [原校] '坌'은 원래 '勃'로 되어 있다. 갑권에 의거하여 교정한다. [校注] '坌'은 '塵'을 말한다. 唐 나라 사람들은 간혹 '尘', '坣' 等으로 썼는데 會義字에 해당한다. [校注] 原卷과 乙·丁·戊卷에는 '勃'로 되어 있는데 오류가 아니다. '坌' 역시 '塵'의 俗字가 아니다. [江藍生] '勃'은 埻의 音을 빌린 것으로 봐야 옳다. 『廣韻』에는 "坌, 塵也, 亦作坋. 蒲悶切。" 그리고 "埻, 蒲沒切, 塵起"로 되어 있는데 '坌', '埻'는 모두 통용되는 글자다. '面色恰似坌土'는 오늘날 '얼굴빛이 흙빛 같다(面如土色)'라는 말과 통한다. [校注] 『說文』에는 "土分, 塵也"로 되어 있고, 『集韻』에는 "埻, 『博雅』, 塵也"로 되어 있으며, 貫休 『野田黃雀行』에 "深花中睡, 埻土裏浴"이라는 문구가 보이는데 이를 통해 증명할 수 있다. 또 구절 가운데 '面色'은 乙卷에 '面孔'으로 되어 있다.

194 [原校] 甲·乙 두 卷에 '縫'은 '躭'으로 되어 있고, 戊卷에는 '擔'으로 되어 있다. [校注] 사실 乙卷에는 '擔'으로 되어 있다. 躭과 '擔'은 모두 짊어진다는 뜻으로 『說文』에는 '儋(멜 담)'으로 되어 있으며 "儋, 何也"라고 풀이되어 있다. 단옥재 주에는 "儋은 세속에서 擔으로 쓴다"라고 했다. 또 '何' 밑에 주를 달아 "何는 세속에서 荷로 쓴다"고 풀이되어 있다. '耽(처질 탐)', '儋'의 좌변 부수는 몸으로 짊어진다는 의미이며, '擔'의 좌변 부수는 동작을 표시한다. '縫(꿰멜 봉)'은 꿰메다, 봉합하다의 의미이다. 참새가 짊어진 물건이 몸 뒤에 봉합되어 있음을 말한다. 蔣禮鴻은 '縫'을 '膖'으로 교정했고, 陳治文는 罣로 교정했는데 모두 정확하지 않다. 또 任半塘은 '耽(처질 탐)'을 '躬(몸소 궁)'으로 교정하여 몸을 활처럼 구부렸다 일으키는 것으로 보았는데 이 역시 오류이다.

195 '服子'는 乙·丁·戊卷 모두 동일하며, 甲卷에는 '襆子'로 되어 있다. [蔣禮鴻] '服子'는 의미없는 단어로 형태가 '腿'字와 비슷하여 잘못 쓴 글자로 보아야 한다. 여기서는 등짝이 부풀어 오른 모양이 마치 등짝에 물건을 짊어진 것과 비슷함을 말한다. [校注] '服子'는 '누선(襆子)'이다. '襆'은 '襆'의 俗字 襆과 비슷하여 고쳐 쓴 것이다. S.778 王梵志詩에 "永離臺上鏡, 無心開衣服"이라는 구절이 있는데 여기서 '衣服'은 '衣襆'을 말하며, '服子'와 '襆子'는 모두 무거운 짐을 말한다. 陳治文은 『樂府詩集』 중

眼中淚下如雨. 口裏便灌小便,[198] 瘡上還貼[199]故紙.[200] 「當時骨彥骨彥[201]勸諫, 拗捩[202]不相用[203]語. 無事破囉(羅)[204]啾唧,[205] 果見[206]論官

의 梁簡文帝 「淫豫歌」의 구절 "淫豫大如服, 瞿塘不可触"을 인용하였다. '服'字는 古樂府에 본래 '樸'으로 되어 있으며, 『唐國史補』 下에 인용된 것 역시 '樸'이다. 여기서 '服子'는 각 학자들이 주장하는 것처럼 참새 등짝이 부어오른 것을 말하는 것이 아니라 참새가 짊어진 무거운 짐을 가리킴이 확실하다. P.2870 『十王經』 「彩繪圖文」 第十四片 「平正王」에 "第八七日日(過)平正王, 贊曰：百日亡人更恓(애쓸 서)惶, 身遭枷(도리깨 가)杻(감탕나무 유)被鞭傷。男女努力修功德, 免落地獄苦處長"이라고 적혀 있는데, 오른쪽 그림에 원형 도리깨(형틀)를 목에 건 죄인이 등 뒤에 무거운 짐을 짊어지고 있고 무거운 짐과 원형 도리깨 사이를 둥근 고리로 연결시켜 놓았다.(원형 고리는 쇠사슬 눈에 걸려 있고, 무거운 짐은 원형 고리에 꿰매어져 있다. 여기서 무거운 짐이 바로 '服子' 혹은 '樸子'이다. 전체 그림 내용과 『鷰子賦』의 묘사가 완전히 일치한다. 따라서 '脊上縫个服子'는 등짝 뒤에 무거운 짐 하나를 짊어진 것을 말한다. '擔个服子'는 무거운 짐 하나를 등에 진 것을 말하는데 다른 문장과 모순되지 않는다. '服子'는 무거운 형틀을 더 짊어진 것을 말한다.

196 '髣髴'은 戊卷에 '放匪'로 되어 있다.

197 [江藍生] '亦'은 '欲'의 음을 빌어 쓴 것으로 봐야 한다. 다음 구절 '你欲放鈍'의 '欲'은 原卷에는 '亦'으로 잘못 기재되어 있다. '欲'의 의미는 '似'에 가깝다. [校注] "髣髴亦(欲)高尺五"에서 '服子'는 도리깨 쇠사슬 고리부터 맨 아래까지의 길이가 1척 5촌 가량 된다는 말이다.

198 소변을 약에 쓴다는 말은 漢張機 『金匱要略方論』 卷下 「治馬墜及一切筋骨損方(見肘后方)」의 "……右七味, 以童子小便, 量多少煎湯成, 內酒一大盞。次下大黃, 去滓, 分溫三服。先剉(꺾을 좌)敗蒲席半領, 煎湯浴, 衣被蓋覆, 斯須通利數行, 痛楚立差。利及浴水赤, 忽怪, 卽瘀血也。" 구절과 『道藏石藥爾雅釋諸藥隱名』의 "小儿尿, 一名水精、仙人水。" 구절에 보인다.

199 '貼'은 甲卷에 '黏'로 되어 있다.

200 '故紙'는 甲・乙・戊卷에는 '古紙'로 되어 있다. 庚卷은 '故'字에서 시작되며, '紙' 다음에도 '古'字가 많다. '故紙'는 옛날 종이인데 약에 집어 넣을 수 있었다. 『肘后備急方』 卷五에 다음과 같은 구절이 있다. "魏氏方：楊柳枝如足大指大, 長三尺, 二十枚。水煮令極熱, 以故紙及氈(모전 전)掩腫處, 取熱柳枝, 更取拄之。如此取, 得差止。" 또 江藍生은 『本草綱目』 三十八 「附方」의 "衄血不止：屛風上故紙燒灰, 酒服一錢卽止"라는 구절을 인용하였다.

201 [原校] 甲卷에 '骰骰'은 '勤勤'으로 되어 있다. [潘校] 原卷・乙卷에는 모두 '骸骸'로 되어 있다. [校注] 정확하지 않다. 原卷과 乙・丁・戊・庚卷 모두 骸로 되어 있는데 바로 '骰'字를 말한다. '骸'의 俗字로는 이 글자를 많이 썼지만 '骸骸'는 여기서 풀이하기 쉽지 않은데 아마도 오자인 듯하다. [蔣禮鴻] 徐復은 '骰'이 '研', '詽(다툴 현)'과 음이 비슷하여 통용된다 여겼다. 중첩하여 쓰는 단어는 첩운연면자라고 하는데 '殿研'이 그것이다. 여기서는 강력히 권유하는 모습을 표현한다. 陳治文은 '骰'을 '骨玄'으로 교정하였는데 '譂'와 통하는 글자다. 項楚는 '骰'을 '嚾'으로 교정하였는데 심하

理府. 更被枷禁不休, 於身有阿沒[207]好處?乃是自招禍祟,[208] 不得怨他竈祖.」[209] 雀兒打硬,[210] 猶自'落'荒[211]漫語.[212] 「男兒丈夫, 事有錯誤.

게 다투는 모양새를 가리킨다. 【校注】『說文』에는 "訮, 諍語訮訮也"라고 되어 있고, 그 밑의 단옥재 주에 '訮訮'는 '硏硏', '姸姸'로도 쓴다고 되어 있다. 『集韻』에는 "噘, 噘噘, 爭貌, 牛姦切"로 되어 있다. '訮訮'와 '噘噘'은 음이 비슷한 같은 단어로 보아야 이 작품의 내용에 부합한다. '訮'와 '噘'는 모두 平聲 글자이며, '髟'은 다음 구절 '密篦(종다래끼 비)相髟'에 의거하여 측운으로 압운한 것이며 去聲 혹은 上聲으로 읽는다. 또 甲卷에는 '勤勤'로 되어 있는데 이렇게 보는 것이 의미가 비교적 분명하다.

202 '拗'는 원록에 '拗(꺾을 요)'로 되어 있다. 【原校】 捩는 원래 '戾(어그러질 려)'로 되어 있고, 무권에는 '列'로 되어 있는데 갑권에 의거하여 교정한다. 【校注】 원권에는 '拗戾'로 되어 있고, 갑권에는 '拗捩'로 되어 있으며, 을, 무권은 '拗列(庚卷에는 좌측 반쪽만 남아 있다)'로 되어 있다. 원록의 '扌幻'자는 잘못된 것이다. 【玉篇】에는 '捩, 拗捩也'로 되어 있다. 『古今韻會擧要』에는 "拗, 心戾也。『玉篇』'拗捩', 固相連也"라고 되어 있다. '戾'字는 오류가 아니다.

203 【原校】 甲卷에 '用'은 '容'으로 되어 있다. 【校注】 P.3716 王梵志詩.에 ."有事須想(相)問, 平章莫自專和同想(相)用語, 莫取婦儿言"라는 구절이 있다. 여기서 '相用語'는 다른 사람의 의견을 듣다는 의미이다.

204 庚卷에 '破'는 '頗'로 되어 있다. 乙·戊·庚卷에 '囉'는 모두 '羅'로 되어 있다. 【江藍生】 '囉'는 '鑼(징 라)'로 써야 타당할 듯하다. 징이 깨지는 소리로 사람이 시끄럽게 욕하는 소리를 비유한 것이다. 『敦煌曲校錄』「禿曇(흐릴 담)頌」에 부부가 싸우는 소리를 묘사한 "張眉努目喧破羅, 牽翁及母怕你麽!"라는 구절이 보인다.

205 '啾唧'은 甲卷에 '鳴啾唧'이라 했고, 乙·戊·庚卷에는 '明啾唧'으로 되어 있다. 【校注】 '明'은 '鳴'의 音을 빌어 쓴 글자다. 이로부터 '破囉'는 '破鑼'를 가리킴을 증명할 수 있다. '啾唧'은 큰 소리를 나타내는 말이다. P.3724 王梵志詩에 "醜婦來惡罵, 啾唧搦頭灰"라는 구절이 있고, 'P.321 王梵志詩'에는 "外姓能蛆(怚, 교만할 저)妒, 啾唧口婦女"라는 구절이 있다. S.5641 王梵志詩에도 "生死如[江]河, 波浪虫弗(沸)啾唧"이라는 구절이 있다. 앞 두 가지 사례는 싸우며 욕하는 소리가 큰 것을 말하며, 맨 뒤의 것은 파도 소리가 큰 것을 말한다.

206 '果見'은 甲·乙卷에 '果然'으로 되어 있다. 丁卷에는 '果'字 以下가 모두 빠져 있다.

207 【原校】 甲卷의 '阿沒' 두 글자는 '甚'으로 되어 있고, 乙·戊 두 권에는 '阿荞'으로 되어 있다. 【校注】 庚卷에도 '阿荞'으로 되어 있다. '荞'은 '莽'의 俗字다. '阿沒', '阿莽'의 뜻은 '甚(심함)'과 같다.

208 【原校】 '祟'은 원래 '恤'로 되어 있는데, 甲·乙·戊 세 卷에 의거하여 교정한다. 【校注】『集韻』에 祟은 音이 雪와 律의 반절 즉 '슐'이라고 했고, '恤'과는 동일 운조에 해당된다고 했다. 따라서 두 글자는 음이 같아 빌어 쓴 글자라고 할 수 있다. P.2569 『兒郎偉』에 "從頭使厥儺, 個個交屈律。歲歲野狐兒, 不許口妖祟"라는 구절이 보인다. 祟은 入聲으로 읽는다.

209 '竈(부엌 조)'는 원록에 竃로 되어 있는데 俗字이다. 【蔣禮鴻】 作祖·竃祖는 기반 능멸하다는 말이다. 『降魔變文』에 "到處卽被欺陵, 終日被他作祖"라는 구절이 있는데,

脊被揎破,[213] 更何怕懼! 生不一迴, 死不兩度. 俗語云. 「寧値[214]十狼九虎, 莫逢癡兒一怒.」[215] 如今會遭夜莽赤(敕)推,[216] 總是者[217]黑嫗[218]

'作袓'와 '欺陵'은 서로 짝이 되는 단어로 기만하다는 의미임을 알 수 있다. 竈는 '竈'의 俗字이며, '竈'와 '作'은 동일한 소리의 글자라 바꿔 쓴다. 徐復은 『廣韻』의 "詛, 咒詛, 亦作禮" 구절을 인용하며 '作袓'는 '作禮'의 假借로 저주하다라는 뜻과 같다고 했고, '作袓'라는 말은 『詩.大雅.蕩』의 "侯作侯祝。"에도 나온다고 했다. [校注] 『廣韻』에 "亦作禮"라고 했는데 '詛'字 역시 禮로 쓰였음을 말한다. 『集韻』 '同'條에 "詛謯禮禮作, 莊助切, 『說文』."言州也"或作 "謯, 禮" 古作 "禮, 作"이라고 되어 있다. 이에 근거할 때 '作', '禮'은 같은 글자이며, '作袓'는 '忿憒'(『三國志』에 보임)의 異體字로 만들어진 단어이다. 또 『周禮·春官·大祝』에 "掌六祈以同鬼神示: 一曰類, 二曰造"라는 구절이 있는데 이에 대하여 鄭玄은 "故書'造'作'竈'。造, 祭于祖也"라고 주를 달았다. 祭祖와 詛咒는 의미상 연결된다. 따라서 '竈'는 오자가 아닌 듯하다. [江藍生] '作袓'은 '남을 저주하여 재앙이 닥치게 하다(咒人遭殃)'에서 나온 말로 음해하다·기만하다는 의미로 쓰였다.

210 '打硬'은 잘난 체 하다라는 말이다. 庚卷에는 '被硬'으로 되어 있다.

211 '謊'은 원록에 '荒'으로 되어 있다. [原校] '落荒'은 원래 '滈'으로 되어 있는데 무권에 의거하여 보완한다. [校注] 을권과 경권에도 '落荒'으로 되어 있다. '滈'은 '謊'으로 써야 맞으므로 원권을 따르기로 한다. [徐復] 『廣韻』에 "譈, 譈謊, 狂言, 盧各切"이라 되어 있는데, '落'·'洛'과 음이 모두 같다. 여기서 '落荒'이란 단어는 참새가 터무니없는 말을 퍼붓는 것을 말하며, '謊'이란 글자의 의미와 같다. 『廬山遠公話』에 "總是信口落荒"이란 구절이 있는데, '落荒'은 터무니없는 말로 망언의 의미이다.

212 漫語는 엉터리 소리(謾語)·거짓말(說謊)의 의미이다. 『捉季布傳文』에 "聖明天子堪匡佐, 謾語君王何足論"이란 구절이 보인다.

213 갑권에는 '猶自'로부터 '破'까지 모두 빠져 있다.

214 [原校] 乙·戊 두 卷에는 '値'가 '逢'으로 되어 있다. [校注] 甲卷에는 '寧値'가 '你値'로 되어 있고, '你'는 音이 잘못된 글자이다.

215 甲卷에는 '怒'가 '努'로 되어 있고, 위 구에는 '狼'이 '郎'으로 되어 있다. 庚卷에는 '癡(어리석을 치)兒'가 '善兒'로 되어 있다. 江藍生은 『漢書』「義縱傳」의 "寧兒乳虎, 無值寧成之怒。" 구절을 인용하였고, 또 『南史』「臨川王宏子正德傳」에는 "寧逢五虎入市, 不欲見臨賀父子"라는 구절이 보인다. 『蘇軾文集』七二 「韓縝酷刑」에도 "秦人語: '寧逢乳虎, 莫逢韓玉汝"라는 구절이 있는데 동일한 사례이다.

216 莽은 원록에 莽로 되어 있는데 俗字이다. [原校] 乙·戊 두 卷에 이 구절은 '如今遭他赤吹'로 되어 있다. 甲卷과 原卷은 유사한데 '夜'가 '者'로 되어 있고 '推'字가 없다. [蔣禮鴻] '者莽'은 '이렇게(這么)'로 봐야 한다. '赤推'는 죄인을 심문하다 혹은 좌절하다의 의미이다. '赤'字는 간혹 元曲 '赤緊'의 '赤'과 관련이 있으며, 강화하다의 의미이다. [陳治文] '赤'字는 아마도 '訹'字의 오류이다. [江藍生] '推', '吹'는 둘 다 '椎(몽치 추)'의 오자이다. '赤'은 심하다는 의미로 '深', '狠(개 싸우는 소리 한)' 등과 유사하다. [李正宇] '赤推'는 '喫推'로 교정한다. [袁賓] '赤推'는 '斥推'로 써야 맞으며 질책하다·심문하다의 의미이다. [項楚] '赤推'는 다른 사권에 의거할 때 '斥推'로 써야

兒作祖. 吾今在獄, 寧死不辱. 汝可早去,[219] 喚取鸜鵒.[220] 他家頭尖,[221] 憑伊覓曲,[222] 咬嚙勢要,[223] 教向鳳凰邊遮囑.[224] 但知[225]免更喫杖, 與他祁摩一束.」[226]

맞으며 무고하게 음해하다는 의미이다. [校注] 庚卷은 '遭他' 以下 二十字가 빠져 있다. '赤'은 '敕'과 음이 비슷하여 빌어 쓴 것이다. '吹'는 '推'와 음이 같아 빌어 쓴 글자이다. '敕推'는 임금인 鳳凰이 친히 심문함을 말한다. 『唐律疏議』 卷十六에 "諸臨軍征討, 而巧詐以避征役"이라는 구절이 있고 그 아래 「疏」에 "或有誣告人罪, 以求推對"라고 되어 있고, 元王元亮 『唐律釋文』에 "推對.上音吹"라는 구절이 있고, 『廣韻』에는 "推, 又昌隹切"로 되어 있는 것이 이를 증명한다.

217 [原校] 갑권에 '者'가 '那'로 되어 있다. [校注] '者'는 '這'와 같다.

218 嫗는 원록에 '厮'로 되어 있다. [原校] '厮'는 원래 '嫗'로 되어 있는데, 甲卷에 의거하여 교정한다. [校注] 乙·戊卷에도 '嫗'로 되어 있다. '黑嫗兒'과 '黑厮兒'는 모두 제비에게 하는 욕이다. 따라서 원권을 따른다. P.5545 『搜神記』一卷에 "其天女得脫到家, 被兩個阿㛊皆罵老嫗"로 되어 있는데 '嫗(할미 구)'란 말로 상대방을 욕한 것이다. 『太平廣記』 一五九 「定婚店」에 "固罵曰 : 老鬼妖妄如此! 吾士大夫之家, 娶婦必敵。苟不能娶, 卽聲伎美者, 或援立之, 奈何婚眇嫗之陋女?"라는 구절이 있는데 여기서도 '嫗'字를 사용했다.

219 '去'는 갑권에 '起'로 되어 있다. 庚卷에는 이 구절이 "汝今早去"로 되어 있다.

220 鸜鵒는 鴝鵒과 같고 구관조(八哥)를 가리킨다. 王逸 『九思』 「疾世」에 "安鳥雀列兮喧嘩, 鴝鵒鳴兮聒余。" 구절이, 『周禮』 「考工記」에는 "鸜鵒不踰濟。" 구절이 보인다.

221 [原校] 乙卷에는 '頭尖'이 '尖頭'로 되어 있다. [校注] 甲卷에도 '尖頭'로 되어 있다.

222 覓曲은 방법·연줄을 찾는다는 말이다.

223 [蔣禮鴻] 咬嚙는 간구하다는 뜻. 敦煌本 『搜神記』 一卷 「田崑崙」 條에 "頻被新婦咬齒, 不過誓原。" 구절이 있어 '咬齒'를 '咬嚙'로 교정한다. [校注] '咬嚙'는 권세에 붙는 것 즉 힘있는 인물과 연결하여 그 밑으로 들어가고자 함을 말한다. 梁太祖 『嚴懲注擬蠹(좀 두)弊詔』에 다음과 같은 구절이 있다. "或緣親舊所請, 或爲勢要所干。…… 如或尙行請託, 猶假貨財, 共所司人吏等必當推窮。"

224 [蔣禮鴻] 遮는 뇌물로 청탁하다는 말이다. 『朝野僉載』 卷三에 "張昌儀爲洛陽令, 借易之之權勢, 屬官, 無不允者。風聲鼓動。有一人姓薛, 賞金五十兩, 遮而奉之。" 구절이 있는데 여기서 '遮'는 '몰래 부탁하다(遮囑)'는 뜻이다.

225 '知'는 乙卷에 '如'로 되어 있다. '但知'는 '但能'의 뜻이다. 李正宇는 '知'를 '只'로 교정했는데 정확하지 않다.

226 [原校] 甲卷에 '祁'는 '邪'로 되어 있다. [校注] 庚卷에도 '祁摩'로 되어 있다. 甲卷에는 '摩'가 '磨'로 되어 있다. [江藍生] '邪磨'는 아마도 '夜莽' 즉 '阿莽'인 듯하다. '邪'와 '夜'는 音이 비슷하고 '阿'와도 소리가 같아 바꾸어 쓴다. '一束'은 뇌물의 數量을 가리키거나 비단 혹은 포개어 묶은 포(脯)를 의미한다. 李正宇 역시 '邪摩'는 '夜莽', '阿莽'과 같지만 다르게 쓴 것이라고 했다. [校注] '束'은 땔나무 류의 묶음을 나타내는 양사로 大谷文書 4906의 "天定肆歲稅柴貳拾束。" 구절이 그 사례다. 『孔子項託相問

참새의 아내는 남편이 곤장을 맞게 되었다는 소식을 듣고 까무러칠 듯 놀라 한걸음에 감옥으로 달려갔다. 때마침 남편이 땅에 엎드려 있는 것이 보였는데, 얼굴빛은 진흙같이 시커멓게 되었고, 등에는 곤장을 맞아 적어도 다섯 척은 됨직한 종기가 솟아 있었다. 남편의 참혹한 모습을 보고는 눈물이 비 오듯 쏟아졌다. 참새의 아내는 남편의 입 속에 소변을 들이붓고 등창이 난 곳에는 헌 종이를 발라 주었다. 그리고는 남편에게 부지런히 권하고 간하였으나, 막무가내로 뿌리치기만 할 뿐 말을 받아들이지 않았다. "쓸데없이 시끄럽게 지껄이지 말고 관청에 항소나 하세요. 형틀을 쓰고 구금되어 있는 것이 당신 몸에 무슨 좋을 것이 있겠어요? 이는 화를 자초한 것이니 다른 사람을 원망하여 헐뜯지 마세요." 참새는 귀가 꽉 막힌 녀석인지라 여전히 엉뚱한 소리를 해댔다. "사내 대장부가 일이 잘못되어 등이 드러날 만큼 곤장을 맞았다고 하여 어찌 두려워하겠는가? 인생이란 한 번 가면 되돌릴 수 없는 것이며 죽음 또한 두 번 죽는 것이 아니오. 속담에 '차라리 열 마리의 이리와 아홉 마리의 범을 만날지언정, 한 번 화난 미친놈(癡兒)은 만나지 말라'고 하였소. 내가 지금 이렇게 무고하게 곤욕을 당하는 것은 모두 그 시커먼 제비 놈이 비방했기 때문이오. 내 지금 감옥에 갇혀 있으나, 차라리 죽을지언정 치욕을 당하고 가만있을 수는 없소. 당신은 어서 속히 가서 구욕새를 불러오시오. 그 자는 세력가에게 빌붙고 있으니, 그를 통하면 무슨 수를 찾을 수 있을 것이오. 세력가를 물고 늘어져서 봉황에게 부탁하도록 합시다. 곤장만이라도 면할 수 있도록 그 자에게 약초 한 단을 보내시오."

書』에 "取他百束將燒却"라는 구절이 있다. 따라서 이 작품에서는 '一束' 앞에 사물의 이름을 나타내는 단어가 쓰이며 불쏘시개용 건초 류는 묶을 수 있어 이러한 양사를 쓴다.(비단포 류가 많을 때도 '束'이란 말을 쓴다) 아마도 '祁摩', '邪磨'는 '祗(脂)麻' 혹은 '邪(野)麻'로 교정해야 할 듯하다. 삼(麻)은 줄기와 붙어 있기 때문에 '一束'이란 말을 쓴다. 예컨대, P.4960 『窟頭修佛堂社條』의 "又敎化得麻伍拾束。" 구절이 그러하다.

雀兒被禁數日, 求守獄子[227]脫枷. 獄子再三不肯, 雀兒美語咀啾.[228] 「『官不容針, 私【可】[229]容車.』叩頭與脫, 放[230]到晩衙. 不須[231]苦死相邀勒,[232] 送飯人來定有釵.」[233] 獄子曰. 「汝今未得淸雪,[234] 所已留[235]在

227 【原校】甲卷에는 '守'가 '其'로 되어 있고, 乙·戊 두 卷에는 '祈'로 되어 있다. 【徐校】 '其'로 써야 맞다. 【項楚】 뜻은 모두 통한다. 『游仙窟』에 "渠家太劇難求守"라는 구절이 있고, "若爲求守得, 暫借可憐腰"라는 구절도 있다. 여기서 '求守'의 뜻이 請求하다임을 알 수 있다. 唐代 사람들의 구어이다. 【校注】'守'는 '청하다(請)'는 뜻이 있는데 漢魏六朝 때 이미 그렇게 쓰였다. 『漢書』「外戚傳」에 "數守大將軍光"이란 구절이 있는데 여기에다 顔師古는 "守, 求請之"라고 주를 달았다. 『抱樸子內篇』「對俗」에 "自無超世之志, 强力之才, 不能守之"라는 구절이 있는데 여기서 '獄子'는 獄卒을 말한다. P.3018에 "男, 敬玉, 戰二四, 白丁, 系典獄"라는 구절이 있는데, 여기서 '典獄'은 옥졸을 말한다. 『難陀出家緣起』에 "有一獄子, 于地獄叉鑊(가마 확)"이란 구절이 있다. 蘇軾의 奏議文 中에도 '獄子'라는 단어가 여러 차례 보인다.

228 '咀啾(청렴하지 못할 추)'는 甲卷에도 동일하다. 乙·戊卷에는 '趄且'로 되어 있다. 庚卷에는 이 구절이 '雀被美語相遮'로 되어 있다. 【潘重規】 乙卷에 '相趄'로 되어 있는데 정확치는 않다. 【江藍生】 '咀啾'는 '趄且'와 音이 비슷하여 같은 단어로 여기는데 '咨諏'로 써야 맞을 듯하다. '雀兒美咨諏'는 참새가 좋은 말로 옥졸과 상의하는 것을 가리킨다. 【校注】 여기서는 '啾' 혹은 '且'는 '枷', '車', '衙', '釵', '沙', '遮', '痲', '枷'와 압운되며 모두 麻·佳 두 韻(釵 字는 佳韻에 해당)에 들어 있다. 따라서 '咨諏'는 맞지 않는 듯하다. 또한 '且'에서 소리를 딴 글자는 遇攝에 속하는데 假攝에도 속할 수 있다. 따라서 '咀啾'는 간혹 거꾸로 '啾咀'로도 쓰며 '咀'와 '且'는 韻이 맞는다.

229 【原校】 '可'字는 甲卷에 의거하여 보완한다. 【校注】 乙卷에도 '可'字가 있다. 【江藍生】 이 속담은 일반적으로 '官不容針, 私通車馬'로 통용되며 『景德傳燈錄』 권17과 권22에 보인다. 『張協狀元』에도 "官不容針, 私通車馬"라는 구절이 있다. 【校注】 黃庭堅의 詞 『兩同心』에 "自從官不容針, 直至而今, 你共人女邊著子。 怎知我門裏挑心"라는 구절이 있다. 또 "儘道敎心堅穿石, 列說甚官不容針"라는 구절도 있다. '官不容針'은 관청은 바늘침 하나 집어 넣을 수 없을 정도로 공평무사하다는 뜻이다. 黃庭堅의 詞에서는 男女가 단절하여 쇠붙이처럼 정이 없다는 말로 바꾸어 쓰였다. 袁賓은 '可'字는 보완할 필요가 없다고 보고 '官不容針私容車'로 연속하여 썼다. 原卷에서는 이곳이 七言四句로 되어 있다.

230 '放'字는 원록에는 없다. 【校注】 甲卷에는 위 구에 '與脫' 두 字가 없다. 다만 '到' 위에 '放'字가 있다. 乙·戊·庚卷에는 '到' 위에 '幸'字가 있다. 여기서는 甲卷에 의거하여 '放'字를 보충한다.

231 '須'는 원록에 '相'으로 되어 있다. 【校注】 甲·乙·戊·庚 네 卷 모두 '須'로 되어 있다. '相'은 '須'와 비슷하여 잘못 쓴 글자인 듯하다.

232 '苦死'는 고난픔(苦苦)을 말한다. '邀勒'은 익입하고 핍박한다는 말이다. 상세한 것은 『通釋』을 참고.

233 釵는 甲卷에 '茶'로 되어 있다.

黃沙.[236] 我且忝爲主[237]吏, 豈受資賄相遮! 萬一入[238]王耳目, 碎卽恰似油麻.[239] 乍可[240]從君懊惱, 不得遣我脫枷.」[241] 雀兒嘆曰.「古者三公厄於獄卒, 吾乃今朝自見.[242] 惟須口中念佛, 心中發願. 若得官事解散, 驗寫多心經[243]一卷.」 遂乃嗢喻本典,[244]【徒(圖)少問辯】.[245]「曹

234 淸雪은 눈처럼 맑음을 말한다.『魏書』卷七七「辛雄列傳」에 "或受辭下檢反復, 使鞫, 使鞫獄 占分明, 理合淸雪, 未及告按, 忽逢恩赦"라는 구절이 있다.

235 以는 원록에 '已'로 되어 있다.【原校】'已' 원래 '以'로 되어 있는데 갑권에 의거하여 교정한다. 甲卷에는 '留'가 '溜'로 되어 있다.【校注】原卷에는 '已'로 되어 있고, 甲・庚卷에는 '以'로 되어 있으며, 또 甲卷에는 '留'가 '流'로 되어 있다. 따라서 여기서 原校의 교주와 정문에 따라 뒤바꾸어 쓴 것은 특별히 정확성을 기한 것이다.

236 【江藍生】'黃沙'는 감옥 이름으로 晋武帝 당시 설치되었다.『晋書』「高光傳」에 "是時武帝置黃沙獄, 以典詔囚。以光 世明法, 因爲黃沙御史, 秩與中丞同"이란 구절이 있으며,『太平御覽』「刑法部」에는 "王隱晋書曰 : 太康五年夏六月初置黃沙獄"이란 구절이 보인다. 여기서 '黃沙'는 감옥을 가리킨다.

237 【原校】戊卷에는 '主'가 '王'으로 되어 있다.【校注】甲卷에 '主吏'는 '主史'로 되어 있다.

238 【原校】'入'字는 甲卷에 근거하여 보완한 것이다.【校注】原卷에는 '入'字가 있다.(庚卷에도 있다)

239 油麻는 脂麻를 말한다. S.6551『佛說阿彌陀經講經文』에 "子小如似黑由(油)麻"란 구절이 있으며, 蘇軾『服胡麻賦』에는 "夢中問道士 : '何者爲胡麻?' 道士言 : '脂麻是也。"란 구절이 있다.『農政全書』卷十에는 "栽種.小蒜、冬葱、油麻 ……"란 구절이 보인다. '脂麻', '油麻', '胡麻'는 모두 같은 물건이다.

240 乍可는 宁可・只可를 말한다. 상세한 것은『通釋』참고.

241 【原校】'脫枷'는 原作'著査'로 되어 있는데 甲卷에 의거하여 교정한다.【校注】乙卷에는 먼저 '著査'로 썼다가 다시 '査' 오른편에 '枷'로 수정하였다. 여기서 '査'는 '枷'와 音이 비슷하여 빌어 쓴 것임을 알 수 있다. 庚卷에는 '着査'으로 되어 있다.【江藍生】'著査'는 뭉둥이로 두들겨 패다란 말이다. '査'는 본래 나무 가지를 지칭하며, 韋應物『池上詩』에 "楡柳飄枯葉, 風雨倒橫査"란 구절이 보이는데 여기서 나뭇가지(樹枝)가 몽둥이의 의미로 쓰였다. '着査'는 '着枷'로 봐야 타당하다. 漢代에 번역한『佛說安宅神咒經』의 한 구절 "扠(집을 차)汝百鬼頸着枷"에 '着枷'란 단어가 보인다.

242 甲卷에는 이 구절이 빠져 있다. '見'은 압운을 맞추어 쓴 글자다.

243 '驗'은 原卷에 '險'으로 되어 있다. 乙卷에는 '嶮'으로 되어 있고, 甲・戊卷에는 '驗'으로 되어 있다.【江藍生】'驗寫'는 오류없이 정확하게 베껴 쓴 것이며, 특히 '驗'자는 문제없는 글자다.『多心經』은『般若波羅密多心經』의 약칭이다. 上海博物館에 소장되어 있는『金剛般若波羅密經』題記에 "敬造金剛般若經七卷, 多心經七卷"이란 구절이 있는데 唐 나라 開元 二年에 제작되었다.『般若多心經』으로 줄여 쓰기도 한다. 日本 東京書道博物館에 소장된『般若波羅密經』題記에 "寫般若多心經"이란 구절이 보인다.

司上下, 說公白健.[246] 今日之下, 【乞與】[247]些些方便. 還有紙筆[248]當

244 喩은 원록에 嗡로 되어 있다. [校注] 戊卷도 동일하다. 여기서는 甲・乙 두 卷에 의거하여 교정한다. 庚卷에는 '倫'으로 되어 있다. 徐復은 『集韻』의 해석 "慍, 慍惀, 煩憒"을 인용하면서 '慍惀'는 마음이 심란하고 어지러움을 가리키는 말인데 말투가 억압적이고 조잡함을 나타내기도 한다고 했다. 이 때문에 '口' 변에 쓰기도 한다. [陳治文] 『龍龕手鏡』에는 "喩、俗, 音衰"로 되어 있는데 '衰'와 '衮'은 형태가 비슷하여 잘못 쓴 것이다. '喩'은 音이 '衮'으로 '諢(농담할 원)'과 음이 비슷하여 빌어 쓰는 글자이다. 『集韻』에 "嗢(목멜 올), 一曰大笑"라고 했으므로 여기서는 '크게 웃다'라는 뜻을 취하기로 한다. '嗢諢'은 웃는 얼굴로 치근거리다는 뜻이다. [校注] 이러한 해석들은 모두 정확하지 않은 듯하다. 陳治文의 풀이는 연면사를 갈라 놓는 것이므로 매우 적합하지 않다. S.6342에서 張議潮가 주알하여 "近傳嗢末隔勒往意"라고 했다. S.389 『肅州防戍都結歸義軍狀』에 "於凉州溫末首領邊充使"라고 되어 있다. 여기서 溫과 嗢 두 글자는 바꿔 쓸 수 있음을 알 수 있다. '嗢喩'의 '嗢'은 '溫(온)'으로 읽어야 한다. '嗢喩'과 앞 문장에 나온 '咀啜'는 모두 俗語에 해당하는 단어로 소리에 따라 쓴 글자로 사전에는 수록되어 있지 않다. 문맥상 조정하다는 뜻이다. '本典'은 본 사건을 책임지는 관리를 가리킨다. 大谷文書 1014、1015(두 권은 연결되어 있다)에는 "右錄直練從庫出, 晋陽押領本典郭(下殘)"라는 구절이 보이는데 '典'은 관직명이다. P.3559에 "翟英秀, 戰四十八, 翊衙軍典"이란 구절이 보인다.

245 [原校] '徒少開辯'은 원래 '日徒沙門辨'으로 되어 있는데 戊卷에 의거하여 '日'字를 삭제하며 나머지는 甲卷에 의거하여 교정한다. [校注] '日'은 '曰'이며 위 구에 속한다. 甲・乙・戊・庚 네 卷에는 모두 '曰'字가 없고 '徒少開辯'으로 되어 있다. 또 戊卷에는 '辯'자 옆에 '便'으로 수정되어 있다. '徒'는 '圖'로 읽으며, 이 구절은 심문을 덜 받으려고 기도한다는 말이다.

246 [蔣禮鴻] '白'은 분별있음 즉 총명함을 말한다. 健은 강건함을 가리킨다. 『白氏長慶集』 卷三十一 「張徹宋申錫可幷監察御史制」에 " …… 皆方直强白, 可中御史"라는 구절이 보이는데 여기서 '强白'은 '白健'의 의미와 동일하다. [陳治文] '白'과 '說'은 짝이 되는 글자인데 '白'에는 '說'의 의미가 포함되어 있다. 위로는 '公'을 말하고, 아래로는 '健'을 말한 것이다. [校注] 참새가 감옥에 갇혀 있으므로 도처를 돌아다니며 위로는 '公(公侯)'를 말하고 아래로는 '白健(官健)'을 거론하기는 불가능하다. 따라서 진씨의 설명은 오류이다.

247 [原校] '乞與' 두 글자는 甲・戊 두 卷에 의거하여 보충한다. 다만 甲卷에는 '與'가 '以'로 되어 있다. [校注] 庚卷에는 '與'字가 존재한다.

248 筆은 甲卷에 '墨'으로 되어 있다. [蔣禮鴻] '紙筆'은 증명 문건을 말한다. 여기서는 증서를 써서 출옥 후에 옥졸에게 돈과 재물을 보내는 것에 동의함을 말한다. '當直'은 증명하여 책임을 진다는 의미이다. [江藍生] 紙筆은 돈과 재물을 뜻하는 은어이다. 王梵志詩에 "前人心里去, 乾言愧曹長。紙筆見續到, 仍送一縑想(餉)"이라는 구절이 있는데 '紙筆'은 확실히 돈과 재물을 가리킨다. 또 "在縣用紙多, 徒吾相便貸"라는 구절도 보이는데 여기서는 '紙'만을 사용했지만 역시 돈과 재물을 가리킨다. '當直'은 값어치 있는 것을 죄다 반환한다는 말이다. [校注] '紙筆', '紙墨'은 모두 종이와 붓과

直，莫言空手冷面.」本典曰.「你欲放[249]鈍，爲當退顊?[250] 奪他宅舍，不解卑遜,[251] 却事[252]兇麤，打他見困! 你是王法罪人，鳳凰命我[253]責

먹을 가리킨다. '當直'은 실물 환산으로 값을 친다는 말이다. P.4646『頓悟大乘政一決一卷』에 "除十八事外，少有人畜直一錢物當直"이란 구절이 있는데 여기서 '人畜直一錢物當直'은 돈으로 환산할 수 있는 사람과 가축 및 기타 값어치가 물건을 가리킨다. '當直'이란 단어는 이 작품에서처럼 위에 반드시 實物이 있어야 한다. 따라서 '紙筆', '紙墨'은 實物을 말하는 것이지 증서나 돈을 가리키는 것은 아니다. 唐玄宗『編戶籍敕』에 "諸戶籍三年一造，…… 所須紙筆裝潢，并綿出正戶戶口，內外一錢"이란 구절이 있는데 호적을 만드는데 재물이 필요하고, 소송을 거는데도 재물이 필요함을 말한다. P.3908『新集周公解夢書』에 "夢見紙筆者訴訟"이란 구절이 있는데, 紙筆 즉 재물은 소송을 걸거나 계약을 하는데 필수적임을 나타낸 말이다. 따라서 '紙筆'이란 말은 증서 비용을 나타내는 말로 대신 사용되거나 뇌물을 가리키기도 하였으니 당시에 재물로 증서 비용을 충당하였음을 말하는 것이다.

249 【原校】'放'은 원래 '亦'으로 되어 있는데 갑권에 의거하여 교정한다. 【校注】이 구절은 원권에는 '你亦放鈍'으로 되어 있고, 갑·을·무권에는 '你欲放鈍'으로 되어 있으며, 경권에는 '鈍'자만 남아 있다. '亦'은 '欲'의 음을 빌어 쓴 글자다. 【蔣禮鴻】'放鈍'은 거짓으로 어리석은 체 한다는 말이다.

250 【原校】甲卷에는 '退顊'이 '醍顊'으로 되어 있고, 戊卷에는 '腿顊'으로 되어 있다. 【校注】乙卷에도 '腿顊'로 되어 있고, 庚卷에는 '退渾'으로 되어 있다. 【蔣禮鴻】'爲當'은 '그렇지 아니면(還是)'의 의미로 선택문에 쓰이는 連詞이다. '退顊'의 의미는 해석할 수 없다. 아마도 다음 구절 "雀兒不能退靜，開眼尿床，違他格令"의 '退靜'에 가깝고 자신의 분수를 지킨다는 의미인 듯하다. 【陳治文】'退'와 '遁'은 글자 형태가 비슷하여 아마도 '遁'자를 잘못 쓴 것이 아닌가 싶다. '遁'과 頹은 음이 같으며 徒와 困의 반절음 즉 '돈'으로 읽는다.『玉篇』·『廣韻』·『集韻』에 모두 '頹顊'란 단어를 수록하고 있고 '禿(대머리 독)'으로 풀이하였다. '禿'은 여기서는 '兀(머리 벗어질 올)髮'로 봐야 맞다. 【江藍生】'顊'은 '諢(농담할 원)'과 통하는 글자다.『新唐書』「元結傳」의 "諧官軍臣，怡愉天顔"이란 구절 등등 여러 사례에서 '顊'로 '諢'을 대신하고 있으며 두 글자는 음과 부수가 같다.『廣韻』에서는『玉篇』을 인용하며 '농담'을 말하는 것이라고 했다. '退顊'은 농담하지 않는다는 말로 오늘날로 말하면 솔직하다는 의미이다. 【校注】『全唐詩外編』十一 張祜의『途次楊州贈崔荊二十韻』에 "觱(필률 필)篥(대 이름 율)行移束，箜篌旋轉條。袖因迎顊破，肩爲請挼(주무를 뇌)勞"란 구절이 있는데 이 시는 노래하는 기생을 묘사한 것으로 '迎顊'와 '請挼'는 댓구를 이룬다. 또 '迎顊'와 '退顊'은 서로 반대되는 낱말이다. 이에 근거할 때 진 선생이 聯綿詞로 교정한 것은 확실히 잘못된 것이다. 또한 江 선생이 '顊'과 '諢'이 통한다고 했는데 확실하지 않은 듯하다.

251 '遜'은 원록에 '㖸'으로 되어 있다. 【原校】甲卷에는 '卑㖸'이 '裨㴵'으로 되어 있고, 戊卷에는 '卑選'으로 되어 있다. 乙卷에도 '卑選'으로 되어 있다. 【徐校】'㖸'은 '遜'과 같으며 戊卷에는 '選'으로 되어 있는데 '巽(손괘 손)'字를 말한다. 【校注】'選'은 '遜'자를 대신하여 쓴 글자이고, '卑遜'은 겸손, 양보를 의미한다.

問. 明日[254]早起過案, 必是更着一頓. 杖十已上[255]闗天,[256] 去死不過半寸. 但辦脊背祇承,[257] 何用密箄[258]相.」[259]

참새는 구금된 지 수일이 지나서 獄吏에게 형틀을 벗겨달라고 간구했으나 옥리는 재삼 거절하였다. 참새는 번드러진 말로 꼬득이길 "나라의 법은 바늘틈만한 예외도 허용치 않는다 하나, 사적으로는 수레가 드

---

252 '事'는 갑권에 '被'로 되어 있다.

253 '命我'는 甲・乙・戊・庚卷에 '令遣'으로 되어 있다.

254 日은 甲卷에 '朝'로 되어 있다.

255 '上'은 원록에 '過'로 되어 있다. [校注] 原卷과 甲・乙・戊・庚 권에는 모두 '上'으로 되어 있다. 이에 근거하여 바로 잡는다. [潘重規] 甲卷에는 '下'로 되어 있다. 蔣紹愚은 '以'자로 여겼는데 정확하지는 않다. 庚卷에는 '上'이 '下'로 되어 있다. '杖十以上'은 곤장을 열 대 이상 친다는 의미이다.

256 [江藍生] '闗天'은 '由天'을 말하는데 李白『中山孺子妾歌』에 "一貴復一賤, 闗天豈由身"이라는 구절이 보인다. [校注] 다음 句의 '去死'는 庚卷에는 글자 옆에 '去地'로 수정해 놓았다.

257 '辦'은 '備'이다. '祇承'은 담당하는 말이다. '祇'는 접사이다.

258 [原校] 戊卷에 '密箄(종다래끼 비)'는 '筆語'로 되어 있다. [校注] 乙卷에 '密'은 '筆'로 되어 있고, 三 아래 글자는 빠져 있다. 庚卷에는 '語'字만 남아 있고, 위 아홉 글자는 빠져 있다. [徐校] '密箄'는 '蜜脾'로 써야 타당할 듯하며 달콤한 말을 뜻한다. [陳治文] 『廣韻』에 "咇은 咇語이고, 又는 입 향기다"라고 했다. '筆語'는 '咇語'로 '咇'자를 잘못 쓴 듯하다. [校注] '箄'는 '筆'자를 잘못 쓴 것으로 봐야 맞다. 펠리오 티벳 사권 27 뒷면에 "[illegible]惡手弱, 多有決錯"이란 구절이 보이는데 '惡' 앞의 글자와 '箄'는 형태가 비슷한 것을 봐서 '筆'자를 잘못 쓴 듯하다. '密筆'은 첩운 聯綿詞인 듯하다. '咇'은 『龍龕手鏡』에 "蒲結反。咇, 諧也"라고 되어 있어 『廣韻』과 다르다. 따라서 '咇語'가 반드시 맞는 글자는 아니다.

259 庚卷에는 '相髇'이 '相件'으로 되어 있다. [徐校] '髇'字는 잘 모르겠다. 대체로 유인하다는 뜻인 듯하다. [蔣禮鴻] '相髇'은 쓸데없이 귀찮게 하고 분쟁을 일으키다는 뜻이다. [陳治文] '髇'은 '骯'은 오자이다. '骯'자는 아마도 '諢'의 오자인 듯하다. 『廣韻』에 "諢, 諢摩人也"로 되어 있는데, '相諢'의 '諢'는 古와 困의 반절음 즉 '곤'으로 읽으며 앞뒤 문구와 韻이 맞는다. [項楚] '髇'은 '嚬'을 말하는 것으로 힘써 싸운다는 뜻이다. [潘校] 原卷과 戊卷에는 '相髇'이 '相骸'로 되어 있다. 原卷 사본에는 '骸'가 '髇'과 흡사하고 變文集에서는 '髇'으로 보았다. [校注] '骸'로 보는 것은 압운이 되지 않으므로 분명 잘못된 것이다. '諢'字는 『集韻』에 '翫(가지고 놀 완)人也'로 되어 있다. '摩人'은 '翫人'으로 분쟁을 일으키다는 뜻은 아닌 듯하다. 따라서 '諢'으로 교정하는 것은 정확하지 않은 듯하다. '嚬'자는 牛와 姦의 반절음 즉 '안'으로 읽는데 압운되지 않고 반드시 첩자로 사용해야 하기 때문에 정확하지 않은 듯하다.

나들 정도로 융통성이 있다고 하더이다. 제발 저녁 심문 때까지만 형틀을 벗겨 주십시오. 굳이 엄격하게 통제하지 않으시면, 사식을 들여올 때 옥비녀를 바칠 것입니다." 옥리가 말했다. "지금 너는 아직 죄를 깨끗이 청산하지 못하고 감옥에 갇혀 있다. 내 관직에 있는 몸이거늘 어찌 뇌물을 받으라고 권한단말이냐? 만일 대왕께서 알아주신다면 분골쇄신 노력할 뿐이다. 네 사정을 봐주었다가 곤장을 얻어맞을 수는 없지 않느냐?" 참새가 탄식하길. "옛말에 三公 같은 귀족도 한갓 옥졸에게 수모를 당한다 했는데 내가 지금 그 꼴이구나. [입으로 염불하며 빌기를] 이번 옥사에서 벗어나게 된다면『般若波羅蜜多心經』한 권을 정확하게 초사하리라." 그리고는 이번 사건을 맡은 관리를 찾아가 공명정대함을 칭찬하며 말하길.."앞으로 편리를 봐주십시요. 후사할 것을 증서로 약속하겠으며 터럭만큼이라도 은혜를 배반하지 않을 것입니다." 관리가 말했다. "이놈! 어리석은 소리로 날 희롱할 생각 말아라. 네 놈은 남의 집을 강탈하고서도 부끄러워할 줄 모르고, 오히려 흉악하게도 그를 두들겨 패 곤궁하게 만들었다. 너는 왕법을 어긴 죄인이라, 봉황께서 나에게 심문할 것을 명하셨다. 내일 이른 아침 재판이 열리면 필시 단번에 결단이 날 것이다. 곤장 열 대면 이미 생사의 경계선에 이르러 죽음에 이르는 것은 반 시각도 걸리지 않을 것이다. 곤장 맞을 등짝이나 준비할 것이지, 어찌 감언이설로 유혹하려 하느냐?

雀兒被額,[260] 更害[261]氣噴(賁).[262] 把得問頭,[263] 特地更悶.[264] 問.「鷰

260 '額'은 원록에 '嚇'으로 되어 있다. [原校] '嚇'은 원래 '害頁'로 되어 있는데 甲卷에 따라 교정한다. [校注] 原卷에는 頟로 되어 있고 乙·戊·庚卷에는 모두 '額'으로 되어 있다. 따라서 頟은 '額'字를 바꿔 쓴 것으로 이는 原卷을 따른 것이다. '額'은 질책하다, 지적하다는 뜻으로 상세한 것은『盧山遠公話』를 참고.

261 [蔣禮鴻] 更害는 단어 閒介와 扞格의 음을 바꾼 것으로 가로막는 모양을 가리킨다. 變文에는 숨이 꽉 막히는 것을 말한다. [呂叔湘] 납득하기 어려운 해석이다. 여기서 '更害' 두 글자는 글자 그대로 해석하면 그만인 것을 쉬운 것을 두고 왜 어렵게 풀이하는지 모르겠다. [校注] '害'는 병환의 뜻이다. 稗海本『搜神記』卷二「王子珍」조

子造舍, 擬自存活.[265] 何得麤豪, 輒敢强奪? 仰答!」[266] 「但雀兒兒名[267]腦[268]子, 交(教)被老烏[269]趁[270]急. 走不擇險,[271] 逢孔即入. 暫投鸖舍,

---

에 “衆共尋, 乃見白鷄在架墻上而坐, 害左眼”이라는 구절이 보인다. 여기서 ‘害’字는 다음 구절 ‘瞎左眼者所射中也’에 의거할 때 『說文』 ‘傷也’의 의미와 관련이 있음을 알 수 있다. 『破魔變文』에는 “身月卷項縮, 恰似害凍老”라는 구절이 보이고 『淸平山堂話本』 「合同文字」에는 “害了六七日, 一命嗚呼”라는 구절이 있다. 여기서는 병환의 뜻임이 확실하다.

262 ‘噴’은 원록에 ‘咽’으로 되어 있다. 【原校】 ‘咽’은 원래 ‘憤’으로 되어 있는데 甲卷에 의거하여 교정한다. 【校注】 原卷과 乙·戊·庚卷에는 모두 ‘噴’으로 되어 있고, 오직 甲卷에만 ‘咽’으로 되어 있다. ‘咽’은 압운되지 않으므로 굳이 교정할 필요가 없다. ‘噴’은 ‘賁’자에 부수를 덧붙인 것으로 ‘氣賁’은 病名이다. 『諸病源候論』 卷十三 『賁豚氣候』에 “賁豚氣者, 腎之積氣, 起於驚恐夏思所生。若驚恐則傷神, 心, 藏神也; 夏思則傷志, 腎, 藏志也。神、志傷, 動氣積於腎而氣下上遊走如豚之奔, 故曰‘賁豚’。” 구절이 있다. 또 같은 책 「奔氣候」에 “氣道不利, 則諸藏氣气壅, 則失度, 故氣奔急也。” 구절도 보인다. 기타 다른 『內經』·『難經』·『金櫃要略』 等에도 비슷하게 언급하고 있는데 굳이 인용하지 않는다. ‘賁’은 ‘奔’이며 여기서는 거성으로 읽고 압운된다. 참새가 옥졸에게 혼나고 질책 당하여 ‘賁豚’이란 병을 앓는 것은 당연하다. 따라서 ‘更害气賁’는 문맥이 완전히 부합된다.

263 ‘問頭’는 조사할 때 범인이 제출한 문서와 대질하여 심문함을 말한다. 상세한 것은 『通釋』을 참고할 것.

264 ‘特’은 乙·戊卷에 ‘持’로 되어 있다. 【校注】 ‘特地’는 特別함을 말한다. ‘悶’은 거성으로 읽는다. 『廣韻』에는 “悶, 『說文』 曰: 懣也。莫困切”로 되어 있다.

265 甲卷에는 윗 단락 ‘把得開頭’부터 여기까지가 빠져 있다.

266 【蔣禮鴻】 問頭에는 일정한 격식이 있다. 問頭에는 반드시 ‘問’字가 들어가고, 마지막에는 ‘仰答’이란 글자가 들어간다. ‘仰’은 공문를 내려 보낼 때 사용하는 명령 어투다. 【校注】 ‘仰’ 역시 공문을 위로 올릴 때 사용하는 어투로 간청의 뜻이 담겨 있지만 여기서는 다르다.

267 兒名은 원록에 ‘明明’으로 되어 있다. 【原校】 ‘明明’은 원래 ‘之名’으로 되어 있는데 甲卷에 의거하여 교정한다. 【校注】 原卷에는 ‘雀兒’ 아래 ‘、、名’으로 되어 있다. ‘名’ 위의 글자는 ‘兒’字를 중복해서 쓴다는 것을 나타내는 부호다. 을권은 ‘輒’자부터 여기까지가 빠져 있다. 무권은 ‘雀兒’ 아래가 ‘名’자로 되어 있다. 庚卷에는 빠져 있다. 甲卷의 ‘明明’은 ‘兒名’의 오자이다. 戊卷에는 ‘兒’자 다음에 중복 부호가 빠져 있다. ‘雀兒兒’는 참새의 자식을 말한다.

268 腦, 원록에 ‘惱’로 되어 있는데 ‘腦’로 교정한다. 【校注】 원권과 을·무·경권에는 모두 ‘腦’로 되어 있으므로 바로 잡는다. 【潘校】 原卷의 ‘雀兒.名’은 당연히 ‘雀兒兒名’이 되어야 한다. 여기서는 참새 아이의 이름이 ‘腦子’임을 말한다. 다음 문구에서 ‘雀兒祇緣腦子避難’이라고 했고, 또 “父了團頭, 牵及上下”라고 했는데 ‘腦子’가 아이 이름임을 알 수 있다. 【校注】 潘 선생의 해설이 옳다. ‘腦子’라는 이름은 약 이름에서 따온 듯하다. 『道藏』 「石藥爾雅」에 “野鵲腦, 一名飛駿馬。” 구절이 있고, 蘇軾 『與通長

免[272]被拘執.[273] 實緣避難, 事有急疾. 亦非强奪, 願王體悉.」[274]

참새는 질책을 당하자 한층 겁을 집어 먹고는 숨조차 제대로 못쉬며 심문서를 받아들고는 더욱 고민한다. "묻겠느니라! 제비가 자기 집을 지어 거주하고 있거늘, 어찌 감히 강탈했단 말이냐? 답변해보거라." "제 아이 놈이 그만 큰 까마귀에 쫓겨 다급한 터라 위험한 줄도 모르고 빈집에 들어간 것입니다. 잠시 제비집에 머문 덕에 잡히지 않을 수 있었습죠. 정말이지 피난하기 위해서였고 다급해서였지 결코 강탈한 것이 아닙니다. 원컨대 왕께서는 굽어 살펴 주시옵소서."

又問.「旣稱避難, 何得恐嚇?[275] 仍更躓打,[276] 使令墜翮? 國有常刑, 合笞決一百.[277] 有何別理, 以自[278]明白? 仰答!」「但雀兒祇緣腦子[279]

老』尺牘之九에 "惠茶極爲精品 …… 今納少許, 幷人參四兩, 可以此二物相對入少甘草, 幷腦子作湯點, 佳"라는 구절이 보인다. [江藍生] '明明腦子'는 맑은 눈을 가리키는데 정확하지는 않다.

269 老烏는 烏鴉를 말한다. 白居易의 『秦吉了』 新變府에 "昨日長爪鳶, 今朝大嘴烏。鳶捎乳鸛一窠(보금자리 과)覆, 烏啄母 鷄雙眼枯。…… 吾聞鳳凰百鳥主, 爾竟不爲鳳凰之前致一言, 安用噪噪閑言語!"라는 구절이 있다.

270 趁은 쫓는다는 말이다.

271 險은 원권에서 '嶮'자를 사용하고 있는데(庚卷도 동일) 이체자이다.

272 免은 원록에 '勉'으로 되어 있는데 '免'으로 교정한다. [校注] 甲·乙·戊·庚卷에는 모두 '免'으로 되어 있어 교정한다.

273 拘는 원록에 抅로 되어 있다. [原校] 甲卷에 '抅執'이 '敵擊'으로 되어 있고, 무권에는 '抱屈'로 되어 있다. [校注] 乙·庚卷에도 '抱屈'로 되어 있다. '抅'는 '拘'의 俗字로 글자 안에 '口'를 쓰느냐 '厶'를 쓰느냐의 차이일 뿐이다. '拘執'은 사로잡다는 뜻이다. 甲卷의 '敵'은 '毆'로 써야 옳고, 乙·戊卷의 '抱'는 '拘'로 써야 맞다.

274 '體'는 甲卷에 '替'로 되어 있다. [蔣禮鴻] '體'는 조사하고 살피는 것을 말한다.

275 '嚇'은 원록에 '赫'으로 되어 있는데 '嚇'으로 교정한다. [校注] 甲·庚卷에 '嚇'으로 되어 있으므로 교정한다. 또 乙卷은 '又問' 두 글자에서 끝나고 뒷부분은 빠져 있다.

276 [原校] 甲卷에는 '躓(넘어질 지)打'가 '打硬'으로 되어 있다. [校注] 甲卷에는 '硬' 위의 글자가 빠져 있고 상단부만이 남아 있는데 무슨 글자인지 알기 어렵다. 『廣雅』「釋詁二」에 "躓, 蹋也"로 되어 있고, 『龍龕手鏡』에는 "蹋, 口齒蹋也"로 되어 있다. '蹋'은 '踢'의 뜻이다. 또 문구 중의 '仍'字는 庚卷에 '遂'자로 되어 있다.

277 合은 甲卷에 '佘'으로 되어 있는데 형태가 비슷하여 잘못 쓴 글자다. '百'字는 原卷에 먼저 '杖'으로 쓴 다음 동그라미를 긋고 옆에 수정하여 놓았다. 庚卷에는 '決'字가 없다.

避難, 暫時留【連】[280]鸑舍. 旣見空閑, 暫歇解卸.[281] 鸑子到來, 【卽欲向前詞謝,[282] 不悉事由】,[283] 望風惡罵.[284] 父子團頭,[285] 牽及上下. 忿不思難,[286] 便卽相打.[287] 鸑子旣稱墜翮, 雀兒今亦跛胯.[288] 兩家損處, 彼此相亞.[289] 若欲確論坐宅,[290] 請乞酬其[291]宅價. 今欲據法科繩,[292] 實

278 [原校] '自'는 원래 '此'로 되어 있는데 甲·戊 두 권에 의거하여 교정한다. [校注] 庚卷에도 '自'로 되어 있다.

279 腦는 甲卷에 '惱'로 되어 있다.

280 [原校] '連'字는 甲卷에 의거하여 보완한다. [校注] 庚卷에도 '連'字가 있다.

281 [江藍生] 휴식할 때는 보통 옷과 모자를 벗는다. 따라서 벗는다는 의미의 '解卸(풀 사)'라는 단어를 쓴 것이다. 『八相變』에 "是時太子, …朱衣麗服, 脫卸收封, 回付宮人"이라는 구절이 있는데, '脫卸'와 '解卸'는 같은 뜻이다. [校注] '解卸'는 무거운 짐을 내려놓는다는 뜻이다.

282 '詞謝'는 미안하다는 말이다. 『三國志』 卷一 「武帝紀」 注에서는 『續漢書』의 "候所亡豕自還其家, 豕主人大慚, 送所認, 并 謝篩, 篩笑而受之。" 구절을 인용하고 있다.

283 [原校] '卽欲'부터 '事由'까지 열 글자는 戊卷에 의거하여 보완한 것이다. [校注] 庚卷에도 이 열 글자가 남아 있다.

284 [江藍生] 望風은 허공을 향하여의 뜻이다. 여기서는 '근거없이·터무니없이'의 의미이다. 『降魔變文』 一卷에 "未問委的, 望風且嗔"이란 구절이 보이는데 여기서 '望風'의 뜻은 '望空'과 동일하다. '望風'은 '望風披靡'의 '望風'에 해당하고, 형세를 나타내는 말인데 즉각·곧의 의미이다.

285 團頭: 唐五代와 宋나라 때에는 몇 개의 호구를 단위로 '團'과 '保'를 조직하였는데, 그 우두머리를 '團頭' 혹은 '保頭'라고 하였다. 『敦煌雜錄』에 寺戶에서 보리를 차용하며 쓴 文書를 나음과 같이 교정하여 수록하고 있다. "龍興寺戶團頭李庭秀、段君子、曹昌晟、張金剛等狀上: 右庭秀等并頭下人戶, 家無着積種蒔. 當時無下子之功, 秋乃馮何依託? 今人戶等各請貸便, 用濟時難. 伏望商量, 免失年計, 每頭請種子伍拾馱。"

286 忿不思難: 나중에 닥칠 결과는 생각치 않고 일시적으로 분노하는 것을 가리킨다. 『三國志』 「呂布傳」에 "然卓性剛而褊, 忿不思難, 嘗小失意, 拔手戟擲布。" 구절이 보인다.

287 打의 원래 音은 德과 冷의 반절음인 '뎡'이고 또 都와 頂의 반절음인 '뎡'으로도 읽는다. 『六書故』에는 都와 假의 반절음인 '다'로 적혀 있다. 이 작품에서는 '打'가 '下', '亞' 等과 押韻되는 것으로 보아 都와 假의 반절음이 확실하다.

288 '胯'는 원록에 '跨'로 적혀 있다. [原校] '跛'는 원래 '被'로 되어 있는데, 戊卷에 의거하여 교정한다. [校注] '跨'字는 原卷과 戊·庚卷에 모두 '胯'로 되어 있다. 甲卷 좌측은 비교적 모호한데 여기서 바로 잡는다. '跛胯'는 다리를 절룩거린다는 뜻이다.

289 이 두 구는 甲卷에 '兩家彼此相亞'로 되어 있다. [校注] '相亞'는 엇비슷함 즉 서로 우열을 가리기 어려움을 말한다.

290 確論坐宅: 다른 사람의 주택을 점거하기로 확정하다. 庚卷에는 이 구절이 '確論宅舍'로 되어 있다.

卽不敢咋呀.[293] 見有[294]上柱國勳,[295] 請與收贖罪價.」[296]

"다시 묻겠다. 피난했다고 했는데, 그러면 어째서 위협했으며 더구나 두들겨 패서 날개까지 부러뜨렸느냐? 나라 법에 따라 곤장 백 대를 맞아야 합당할 것이다. 달리 이유가 있으면 해명해보거라." "단지 제 아이와 피난하기 위해 잠시 제비의 집에 머물렀을 뿐입니다. 텅 비어있어 잠시 쉬었던 것이지요. 그런데 제비가 돌아와 사과하려고 했는데, 사정을 헤아리지도 않고 무턱대고 욕을 해댔지요. 저희 부자를 마을 이장에게 고발하고 봉황님께 끌고 가기에 분을 삭이지 못하여 서로 싸우게 되었던 것입니다. 제비는 날개가 부러졌다고 말하나 저 역시 다리가 부러졌습니다. 양쪽의 손해와 상처가 서로 비슷합니다. 만약 제비집에 거주한 것이 잘못이라면 거주비를 배상하겠나이다. 이제 법대로 처분하시면

---

291 戊・庚卷에는 '酬其'가 '陪酬'로 되어 있다.

292 今은 庚卷에 '若'으로 되어 있다. 科繩은 甲卷에 '科徵'으로 되어 있다. 戊卷에는 먼저 '科繩'으로 썼다가 다시 글자 오른쪽 옆에 '懲'으로 고쳤다. [校注] 모두 뜻이 통한다. '科徵'은 과징금을 부과하고 속죄 받는다는 의미인데 글자가 '懲'자와 비슷하여 같이 사용한다. '科繩'과 '科懲'은 의미가 유사하다.

293 문구 중의 '卽'字는 甲卷에 '亦'으로 되어 있다. [徐復] '咋呀'은 명령을 어긴다는 뜻이다. 『集韻』에는 "詐, 詐訝, 言戾, 側下切, 又仕下切"이라 되어 있고 또 "訝, 語下切"이라고도 되어 있다. 詐訝 두 글자는 첩운이고 '咋呀'와 통용된다. [蔣禮鴻] 『集韻』上聲에 '厏(끼일 차)厊(집 아)'라는 말이 있는데, 音이 詐訝와 같고, '서로 부합하지 않는다'는 말로 해석했는데 의미가 통한다. [校注] 『玉篇』에는 '謯訝'라는 단어가 있는데 꾸짖는 모양으로 풀이하며 동일한 聯綿詞에 해당한다.

294 [原校] '見有' 다음에는 원래 '請'字가 없다. 甲卷에 의거하여 삭제한다. [校注] 戊・庚卷에도 '請'字가 없다. '請'자는 다음 문구의 글자를 잘못 쓴 듯하다.

295 上柱國勳: 唐 나라 때는 '上柱國'이 고급 무관의 호칭이었다. 敦煌文書 중에는 공훈을 세워 이 직책을 얻은 자가 상당히 많다. 예컨대 P.2567 差科薄 73인 중에는 4명이 上柱國이란 호칭을 달고 있으며, 11인이 上柱國子(子는 자녀를 말한다), 6인이 柱國子로 되어 있다. 기타 P.2803・P.3018 등의 差科薄 사권도 이와 같다. 庚卷 '勳'자 아래에는 '告'字가 있다.

296 [原校] '贖罪價'는 원래 '其贖罪'로 되어 있는데 甲卷에 의거하여 교정한다. [校注] 戊卷과 庚卷에는 '價'가 '賈'로 되어 있다. [江藍生] 원교와 원권의 글자는 갑권과는 정반대인데 정확하지 않은 듯하다. '請與收贖罪價'는 上柱國의 공헌을 봐서 속죄해주기를 원한다는 말이다.

감히 군소리하지 않겠습니다. 다만 제가 '상주국'의 공훈을 세운 것을 참작하시어 배상으로 속죄할 수 있기를 청원하옵니다."

又問. 「奪宅恐嚇, 罪不可容. 旣有高勳,[297] 先於何處立功?仰答!」「但雀兒去[298]貞觀十九年, 大將軍[299]征討遼東. 雀兒【投募】[300]充傔,[301] 當時配[302]入先鋒. 身不【騎馬】,[303] 手不彎弓. 口銜艾火,[304] 送着上風.[305]

---

297 [原校] 갑권에는 '高勳'이 '功勳'으로 되어 있다. [校注] 무권에는 '公勳'으로 되어 있고, 경권에는 '勳功'으로 되어 있다.

298 '去'는 시간의 거슬러 올라감을 표시하는 개사로 오늘날의 '在'에 해당한다. P.3813 判集 殘卷에 "奉判 : 田智先娉孔平妹爲妻, 去貞觀十七年大歸"라는 유사 구절이 있다. 문구 중의 '觀'字는 原卷에는 빠져 있고, 甲・戊卷에는 남아 있다.

299 '大將軍'은 行軍大總管 李勣이다. 『舊唐書』「太宗下」에 다음 구절이 보인다. "(貞觀)十九年春二月, 上親統六軍發洛陽。夏四月癸卯, 誓師於幽州城南, …… 癸亥, 遼東道行軍大總管、英國公李勣攻蓋牟城, 破之。五月丁丑, 車駕渡遼。甲申, 上親率 騎與李勣會圍遼東城, 因烈風發火弩, 斯須城上屋及樓皆盡, 麾戰士令登, 乃拔之。" 또 唐太宗『克高麗遼東城詔』等에는 李勣을 '行軍大總管'으로 불렀고, 李道宗을 副大總管으로, 張儉을 行軍總管으로, 張士貴를 第一軍總管으로 일컬었다. 江藍生은 '大將軍'은 薛仁貴을 가리킨다고 했는데 정확하지 않은 듯하다. 또 戊卷에는 '大將軍'이 '大' 한 글자로 되어 있고, 庚卷에는 '大軍' 두 글자로 되어 있다.

300 [原校] '投募' 두 글자는 戊卷에 의거하여 보충한다. [校注] 庚卷에도 남아 있다. 原卷에는 '雀兒' 다음에 대략 열 칸이 비어 있다.

301 甲卷에는 '謙'으로 되어 있고, 戊卷에는 '兼'으로 되어 있다. [校注] '傔(시중들 겸)'은 시중드는 사람을 가리키고, '充傔'은 시중드는 수행원을 충당한다는 말이다. P.3559 差科薄에 "(翟英奇)男日晟, 載卄五, 上柱國子, 充傔。(張俊男)男仙鶴, 戰卄九, 品子, 充傔。" 구절이 있다.

302 [原校] '配'는 원래 '被'로 되어 있는데, 戊卷에 의거하여 교정한다. [校注] 甲卷에도 '被'로 되어 있다.

303 [原校] '騎馬' 두 자는 원래 빠져 있는데 甲卷에 의거하여 보충한다. 戊卷에는 '跨馬'로 되어 있다. [校注] '身不' 다음 부분은 원권에는 두 칸이 비어 있고, 戊卷에는 '胯馬'(庚卷도 동일)로 되어 있다.

304 '艾'는 원록에 艾로 되어 있다. [校注] 原卷에는 '艾'字가 없으며, '銜' 다음에는 대략 네 칸이 비어 있다. 甲卷에는 艾자의 상반부만이 남아 있고, 戊卷에는 艾로 되어 있다. 蔣禮鴻은 艾는 '艾'字를 당시 잘못 쓴 것으로 보았는데 매우 정확하다. 『龍龕手鏡』에는 "艾, 五蓋反, 歷也, 老也, 長養也。又草名"으로 되어 있다. 여기서 아래 부분은 '乂'자이고 音은 五와 蓋의 반절 즉 '애'인 것으로 보아 '艾'字가 확실하다. 변문 사권에서는 '乂'자를 '叉'자로 바꾸어 놓았는데 당시 민간에서 쓰면서 변화된 것이다.

高麗遂滅, 因此立功. 一例[306]蒙上柱國, 見有勳告數通.[307] 必其欲得磨勘,[308] 請檢[309]山海經中.」

"다시 묻겠다! 집을 강탈하고 협박한 죄 용납할 수 없도다. 허나 높은 공훈을 세웠다고 했는데 이전에 어디에서 공을 세웠느냐? 답변해보거라." "저는 과거 정관 19년(645) 대장군이 요동을 정벌하실 때, 군대에 투신하여 그 당시 선봉에 배치되었습니다. 저는 말을 타지도 않고, 손에 활도 들지 않았습니다. 다만 입으로 뜸쑥불을 물어다가 바람을 이용해 화공하여 고구려를 멸망시켰습니다. 이로 인해 상주국의 관직을 하사받았고, 여러 장의 표창장도 받았습니다. 사실 여부를 알아보시려면 『산해경』을 조사해 보십시오."

鳳凰判云.「雀兒剔禿, 强奪鸞屋. 推問根由, 元無臣伏.[310] 既有上柱國勳收贖,[311] 不可久留在獄. 宜卽適(釋)放,[312] 勿煩案責.」[313]

艾火에 대하여 蔣禮鴻은 다음과 같이 말했다. "불은 공격하는데 사용하는 도구다. 『通典』 一六〇「兵」 十三「攻城戰具」에 "磨杏子中空, 以艾實之, 以艾宝之, 系雀足上加火, 薄暮群放, 飛入城壘中, 栖宿其積聚廬舍, 須臾火發, 謂之火杏"이란 구절이 있다. (이 구절은 『李衡公兵』에도 보인다) 여기서는 참새가 화공을 써서 적을 소멸시킴을 말한다. 변문은 절묘하게 맞아 떨어지는 구절들 때문에 훨씬 재미가 있다.

305 上風은 갑권에는 '上烽'으로 되어 있다.

306 '一例'는 '다른 사람과 같이' 즉 '함께'라는 뜻이다. 唐太宗 『賞渡遼戰功詔』에 "今討高麗, 其從駕爰(이에 원)及水陸諸軍戰陣有功者, 幷聽從高品上累加." 구절이 보이는데 바로 이 일을 가리킨다.

307 通은 量詞이다. 文書 하나를 '一通'이라 한다.

308 磨勘은 실태를 조사 확인하는 것을 말한다.

309 請檢은 甲卷에 '檢取'로 되어 있다.

310 [原校] 甲卷에는 臣伏이 '丞伏'으로 되어 있고 戊卷에는 '承伏'으로 되어 있다. [校注] 甲卷에는 윗 글자가 巠로 되어 있는데 '丞'字를 잘못 쓴 듯하다. [徐校] '承'이 옳다. [校注] '臣伏'은 굴복을 나타내며 번거롭게 교정하지 않는다.

311 收贖은 甲卷에 '取時'로 되어 있다. 戊卷에는 '收贖' 아래 '罪'字가 있다.

312 [原校] 戊卷에는 '敵放'이 '且放'으로 되어 있는데 '釋放'으로 적어야 할 듯하다. [校注] '釋'으로 교정하는 것이 옳다. 庚卷에는 이 구절이 '宜卽放' 세 글자로 되어 있다.

313 牘(편지 독)은 원록에 '責'으로 되어 있다. [校注] 原卷에는 '日賣'로 되어 있고, 戊·庚卷에는 '贖'으로 되어 있는데 '牘'자 옆의 부수를 잘못 바꿔 썼거나 음이 비슷하여

봉황이 판결했다. "참새가 교활하게도 제비의 집을 강탈하였다기에 전말을 조사했으나 도무지 승복을 않는구나. 또한 참새는 상주국의 공훈을 가지고 있어 속죄가 될 만하니 감옥에 오래 가두지 말라. 즉각 석방하고 번거롭게 다시 심문하지 말라."

雀兒得出, 喜不自勝. 遂喚[314]鷰子, 且飲二升. 「比來[315]觸誤(忤),[316] 請公哀矜. 從今已後, 別解祇承.[317] 人前並(背)[318]地, 莫更口仍口仍.」[319]

빌어 쓴 글자일 것이다. '牘'은 윗 문장에 나오는 禿·屋·伏·贖·獄輿 등과 압운된다. 원록에서는 갑권에 의거하여 '責'으로 수정하였는데 압운이 되지 않는다. 案牘은 기관에서 보관하고 있는 문서로 여기서는 소송을 가리킨다. 『魏書』 卷77 「辛雄列傳」에 "雄久執按牘, 數見疑訟, 職掌三千, 願言者六"이란 구절이 있다. '按'자를 이 책에서는 '案'자로 쓰고 있다.(예컨대, 앞 문장에서는 '罪按'이란 단어가 있다) 『玄怪錄』 「吳全素」 篇에 "判官曰: 人世三年, 才同瞬息, 且無榮祿, 何必却迴!既去卽來, 徒煩案牘。" 구절이 있다.

314 喚은 甲卷에 '罵'로 되어 있는데 의미가 통하지 않는다.

315 '比來'는 '從前'을 말한다. 『金剛醜女因緣』에 "比來醜陋前生種, 今日端嚴遇釋迦"라는 구절이 있다. 상세한 것은 『通釋』 참고.

316 '誤'는 '忤'로 읽는다. 앞 문장에 '觸悞'라는 단어가 있고, 原校에 '觸忤'로 되어 있다.

317 [江藍生] 別은 판별하다는 뜻이고, 解는 깨우치다는 뜻이다. '別解' 두 글자로 쓰면 알다·이해하다는 의미가 된다. [校注] '別'은 '另(다름)'의 의미가 '특별하다'는 말로 변화 발전한 것이다. '別解祇承'은 모시고 받듦을 특별히 안다는 뜻이다. 『維摩詰經講經文』에 "亦能侍奉, 偏解祇承"이란 구절이 있는데 여기서 '偏解'는 '別解'의 의미이다. 『捉季布傳文』에 "僕應抬舉別安存"이란 구절이 있고, 唐高祖 『褒勛臣詔』에 "勛賢之議, 宜有別恩"이란 구절이 보이는데 '別'字의 뜻이 동일하다.

318 '并'은 甲卷에 '煨(불씨 외)'로 되어 있다. [校注] '并'은 '背'의 音을 빌린 글자이며, '煨'는 '隈'의 音을 빌린 글자이다 '隈地', '背地'는 의미가 동일하다. 『降魔變文』에 "和尚猥地誇談, 千般伎術; 人前對驗, 一事無能"이란 구절이 있는데, '猥地'는 丙卷에 '椳(지도리 외)地'로 되어 있다. P.4995 『兒郎偉』에 "鄧押衙勾當酒料, 猥地半個 □□"라고 되어 있는 것처럼 모두 '猥地'임을 알 수 있다.

319 '莫更'은 戊·庚卷에 '更莫'으로 되어 있다. '口仍口仍'(庚卷도 동일.)는 甲卷에 '仍仍'로 되어 있다. [江藍生] '口仍'字는 사전에는 보이지 않는데 '仍'자를 당시 민간에서 쓰면서 부수를 보탠 것으로 봐야 타당하다. '仍'은 '重', '頻'의 의미가 있다. [蔣冀騁] '口仍口仍'은 '噥噥'과 통하는데 두 글자가 음이 비슷하여 빌어 쓴 것이다. 『玉篇』에 "噥噥은 말이 많음을 의미한다"고 했으니 바로 이 뜻이다. 또 『說文』에 "訪, 厚也"라고 했는데 이 글자는 '訪'로도 쓴다. '訪'과 '口仍'는 근원이 같은 글자로 부수도 口와 言으로 유사하다. 『玉篇』에 '誑'이란 글자가 있는데, 音이 女와 林의 반절 즉 '임'으로 말이 많음을

참새는 풀려나자 그 기쁨이 이루 말할 수가 없었다. 마침내 제비를 불러 우선 술 두 되를 마시고는, "얼마 전에는 제가 잘못을 범했으니 선생께서는 어여삐 생각해 주시지요. 오늘부터는 선생을 잘 받들어 모실 것이며, 앞으로는 사람들 앞에 나서지 않고 다시는 잉잉대는 소리도 내지 않겠습니다."

鷰雀[320]既和, 行至鄰並.[321] 乃有一多事鴻鶴,[322] 「借問【二子】,[323] 比來爭[324]競, 雀兒不【能】[325]退靜. 開眼尿床,[326] 違他格令. 賴值鳳凰恩擇(澤), 放你一生[327]草命. 可中[328]鵮子搦得, 百年當時[329]了竟.」 遂罵鷰

뜻한다. 訬·嗺·詚은 모두 동일한 소리 글자를 바꿔 쓴 것이다. 蔣 선생의 해설이 맞다. P.2058 『字寶』에 "聲訬訬, 女讋反"라는 구절이 있는데 '吵'과 '嗺'의 음이 동일함을 알 수 있다.

320 '雀'은 甲卷에 '着'으로 되어 있으니 음을 빌어다 쓴 글자이다. P.3833 王梵志詩에 "索得屈爵爲, 家風不榮益"이란 구절이 보인다. 原卷에는 爵(雀)字를 먼저 '着'으로 썼다가 삭제한 후 고쳤다.

321 원록에는 '隣'자 위에 '東'字가 있다. 따라서 '並'字는 다음 구절에 속한 것으로 읽는다. 【原校】 '東'字는 갑권에 의거하여 보완한다. 【徐校】 '東'字는 보충할 필요가 없다. 따라서 '亞'字에서 구두점을 찍어야 타당하다. '亞', '競'은 압운되는 글자다. 여기서는 '東'字를 뺀다. 【蔣禮鴻】 '隣並'은 이웃에 거주한다는 말로 '比隣'으로도 쓴다. '比'와 '並'은 같은 글자로 바꾸어 쓴다. 王梵志詩에 "隣並須往來, 借取共交通" 구절이 있고, 賈島 『題李凝幽居』 시에 "閑居少隣並, 草徑入荒村" 구절이 보인다.

322 鶴은 '鵠'와 같다. 庚卷에 '鴻鶴'은 '鶬鶴'으로 되어 있다. 이하도 동일하다.

323 【原校】 '二子' 두 글자는 甲·戊 두 권에 의거하여 보완한다. 【校注】 庚卷에도 있다.

324 【原校】 '爭'字는 원래 '諫'으로 되어 있는데 甲·戊 두 권에 의거하여 교정한다. 【校注】 庚卷에도 '爭'자가 있다.

325 【原校】 '能'字는 甲·戊·己 세 권에 의거하여 보충한다. 【校注】 庚卷에도 있다. 己卷은 위 구절 '競'字에서 시작한다.

326 '開眼尿床'은 속담으로 "고의적으로 범했음을 명백히 안다"는 뜻이다.

327 一生은 '一笙'과 같은 단어로 '줄기 하나, 가지 하나'의 뜻이다. 『伍子胥變文』 校注 참고.

328 『詩詞曲語辭匯釋』에 "可中은 '如其(만약)' 혹은 '假使(가령)'이라는 말과 같다"고 했고, 王建 『鏡聽』에는 "可中三日得相見, 重綉鏡囊磨鏡面。" 구절이 있다.

329 【原校】 '時'는 원래 '鋪'로 되어 있는데, 甲·戊·已 세 권에 의거하여 교정한다. 【校注】 庚卷에도 '時'로 되어 있다. 百年은 生命을 가리키며, '當時'는 즉각의 뜻이다.

子. 「你甚[330]頑嚚,[331] 些些小事, 何得紛紜! 直欲危他性命, 作得如許不仁.[332] 兩個都無所識, 宜吾[333]不與同群.」

제비와 참새가 화해한 뒤 [동쪽 마을로] 가 이웃하여 함께 살았다. 그때 참견하기 좋아하는 기러기와 학이 이를 보고서 말했다. "두 분에게 묻겠소이다. 근자에 참새는 양보하지 않고, 두 눈을 뜨고서 침상에 오줌을 깔겨 법령을 위반했지요. 그러다 봉황님이 당신 목숨을 살려주는 은택을 베푸셨지요. 가령 매가 잡아갔다면 당신 생명은 끝이 났을 것입니다." 그 다음 제비를 욕했다. "그대는 지나치게 완고하고 우둔하오. 아주 사소한 일을 가지고, 어찌 소란을 떨어 다른 사람의 생명이 위태로울 만큼 무정하게 구셨는지요? 그대들 둘은 모두 양식(良識)이 없으니, 같이 지낼 수 없음을 깨달아야 할 것이오."

鷰雀同詞而對曰. 「何期[334]鳳凰不嗔, 乃被【多事】[335]鴻鶴責數![336] 你

330 [原校] '甚'은 원래 '是'로 되어 있는데 戊·己 두 권에 의거하여 교정한다. [校注] 庚卷에도 '甚'으로 되어 있다.

331 嚚는 원록에 囂로 되어 있는데 '嚚'로 교정한다. [校注] 戊·庚卷에 '嚚'로 되어 있어 교정한다. 甲卷에 '愚'로 되어 있는데 의미는 동일하다.

332 庚卷에 '如許'는 '爾許'로 되어 있다. 또 이 구절은 甲卷에 '你是如許罪人'으로 되어 있다.

333 吾는 원록에 '悟'로 되어 있다. [原校] 戊卷에는 '悟'가 '吳'로 되어 있고, 己卷에는 '吾'로 되어 있다. [校注] 甲卷에도 '吾'로 되어 있어 여기서 교정한다. 庚卷에는 '宜吾'가 '疑誤'로 되어 있다.

334 何期는 원록에 '何其'로 되어 있는데, 庚卷에 의거하여 교정한다.

335 [原校] '多事' 두 글자는 甲卷에 의거하여 보충한다. [徐校] '多事' 두 글자는 보충할 필요가 없다. [校注] 庚卷에도 두 글자가 있다.

336 數는 원록에 踈로 되어 있다. [原校] 踈는 원래 '所'로 되어 있는데 무권에 의거하여 교정한다. 하지만 '所'와 踈는 불확실한데 '説'로 써야 타당할 듯하다. [校注] 甲卷에도 '所'로 되어 있다. [徐校] 踈는 '疏'와 같은데 '數'字를 빌어 쓴다. [江藍生] 돈황 사권에서는 '所'자를 '數'자로 자주 대신하여 쓴다. 『韓擒虎話本』의 "前后不經所旬" 구절과 『目連緣起』의 "受罪早經所歲" 구절이 그 사례로 '數'자의 음을 빌린 것이다. 責數는 꾸짖다·설교하다의 뜻이다. 『左傳』「昭公二年」에 "子産數之曰"이란 구절이 있는데 이에 대하여 杜씨는 "責數其罪"라고 注를 달았다. [校注] 경권에는 '數'로 되어 있는데 이에 의거하여 교정한다.

亦未能斷事, 到頭沒多詞句. 必其[337]倚[338]有高才, 請乞立題詩賦.」

제비와 참새가 함께 대답했다. "어쩐지 봉황께서 화를 내시지 않더니만. 결국 [일 꾸미기 좋아하는] 홍학에게 책망을 받는구나. 그대도 이 일은 판결할 수 없으리니, 끝내 이러쿵저러쿵 여러 말 마시구려. 혹여 뛰어난 재주를 가지고 있다면, 시 한 수 지어 보시지요."

鴻鶴好心, 却被譏刺. 乃興一詩, 以呈[339]二子.

기러기와 학은 호의를 가지고 있다가 도리어 조롱을 당하자 마침내 시 한 수를 지어 제비와 참새에게 주었다.

鴻鶴宿心有遠志,[340] 鷰雀由來故不知.
一朝自到青雲上, 三歲飛鳴當此時.
홍학은 예전부터 원대한 뜻을 품고 있었으나,
제비와 참새는 본시 이를 알지 못하였다네.
하루 아침에 절로 푸른 구름 위에 도달했나니,
삼 년을 날아 울어 오늘에 이르렀노라.

鷰雀同詞而對曰:
제비와 참새가 함께 대답했다.

大鵬信徒(圖)南,[341] 鷦鷯巢一枝,[342]

---

337 【原校】 무권에는 '其'가 '期'로 되어 있다. 【校注】 경권에도 '期'로 되어 있다. 하지만 '其'자를 쓰는 것이 옳다. '必其'는 '如其'와 같은 말로 '必'은 '가령'을 나타낸다.

338 '倚'는 원록에 '依'로 되어 있다. 【校注】 원권과 갑·경권에는 모두 '倚'로 되어 있다. 무권과 기권에는 '依'로 되어 있는데 이에 따라 교정한다.

339 【原校】 '呈'은 원권에 '程'으로 되어 있는데 기권에 의거하여 교정한다. 【校注】 경권에는 이 구절이 "以呈子, 七言一首"로 되어 있다.

340 '志'는 갑권에 '至'로 되어 있다.

341 무권에는 '南' 다음에 '道'자로 되어 있고, 경권에는 이 구절이 "大鵬信南道"로 되어

逍遙各自得, 何在[343]二蟲知?
대붕은 실로 남쪽 바다를 도모하고
뱁새는 나뭇가지 하나에 둥지를 튼다네.
소요하며 각기 자득하면 그만이지
어찌 소인들이 알아줌을 의식하리

鷰子賦一卷
연자부 1권

있다.

342 張華라는 작자가 쓴 『鷦鷯賦』라는 작품이 있는데 『莊子』 「逍遙遊」의 내용과 흡사하다.

343 [原校] 무권에는 '何在'가 '何況'으로 되어 있다. [校注] 경권에도 '何況'으로 되어 있다.

연자부 2(鷰子賦二)[1]

此歌身自合,[2] 天下更無過.
雀兒和鷰子, 合作開元歌.

이 노래는 내가 직접 만들어 부른 것
천하에 이보다 뛰어난 것 없으리.
참새와 제비가
함께 『개원가(開元歌)』를 부르네.

---

1 [原校] 작품 제목은 後題에 의거하여 보완한 것이다. 원권의 편호는 P.2653이다. [校注] 원권에는 '鷰'자 아래 '灬'가 모두 '鳥'로 되어 있다. 여기서는 일괄적으로 '鷰'으로 통일한다.

2 身自合 : 스스로 엮어서 노래하다. '身自'는 같은 의미의 글자를 연이어 쓴 것이다. P.3211 王梵志詩에 "남의 파계를 보지 말고, 자신이나 불법을 굳게 할지어다(莫看他破戒, 身自牢住持)"라는 구절이 보인다. P.3079 『維摩詰經講經文』에 "근심이 있으시면 그들더러 음악을 연주하라 하시고, 한가할 때면 노래를 부르라 하십시오(悶卽交(教)伊合曲, 閑來卽遣唱歌)"라는 구절이 있다.

鷰子實難及, 能語復嘍羅. 一生心快健,[3] 禽裏更無過. 居在堂梁上, 銜泥來作窠. 追朋伴親侶, 濫鳥不相過.[4] 秋冬石窟隱, 春夏在人間. 二月來投叢,[5] 八月卻歸[6]山. 口銜長命草,[7] 餘事且閑閑. 經冬若不死, 今歲重迴還. 遊颺雲中戱, 宛轉在空飛; 還來歸舊室, 各[8]自本窠依. 蘩中逢一鳥, 稱名自[9]雀兒, 搖頭徑野說, 語裏事啀㖃.[10]

제비는 참으로 남들이 따를 수 없을 정도로 말 잘하고 능력도 대단했다. 본시 머리가 잘 돌아가 여러 새들 가운데 가장 뛰어났다. 제비는 집들보 위에 진흙을 날라다가 둥지를 지었다. 친구를 사귀거나 배필을 구할 때도 못난 새들과는 어울리지 않았다. 가을과 겨울에는 석굴 안에 은거하고 봄여름에는 사람들 틈에서 지냈다. 2월에는 수풀에 와서 지내다 8월에는 산으로 되돌아간다. 장수 약초를 먹으며 늘 여유롭고 한가하게 지낸다. 만약 겨울에 제비가 죽지 않았다면 올해도 반드시 돌아올 것이다. 드디어 구름 속을 이리저리 빙빙 날아다니는 제비 모습이 보였으니 옛집으로 돌아온 것이었다. 그런데 수풀 속 또 다른 한 마리 새가 있었으니 바로 참새였다. 참새는 머리를 경망스럽게 흔들면서 쓸 데 없

3 捷은 원록에 '健'으로 되어 있다. [校注] 原卷에는 '揵'로 되어 있는데 '捷'의 俗字다. 『龍龕手鏡』에는 "揵은 正(바름)의 의미로 疾과 葉의 반절음이다"라고 했다. '快捷'은 동일한 의미의 글자를 붙여 쓴 것이다.

4 過 : 교류하다. P.2819 王績의 『元正賦』에 "徑潘三月內, 恣意飽相過。" 구절이 보인다.

5 叢은 원록에 '藂(잔풀 총)'으로 되어 있는데 속자이다. 이하 동일.

6 歸는 원록에 '皈'으로 되어 있는데 '歸'로 교정한다.

7 長命草 : 약초 이름으로 長生草라고도 한다.

8 [潘校] 原卷의 '冬'은 變文集에는 '各'으로 되어 있다. [校注] 敦煌寫本에는 '各'字가 여러 차례 '冬'으로 되어 있다. 여기서는 '各'으로 고쳐야 타당하다. 앞 문장에서 "八月却歸山"이라고 했는데, 土績 『鷰賦』에도 "止隩(굽이 오)延睨(줄 횡)"이라는 구절이 보이는데, 여기서 '隩'는 산굽이를 말한다. 따라서 제비가 겨울에는 대들보 둥지에서 지내지 않음을 알 수 있다.

9 [徐校] '自'字는 문구 앞에 놓아야 타당할 듯하다. '自'는 여기서 연결 동사로 보아야 한다.

10 '啀㖃'은 다툰다는 의미. 『龍龕手鏡』에는 "啀은 俗字로 音은 爭이다"로 되어 있어 俗字임을 밝히면서 正字는 표시하지 않고 있다. '諍'자에서 옆의 부수만을 바꾼 俗字로 '諍'字는 敦煌寫本에서 '爭'으로 쓰는 경우가 많다.

는 말을 지껄여대어 분쟁을 야기시키곤 했다.

雀兒賓嚽唸,[11] 變弄別浮沉. 知他窠窟好, 乃卽橫來侵. 問鷰「何山鳥?掇地[12]作音聲.」[13]:「徒勞來索窟, 放[14]你且收心.」

실제로 말솜씨 좋은 참새는 교묘한 말을 끊임없이 해댔다. 그러던 어느 날 제비 집이 좋은 것을 알아챈 참새는 제멋대로 침입하여 차지해 버렸다. [제비가 돌아와 난리를 치자] 참새는 오히려 제비를 핀잔한다. "웬 녀석이 난리법석이야? 공짜로 집을 얻으려는 생각 그만두지 못하겠느냐?"

鷰子語雀兒:「好得輒行非![15]問(聞)[16]君向者語, 元本未相知. 一冬來

---

11 嚽은 원록에 '嚽'으로 되어 있는데 속자이다. '嚽唸'은 '攢沅' 等과 동일한데 간교하고 교활한 모습을 말한다.

12 [蔣禮鴻] '掇地'는 펄쩍 뛰다는 의미로 감정이 격했을 때 동작을 말한다. '掇地作音聲'은 펄쩍 뛰면서 소리 지르는 것을 말한다. 『敦煌掇瑣』 白話五言詩에 "雖然畜兩眼, 終是一雙盲. 向來黑如柒(漆), 直掇入深坑"이란 구절이 있는데, '掇'자와 '踏'字가 음이 동일하고 통용되는 글자임을 알 수 있다. [陳治文] '掇'字는 端母에 속하고, '踏'字는 透母에 속하는데, 聲母가 비슷하지만 결코 동일한 글자는 아니다. '掇'은 간혹 '蹳'字의 오자이기도 하다. 『廣韻』에는 "蹳'은 뛰다(跳)"로 되어 있다. [劉士濤] '掇'은 '啄'이다. [校注] '掇地'는 굳이 교정할 필요가 없으며, '踏地', '筑地'와 뜻이 비슷하다. 『北圖』 李字三十九号 「殘音義」에 "蹀地, 上他合反, 著地也。正作'踏'也。『諸經要集』云:'愚者足踏地。' 『六度集』 云:'愚者足筑口'"로 되어 있는데 빠진 글자는 '地'字로 보아야 맞다. '築地'는 부딪히다는 의미이며, '掇' 역시 맞부딪히다는 뜻이다. 『諸病源候論』 卷一 「中風候」에 "중풍에 걸린 자는 엉뚱하게 허공을 내젓고 땅에 손가락질한다(其人當妄掇空指地)"라고 했는데 '掇'과 '指'는 서로 어울리는 글자이므로 '掇空指地'는 '指空掇地'라고도 한다. '掇'은 부딪히다는 의미이다. 王梵志詩에 "直掇入深坑" 구절이 보이는데 여기서 '掇'은 '綴'의 다른 글자로 '墜'와 통하며 '踏'과는 무관하다.

13 [陳治文] '音聲'은 '聲音'으로 뒤집어 써야 한다. '音'은 앞뒤 구절의 '沉 · 侵 · 心'과 서로 압운된다. [校注] 진 선생의 교정이 옳은 듯하다. 敦煌 文字의 音은 앞뒤 鼻音이 구분되지 않고, 閉口韻과 開口韻이 때때로 서로 혼용되어 쓰인다. 따라서 수정하지 않는다. 이 두 구는 참새가 제비에게 무슨 이유로 문밖에서 펄쩍 뛰고 소리를 질러대냐며 꾸짖는 말이다.

14 放 : 시키다는 의미. 『前漢劉家太子傳』에 "於宮內不放言語漏泄" 구절이 있고, 또 "遂便不放外人知聞"이란 구절도 있는데 모두 동일한 사례이다.

居住, 溫暖養妻兒, 計你合慚愧,[17] 卻被怨辯之!」

제비가 참새에게 말했다. "정말 행실이 못되어 먹었구나! 방금 네 놈이 한 말을 다 들었다. 애당초 이 집을 알지 못했다고 하지 않았느냐? 나는 겨울 내내 이곳에 거주하면서 따뜻하게 처자를 먹여 살려왔다. 네 놈은 부끄러워해야 마땅하거늘 뭘 잘했다고 주둥이를 놀리느냐?"

雀兒語鷰子:「恩澤莫大言,[18] 高聲定無理, 不假[19]觜頭喧. 官司有道理, 正敕見明宣. 空閑石(拾)得坐,[20] 雀兒起(豈)自專.」

참새가 제비에게 말했다. "은혜는 큰 소리 치며 베푸는 것이 아니다. 큰 소리에는 원래 이치가 담겨 있지 않은 법이니 주둥이 가지고 떠들지 마라. 관청에는 정의가 있으니 명백한 판결로 시비를 밝혀 줄 것이다. 빈 집을 얻었을 뿐이거늘 내가 어찌 전횡을 저질렀단 말이냐?"

鷰子語雀兒:「好得合頭癡.[21] 向[22]吾宅裏坐, 卻捉主人欺; 如今見我

---

15 輒行非: 제멋대로 한다는 의미이다. '好得'은 문구 앞에 놓여 긍정적인 감탄을 강조하는데 쓰인다.

16 '問'은 '聞'으로 봐야 한다.

17 慚愧: 감사하다의 의미. 이 구절은 감사 표시를 해야 타당함을 나타낸다.

18 이 구절은 사람에게 은혜를 베풀 때 스스로 자비스러운 듯 잘난 척 하지 말아야 함을 나타낸다. 『伍子胥變文』에 '은혜를 베풀 때 남이 알게 하지 말라(恩澤不用語人知)'라는 구절이 있는데 둘 다 동일한 속담을 거론한 것이다.

19 不假: 사용하지 않는다. 『降魔變文』에 "지혜로운 자는 요란하게 떠들어대지 않는다(智者不假語聲喧)"라는 구절이 있고, 丙卷에는 '지혜로운 자는 큰 소리 치지 않는다(智者不假語高聲)'는 구절이 있다. 또 "덕이 있는 자는 나이의 높고 낮음을 가리지 않으나, 무지한 자는 백세가 되도록 헛되이 수고한다(有德不假年高, 無智徒勞百歲)"는 구절이 있는데 모두 같은 사례이다.

20 [項楚] '石'은 '實'로 봐야 하고 '坐'는 '住'로 풀이해야 한다. 대체로 '坐'와 '住'는 音이 비슷하고 뜻도 서로 통한다. 『大目乾連冥間救母變文』에는 '繞佛三匝, 却坐一面' 구절이 있고, 뒷 문장에도 '繞佛三匝, 却住一面' 구절이 보인다. [校注] '石'은 '拾'으로 봐야 타당하다. 제비는 철새인지라 8월에 산으로 돌아갔다 2월에 다시 온다. 따라서 참새가 그 집을 습득하여 거주한 것이다.

21 合頭痴: 지극히 아둔함을 가리키는 것으로 '合腦痴'로도 쓴다. P.3211 王梵志詩에

索, 荒[23]語說官司. 養蝦蟆得痲病,[24] 報你定無疑!」

제비가 참새에게 말했다. "정말 어리석기 그지 없구나! 내 집을 침범하고서도 오히려 주인을 속이려하다니. 지금 내가 눈으로 목도했으니 거짓말은 관청에서나 늘어 놓거라. 부스럼 병에나 걸려 돼질 놈, 하늘이 네게 보복할 것임은 의심의 여지가 없으리라."

雀兒語鷰子:「不由君事[25]觜頭. 問君行坐處, 元本住何州?宅家[26]今括客, 特敕捉浮逃;[27] 黠兒[28]別設諂, 轉急[29]且抽頭.」

"杌杌貪生業, 憨人合腦痴" 구절이 보인다.

22 向:在, 於의 의미.

23 荒은 原錄에 '謊'으로 되어 있다. [校注] '荒語'는 아무렇게나 지껄이는 말. 『三國志』「曹爽傳」의 裴注에는 魏末傳의 "錯亂其辭, 狀如荒語" 구절을 인용하였다. 『維摩詰經講經文』(二)에 "有此身, 便有病, 荒語心迷猶惜命" 구절이 있고, P.3211 王梵志詩에 "逢人若共語, 荒說天下事" 구절이 있는데 모두 증거 자료가 된다.

24 蟆은 原錄에 蟇으로 되어 있는데 俗字이다. [蔣禮鴻] 玄應의 『一切經音義』 卷十一과 『正法念經』 第五十八卷 音義에 "水腫, 上式許反, 腫病也. 經文作'痲' '月水'二形, 非体也"라고 했으니, 여기서 水病이 부스럼병임을 알 수 있다. 왜냐하면 부스럼병은 부스럼으로 인하여 살에 수포가 생긴다. 이 때문에 '疒'에다 '水'를 덧붙인 것이다. 이 구절은 당시의 속어로 두꺼비를 기르면 반드시 부스럼 병이 생긴다는 뜻이다. 두꺼비를 기르면 어째서 부스럼 병이 생긴다고 했는지는 알 길이 없다. [校注] '蝦蟆'는 청개구리이지 두꺼비는 아니다. 본래 개구리는 물에 사는 습관이 있어 水腫病 과 관련이 있다는 미신이 있었던 듯하다. 『諸病源候論』에 「蝦蟆行氣」조가 있어 부스럼 병을 치료하는 법을 기록하고 있는데 이 속담과는 상관이 없다. 또 이 책 속에 '鶩行氣', '蛇行氣' 等이 있는데 모두 동물의 동작을 본떠 만든 이름이다.

25 事:굳세다, 왕성하다. P.3211 王梵志詩에 "절 안 몇몇 비구니, 각기 굳세고 위엄 있네(寺內數个尼, 各各事威儀)" 구절이 보인다.

26 宅家:황제에 대한 존칭으로 '官家'로도 쓴다. 唐 李匡乂의 『資暇集』 下 「阿茶」에 "公郡縣主, 宮禁呼爲宅家子, 蓋以至尊以天下爲宅, 四海爲家, 不敢斥呼, 故曰宅家, 亦猶陛下之義。至公主已下, 則加子字, 亦猶帝子也'란 구절이 있고, 『資治通鑑』 二六二 唐昭宗光化 三年에 "軍容勿驚宅家, 有事取軍容商量" 구절이 보인다. '宅家'는 『唐鑑』에 '官家'로 되어 있다. '家'는 접사로 명사 뒤에 놓여 특정 사람과 특정 방향을 가리킨다. '四海爲家'에 대한 해설은 정확하지가 않다. 『三國志』「吳志」「太史慈傳」에 "恐州家多發水軍來逆人" 구절이 있는데 여기서 '州家'는 '州方'을 말한다.

27 唐玄宗 『禁逃亡詔』에 '宜令所司商量, 作一招携捉搦之法奏聞。' 구절이 있는데 바로 이 일을 말한 것이다.

참새가 제비에게 말했다."네 놈은 주둥이를 놀리지 마라. 네 놈에게 묻겠는데 거주지가 어디냐? 원래 어느 고을에서 살았느냐? 천자께서 도망한 객호를 찾아내라는 칙령을 내렸고, 너같이 도망쳐 다니는 놈을 체포하고 있다. 네가 총명하다면 문초받게 됨을 알 것이니 마음을 바꿔먹고 내빼기나 하거라."

鷰兒拍手笑:「不由君事落荒(謊).[30] 大宅居山所, 此乃是吾莊. 本貫屬京兆, 生緣[31]在帝鄉. 但知還他窟, 野語不相當. 縱使無籍貫, 終是不關君. 我得永年福, 到處卽安身. 此言並是實, 天下亦知聞; 是君[32]不信語, 乞問讀書人.」

제비가 듣고 손뼉을 치며 비웃는다. "거짓말을 그만두지 못하겠느냐? 큰 저택은 산에 마련하는 법이요, 여기는 내 별장이다. 나의 본관은 경조에 속하고 본적지는 임금의 고향과 같다. 다른 사람 집에 들어와서 왠 말도 되지 않는 소리냐? 설사 관적이 없더라도 네 놈과는 관련이 없느니라. 나는 장수를 누리는 복을 타고 났고 어느 곳에서나 편안히 지낸다. 이 말은 모두 사실이고 천하가 다 안다. 내 말이 믿어지지 않거든 서당 선생께 여쭈어 보거라"

雀兒語鷰子:「何用苦分疏!因何得永年福?言詞總是虛. 精神目驗在,

28 黠儿 : 총명한 사람. 『游仙窟』의 "十娘笑曰 : '漢騎驢則胡步行, 胡步行則漢騎驢, 總悉輪他便。' 黠(黠)儿遞換作, 少府公太能生!' 구절이 바로 그 사례이다.

29 轉急 : 신속의 의미.

30 '君事'는 原錄에는 '事君'으로 되어 있는데 '君事'로 교정한다. [校注] 原卷에는 '君事'로 되어 있는데 여기서 바로 잡는다. '事落荒'은 아무렇게나 지껄이다는 말이다. '落荒'은 '言樂謊'과 같고 '謊'은 韻例에 의거하여 平聲으로 읽는다.

31 生緣 : 佛教에서 환생하는 곳을 말하는데 속세에서는 대부분 '본적(籍貫)'이라 한다. 張祜 『送法鏡上人歸上元』에 '南國僧遊二十年, 却因無任訪生緣.' 구절이 있고, 唐玄宗 『禁僧俗往還詔』에 "或妄託生緣, 輒有俗家居止, 卽宜一切禁斷"이란 구절이 있다.

32 是君 : 너. 여기서 '是'는 접사이다.

活時解自如; 功夫何處得, 野語誑鄉閭. 頭似獨春鳥,[33] 身如七(漆)"[34]形, 緣身豆汁染,[35] 脚手似針釘.[36] 恒常事皀大,[37] 徑欲漫胡瓶.[38] 撫國知何道, 閏我永年名.」

참새가 제비에게 말한다. "웬 변명을 그리도 늘어놓느냐? 도대체 장수를 누리는 복을 누가 타고 났다는 말이냐? 헛소리 그만 하거라. 내 정신 상태는 맑아서 어느 경우든 정확히 판단할 수 있고, 나처럼 자유자재로움이 참다운 삶이니라. 도대체 네 놈이 어디에서 장수의 복을 얻었다는 말인지 헛소리가 온 마을에 가득하구나. 머리는 산 까마귀 같고, 몸은 칠개 [술잔]처럼 괴상하고, 온 몸이 검은 콩 마냥 시꺼멓고 팔다리는 못과 바늘처럼 삐쩍 말랐으며, 항시 먹기만 하더니 호리병처럼 배불뚝이가 되게 생겼구나. 나라 다스리는 법도 모르면서 천년 제비란 별명이 웬 말이냐?"

---

33 『方言』 卷八에 "旱鳥旦은 周나라 魏나라 齊나라 宋나라 楚나라에서 '定甲' 혹은 '獨春'이라 불렀다"고 되어 있고, 郭璞注에는 "닭과 비슷하고 五色을 띠고 있으며 겨울에는 털 없이 벌거숭이이고, 밤낮으로 울며, 자세를 낮추어 위로 쳐다보는 모습이 마치 고달픈 죄인 같다. 또한 나무에 매달리기를 좋아한다"고 되어 있다. 『龍鑒手鏡』에는 "鸗, 或作, 鸀(산 까마귀 촉), 正.音獨, 鸀鳶鳥也"로 되어 있다.

34 七襠는 原錄에 大襠로 되어 있다. [潘校] 原卷에는 '七'로 되어 있고 變文集에는 '大'로 되어 있다. [校注] 原卷의 '七'과 '大'는 형태가 비슷한데 '柒'의 줄임 글자인 '七'로 써야 맞다. '柒'은 敦煌寫本에서 '漆'로 쓴 경우가 많다. '七'字 다음의 글자는 原卷에 襠로 되어 있는데 襠의 필획을 줄인 글자이다. 『龍鑒手鏡』에는 "襠, 正, 襠, 今.苦盖反, 襠襠, 前後兩當衣也"로 되어 있다. '漆襠'는 검은색 적삼을 말하는데, P.3305 『下女詞』에 들어 있는 『脫衣詩』에 "山頭寶逕甚昌楊, 衫子背后鳳凰. 襠襠兩袖雙亞鳥鳥, 羅衣接褋(고삐 설)入衣箱" 구절이 있는데 여기서 '雙亞鳥鳥'는 '漆榼'의 의미임을 증명할 수 있다. 袁賓은 '大榼'로 교정한 후 큰 술잔이라고 풀이했는데 정확치는 않다.

35 緣身 : 온몸을 말한다. 豆汁染 : 검은 색을 비유한다. '豆'는 검은 콩을 가리킨다.

36 針釘 : 손과 발이 뾰족함을 비유한다.

37 皀은 原錄에 '臭'로 되어 있다. [校注] 原卷에는 '皀'로 되어 있고, '皀大' 두 자를 포개 쓰면 '臭'자와 비슷해진다. '皀'은 제비가 검은 색임을 나타내며, '大'는 '袋'의 音을 빌린 글자로 의심된다. '皀袋'는 제비 몸을 비유한다. '事皀袋'는 포식하는 것을 말하는데, 다음 구절에서는 '漫胡瓶'이라고 했다.

38 胡瓶 : 술그릇으로 제비의 몸을 비유한다. 唐玄宗 『賜突厥袍帶詔』에 "恐致煩勞, 令寄可汗錦袍 · 鈿帶 · 銀盤 · 胡餅, 至宜領取" 구절이 있는데 여기서 胡餅은 胡瓶을 말한다.

「昔本吾(吳)王[39]殿, 鷰子作巢窟.[40] 宮人夜遊戲, 因便捉窠燒, 當時無柱(住)處, 堂樑寄一宵. 其王見憐愍,[41] 愍念亦優饒. 莫欺身幼小, 意氣極英雄. 堂樑一百所, 遊颺在雲中. 水上呑浮,[42] 空裏接[43]飛蟲. 眞城(成)[44]無比校,[45] 曾娉海龍宮. 海龍王第三女, 髮長七尺强, 銜來腹底臥, 鷰豈在稱揚? 請讀論語驗, 問取公冶長, 當時在縲紲, 緣鷰免無常.」[46]

"옛날에는 오나라 왕궁에 제비의 둥지를 마련했었다. 그런데 궁 안 사람들이 밤에 야유회를 하면서 둥지를 뜯어다가 불태우자, 제비는 당시 거처할 곳이 없어 들보 한 모퉁이에 기거하게 되었다. 임금께서 이를 아시고는 불쌍히 여겨 특별 우대 조처를 내리셨다. 몸이 왜소하다고 업신

---

39 原校 : '吾王'은 '吳王'을 가리키는 것으로 의심된다. 【校注】 王績 『鷰賦』에 "若非歷陽隨水沒, 定是吳宮遭火焚" 구절이 보이는데 인용한 典故가 동일한다.

40 窟巢는 原錄에 '巢窟'로 되어 있다. 【徐校】 두 글자가 거꾸로 되어 있다. '巢'는 다음의 '燒', '宵', '繞'와 압운된다. 여기서는 거꾸로 된 것을 바로 잡는다.

41 愍은 原錄에 慜으로 되어 있고, 아마 唐太宗의 이름(李世民)을 피하느라 '民'을 '每'로 고친 듯하다.

42 蠛은 原錄에 '蔑'로 되어 있다. 【校注】 原卷의 '蔑'자는 '蠛'의 줄임 글자이다. 『爾雅』「釋蟲」에 "蠓은 蠛蠓이다"라고 했는데 郭璞은 여기에 "작은 벌레로 파리매(蚋)와 비슷하고 어지럽게 날아다니는 습관이 있다"라고 주를 달았다. 『太平廣記』四七九 蚊翼條에 "南方蚊翼下有小蜚蟲焉, 目明者見之。…… 此 旣細且小, 因曰細蠛(原注 : 音蔑)"(出神異經)라는 구절이 보인다. 蔣紹愚는 '蔑'을 '蟻(개미 의)'字로 보았는데 정확하지는 않다.

43 接 : 反訓詞로 피동적으로 받아들인다는 의미와 함께 적극적으로 일을 벌인다는 의미도 있다. 『三國志』「魏志陳思王傳」에 "撮風後之奇, 接孫吳之要" 구절이 있는데 모으다(撮), 노략질하다(掠)는 의미가 담겨 있다. '接'은 농사로 여러 가지 뜻이 있다. 여기서는 잡다(捉)는 의미이다. 杜甫 絶句詩 『漫興』에 "銜泥點汚琴書內, 更接飛蟲打着人" 구절이 있고, 道藏 『圖經衍義本草』 卷三三에 "청개구리는 펄떡 뛰어 온갖 곤충을 잡아 먹는데, 먹을 때 우는 소리를 낸다(蝦蟆,能跳接百蟲, 食之時作呷呷聲)"라고 했다. '接'은 보두 '잡다(捉)'로 풀이한다.

44 '眞城'은 '眞成'으로 봐야 하며 '참으로(眞是)'의 의미이다. 王昌齡 『長信秋詞』에 "眞成薄命久尋思, 夢見君王覺後疑" 구절이 있고, 『游仙窟』에는 "眞成物外希奇物, 實是人間斷絶人" 구절이 보인다.

45 校 : 原錄에 '較'로 되어 있다 【校注】 原卷에는 '挍(건줄 교)'로 되어 있는데, '校'의 俗字이다. '校'는 본래 비교의 뜻이 있으므로 굳이 고치지 않는다.

46 이에 관한 이야기는 『論語義疏』「公冶長」에 보인다.

여기지 마라, 영웅의 기개 가득하단다. 왕궁 들보 백여 곳에 제비집 짓고, 구름 속을 유유히 날아다니며 지냈느니라. 물 위의 눈에놀이를 잡아먹고, 공중에 날아다니는 벌레를 잡아먹으며 지냈고, 바다 용왕 집안과 혼인을 맺을 만큼 남부러울 것이 없었다. 바다 용왕의 셋째 딸은 칠 척이 넘는 긴 머리의 아가씨였는데, 나를 받들어 배 밑에 뉘어주곤 했다. 이 말은 전혀 과장이 아니니 『논어』 「공야장」을 찾아서 읽어 보거라. 당시에는 감옥에 갇히게 되더라도 제비는 사형은 면할 정도로 우대받았다."

雀兒語鷰子, 「側耳用心聽!如欲還君窟, 且定觜頭聲. 赤雀由稱瑞, 兄弟在天庭, 公王共執手, 朝野悉知名. 一種居天地, 受果不相當. 麥熟[47]我先食, 禾孰在前嘗. 寒來及暑往, 何曾別帝鄉!子孫滿天下, 父叔遍村坊. 自從能識別, 慈母實心平. 恒思十善業, 覺悟欲無常.[48] 飢恒餐五穀, 不煞一衆生. 怜君是遠客, 爲此不相爭.」

참새가 제비에게 말했다. "귀 기울여 똑바로 내 말을 들거라! 네 집을 되돌려 받으려거든 우선 주둥이부터 닥치거라. 붉은 참새는 상서로운 징조를 띠고 있어, 내 형제들은 천자의 정원에 거주하였다. 왕공 귀족과 가까이 지내고 있음을 세상이 모두 알고 있다. 하늘 아래 같이 살면서도 받는 대우가 남달랐다. 보리가 익으면 내가 먼저 먹고, 벼가 익으면 먼저 맛을 보았다. 추위가 닥쳐오고 더위가 간다 하여 황제의 거처를 떠날 필요도 없었다. 자손이 온 천하에 가득하고 친척들이 온 세상에 두루 퍼져 있었다. 어린 시절부터 자비로운 마음으로 모든 사람들을 평등하게 대하였고, 항시 열 가지 선행(善行)을 생각하며 인생무상을 깨우

47 '孰'은 原錄에 '熟'으로 되어 있다. [校注] 原卷에는 '孰'으로 되어 있는데, '熟'의 本字이다. 『說文』에 "孰은 익힌 음식(食飪)"이라고 했고 이에 대하여 단옥재는 "후대 사람들은 '熟'은 날 것과 익힌 것을 의미하는 글자로, '孰'은 '누구'를 의미하는 글자로 분별하였다. 조헌은 고야왕이 지은 『옥편』이란 책에 '熟'자가 처음 보인다(後人乃分別熟爲生熟, 孰爲誰孰矣. 曹憲曰 : 顧野王玉篇始有熟字)"고 주를 달았다. 이하 동일.

48 '常'은 '恒'으로 써야할 듯하며, '平', '生', '爭'과 압운된다.

쳤다. 배고프면 언제나 오곡으로 끼니를 해결할 뿐 한 마리의 생물도 죽이지 않았다. 그대는 멀리서 온 손님이니, 이런 것 가지고 서로 다투지 마세나."

鸗子自咨嗟:「不向雀兒誇. 飢恒食九醞, 渴卽飮丹砂.[49] 不能別四海, 心裏戀洪牙(崖).[50] 莫怪經冬隱, 只爲樂山家. 九(久)住人憎賤,[51] 希來見喜歡; 爲此經冬隱, 不是怕飢寒. 幽巖實快樂, 山野打盤珊(跚),[52] 本擬將身看, 卻被看人看.」「一虎[53]雖然猛, 不如衆狗强. 窠被奪將去, 嚇我作官方. 空爭並無益, 無過見鳳凰.」

제비는 한숨을 쉬며 말한다. "과장하지 않고 말하리다. 배고프면 늘 천하의 미주(美酒)을 먹었고 갈증이 나면 장수한다는 단사수(丹砂水)를 먹지요. 비록 지금은 속세를 벗어날 수 없으나 마음 속으로는 항시 신선처럼 은거하며 살기를 생각하지요. 내가 겨울에 은거하는 것은 괴이한 일이 아니라 산에 사는 것을 좋아하기 때문이지요. 당신처럼 사람들과 늘 같이 지내면 천대받기 쉽지만 나처럼 어쩌다 찾아오면 환영받지요. 이런 이유로 겨울에 은거하는 것이지 굶주림과 추위를 두려워해서가 아니지요. 깊은 산 속은 산과 들을 두루 돌아다닐 수 있어 좋지요. 원래는 내가 날아다니며 인간세상 구경이나 하려 했는데 거꾸로 사람들이 날아

49 이 두 구는 '渴恒飮九醞, 飢卽食丹砂'와 뜻이 서로 통한다.

50 [原校] 周 선생은 '洪牙'는 신선 이름인 '洪崖'로 보았다. [校注] 蔡邕 『郭有道碑文』에 "將蹈洪涯之遐(멀 하)迹, 紹巢許之絶軌" 구절이 보이는데 洪涯는 洪崖로도 쓴다. 여기서는 洪崖가 洪崖山을 가리키는 것으로 봐야 한다. 홍애산은 江西 新建縣 서쪽에 있는데 洪崖 先生이 여기서 단금술을 연마하여 도를 터득했다 하여 이러한 이름이 생겨 났다.

51 '憎'은 原錄에 '增'으로 되어 있다. [校注] 原卷에는 '憎'으로 되어 있다. 『捉季布傳文』에 "古來久住令人賤" 구절이 있는데, '古來'는 丁·庚卷에 '右(古)言'으로 되어 있고, '久'는 庚卷에 '九'로 되어 있다. '久住令人賤'과 '九(久)住人憎賤'은 모두 속어임을 알 수 있다. '憎賤'은 사람들에게 염증을 느끼게(경멸하게) 한다는 말이다.

52 珊은 原校에 '跚或旋'으로 되어 있는데 여기서는 '旋'字를 삭제한다.

53 虎는 原錄에 虒로 되어 있는데, '虎'의 俗字이다.

다니는 나를 우러러 보더군요. 호랑이가 맹수이기는 하지만 개가 떼거리로 달려들면 당할 수 없는 법. 내 집을 강탈당했으니 관청에 호소할 수밖에. 우리가 공연히 다투어 봤자 아무런 득이 없으리니, 봉황님을 찾아가는 것만 못하리라."

雀旣被鸗撮, 直見鳥中王. 鳳凰臺上坐, 百鳥四邊圍, 徘徊四顧望, 見鸗口銜詞.「橫被强奪窟, 投名言雀兒. 抱屈見[54]諫訴, 啓奏大王知.」

참새가 제비에게 붙들려 곧바로 임금을 알현한다. 봉황이 상좌에 앉아 있고, 여러 새들이 주위에 빙 둘러 서 있다. 소송장을 입에 물고 있던 제비가 말한다."참새란 놈이 저의 집을 제멋대로 강탈하였기에 소송장을 바치오니 굽어 살펴주시옵소서."

雀兒及鸗子, 皆總立王前, 鳳凰親處分, 有理當頭[55]宣. 鸗子於先語 :「聽臣作一言. 依實說事狀, 發本述因緣. 被侵宅舍苦, 理屈豈感(敢)言. 不分[56]黃頭雀, 朋博[57]結豪强. 鸗有宅一所, 橫被强奪將, 理屈難緘嘿, 伏乞願商量. 日月雖耀赫, 無明照覆盆, 空辭元無力, 誰肯入王門!」

참새와 제비가 왕 앞에 나란히 서자 봉황이 친히 분부한다. "직접 사연을 말해 보거라" 제비가 먼저 말한다. "신이 한 말씀 아뢰옵나이다. 사건의 전말을 사실대로 말씀드리면 이러하옵니다. 집을 강탈당한 억울한 사연을 어찌 모두 말로 표현하겠습니까? 못된 노랑머리 참새가 패거리를 지어 제 집을 멋대로 강탈한 것이옵니다. 너무도 억울해 가만히

54 '來'는 原錄에 '見'으로 되어 있다. 【校注】 실제로 原卷에는 '來'로 되어 있다.

55 當頭 : 직접 마주하다. S.5588『求因果』詩에 "假如有理交(敎)申雪, 一一當頭說" 구절이 있다.

56 不分 : 밉살스럽다. 가증스럽다. 杜甫『送路六侍御入朝詩』에 "不分桃花紅似錦, 生憎柳絮白于綿" 구절이 있다.

57 【項楚校】: '朋博'는 바로 '朋比'를 말한다. '博'과 '比'는 발음이 유사하여 바꿔 쓴다. '朋比'는 무리를 짓고 아부함을 말한다. 【校注】 항초 선생의 풀이는 맞는 듯하다. 하지만 사례를 찾지는 못하겠다.

있을 수 없어 왔사오니 헤아려 주시옵소서. 해와 달이 비록 밝다하나 엎어 놓은 자배기에는 빛이 안 비치는 법이옵니다. 소송을 하고서도 효력을 보지 못한다면 누가 임금님을 찾아와 하소연하겠는지요?"

鳳凰嗔雀兒:「何爲捉他欺!彼此有窠窟, 忽爾輒行非.」雀兒向前啓鳳凰.「王今乍[58]不知!窮研細諸問,[59] 豈得信虛辭!雀兒但爲鳥, 各自住村坊, 彼此無宅舍, 到處自安身. 見一空閑窟, 破壞故非新; 久訪元無主, 隨便卽安身. 成功不可毁, 不能移改張. 隨便裏許坐, 㥦[60]護得勞藏.」[61]

봉황이 진노하여 참새에게 말한다. "어째서 남의 집을 강탈하였느냐? 각자 집이 있을 터인데 멋대로 비행을 저지른단 말이냐?" 참새가 앞으로 나서 봉황에게 말한다. "지금 왕께서는 잘 모르고 계시옵니다. 자세히 조사해 보시지도 않고 어찌 헛된 거짓말을 믿으시는지요? 새들이란 본시 이 마을 저 마을에 머물며 삽니다. 피차 정해진 집이 없으므로 아무 곳에서나 편히 지냅니다. 허름한 빈 집에 들어간 것이지 새 집이 아

58 乍는 原錄에 '怎'으로 되어 있다. [校注] 原卷의 '乍'는 '乍'의 俗字이다. '乍'는 '어떻게', '어찌'의 뜻이다. 張鷟의 『龍筋鳳髓判』 卷一 「考功判」에 "鷄冠比玉, 乍可依稀?魚目參珠, 曾何髣髴?" 구절이 있는데 여기서 '乍可'는 '어찌 가능하리오?(豈可)'의 의미이다. 謝靈運 「述祖德」詩에 "臨組乍不緤(고삐 설), 對珪甯肯分?' 구절에서 '乍'과 '甯'은 뜻이 서로 통한다.

59 [徐復] '諸問'은 묻고 답변한다는 의미이다. 『說文』에서는 "諸는 辯이고, 辯은 治이다"라고 했다. [校注] '諸'는 '追'의 음을 빌린 것 같다. 『捉季布傳文』에 "心念未能誅季布" 구절이 있다. '誅'字는 原卷에 '追'로 되어 있는데, '諸', '誅'와 음이 동일하다. 따라서 모두 '追'와 통할 수 있다.

60 㥦은 原錄에 '愛'로 되어 있다. [原校] '愛'는 원래 捘로 되어 있는데 무슨 자인지 알 길이 없어 '愛'로 적기는 했는데 검토를 요한다. [校注] 사실은 原卷에 捘로 되어 있다. 『龍龕手鏡』에 이 글자가 있는데 '밀다(推)'의 뜻이다. 다만 여기서는 㥦의 옆 부수를 교체한 것으로 봐야 한다. 『廣雅』 「釋詁」 一에는 "㥦은 敬이다."라고 했다. 王念疏의 疏證에서는 "『說文』에 '悛은 謹이다'라고 했으니 悛과 㥦은 통한다"고 했다. 『魏書』 卷九三 「恩倖列傳」에 "初, 王顯祇附於脩, 後因忿鬩, 密伺其過, 規陷戮之, 而脩過短, 都不㥦防" 구절이 있는데, '㥦防'과 '㥦護'는 의미가 같다.

61 '勞藏'은 '牢藏'으로 봐야 한다. 이 구절은 획득한 빈 집이 잘 관리되어 있음을 말한다.

니었습니다. 오래 머물면 내 것이지 주인이 따로 있는 것이 아니며 자유롭게 편히 쉬면 그만입니다. 이는 사실 그대로이며 달리 바꿔 말한 것이 아니옵니다. 마음대로 장소를 정해 스스로 견고하게 집을 지으면 그만일 것입니다."

鸗子啓大王 :「雀兒慢洛荒(落謊).[62] 亦是窮奇鳥,[63] 構架[64]足詞章. 銜泥來作窟. 口裏見瘡生;[65] 王今不信語, 乞問主人郎.」[66]

제비가 임금에게 아뢴다. "참새는 엉뚱한 소리만 늘어놓고 있습니다. 나쁜 놈이 헛소리로 날조하고 있는 것입니다. 저는 진흙을 날라다가 둥지를 만드느라 입 안이 상채기 투성이입니다. 임금께서 제 말을 믿지 못하시겠거든 저의 집주인에게 물어 보시옵소서."

鳳凰當處分 :「二鳥近前頭. 不言我早悉, 事狀見嘍嘍.[67] 薄媚[68]黃

62 [潘校] '落荒'은 황당하다, 허사가 되다는 의미. 『廬山遠公話』에 '總是信口落荒' 구절이 있고, 『鸗子賦』(一)에 "雀爭打硬, 猶自落荒漫語" 구절이 보이는데 의미가 유사하다. 『變文集』에서는 '荒'을 '謊'으로 교정하였는데 오류이다. [校注] 『龍鑑手鏡』에는 "謊은 呼와 光의 반절음으로 잠꼬대를 말한다." 또 "謊은 呼와 光의 반절음으로 謊은 讈이다"라고 되어 있다. 또 "讈는 音이 洛이고, 讈謊은 미친 소리이다"라고 되어 있다. 그러므로 '落荒'과 '洛荒'은 모두 '讈謊'과 音이 같고 동일 단어를 다르게 쓴 것이다.

63 窮奇鳥 : 나쁜 새. P.3833 王梵志詩에 "思量小家婦, 貧奇惡行迹 …… 索得屈爵鳥, 家鳳不榮益" 구절이 있다. '窮奇', '貧奇', '屈爵', '屈期' 等은 모두 동일한 단어를 다르게 쓴 것인데 추하고 괴팍하다는 뜻이다.

64 構架는 原錄에 搆揬로 되어 있으며 俗字이다. [項楚] 構架는 사기치다, 날조하다는 의미. 拾得의 詩에 "不唯賢與愚, 個個心構揬" 구절이 있다. [校注] '構架'는 무고한 죄를 씌우다는 의미. 吐魯番出土文書 第六冊 478쪽 「唐西州高昌縣上安西都護府牒稿爲錄上訊問曹祿山訴李紹謹兩造辯辭事」에 "錄山浪相構架, 遂不道名" 구절이 보이는데 거꾸로 '架構'라고 쓸 수도 있다. 盧仝 『月蝕詩』에 "謠險萬萬賞, 架搆何可當. 眯目釁成就, 害我光明王" 구절이 보이는데 搆(이해 못할 구)는 構와 같다.

65 '瘡生'은 原錄에 '生瘡'으로 되어 있다. [校注] 原卷에는 '瘡生'으로 되어 있기에 수정하였다.

66 主人郎 : 주인장. 제비 집이 있었던 곳의 주인을 가리킨다.

67 [蔣禮鴻] '嘍嘍'는 분명하다는 의미. '看嘍嘍'는 명백하게 파악하다는 의미이다.

頭雀,[69] 便漫說緣由; 急手還他窟, 不得更勾留.」

봉황이 처분을 내린다. "둘은 가까이 앞으로 나오라. 말하지 않더라도 내가 진작 알고 있었다. 사건의 전말은 명백하다. 못된 노랑머리 참새가 연신 거짓말로 변명하고 있구나. 속히 제비 집을 돌려 주고 떠나거라."

雀兒啓鳳凰:「判付[70]亦甘從. 王遣還他窟, 乞請且通容[71]: 雀兒是課戶,[72] 豈共外人同. 鷰子時來往, 從[73]坐不經冬.」

참새가 봉황에게 아뢴다. "분부대로 거행하겠나이다. 말씀하신대로 제비에게 집을 돌려줄 터이니 아랑을 베풀어 주시옵소서. 저는 본시 정식 호구자이니 어찌 외부인과 같이 살겠습니까? 제비는 철새인지라 한 곳에서 겨울을 나지 않습니다."

鳳凰語雀兒:「急還鷰子窠.[74] 我今已判定, 雀兒(朕)是百鳥主, 法令不阿磨,[75] 理列[76]合如此, 不可有偏頗.」鷰子理得舍, 歡喜復歡忻; 雀

---

68 【蔣禮鴻】'薄媚'는 상대방을 욕하는 말로 방자하다, 트집을 잡다는 의미. 『游仙窟』에 "誰知可憎病雀, 夜半驚人; 薄媚狂鷄, 三更唱曉" 구절이 보인다. '薄媚'와 '可憎'은 서로 짝을 이루는 말로 생트집을 잡는다는 의미이며, 어투가 절묘하게 부합하므로 변문 해석에도 적합니다.

69 雀은 原錄에 '鳥'로 되어 있다. 【校注】 사실은 原卷에 '雀'으로 되어 있다.

70 判付: 어떤 죄를 지었는지 파악하여 처벌을 내림. 이 말은 재판 시 사용하는 상용어이다. 新疆博物館 소장 투루판문서(吐魯番文書)73TAM509號에 "案內今日廿一日判付桑思利領蔣化明往北庭有實" 구절이 보인다.

71 通容: '통융(通融)'과 같은 말. 자세한 것은 『鷰子賦』(一) 「通容放到明日」 주를 참고.

72 課戶: 납세 대상 호구. 唐睿宗 『申勸禮俗敕』에 "將莊田宅舍布施者, 在京幷令司農卽收, 外州給貧下課戶"라는 구절이 보인다.

73 '從'은 '縱'으로 봐야 타당하다. '縱坐'는 거주하게 하다는 의미이다.

74 '窠'은 原錄에 '窟'로 되어 있다. 【校注】'窠'으로 봐야 맞다. '過', '磨' 等과 압운되므로 교정한다.

75 【徐復】'阿磨'는 唐代의 俗語다. 顔師古의 『匡謬正俗』에 "或問曰: 俗謂輕忽其事, 不甚精明爲石可磨(原注: 上力可反, 下莫可反), 有何義訓? 答曰: 莊子云: 長梧對人曰, 昔余爲禾而鹵莽之(原注: 莽音莫古反), 則其實亦鹵莽而報予, 芸而滅裂之, 則其實亦裂而報予. 郭象注曰: 鹵莽滅裂, 輕脫不書其分也. 今人所云鹵莽, 或云滅裂者, 義出於

兒修(羞)欲死, 無處可安身.

봉황이 참새에게 말했다. "속히 제비에게 집이나 돌려 주거라. 내가 지금 판결을 내렸으니 제비에게 딴소리 말거라. 나는 모든 새들을 다스리는 왕으로서 법령을 소홀히 할 수 없다. 사건 처리는 합리적으로 해야지 편파적으로 할 수 없노라." 제비는 집을 되찾았고 그 기쁨을 이루 말할 수 없었다. 참새는 창피하여 죽을 지경이었고 편안히 지낼 곳이 없어졌다."

鸞子不求人, 雀兒莫生嗔, 昔問(聞)古人語, 三鬥始成親. 往者堯王聖, 寫(攝)位二十年. 鄭喬[77]事四海, 對面卽爲婚. 元百[78]在家患, 巨卿千理(里)[79]期. 鸞王怨秦國, 泣馬變爲麟.[80] 併糧坐守死, 萬代得稱傳.

此, 但流俗訛, 故爲石可麽耳." 唐代 사람이 唐나라 시대의 말을 풀이한 것이므로 믿을 만하다. 단, 語源에 대하여 언급한 것은 그다지 믿을만하지는 않은 듯하다. 『吳下文言考』에도 "案砢麽, 音窩麽, 不令人知, 將就事也. 吳中謂私了其事、不甚分明曰砢麽"라고 했다. [蔣禮鴻] '砢'는 '阿'와 글자 형태가 비슷하여 잘못 쓴 듯한데 정확하지는 않은 듯하다.

76 '列'은 原錄에 '得'으로 되어 있다. [校注] 사실은 原卷에 '列'로 되어 있다. 李亞明의 『(太平廣記)詞語札記』「列」條에 "진언(陳言)하다, 고(告)하다 뜻으로 동사다 …… 여기서 '列'은 해명하다는 뜻으로 쓰였다(陳言, 告訴. 動詞 …… 此列引申爲辯解義)"고 되어 있다. 이러한 의미로부터 발전하여 '列'자가 고소장, 진언하는 말의 의미로 쓰이게 되었다. 梁 任昉 『奏彈劉整』에 "謹案, 齊故西陽內史劉寅妻范, 詣臺訴, 列稱. '出適劉氏, 二十許年 ……'"이란 말이 보인다. 또 "弁如采音, 苟奴等列狀, 粗與范訴相應. 重復當伯, 教子列. '孃被奪, 今在整處使.' 悉與海蛤列不列異"이란 구절도 있다. '列'은 모두 고소장, 진언하는 말을 가리킨다. '理列'은 사건을 처리하는 것을 말한다.

77 [原校] 鄭나라의 子產 즉 公孫僑를 가리키는 듯하다. 여기서 '喬'는 '僑'로 써야 타당하다.

78 [徐校] '百'은 '伯'으로 써야 한다.

79 '巨卿'은 原錄에 '臣鄉'으로 되어 있다. '理'는 原錄에 '埋'로 되어 있다. [徐校] '臣鄉'은 '巨卿'이 되어야 한다. 여기서는 張劭와 范式의 고사를 인용한 것인데 『後漢書獨行傳』에 보인다. '千埋期'는 틀린 말이고, 韻도 맞지 않는다. [徐校] '埋'는 原卷에 '理'로 되어 있는데 '里'자와 통한다. 『范式傳』에 "范式字巨卿, …… 與汝南張劭爲友. 劭字元伯. …… 乃共剋期日. 後期方至, 元伯具以白母, 請設饌以候之. 母曰. '二年之別, 千里結言, 爾何相信之審邪? 對曰. 巨卿信士, 必不乖違"라고 되어 있다. 여기서는 이에 근거하여 교정한다. 劉凱鳴은 '期'를 '聞'으로 교정하였는데 정확하지는 않다. 敦煌 방

百桃憶朝廷,[81] 哽咽淚交連. 斷馬有王義,[82] 由(猶)自不能分. 午(伍)子胥罰(伐)楚, 二邑亦無言. 不能攀古得(德),[83] 二人並鳥身. 緣爭破壞窟, 徙特費精神. 錢財如糞土, 人義重於山; 鸗今實罪過, 雀兒莫生嗔.

제비는 그다지 인자롭지 못하구나. 참새는 화내지 말거라. 옛날 속담에 '세 번 싸워야 비로소 친해진다'고 하지 않았느냐. 예전에 성인 요임금은 이십 여년간 섭정하셨었다. 정교(정자산)는 천하 사람들과 두루 교제할 때 만난 즉시 친구가 되었다. 원백이 집에서 병을 앓고 있을 때 친구인 거경은 천리에서 달려와 약속을 지켰다. 연나라 태자 단은 진나라와 원한 관계에 있을 때 말에게 호소하여 기린으로 변하게 한 적이 있다. 벗을 위해 자신이 먹을 음식을 건네 주고 앉아서 죽음을 맞이하여 후세에 그 이름 전해지지 않았던가. 이 때문에 백도는 친구를 생각하여, 하염없이 오열했었네. (안영은) 왕을 질책하는 의로움이 있었으면서도 자기 자신은 제대로 분별하지 못했다. 오자서가 초나라를 정벌하고서 두

언은 앞뒤 비음이 구분되지 않는다. 따라서 '期'字도 압운이 가능하다.

80 '泣'은 原錄에 '位'로 되어 있다. '麟'은 原錄에 '驎'으로 되어 있다. [徐校] '位'자는 '泣'자인 듯하다. 『鸗丹子』에 "丹仰天嘆, 烏卽白頭, 馬生角" 구절이 있다. 麟一角은 『爾雅』와 『詩疏』에 보인다. 따라서 '泣馬變成麟'이라고 한 것이다. [校注] 徐 선생의 교주가 옳은 듯하다. 따라서 여기서도 똑같이 수정한다.

81 '桃'는 原錄에 '姚'로 되어 있다. [徐校] '倂糧坐守死' 구절은 左伯桃와 羊角哀의 고사를 인용한 것이다. 鄭喬·百姚·王義에 대해서는 검토를 요한다. '姚'는 原卷에 '挑'로 되어 있는데 '桃'字이다. '百'은 '伯'과 통한다. '倂糧' 고사는 자주 쓰이는 이야기로 敦煌 類書 사본 중에 많이 보인다. P.2656에 "羊角哀得左伯桃神囈曰 : '昔日恩義甚大, 死生救之.' 遂卽將兵, 于墓大戰, 以擊鼓動劍, 大叫揮之, 以助伯桃之戰. 角哀情不能自勝, 拔劍自刎而死. '願於黃泉相助, 以報倂糧之恩.' 楚王曰. '朋有(友)之重, 自刎其身. 其却也'"라는 구절이 있다. 여기서 '백도가 조정을 그리워한다(伯桃憶朝廷也)'에서 '朝廷'은 '친구'를 가리킨다.

82 '王義'는 사람 이름인 듯하다. 이 구절은 王義가 말(馬)과 관련된 일을 처리함에 능숙하다는 것을 말하는데 좀 더 정확성을 기할 필요가 있다.

83 [潘校] 敦煌寫本에서는 '得'과 '德'이 구분되어 있지 않다. '古德'은 '옛 현인(古賢)'을 가리킨다. '不能攀古德'은 옛 현인을 넘볼 수 없음을 말한다. [校注] 項楚는 『大慧普覺禪師禪師語錄』 二三 「示妙明居士」의 '不見古德有言. 江湖無礙人之心, 佛祖無謾人之意' 구절을 인용하였다.

나라를 다시 추궁하지 않았다. 고인의 덕은 따를 수 없나니 둘 다 하찮은 새의 신분으로서야 말할 나위 있겠는가? 파괴된 집을 가지고 다툼은 오직 정신 낭비일 뿐이요, 돈과 재물은 하찮은 오물에 불과하나 인자함은 태산보다 소중한 법이다. 사실은 제비가 죄를 범한 것이니 참새는 성내지 말라.

雀兒語[84]鷰子:「別後不須論. 室是君家室, 合理不虛然. 一冬來修理, 涴落[85]悉皆然. 計你合慚愧, 卻攥我見王身. 鳳凰住佛法,[86] 不擬殺傷人; 忽然責情打, 幾許愧金身.」

참새가 제비에게 말했다. "더 이상 이야기 마십시다. 이 집이 당신 것임은 거짓말이 아니며 분명하오이다. 집이 낡아 겨울에 수리함은 당연한 것 아니겠소? 그대는 부끄러워해야 마땅하거늘 뭘 잘했다고 임금께 나를 모함하오? 임금께서는 불법을 숭상하시므로 절대로 사람을 해치지 않으신다. 임금께서 만약 이번 사건으로 처벌을 내리신다면 불교도로서 부끄러우실 것이다."

鷰子語雀兒:「此言亦非嗔. 緣君修理屋, 不索價(假)房錢.[87] 一年十

84 語, 原錄에는 '共'으로 되어 있다. 【校注】 실제로 原卷에는 '語'로 되어 있다.

85 '涴'은 더럽히다는 뜻. 『廣韻』「過韻」'烏臥切'에 "涴은 사물을 더럽히다는 말인 '오'로도 쓴다(涴, 泥著物也.亦作'汚')"라고 했고, 杜甫의 시 「虢國夫人」에 "却嫌脂粉涴顏色" 구절에서 '涴落'은 소굴(巢窟)이 오염되고 낡았음을 가리킨다.

86 住佛法: 佛法을 믿고 따름. '住'는 '持'의 의미가 있다. 魏晉 때 이미 그러했으니 『西晉竺法護譯佛說文殊悔過經』에 "假使有人住愚癡法, 所受顚倒而不順義, ……" "不解三昧, 住顚倒見." "無所住法, 而住諸法." 등의 구절이 있다. '住'는 '持'의 의미이다. 이러한 의미는 '정지하다(停住)'의 의미에서 나온 듯한데, 같은 불경 上經에 "所見顚例, 住於貪淫心者, 無本而想有, 心不能明了, 心如幻化也" 구절이 보인다. '住於'는 '~에 머물다(停于)', '~에 있다(在于)'의 의미인데 '믿고 따르다'는 말로 쓰인다.

87 【袁賓】: '價'는 '假'로 써야 한다. '假'는 '빌리다(租借)'는 의미이다. 『後漢書』「和帝紀」에 "其官有陂池, 令得採取, 忽收假稅二歲"라는 구절이 보이는데 "假, 猶租賃"이라고 주를 달았다.

二月，月別伍伯(佰)文，可中論房課，定是賣君身.」

제비가 참새에게 말한다. “그대 말은 가당치 않소. 그대가 집을 수리했으므로 임대료는 받지 않겠소이다. 임대료를 계산했다면 일 년은 열두 달이므로 1개월에 500문씩 내야 했을 것이라 분명 그대 몸뚱이를 팔아야 했을 것이외다.”

鷰子賦一首
연자부 1수

다주론병서(茶酒論幷序)[1]

향공진사(鄕貢進士) 왕부(王敷)[2] 지음(撰)

1 王重民【原校】제목과 작자의 이름은 모두 原卷에 근거한 것이다. 「茶酒論」은 여섯 권의 寫本이 현존하는데, 그 編號와 校次는 다음과 같다.
原卷 P.2718 前・後題와 撰人 그리고 題名 및 기록한 사람인 閻海眞의 題記가 있다.
甲卷 P.3910 書法이 뛰어나지 못하다.
乙卷 P.2972.
丙卷 P.2875.
丁卷 S.5774.
戊卷 S.406.
丙・丁・戊 세 寫卷은 王慶菽이 자신이 갖고 있는 현미경 필름에 근거하여 대신 교정하였다.【校注】甲卷에는 前・后題가 있으며 내용도 누락되거나 오기한 것이 많다. 맨 첫줄에는 "을묘년 정월 18일에 陰奴兒界 삼계사 학자(陰已卯年正月十八日陰奴兒界【三界寺】學子)"라고 기록하고 있으며, 이어서 「茶酒論」, 「新合千文皇帝感辭」, 「新合孝經皇帝感辭」, 「韋庄秦婦吟」을 기록하고는 末題에 "계미년 2월 6일 정토사 사미승 趙員住가 기록하다(癸未年二月六日淨土寺彌趙員住方手遣【書】)"라고 되어 있다. 또 한 줄에다가 "계미년 2월 6일에 정토사에서 趙詑가 씀(癸未年二月六日淨土寺趙詑)"이라고 적었다. 반면 乙卷의 경우는 후반부만 보존되어 있으며, 後題는 「茶酒論」 三字로 되어 있다. 寫卷의 뒷면에는 "金光明寺"라는 네 글자가 적혀 있다. 丙卷에는 前題 「茶須(酒)論一卷幷存」가 남아 있으며, 寫卷의 中間 부분에서 잘려져 後半은 모두 잔결되어 있다. 丁卷에는 前題가 보존되어 있으며, 寫卷 중간에 끊어져 있다. 戊卷의 경우 전반부가 보존되어 있으며, 前・後題가 남아 있다. 丁卷과 戊卷에서는 '一卷' 두 글자가 모두 '一首'로 되어 있다. 原錄의 篇題는 原卷에 근거하여 「茶酒論一卷幷序」로 되어 있으나, '一卷' 두 글자는 篇名에 있는 것이 아니므로 여기서는 삭제하였다.

2 敷: 原錄에서는 '㪍'자로 되어 있다.【潘校】原卷에는 '敷', 甲卷에는 '𢿱', 丁卷에는 '敖', 戊卷에는 '散'자로 되어 있다. 丙卷의 경우 종이가 손상을 입어 이 행 작자의 署名이 잔결되어 있다.【校注】原卷에서는 '敫'자, 甲卷에서는 '㪍'자, 丁卷에서는 '敖'자, 戊卷에서는 '散'자로 되어 있다. 敦煌寫本에서는 '敷'자를 '㪍'자로 하고 있으며, 別卷의 경우는 모두 '敷'자의 變體로 봐야 한다.

竊見神農曾嘗百草, 五穀從此得分; 軒轅製[3]其衣服, 流傳教示後人. 倉頡致(製)[4]其文字, 孔丘闡化儒因. 不可從頭細說, 撮其樞要之陳.[5] 暫問茶之與酒, 兩個[6]誰有功勳? 阿誰卽合卑小, 阿誰卽合稱尊?今日各須立理, 强者光飾[7]一門.

제가 들은 이야기를 하지요. 옛날 신농 황제는 온갖 풀을 맛본 다음 오곡으로 나누었고, 또 헌원 황제는 의복 만드는 법을 후세 사람들에게 가르쳐 주었지요. 창힐이 문자를 만든 다음 공자의 유가가 뿌리를 내렸지요. 처음부터 세세히 설명할 수는 없고 대강만 이야기합니다. 자, 이제 질문을 하지요. 차와 술 중 어느 것이 공로가 있을까요? 누가 비천하고 보잘 것 없으며, 누가 존귀하다고 할 수 있을까요? 지금 이 자리에서 각자의 논리를 내세워 뛰어난 점을 말씀해 보시지요. 승리하는 사람은 가문에 큰 영광을 누리게 될 것이오.

---

3 【原校】 '製'자는 原卷에서는 '制'자로 되어 있으나, 여기서는 丙卷과 丁卷에 근거하여 교정하였다.

4 致: '制'자로 봐야 하며, '倉頡' 두 글자는 甲卷에서 오른쪽에 모두 '鳥'자 편방을 따르고 있다.

5 【原校】 戊卷에서는 이 구절이 "撮其機要之間"으로 되어 있다. 【校注】 丁卷에서도 '樞'자가 '機'자로 되어 있다. 또한 丁卷의 경우 앞 구절인 '不可從頭' 및 그 앞부분을 한 부분으로 만들었는데, 原件을 整理할 때 뒤에다 잘못 붙여놓은 것이다.

6 兩个: 戊卷에서는 '兩家'로 되어 있다. '兩家'는 '쌍방'을 말한다.

7 光: 原錄에서는 '先'으로 되어 있다. 【江藍生】 先자는 응당 '光'자의 자형상 와전인 듯하다. "光飾一門"은 "각자의 가문이 영광을 누리게 될 것이다"는 의미이다. 【校注】 戊卷에 '光'자로 되어 있으며, 여기서는 이에 근거하여 교정하였다. '光飾'의 본래 의미는 '상식하다 · 꾸미다'인데, 예를 들면 역자의 이름이 일실된 東漢의 『雜譬喩經』 卷上에 "이때 왕이 나들이를 나왔다가, 길옆에 있는 한 커다란 나무를 지나가게 되었다. 때마침 나무의 꽃이 아름답고 무성하게 피었기에, 그 꽃을 따서 두 부인의 몸에 장식해주고자 했다(時王出戲, 道過一大樹, 樹華茂好, 欲取二夫人身上以爲光飾)"는 용례가 나온다. 인신되어 '영광 · 영예'라는 의미를 지니게 되었는데 예를 들면 『三國志』 卷十一 「장천전(張㳙傳)」에 "노육은 훈계하며 말했다. '상 선생은 이른바 위로는 천자를 섬기지 못하고, 아래로는 제후들과 함께 하지 못하는 사람이요. 이런 사람이 어찌 내게 명함을 바친다고 그것이 어찌 그런 분에게 장식이나 될 수 있겠는가?(毓敎曰: 張先生所謂上不事天子, 下不友諸侯者也. 此豈版謁所可光飾哉!)"는 말이 나온다. 또한 이상의 일단락을 서문으로 삼고 있다.

茶[8]乃出來言曰:「諸人莫鬧, 聽說些些. 百草之首, 萬木之[9]花, 貴之取蘂, 重之摘[10]芽, 呼之茗[11]草, 號之作茶. 貢五侯宅,[12] 奉[13]帝王家, 時新[14]獻入, 一世榮華. 自然尊貴, 何用論誇!」

차가 나서서 말했다.

"여러분은 떠들지 말고, 잠깐 이야기를 들어보소. 온갖 풀의 우두머리요, 수많은 나무 가운데 꽃이라 할 수 있지요. 귀한 꽃술과 소중한 싹을 따는 까닭에 명초라 하고 차라 하지요. 제후의 저택에 바쳐지고, 제왕의 거처에도 올려집니다. 사시사철 신선한 맛을 제공하여 일생 동안 영화를 누리지요. 당연히 존귀한 것이니 무엇 때문에 과장하겠습니까?

酒乃出來:「可笑詞說![15] 自古至[16]今, 茶賤酒貴. 單(簞)[17]醪投河, 三

---

8 [原校] 戊卷에서는 '茶'字 앞에 '第一'이라는 두 글자가 있다. 그 다음에 이어지는 '酒', '茶', '酒'로 시작하는 세 단락에는 모두 '第二', '第三', '第四'라는 글자가 있으며 그 다음 부분부터는 없다. [校注] 戊卷의 경우 '茶乃出來言曰' 앞에 '弟一茶曰'이라는 네 글자가 자주 나오며, 그 다음부터는 각각 '第二酒曰', '弟三茶曰', '弟四酒曰'이라는 글귀가 자주 나온다. 그 이후로는 卷子가 파손되어 있는데, 이상과 같은 例에 의거할 때 응당 이와 같은 글귀가 있었을 것이다.

9 [原校] 甲卷에서는 '之'자가 '諸'자로 되어 있다.

10 原錄에서는 '摘'자가 '擿'자로 되어 있다. [原校] 丙卷 및 丁卷 두 寫卷에서는 '擿'자가 '摘'으로 되어 있으며, 戊卷에서는 '作'자로 되어 있다. [校注] 甲卷에서도 역시 '摘'으로 되어 있으며, '擿'자는 곧 '摘'字이다.

11 [原校] '茗'자는 原卷에서는 '名'자로 되어 있으나, 丙卷에 근거하여 교정하였다. [校注] '茗'자를 '名'자로 쓴 것은 雙關語로서 '유명하고 진귀하다'는 뜻이다. 『離雅·釋木』에 보면 "檟는 쓴 차의 일종이다(檟, 苦荼)"라고 설명하고 있으며 郭璞注에서는 "오늘날은 일찍 딴 것을 荼라고 부르며, 늦게 딴 것을 茗이라고 부른다(今呼早采者爲荼, 晩取者爲茗)"라고 설명하고 있다. '荼'자는 '茶'자의 古字이며, 本篇의 各 寫卷에서 어떤 것은 '茶'로, 어떤 寫卷은 '荼'라고 있으며 또한 어떤 것은 俗字인 '茓', '茓'로 되어 있기도 하다. 이곳 원문에서는 모두 '茶'자로 했으며, 따로 교주 표시를 하지는 않았다.

12 五侯宅: 귀족의 집을 말한다. 戊卷에서는 '侯'자가 '俠'자로 잘못 기록되어 있다.

13 [原校] 戊卷에서는 '奉'자가 '進'자로 되어 있다.

14 [原校] '時新' 두 글자는 原卷에서는 '時時'로 되어 있으나, 丙·戊卷의 두 寫卷에 근거하여 교정하였다.

15 '說'의 음은 '세'이며, 그 다음에 나오는 '貴' 및 '醉'자 등과 押韻을 맞춘 것이다.

軍告醉. 君王飮之,[18] 叫呼萬歲. 群臣飮之, 賜卿無畏. 和死定生, 神明[19]歆氣.[20] 酒食[21]向人, 終無惡意, 有酒有令,[22] 人(仁)義禮智. 自合稱尊, 何勞比類!」

대뜸 술이 나섰다.

"가소로운 소리! 자고로 지금까지 차는 천박했고 술은 고귀했지요. 옛날에는 한 잔의 술을 강물에 풀고는 삼군이 마신 후 죽기를 맹세했지요. 군왕이 술을 마시면 신하들은 만세를 불렀고, 신하들이 술을 마시면 군왕은 고마움을 표했지요. 死生을 결정할 때 신령께서도 술맛을 음미했지요. 술이라는 음식은 인간에게 결코 악의가 없지요. 술에는 법도가 있으니 仁義禮智가 그것이지요. 애당초 존귀하니 어찌 비교할 수 있겠습니까?"

茶爲(謂)[23]酒曰 : 「阿你不聞道 : 浮梁, 歙州, 萬國來求,[24] 蜀山[25]蒙

16 [原校] '至'자는 原卷에서는 '之'자로 되어 있으나, 甲卷에 근거하여 교정하였다. [校注] '之', '至'는 뜻이 같은 글자들이다. 또한 '古'자는 甲卷과 戊卷에서는 '故'자로 되어 있다.

17 醪 : 이 글자는 戊卷에서는 '勞'자로 되어 있다. '單醪'는 '簞醪'로 읽어야 한다.

18 [原校] 甲卷에서는 '之'자가 '諸'자로 되어 있다.

19 [原校] 丁卷에서는 '神明'이 '神名'으로 되어 있다. [校注] 甲卷에서는 '巨飮'으로 되어 있다. '巨'자는 '臣'자의 와전이며, '神'자와 통한다.

20 『說文』에서는 "歆은 신이 기를 먹는 것을 말한다(歆, 神食氣也)"고 설명하고 있다.

21 食 : 丁卷에서는 '飾'자로 되어 있으며, 戊卷에서는 '飯'자로 되어 있다.

22 [原校] 甲卷에서는 '令'자가 '禮'자로 되어 있다. [校注] '禮'자는 '令'자의 音을 가차한 글자이다.

23 爲 : '謂'자와 통하며 丁卷에서는 바로 '謂'자로 되어 있다.

24 '求'자 앞에 原卷에서는 '投'字가 있다. 浮梁은 縣의 명칭으로 江西에 있다. 白居易의 「琵琶行」에 "지난 달에 부량으로 차를 사러 갔었네(前月浮梁買茶去)"라는 말이 보인다.

25 蜀山 : 原錄에서는 '蜀川'으로 되어 있다. [原校] 戊卷에서는 '蜀川'이 '濁山'으로 되어 있다. [徐校] '川'자는 응당 '山'으로 해야 하며, '蜀山'은 아마도 '宜興의 蜀山 혹은 광범위하게 蜀中의 山을 지칭하는 것 같은데, 어느 것이나 다 통한다. [蔣禮鴻校] 蜀川은 당연히 '蜀山'으로 해야 한다. 明나라 사람 許次紓의 「許然明先生茶疏」에 보면 "강남 지방은 날씨가 온화하기 때문에, 고로 유독 차를 재배하기에 적합하나. 大江 북쪽지방을 六安이라 부른다. 그러나 六安은 그곳의 郡名이며, 그 실질적인 산지는

頂,[26] 其(騎)[27]山驀嶺, 舒城·太胡(湖), 買婢買奴. 越郡·餘杭, 金帛爲[28]囊. 素紫天子,[29] 人間亦少;[30] 商客來求,[31] 船[32]車塞紹.[33] 據此蹤由, 阿誰合小?」[34]

霍山縣의 大蜀山이다(江南地煖, 故獨宜茶. 大江以北, 則稱六安. 然六安乃其郡名, 其實産霍山縣之大蜀山也)"라는 말이 보이는데 이에 근거하여 교정하였다.

26 蒙: 原錄에서는 '流'자로 되어 있다. [原校] 丁卷에서는 '流頂'이 '流酒'로 丙卷에서는 '濛頂'으로 되어 있다. 내 생각으로는 '濛頂'으로 하는 것이 옳은 것 같으며, 이 글자는 곧 '蒙頂'을 말한다. [蔣禮鴻] 「許然明先生茶疏」에 보면 "고인들은 차를 논할 때면 반드시 蒙頂에서 나는 차를 으뜸으로 쳤다. 蒙頂山은 蜀땅의 雅周山이다(古人論茶, 必首蒙頂. 蒙頂山, 蜀雅州山也)"라는 말이 보인다. 또 『苕溪漁隱叢話前集』 卷四六에서는 范鎭 『東齋紀事』의 "촉 중에는 몇 군데 차의 산지가 있는데, 그중에서 雅州 蒙頂에서 나는 것이 가장 좋다(蜀中數處産茶, 雅州蒙頂最佳)"라는 말을 인용하고 있다. [校注] 丁卷에서는 '流湏'으로 되어 있는데 '湏'자는 바로 '頂'字가 와전된 것이다. 敦煌寫本에서는 '頂'자를 많은 경우에 '須'자 혹은 '項'자로 쓰고 있다. '流'는 '濛'자가 와전된 것이다.

27 [徐校] 그 아래에 나오는 '驀海其江'의 '其'자가 乙卷에서는 '騎'로 되어 있는 것에 근거할 때, 여기서의 '其'字 역시 응당 '騎'자로 해야 한다. [校注] '驀'자는 말을 타다는 의미이며 인신되어 '뛰어넘다·건너다'라는 의미를 갖는다. '騎'자는 '驀'자와 互文을 이루기 때문에 역시 '건너다·뛰어 넘다'의 의미를 갖는다. 黃靈庚은 '其'자를 '躋'자로 교정하였지만, 옳은 것 같지는 않다.

28 爲: 甲卷에서는 이 글자가 '千'으로 되어 있다. 또한 丁卷에서는 앞 구절에서의 '餘杭' 및 그 아래 부분이 잔결되어 있다.

29 素紫天子: 甲卷에서는 '素潤紫天子'로 되어 있으며 戊卷에서는 '紫天子'자로 되어 있다. '素紫'는 옅은 자색을 말하는데, 安徽博物館에 소장되어 있는 敦煌卷子 二娘子家書에 "옅은 자색의 비단실 한 타래를 언니에게도 주었네(素紫羅裹肚一條, 亦與阿姊)"라는 말이 보인다. '素紫天子'에 관해선 응당 차 잎의 명칭으로 간주해야 한다.

30 甲卷에서는 '人'자 앞에 '弃'字가 더 있으며, 戊卷에서는 '少'자가 '小'자로 되어 있다. 이상의 두 구절은 의미가 명확하지 않다.

31 [原校] 戊卷에서는 '來求'가 '凡達'로 되어 있다. [校注] 丙卷에서는 '來求'가 '求來'로 도치되어 있다.

32 船: 原錄에서는 '舡'으로 되어 있다. [校注] 甲卷과 丙卷에서는 '舩'자로 되어 있는데 모두 '船'의 俗字이다.

33 [原校] 戊卷에서는 '塞紹'가 '塞鬧'로 되어 있다. [校注] '塞經'과 '塞鬧'은 모두 수레와 배가 많아 꽉 막혀있는 모습을 형용한다. '塞'자는 '逼塞'의 '塞'자의 의미이다. '塞紹'는 아마도 偏義復詞인 듯하다. 『舊唐書·食貨下』에 보면 "낙양으로 들어가려고 했으나 곧 수로의 길이 마르고 얕아 배들이 움직이지 못한 채 꽉 막혀있네(入洛卽漕路乾淺, 船艘隘鬧)"라는 말이 나오는데 여기서의 '隘鬧'자는 곧 '塞鬧'와 동일하다.

34 小: 原錄에서는 '少'로 되어 있다. [校注] 甲卷에서는 '小'로 되어 있으며 여기서는 이

차가 술에게 말했다.

"그대는 이런 말을 들어보지 못했소? 부량과 엄주 등 모든 나라에서 와서 구하는데, 촉산과 몽산의 정상과 고개를 넘고, 서성과 태호를 지나 노비를 사며, 월군과 여항의 금비단으로 주머니를 만들어 오지요. 천자의 비단은 세상에 얼마 되지 않아 상인들이 와서 구하느라 수많은 배와 수레가 늘어서곤 하지요 이를 가지고 따지면 누가 천박하다고 해야 할런지요?"

酒爲(謂)[35]茶曰：「阿你不聞[36]道：劑[37]酒、乾和,[38] 博錦博羅,[39] 蒲桃、

에 근거하여 교정하였다. 본편의 서문에 "누가 비천하고 보잘 것 없다고 할 수 있을까요?(阿誰即合卑小)"라는 말이 나오는 것으로 보아 '少'자는 '小'자의 음을 가차한 글자임을 알 수 있다.

35 爲：丙卷에서는 '謂'자로 되어 있다.

36 聞：原錄에서는 '問'자로 적어놓고 그 옆에다 '聞'자로 교정하고 있다. [原校] 戊卷에서는 '不問'이 '曾聞'으로 되어 있는데, 내 생각으로는 '聞'자로 하는 것이 옳은 것 같다. [校注] 戊卷에서는 '阿你不問' 구절이 '曾'자 한 글자로만 되어 있으며, 甲卷과 丙卷에서는 '問'자가 모두 '聞'으로 되어 있는데 여기서는 이에 근거하여 교정하였다.

37 [原校] 丙卷에서는 '劑'자가 '齊'자로 되어 있으며, 戊卷에서는 '酎'자로 되어 있다. [校注] '劑'자는 술을 지칭할 수도 있고 약의 종류를 지칭할 수도 있다. 이 글자는 고대에는 '齊'자로 쓰는 경우가 많았다. 예를 들어 『周禮·天官冢宰下』에 보면 "(다섯 가지 약의 이름을 변별해서 말해보면 다음과 같다. 첫째는 泛齊이며, 둘째는 醴齊이며, 셋째는 盎齊이며, 넷째는 緹齊라 하며, 다섯째는 沈齊이라 한다. 세 가지 술을 변별해 보면 첫째는 事酒, 둘째는 昔酒, 셋째는 淸酒이다 (辯五齊之名：一日泛齊, 二日醴齊, 三日盎齊, 四日緹齊, 五日沈齊. 辨三酒之物：一日事酒, 二日昔酒, 三日淸酒)"는 말이 보인다. 또 "무릇 제사를 지낼 때는 五齊와 三酒를 함께 바친다. ...... 다만 齊와 酒를 동시에 같이 올려서는 안 된다(凡祭祀, 以法共五齊三酒. ...... 唯齊酒不貳)"라는 말도 보인다. 後魏 高允의 『酒訓』을 보면 "검은 술은 당 위에 올리고, 齊와 술은 아래에 놓는다(玄酒在堂, 醑酒在下)"는 말이 보이는데 여기서 '醑'자는 곧 '齊'이다. '酎' 역시 술의 뜻인데, 『齊民要術』「笨麯幷酒」에 '黍米酎'를 제조하는 방법 등이 기록되어 있으며, 따라서 '劑酒'와 '齊酒', '酎酒'는 모두 동일한 의미를 지닌 연결사이다. 그러나 그 아래에 나오는 구절에서는 모두 술의 명칭을 뜻하므로 이 곳에서도 역시 술 이름인 듯하다.

38 乾和：술 이름이며, '乾'자는 '乾濕(건조시키다)'의 '乾'의 의미이고 '和'는 '調和(조화시키다)'의 '和'자의 의미이다. 『齊民要術』「笨麯幷酒」에 "法酒를 제조하기 위해서는 술 한 말과 胡椒 16 枚, 마른 생강 한 접시, 鷄舌香 한 접시, 튀긴 콩 6 枚를 모아

九醞,[40] 於身有潤.[41] 玉酒、瓊漿,[42] 仙人[43]盃觴, 菊花、竹葉,[44]【君王交接】.[45] 中山趙母, 甘甜[46]美苦. 一醉三年, 流傳今古.[47] 禮讓鄕閭,[48]

체로 걸은 다음 비단 주머니에 싸서 익혀 술 안에 집어넣는다. 하루 밤을 지낸 다음 꿀 한 되를 첨가한다(作和酒法: 酒一斗; 胡椒六十枚, 乾薑一分, 鷄舌香一分, 蓽撥六枚, 下篵, 絹囊盛, 內酒中. 一宿, 蜜一升和之)"는 말이 나오는데 여기서의 '和酒'는 '乾和'해서 만든 술의 종류를 말한다. 張籍의 「和左司元郎中秋居十首」詩 두 번째 시에 보면 "서법을 배우기 위해서 墨의 흔적을 추구하고, 술을 빚을 경우는 건조시켜 제조한 것을 좋아하네(學書求墨迹, 釀酒愛乾和)"라는 말이 보이며, 宋의 竇苹의 『酒譜』에서는 이 시를 인용한 다음 말하길 "오늘날의 사람들은 물을 집어넣지 않는다. 幷과 汾 지방의 사람들은 이 술을 진귀한 것으로 여기며, 乾酢酒라고 부른다(卽今人不入水也. 幷, 汾間以爲貴品, 名之曰乾酢酒)"라고 하고 있다.

39 博: '交易하다'는 의미이다. '博錦博羅'는 술이 진귀하고 유명하여 비단과 바꿀 수 있음을 말한다. 『宋書·索虜傳』에 "나는 양주에 가서 살게 될 것이며, 또한 토지와 교환되어 질 것이다(我往揚州住, 且可博與土地)"라는 말이 나오는데 注에서는 "비천한 사람들은 교역하는 것을 '博'이라고 하였다(傖人謂換易爲博)"라고 풀이하고 있다. 또한 『唐國史補下』에 보면 "구설에는 이부를 대궐의 핵심요직이라고 했다. 그 관청 아래 다음과 같은 말이 쓰여 있다. '後行祠屯이라는 관직은 中行都門이라는 관직하고도 바꾸지 않는다'(舊說吏部爲省眼, …… 省下語曰: '後行祠屯, 不博中行都門')"는 말이 보인다. 또한 "술로서는 영남의 영계술이 유명한데, 비단과도 맞바꿀 수 있다(酒則有 …… 靈南之靈溪, 博羅)"라는 말이 보인다. 張鴻勳은 本 변문의 '博羅' 역시 술이름이라고 했으나 그렇게 할 경우 '博錦'은 해석할 방법이 없다. 그러므로 옳은 것 같지는 않다.

40 蒲桃, 九醞: 모두 술 이름이다. '蒲桃'는 바로 '葡萄(포도)'이며 『三國志』「魏書明帝紀注」에서 『三輔決錄』을 인용하고 있는데 거기에 "그는 또한 포도주 열 말을 讓에게 주고는 곧장 涼州刺史에 제수하였다(他又以蒲桃酒一斛遺讓, 卽拜涼州刺史)"라는 말이 보인다. 『西京雜記』 卷一에도 "한의 제도에 의하면 종묘에서는 8월에 술을 음복하는데, 九醞이라는 술과 제사용 소를 활용하며 황제가 사당에다 친히 받친다. 정월 元旦일에 술을 빚으며 8월이 되면 다 익게 되는데, 酎이라고도 하며 九醞이라고도 하며 醇酎이라고 부르기도 한다(漢制, 宗廟八月飮酎, 用九醞太牢, 皇帝侍祠, 以正月旦作酒, 八月成, 名曰酎, 一日酎, 一日九醞, 一名醇酎)"는 기록이 보인다.

41 潤: 이익을 보태주다.

42 玉酒와 瓊漿: 모두 술 이름으로 신선들이 마신다고 한다.

43 戊卷은 이 부분에서 끝나고 있다.

44 菊花와 竹葉: 모두 술 이름으로 국화주와 죽엽청주를 말한다.

45 [原校] '君王交接' 네 글자는 甲卷에 근거하여 보충한 것이다. [校注] 丙卷에도 남아 있다.

46 甜: 原錄에서는 '甛'자로 되어 있다. [校注] 甲卷에서도 '甛'자로 되어 있다.

47 晋朝 張華의 『博物志』 卷十에 보면 "이때 劉玄石이 中山에 있는 술집에서 술을 사서 마시는데, 술집에서 천 일 동안 그에게 술을 주어도 자신의 주량을 말하는 것을

調和軍府. 阿你頭惱(腦),[49] 不須乾努.」[50]

술이 차에게 말했다.

"그대는 이런 말을 들어보지 못했소? 제지방의 술은 물기가 없어 비단으로 담을 수 있고, 九醞이란 포도주는 몸에 윤기가 나지요. 옥주와 경장은 신선들이 마시는 술이요, 국화주와 죽엽주는 군왕이 교유할 때 마셨던 술이라. 중산주와 조모주는 달콤하기 그지없지요. 한 번 취하면 삼년이 가 고금에 전해진답니다. 각 지방을 예절바르고 겸양하게 하고, 군부를 조화시키지요. 네가 아무리 머리를 굴려도 헛수고이니라."

茶爲(謂)酒曰:「我之茗草, 萬木之心, 或白如玉, 或似黃金. 名[51]僧大德, 幽隱禪林. 飮之語話,[52] 能去昏沉. 供養彌勒, 奉獻觀音. 千劫萬劫,

---

그만 잊어버렸다. 집에 돌아왔을 때 술에 잔뜩 취해 있어 식구들이 그를 알아보지 못하고, 죽은 것으로 여겨 잠시나마 그를 장사지냈다. 술집에서 천 일이 다 되자, 劉玄石이 지난날 와서 술을 살 때, 술에 취했다가 겨우 깨어나고 있는 상태였음이 생각이 났다. 이에 그의 집을 찾아가 보니 식구들이 劉玄石은 죽은 지 3년이 되었으며, 장례도 치루었습니다'라고 했다. 그리하여 관을 열고 보니, 劉玄石은 술에 취해 있다가 그때서야 깨어나고 있었다. 속담에 '현석은 한 번 술을 마시면, 천 일 동안 취했었다'는 말이 있다(時劉玄石於中山酒家酤酒, 酒家與千日酒, 忘言其節度. 歸至家當醉, 而家人不知, 以爲死也, 權葬之. 酒家計千日滿, 乃憶玄石前來酤酒, 醉向醒耳. 往視之, 云:'玄石亡來三年, 已葬' 於是開棺, 醉始醒. 俗云:'玄石飮酒, 一醉千日')"는 기록이 보인다. 그리고 '今古' 및 그 아래 부분은 丙卷의 경우 모두 빠져 있다.

48 [原校] '閭'자가 原卷에서는 '侶'자로 되어 있으나, 甲卷에 근거하여 고쳤다.

49 惱: 甲卷에서는 같은 글자로 되어 있으며 '腦'자로 독해해야 한다. 敦煌寫本에서는 '惱'자와 '腦'자를 많은 경우에 있어 구분하지 않고 있다. '頭腦'는 두뇌 혹은 두뇌 뼈를 말한다.

50 乾努: '헛수고 하다'는 의미이다. '努'는 어떤 한 방향을 향해 힘을 쓴다는 의미이다. 『諸病源侯論』 卷四에서 인용하고 있는 『養生方導引法』에 보면 "머리를 하늘을 향해 들고 등을 젖히면 일시에 기운이 극성해 진다. …… 머리를 아래쪽으로 지속적으로 향하면, 손이 오랫동안 편안해진다(仰頭却背, 一時极勢. …… 頭向下努, 手長舒)"라는 말이 보이는데, 이것이 그 예이다.

51 名: 原錄에서는 '明'으로 기록하고는 그 옆에다 '名'자로 교정해놓고 있다. [校注] 甲卷에서는 '名'으로 되어 있는데, 여기서는 이에 근거하여 교정하였다. '名僧'이나 '大德'은 모두 高僧을 말한다.

52 語話: 談論의 의미이다.

과 어울리고 공경들이 흠모하는 것이다. 일찍이 조왕으로 하여금 비파를 타게 하였으며, 진왕으로 하여금 장구를 치게 하였다. 차로는 노래를 청할 수도 춤을 추게 할 수도 없지요. 차를 마시면 요통이 생기며, 많이 마시면 배탈이 나게 되지요. 하루에 열 잔을 마시면 내장이 부글부글하며 소리가 나지요. 만약 삼 년을 복용하면, 복통이 나서 고통을 호소하게 되고요."

茶爲(謂)[66]酒曰:「我三十成名, 束[67]帶巾櫛. 驀酒騎[68]江, 來朝今[69]室. 將到市廛阝, 安排未畢, 人來買之, 錢財盈溢.[70] 言下[71]便得富饒. 不在明朝後日, 阿你酒能昏亂, 喫了多饒[72]啾喞,[73] 街中[74]羅織平人, 脊[75]

66 爲 : 乙卷에서는 '謂'자로 되어 있다.

67 束 : 原錄에서는 '朿'자로 되어 있다. [校注] 原卷 및 甲卷에서는 모두 '束'자로 되어 있으며 乙卷의 경우에는 '東'자로 되어 있다. "束帶巾櫛"은 옷을 단정하게 입는 것을 의미하며, 여기서는 入仕하는 것을 지칭한다. 『唐國史補』 下에 보면 "李建이 이부랑중이 되었을 때 항상 동급 관리들에게 말하였다. '나는 大凡 中人이었으며, 30세가 되었을 때 명성을 얻었으며 40세가 되었을 때 淸列의 지위에 올랐으니, 벼슬길에 있어서 빠르고 더딤이 합당한 편이다'(李建爲吏部郞中, 常言于同列曰 : '大凡中人, 三十成名, 四十乃至淸列, 遲速爲宜')"라는 말이 나오는데 나이 30세에 명성을 얻은 후에 入仕하였음을 지칭한다.

68 騎 : 原錄에서는 '其'자로 되어 있다. [原校] 乙卷에서는 '其'자가 '騎'자로 되어 있는데, 여기서는 乙卷에 근거하여 교정하였다. 黃靈庚은 이 글자를 '濟'자로 교정하고 있는데, 이는 옳은 것 같지는 않다.

69 [原校] 甲卷에서는 '今'자가 '金'자로 되어 있다. [校注] 乙卷에서도 역시 '金'자로 되어 있다. 또한 '朝'자는 乙卷에서는 '投'로 되어 있다. '今室'은 아마도 '이곳'을 의미하는 듯하다.

70 盈溢 : 가득하다, 많다는 의미이다. 干寶의 『搜神記』 卷一 「孫策」條를 보면 "요즘 정오만 되면, 큰 소나기 찾아와 내리니, 계곡물이 가득 불어났다(比至日中, 大雨總至, 溪澗盈溢)"는 말이 보인다.

71 言下 : '말하는 사이'의 의미로 곧장·즉시의 의미이다.

72 [原校] 乙卷에서는 '多饒'가 '更多'로 되어 있다. [校注] '饒'자는 많다는 의미이다.

73 啾喞 : 큰 소리로 싸우며 욕하는 모양을 형용한다. P.3724 王梵志의 詩에 "추악한 아내가 찾아와 악담과 욕을 하고, 큰 소리를 내지르며 머리카락을 붙잡네(醜婦來惡罵, 啾喞搦頭灰)"라는 말이 보인다.

74 中 : 原錄에서는 '上'자로 되어 있다. [校注] 原卷에서는 '中'으로 되어 있으며, 甲卷과

上少須十七.」[76]

차가 술에게 말했다.

“저는 나이 삼십에 명성을 얻어 띠를 두르고 낯을 씻고 머리를 빗고 다녔지요. 강과 바다를 건너 금빛 찬란한 궁실로 들어가지요. 저잣거리에 가면 진열대에 놓일 겨를도 없이 몰려드는 사람이 사가 버려 돈과 재물이 넘친답니다. 말 떨어지자마자 부자가 되지요. 다음날 아침이나 나중에 술은 사람을 어지럽게 하고, 많이 마시면 떠들썩하게 하며, 길거리에서 무고한 백성을 음해하니 모름지기 등짝에 적어도 곤장 열일곱

乙卷에서도 동일한 글자로 되어 있다.

75 脊 : 乙卷에서는 ‘責’자로 되어 있는데 이 글자는 바로 ‘背’자의 俗字이다.

76 少須十七 : ‘적어도 17차례 곤장을 맞다’는 의미이다. 【蔣禮鴻】 이 말은 등짝에 적어도 17차례의 매질을 당하는 것을 말하며, 17은 곤장 17대를 말하는데 17은 곤장질의 가장 적은 횟수에 해당한다. 近人 陳垣은 『校勘學釋例』 第二十에서 세 가지 경우를 다음과 같이 함부로 교정하고 있다. “원나라의 제도에 의하면, 곤장질은 7대를 단위로 했으며 무릇 17대에서 107대 사이의 곤장은 모두 一十七下, 一白七下라고 불렀다(元制, 杖以七爲斷, 凡稱杖十七至一百七者, 皆曰一十七下, 一百七下).” 【校注】 곤장의 최소한도는 언제나 다섯 대인데, 「燕子賦」(一)에 보이는 “곤장 다섯 대는 그저 장난에 불과하다(五下乃是調子)”라는 말이 그 방증이 될 수 있다. 明 田藝衡의 『留青日札摘抄卷一』 「大誥減等」을 보면 “원세조가 그에게 가할 태형과 곤장의 형벌을 확정하면서 말하길 ‘하늘이 한 차례 감형해주고, 땅이 그를 감형해주고, 내가 또한 그에게 감형을 한 번 해준다(元世祖笞杖之刑旣定, 曰 : 天饒他一下, 地饒他一下, 我饒他一下)”는 말이 보이는데 여기서는 곤장 17대를 감형해주는 것을 의미한다. 그러나 唐人들의 杖刑에는 이러한 제도가 없었는데, 예를 들면 S.6537 社條의 “아래 위로 이와 같은 무리가 있다면 곤장 17대의 형을 부여한다(上下有此之輩, 決丈(杖)十七)”를 들 수 있다. 그리고 동일한 社條에 속하며 동일한 권호에 속하는 또 다른 편에서는 “각 집단에 각각 곤장 30대를 때리기로 결정했다(衆社各決丈(杖)三十棒)”라고 하고 있다. S.2041에서는 “곤장 10대를 가하면, 송장이 되어서 나온다(決十下, 殯(擯)出)”는 말이 보인다. P.3730에는 “곤장 7대를 쳤다(決丈(杖)七下)”라는 말이 보인다. S.6537의 또 다른 편에는 “최소한 곤장 13대는 맞아야 한다(少者決杖十三)”(여기서 少字는 去聲이다)라는 말이 보인다. S.5629에는 “매 사람마다 곤장 5대씩을 쳤다(每人決丈(杖)五棒)”는 말이 보이며 또 “심한 곤장 10대를 때렸다(痛丈(杖)十丈(杖))”는 말이 보인다. S.527에서는 “매 사람마다 곤장 3대씩을 쳤다(各人快(決)杖叁棒)”라는 말이 보인다. 唐人들의 곤장질 횟수를 종합적으로 고찰해 볼 때 대체로 짝수와 홀수의 두 경우로 나누어지는데 홀수의 경우는 1, 3, 5, 7 등으로 나누어지며 짝수의 경우는 10, 20, 30, 100이 있는데 2, 4, 6, 8 및 100은 매우 보기 드물다.

대는 맞아야 할 것이오."

酒爲(謂)茶曰:「豈不[77]見古人[78]才子, 吟詩盡道[79]: 渴來一盞, 能生養[80]命. 又道: 酒是消愁藥.[81] 又道: 酒能養賢. 古人糟粕,[82] 今乃流傳. 茶賤三文五碗, 酒賤中(盅)半七文.[83] 致[84]酒謝坐, 禮讓周旋,[85] 國家音樂, 本爲酒泉.[86] 終朝喫你茶水, 敢動些些管弦!」

차가 술에게 말했다.

"어찌 옛날 고대 재인들을 보지 못하오? 그들은 시로 읊었지요. '목마를 때 술 한 잔, 생명을 보호해 주네.' 또 '술은 근심을 없애주는 약이로다'라고 말입니다, 또 '술은 현명함을 길러 준다'라고도 했지요. 고인들

---

77 乙卷의 경우에는 '不'字가 없다.

78 【原校】 王慶菽은 '古人'은 응당 '古今'으로 해야 할 듯하다고 했다. 【校注】 '古人才子'는 곧 옛날의 재자들로서, 그 다음에 나오는 '古人糟粕'이라는 구절에서도 역시 '古人'이라고 말하고 있다.

79 【原校】 乙卷에서는 이 구절이 "吟詩盡道"로 되어 있다.

80 '養'字는 乙卷에서는 없다.

81 消: 乙卷에서는 '銷'자로 되어 있다. 白居易의 「勸酒」 詩에 보면 "세상에서는 근심을 없애주는 약이라 부르는데, 신통하고 신속하기가 더 이상 보탤 것이 없을 정도이다(俗號消愁藥, 神速無以加)"라는 말이 보인다.

82 糟: 原卷에서는 '糠'으로 되어 있으며, 甲卷에서는 '稜'자로 乙卷에서는 '糟'로 되어 있다. 糟粕은 그 의미가 '법칙, 전통'의 의미인데, 예를 들면 S.6181 「兒郎偉」에도 "고인들의 법칙을 뒤쫓고 존중하여, 대대로 전한다(驅儺古人糟粕, 遞代相傳)"는 말이 보인다. 唐 睿宗의 「誡勵風俗敕」에도 "혼인 의식의 전통은 간혹 남아있으나, 冠禮는 오랫동안 활용되지 않아 없어진 것이 많다(婚禮糟粕或存, 冠禮久爲廢闕)"라는 말이 보이는데 여기서의 '糟粕'도 모두 술과는 관련이 없다.

83 【徐校】 '文'자는 아마도 '錢'으로 해야 할 듯 하며, '賢', '傳', '旋', '泉', '弦' 등과 韻을 이룬다.

84 致: 乙卷에서는 '置'자로 되어 있다.

85 禮: 原錄에서는 부수가 '木'자로 되어 있다. 旋: 原錄에서는 '挺'으로 되어 있다. 【校注】 甲卷에서는 '礼'자로 되어 있는데, 바로 '禮'자의 간체자이다. '旋'자는 原卷과 乙卷에서는 '旋'자로 되어 있으며, 甲卷에서는 '旋'자로 되어 있는데, 모두 '旋'字이다.

86 酒泉: 地名이지만, 본 편에서는 술을 지칭한다. 『漢書·地理志下』 「酒泉郡」 아래의 顔師古注에 "전해오는 말에 의하면 성 아래 金泉이 있는데, 그 샘물 맛이 마치 술과 같다고 한다(舊俗傳云城下有金泉, 泉味如酒)"라는 설명이 보인다.

의 술은 지금까지 전해지지요. 찻값은 싸서 다섯 그릇에 삼문이지만, 술은 싼 것이 반 잔에 칠 문이나 하지요. 술을 바치고 사양하면서 앉아, 예의와 겸양으로 응대하지요. 국가 음악의 근본은 주천이지요. 아침 내내 차를 마신다고 한들 잠깐이나마 감히 관현악을 연주하게 할 수 있을는지요?"

茶爲(謂)酒曰:「阿你不見道:男兒[87]十四五,[88] 莫與酒家親. 君不見猩猩鳥,[89] 爲酒喪其身. 阿你卽道:茶喫發病,[90] 酒喫養賢, 卽見道有酒黃[91]酒病, 不見[92]道有茶瘋[93]茶顚. 阿闍世王爲酒殺父害母,[94] 劉零

---

87 男兒:乙卷에서는 '男女'로 되어 있다. [校注] '男女'는 '兒女'를 말한다.

88 [原校] 甲卷과 乙卷 두 寫卷에서는 '十四五'가 모두 '十四十五'로 되어 있다.

89 猩:原錄에서는 '生'자로 되어 있다. [原校] 乙卷에서는 '生生鳥'자 '性性鳥'로 되어 있다. [徐校] '生生'은 '狌狌', '猩猩'과 같다. 『御覺』 九0八에서 『蜀志』를 인용하여 말하길 "봉계현에 '성성'이라고 불리는 짐승이 있는데, 사람들은 모두 그것을 술로 잡을 수 있다는 것을 안다. '성성'은 깨어있을 때 처음에는 술을 잠깐 맛만 보다가 그 맛에 빠져 즐기며 술을 마시다 결국에는 사로잡히게 된다(封溪縣有獸曰猩猩, 人知以酒取之. 猩猩覺, 初暫嘗之, 得其味, 甘而飮之, 終見羈纓也)"라고 하였다. 여기서는 술에 의해서 몸을 망치다는 것을 말한다. [校注] 乙卷에서는 '牲牲鳥'으로 되어 있으며, '生生'과 '牲牲'은 모두 '狌狌'의 音借로서 역시 '猩猩'을 말한다. 「伍子胥變文」에 "짐승으로는 姓姓이라고 부르며, 새의 이름으로는 狒狒이라고 부른다(禽號姓姓, 鳥名狒狒)"라는 말이 보이는데 여기서의 '姓' 역시 '狌'의 가차자이다.

90]病:甲卷에서는 '顚'으로 되어 있다.

91 黃:乙卷에서는 '癀'자로 되어 있다. [校注] '痡'자는 '黃'자에다가 '疒'을 추가한 글자이다. 술병이 들어 신체가 노래지는 것을 '黃'이라 하는데 그것을 병으로 간주하였기 때문에 '病'의 부수를 덧붙인 것이나. 『龍龕手鏡』에서는 "痡자는 음은 황이며, 황달병을 말한다(痡, 音黃, 痡病也)"라고 설명하고 있다.

92 不見:乙卷에서는 '不聞'으로 되어 있는데, '不見'은 '不聞'과 같다.

93 瘋:甲卷에서는 '風'으로 되어 있다. [校注] '瘋'자는 '風'자가 나중에 새로운 글사로 만들어진 것이다. 張祜의 「宋城道中逢王直方八韻」 시에 "차로 인해 중풍이 들어 붓을 들 수가 없고, 술로 인해 대머리가 되어 비녀를 꽂을 수 없네(茶風無奈筆, 酒禿不勝簪)"라는 말이 보인다.

94 殺:原錄에서는 '敎'로 되어 있다. [原校] 甲卷에서는 '殺父害母'가 '殺害父母'로 되어 있으며 乙卷에서는 '殺父母'로 되어 있다. [校注] 原卷과 甲卷에서는 '敎'자가 모두 '煞'자로 되어 있는데 모두 '殺'자의 俗字이다.

(伶)爲酒一死[95]三年. 喫了張眉豎[96]眼, 怒鬥宣[97]拳, 狀上只言麤[98]豪酒醉, 不曾有茶醉相言. 不免求首(守)[99]杖子,[100] 本典[101]索錢. 大枷□[102]項, 背上抛[103]椽.[104] 便卽燒香斷酒, 念佛求天. 終身不喫, 望免[105]迍邅.」[106]

95 死: 乙卷에서는 '醉'자로 되어 있다.

96 竪: 原錄에서는 '豎'자로 되어 있다. 【校注】 原卷에서는 실제로는 '竪'자로 되어 있다.

97 宣: 乙卷에서는 '揎'자로 되어 있다. 【徐校】 '宣'자는 '揎'자와 같다. 【校注】 '宣'자는 '노출하다, 드러내다'는 뜻이고 '宣拳' 혹은 '揎拳'은 소매를 걷고 주먹을 내보이다는 뜻이다.

98 麤: 原錄에서는 '麁'자로 되어 있는데, 이 글자는 곧 俗字이다.

99 首: 原卷에서는 먼저 '手'자로 기록했다가 오른쪽에 '…'부호를 덧붙여 제거한 다음 '首'자로 고쳐놓고 있다. 【袁賓】 '首'자는 '守'를 가차한 글자이다. 『後漢書・竇融傳』에 보면 "두융이 이때 萌 땅을 지키기 위해서 鉅鹿 땅은 양보하여 넘겨주고, 河西쪽으로 나아가기를 도모했다(融於是日往守萌, 辭讓鉅鹿, 圖出河西)"라는 말이 보인다. 李賢 等은 注에서 "守자는 求자와 같다(守猶求也)"라고 설명하고 있다. '求守'는 같은 의미의 글자를 병렬시켜 놓은 글자이며, 그 의미는 '간구하다'는 뜻이다.

100 杖子: 곤장을 들고서 형을 집행하는 관리를 말한다. '求守杖子'는 곤장을 치는 사람에게 사정을 봐달라고 하는 것을 말한다.

101 本典: 사건의 문서를 심사하고 심리하는 관리를 말한다.

102 搕: 原錄에서는 '榼'자로 되어 있다. 【校注】 原卷 및 甲卷에서는 '榼'자로 되어 있으며, 乙卷에서는 '搕'자로 되어 있는데 이 글자들은 모두 '搕'의 俗字이다. 『廣韻・合韻』「烏合切」에서는 "搕는 손으로 덮는 것을 의미한다(搕, 以手盍也)"라고 설명하고 있다. 『能龕手鏡』에서는 "搕자는 烏와 合자의 반절음이며, '손으로 덮다, 가리다'는 의미이다(搕, 烏合反, 以手蓋搕也)"라고 설명이 되어 있다.

103 抛: 原錄에서는 '拋'자로 적어놓고 그 옆에다 '抛'자로 교정하였다. 【校注】 原卷에서는 '拋'자로 甲卷에서는 '枹'자로 되어 있는데 모두 '抛'자의 俗字이다. 乙卷에서는 '拖'자로 되어 있다.

104 椽: 原錄에서는 '椽'자로 적어 놓고 그 옆에다 '椽'자로 교정하였다. 【校注】 原卷 및 甲卷, 乙卷에서는 모두 '椽'자로 되어 있는데 이 글자는 '椽'의 속자이다. '椽'자는 목 위에다 차는 기다란 형틀을 지칭하며, '抛椽'과 '拖椽'은 모두 긴 형틀의 모양을 형용하는 글자들인데, '拖'字가 더욱 형상이 선명하다. 『淸平山堂話本簡貼和尙』을 보면 "산전행은 정산대왕을 보면서 명령하였다. '칼과 족쇄를 씌워라' 칼과 족쇄가 씌워지고 죄인이 고개를 아래로 떨구자 가시나무 곤장을 가져다 마치 돼지 잡듯 두들겨 패기 사직하였다(山前行看着靜山大王, 道聲與獄子 : '把枷梢一紐!' 枷梢在上, 道士頭向下, 拿起把荊子來, 打得殺猪也似叫)"라는 말이 보인다. 이를 P.2870「十王經圖」와 대조해보면, '椽'은 긴 서까래를 말하는 것임을 알 수 있다. 後魏 高肇의 「奏定大枷」에 보면 "목에 칼을 씌우는 형구인 枷의 무게는 옛날에는 정해진 법제가 없습니다. 신 등이 헤아려보매, 큰 형구는 길이가 한 丈하고 세 자 정도 길이로 만들 수 있는데, 목 아래 부분은 길이를 1 丈 정도로 하며, 목을 키우는 부분은 각각 五寸으로 하

차 조각을 마른 채로 먹으면 목구멍을 상하게 하지요. 만물은 모름지기 물을 필요로 하며, 오곡 중 으뜸되는 것도 위로는 하늘에 응하고 길흉을 따르지요. 양자강, 황하, 회수, 제수는 바로 제가 있기 때문에 소통됩니다. 저는 천지를 떠돌아다니게 할 수도 있고, 물고기와 용을 말려 죽일 수도 있습니다. 요임금 시절에 구년간 가뭄의 재앙이 들었던 까닭은 제가 그 중에 있었기 때문인데, 천하가 흠모하고 받들며 만백성이 따르는 것에 감화되었지요. 애당초 재능있고 성스럽다고 말할 수 없건만, 두 분은 어째서 공을 다투시는지요? 앞으로는 반드시 화목하고 친하게 지내도록 하시지요. 주점은 돈을 벌고, 찻집도 결코 곤궁하지 않을 것입니다. 나이로 형과 아우를 정하면 선후가 분명해질 것입니다. 만약 누군가 이 글을 읽어도, 영원히 술과 차의 본성을 해치지 않을 것입니다."

茶酒論一卷
開寶三年[120]壬申歲正月十四日知術院弟子閻海眞自手書記.
다주론 1권
개보 3년(서기 970년) 1월 14일 지술원 제자 염해진이 자필로 기록하다.

120 開寶三年 : 서기 970년을 말한다. 하지만 '壬申歲'라는 말에 근거하여 推算하면, '三年'은 '五年'으로 해야 할 듯하다. 開寶는 宋 太祖의 연호이다.

순자변 舜子變

순자지효변문(舜子至孝變文)으로도 불린다. 순자(舜子)의 아비 고수(瞽叟)는 경솔하게도 후처(後妻)의 말을 믿고 여러 차례 전처(前妻)의 아들 순자를 살해하려고 한다. 순자는 상제(上帝)의 도움을 얻어 역산(歷山)으로 달아나 농사를 짓는다. 10년 후 순자는 수확한 쌀을 시장에 내다팔다 우연히 쌀을 사는 계모를 만나게 된다. 순자는 수차에 걸쳐 쌀 판 돈을 계모의 쌀 주머니 속에 몰래 넣어주다 고수(瞽叟)의 의심을 받게 된다. 당시 고수(瞽叟)는 두 눈이 먼 상태였는데 계모의 부축을 받아 시장에 이르러 순자의 목소리를 듣고는 부자가 상면하게 된다. 순자가 혀로 아비의 눈을 핥자 다시 눈을 뜨게 되고, 어미 역시 정신을 차리고 벙어리인 동생도 다시 말을 할 수 있게 된다. 이 이야기는 『사기・본기(史記.本紀)』와 『효자전(孝子傳)』에 실려 있다. 전통 희곡 『대순경전(大舜耕田)』과 내용이 비슷하다.

한붕부 韓朋賦

한붕(韓朋)과 그의 처에 대한 비극적 이야기는 『열이전(列異傳)』, 『수신기(搜神記)』, 『예문류취(藝文類聚)』, 『법원주림(法苑珠林)』, 『영표록이(嶺表錄異)』, 『태평어람(太平御覽)』, 『태평환우기(太平寰宇記)』 등에 기재되어 있다. 줄거리는 다음과 같다. 어질고 효성이 지극한 선비 '한붕'이 있어 벼슬하기 위해 집을 떠나면서 아름답고 정숙한 '정부'를 아내로 얻고 서로 절개를 지킬 것을 맹세한다. 송나라에 머물며 6년이 넘도록 소식이 없는 한붕에게 한붕의 아내가 편지를 보내고, 송왕은 이 편지를 주워 읽고 한붕의 아내를 빼앗기 위해 사신 양백을 한붕의 아내에게 보낸다. 사신이 한붕의 집에 도착하여 한붕의 시어머니를 속여 한붕의 아내를 데리고 떠난다. 송왕은 한분의 아내를 황후를 삼고 극진히 대우하나 한붕의 아내가 절개를 굽히지 않자 한붕을 참혹하게 구타한 후 청릉대로 보낸다. 한붕의 아내가 남편을 찾아 청릉대로 가나 한붕이 자살한다. 한붕의 아내는 송왕에게 한붕을 장사지내 줄 것을 요청하여 허락받은 후 무덤에 뛰어들어 자살한다. 무덤 속에서 푸른 돌과 흰 돌이 나오고 계수나무와 오동나무가 자라 서로 얽히며 원앙새가 되어 고향으로 날아간다. 원앙새에서 깃털이 떨어져 송왕이 이를 주어 몸에 문지르니 목이 떨어져 나가고 송나라는 3년이 못되어 멸망하고 양백 부자도 변방으로 유배된다.

추호변문 秋胡變文

앞뒤가 모두 잘려나가고, 뽕 따는 여인에게 주는 시 한 수를 제외하면 전체가 산문 형식으로 되어 있다. 그래서 루쉰(魯迅)은 『중국소설사략(中國小說史略)』에서 이 작품을 「추호소설」로 불렀다. 추호는 어머니, 아내와 작별하고 공부를 위해 집을 떠난다. 승산(勝山)으로 들어간 추호는 수천 살은 되었을 법한 신선에게 3년 동안 학문을 닦은 후 위(魏)나라로 들어간다. 추호는 여기서 탁월한 정치적 업적을 보이며 황제와 백성들의 신임을 얻는다. 고향을 떠난 지 9년째에 추호는 집으로 돌아가 어머님을 봉양하겠다는 뜻을 황제에게 표한다. 추호는 황제로부터 수많은 황금과 비단을 하사받고 고향으로 돌아오는 길에 자기 아내인줄도 모르고 뽕 따는 여인에게 수작을 부린다. 아내는 집으로 돌아오고서야 자신을 희롱한 관리가 바로 남편임을 알고 시어머니에게 남편의 불효와 불충을 꾸짖는다. 현존 사본은 여기까지만 전하며, 원래 이야기는 아내가 물에 빠져 자결하는 것으로 끝난다.

전한유가태자전 前漢劉家太子傳

전한(前漢)의 마지막 태자에 관한 이야기이다. 한 황제가 죽자 왕망(王莽)은 서둘러 제위를 찬탈하고 태자는 도망을 간다. 부황의 유언대로 태자는 남양군(南陽郡)의 장로(張老)에게 몸을 맡긴다. 이후 태자는 장로 부자와 한 농부의 도움으로 목숨을 유지하고 결국은 군대를 일으켜 부업을 잇는다. 작품 후반부에는 『사기』, 『동현기』, 『한서』 등의 책을 들며 서왕모, 초 대부 송옥, 연 소왕 등의 이야기를 소개하나 모두 원래 책과는 무관한 소설들이다.

여산원공화 廬山遠公話

여산은 강서성 북부의 구강시(九江市) 교외에 위치해 있고, 원공은 실존 인물로 동진(東晋)의 명승(名僧) 혜원(慧遠)을 가리킨다. 후한 때부터 양나라 때까지 고승들의 행적이 수록된 『고승전(高僧傳)』의 「혜원전」에 비해 설화적인 요소가 다분하다. 「혜원전」에서는 자사(刺史)가 지어주는 절이 여기서는 산신령과 귀신들이 지어주고 있고, 여산에서의 30년 동안 세속에 일체 발을 들여놓지 않은 그가 이 작품에서는 수년간 궁중 생활을 하며 황제와 궁인들에게 가르침을 펴고 있으며, 본래 혜원의 스승인 도안(道安)이 여기서는 혜원과의 논쟁에서 패하는 굴욕적인 인물로 묘사되어 있다. 또 사찰 내 여러 제자들이 보는 앞에서 운명한 「혜원전」 속의 그가 이 작품에서는 산 위 높은 언덕에서 홀로 수행하던 중 운명한 것으로 되어 있다. 대략의 줄거리는 이러하다. 스승인 전단승려의 가르침을 따라 여산으로 들어간 원공은 그곳에서 『열반경』을 독송하고 모여든 청중들에게 『열반경』을 강설하는데, 산신령과 연못에 사는 용마저도 감동을 받을 정도로 대중의 호응도가 높다. 그 무렵 인근 고을에 사는 백장(白莊)이라는 도적 괴수(魁首)가 원공이 머무는 절로 쳐들어와 원공을 노비로 잡아가 최 상공에게 팔아넘기고, 최 상공은 새로 사들인 노비, 즉 원공의 범상치 않음을 알고 그에게 선경(善慶)이라는 이름을 지어준다. 이에 앞서 원공의 제자 운경(雲慶)은 원공이 저술한 『열반경소초(涅槃經疏抄)』를 도안에게 전수해주었고, 도안은 동도(東都) 복광사(福光寺)에서 『열반경』을 강설해오고 있었다. 그의 설법을 수년 동안 들어오던 최 상공은 어느 날 부인의 간청에 부인과 노비들에게 팔고(八苦)를 설하였는데, 그 설법을 듣던 선경, 즉 원공이 옛 생각이 나서 눈물을 흘리자 이를 이상히 여긴 최 상공이 그 이유를 물었다. 이에 원공은 도안의 설법에 차별상이 있음을 얘기하며 최 상공에게 사생(四生)과 십류(十類), 그리고 십이연기(十二緣起)를 설한다. 감동한 최 상공이 이튿날 원공을 데리고 복광사로 들어갔다. 그곳에서 원공은 도안과 불교 교리에 대한 일대 논쟁을 벌이고 도안의 승복(承服)을 받아낸 뒤 자신의 본래 신분을 밝힌다. 최 상공은 원공을 노비로 부린 잘못을 뉘우치며 후에 출가한다. 이 소식이 황제에게 알려지자 황제는 원공을 궁으로 모셔와 수년간 그를 후하게 공양하며 그의 가르침을 받았다. 그러던 어느 날 원공은 황제의 만류를 결연히 뿌리치고 산으로 돌아간다. 그리고 산 속 암자에서 수행하던 중 '덧없는 인생과 무상한 속세'라는 생각이 들자 곧 내재된 불성과 마음으로 법선(法船) 한 척을 만들어 그것을 타고 천상으로 귀의한다.

한금호화본 韓擒虎話本

수나라 때 명장으로 고조(高祖) 양견(楊堅)의 총애를 받은 한금호의 이야기이다. 이 작품은 전체가 산문으로 되어 있어 잘 짜인 한 편의 소설을 읽는 느낌을 준다. 양비(양견의 딸)는 아버지가 황제의 손에 죽는 것을 막기 위해 독주로 자살할 마음을 굳힌다. 그런데 황제가 이 독주를 잘못 마시고 죽자 양견이 곧바로 기회를 틈타 황위를 빼앗는다. 금릉의 진왕(陳王)이 복종하지 않자 양견은 그를 물리칠 장수를 찾고 이때 어린 한금호가 앞으로 나선다. 한금호는 뛰어난 지략과 용맹으로 임만노, 주라후 등의 항복을 얻어내고 진왕을 사로잡는다. 이후 북방 번국(蕃國)의 선우가 사신을 보내 싸움을 걸어온다. 한금호는 원래 과녁에 꽂혀있던 화살을 다시 반쪽으로 가르는 활솜씨로 사신의 간담을 서늘케 한다. 뿐만 아니라 번국의 경계로 직접 가서 화살 하나로 독수리 두 마리를 꿰뚫는 신궁의 솜씨를 보여준다. 선우는 이에 감탄하여 수많은 상까지 하사하며 한금호를 배웅한다. 수나라 황실로 돌아온 한금호는 며칠 후 염라대왕의 수하인 오도장군을 꿈에서 만난다. 꿈속에서 오도장군은 상제께서 한금호에게 저승의 주인 자리를 맡겼다는 말을 전한다. 한금호는 천자와 가족에게 마지막 작별인사를 고하고 구름길을 따라 하늘로 올라간다.

당태종입명기 唐太宗入冥記

앞뒤 모두 잔결된 데다 남아있는 부분도 훼손이 심하다. 저승에 온 당태종은 염라왕 앞에서 오히려 큰 소리를 치며 굽히는 모습을 보이지 않는다. 판관청으로 온 당태종은 저승의 판관 최자옥에게 친구 이건풍의 편지를 건네준다. 최자옥은 황제를 잘 봐달라는 편지를 받고 난감해한다. 당태종은 건성(建成)과 원길(元吉) 두 형제가 있는 관아를 지나면서도 행여 대질심문을 해서 장안으로 돌아가지 못할까 두려워 아예 만나지도 않는다. 이후 최자옥은 문서를 위조하여 당태종의 수명을 늘려주고, 당태종은 그에게 장안으로 돌아가면 재물과 벼슬까지 주겠다고 약속한다. 아울러 최자옥은 황제에게 천하에 대사면령을 내리고 『대운경(大雲經)』을 베껴 쓰면서 공덕을 쌓아야 한다고 말해준다. 당태종이 저승으로 들어가 판결을 받는 이야기는 『조야첨재(朝野僉載)』 권6에 가장 먼저 보인다.

엽정능시 葉淨能詩

당 고종부터 현종 때까지의 유명한 방사 엽정능의 이야기이다. 어렸을 때 이미 제석신의 신부(神符)를 받은 엽정능은 회계산에서 도법에 정통하고 갖가지 신술(神術)을 터득한다. 그는 악신에게 뺏긴 현령의 부인을 구해주기도 하고, 여우도깨비에 홀린 몸을 세 토막으로 잘라 소녀를 구해주기도 한다. 이후 그는 당 현종의 부름을 받고 황실로 들어간다. 여기서도 그는 물로 큰 구렁이를 만들어 병사 5백 명의 간담을 서늘케 하고, 술동이로 술 잘 마시는 도사를 만들어 현종과 대작케 하는 등의 법술로 현종의 정신을 쏙 빼놓는다. 또 황제 일행을 한밤중에 촉 땅의 검남으로 데리고 가 등불구경을 시켜주고 황제를 모시고 월궁까지 다녀오기도 한다. 그로부터 며칠 후 정능은 황제의 총애를 받는 궁녀를 도술로 홀린다. 이에 황제는 고력사와 함께 정능을 죽이려는 모의를 꾸민다. 황제는 어전 뒤에 검객 5백 명을 숨겨두고 정능을 부른다. 검객들이 공격하자 정능은 곧 어전의 기둥에 숨고, 고력사가 기둥을 반으로 깎자 곧 자줏빛 연기가 되어 하늘로 올라간다. 훗날 황제의 사신이 검남으로 갔다가 엽정능을 만났다는 소식을 전하자, 황제는 눈물을 흘리며 엽정능을 그리워한다. 「엽정능시」의 내용은 엽정능이 부리는 도술이 대부분이다. 특히 연기나 물을 통한 변신술이 자주 나오는데 이는 당시 유행한 환술 공연과 관련이 깊을 것이다.

공자항탁상문서 孔子項託相問書

돈황 강창문학 사본 가운데 가장 많은 13종의 초사본(抄寫本)이 남아 있다. 이는 당시 공자(孔子)와 항탁(項托) 이야기가 널리 유행했음을 시사한다. 이 작품은 문답으로 구성된 전반의 강부(講部)와 7언 총 56구로 이루어진 후반(後半)의 창부(唱部)로 나누어지는데 줄거리는 다음과 같다. [전반의 문답부] 공자가 유람하던 중 소년 항탁을 만나 논쟁을 벌이나 총명한 항탁을 이길 수 없다. [후반의 창부(唱部)] 말재주가 뛰어난 7세 소년 항탁은 학문을 위해 입산한다. 공자는 항탁의 부모에게 약초를 맡기고 건망증이 있는 항탁의 부모는 공자의 약초를 태워 버린다. 약초를 찾으러 온 공자는 보상받는 대신 항탁의 소재를 알아낸다. 공자는 항탁을 찾아가 칼로 난도질한다. 항탁은 죽으면서 자신의 피를 보관하라고 부모에게 부탁한다. 부모가 항탁의 피를 대나무에게 쏟아 붇자 대나무는 대장군으로 변해 공자와 재결투를 한다. 항탁이 죽자 마을에서 묘당에 안치하고 제사를 지내준다.

안자부 晏子賦

이 사권은 창부(唱部)가 없이 전체가 대화체 산문(散文)으로 되어 있으며 길이도 매우 짧다. 내용은 제(齊)나라의 안자(晏子)가 양(梁)나라에 사신으로 가서 양왕(梁王)과 재치있는 문답을 주고받는 이야기이다.

연자부 1 鷰子賦一

이 사본은 한부체(漢賦體)의 전형적 구법(句法)인 4언구(四言句)와 6언구(六言句) 위주이며, 문인부(文人賦)에 통상적으로 활용되는 평시(評詩) 형태의 시 두 편이 마지막에 붙어 있는 점에서 문인부(文人賦)의 문체적 특성을 보여 준다. 그러나 연행 텍스트로서의 성격도 내포하고 있으니, 다음 몇 가지 점에서는 문인부(文人賦)와 뚜렷한 차이를 보인다. 첫째, 문인부(文人賦)와는 달리 관운(官韻)의 규칙을 준수하지 않고 있다. 둘째, 많은 방언과 속어를 사용하고 있다. 셋째, 구연(口演)하기에 적합한 문답 형식의 대화가 대부분을 차지한다. 넷째, 문인부(文人賦)에서 볼 수 있는 '평시(評詩)' 체제를 도입하고 있으나 연행용(演行用)으로 변이되어 있다. 이상 네 가지 특징에서 알 수 있듯이 이 사본은 독자를 대상으로 쓰인 열람용(閱覽用) 텍스트가 아니라 당시 민간에서 구술되던 이야기가 전통적인 부체 형식과 결합하여 이루어진 연행 텍스트에 가깝다는 것을 알 수 있다. 줄거리는 다음과 같다. 제비 부부가 애써 마련한 보금자리를 참새가 차지한다. 항의하는 제비를 참새 부부가 두들겨 팬다. 제비가 봉황에게 고소장을 제출한다. 뱁새가 참새를 봉황에게 붙잡아 온다. 변명하는 참새를 봉황이 혼을 내고 감옥에 가둔다. 감옥에서 심문관이 참새를 심문한다. 봉황은 참새의 공로를 고려해 석방하고 제비와 화해한다. 홍학(鴻鶴)이 참새와 제비에게 훈계한다. 마지막에 제비와 참새의 화답시(和答詩) 그리고 홍학의 화답시가 있으며, 제비와 참새의 화답 시로 끝맺는다.

연자부 2 鷰子賦二

오언시체로 되어 있는 「연자부(鷰子賦)」(二)는 한부체(漢賦體)의 형식에 문언체와 구어체를 겸하고 있는 「연자부(鷰子賦)」(一)과 문체, 등장 인물, 서술 언어 등 내부 구조에 있어서 많은 차이를 보이고 있다. 따라서 제목이 비록 '부(賦)'로 되어 있으나 '사문(詞文)류'로 분류하기도 한다. 줄거리는 다음과 같다. ① 입화시(入話詩) : 참새와 제비가 개원가(開元歌)를 부른다. ② 화자의 해설 : 제비는 봄 되어 돌아오나, 참새가 제비의 집을 차지하고 있네. ③ 제비와 참새가 서로 자기 집이라고 주장한다. ④ 참새와 제비가 각기 자신의 신분을 자랑한다. ⑤ 제비가 참새를 봉황에게 고소한다. ⑥ 제비와 참새가 봉황 앞에서 자기 주장을 편다. ⑦ 봉황이 제비에게 집을 돌려주라고 판결한다. ⑧ 화자(話者)의 발언 : 제비와 참새 모두 책하면서 화해할 것을 권고한다. ⑨ 참새가 제비에게 사과하고 제비 역시 돈을 받고 집을 팔겠노라고 한다.

다주론 茶酒論

이 사권은 돈황에서 출토된 사권 중 드물게 작가가 진사(進士) 출신의 왕부(王敷)라는 인물로 밝혀져 있으며, 문체도 다른 작품들에 비해 구문(句文)이 매우 정제되어 있고 박학다식함이 표출되어 있다. 이는 내용상 사회를 풍자하거나 비판하는 점이 없어 점잖은 상층인사들에게도 두루 향유되었을 가능성이 있음을 시사한다. 아마 작가가 자신의 문재(文才)를 드러내는 데 도움이 된다고 생각하여 이름을 남겨 놓았던 것으로 보인다. 한편 이 사본은 부체(賦體)의 기본적인 골격인 '[서(序)]→[일문일답]→[결(結)]'의 삼 단계 형식을 갖추고 있고, 4언체(四言體)와 6언체(六言體)가 결합된 부(賦)의 전형적인 문체 형식을 갖추고 있어 장르를 부로 분류하였다.

참고자료 QR코드

공자항탁상문서(孔子項託相問書)

다주론(茶酒論)

당태종입명기(唐太宗入冥記)

순자변(舜子變)

안자부(晏子賦)

여산원공화(廬山遠公話)

연자부 1(鷰子賦一)

연자부 2(鷰子賦二)

엽정능시(葉淨能詩)

전한유가태자전(前漢劉家太子傳)

추호변문(秋胡變文)

한금호화본(韓擒虎話本)

한붕부(韓朋賦)